티베트 불교사

티베트 불교사

초판 1쇄 발행 2023년 4월 10일

지은이 ㅣ 왕삼王森
옮긴이 ㅣ 김명숙金明淑

펴낸곳 ㅣ (주)태학사
등록 ㅣ 제406-2020-000008호
주소 ㅣ 경기도 파주시 광인사길 217
전화 ㅣ 031-955-7580
전송 ㅣ 031-955-0910
전자우편 ㅣ thspub@daum.net
홈페이지 ㅣ www.thaehaksa.com

편집 ㅣ 조윤형 여미숙
디자인 ㅣ 이영아
마케팅 ㅣ 김일신
경영지원 ㅣ 김영지

값 24,000원

ISBN 979-11-6810-148-7 (93220)

책임편집 ㅣ 조윤형
표지디자인 ㅣ 이영아
본문디자인 ㅣ 신인남

本书受到中华社会科学基金
(Chinese Fund for the Humanities and Social Sciences)资助

西藏佛教發展史略

티베트 불교사

왕삼王森 지음 | 김명숙金明淑 옮김

태학사

　본 저서는 중국사회과학원 민족연구소의 요청하에 집필되었다. 그때 몇 가지 중요한 문제가 제기되어 그에 맞추다 보니 티베트 불교 대해 일부분은 상세하게, 또 일부분은 그렇지 못하게 썼으므로 통사로서의 체계는 아니게 되었다. 그러나 내용적으로는 모두 티베트 불교에 관한 것이고 『자료 10편』 이라고 한 것을 오늘 출판을 맞으며 『티베트 불교 발전사략(西藏佛敎發展史略)』으로 명명하기로 하였다.

　본 저서는 특수한 역사 상황하에서의 산물이라고 할 수 있거니와 "사략" 의 표준에 비추어 볼 때 다음 몇 가지가 드러난다고 생각된다. 티베트 불교 의 영고성쇠(榮枯盛衰)를 서술할 때 그 시기 사회 정치경제적 배경을 해명하 지 못한 점이 그렇고, 다음은 명조 말기, 청조 초기까지 서술하였을 뿐 근대 이후의 내용을 잇지 못한 점이 그것이다. 세 번째는 몽골과 청해 지구의 불 교에 관해 언급하지 못한 점이다. 저자로서 이런 내용을 꼭 증보하고 싶었 으나 건강이 좋지 못해 훗날을 기약하기로 한다. 여러 전문가 선생님들과 독자들의 양해를 구하는 바이다.

　그때는 원고 제출 기한이 급박하여 필자가 자료를 섭렵하고 머리로 구상 한 후 매주 1회 구술한 것을 상봉현(常鳳玄)·등예령(登銳齡) 두 분이 기술하 였다. 1963년 10월부터 이듬해 5월까지 초고를 작성하였고 민족연구소에서 내부 활판인쇄를 내올 무렵에 또 세 차례 수정을 거쳤다. 활판인쇄판은 1965년 4월에 약 300부 발행하였다. 1974년 민족연구소에서는 본 저서를 관련 기관과 개인에게 배포하여 의견을 청구하였다. 1983년 봄에 민족연구소에서 공개 출판을 결정하면서 재차 수정을 요구하여서 그때 마침 병상에 있던 차에 연필로 수정하고 보완 작업을 하였다. 1983년 7월 12일에 원고가 완성되어 축계원(祝啓源) 씨의 정리를 거쳐 출판에 넘기게 되었다.

20년 전을 되돌아보면, 상봉현·등예령 두 분이 근면하게 기술하고 나를 도와 문구를 다듬어 준 덕분에 본 저서가 제때에 완성될 수 있었다. 이번의 출판 또한 축계원 씨가 여러모로 협조하여 주었다. 본서의 출판은 말하자면 세 분의 협력하에 이루어진 것이며, 이에 진심으로 감사드린다.

『총카파 전론(傳論)』과 『총카파 연보(年譜)』는 필자가 1963년 7월부터 8월에 집필한 것인데 『자료 10편』의 주지에 부합되고 또한 저서 내의 황교(게룩파)와 내용적으로 연관되기에, 정기 간행물에 발표하였던 글이나마 부록으로서 권말에 수록하기로 한다. 독자들에게 참고가 되었으면 하는 마음이다.

왕삼(王森)

1983년 7월 13일

왕삼(王森, 1912~1991년) 선생은 티베트학·종교학·인명학(因明學)·고대문자학 분야에서 명성이 높은 학자이다. 1963년부터 티베트 불교를 연구하기 시작하여 1965년에 『티베트 불교사에 관한 10편의 자료』를 완성하고 『티베트 불교 발전사략(西藏佛教發展史略)』이란 제목으로 1987년에 중국사회과학원출판사에서 정식으로 출판하였다. 본 저서는 티베트어와 한어, 기타 외국어의 자료에 근거하여 티베트 불교의 발전과 변천의 역사를 전면적이면서 체계적으로, 또한 간결하지만 의미 깊게 논술하였다. 또한 티베트 불교를 티베트 사회의 역사 배경하에서 고찰함으로써 티베트학 권위자로서의 사상 방법을 체현하였다. 특히 토번 말기부터 사캬 정권 성립 때까지의 400년간 분열 시기의 배경에 대하여 고찰한 것과 원대 13만호(萬戶)에 대해 진행한 창의적 연구는 이 시기 역사 연구면에서의 공백을 메운 것이다. 당시 선생의 구술에 대해 기록하고 정리하였던 상봉현(常鳳玄)·등예령(登銳齡)·축계원(祝啓源) 세 분도 훗날 유명한 티베트학 학자로 성장하여 활약하고 있다. 왕삼 선생은 또 『총카파 전론(傳論)』, 『총카파 연보(年譜)』를 집필하였는데, 게룩파의 창시자 총카파가 추진한 티베트 불교개혁에 관해 퍽으나 일찍이 논술한 성과로서의 이 글들은 지금까지도 총카파 연구에서 대표작으로 꼽힌다. 이 두 편의 글도 부록으로서 본 저서의 권말에 수록한다.

본 저서는 티베트 불교를 알기 쉽게 소개하고 있는데, 초판 발행 이래 티베트 연구자들의 필독서로 인증 받는 권위적 독본이 되어 왔다. 또한 티베트 불교를 알고 싶어 하는 일반 독자들에게도 간단명료한 교과서의 역할을 하여 왔다. 2002년 중국티베트학출판사에서 본서를 재판한 지 이미 8년이 지나 책이 매진된 상태이다. 본서의 가치를 감안하여 본사에서 재판하기로 한다. 재판은 당연히 왕삼 선생 저작의 원문을 존중하는 것을 원칙으로 하는 외에 사원명·인명·지명을 현재 통용하는 표기법으로 수정하였으며 티베트어 표기를 심사하여 원저 인쇄 때에 생겨난 오자와 탈자를 바로잡음으로써 독자 활용에 편리를 도모하고자 하였다.

편자

2009년 12월

차 례

제1편

토번 왕조 시기의 티베트 불교

티베트 불교는 불교가 티베트에 전해진 후에 발전하기 시작한 종교로, 불교가 도입되기 전의 티베트에는 '본교(bon, 일명 폰교, 뵌교)'라고 하는 토착 종교가 있었다. 본교는 고대 중국 내륙지역의 '무격(巫覡, 샤머니즘)'과 유사한 것으로 길흉을 점치고 복을 빌고 액막이를 할뿐더러 질병을 치료하고 망자의 임종을 지키고 악귀를 몰아내고 신내림을 받았다. [본교의 자세한 상황은 토관(土觀)의 『토관종파원류(土觀宗派源流)』에 서술되어 있다. 또 호프만의 『티베트의 종교』의 일부 내용도 참고할 수 있다] 송첸감포(srong-btsan-sgam-po, 617~650년) 이전부터 본교의 지도자들은 이미 토번에서 통치자로 군림하기 시작했다. 『토관종파원류』에서는 티베트어로 된 고문헌을 인용해 네치첸포(gnya'-khri-btsan-po, 전설 속의 제1대 첸포) 때부터 제16대 첸포에 이르기까지 모두 본교를 통해 나라를 다스렸다고 적고 있다. 또 달라이 라마 5세의 『티베트왕신기(西藏王臣記)』에는 고대 티베트에 '둔나돈(mdun-na-'don)'이라고 하는 직위(천문 현상을 관찰하고 신의 뜻을 전하며 길흉을 점치는 사람)가 있었다고 기록되어 있으며, 겐둔춘펠(dge-'dun-chos-'phel)의 『백사(白史)』에서는 '둔나돈'이 바로 고대 티베트 왕의 신변을 모시던 '쿠본(sku-bon)'일 것이라 추측하고 있다. 상기의 기록들에서 고대 티베트는 첸포의 신변에 본교 신도가 고위직에 있으면서 정치와 군사 관련 사무의 결정에 참여하고 첸포를 도와 신하와 백성들을 통제하는 역할을 했음을 알 수 있다. 본교로써 나라를 다스렸다는 것은 바로 이를 말하는 것이다. 송첸감포 이후 본교 신도는 첸포의 곁을 지키면서 중요한 지위에 있었다. 『당서(唐書)』에 따르면, 첸포와 그 신하들은 매년 작은 규모의 맹회(盟會)를 열고 또 3년에 한 번꼴로 큰 규모의 맹회를 개최했는데, 이때 신에 제사를 지내는 '무(巫)'는 본교의 수령이 맡았다. 사료에 따르면, 장경(長慶) 연간 이전 시기에 당나라와 토번이 회맹을 할 때 그 맹회를 주최하는 사람도 '무자(巫者, 무당)'였다. 이로부터 알 수 있듯이 8세기 말 티송데첸이 사원을 건설하고 도승(度僧)을 제창하는 등 불교를 크게 전파하기 전까지 본교는 줄곧 티베트에서 통치적 지위를 차지하고 있었다. 본교 세력은 첸포의 결정을 좌우했을뿐더러 민간에서도 막강한 영향력을 행사했다.

『책부원구(册府元龜)』에서는 토번의 풍습에 대해 "주서(呪誓)를 좋아하고 귀신을 모신다."는 등으로 언급하고 있다. 그 당시 티베트는 노예제 사회로 정치적으로 여러 명의 대노예주가 공동으로 통치하고 있었다. 첸포는 표면상으로는 이 연합체의 최고 지도자였지만, 실은 대노예주들이 공동으로 추대한 최대의 노예주였다. 노예주들의 연합은 맹세라는 형식을 빌어 이룩되었고, 그들의 이익은 얼기설기 얽혀 있었다. 웅대한 포부를 품었던 송첸감포는 대내로는 행정제도를 만들고 대외로는 타 민족을 겸병하는 동시에 또 당나라와의 혼인을 통해 첸포의 숭고한 지위를 확립했다. 그러나 여전히 그 권력을 나누고 "아래로부터 정무를 논의"하도록 하여 매년 겨울과 여름이면 노예주들을 불러들여 함께 국사를 논했는데, 이는 그 시기 내륙지역의 전제적인 봉건 정권과는 다른 것이었다. 이는 토번이 아직 공고하고 통일된 정권을 형성하지 못한 것으로 이해할 수 있다. 본교의 지도자들 역시 공통된 이익을 기반으로 하고 있었으며, 아직 통일적이고 조직을 갖춘 종교로 발전하지는 못하였다. 8세기 중엽 이전 시기까지 그들의 직능은 주로 토번의 노예주 계급을 도와 의식 형태면에서의 통제를 실시하고 종교의식을 통해 노예 계급을 위압하는 것이었다.

현재까지 전해진 문헌을 보면, 고대 티베트는 문화가 그다지 발달하지 못하였다.(『당서』에 그들이 문자를 갖추지 못하여 새끼로 매듭을 짓는 방법으로 의 사표시를 하고 나뭇조각으로 이를 닦았다는 등의 기록이 있다.) 송첸감포의 부친인 남리송첸(gnam-ri-srong-btsan)이 일부의 노예주들을 통합하여 세력을 확장하고 우창(Ü-tsang) 지방에 정권을 세운 후에야 비로소 내륙지역으로부터 선진적인 문화를 도입했다.(티베트어로 된 고문헌들에서는 대체로 이 시기에 내륙 지역으로부터 의약·역산 등을 수입했다고 기록하고 있다.) 송첸감포 시기에 이르러 티베트의 문화는 크게 발전했고, 불교도 바로 이 시기에 티베트에 전래되었다.

티베트 승려가 기록한 전설에 따르면, 불교는 송첸감포의 고조부인 라토토리넨첸(lha-tho-tho-ri-gnyan-btsan) 시기에 티베트에 전해졌다. 전설의 내용인즉, 어느 날 하늘에서 보물 상자 하나가 내려왔는데, 그 안에는 금탑과 경서·주술 등이 들어 있었다고 한다. 슌누펠의 『청사(青史)』에서는 이 보물 상자는 인도인들이 가져온 것으로, 티베트에 문자가 없어 아무도 읽지 못하자 인도인들은 상자를 두고 그냥 돌아갔다고 적고 있다. 그 당시 토번의 주변 지역들에서는 모두 불교가 유행하고 있었다. 『청사』의 해석이 전혀 근거가 없는 것은 아니지만, 하늘에서 문득 내려왔다고 하는 서술은 아마도 본교 신앙과 관련이 있는 듯하다. 일각(호프만, H. Hof-mann)에서는 이에 대해 본교의 어느 한 전설이 불교 신도에 의해 불교화된 것일 수도 있다고 주장하기도 하는데, 이 주장에도 일리가 없지 않다. 그러나 이 전설의 사실적 근거의 유무와는 상관없이, 티베트어로 된 문헌들에 따르면, 이 불교 경전과 법물들은 티베트인에게 아무런 영향도 주지 못한 것이 분명하다. 그러므로 불교가 라토토리넨첸 때부터 티베트에 전해지기 시작했다는 설은 그다지 믿을 만한 주장이 못 된다.

송첸감포는 강대한 무력을 갖춘 토번 정권의 실질적인 창조자였다. 『구당서(舊唐書)』에 기록된 토번 전설에는 "논첸(송첸의 고대음)은 약관(스물)에 왕위를 이어받으니 용맹하고 무력에 능하고 계략이 뛰어나 주변국인 장중

(zhang zhung, 일명 샹슝)과 여러 씨족들이 모두 굴복하였다."고 적혀 있다. 송첸감포는 군사에 높은 재능을 보였을뿐더러 내정에서도 큰 공적을 세웠다. 티베트 문자는 바로 그가 신하들을 시켜 창제한 것이다. 그는 또 법률을 제정하고 관직 제도를 명문화하는 등의 조치를 통해 신흥의 노예제 정권이 그 모습을 갖출 수 있게 했다. 주변국들과의 관계 처리에서 그는 경제와 문화가 비교적 뒤떨어진 탕구트족(tangut, 일명 당샹족)과 토욕혼(tuyuhun) 등 부락을 무력으로 병합하고 비교적 선진적인 수공예 기술을 갖춘 네팔 왕국, 최고의 경제력과 문화력을 갖춘 당왕조과 혼인을 하는 방법으로 자신의 지위를 확고히 하는 동시에, 토번의 생산기술을 발전시키고 토번의 문화생활을 풍부히 했다. 그는 먼저 네팔 국왕 안수바르만(Aṁśuvrman, 당나라 승려인 현장은 光胄로 번역함)의 딸 티춘(khri-btsun, 일명 브리쿠티)공주를 왕비로 삼고(『부톤불교사』 등 참조), 동쪽의 당나라 문성공주를 왕비로 맞아들였다. 안수바르만은 불법을 숭상하기로 유명[『대당서역기(大唐西域記)』 제7권]했고, 당태종은 독실한 불교 신자는 아니었지만, 그 당시 당나라 서울인 장안에서는 불교가 크게 흥하고 있었다. 티베트어 고문헌에는 네팔의 티춘공주와 당나라의 문성공주는 모두 독실한 불교 신도였다고 기록되어 있는데, 이는 그 당시의 사회적 상황과 부합되는 사실이다. 두 공주가 모두 고국에서 불상과 법물, 경전, 그리고 부처를 모시는 승려들을 거느리고 티베트로 갔다는 것 또한 사실이다. 두 공주의 영향으로 송첸감포는 불교를 중시하게 되었지만, 이는 정치적인 의도에서 나온 것일 가능성이 높았고 또 티베트의 문화 수준을 높이기 위한 것이기도 했다. 그러므로 티베트족의 문헌들에서 송첸감포가 불법을 독실하게 믿었다고 하는 기록들은 사실이 아닐 수도 있다.(실제로 불교는 그의 노예 통치에 큰 도움이 되지 못했거니와, 가혹한 형벌과 살인을 마다하지 않았던 그의 행적 또한 불교 신도의 신념에 어긋나는 것이었다.) 그 시기 토번은 문화적인 기반이 매우 낮았고 본교라는 토착 신앙이 있었으므로 불교의 전파에 적지 않은 제약이 있었다.

송첸감포는 관직 제도의 구축, 법률 제정 등 토번의 내부적인 통치 시스템의 구축과 주변국과의 관계 처리에 주로 시선을 돌렸다. 또한 문화를 발전시키기 위한 방책으로 중국 내륙지역으로부터 생산기술과 수공업 기술, 의약품과 역산(曆算) 등을 도입하는 동시에 귀족 자제들을 장안에 파견해 국학에서 유학하게 하고, 한족 문인들을 초빙해 주소(奏疏)를 맡게 했다. 따라서 불교의 도입은 부차적인 위치에 있었다. 티베트어 문헌들에서 송첸감포가 불교를 추앙하고 사원을 건축했다는 기록은 티베트 불교도들이 그의 이름을 빌어 불교의 도입에 당위성을 부여하기 위한 것에 지나지 않는다. 조캉과 라모체 두 사원이 네팔 공주와 문성공주가 고국의 장인들을 청해 축조한 것을 제외하고, 송첸감포가 축조한 것으로 전해지고 있는 4루(ru, 그 당시 토번 우창 지역에 건설된 4개의 행정구역)에 있는 4개의 사원과 4개의 염승사(厭勝寺), 4개의 재염승사(再厭勝寺) 등은 모두 규모가 매우 작은 절이었는데, 불상이 하나 모셔져 있을 뿐 상주한 승려가 없었고 불교 교리 강의는 더욱 불가능했다. 이러한 작은 절들을 세운 목적은 티베트어 문헌들에서 밝힌 바와 같이, 티베트 지역의 잡귀들을 물리치고 주변 세력을 항복시키기 위한 것이었다. 따라서 송첸감포는 불교 사원을 건설하기는 했지만 그 목적과 이념은 본교 사상에서 기인한 것이었다. 다시 말해, 그 당시 불교와 본교는 거의 동일시되었으며 모두 백성에게 위협을 조성하는 데 사용되었다. 이는 불교가 한나라 때에 내륙지역에 유입되었을 때 한나라 제왕이 이를 도술(道術)과 동일시하던 것과 같은 경우다. 그 시기 불교와 본교 간에 모순과 충돌이 있었다는 기록이 없는 것을 보아도 이 사실을 짐작할 수 있게 한다.

훗날 티베트 불교사에서 간과할 수 없는 역할을 한 것은 이 시기 네팔 공주와 문성공주가 축조한 조캉 사원과 라모체 사원이다. 조캉 사원은 네팔 공주가 네팔의 장인들을 데려와 축조한 것이지만, 티베트어 문헌에서 밝힌 바와 같이 그 축조 과정에 문성공주를 청해 지형을 측량하고 악귀를 물리치는 법술을 진행했다. 이는 중국 내륙지역에서 전해 내려오던 풍수와 본교의 사상이 결합된 행위였다. 따라서 조캉 사원의 축조 이념은 중국 내륙지역의 풍수와 티베트의 본교에서 기인한 것이었다. 라싸(Lhasa)에 위치한 조캉 사원은 훗날 불교의 전파 과정에 중요한 기반 역할을 했다. 이 사원은 네팔 공주가 축조한 것이었기에 그 당시에는 공주를 대신해 불상을 모시는 네팔 승려들이 상주하고 있었다. 라모체 사원은 문성공주가 내륙지역의 장인들을 청해 축조한 것으로 그녀가 고국에서 가지고 간 석가모니 상을 모셨고 공주를 대신해 불상을 모시는 한족 승려들이 상주했다. 의정(義淨, 635~713)의 『구법고승전(求法高僧傳)』 앞부분과 끝부분에 한족 승려 8인이 장안과 인도를 오갔으며, 그들이 모두 라싸를 경유했고, 일부는 문성공주가 여비를 마련해 주기도 했다는 기록이 나온다. 한족 승려와 네팔의 불교 신도들이 토번에서 활동했다는 증거이다. 문성공주의 유모의 두 아들은 모두 네팔에서 수계하고 출가(훗날 한 아들은 다시 환속함)했다고 전해지는데, 이로부터 라싸에 있는 한족 승려와 네팔 승려는 5인 미만으로 신도들을 위해 수계 의식을 진행할 수 없었을 것임을 추측할 수 있다. 티베트어 문헌에서도 삼예사원이 건설되기 전에는 수계하고 출가한 티베트인이 없었다는 기록이 나온다. 그 시기 라싸에는 인도 승려와 네팔 승려, 한족 승려가 있었으며, 그들은 톤미삼보타(hton-mi-sam-bho-ta)를 위주로 하는 티베트인들과 함께 불경을 번역하기도 했다. 그러나 이 불경들이 실전된 지 오랜 것을 보면 그 당시에 널리 전파되지 못했고 티베트 사회에도 큰 영향력을 미치지 못했을 것임을 알 수 있다. 또한 과연 정말로 불경을 번역했던 것인지도 의문이다. 티베트어 문헌에는 또 송첸감포가 불경을 근거로 하여 법률을 만들었다는 기록도 나오지만, 이러한 기록이 비교적 오래된 고문헌들에서는 찾아볼 수 없고 그 이후의 문헌들에서도 여전히 "북쪽 홀(hor, 고대에 회홀을 가리킴)의 위그라율(yu-ge-ra'i-yul)로부터 그 법률과 사업을 따라 배웠다."는 기록이 있는 것을 보면, 불경을 근거로 법률을 제정했다는 설은 후세에 불교 신도들이 만들어 낸 것일 가능성이 높다.

송첸감포가 죽은 뒤 망송망첸(mang-srong-mang-btsan, 650~676 재위)과 두송망포제('dus-srong-mang-po-rje, 676~704 재위) 2명의 왕을 거치는 동안 티베트어 문헌들에서는 불교와 연관된 그들의 행적을 찾아볼 수 없다. 그뿐더러 문성공주가 라싸에 가져간 석가모니상이 이 시기에 지하에 묻혔다는 기록도 있다. 이로부터 불교가 두 공주와의 혼인과 더불어 티베트에 전해졌지만, 그녀들의 불교 신앙은 민간은 물론 토번 왕실에도 큰 영향을 미치지 못했음을 알 수 있다. 티데축첸(khri-lde-gtsug-btsan, 704~755)이 왕위를 이어받은 후 토번은 또 당나라 왕실과 혼인을 맺고 금성공주(?~739)를 왕비로 맞아들였다. 금성공주는 710년에 티베트에 이른 후 문성공주가 가져간 석가모니상을 조캉 사원으로 옮겨 모시고, 한때는 한족 승려가 향촉 등을 관리하게 하기도 했다. 금성공주가 티베트에 간 뒤의 20~30년 동안, 서역 쿠스타나(ku-stana, 일명 리율li-yul) 등 지역에서 불교를 배척하는 현상이 출현해 적지 않은 불자들이 토번 관할하에 있던 신강 동남쪽 지역으로 이주하기도 했다. 현지의 토번 관리가 이를 라싸에 알리자 티데축첸은 금성공주의 건의를 받아들여 피난 온 승려들을 수용해 공양하고 라싸로 불러들였다. 티베트어 문헌에는 또 티데축첸이 콰추(瓜曲, 삼예 사원 인근) 등 사원을 세워(5개의 사원이라는 설도 있고 7개의 사원이라는 설도 있음) 피난 온 승려들을 안치하고 그들이 계속 종교 활동을 할 수 있도록 했다는 기록도 있다. 이 승려들은 토번에 거주하는 동안 토번 통치자의 불교에 대한 요해(了解)를 증진시킴으로써 토번 사회에 일부 변화가 발생하도록 영향을 미치기도 했다. 전하는 데 따르면, 티데축첸은 카일라스산에서 순례 중이던 2명의 인도 법사(인도인들은 예로부터 카일라스산을 성지로 추앙했음)를 모셔오려 했으나 실패했고, 『백업경(百業經)』과 『금강명경(金剛明經)』 등을 번역했다고 한다. 쿠스타나 등 지역의 승려들이 티베트에 대거 몰려들면서 토번의 첸포도 불교를 숭상하기 시작했는데, 이는 본교 신도와 본교를 신봉하는 귀족들의 거센 반대에 부딪히기도 했다. 기원 739년경, 토번의 귀족들은 온역의 발발을 빌미로 온역이 발생한 것은 외부의 불교 신도들이 현지의 본교 신을 노엽게 했기 때문이라고 하면서 불교 승려들을 티베트에 머물게 해서는 안 된다고 주장했다. 쿠스타나 등 지역들에서 승려를 내쫓은 것을 시작으로(쫓겨난 승려들은 티베트를 떠나 서쪽의 간다라국으로 갔다.) 본교 신도와 일부 귀족들의 불교 반대 투쟁이 시작되었다.

티베트로 간 금성공주는 티베트에 있는 타 지역 불교 신도를 보호해 주고 불교의 티베트 도입을 추진했을뿐더러, 더욱 중요하게는 당나라와 토번의 관계 개선, 내륙지역의 유가 학술 도입에 적지 않은 기여를 했다. 그녀는 당나라 현종에게 사절을 보내 『시(詩)』·『예(禮)』·『좌전(左傳)』·『문선(文選)』 등의 도서를 보내 줄 것을 주청(奏請)했고, 토번의 귀족 자제들을 장안의 국자학(國子學)에 보내 유가 학문을 공부하게 했다. 이러한 교류는 문성공주가 티베트로 시집간 뒤의 60~70년 동안 줄곧 지속되었다. 한문으로 된 고문헌에 따르면, 이 시기 티베트인들은 한족의 문화와 풍속을 흠모하고 있었다. 수많은 티베트인들이 내륙지역으로 와서 의술을 배우고 대량의 의서를 티베트어로 번역했다. 티베트 의학의 주요 전적인 『귀지(rgyud bzhi)』(일명 사부의전) 또한 금성공주가 티베트로 갈 때 당나라와 인도의 쿠스타나(일명 리율) 등 지역의 의사들을 청해 편역한 것이다. 이 의서는 중의 이론을 위주로 하고 있는데, 예컨대 촌(寸)·관(關)·척(尺) 등 글자들이 한자음을 따른다. 이로부터 알 수 있듯이, 이 시기 당나라와 토번 간의 문화 교류는 여전히 유가 학술과 의학·역법·기술·음악 등을 위주로 하고 있었다. 내륙지역에서 불교가 한때 성행하기는 했지만 티베트에 대한 영향은 크지 않은 편이었다.

티데축첸은 말년에 상시(sba-sang-shi, 상시가 티베트에 살던 한족의 후손이라는 설도 있음) 등을 장안에 보내 불경을 가져오게 했다고 전해지기도 하는데, 이 시기 토번의 첸포는 이미 불교를 중시하기 시작했다. 그러나 아직 티베트인이 승려가 된 사례는 없었고, 티베트 지역에도 일정한 규모를 갖춘 불교 사원이 세워지지 않았다. 당나라 개원 연간에 인도로 갔던 신라의 혜초 스님이 721년 총령(葱嶺, 파미르고원)을 넘어 안서(安西)에 이른 뒤 쓴 『왕오천축국전(往五天竺國傳)』에서는 "토번에 이르니 사찰도 승려도 없어 불법이 행해지지 않았다."고 쓰고 있다. 이 기록이 위에서 언급한 시기보다 20~30년 이른 때이기는 하지만, 불교가 티베트에서 그다지 중시를 받지 못했음을 추측할 수 있다.

기원 755년, 티데축첸이 죽자 티송데첸(khri srong-lde-btsan, 742~797)이 어린 나이로 왕위에 올랐다. 이 시기 권력이 불교 반대파에 장악되면서 티베트 경내에서 불교 금지령이 내려졌고, 본교 세력을 키워 불교를 억제하고자 했다. 샹슝(zhang zhung, 지금의 가리 남부) 지역으로부터 비교적 체계를 갖춘 본교를 도입하고 그들이 민간에서 활동하도록 적극 지지해 주었으며 샹슝 지역에서 유전되던 본교 경전을 티베트어로 번역하기도 했다. 이로써 본교는 비로소 '이론 체계'를 갖춘 종교가 되었다. 이 무렵 티데축첸이 장안으로 보내 불경을 가져오게 한 상시 등 4인이 라싸로 돌아왔는데, 그들은 장안에서 일부 불교 경전과 의학 서적을 번역하고 한족 승려들을 데려왔을뿐더러 적지 않은 한문 불경(티베트어 문헌에서는 1천 권이라 기록되어 있다.)도 가져왔다. 그러나 그들은 티데축첸이 죽은 뒤 어린 왕이 권력을 잃고 권신들이 불교를 엄금하는 것을 발견하고는, 가져온 불경들을 침푸(mchims-phu, 지금의 삼예 부근)의 동굴 속에 감추고 모셔온 한족 승려들을 당나라로 돌려보냈다. 그들은 또 티송데첸에게 비밀리에 이 사실을 알리기도 했지만, 실권이 없었던 왕은 그 자신조차도 공개적으로 불교 서적을 읽을 수 없었던 처지였기에 아무 것도 할 수 없었다. 티송데첸은 어른이 된 후 불교를 동정하는 일부 신하들과 함께 계략을 꾸며 불교 반대파의 우두머리인 마상총파제를 제거하고 불교를 발전시키기 시작했으며, 또 바셀낭(sba-gsal-snang, 후에 출가 후 법명을 예세왕포라고함) 등을 장안에 보내 불경을 가져오고 한족 승려들을 모셔오게 했다. 그러나 토번 통치 그룹 내부에서 불교 반대파의 세력이 여전히 막강했기에 티송데첸은 몇 년이 지나도록 여전히 불교 부흥 정책을 순조롭게 펼 수 없었다. 라싸로 돌아온 바셀낭은 불교 반대파의 배척을 받아 망율(mang-yul, 원 기룽 일대)의 지방 관리로 폄직되었다. 네팔을 경유해 인도로 간 바셀낭은 마하보디사원(Mahabodhi Temple, 대보리사)과 날란다사원(Nalanda Temple) 등 불교 성지를 순례하고, 돌아오는 길에 네팔에서 인도의 유명한 불교 학자인 샨타라크쉬타(Santaraksita, 카도마시와초 혹은 정명靜命으로 번역됨)를 만났다. 그는 샨타라크쉬타를 티베트에 모셔 불법을 전하고자 했고, 샨타라크쉬타 또한 그와의 관계를 통해 티송데첸을 만나고 불교를 티베트에 전하려는 뜻을 품고 있었다. 바셀낭이 비밀리에 샨타라크쉬타와의 만남을 첸포에게 알리자 티송데첸은 샨타라크쉬타를 티베트로 모셔오고 싶어 했다. 그러나 토번의 대신들은 샨타라크쉬타가 네팔의 금강승 주술사 부류(네팔은 예로부터 주술사의 주술이 "영험하고 대단하"기로 유명했는데 그 시기 토번의 대신들은 네팔의 주술사가 주로로 자신들을 통제할까 두려워했다.)일까 두려워했기에 우선 사람을 보내 샨타라크쉬타를 요해하게 했다. 샨타라크쉬타가 "품행이 단정하고 학문이 높은" 사람(샨타라크쉬타의 학설은 주술이 아닌 현교(顯敎) 교리를 주요로 하고 있었기에 티베트인들은 이렇게 평가했음)임을 알고는 바셀낭 등에게 샨타라크쉬타를 침푸에 모셔와 첸포(763년경)와 만나게 했다.

샨타라크쉬타는 침푸에서 4개월가량 머물면서 통치자에게 필요한 이른바 기본적인 '도덕' 규범과 불교의 기초적인 '이론'들을 강의했다. 예컨대, '십선(十善)'은 몸과 말과 뜻으로 짓는 열 가지 청정한 일을 가리키는 것으로서 ① 불살생(不殺生), 사람이나 동물 따위의 살아 있는 것을 죽이지 않음. ② 불투도(不偸盜), 남의 재물을 훔치지 않음. ③ 불사음(不邪婬), 부부 이외의 남녀간에 음란한 짓을 저지르지 않음. ④ 불망어(不妄語), 거짓말이나 헛된 말을 하지 않음. ⑤ 불악구(不惡口), 남을 괴롭히는 나쁜 말을 하지 않음. ⑥ 불양설(不兩舌), 이간질을 하지 않음. ⑦ 불기어(不綺語), 진실이 없는 교묘하게 꾸미는 말을 하지 않음. ⑧ 불탐욕(不貪欲), 탐내어 그칠 줄 모르는 욕심을 부리지 않음. ⑨ 불진에(不瞋恚), 성내지 않음. ⑩ 불사견(不邪見), 그릇된 견해를 일으키지 않음(실은 불교 외의 교파, 특히 인과응보를 믿지 않는 학파들을 그릇된 것으로 간주함으로써 불교를 제외한 기타 학설들을 배척하고 있다.)을 말한다. 또 '십팔계(十八界)'는 내적 감각기관인 안계(眼界)·이계(耳界)·비계(鼻界)·설계(舌界)·신계(身界)·의계(意界) 등 육근(六根)과 외부 대상인 색계(色界)·성계(聲界)·향계(香界)·미계(味界)·촉계(觸界)·법계(法界) 등 육경(六境), 외부 대상에 내부 대상이 접촉했을 때 일어나는 여섯 가지 의식인 안식계(眼識界)·이식계(耳識界)·비식계(鼻識界)·설식계(舌識界)·신식계(身識界)·의식계(意識界) 등 육식(六識)으로 이루어진 것이다. 이는 불교에서 표면적인 현상으로부터 주관 및 객관의 세계를 분석하고, 안으로는 신격화된 나(神我)가 없고 밖으로는 영원히 불변하는 사물이 없음을 설명하는 관념론적인 주장이다. 그리고 '십이인연(十二因緣, 일명 십이연기설)'은 무명(無明)·행(行)·식(識)·명색(名色)·육입(六入)·촉(觸)·수(受)·애(愛)·취(取)·유(有)·생(生)·노사(老死)의 12요소로 구성되었다. 12연기설은 불교에서 인생을 분석하는 중요한 설법으로서 유파마다 일부 주장을 달리하기도 하지만, 그 주요 주장은 '나'와 신은 영원히 존재하는 것이 아니며 업보윤회는 진실하다는 것이다. 이 시기는 마침 티베트에 기근이 들고 온역이 유행하던 때였는데, 불교 반대파들은 샨타라크쉬타가 티베트에 오자 이를 구실로 삼아 본교의 신이 티베트인들에게 징벌을 내린 것이라고 선동했다. 샨타라크쉬타는 다시 네팔로 돌아갈 수밖에 없었다. 그러나 네팔로 돌아가기 전, 그는 첸포에게 파드마삼바바(연화생) 대사를 티베트로 청해 올 것을 건의했다.

파드마삼바바(padma-'byung gnas)는 원래 우쟌(u-rgyan, 지금의 파키스탄의 스와트 계곡 일대로 현장의 『대당서역기』에는 이 지역의 사람들이 예로부터 주술로 유명하다고 적혀 있다.) 사람으로 이 지역은 주술로 유명했다. 그는 샨타라크쉬타의 여동생을 아내로 삼기도 했는데, 샨타라크쉬타는 그가 티베트로 가서 주술로 본교 신도들을 승복시키기를 바랐던 것이다. 후에 티송데첸은 다시 사람을 보내 파드마삼바바를 티베트로 모셔 갔다. 사절들은 망율의 궁탕(gung-thang, 기룽 북부에 위치)에서 파드마삼바바를 만났는데, 파드마삼바바는 티베트로 가는 동안 수많은 요괴들을 물리치고 마침내 삼예(bsam-yas) 부근에 이르렀다고 전해진다. 이는 사실 티베트의 본교 신도들이 파드마삼바바에게 대적하지 못하고 승복하면서 불교가 우위를 차지한 것으로 이해할 수 있다. 티송데첸은 또 상시 등을 네팔에 보내 다시 샨타라크쉬타를 모셔 오고 불교 사찰을 건설하기 시작했다.

779년경에 티베트 불교사에서 유명한 삼예 사원이 건설되었다. 이는 티베트에 건설된 최초의 불교 사원[그 이전에 건설된 사원들은 승가(僧伽, 불교의 계율에 의해서 불도를 닦고 실천하며 포교를 하는 사람) 조직이 없이 불상만 있는 작은 절에 불과했다]으로 지금의 삼예 지역에 있다. 삼예사는 첸포의 겨울 궁전이 있던 닥마르(brag-dmar, 붉은 바위를 뜻하는 말) 부근에 위치했는데, 이는 파드마삼바바가 정해 준 곳이었다. 또 사원의 정초식은 티송데첸이 주최하고 사원의 규모는 샨타라크쉬타가 설계한 것이다. 삼예사는 고대 인도 팔라 왕조의 고팔라왕(gopala, 약 7세기 후반에 재위)에 의해 마가다(magadha)에 구축된 오탄타푸리(o-tantapuri) 사원을 모방한 것으로 불교 신자들의 상상 속의 세계의 구조를 건축으로 옮긴 것이다. 중심부의 3층으로 된 본당은 세계의 중심에 우뚝 솟은 수메루산(수미산)을 상징한다. 본당의 주위에는 4대 대륙을 상징하는 4개의 커다란 당이 있고, 큰 당의 주변에는 각각 2개의 작은 당들이 있어 8개의 작은 대륙을 나타낸다. 본당의 양옆으로 있는 원형과 반달형의 작은 당은 태양과 달을 대표한다. 이 밖에 또 일부 가옥과 탑 등이 축조되어 있다. 사원은 전체가 원형의 벽으로 둘러싸여 있는데 이는 철위산(鐵圍山, 수메르산을 둘러싼 구산 팔해의 아홉 산 가운데 하나)을 상징한다. 불교 밀종의 '단성(壇城)'[만다라, 대체로 평면의 채색 그림이며 간혹 입체 그림도 있다.]

도 흔히 이 형식을 보이고 있으므로, 어떤 이들은 삼예사가 밀종의 만다라를 모방해 만든 것이라 주장하기도 한다.

삼예사의 본당은 원래 3층으로 되어 있었다. 티베트인들은 이를 삼양사(三樣寺)라 부르기도 했는데, 그 원인은 1층 건물은 티베트인들의 건축 양식을 따르고 조각상의 모습도 티베트인을 닮았으며, 2층 건물은 한족들의 건축 양식을 따르고 조각상 또한 한족의 모습을 하고 있으며, 3층 건물은 인도의 건축 양식을 따르고 조각상 또한 인도인들의 모습으로 조각되었기 때문이다. 이는 그 당시 티베트에는 인도 불교의 세력과 내륙지역 불교의 세력이 공존했음을 보여 준다. 실제로 문성공주가 티베트로 간 이후 라싸에는 한족 승려가 상주하고 있었으며, 또 적지 않은 한족들이 그곳으로 이주했다. 티베트 승려 법성(法成)이 번역한『석가여래상법멸진지기(釋迦如來像法滅盡之記)』에서는 한족 공주가 티베트로 갈 때 한족 수행 인원 600명이 있었다고 적고 있다.『태평환우기(太平寰宇記)』제185권에는 당나라와 토번 간에 충돌이 끊임없던 시기에는 일부 승려들이 티베트로 피랍되었는데(예컨대 당나라 덕종 건중 4년인 기원 783년), 그해 초여름 토번에서 죽은 병사와 승려 800명이 사주(沙州)로 되돌려졌다는 기록이 있다. 이 기록에서 가리키는 사람들은 원래부터 사주에서 생활하고 있던 사람이기는 하지만, 여러 차례의 전쟁을 겪으면서 토번은 일부 승려들을 포로로 잡아가기도 했다. 이는 서사인(徐舍人)이 승려 연소(延素)더러 몰래 당나라로 도망가게 한 사실로도 추측할 수 있다. 금성공주가 티베트로 갈 때도 한족 승려와 한족 수행 인원들을 데리고 갔다. 이 밖에 건중(建中) 2년(781년) 당 왕실은 토번 첸포의 요청으로 승려 양수(良琇)·문소(文素) 등을 티베트로 보내고, 또 일정한 기간에 따라 윤번으로 승려를 파견하기도 했다.[이러한 사실들은『책부원구(册府元龜)』외신부(外臣部) 980에 "초에 토번 사절이 강연을 잘하는 승려를 보내 줄 것을 요청하여 승려 양수와 문소 2인을 보내고, 1년 후 다른 승려로 교체하게 했다."는 기록을 통해 알 수 있으며,『당회요(唐會要)』와『불조통기(佛祖統記)』등에도 비슷한 기록이 있다.]

내륙지역의 승려들이 티베트로 가고 티베트인들이 내륙지역으로 와서 불법을 공부하고 적지 않은 티베트 귀족 자제들이 장안에서 유가 학문과 한자를 익히면서 내륙지역의 불교는 티베트에서 일부 세력을 갖추게 되었다.

전하는 바에 의하면, 송첸감포 시기에 이미 인도 승려 쿠사라(kusara)와 사인카라(sainkara) 등을 티베트에 청해 왔다. 티데축첸 시기에는 카일라스 산에서 수행하던 인도 승려 2명을 모셔 오려다 실패했지만, 파견된 사절들은 인도 승려들로부터 오부경[五部經, 五護. 밀교(密敎) 경전이다.]을 배워서 돌아갔다고 한다. 티데축첸은 또 네팔로부터 인도 승려 샨타라크쉬타를 청해 오기도 했다. 인도의 전통 불교는 석가모니의 고향에서 발원된 것으로 티베트에서도 일정한 영향력을 지니고 있었다. 한족과 인도의 전통 불교 내부에는 또 각자의 유파가 있었다. 내륙지역의 승려들 중에는 경론(經論) 강연에 능한 법사가 있는가 하면 돈오성불(頓悟成佛)을 주장하는 선사도 있었다. 인도 승려들 중에는 파드마삼바바 유파에 속하는 밀종이 있었을뿐더러 또 샨타라크쉬타 유파에 속하는 중관종[샨타라크쉬타는 그 시기 인도 불교계에서 매우 유명한 인물로 인도 불교사에서 이른바 유가행파 중관종은 바로 그와 그의 제자인 카말라쉴라를 대표로 한다. 그 당시 샨타라크쉬타와 그의 스승 지장(智藏), 제자 카말라쉴라는 동부 3대 중관사로 불렸다.]도 있었다. 이밖에 현지의 본교도 일부 귀족들의 지지 아래 일정한 세력을 갖추어 종교계는 매우 복잡한 상황을 보이고 있었다.

그러나 삼예사가 건설되기 전까지 티베트에는 아직 티베트인 승려가 없었다. 다시 말해, 티베트인들 중에는 정식 불교 신자가 없었다. 삼예사가 완공된 후 티송데첸은 인도로부터 12명의 근본설일체유부(根本說一切有部)의 승려를 모셔 와(설일체유부는 그 당시 인도에서 비교적 큰 세력을 갖춘 소승불교 교파였다. 인도 대승불교 신도들은 현종과 밀종에 상관없이 모두 비구계를 받았는데, 그들은 흔히 설일체유부의 승려로부터 수계를 받았다.) 샨타라크쉬타를 지원하여 티베트 귀족 청년의 출가 의식을 돕도록 했다. 비구계를 받을 때 반드시 수계를 받은 지 10년이 넘는 승려 10명이 있어야 했지만, 불교 세력이 미약한 지역에서는 승려 5명이 수계를 할 수 있게 했다. 티베트인 최초의 수계식에서 7명의 티베트인이 출가했으며, 일부 문헌에서는 6명이라는 설도 있다. 수계 티베트인들의 이름 또한 각 시기의 문헌들에서 모두 다르게 기록되어 있다. 가장 유명한 이들로는 예세왕포(바셀낭) · 펠양(dpal-dbyangs) · 비로차나(bee-ro-tsa-na) · 린첸촉(rin-chen-mchog) 등 4∼5명이 있는데, 이들은 최초의 티베트인 승려가 되었다. 얼마 후 티송데첸의 왕비 중 한 명인 브로자('bro-bza')와 귀족 여성 약 30명이 한족 승려 마하연(고문헌들에서 흔히 대승 스님으로 나옴)의 수계를 받고 비구니가 되었고, 일부 티베트인 남성도 그에게서 수계를 받고 승려가 되었다. 티송데첸은 번역 인재를 양성하기 위해 선후하여 비로차나 등 2명과 남카닝포(nam-mkha-snying-po) 등 5명을 인도에 보내 유학하게 했으며, 또 인도로부터 비말라미트라(vimalamitra) · 다르마키르키(Dharmakirti)[위의 2인은 밀종 전파자임] 등을 모셔 와 현지에서 경서 번역 인재를 양성하고 밀법을 전수하게 했다. 예컨대, 카슈미르의 아난다(ananda, 그는 샨타라크쉬타가 티베트로 가기 전에 이미 티베트에서 상업에 종사했는데 샨타라크쉬타와 첸포 간의 불교에 관한 대화는 바로 그가 통역을 담당했다.)와 티베트인 린첸촉 · 카와펠첵(ka-ba-dpal-brtsegs, 한문에 능했음), 촉로 · 루이겐첸(cog-ro-klu'i-rgyal-mtshan)과 예쉐데(ye-shes-lde) 등이 불경을 번역하기 시작했다. 티송데첸 시기에 출가하여 승려가 된 티베트인은 300명가량으로 불교 세력이 점차 커져 간 동시에 불교와 본교 간의 모순, 불교 내부 각 유파들 간의 모순 또한 날로 심각해졌다.

고문헌에 따르면, 본교 신도들은 일부 귀족들의 지원 속에서 본교 경전을 번역하거나 엮었고, 불교 신도들 또한 여러 가지 문자로 된 불교 경전들을 번역했다. 티송데첸은 불교를 반대하고 본교를 숭상하는 귀족들을 위무하기 위해 샹슝 지역으로부터 샹리우젠 등 유명한 본교 수령들을 삼예로 모셔 왔다. 그들이 불교 신도들과 함께 삼예사에 머물게 되면서 불교와 본교

간에 충돌이 일어났다. 불교와 본교의 충돌을 일으킨 도화선은 본교 신도들이 사원에서 본교 제사 의식을 지내기 위해 많은 가축들을 도살한 사건이었다. 불교 신도들은 불교 사원 내에서 살생을 금하였다. 그들은 티송데첸에게 항의하면서 한 나라에 두 명의 군주가 있을 수 없듯이, 한 지역에도 두 가지 종교가 있어서는 안 된다고 주장했다. 그들은 또 본교를 폐지시키지 않으면 토번 경내의 모든 인도인들은 다시 인도로 돌아갈 것이라고 위협을 주었다. 티송데첸은 이들 간의 모순을 해결하기 위해 돈카르(don-mkhar) 지역에서 변론 대회를 열고 불교와 본교가 서로 변론을 하게 했다. 불교 쪽에서는 샨타라크쉬타·파드마삼바바·비말라미트라 등을 위수로 하고 본교 쪽에서는 샹리우젠·탕나본포·리시다렝 등을 위수로 했다. 변론이 끝난 뒤 티송데첸은 불교의 도리에 신복하며 본교는 변론에서 패했다고 선포했다. 이어서 티송데첸은 본교 교도들에게 불교를 믿거나 세금을 납부하는 백성이 될 것을 명하고, 이 양자를 모두 선택하지 않을 경우는 토번에서 축출할 것이라고 했다.

다른 고문헌에 따르면, 이 시기 본교 신도들이 불경을 새로 고쳐서 본교 경전으로 만들었는데, 티송데첸은 이에 크게 노하여 무릇 불경을 본교 경전으로 엮은 자는 모두 사형에 처한다는 명을 내렸다. 본교 역사에도 이로써 본교가 심각한 타격을 받게 되었다고 기록되어 있다. 본교 신도들은 종교를 바꾸어 불교를 믿거나 타향으로 뿔뿔이 흩어졌다. 이로부터 티송데첸이 본교를 억압 또는 제거하려 했다는 사실을 짐작할 수 있다. 그 후 티송데첸은 토번 전역에 반드시 불교를 숭상할 것을 명하고, 직접 귀족·대신들과 함께 영원히 불교를 버리지 않을 것을 신전 앞에서 맹세했다. 그는 또 첸포의 자손과 귀족의 자제들이 모두 승려 한 명을 스승으로 모시고 불교 서적을 공부할 것을 명했다. 그는 불교 승려들을 등급에 따라 정기적으로 식량·육류·수유·의복·종이·묵 등 모든 필수품들을 제공해 주었으며, 삼예사에 속민(屬民) 200가구를 주어 사원의 일상적인 사무를 돕게 했다. 또 신망 있는 승려를 '춉론(却論, chos-blon)'으로 선정하여 그 지위를 재상 직위에 해당하는 '대론(大論)'의 위에 군림하게 했다. 이로써 불교는 토번에서 '국교'가 되었다. 본교는 그 발전에 심각한 타격을 입었지만, 일부 귀족들의 전폭적인 지지 아래 여전히 티베트 역사에서 종적을 감추지 않았다. 신앙을 바꾸고 싶지 않은 본교 신도들은 토번의 변경 지대로 숨어들어 소규모의 포교 활동을 전개했다. 그러나 본교의 '국교' 지위는 이로써 박탈되었다.

비로차나는 인도의 마하보디 사원에서 어느 한 금강승 승려로부터 밀법을 배운 뒤 티베트로 돌아와 금강승 밀법을 전수했다. 그의 이러한 행동은 한편으로는 샨타라크쉬타의 문하승들과 인도 기타 현교승들의 반대를 받았고, 다른 한편으로는 또 본교를 지지하는 귀족, 특히 티송데첸의 정실인 체방자(tshe-spang-bza')의 반대를 받았다. 이들은 모두 비로차나가 배워 온 밀법은 불교에서 말하는 불교의 교리가 아니라 어둡고 사악한 주술과 요술로 토번에 불이익을 가져다 줄 것이라고 주장했다. 그러나 티송데첸은 비로차나에 대한 믿음을 버리지 않았다. 실제로 비로차나는 파드마삼바바 유파의 계승자, 즉 금강승 유파(불교 밀종은 금강승·탄트라승·만트라승이라고도 한다.)에 속했다. 그를 반대하는 세력이 매우 컸고 심지어는 비로차나를 처형해야 한다는 주장이 일자 티송데첸은 그를 몰래 숨겨 두고 직접 끼니를 가져다주면서 탄트라 서적(밀종 경전 의궤는 대부분이 모모 탄트라로 명명되어 있으므로 이 부류의 서적을 탄트라로 통칭함)을 번역하게 했다. 반대파들이 비로차나가 이미 죽은 것으로 믿게 하기 위해 티송데첸은 걸인을 비로차나의 모습으로 변장시킨 후 가마솥에 넣어 강물에 처넣었다. 그러나 티송데첸의 꾀는 왕비인 체방자에 의해 발설되었다. 불교 문헌과 본교 문헌들에서 체방자는 불교를 철저히 반대하는 본교 신도로 기록되어 있다. 그녀가 불교를 반대한 이유는 "불교가 흥기하면 첸포가 왕위를 잃게 될까 두려웠"기 때문이었다. 비밀이 탄로나자 티송데첸은 마지못해 비로차나를 캄(티베트 동쪽 지역) 차바롱(tsha-ba-rong, 서캄 염정과 염정 서쪽의 누강 하곡 일대)[근대의 조사

자료와 현지에서 전해지는 전설에 따르면 차바롱은 지금의 사천성 서부 대금천과 소금천 일대일 것으로 추정된다. —엮은이]으로 유배를 보냈다. 비로차나는 서캄 유배지에서도 밀교 전적을 번역했다고 한다. 남카닝포 등도 인도에서 금강승의 인도 승려로부터 불법을 배워 티베트로 돌아간 뒤 거센 반대에 부딪혔다. 그러나 남카닝포는 티송데첸의 위중한 병을 고쳐 줌으로써 그로부터 적극적인 보호를 받을 수 있었다. 체방자는 이번에도 앞장서 반대에 나섰다. 그녀는 밀종에 대해 "소위 카팔라(kapāla)란 사람의 두개골로 만든 잔이고, 바수타(Basuta)는 사람의 내장을 끄집어 낸 것이고, 캉링(rkang-gling)은 사람의 정강이뼈로 만든 나팔이고, 징체양시(zhing-che-g·yang-gzhi)는 사람의 거죽을 펼쳐 놓은 것이고, 라크타(rakta)는 제물에 사람의 피를 뿌린 것이고, 만달라(dkyil-'khor)는 무지개와 같은 채색이고, 가르파(gar-pa)는 사람의 두골로 만든 쪽머리를 인 사람일 뿐이다. 이것은 교법이 아니라 인도로부터 티베트에 들어온 죄악이다."[『베마가탕』(일명 연화생대사본생전) 제79품 참조]라고 비판했다. 그녀가 폭로한 금강승의 일부 의식과 제사 도구들이 갖고 있는 죄악들은 티베트인들이 증오하는 것이기도 했다. 실제로 위에서 말한 것들은 밀교에서 흔히 사용되는 것들이었다.[『원사(元史)』에 사람의 거죽으로 불상의 방석을 만들었다는 기록이 나오고 『원사』 열전 제92와 『철경록(輟耕錄)』 권2에도 사람의 심장을 제물로 올린다는 기록이 있다. 이로부터 원조 때에 내륙지역에 왔던 티베트 승려들이 여전히 기존의 잔혹하고 야만적인 전통을 고수했음을 알 수 있다.] 이에 티송데첸은 또다시 그들을 유배 보낼 수밖에 없었다. 후에 인도 밀교승 비말라미트라도 티베트에서 반대에 부딪혔으나 그는 굴복하지 않고 티송데첸을 설득해 비로차나와 남카닝포 등을 다시 불러들이게 했다. 비말라미트라와 다르마키르티(dharmakirti) 등의 인도승과 비로차나와 남카닝포 등의 티베트승은 모두 불교 밀종 서적 번역자로 유명하다. 그들은 하2부의 밀교 서적을 번역하고 상2부 밀법에 대해서는 비밀리에 극소수의 사람들에게 번역 전수했을 뿐이다. 이 역본들은 현재 닝마파의 전집에 보존되어 있으므로, 닝마파는 자신들의 창시자를 파드마삼바바·비말라미트라·다르마키르티·비로차나 등으로 거슬러 올라간다. 그러나 토번 시대는 아직 밀종이 널리 전파되지 않은 때였다.

티데축첸·티송데첸 시기에 여러 차례에 걸쳐 장안으로부터 한족 승려들을 청해 갔고, 또한 당나라와 토번 간의 전란 과정에도 일부 한족 승려들이 피랍되기도 했다. 특히 금성공주가 티베트로 시집가면서 한족 승려들을 데리고 갔고, 덕종(德宗) 또한 한족 승려들을 티베트에 보내기도 했다. 이 한족 승려들의 티베트에서의 행적에 대한 상세한 기록은 찾아볼 수 없지만, 일부 기록들을 통해 그들이 불경 강연과 번역을 위주로 했음을 추정할 수 있다. 티베트에는 한문에 능통한 티베트 번역사들도 있었는데, 『덴칼칼착(ldan-dkar-dkar-chag)』 중 34종의 경서에 한문을 티베트어로 번역한 것이라 밝혀져 있다.[『오부유교(五部遺敎)』에서도 일부 티베트 번역사들이 한문에 능하다고 씌어져 있다. 후에 티베트 승려가 과판상밀(科判詳密, 경문의 내용을 장절로 나누는 것을 과목·과판이라 한다)을 저술할 때도 경서를 강의하던 한족 승려로부터 배운 것이었다.] 이 밖에, 일부 한족 승려는 선승(禪僧)이었는데, 그중 가장 유명한 이가 바로 티베트어 문헌들에서 자주 등장하는 마하연(mahay-an)이다. 마하연은 781년경 혹은 그 이듬해에 첸포의 요청으로 티베트에 갔다. 돈황사본(敦煌寫本) 『돈오대승정이결(頓悟大乘正理決)』에는 "대당국에서 한승 대선사 마하연 등 3인을 청하여"라는 말이 나온다. 첸포의 왕비 로자 등은 바로 마하연으로부터 수계를 받고 출가했다. 샨타라크쉬타가 죽은 뒤 마하연의 영향력은 신속히 확대되었다.

티베트어 문헌들에서는, 예세양포·페르양 등 소수의 몇 명만이 여전히 샨타라크쉬타의 교법을 따랐을 뿐 대다수 티베트인 승려들은 마하연·예쉐왕포 등을 신봉하거나 그들에게 부화(附和)했다. 인도 승려들은 자신들의 세력을 회복하기 위해 티송데첸에게 카말라쉴라(Kamalaśīla)를 청해 줄 것을 부탁했다. 카말라쉴라는 인도에 있는 샨타라크쉬타의 고족 제자샨타라크쉬타와 카말라쉴라는 스승과 제자의 관계로, 인도 대승 중관종 자립 논증파인 우마랑규파(dbu-ma-rang-rgyud) 내에서 이른바 '유가행파 중관종'의 대표적인 인물이다.] 로 그는 티베트로 간 후 티송데첸의 주재 아래 마하연과 변론을 진행했다. 이 변론은 무려 3년(792~794년) 동안 진행되었다. 『돈오대승정리결』에서는 한족 승려가 이기면서 내륙지역의 선종과 카말라쉴라파가 함께 티베트에서 전파되었다고 기록하고 있다. 또 일부 티베트어 문헌에 따르면 마하연이 처음에는 이겼으나 나중에 패하여 당으로 축출되었고, 티송데첸은 티베트인이 선종을 배우는 것을 금했다고 기록하고 있다. 또 일부 문헌들에서는 티송데첸이 이후부터 나가르주나(Nāgārjuna, 龍樹) 중관종을 배울 것을 명했다고 기록되어 있는데, 선종 또한 나가르주나를 중요한 창시자의 한 사람으로 간주하고 있고, 마하연이 돈황으로 돌아간 뒤에도 현지에서 중요한 인물로 추대되고 티베트족 관리들도 그에게 존경을 보낸 것으로 보아 축출된 것은 아닌 것으로 짐작되기도 한다. 현재 전해지고 있는 문헌들로 보면, 티베트에서 선종(禪宗)의 영향력은 여전히 끊이지 않았으며, 이후의 닝마파와 카규파 등에도 영향을 미친 것으로 보인다. 다만 그 당시 번역된 불경 목록을 보면 카말라쉴라 등이 전수하는 중관종이 주류를 차지하는 등 인도 승려들의 세력이 더욱 강했던 것으로 짐작된다.

송첸감포 때에 이미 불경을 번역했다고 전해지기는 하나, 후세에 전해진 것이 없어 그 사실 여부는 더 확인이 필요하다. 티데축첸 때에는 한문으로 된 불경을 티베트어로 번역했다. 티송데첸 초기에도 일부 번역되었는데, 삼예사가 건설된 후 내륙지역과 인도·쿠스타나 등에서 적지 않은 승려들을 초청해 왔으며, 티베트족 번역 인재의 양성에 힘을 기울이면서 대규모의 불경 번역이 시작되었다. 불경 번역본에 대해서는 선후하여 세 차례에 걸쳐 목록을 만들었는데, 하나는 침푸칼착(mchims-phu-dkar-chag)이고, 하나는 팡타칼착('phang-thang-dkar-chag)이고, 다른 하나는 덴칼칼착(ldan-dkar-dkar-chag)이다. 지금까지 전해지고 있는 목록은 덴칼칼착 하나뿐으로, 경론(經

論) 700여 종이 수록되어 있다.(이 책은 824년의『텐규르』에 포함되어 있다.) 이처럼 불경의 대량 번역은 티송데첸의 적극적인 지원의 결과이며, 또한 불교 승려들이 티베트에서 불교를 전파하는 중요한 수단의 하나였다.

797년, 티송데첸이 죽자 맏아들인 무네첸포(mu-ne-btsan-po, 약 797~798년 재위)가 왕위에 올랐다. 그는 부친의 불교 발전 정책을 그대로 실시하면서 대량의 승려들을 공양하고 불교 경전을 번역했다. 티베트어 문헌에 따르면, 그는 삼예사에 삼장(三藏, 석가모니가 한 설법을 모은 경장, 교단이 지켜야 할 계율을 모은 율장, 교리에 관해 뒤에 제자들이 연구한 주석 논문을 모은 논장을 합해서 삼장이라 함)을 공양하는 법회(그중 경장을 공양하는 법회는 근세까지 전해졌음)를 만들기도 했다. 법회에서 그는 신하와 백성들이 바친 공물의 양이 현저하게 차이 나는 것을 보고 백성들의 재부를 평균화하라는 명을 내리기도 했다. 티베트어 문헌에 따르면, 이러한 '재부의 평균'은 세 차례나 진행되었다. 그러나 얼마 후 그는 자신의 모친에 의해 독살된다. 이는 불교를 반대하고 본교를 숭상하는 귀족들이 꾸민 것일 수도 있고, 티송데첸이 죽은 뒤 여러 자식들의 왕위 쟁탈의 결과(『신당서(新唐書)』권222의 남소전이모신치위고서(南詔傳異牟尋致韋皋書) 참조)일 수도 있다.

티데송첸(khri-lde-srong-btsan, 무네첸포의 동생, 약 798~815년 재위)이 즉위한 후에도 여전히 부친인 티송데첸의 불교 발전 정책을 실시하고 불경 번역을 격려하였으며 카르충(skar-chung) 사원을 건립했다. 그가 첸포의 자리에 오를 수 있었던 원인은 세력 있는 승려들과 일부 대신들의 추대를 받았기 때문이었으므로, 그는 더욱 승려를 중시했다. 특히 어릴 적에 불교 서적을 읽는 것을 가르쳤던 스승인 반데 · 냥 · 팅네진장포(ban-de-myang-ting-nge-'dzin-bzang-po)는 그로부터 두터운 신임을 받아 정치적 발언권도 일부 갖고 있었다. 그 당시 사람들은 그를 반데첸포[(ban-de-chen-po, 반친포),『당서』에 나오는 발천포(鉢闡布) · 발체포(鉢掣逋)가 바로 이 칭호를 한문으로 음역한 것이다. 원화(元和) 5년(810), 음력 5월, 당헌종은 서복(徐復)을 토번에 사절로 보내며 발천포에게 보내는 편지를 주었는데, 여기서 발첸포가 바로 이 칭호 혹은 반데·냥·팅네진장포를 가리키는 것으로 추정된다'라 부르기도 했다. 티송데첸이 첸포의 자식들과 귀족 자제들이 불경을 공부하게 하고 사승(師僧)을 지정해 주면서 냥·팅네진장포가 티데송첸의 경사가 었고, 무네첸포가 죽은 뒤 티데송첸과 그의 형제들이 왕위를 다투는 과정에 냥·팅네진장포가 승려와 귀족의 일부 세력을 규합하여 그를 지지해 나선 것이다. 티데송첸은 왕위에 오른 뒤에도 이들 세력에 의지했고, 승려들이 토번의 정치에 간섭하는 국면이 나타나기 시작했다. 『당서』에서는 원화 4년(809) 토번이 화친을 요청한 데는 냥·팅네진장포의 영향이 있었을 것이며, 따라서 5년 뒤 서복이 토번에 사절로 갈 때 당헌종은 특별히 친포에게 칙서를 내린 것(『신당서』에는 발천포라 함은 '불타를 조종하여 국사에 간섭하는 자이다'라고 쓰고 있음)이라고 기록하고 있다. 원화와 장경(長慶) 연간, 당나라와 토번의 화친에는 토번 승려들의 영향이 있었음은 사실일 가능성이 높다. 이는 또 토번 승려가 토번의 정무를 간섭했다는 것(그러므로 『당서』에서는 또 '정사를 보는 토번의 승려가 있으니 발체포라 하더라'고 기록하고 있다.) 또한 사실이었음을 말해 준다. 이를 시작으로 승려가 정무를 간섭하는 경우가 빈번해졌다. 다른 한편으로, 이 시기에는 이미 대량의 불교 경전이 번역되었는데, 경전들이 주변의 여러 지역과 국가들에서 전해졌기에 번역된 경전 또한 그 수준이 들쭉날쭉했다. 티데송첸 때부터 이 문제에 주의를 돌리기 시작해 인도 승려와 티베트족 번역사들을 모아 번역된 경전들을 심열하고 정리하게 했다. 이 작업은 티데송첸의 아들인 티축데첸 시기에 이르러서야 비로소 완성되었다.

815년 티데송첸이 죽었을 때, 그의 다섯 아들 중 맏아들 창마(gtsang-ma)는 불교를 믿고 출가한 상태였고, 둘째 아들 라제(lha-rje)는 중년에 요절하고, 셋째 아들 룬둡(lhun-grub)은 유년에 요절하고, 넷째 아들 다르마(dar-ma)는 "술과 고기를 좋아하고 험상궂고 패악하며 은혜를 베풀 줄 몰랐다."(구『당서』) 반데첸포와 대론 등은 다섯째 아들 티축데첸(khri-gtsug-lde-btsan, 랄파첸(ral-pa-can, 약 815~838년 재위, 한문으로 된 고문헌에서는 가려가조可黎可足로 나옴)을 왕위에 올리기로 결정했다. 티축데첸은 불경 역례(譯例)를 통일하는 작업을 완성하고 [지금의『텐규르』ca함(函)의 번역명의대집(飜譯名義大集)『마하뷰파티(mahavyutpatti)』로 집록됨] 번역된 경론들을 교열하는 동시에 대량의 불경 번역 작업을 지지했다. 이 시기부터 불경 번역은 산스크리트어를 티베트어로 번역하는 작업이 위주가 되고 그 내용은 현교(顯敎) 경론을 위주로 하기 시작했으며, 밀교 경전의 번역에 대해서는 여러 가지 제약을 가하고 소승 경론에 대해서는 일체유부 범위로 제한했다. 그는 또 운창도·타시게펠축라캉('on-cang-bo'i-bkra-shis-dge-'phel-gtsug-lag-khang)을 건설했으며, 승려에 대한 공경과 공양은 영불(佞佛, 부처에게 아부하여 복을 빌음)의 경지에 이르렀다. 전하는 바에 의하면, 그는 머리에 두 갈래의 긴 두건을 둘렀는데 두건의 끝을 승좌에 펴고 승려들을 승좌 우에 앉게 했다고 한다. [랄파첸이라는 이름은 바로 머리가 긴 사람을 뜻하는 말이다. 그는 두건을 땅에 펴고 승려들이 그 위를 걷게 한 후 다시 머리에 맸다는 설도 전해지는데, 이는 모두 머리카락으로 흙을 덮고 부처가 머리카락 위를 걷게 함을 뜻한다. 북제(北齊)의 문헌제도 "늘 머리카락을 땅에 펴서 상더러 밟고 지나게 했다."고 하는데, 여기서 상은 승려 법상(法上)을 가리킨다] 그는 또 승려에 대한 공양에 관한 규정을 새로 내오고 매 한 명의 승려에게 7가구의 속민을 주어 그들이 승려를 섬기게 했으며, 승려에 대해 불만을 품은 자에 대해서는, 손가락으로 승려를 짚은 자는 손가락을 자르고 두 눈을 부릅뜨고 승려를 노려본 자는 눈을 파내게 했다.[원무종(元武宗) 시기에도 "서승(西僧, 티베트 라마승)을 구타한 자는 손을 자르고 서승을 욕한 자는 혀를 자르"는 영을 내리려고 하기도 했는데, 이러한 법령은 그 당시 티베트 승려들이 티베트 역사를 근거로 건의한 것이었다.] 또한 신하와 백성들이 반드시 불교의 '도덕' 준칙을 따를 것을 명하고, 심지어 민간에서 사용하는 도량형 기구도 불경에 나오는 인도에서 유행하는 도량형으로 바꾸게 했다. 특히 그는 정권을 사승(師僧, 수행자를 지도하는 승려)에게 넘겨 장악하게 하고 반데첸포·펠기윤텐

(dpal-kyi-yon-tan)을 촙론(chos-blon, 교법대신을 뜻하는 말)으로 임명하여 대론의 위에 군림하여 대내외의 군정 대권을 장악하게 했다. [장경 2년(822), 유원정(劉元鼎)이 토번 에 사절로 가서 화맹을 할 때 주맹한 사람이 바로 펠기윈텐이다. 라싸에 현존하는 화맹비 옆의 토번예맹대신 중에 그는 첫 사람으로 올려져 있다] 이러한 조치는 귀족과 백성들의 반대를 받았는데, 특히 본교를 신앙하는 에겔토레(dbas-rgyal-to-re) 등 대신들은 티축데첸을 제거할 계책을 꾸미기도 했다. 티축데첸의 형인 창마는 출가승이었으므로 동생을 지지했다. 이에 에겔토레 등은 우선 계략을 꾸며 창마를 외지로 조동시킨 후 펠기윈텐과 첸포의 왕비 옥로자펠기앙출(cog-ro-bza'-dpal-gyi-ngang-tshul)이 사통했다는 유언비어를 날조했다. 이를 믿은 티축데첸은 펠기윈텐을 죽였고, 왕비는 스스로 자결했다. 에겔토레 등은 또 티축데첸이 술에 취해 침상에서 자고 있는 틈을 타서 그를 죽였다.

티축데첸이 죽은 후 에겔토레 등은 다르마[dar-ma-'u-dum-btsan, 다르마 위둠첸, 약 838~842년 재위. 다른 한 문헌에서는 다르마(랑다르마)가 841년에 즉위하고 843년에 멸불 정책을 시행했으며 846년에 피살되었다고 기록하고 있다. —편집자 주]를 첸포로 올렸다. 바겔토레가 스스로 대론을 맡아 불교를 핍박하고 본교 세력을 회복하는 정책을 폈다. 이들은 승려들에 대한 공양을 점차 중단하였기에, 인도와 티베트의 승려들은 타지로 피난을 갔고 온창도·타시게펠축 사원도 건설 공사가 중단되었다. 전 세대의 첸포들이 건설한 조캉·삼예 등 사원들의 대문을 봉하고 승려들의 음주도를 그려 놓았으며, 또 문성공주를 나찰 귀신이라 선포하고(문성공주가 석가모니상을 티베트에 가져갔기 때문이다.) 티베트 전역에서 불교를 박해했다. 수많은 불상들이 모래 밑에 묻혀 버렸고, 이동할 수 없는 불상들은 끈으로 묶어 두었다. 번역된 경서들은 강물에 버리거나 불에 태워 버렸다.(일부는 티베트 승려들에 의해 동굴 속에 숨겨져 지금까지 보존되었다.) 린첸촉·냥팅네진장포 등은 인도 승려들과 함께 인도로 도주하는 길에 에겔토레가 보낸 자객에 의해 피살되었다. 떠나지 않은 티베트 승려들은 강제로 환속하거나 불교를 버리고 본교를 믿을 수밖에 없었고, 이에 복종하지 않는 승려들은 사냥개를 데리고 나가 활궁으로 사냥을 하게 했다.(불교 신도들은 살생을 금하였기에 사냥을 하지 않았다. 그들에게 사냥을 하도록 명하는 것은 바로 불교 신앙을 버리도록 강요하는 것이었다.) 이러한 불교 말살 정책은 라싸와 삼예에서 시작되어 토번 전역으로 시행되었는데, 이는 한 차례의 매우 철저한 멸불 정책이었다. 842년, 일부 승려들이 강요에 의해 라룽(lha-lung)으로 사냥을 떠났다. 라룽에는 펠기도르제(lha-lung-dpal-gyi-rdo-rji)라고 하는 수행승이 있었는데, 그는 멸불 사실을 알고는 몰래 활궁을 숨겨 라싸로 갔다. 그는 라싸에서 비문(碑文)을 읽던 다르마를 활로 이마를 쏘아 죽인 뒤 서녕(西寧) 일대로 도주했다. 다르마가 죽자 토번 정세는 혼란에 빠졌다. 토번은 곧 분열되었고, 통일된 정권이 멸망하기에 이르렀다. 토번의 첸포들이 여러 세대에 거쳐 발전시켰던 불교 또한 100년 넘게 중단되었다.

현존하는 문헌에 따르면, 토번은 비교적 믿음직한 문헌이 전해지고 있는 남리송첸 때부터 다르마에 이르기까지, 노예제 사회 단계에 처해 있었다.(남리송첸 이전 시기에 이미 노예제 사회에 들어선 것으로 추정된다.) 남리송첸은 일부 노예주를 정복하고 다른 일부의 노예주들과 연합하여 노예주 군사 연맹의 정권을 세웠다. 그 시기에는 자주 맹서(盟誓) 대회를 갖고 여러 노예주들이 첸포에 충성하도록 했는데(흔히 어느 한 가지 일을 갖고 첸포에게 충성을 맹세하는 형식으로 진행되었다.), 노예주들은 첸포의 신하가 되었지만, 자신의 관할 지역에서는 여전히 대를 이어 노예와 농전·목장·삼림·하천을 세습할 수 있는 권력을 누리고 있었다. 송첸감포 시기에 이르러서야 노예주들 간의 연맹을 강화하기 시작하여 여전히 맹서의 방식으로 노예주들이 첸포에게 충성할 것을 확인하기는 했지만, 이 시기에는 서약자 본인뿐만 아니라 그 자손들도 세세대대로 첸포와 그 자손들에게 충성할 것을 맹서했으며, 첸포 또한 이유 없이 자신에게 충성하는 노예주의 이익을 침범하지 않

을 것을 맹서했다. 이러한 맹서의 방식은 송첸감포의 실력이 증강했음을
보여 주는 동시에 다른 한편으로는 또 노예주들이 기득권 세력의 대표로 토
번의 노예주 정권에 참여하고 그 세력 범위 안에서는 모든 실권을 행사했음
을 시사한다. 송첸감포의 가족은 여전히 그 세대에서 비교적 세력이 강한
노예주일 뿐이었다.(그가 당나라의 문성공주를 왕비로 맞은 것은 자신의 위망을 높
이고 그 지위를 확고히 하는 수단이었다.) 그의 '문치무공(文治武功)'으로 토번은
비로소 일정한 규모를 갖추게 되었다. 이러한 정권에서 첸포의 권력은 절
대적인 것이 아니었으며 룬중충은 스스로 토번이 "…상하가 힘을 합쳐 아
래로부터 정사를 논의하고 그 이익에 따라 행하니 오래도록 강역을 지킬 수
있은 것이다."(『신당서』 토번전)고 말하기도 했다. 이는 그의 수하의 노예주
들이 토번 정권의 중요한 정사를 논의함에 있어서 꽤 큰 발언권을 갖고 있
었음을 보여 준다. 그의 수하의 장권(掌權) 대론 또한 흔히 노예주들 속에서
실력이 비교적 강한 자가 맡았다. 이 통치기구는 서민에 대해 엄격하고 가
혹한 형벌과 법령으로 다스렸고 노예에 대해서는 무분별하게 살해할 수 있
었으며 통치 계급 내부는 이해관계로 결합되어 있었다. 노예제의 사회제도
는 대외적인 전쟁을 통해 노예를 공급받아야 했다.   그러나 토번의 남쪽은
히말라야산맥을 넘어서면 티베트군의 행군에 적합하지 않은 열대 지역이
었고, 서쪽의 아리 및 그 서부 지역은 아직 황막하여 대외 전쟁을 통해 얻을
수 있는 이득이 극히 적었다. 그들은 북쪽과 동쪽으로의 확장을 통해서만
이 재물과 노예를 약탈할 수 있었다. 당항(탕구트)과 토욕혼(선비족의 한 갈래
가 세운 나라 이름)을 항복시킨 후 토번은 당나라와 접경하게 되었고, 200년
동안 당나라와 토번 간에는 전쟁이 끊이지 않았다. 전쟁에서 노예주는 군
관이 되었고, 그의 관할구의 백성은 병사가 되었으며, 수많은 노예들도 토
번군에 함께 수행했다. 전쟁을 통해 점령한 토지는 첸포가 지배했고, 가축
과 포로와 재물은 그들을 포획한 군관과 병사의 사유물이 되었다. 그러므
로 토번의 노예주들은 전쟁을 재부를 모으고 노예 수량을 높이고 그 자신의

세력을 강화하는 효과적인 수단으로 삼았다.(실력이 증강되면 토번의 정무에서의 발언권이 더 많아지고 대론으로 선발되어 토번의 행정적인 실권을 장악할 수도 있었다.) 토번 왕조 초기에 첸포와 그 노예주들은 당나라와의 전쟁을 통해 이익을 취득했다. 토번 왕조 중기와 말기에 이르러 토번에는 그 세력이 첸포의 세력과 맞먹는 권신과 호족이 생겨났으며, 그들은 여전히 적극적으로 당나라와의 전쟁을 통해 자신의 세력을 확장하고자 했다. 다른 한편으로 첸포 왕실에는 규모가 비교적 작은 노예주들도 있었는데, 그들에게 있어서 전쟁은 이득보다는 해가 높은 것이었으므로 화친을 주장했다. 토번 왕조 내부의 정세가 변화하면서 티데축첸과 티송데첸 부자 및 그 이후의 첸포와 그들의 권신들 간에는 당나라와의 전쟁과 화친을 두고 자주 충돌이 발생했다.

티송데첸은 불교 발전 정책을 적극 추진해 왔다. 그는 사원을 건설하고 승려가 되려는 자에게 도첩을 주었으며 중요한 신공(臣工)들을 소집해 함께 맹서를 하고 부처를 받들었다. 또한 귀족 자제들이 승려를 스승으로 삼고 경서를 배우고 불교의 교리를 따르도록 했으며, 심복 승려를 촙론으로 임명하는 등 불교를 지고무상의 지위에 올려놓았다. 다만 그가 이러한 정책들을 실시한 목적에 대해서는 지금까지 기록된 문헌을 찾아볼 수 없다. 그 시기의 상황으로 미루어 보면, 티송데첸은 이러한 조치들을 통해 통치 계급 내부, 즉 첸포와 권신들 간의 전쟁과 화친을 두고 생긴 모순을 해결하고자 했던 것으로 짐작된다. 전쟁을 금하고 충돌을 멈추는 것은 불교의 근본 교리로 토번 왕실의 화친 주장과 합치되는 것이었다. 그 시기 상위층 승려들은 모두 귀족의 자제들이었는데, 첸포는 봉불(奉佛)을 통해 더욱 많은 귀족들과의 관계를 개선할 수 있었다. 또한 그는 승려를 촙론으로 임명함으로써 가장 세력이 강한 귀족이 대론이 되던 관례를 깨트렸다. 티송데첸의 자손들이 첸포가 된 시기에 이르러 츄론은 또 대내외의 군사와 정치 대권을 실제적으로 장악하고 있는 발천포로 발전함으로써 당목종 장경 연간의 장경화맹(長慶和盟)의 국면을 이룩하기에 이른다. 이는 그들이 티송데첸의 숭불 정책을 계승한 것이 효과를 본 것이기도 하다. 다만, 불교는 티베트에서 처음부터 통치자의 통치 도구로 사용되면서 첸포 등에 의해 매수되었으며, 심지어는 그 수령이 토번의 행정 대권을 장악하기도 함으로써 겉보기에는 명성과 위세가 드높은 듯했지만, 실은 민간에서 그 신도가 매우 적었다.(티축데첸의 7가구의 1승려 공양제는 백성들의 반발을 사기도 했고, 다르마의 멸불 이후 그의 아들이 불교 회복 정책을 실시했을 때 사원에 승려가 없었던 점들이 이를 시사한다.) 그러므로 다르마가 사원과 승려들에 대한 공양을 중단하자 승려들은 뿔뿔이 흩어질 수밖에 없었고, 승려들에게 불교를 버리고 본교를 믿거나 사냥꾼이 될 것을 명했을 때 승려들은 그 명에 따를 수밖에 없었으며, 명에 복종하지 않는 일부 승려들은 첸포의 세력 범위 밖으로 도주했다. 이에 따라 불교는 티베트에서 100년 넘게 종적을 감추기에 이르렀다. 토번의 멸불 정책이 당무종 회창(會昌) 연간의 폐불(廢佛) 정책과 비슷한 시기에 이루어졌지만, 그 결과는 확연히 다르게 나타났다. 이는 그 시기 불교가 티베트에서 대중적인 기반을 마련하지 못해 생명력을 갖추지 못했음을 말해 주는 것이다.

[부록] 토번 첸포 승계표

송첸감포(srong-btsan-sgam-po, 617~650)

　‖ (손자)

망송망첸(mang-srong-mang-vtsan, 650~676년 재위)

　‖ (아들)

두송망포제('dus-srong-mang-po-rje,　676~704년 재위)

　‖ (아들)

티데축첸(khri-lde-gtsug-btsan, 704~755)

　‖ (아들)

티송데첸(khri srong-lde-btsan, 742~797)

　‖ (아들)

무네첸포(mu-ne-btsan-po, 약 797~798년 재위)

　‖ (동생)

티데송첸(khri-lde-srong-btsan, 약 798~815년 재위)

　‖ (아들)

티축데첸(khri-gtsug-lde-btsan, 약 815~838년 재위)

　‖ (형)

다르마(dar-ma, 약 838~842년 재위)

전설 속의 토번 왕조 첸포 가계도 중 이 편에 언급된 첸포들의 이름은 다음과 같다.

제1대: 네티첸포(gnya'-khri-btsan-po)

제26대: 티톡첸(khri-thog-btsan)

제27대: 라토토리녠첸(lha-tho-tho-ri-gnyan-btsan)

제31대: 남리송첸(gnam-ri-srong-btsan, 송첸감포의 부친으로 송첸감포는 이 가계도
　　　　에서 제32대에 해당함)

제2편

불교의 두 번째 부흥과 전파

토번 왕조 말기에는 내부 정권 쟁탈이 심하여 많은 첸포들이 횡사를 당했다. 842년 다르마가 암살당한 후 그의 큰 첩 나남(sna-nams) 씨가 양자 융텐(yum-brtan)을 태자로 세웠는데, 그에 대하여 일부 귀족들이 불만을 품었다. 이듬해 둘째 첩 체퐁(tshe-spong) 씨가 아들 외숭('od-srung)을 낳았다. 이를 계기로 토번 귀족들은 왕자를 둘러싸고 두 파로 갈라져 피비린내 나는 싸움을 벌였다. 도캄(mdo-khams) 지방의 장군들도 가족 내부에 파벌이 생겨 서로 싸우고, 전란은 이십여 년간 끊임없이 계속되었다. 이를 진압하다 보니 토번은 각 부족 군을 거의 다 소모하여 버렸고, 탕구트와 토욕혼 등 부족도 토번의 지배에서 벗어나 자립하였다. 토번의 종군 노예와 노예주들도 서로 싸워 거의 다 부상입거나 사망했고, 그 지배에서 벗어난 노예들은 온말군을 결성하였다. 우창 지방에서는 융텐과 외숭이 성년이 된 후에도 두 왕자를 둘러싼 귀족들의 권력 다툼은 멈추지 않았고, 귀족과 노예주들의 군사력은 크게 쇠퇴했다. 전란에 의하여 토번 시대에 세운 여러 가지 사회 제도와 질서, 나아가 맹약이 무너지고 세금 수입 부족으로 징수가 가혹해진 결과, 백성들이 도탄에 빠졌다. 869년 즈음에 우창 지방에서 노예 평민의 대반란('bangs-gyen-log)이 일어났다. 반란은 동에서 서에로, 북에서 남으로 폭풍우처럼 우창 전 지역에 퍼졌고, 이런 상황은 20년이 넘게 이어졌다. 877년에는 역대 첸포의 무덤마저 파내기에 이르렀다. 전란에 의하여 많은 노예주들이 사라졌고, 극히 일부가 남았으나 몹시 쇠약하였다. 게다가 반란자들 역시 통일적인 조직을 이루지 못하고 세력 확대에 한계가 있어 혼란은 쉽게 그치지 않았다. 9세기 말 즈음에 외숭의 파들이 윰텐파들에게 쫓겨서 티베트 서부의 가리(mnga'-ris) 지역으로 감으로써 쟁탈이 겨우 끝났지만, 사회적으로는 여전히 혼란 상태였다. 티베트어로 된 자료에 의하면, 그 당시 우창 지방 사회는 산골마다 관리가 있어 견고한 토치카를 만들고 백성들을 무장시켜 부락을 지켰다고 한다. 티베트어로 된 다른 자료를 찾아보면, 가을 수확기 때면 여러 부락들에서는 백성들을 두 팀으로 나누어 무장한 한 팀은 수확물을 약탈당하지 않도록 지켜 내고, 다른 한 팀은 곡물을 거두어 보존하였다고 적고 있다. 천재가 있을 때에는 강한 부락이 다른 부락의 곡물과 소와 양을 약탈하여 나누었다.

이 시기 정치의 혼란상과 더불어 노예 점유 제도가 붕괴되었고, 목축업보다는 농업이 더 큰 발전을 가져왔다. 문화적으로는 생산과 수공업 면의 기술이 노동 인민들 속에서 전해지고 있었고, 과거에 토번 귀족이 내지로부터 접수하였던 봉건 문화, 한인 지역과 인도로부터 접수한 불교문화 등은 이때에 노예주 계급의 붕괴와 함께 쇠퇴하였다. 다르마왕 시기에 크게 흥성하여 교단 조직의 규모를 형성하였던 본교도 이때에 파멸되었다. 그러나 각지에 흩어져 있던 본교도들은 불온한 시대를 타고 활동을 적극 전개하였는데, 눈부신 활약상을 보였다고 할 만하다.

역사 자료의 부족으로 그 당시 사회경제 상황의 특성을 단정하기는 어렵지만 이 시기 우창 지방은 노예제 사회에서 봉건제 사회에로 전환하는 과도기에 처하였을 것이라고 추측된다. 소량의 자료에 근거하여 보면, 잔존하여 있는 노예주의 통치력은 매우 미약하였다고 판단된다. 하지만 반란자들도 강력한 정권을 구축하지 못한 상태이므로 우창 지구 내의 여러 지방은 그 발전 상황이 불균형적이었다. 계급투쟁이 격화되어 각지에서 추장 사이 혹은 부락 사이에 싸움이 빈번하게 일어났는데, 이런 혼란 상태는 백년 좌우 연속되었다. 새로운 봉건 질서를 정립하고 사회의 안정과 생산의 발전을 도모할 데 대한 새 시대의 조류에 부합되는 요구가 제기될 때에 우창 지방에서 불교가 재차로 부흥의 시기를 맞이한 것이다.

티베트어 자료에 의하면, 다르마 폐불 시대에 창·랍셀(gtsang-rab-gsal), 요·계중(g·yo-dge-'byung), 마르·샤캬무니(dmar-shākya-mu-ni)라는 이름을 가진 세 승려가 추오리(chu-bo-ri, 곡수 이남 얄룽창포강의 남안) 지방에 있었다고 적고 있다. 그들은 사냥하러 나온 어떤 승려에게서 불교 멸망의 상황을 얻어듣고 계율과 논서를 휴대하고 서쪽의 가리 지방으로 도망갔다가 또 북쪽 위구르 지방에 이르렀다. 때는 위구르의 붕괴기(840년 위구르제국 멸망)였고, 겨우 잔존해 있던 세력이 지금의 신강(新疆) 동부에 작은 왕국을 건립하였지만, 그곳에는 불교와 마니교가 유행하였다. 세 사람은 그곳에서 샤캬 쉐랍(shākya-shes-rab)이라고 하는 관리의 공양을 받았지만, 언어가 통하지 않아, 동쪽으로 더 가서 도캄 지방(지금의 서녕 부근)에 이르렀다. 만년에 그들은 제자 한 사람을 받았는데, 그 이름을 공파랍셀이라고 하였다.

공파랍셀(dgongs-pa-rab-gsal, 892~975년)은 총카데캄[tsong-kha-bde-khams, 지금의 청해 순화(循化) 이북 황하 북쪽 연안] 지방 사람으로서 창·랍셀과 요·계중을 궤범사(軌範師)[1]로 모시고 출가하여 사미계를 받고 게와랍셀(dge-ba-rab-gsal)이라고 하였다. 그 후 불교 교의에 통달하여 라첸(bla-chen, 대사 대라마라는 뜻)이라 칭하였는데, 일반적으로는 공파랍셀이라고 부른다. 그는 20세(911년) 때에 창·랍셀과 요·계중을 궤범사로, 마르·샤캬무니를 병교사(屛敎師)[2]로, 서녕(西寧)의 한족 승려 과왕(果旺)과 기반(基班)을 존증사(尊證師)[3]로 하여 비구계를 받았다. (불교의 규정에 의하면, 계를 줄 때 승려 10명이 필요하였지만, 변경 지역은 불교가 별로 흥성하지 않았기에 5명이 수계하는

---

1) 궤범사(軌範師): 아사리(阿闍梨)의 한역. 계율을 받은 새 수행승은 10년간 장로 한 분을 모셔야 하는데, 이 장로를 궤범사라고 한다. 제자의 규범, 본보기라는 뜻이다. —역자 주
2) 병교사(屛敎師): 교수사(敎授師)와 같음. 계를 받는 자에게 수계의 작법을 전수하는 스승이다. —역자 주
3) 존증사(尊證師): 수계를 증명하는 사람이다. —역자 주

것을 허락하였다. 5명 인수(人數)는 최저 수치여서 스승 3명에 한족 승려 2명을 요청하여 부족한 인수를 보충하였다.)『청사(靑史)』에서는 공파랍셀이 비구계를 받기 전에 눈·쟘펠(non-'jam-dpal)에게서 밀교(密敎)를, 방·린첸도르제(bang-rin-chen-rdo-rje)에게서 발보리심법(發菩提心法)을, 키·겔에축토르(skyi-rgyal-ba'i-gtsug-tor)에게서 "중관(中觀)"과 "인명(因明)"을, 남·간덴쟝춥(nam-dga'-ldan-byang-chub)에게서 유가(瑜伽)를 배웠다고 기록하고 있다. 비구계를 받은 후에는 감주[甘州, 지금의 감숙성장액(甘肅省張掖)]로 발길을 옮겨 그곳에서 고른·셍게닥파(go-ron-seng-ge-grags-pa)로부터 율장(律藏)과 사아함(四阿含), 그 주석을 배웠다. 당시 그가 전(前)티베트에 가서 불법을 배우려고 룽탕직텐쿤(lung-thang-'jig-rten-kun, 암도 지방)에 이르렀을 때, 한 티베트인에게서 우창 지방은 흉년이 들었고 또 네팔과 인도에 유학한 적이 있는 카운·촉닥파(kwa-'on-gchog-grags-pa)라는 승려가 지금은 암도(安多) 지방에서 살고 있다는 것을 알게 되었다. 그리하여 라체·빅틱(lha-rtse-bhig-tig) 에 가서 카운·촉닥파에게서 『대승아비달마집론(大乘阿毗達磨集論)』·『현관장엄론(現觀莊嚴論)』·『보살지(菩薩地)』 등을 배웠다. 또 단티[dan-ti, 서녕(西寧) 탈사 동남, 순화(循化) 이북 황하 북쪽 연안] 지방에 있는 난쟁이 아홉 형제의 요청에 응하여 그곳에 가서(시기는 940년 전후) 줄곧 머물렀다. 그곳에서 그 지방 티베트족 상층의 지지하에 시주도 받고 사람들도 모여들었다. 당시 이 일대의 한족 승려들은, 많이는 선종(禪宗)에 속해 있었고 명심견성(明心見性)과 돈오성불(頓悟成佛)만 중히 여기고 사원의 건축 수리 작업 등과 인과보응설 등에는 관심을 보이지 않았다. 공파랍셀은 자기의 재력과 인력를 기반으로 많은 사원을 건립하고 인과보응설을 선전하였다. 결과 상층 계급을 포함한 많은 지지자들을 얻었고, 당지의 족장이였던 바공·예쉐융둥(sba-gong-ye-shes-g·yung-drung)과 둠·예쉐겐첸(grum-ye-shes-rgyal-mtshan) 등이 공파랍셀에게서 계를 받고 출가하였다. 공파랍셀은 그 지방에서 명성을 떨쳤는데, 일부 전(前)티베트와 후(後)티베트 사람들(이른바 우창 10인)이 만년의 그를 찾아와 계를 받고 우창에 되돌아가서 사원을 짓고 계를 주었는데, 그제서야 우창 지구에 불교가 유전되기 시작하였다. 이를 티베트어 역사 자료에서는 "하로홍전(下路弘傳)"[감숙 청해의 티베트 지구를 티베트족들은 돔셈(朶麦, mdo-smad)이라고 칭한다. 셈(smad)은 "하(下)"의 뜻이다]이라고 하였다.

다르마 폐불 시기를 맞아 우창 지방은 사원이 폐쇄되고 승려들이 뿔뿔이 흩어져 도망가 버리는 상황이 되었다. 융텐과 외숭, 그들의 자손의 시대에 이르러 불교는 금지된 것은 아닐지라도 정식으로 출가하는 사람이 없어졌고, 정규적인 종교 활동도 거행되지 않았으며, 승가조직(僧伽組织)은 더욱 없었다. 『부톤불교사』에 의하면, 당시 폐쇄되었던 사원의 문이 열리긴 하였으나, 그곳에는 승려도 속인도 아닌, 상좌의 아라한이라고 자칭하는 인물이 자리 잡고 있을 뿐이었는데, 하안거(夏安居) 3개월에만 계율을 지키고 다른 시기는 완전히 속인과 같은 모습이었다고 한다. 본교는 이와 달리 아주 활약적이었다. 사원 등 조직을 갖고 있지 않은 점은 불교와 다름없지만, 전란 시대에 본교는 상당히 유행되었고(고대의 본교의 주요 활동이라면 액막이를 하여 재앙을 쫓고 주문을 외워 복수하는 등이었고, 천재와 인재가 심할수록 그 "시장"이 확대됨), 불교 경전을 본교 경전으로 대거 왜곡하는 현상이 있는가 하면, 본교도가 불교도라고 자칭하는 현상마저 나타났다. 요컨대 당시의 종교계는 대단한 혼란기에 처해 있었던 것 같다. 외숭의 자손이 후(後)티베트와 가리 지방으로 물러난 후 전란이 평정되고 사회는 겨우 안정되었다. 사람들이 안정한 생활을 갈망하고 통치자(각 지역의 작은 통치자)들 역시 인민들에 대한 착취와 통치를 유지하고자 하였기에 불교는 또 통치자들의 이용 수단으로 되었다. 티베트어 역사 자료에서는, 이 시기의 예쉐겐첸(ye-shes-rgyal-mtshan, 융텐의 6세 후손)에게 많은 자리를 할애하여 적고 있다. 말하자면, 단티에서 불교가 부흥하고 있다는 소식을 듣자 바람으로 예쉐겐첸이 후(後)티베트의 어린 왕과 함께 사람들을(10인 또는 6인이라고 함) 파견하여 출가시키고 불법을 배우게 하였다고 한다. 그들이 곧 티베트어 역사 자료에서 언급하고 있는 "하로홍전(下路弘傳)"을 시작한 루메 등 우창10인(6인이라고도 함)이다. 그들의 이름은 자료에 따라 좀 다르지만, 그중의 유명한 사람을 들어보면, 전(前)티베트의 루메·출팀쉐랍(klu-mes-tshul-khrims-shes-rab), 락시·출팀중네(rag-shi-tshul-khrims-'byung-gnas), 딩·예쉐윤텐('bring-ye-shes-yon-tan), 바·출팀로도(sba-tshul-khrims-blo-gros), 숨파·예쉐로도(sum-pa-ye-shes-blo-gros), 또 후(後)티베트의 로톤·도르제왕축(lo-ston-rdo-rje-dbang-phyug, 구르모랍카gur-mo-rab-kha), 총춘·쉐랍셍게(tshong-btsun-shes-rab-seng-ge, 샵·고가shab-go-nga), 데톤·손누출팀('bre-ston-gzhon-nu-tshul-khrims) 등이다. 그리고 가리 출신의 두 사람(우게푼니, 'od-brgyad-spun-gnyis)도 있다. 그들은 단티에 이른 후 공파랍셀에게서 계를 받고, 그의 제자에게서 율장과 경론을 배웠다. 어떤 문헌에 의하면, 루메가 계율(戒律)을 받을 때 여전히 한족 승려가 존증사를 맡았다고 한다. 우창 10인은 975년경에 연이어 우창으로 되돌아갔다. 먼저 로톤·도르제왕축이 상인을 동반하여 돌아와서는 구르모(gur-mo) 지방에 작은 사원을 지었다. 이 지점을 선정한 이유는 상인의 건의에 따랐기 때문인데, 훗날 그곳은 시장이 되고 사원도 오랫동안 번영하였다. 로톤·도르제왕축은 그곳에서 24명에게 계를 주었고, 그들 24명 또한 저마다 후(後)티베트에 작은 사원을 세웠다. 총춘·쉐랍셍게와 데톤·손누출팀도 사원을 건립하고 제자를 받았으며, 그들의 제지와 손제자들도 사원을 건립하였다. 전(前)티베트의 루메·출팀쉐랍과 숨파·예셰로도는 우창에 돌아와서 삼예사에 우선 자리 잡고 있다가 그 후 콰추 사원(kva-chu, 티데송첸에 의하여 건립된 사원)에 머물면서 가르침을 넓혀 갔다. 숨파·예쉐로도는 되탕('bros-thang)에 메루(me-ru) 사원을 건립하고, 락시·출팀중네는 캄 지방에서 법(法)을 전수하였다. 바·출팀로도와 딩·예쉐윤텐도 전(前)티베트[마채(馬蔡), 강송(康松)]에서 사원을 건립하고 제자들을 키웠다. 이렇게 우창 10인과 그들의 제자, 손제자들이 각지에서 사원을 건립하고 법을 전파하였다. 그중 루메·출팀쉐랍의 영향이 가장 크고 제자도 가장 많았다. 『청사(靑史)』는 루메의 제자 가운데 가장 주요한 네 명을 "사주(四柱)"[티베트어 역사 자료에서 루메의 제자는 "사주(四柱)" "팔량(八梁)" "삼십이연(三十二椽)"이라고 하였다. 사주(四柱)의 주(柱, ka-bzhi)는 이 네 명이 집안의 기둥처럼 중요하다는 뜻이다.]라고 칭하고 있다.

사주의 첫 번째 사람인 샹·나남·도르제왕축(zhang-sna-nam-rdo-rje-dbang-phyug, 976~1060년)은 18세(993년)에 루메에게서 출가하였다. 먼저 라착다르게 사원(ra-tshag-dar-rgyas)을 건립하고, 그 후 1012년(37세)에는 겔·룩레키·축라캉[rgyal-lug-lhas-kyi-gtsug-lag-khang, 즉 후세에 유명한 겔라캉(rgyal-lag-khang). 1240년에 불탄 후 재건함]을 건립하였다. 그는 일찍이 인도에 유학하였고, 인도 승려를 상대로 율장을 강의하였다. 1060년에 사망한 후 그의 제자 팅·출팀장춥('bring-tshul-khrims-byang-chub)이 게루 겔·룩레키·축라캉의 후계자로서 포토와(po-to-ba, 1031~1105년, 제4장 카담파 참조)의 계사(戒師)가 되었다. 겔·룩레키·축라캉은 오랫동안 부유하기로 유명하였다. 사주(四柱)의 두 번째 사람인 곡·쟝춥중네(rngog-byang-chub-'byung-gnas)는 루메에게서 계를 받은 후 먼저 예르파(yer-pa, 토번 시대의 사원) 사원에 체류하였는데, 그 후 수위·쿤가라와(zhu'i-kun-dga'-ra-ba) 등 10여 개의 사원을 건립하였다. 수위·쿤가라와사원은 생활 관리(bza'-mi)를 철저히 하는 것으로 이름나 있다. 사주(四柱)의 세 번째 사람인 렌·예셰쉐랍(klan-ye-shes-shes-rab)은 겔 사르강(rgyal-sar-gang)에 머물러 있었고, 사주(四柱)의 네 번째 사람인 두메르·출팀중네(gru-mer-tshul-khrims-'byung-gnas)는 그를 중심으로 한 7인과 함께 탕포체(thang-po-che, 11~13세기에 아주 유명한 사원) 사원을 지었다. 루메 본인도 그곳에 체류한 적이 있다. 탕포체 사원에는 그 후 경전을 강론할 수 있는 많은 스님들이 나타났다. 두메르·출팀중네가 사망한 후 그의 제자 쿠톤·춘뵈융둥(khu-ston-brtsun-'gros-g·yung-drung, 1011~1075년)이 사원을 계승하였다. 이 네 사람[사주(四柱)를 가리킴]과 그들의 제자, 손제자들이 사원을 건립하고 각자의 전통을 계승하여 아무개 "조(曹)"라고 하는 사원 집단을 형성하였다.

　또한 당시에 다파곤셰[gra-pa-mngon-shes, 1012~1090년. 본명은 왕축바르 (dbang-phyug-'bar) 또는 쉐랍계루와(shes-rab-rgyal-ba)]라고 통칭하는 유명한 인물이 있었는데, 그는 유년 시기에 남의 집 양치기를 5년간 한 적이 있다. 그 후 담파상계(제7편 시체파 참조) 등 많은 스승에게서 밀법을 배우고 "성취(成就)"를 얻어 이름을 날리고 많은 보시를 얻었다. 그는 충족한 재력으로 유명한 다탕 사원(grva-thang)을 비롯한 100여 개의 사원을 건립하였고, 최후에는 속인이 되었다고 한다. 어떤 사람은 『마니칸부무(ma-ni-bka'-b'um, 十萬寶訓)』 (한 부의 중요한 역사 서적임)라는 책이 다름 아닌 그의 저작이라고 주장한다. 이렇게 루메와 그의 제자들은 우창 지방에 사원을 짓고 많은 제자를 육성하였다. 그러나 탕포체 사원을 계승한 쿠톤 · 촌뒤용둥과, 『반야경(般若經)』을 강의함으로써 유명해진 다파군셰는 밀법 수행으로 이름이 높았다. 그들의 학문은 다른 스승에게서 이어받은 것으로서, 그러므로 모든 것을 루메의 계통을 전수받았다고 할 수는 없을 듯싶다.

　10세기 후반 산스크리트어[범어梵語]와 티베트어를 모두 통달한 바도마슈리라고 하는 네팔인 역경사(譯經師)가 인도의 판디타[班智達] 두 사람을 티베트로 초청하여 왔다. 한 사람은 스무리티 · 즈냐나키르티(smrtijñānakīrti, 念智稱)라고 하고, 다른 한 사람은 타라링와(phra-la-rlng-ba)라고 한다. 두 사람이 가리에 도착한 후 역경사는 급병에 걸려 사망하고, 두 판디타는 언어가 통하지 않아 티베트 지방을 떠돌아다녔다. 타라링와에 관해서는 상세하게 알려져 있지 않고, 즈냐나키르티는 후(後)티베트의 타낙(rta-nag) 지방에서 남에게 양치기를 해 주면서 생계를 이어갔다는 기록이 남아 있다. 그 후 첼로 · 세차소남겐첸(dpyal-lo-se-tsa-bsod-nams-rgyal-mtshan)이라는 사람을 만나 즈냐나키르티가 판디타임을 알고 멘룽(sman-lung)지방에 모셔 와서 가르침을 받았다. 즈냐나키르티는 티베트어를 배운 후 서캄 지방에 가서 덴롱탕 ('dan-slong-thang, 현재 지명은 분명치 않음)이라는 곳에서 장기적으로 『구사론

(俱舍論)』・『사좌(四座)』등 현밀 (顯密) 경론을 강의하였고, 역경도 강의하였다. 그 후에는 리추세르칵(Li-chu-gser-khag) 지방에 갔다고 한다. 그는 이미 티베트어를 깊이 통달하였기에 티베트어 문법책인 『언어문론(言語門論, smra-sgo-mtshon-cha)』(비교적 유명한 티베트어 문법책인데. 현재 『텐규르』 se함에 수록되어 있음)도 썼다. 그의 제자들 가운데 가장 중요한 인물로 세춘(bse-btsun)・돔톤('brom-ston)・쿠톤[枯敦] 등이 있는데, 모두 즈냐나키르티에게서 불경을 공부한 적이 있으며, 훗날 그들이 우창 지방으로 갔던 것이다. 10세기 말에 원래의 우창 10인 가운데 한 사람이 서캄 지방에 가서 법(法)을 전수하였다고 하지만, 구체적인 상황은 분명치 않다. 아무튼 즈냐나키르티의 활동에 의하여, 소규모적일지라도 서캄 지방이 불교학의 중심지로 될 수 있었다.

후(後)티베트 서부의 라토(la-stod, 라체의 서쪽 일대)에 있던 외숭의 후예[외숭의 손자 타시첵(bkra-shis-brtsegs)의 자손]는 로톤・도르제왕축이 후(後)티베트 지방에서 사원을 세우고 제자를 받고 있다는 소식을 듣고, 라토에 사원을 세울 것이니 사람을 보내 달라고 요청하였다. 로톤・도루제왕축은 자기의 제자 샤캬손누(shākya-gzhon-nu)와 예쉐춘되(ye-shes-brtson-'gros)를 라토에 파견하였다. 불법을 널리 전파하기 위하여서는 인도에서 학문을 쌓아야 한다고 생각한 두 사람은 독미・샤캬예쉐('brog-mi-shākya-ye-shes)와 탁로・손누춘되(stag-lo-gzhon-nu-brtson-'gros)라고 하는 두 청년을 인도에 유학시켰다. 두 사람은 선후로 티베트와 네팔에서 산스크리트어를 배운 후 인도의 비크라마쉴라(Vikramaśīla) 사원에 유학을 갔다. 탁로・슌누춘되는 산을 향하여 예배하는 것만을 중요시하였을 뿐이고, 학문적으로는 인정받을 만한 성과를 내 오지 못했다. 독미・샤캬예쉐는 비크라마쉴라(Vikramaśīla) 사원에서 8년간 유학하면서 계율과 반야, 밀법을 배웠고, 그 후 동인도에 4년간 머물면서 푸라쥬녠도라루치(Prajñendraruci)에게서 밀법을 전문적으로 배우는 동시에 도과교수법(道果敎授法, 티베트에 전해진 중요한 밀법 중의 하나로, 사캬파가 주로 전수하고 있음)도 배웠다. 티베트에 돌아온 후에는 뉴쿠룽(myu-ku-iung, 지명은 분명치 않다. 대략 라싸와 사캬 일대이다. 최근의 연구에는 뉴쿠룽은 동굴인데, 독미는 그곳에서 가족과 함께 살았다고 한다.)에서 살면서 인도에서 초청하여 온 가야다라(Gayadhara) 논사(論師)에게서 도과교수법에 관한 모든 것을 5년간 배웠다. 또 『희금강(喜金剛)』·『금강막(金剛幕)』·『상포찰(桑布紮)』등 밀교 경전을 번역하고 제자들을 가르쳤다. 그의 가르침의 특징을 논하자면, 밀법 전수 때마다 제자로부터 사례금을 많이 요구한 점이 제기된다.(그 당시 법을 전수받을 때, 특히 밀법을 전수받는 경우 반드시 공양이 있어야 하고 재물을 바쳐야 했다. 다만 독미는 고액의 사례금을 요구한 것이다.) 그의 제자 중에서 가장 유명한 사람은 사캬 사원을 건립한 콘촉겔포('khon-dkon-mchog-rgyal-po, 1034~1101년)이다. 카규파의 창시자 마르파(mar-pa-chos-kyi-blo-gros, 1012~1097년)도 그에게서 산스크리트어를 배웠다고 한다.

외숭의 아들 펜코르첸(dpal-'khor-btsan)은 속민(屬民)에게 살해당하고, 그의 장자[앞에서 언급한 타시첵(bkra-shis-brtsegs)]는 윰텐파에게 쫓기어 라퇴(la-stod) 지방에 가서 독립하였다. 차자 니마곤(nyi-ma-ngon)은 자기가 통치하는 지방에서 노예 평민의 대반란이 일어나자 친신 3명과 함께 기마대(騎馬隊) 백기(百騎)를 거느리고 서쪽 가리 지방으로 도망가서 푸랑(spu-rangs) 지방의 고관의 딸과 결혼하고 후에는 그 지방의 왕이 되었다. 니마곤은 아들 셋을 두었는데, 장자 릭파곤(rig-pa-mgon), 차자 타시데곤(bkra-shis-lde-mgon), 삼남 데춘곤(lde-btsun-mgon)이다. 니마곤이 죽은 후 가리 지방은 삼위[三圍, mnga'-ris-skor-mgom, 즉 가리 지방의 푸랑(spu-rangs)·샹슝(zhang-zhung)·망율(mang-yul) 세 지역을 가리킨다. 제9편 참조]로 나누어져서 세 아들이 제각기 왕이 되었다. 장자 릭파곤은 망율(mang-yul, 혹은 man-yul, 지금의 라다크 지방) 지방, 차자 타시데곤은 푸랑(spu-rangs, 즉 푸랑종 일대) 지방, 삼남 데춘곤은 샹슝[zhang-zhung, 구게(gu-ge)라고도 한다. 차브랑(rtsa-brang)·토링(mtho-lding) 일대이다. 그 당시 이 세 지역은 지금의 판도보다 크다.] 지방을 각각 지배하였다. 샹숭왕 데춘곤에게는 두 아들이 있었다. 장자는 코레(kho-re), 차자는 송게(srong-nge)라고 한다. 장자 코레는 불상 앞에서 출가하고 이름을 예쉐외[ye-shes-'od, 지광(智光)이라는 뜻]라고 고쳤다. 그 당시 가리와 우창 지방의 종파들 가운데는 밀교 경전의 지면(紙面)에만 얽매여서 성불의 도(道)라고 칭하면서 여성을 유린하고 제도(濟度)의 수단으로써 사람 머리를 베고, 더 나아가서 사람의 시체를 이용하여 연금술(鍊金術)을 수련하는 등 사술(邪術)을 행하는 자가 있었다. 인도로부터, 그리고 본교의 영향을 받았다고 생각되는 이러한 행위는 위험할 뿐만 아니라 통치자가 요구하는 사회적 안정을 도모함에도 불리하였다. 예쉐외는 불교의 힘으로써 이러한 행위를 바로잡으려고 생각하였다. 불교의 부흥을 바랐던 우창 지방의 통치자들도 이러한 의도가 있었을 것이다. 출가 후의 예쉐외는 린첸상포 등을 카슈미르에 유학시키고, 또 인도 승려의 티베트 초청 건을 적극 추진하였다. 또 삼예사를 모방하여 토링(mtho-lding) 사원을 건립하였다. 예쉐외는 다르마파라(Dharmapāla)와 그의 저자 3명을 티베트로 청해 와서 가리에서 계율 전승[티베트인들은 "상부률전(上部律傳)"이라고 한다.]을 구축하였다. 카슈미르에 보낸 최초의 유학생은 21명이라고 전해지고 있으나, 티베트인에게 카슈미르의 기후가 적합하지 않아 많은 사람이 그곳에서 목숨을 잃었고, 린첸상포[rln-chen-bzang-po, 보현(寶賢)이라는 뜻]와 렉페쉐랍(rma-legs-pa'i-shes-rab) 두 사람만이 가리에 돌아왔다.

린첸상포(958~1055년)는 구게(gu-ge)의 늉봐무·레니(snyung-vam-rad-ni) 지방 출신으로서 예쉐상포(ye-shes-bzang-po)에게서 출가하였다. 예쉐외의 파견을 받고 카슈미르에 유학한 최초의 7년간 많은 현밀(顯密) 경전을 배웠다. 두 번째 유학 시에는 마가다국에 간 적이 있고, 세 번째에는 다시 카슈미르에로 갔다. 그는 75명의 판디타로부터 불법을 배웠다고 한다. 귀국할 때 많은 인도 승려들을 가리에 모셔와 그들과 협력하여 불경 번역에 힘썼다. 현교 방면으로 17부의 경전, 33부의 논서(論書)를 번역하였고, 밀교 방면으로는 108부의 탄트라를 번역하였는데, 그 가운데에는 『비밀집회탄트라(集密)』·『나가라주나와 쥬냐나파다류의 해석(龍樹和佛智二釋)』·『섭진실경(攝眞實經)』·『아난다가르바류의 해석(慶喜藏釋)』 등 중요한 밀교 경전이 포함되어 있다. 린첸상포의 출현으로 인하여 밀교는 비로소 불교의 이론과 밀접한 연관성을 갖게 되고, 보다 "높은" 단계에로 상승하게 되었다고 티베트 승려들은 인식하고 있다. 그러므로, 그와 그 이후의 번역사들이 번역한 밀교(密敎) 경전을 "신밀주(新密呪)"라고 하고, 즈냐나키르티[smrtijñānakīrti, 염지칭(念智稱)]와 그 이전 토번 시대를 포함한 시기의 밀교 경전을 "구밀주(舊密呪)"라고 한다.[일반적으로 티베트에서는 다르마 폐불 이전의 시기를 "전홍기(前弘期, bstan-pa-snga-dar)"라 하고, 공파랍셀과 린첸상포 이후의 시기를 "후홍기(後弘期, bstan-pa-phyi-dar)"라고 한다. 이는 신구밀주(新舊密呪))의 구분과 대략 대응되지만 완전히 일치하지는 않는다.] 린첸상포는 새로운 산스크리트어 경전에 의거하여 토번 시대의 구약본을 개정하였는데 ,그의 저작이 많고 영향 또한 크므로 로첸(lo-chen, 대번역승이라는 뜻)이라고 불린다. 렉페쉐랍도 『양석론송(量釋論頌)』·『양석론제일품법칭자석(量釋論第一品法稱自釋)』·『후삼품석(後三品釋)』·『석가해소(釋迦慧疎)』 등 인명(因明)의 중요한 경전을 번역하였고, 그의 제자들도 많은 주석을 달았다. 이런 것들을 구인명(舊因明)이라고 하는데, 렉페쉐랍은 로충(lo-chung, 소번역승이라는 뜻 린첸상포에 대비하여 칭함.)이라고 불린다. 린첸상포의 업적은 역경에만 한정되지 않고 사원의 건축 등 다방면에 미친다. 지금도 가리에서 라다크에 이르기까지의 지역 사람들은 그 일대의 중심지였던 중요한 사원의 대부분은 린첸상포가 건립한 것이라고 알고 있다. 예쉐외의 아들 라데(lha-lde)가 왕으로 재위할 때 린첸상포를 금강아사리(金剛阿闍梨, rdo-rjr—slob-dpon, 밀교의 존칭으로서 후세에도 계속하여 사용하였다.)라고 존칭하여 부르고, 푸랑(spu-rangs) 지방의 장원(gzhis-ka) 하나를 그에게 하사하여 사적 소유의 장원으로 쓰게 하고, 또 징수한 세금 수입의 일부분을 넘겨주어 쓰도록 하였다. 이때부터 티베트에는 사원 소유의 장원이 있게 되었다.

예쉐외는 많은 인도 승려들을 티베트에 모셔 왔는데, 그중 가장 영향력이 큰 사람은 아티샤(a-ti-sha, 본명은 Dipaṁkarashrījñāna, 982~1054년)이다. 아티샤는 인도의 사호루국(萨伙国)(태어난 곳은 Bhagaipur, 지금의 방글라데시) 사람으로서 마가다국 비크라마쉴라(Vikramaśīla) 사원의 상좌(上座) 자리에 있었던 중요한 인물이다. 아티샤를 티베트에 모셔 오는 비용을 조달하기 위하여 예쉐외는 군사를 거느리고 가리 서북의 이민족 지역으로 가서 황금을 채집하고자 하였는데, 카르록kar-log, 당시 작은 나라의 이름. 카르록은 이슬람을 신앙하는 회교 국가를 일반적으로 지칭하는 용어이기도 하다.)에게 사로잡혔다. 카르록 측에서는 석방의 조건으로 예쉐외의 개종(改宗)이나 샹슝 지방의 속국화(屬國化) 또는 본인과 동등한 무게의 황금을 지불할 것을 요구하였다. 예쉐외의 조카 쟝춥외(byang-chub-'od)는 그의 부하와 사원의 승려들이 소유하고 있던 모든 황금을 모아서 숙부의 몸을 상환하려고 하였지만, 황금 무게가 부족하여 옥중의 예쉐외를 면회만 하고 왔다. 예쉐외는 그 황금을 자기의 몸값으로가 아니고 아티샤를 모셔 오는 데 쓰기를 희망하였다. 그래서 쟝춥외는 가리에 돌아가서 예쉐외의 당부대로 역경승 낙초 · 출팀겔와(nag-tsho-tshul-khrims-rgyal-ba) 등을 비크라마쉴라(Vikramaśīla) 사원에 파견하여 아티샤를 티베트로 초청하였다. 아티샤는 예쉐외의 불교 헌신과 쟝춥외의 초청의 간절함에 감동하여 티베트에 갈 것을 승낙하였다. 그러나 사원의 다른 상좌들이 아티샤가 긴 시간 동안 사원을 떠나는 것을 허락하지 않을 것을 예상하여, 성지순례를 떠난다고 속이고 먼저 대보디사원 등 성지를 참배한 후 네팔에 이르렀다. 아티샤는 1040년 사원에서 출발한 후 네팔에 1년간 머물면서 1042년에야 겨우 티베트에 들어왔다. 가리에 있는 3년 동안 아티샤는 쟝춥외를 위하여 『보리도등론(菩提道燈論)』을 저술하였고, 린첸상포 등 역경승의 협조하에 현밀 경전을 번역하였으며, 현교 경전의 해설과 밀법의 관정(灌頂)을 전수하였다. 그럼에도 아티샤가 가장 열심히 밝히고자 한 것은 업과[業果, 업은 의식적인 언행을 가리킨다. 선행(善行)은 선과(善果)를 낳고 악업(惡業)은 악과(惡果)를 초래한다. 자신이 지은 업은 현세 혹은 내세에 꼭 인과응보를 받는다. 이는 인도인에게 깊이 뿌리박힌 신앙이었다.]를 분명히 하는 것이었다. 그가 귀의[歸依, 즉 부처님에 귀의하고, 불법에 귀의하고, 승려에 귀의하는 삼귀의(三歸依)]할 것을 열심히 창도하였기에 당시 사람들은 그를 업과(業果)라마라고 불렀다. 1045년에 아티샤가 인도에로 귀국하려고 푸랑(spu-rangs)에 이르렀을 때 네팔의 전란을 만나 머물러 있을 무렵 돔톤 · 겔웨 중네('brom-ston-rgyal-ba'i-'byung-gnas, 1005~1064년, 이하 '돔톤'이라고 함)의 영접을 받았다. 돔톤은 본래 서캄에서 경전을 배웠고 또 세쯘의 제자로서 어떤 인도인[아마도 스무리티 · 즈냐나키르티일 것이다. smrtijñānakīrti, 염지칭(念智稱)]에게서 산스크리트어를 배웠다. 아티샤가 가리에 있다는 소식을 듣고 우창의 승려들과 상의한 후 그를 전(前)티베트에 모시려고 달려왔던 것이다. 돔톤은 아티샤를 만나뵙고 우창의 상황을 설명하고, 우창의 승려들에게 편지를 보내 즉시 사람을 파견하여 마중 오도록 부탁하였다. 아티샤는 영접나온 사절들과 함께 푸랑에서 우창으로 가서 9년간 체류하였다. 그동안 삼예(bsam-yas) · 라싸(Lhasa) · 예르파(yer-pa) · 펜율('phan-yul) · 예탕(snye-thang) 등 지방을 방문하였다. 그의 많은 제자들 가운데 가장 유명한 이로는 쿠톤 · 춘뙤융둥과 곡 · 렉페쉐랍(rngog-legs-pa'i-shes-rab), 돔톤 등이 있다. 특히 돔톤은 9년 동안 한시도 떠남이 없이 줄곧 아티샤를 따랐기에, 아티샤의 학문을 가장 잘 계승하였다. 1054년에 아티샤는 네탕에서 사망하였다. 돔톤은 그의 제자들을 이끌고 레뎅(rva-sgreng, 라싸의 북쪽. 나흘 행정이 걸린다.)에 이르러 1056년에 레뎅 사원을 건립하였다. 이로써 카담파(bka'-gdams-pa)가 형성되었다.

1076년에 쟝춥외의 조카 체데(rtse-sde, 당시의 구게왕)가 법회(法會)를 개최하였다. 티베트어 역사 자료에는 "병진법회(丙辰法會)"라고 기재되어 있는데, 당시 티베트 각지에서 많은 유명한 승려들이 이 법회에 참가하였다. 이 법회의 내용에 관한 문헌 기재는 찾아볼 수 없지만 법회 이후 젊은 승려들이 카슈미르와 인도로 유학하여 많은 역경사를 육성해 냈다. 어떤 문헌에는 이 시기(10~13세기)에 역경사가 160-~70명 정도 있었고, 카슈미르와 인도에서 온 역경사도 70~80명 정도라고 하고 있다. 이 가운데 가장 유명하면서 또한 그 후의 티베트 불교에 큰 영향을 미친 사람으로서 곡 · 로덴쉐랍(rngog-blo-ldan-shes-rab) 등이 있다. 그 외 2~ 3세기 동안 각지에서 유학 간 역경사로는 린첸상포 · 독미 · 샤캬예쉐('brog-mi-shākya-ye-shes) · 고 · 쿡파 레체('gos-khug-pa-lhas-btsas) · 마르파 · 최키로되(mar-pa-chos-kyi-blo-gros) · 파찹 · 니마닥(pa-tshab-nyi-ma-grags) 등이 있다. 어떤 사람은 번역을 통하여 티베트족 불교에서 가장 영향력이 있는 현밀 경전과 밀교탄트라, 수행 방법을 전파하였고, 또 어떤 사람은 경론의 전승을 독해하는 조직을 설립하였다. 그들이 인도와 카슈미르에서 배운 학문은 다양하였고 깨달은 바와 견해도 일치하지 않아 티베트에는 많은 종파가 전파되었다. 이는 훗날의 티베트에 여러 가지 교파의 사상이나 수행 방법이 나타나도록 하는 토대가 되었다. 이 시기의 티베트 불교는 다종다양한 사상이 혼잡하게 뒤섞인 모습이었다. 달라이라마 5세는 그의 저서 『티베트왕신기』에서 스승 콘톤('khon-ston)이 이 시기 상황을 서술한 한 대목을 인용하였는데, 우리는 아래에 옮긴 번역문을 통해 그 시기의 불교 상황을 엿볼 수 있다.

오데('od-lde, 쟝츕오byang-chub-'od의 형제)의 아들 체데 때 우 · 창 · 캄 세 지방으로부터 삼장(三藏)에 통달한 법사를 요청하여 자신이 시주가 되어 뭇 사람을 공양하고 법회를 개최하였다.[즉 1076년의 병진법회(丙辰法會). 티베트 불교사에서 유명한 법회이다]. 상카르 · 로차와(zang-mkhar-lo-tsa-ba) 역경사가 『양석장엄론(量釋莊嚴論)』을 번역한 것도 이 시기이다. 라 · 로(rva-lo) 역경사와 넨 · 로(gnyan-lo) 역경사, 큥포 · 초촌(khyung-po-chos-brtson), 쳉카 · 오체(btsan-kha-bo-che) · 곡 · 로덴쉐랍(rngog-blo-ldan-shes-rab) · 마르퉁 · 데파쉐랍(mar-thung-dad-pa-shes-rab)등은 함께 닥포 · 왕겔(dvags-podbang-rgyal)을 대표로 하는 법단에 따라서 법회에 참가하였다. 쳉·카오체(btsan-kha-bo-che)는 삿쟈나(sajjna)에게서 미륵의 5법을 배웠다. 라·로(rva-lo) 역경사와 넨·로(gnyan-lo) 역경사는 법회 후 인도에 가서 [법을 배웠다]. 얼마 후 닥카르와(brag-dkar-ba)는 키소·냥덴파봉카(skyid-shod-nyang-bran-pha-bong-kha)에서 승가(僧伽)[조직]를 설립하고 그곳에서 경전을 강론하고 불법을 수행하면서 불교의 전파에 노력하였다. 이런 사람들과 [대략] 동시에 랑(glang, 랑리탕파)·샤르(shar, 샤르와) 등 카담파의 교전파(敎典派, bka'-gdams-gzhung-pa) 계승자, 로lo, 돔톤의 제자 첸가와·출팀발(spyan-snga-pa-tshul-khrim-'bar)은 1095년에 로lo 사원을 건립하였다. 그러므로 티베트인들은 첸가와·출팀발을 로lo라고 칭한다 챠율(bya-yul)·갸마·린첸강파(rgya-ma-rin-chen-sgang-pa) 등 카담파의 교수파(敎授派, gdams-ngag-pa) 계승자들도 [나타났다]. 그들은 카담파의 "칠보교법(七寶敎法)" 즉 ① 석가(釋迦) ② 관음보살(觀音菩薩) ③ 다라보살[度母]. ④ 부동명왕(不動明王) 이상을 "사본존(四本尊)" 즉 라(lha)라고 한다. ⑤ 경장(經藏) ⑥ 율장(律藏) ⑦ 논장(論藏) 이상을 "삼장(三藏)" 즉 초(chos)라고 한다. "사본존(四本尊)"과 "삼장(三藏)"을 아울러서 "칠보(七寶)"라고 칭하는데, 카담파의 기본 교법이다. 상푸(gsang-phu) 지방에서는 곡 역경사 사제(mgog-lo-yab-sras, 곡·렉페쉐랍과 곡·로덴쉐랍은 숙부와 조카의 관계이자 사제 관계이다)가 [인명(因明)과 미륵의 5법의]강의를 하고 정확한 이론과 차제로 승려들을 인도하였다. 파찹(pa-tshab-lo-tsai-ba) 역경승은 중관론을 번역하여 전수(傳授)하고 갸뒬진(rgya-'dul-'dzin)·초나파(mtsho-sna-pa) 등은 율장을 전수하였다. 넬식(gnyal-zhig-yab-sras) 사제는 반야(般若)와 인명(因明)을, 곡·아랴데봐(rngog-ārya-de-va)는 구파율학('dul-ba-'gos-lugs)을 전수하였다. 챤간파·소남린첸(bya-sgang-pa-nams-rin-chen)은 마르파율학('dul-ba-mar-lugs)을, 라마·곡파(bla-ma-mgog-psa-yab-sra) 사제는 마르파의 『금강막(金剛幕)』·『헤바쥬라(二觀察)』·『보살의삼부작(三菩薩三部)』을 전파하였다. 스르츙파(zur-chung-pa)와 제·도푹파(rje-sgro-phug-pa)는 자재부(自在部) 7경, 환화부(幻化部) 7부, 심부(心部) 20경(전부 닝마파의 밀법)을, 롸초랍(rva-chos-rab)·롱와·가 역경승(rong-ba-nga-lo)·쳴역경승(dpyal-lo)·라와역경승(dpyal-lo)·도역경승('bro-lo-tsa-ba)은 염마리법(閻摩黎法)과

『시륜(時輪)탄트라』를 전파하였다. 사캬파의 삼백[三白, sa-skya-pa-dkar-po-rnam-gsum, 즉 "사캬(五組)" 중에서 사첸·쿤가닝포·소남체모·닥파겐첸 등 세 사람을 가리킨다]과 그 제자들은 독미파('drog-mi-lugs) 구전의『금강막(金剛幕)』·『헤바쥬라(二觀察)』·『보살의삼부작(三菩縶三部)』과 승락론(勝樂論) 등 밀법을 전파하고, 젭춘·미라(rje-btsun-mila)·감포파(sgam-po-pa)·둑파('brug-pa)·토푸(khro-phu)·디('bri)·탁(stag) 등은 대인법문(大印法門)과 [나로] 6법을 널리 전파하였다. 이 시대에 십력(十力)을 충분히 갖춘 숫도다나왕자[정반왕자淨飯王子, 샤캬무니]의 교계(敎誡)와 해오(解悟) 이 두 가지 주옥과 같은 가르침은 "백본(白分)"(1일부터 15일까지)의 달빛처럼 빛났다. 이와 같이 현교의 선교(善巧)와 밀교의 성취(成就)를 구비하고 있던 이들은 그 연령의 차이를 불문하고 모두 같은 시기의 사람들이었다.

위의 기재를 보면 시간이나 내용면에서 얼마간 오류가 있기는 하지만, 이 시기 티베트 불교의 윤곽을 대략적으로 그리고 있다.

우창과 가리 지방에서는 10세기 후반기부터 불교가 또다시 확산되고 있었다. 11~12세기에 들어와 티베트 불교는 사회에까지 침투해서 활발하게 활동하는 모습이었다. 서녕(西寧) 지방에서 전해 들어온 불교는 로톤과 루메 등이, 후에는 그들의 제자에 의하여 폭넓게 전파되었다. 처음에는 토번 시대에 폐기된 사원이나 낡은 절을 거점(據點)으로 하여 수계하고 제자를 가르쳤는데, 그러면서 또 새로운 사원도 지었다. 그들의 제자와 손제자의 시대가 되자 우창 지방에는 잇따라 많은 사원이 건립되었다. (수중에 갖고 있는 자료의 통계에 의하면 200곳가량) 그들의 활동은 주로 사원의 건립, 제자의 획득, 계율의 전수, 인과응보(因果報應)의 홍보 등이었다. 가리 지방에서는 첸포의 후손들이 지방 통치권을 장악하고 있었는데, 저들의 지위와 재부로써 티베트인 젊은 불교도들을 육성하였고, 인도의 유명한 승려들을 많이 모셔 왔다. 그들 자신도 일부분은 출가하여 승려가 되고 역경과 불교의 전파에 진력하였다. 따라서 가리 지방의 불교는 활기를 띠게 되었고, 이 지역

불교도들의 주요한 활동 역시 사원의 건립과 역경 사업의 진행이었다. 서캄 지방은 다르마 폐불 시기 많은 승려들이 도망간 곳이고, 우창 10인 중 일부 사람들도 이곳에서 활동하였기에 10~11세기에는 불교 교학 활동이 거행되었다. 우·창·캄·가리 일대는 토번의 통치가 붕괴된 후 정치적으로 분열되어 전란이 빈번하였고, 사회는 혼란하고 불안정하였다. 이러한 혼란 상태는 100년간 지속되었고, 10세기 중·후반기에 들어서 사회는 점차 안정되었지만, 정치적으로는 여전히 분열 상태였다. 통치자들이 불교를 보호하고 승려들에게 자금 원조를 하는 것은 착취자로서의 저들의 통치 질서 유지에 유익하기 때문이고, 토번의 많은 후손들도 이미 귀족 신분을 잃어서 그들 역시 출구를 모색하고자 하였다. 우리가 자료를 통해 보게 되는 그 시기 유명한 승려의 대부분은 모두 이런 귀족들이 신분 전환을 가져온 모습이다. 11세기 중기가 되자 가리 지방의 불교는 상당한 규모를 갖게 되었고, 우창 지방에는 새로운 사원이 건립된 외에 라싸·삼예 지방도 토번 시대에 세운 사원의 원래 모양을 회복하였다. 당시 돔톤이 아티샤에게 알려 준 말에 의하면, 승려가 수천 명에 도달했다고 한다. 하지만 승려들은 각지에 분산되어 있었고 소속도 다르기에 그들의 종교 활동과 가르침도 서로 달랐다. 이때 가리의 통치자들은 아티샤를 초청하였고, 돔톤 등은 또 그를 우창으로 모셨다. 아티샤는 비크라마쉴라(Vikramaśīla) 사원의 상좌라는 지위와 그의 박식함으로, 게다가 수증(修證)을 위주로 하는 일관된 불학(佛學) 계통에 의하여 가리와 우창의 승려들에게 떠받들렸다. 지식을 기반으로 교리의 체계화와 교학의 규범화을 추구함에 있어 아티샤는 본보기적 역할을 하게 된 것이다. 또한 아티샤는 티베트 사회에 업과(業果)와 귀의(歸依) 등 불교 교의를 적극 선양하였기 때문에 상층 라마를 포함한 통치 계급층에 우러러 받들려 티베트 불교에 큰 영향을 주었지만, 통일적인 교파를 형성하는 경지에는 이르지 못하였다. 이는 당시의 사회와 정치가 아직 혼란 상태이고 사원의 재력과 규모도 풍부한 것은 아니어서 종파 출현이 불가능하였기 때문이다. 또 그 시기 티베트에 들어온 인도 승려의 종파도 다양하였는가 하면, 역으로 인도에 유학한 티베트 승려도 같은 상황이어서 당시의 불교계는 마치 봄철을 맞아 얼었던 것이 녹아서 풀리고 백초가 움트는 모습이라고 형용할 수 있다. 이 시기 특기해야 할 바는 역경 분야이다. 토번 시대의 구역본은 산스크리트어 원본에 의거하여 교정하고 개정한 것이 적지 않은데, 이 시기에 아직 번역되지 않았던 새로운 경전과, 당시 인도에서 유행되고 있던 경론들을 대량으로 번역하였다. 그 가운데에는 늦게 나온 밀교 경전도 포함되어 있다. 그 후 인도 현밀 각 파의 주요한 경전은 대부분 티베트어로 번역되었다. 그 때문에 현교(顯敎)의 교의나 밀교(密敎)의 수행은 사상의 계통화와 수행의 체계화를 이룰 수 있게 되었고, 이는 후세에 여러 가지 종파의 발생을 야기하는 기반이 되었다. 이 시기 승려들은 통치자 계층의 지지를 받았다고 하지만, 완전히 그런 보호에만 의거하지 않고 온갖 방법을 고안해 내어 신자를 획득하고 사람들 사이에 깊이 뿌리를 박았다. 이 점에 대하여서는 자료가 적어서 꼼꼼하고 자세한 해석을 할 수 없지만, 조금밖에 없는 자료에 근거하여 우선 판단할 수 있는 것이라면, 일부 불교도들이 그 지식을 판매하여 수입을 얻었다는 점이다. 예를 들면 독미·샤카예쉐는 법을 전수할 때마다 거액의 사례금을 받았고, 마르파 역경승이 밀법을 전수하는 조건은 수법자가 자기의 모든 재산을 바치는 것이다. 또 어떤 역경승은 의학서적 한 권을 번역하는 사례금으로 몇십 냥의 황금을 요구하였다고 한다. 적지 않은 승려들은 재물을 수탈함으로써 사원을 유지하였고, 그중 대부분은 또 장사에 손을 댔다. 더욱이 흔히 볼 수 있는 현상으로는, 주문을 외워 우박을 방지하고 굿을 하여 역병을 쫓아낸다는 식으로 사람들을 기만하여 보시를 얻은 것을 들 수 있다. 그들이 사람들로부터 보시를 얻을 수 있었던 것은 기편 수단을 쓰는 것 내지 인과보응, "도덕" 등 조목들을 설파함으로써 통치자들을 위한 종교 활동을 한 것 외에 신용과 명예를 얻을 수 있는 또 다른 충분한 수단이 있었기 때문이다. 보통 승려, 특히 높은 지위에 있는 승려는 모두 일정한 사회 경험과 지식을 갖고 있었다. 우선, 그들이 사원용으로 선정한 토지는 흔히 교통 요충지 혹은 무역 중심지이다. 사원의 종교 활동 또한 본토의 것과 타 지방으로부터 받아들인 문학 예술의 성과를 이용하므로 사원은 일반적으로 그 지방의 문화 생활의 중심지로 되었다. 사원 주변에 정기적으로 시장을 여는 경우도 있다. 많은 승려들은 의학 지식을 소유하고 있었고, 그것을 활용하여 돈주머니를 늘이기도 하였다. 린첸상포는 『팔분의방요집(八分醫方要集)』과 이 책의 상세한 주석(인도 고대 전통 의학의 주요 의학서로서 내지에 당나라 이전에 이미 한문 번역본이 있었지만 현재 실전되었다.)을 번역하였다. 또 어떤 승려는 역산(曆算) 지식(주로 계절의 추산이나 농사철의 파악에 사용하지만 길일 길시를 선택한다고 사람을 속이는 경우도 있다.)을 소유하고 있었다. 예를 들면, 역경사 기조 · 다웨외세르(gyi-jo-zla-ba'i-od-zer)는 1027년에 『시륜탄트라』를 번역하였고, 그 후에 다른 승려가 이 경전의 상세한 주석을 번역하였으며, 이때부터 티베트에서는 내지의 고대에서 사용되고 있는 간지(干支)에 대응되는 기년법을 다시 보급하였다. 그 외에도 그들에게는 주문을 외워 우박을 방지하고 경문을 외워 역병을 막고 액막이를 하여 공덕을 쌓는 것과 같은 법술(法術)이 있었다. 이런 것들은 실상 유해무익(有害無益)한 것이지만 사람들은 자연과 계급 압박의 사회 환경 앞에 무기력했던 상황하에 이런 것으로 심리적인 치유를 얻을 수 있기에 쉽게 속임수에 넘어갈 뿐 아니라 승려에게 다소 감격하는 것이었다. 또 조기 자료를 보면, 티베트인들은 아이들이 공부를 시작할 때에 본교나 불교의 승려를 스승으로 모셨는데, 11~12세기에 들어서서 불교를 배우는 아이들이 늘어났다는 기록이 있다. 교육은 점차 불교가 독점하게 되었고, 이는 불교 세력의 발전에 더욱 유리하였다. 이렇게 불교는 사원을 거점으로 티베트의 문화 생활과 교육 분야에 깊이 침투하였고, 승려는 그 지방의 유력자가 되었다. 12세기 후반에는 여기저기에서 일어나는 권력 다툼 속에서 이런 승려들이 중재자가 되었고, 심지어 지방의 유력자로부터 통치권을 얻는 사람도 나타났다. 예를 들면, 탁룽당파·타시펠(stag-lung-thang-bkra-shis-dpal, 1142~1210년)은 다르인과 룽파인의 다툼을 중재하여 이 양쪽의 거주지를 통치하였다.[『청사(靑史)』] 또 어떤 경우는 사원의 소유자가 죽은 후 그의 조카가 켄포(사원의 최고 주지)를 계승하고, 따라서 그 가족이 세속으로 그 지방의 통치자가 되었다. 챠·듈진·촌두발(bya-'dul-'dzin-brtson-'grus-'bar, 1091~1166년)은 스르푸(zur-phu) 지방에서 계율의 가르침을 위주로 하는 사원을 건립하였으나 그가 사망한 후 조카 록초왕(rog-chos-dbang)이 계승하여 그후 록가족이 대대로 스르푸 지방을 통치하였다.[『청사(靑史)』] 이미 한 지방을 통치하고 있던 잔여 귀족이 자제를 출가시켜 종교적인 지위를 취득한 후 지방 통치를 계속하거나 혹은 통치 범위를 확대시킨 상황은 시캬 지방의 쿤씨, 팍모두의 랑씨 등 가족의 경우가 그러하다. 이처럼 불교도들은 사회에서 자리를 굳힌 후 또 여러 가지 수단으로 점차 통치자의 지위에로 올라갔다. 통치자에게 중용되어 피차간 이용 관계를 건립하는 자도 있었다. 불교 유심 철학과 문학, 역사 등 지식을 장악하여 당지의 "학자"가 된 후 통치자의 존경을 얻은 자도 있었다. 실제로 당시 티베트 사회에는 불교에 대항할수 있는 다른 학문이 없었다. 통치자들은 자식을 공부시키고 필요한 사상 훈련을 받게 하려면 승려를 스승으로 모시는 외에 다른 선택의 여지가 없었다. 똑같은 불문의 제자로서 승려들은 마약과 같은 역할을 하는 불교의 일련의 인과보응 사상을 사람들의 마음에 주입시켰다. 동시에 그들이 이미 사람들을 틀어쥐었기 때문에 불교 세력은 티베트 사회에서 점차 지위를 튼튼히 다지며 발전하였다. 이는 그 후 각 종파의 티베트 불교가 성립될 수 있는 객관적 기반으로 되며 13세기의 "정교합일"의 사회적인 기반은 이로써 다져진 것이다.

제3편

닝마파

이 교파의 이름은 닝마파(myng-ma-pa)이다. 닝마라는 용어에는 "고(古)"와 "구(舊)" 두 가지 뜻이 있다. 이른바 "고(古)"란, 이 교파가 8세기의 파드마삼바바(pad-ma-'byung-gnas, 蓮花生)의 가르침을 계승해 티베트 불교의 다른 교파에 비하여 300년 정도 일찍이 기원하였음을 의미하며, 말하자면 역사가 오래된 교파라는 뜻이다. 그리고 "구(舊)"는 이 교파가 토번 시대에 번역된 구밀주(舊密呪)를 위주로 그것을 계승하고 발전시켰음을 자칭하여 이르는 말이다. 티베트 불교에는 서로 다른 교파가 많이 있는데, 인도의 소승(小乘)·대승(大乘)의 경우와 다르다. 인도의 소승 18파는 그들이 따르는 계율이 다름에 따라 구분되고, 인도의 대승은 서로 주장하는 교의가 다르면 파가 구분되지만, 티베트 불교는 전승(傳承)하고 수행하는 밀법이 다름에 따라 교파가 갈려진다. 각 파의 밀법이 의거로 삼는 전적(典籍)은 티베트어로 번역된 시대가 다름에 따라 대체로 신구의 두 가지로 분류되는데, 신밀주(新密呪)와 구밀주(舊密呪)로 지칭된다. 신밀주는 린첸상포와 그 이후 번역사들이 번역한 밀교 전적이고, 구밀주는 다루마 폐불 이전에 번역된 불교 전적이다. 닝마파가 우러러 믿고 계승하여 온 것은 파드마삼바바(蓮花生)와 비말라미트라(vimalamitra) 등의 인도인과 비로차나·냥팅겐진 등의 티베트 승려가 번역, 전승하여 온 구밀주이기 때문에 구파(舊派) 즉 닝마파(myng-ma-pa)라고 칭하게 된 것이다.

8~9세기경 인도의 밀교密教가 티베트에 들어왔을 때, 비록 그 시기 유

력자의 지지를 받았음에도 불구하고 여전히 적지 않은 사람들이 그에 극력 반대해 나섰다. 티송데첸의 시대에는 밀교 전적의 번역을 엄격히 제한하였는바, 이미 번역된 밀교 전적과 일부 이미 전승된 밀법도 그에 관한 전수는 모두 비밀적이었고 공개적 선양 행위를 금지하였으며, 현교의 경론처럼 공개적으로 유행되지 못했다. 닝마파인들도 말하고 있는 바와 같이, 그들의 일부 중요한 밀법은 그때에 모두 일대일로 비밀리에 전승된 것이다. 다르마의 폐불이란 주로는 불교 사원과 그 조직을 파괴하고 토번 지배층의 정치 세력과 사회에 끼치는 불교의 영향력을 없이하는 것을 말한다. 일반적인 티베트어 문헌에서는 폐불 시대에 밀교는 현교처럼 치명적인 타격을 받지 않았고, 개인 집에서 부자(父子)와 형제 사이에 전승 가능하였다고 적고 있다. 9세기 후반과 10세기 조기에 티베트 사회가 극단적으로 분산되고 혼란한 상황하에서 이렇듯 가족을 통해 전승되는 밀법에는 시대의 영향으로 당시 유행되고 있는 본교의 내용이 적지 않게 섞여 들었다. 그러므로 이 시기 밀법은 11세기에 새로 번역된 밀법과는 내용이 크게 다르다. 이런 구밀교를 전승하는 사람들은 훗날의 신흥의 카담파·카규파·사캬파의 경우처럼 사원을 갖고 있거나 승가(僧伽)를 조직하지 않았고, 계통적인 불교 교의도 갖고 있지 않았다. 그러다가 11세기에 이르러 이른바 "삼수르(zur-gsum)"가 출현되어서야 비로소 사원을 세우고 규모 있는 행사도 거행하였다. 이 시기가 되어서야 닝마파가 성립되었다고 볼 수 있다. 그전에는 구밀법 중의 일부 법문이 분산적으로 전승되었을 뿐, 사원의 승가 조직이 없었고, 밀법 체계가 형성되지 못했으며, 완정한 체계적인 밀교교의는 더구나 없었던 것이다.

닝마파는 발전 역사상 조직이 분산적이고 교법 내용이 일치하지 않으며 교도들 역시 각지에 흩어져 저마다의 가족 내부에서 전승되었기 때문에, 이 교파에 대하여 통일적이고 계통적으로 서술하기는 매우 어렵다. 그러나 대충 두 가지로 그 대체적 상황을 정리해 볼 수 있다. 첫 번째 부류는 경전과 불교 이론을 중시하지 않고 독서도 하지 않으며 전문 주술과 법술에 의지하여 개별적으로 행동하는 사람들인데, 티베트인들은 그들을 각파(sngags-pa)라고 부른다. '주문을 외우는 사람'이라는 뜻이다. 이 무리 사람들은 그 인원수가 많고 본교와 가장 비슷하기에 티베트 사회에서는 진정한 닝마파라고 부른다. 그러나 문헌에는 이 사람들에 대한 기재가 유전되어 있지 않아 이 이상 소개하기 어렵다. 두 번째 부류는 다른 교파에서처럼 저들이 의뢰하는 경전도 갖고 있고 사도(師徒)거나 부자간에 계승되는 특징을 띠는데, 그들의 경전 또한 두 가지로 분류된다. 그 하나는 8~9세기경 티베트어로 번역된 후 민간에서 사도(師徒)이거나 부자간에 끊임없이 계승되고 있는 카마(bka'-ma)라는 경전이다. 다른 하나는 발굴된 것이라고는 하지만, 실상은 가전(家傳) 닝마파에 의해 위조된 경전이다. 그들의 견해에 의하면, 파드마삼바바 등 사람들이 밀법을 후세에 전하기 위하여 경전을 땅속에 묻거나 동굴에 감추어 두었었는데, 수백 년 후 발굴된 것을 저들이 받들고 있다는 것이다. 그런 경전을 테르마(gter-ma, 伏藏)라고 한다. 다른 티베트 불교 교파들이 보기에 사도(師徒)이거나 부자간에 전승되는 닝마파 경전은 인도에서 전해 들어온 경전을 번역한 것이 아니고 일부 가전 닝마파에 의해 위조된 것이기에 신용할 수 없었다. 닝마파의 테르마를 보더라도 흔히는 자기 스스로 위조해서 땅속이나 동굴에 감추어 놓고는 파드마삼바바 등 사람들이 묻어서 보존해 둔 것을 발견한 것처럼 사칭(詐稱)한다고 인식하였다. 이 때문에 다른 교파들은 닝마파가 의뢰하는 경전의 진실성을 인정하지 않았다. 그리고 12~13세기 이전에 티베트 불교의 다른 교파의 학식 있는 사람들은 모두 닝마파가 티베트 불교의 교파라고 인정하지 않았다. 상황이 변한 것은 사캬판티타·쿤가겐첸(1182~1251년)이 샹츄하곡의 색흥(塞興) 지방에 있는 낡은 절에서 닝마파가 파드마삼바바에게서 전수받았다고 하는 『금강궐(金剛橛)』을 발견하여서부터이다.[『청사(靑史)』 참조] 보아하니, 닝마파의 법술에는 본교에서(일부분은 인도교에서 유래한 것일 수 있다) 유래한 주술이 혼합되어 있고 또 핵심 교의는 내지의 선종과 비슷하기에 경전을 묵수(墨守)하는 다른 교파의 반대를 받을 법도 하였던 것 같다. 그렇지만 닝마파가 신봉하는 "경전"과 "테르마" 중 어떤 책에는 확실히 비교적 옛적의 것(와 중에는 비교적 믿을 만한 옛 문헌과 전설이 보존되어 있다)이 포함되었던 것 같다. 11세기~ 12세기부터 닝마파는 점차 한 개 교파를 형성하였는데, 그 당시 크게 전파되던 신역밀주의의 영향도 얼마간 받아서 닝마파인들도 후에는 현교 이론 공부를 중시하게 되었다. 그러므로 닝마파가 티베트 불교의 한 교파인 점은 어느 누구도 부인하지 않게 되었으며, 후에 출판된 티베트어 사료 중에서도 모두 닝마파를 티베트 불교의 한 교파로 쳤다.

삼수르(zur-gsum)라고 하는 것은, 같은 수르(zur) 가족에 속하는 세 사람을 말한다. 첫 번째 수르는 통칭 수르포체(zur-po-che, 대수르라는 뜻)이고, 본명은 샤캬중네(shākya-'byung-gnas, 1002~1062년, 우파룽파 'u-pa-lung-pa라고도 한다)이다. 그는 당시의 많은 구밀주사(舊密呪師)에게서 그 시기 유전 중이던 닝마파의 교법을 배웠고, 닝마파의 전적을 정리하기 시작하였다. 먼저 근본 탄트라를, 그리고 탄트라의 주석과 해설을, 다음은 그의 성취법과 의궤(儀軌)에 대하여 명확히 규정하고, 조직적으로 체계화하였다. 그는 닝마파의 전적을 정리하고 계통화한 최초의 인물로서, 그로부터 닝마파는 교파로서의 규모를 갖추게 되었다. 수르포체는 우파룽 사원('u-pa-lung, 그 때문에 그는 우파룽파라고도 한다)을 건립하고 많은 제자를 두었다. 일상적으로 수행한 제자만 108명이라고 한다. 가장 우수한 제자가 네 명 있었는데, 그중의 한 사람이 수르충(zur-chung, 두 번째 수르이다)이다. 수르포체는 도미('bro-mi) 역경사에게 황금 백 냥을 바치고 도과 교수법을 배웠다. 또한 현교도·본교도와 함께 셋이서 사원을 세운 적이 있다. 이는 그가 현교·본교와 양호한 관계를 가졌음을 말해 준다. 그는 신밀주와 본교도의 영향을 받은 듯하다. 수르포체는 수행자로서 평생 아내를 거느리지 않았고, 수르충은 그의 양자이다.

수르충 · 쉐랍닥파[zur-chung-shes-rab-grags-pa, 1014～1074년, 갸오파(rgya-bo-pa)라고 하고, 라제첸포(lha-rje-chen-po)라고도 한다. 대의사라는 뜻이다.]는 원래 수르곰(zur-sgom)이라고 하는 걸식승(乞食僧)의 아들이다. 그들 부자가 수르포체가 있는 곳에 동냥하러 왔을 때 수르포체가 수르곰의 허락하에 그 아들을 수양하고, 쉐랍닥파라고 이름을 지었다. 수르포체의 양자이기에 사람들은 그를 수르충(수르포체가 큰 수르이고, 수르충은 작은 수르라는 뜻이다.)이라고 불렀다. 수르충은 수르포체에게서 많은 교법을 배웠지만 밀법만은 전수받지 못했다(당시 밀법을 배우려면 거액의 돈이 필요하였다). 수르포체는 수르충을 부유한 과부의 딸과 결혼시키고, 그들의 돈으로 밀법을 배우게 하였다. 밀법을 배운 후 수르충은 그들 모녀를 버려두고 돌보지 않았다. 수르포체는 또 수르충더러 경전을 강의하게 하였다. 수르충이 『집밀의경(集密意經)』(닝마파의 중요한 경전이다.)을 강의할 때 300명의 청중이 모였다. 수르포체의 밀법을 모두 흡수한 수르충은 우파룽 사원의 후계자로 되었다. 후에 그는 다른 곳에 가서 학문을 닦을 생각으로 승려 세 사람에게 사원을 내맡기고 갸오(rgya-bo) 지방으로 갔다. 갸오 지방의 아홉 개 가파른 산이 이어진 기암절벽에서 13년을 수행한 수르충을 사람들은 갸오파라고 불렀다. 그는 모든 사물의 금강사타성(金剛薩埵性)을 깨닫고 대원만(大圓滿, rdzogs-chen, 닝마파 특유의 최고의 법. 이하 본문을 참조)의 경지에 이르렀다. 또 수르충은 구국파레체('gos-khug-pa-lhas-btsas, 아티샤의 제자)를 만나 뵙고 『희금강(喜金剛)』의 강의를 들었다. 그 후 녠로(nyan-ro) 지방에서 현학을 배운 네 사람과 논쟁하였다. 네 사람이 동시에 수르충에게 질문하였지만, 변론으로 이기지 못하였다. 이듬해 네 사람은 수르충의 제자가 되었다. 수르충은 이름을 날림과 동시에 부유해졌는데, 그 시기 불교도 가운데서 가장 부유한 사람이 되었다. 수르충의 많은 제자 중에 "사주, 팔량(四柱, 八梁)"이라고 불리는 제자가 가장 저명하였다. 그는 아들 세 명, 딸 여러 명을 두었는데, 모두가 닝마파의 교법을 수행하여 성취하였다고 하며, 그의 사업을 계승한 자제로서 가장 가장 유명한 이는 도푹파(sgro-phug-pa)이다.

세 번째 수르가 바로 도푹파인데, 그의 이름은 샤캬셍게(shākya-seng-ge, 1074~1134년. 또 라제첸포·도푹파 lha-rje-chen-posgro-phug-pa라고도 한다. 도푹 파 대의사라는 뜻)이다. 그는 수르충의 막내아들이다. 도푹파가 태어난 해에 수르충이 사망하였기 때문에 그를 모친과 외삼촌이 키웠고, 15세(1088년)부 터 학문을 배우기 시작하였다. 19세(1092년) 후에는 집 재산이 더욱 많아져 가산 관리 일 때문에 학문을 배우러 외출 나갈 겨를이 없었다. 그는 부친의 유명한 제자(즉 앞에서 언급한 이른 바 "사주")를 자택에 모셔와 닝마파의 경 (經)·환(幻)·심(心) 삼부 밀법의 교수(敎授)·의식(儀式)·관정(灌頂)을 전수 받고, 또 다른 사람에게서 대원만법을 배워 마침내 유명한 인물이 되었다. 제자는 1천여 명 되는데 그중의 많은 사람들은 현교(顯敎)를 배우다가 밀교 (密敎)로 옮겨온 이들이다. 그들은 또 몇 갈래로 나뉘어서 닝마파의 밀법을 전수하러 다녔다. 도푹파는 도푹(sgro-phug) 지방에 도푹 사원을 건립하였 는데, 그의 이름도 이에서 유래한 것이다.

이상 삼수르, 특히 두 번째와 세 번째 수르는 모두 라제첸포(lha-rje-chen-po, 대의사라는 뜻)라는 칭호를 갖고 있는 것으로 보아 의사를 업으로 삼았던 것 같다. 그들의 후배와 계승자들 중에 라제라는 칭호를 가진 사람이 많은데, 아마도 의사를 직업으로 하는 전통을 계속 지켰던 것 같다. 13세기에 이 교 파의 후계자였던 샤캬오(shākya-'od)는 그가 "발굴"하여 얻은 "체추(tshe-chu)" ('성스러운 물'이라는 뜻. 경전의 이름을 가리키는 것 같다.)를 원조 사자에게 위탁 하여 세조 후비라이에게 바쳤고, 후비라이는 그에게 파시[pa-shi, 한문으로는 법사(法師)라는 뜻이고, 몽골어로는 스승, 티베트인의 안중에는 제사(帝師)에 해당하 는 관직이다.] 봉호를 하사하였다. 그로부터 좀 오랜 후에 다른 한 저명한 인 물인 융톤파·도르제펠(g·yung-ston-pa-rdo-rje-dpal, 1284년-1365년)이라는 이 는 신구 밀주와 닝마파의 교법, 『시륜탄트라』에 능통하였고 주술로 유명하 였기에, 원 성종(成宗) 테무르의 조서를 받고 상경하여 황제의 앞에서 금강무(金剛舞)를 표현하였다. 이에 하사품을 풍성하게 받았고, 또 황제의 요청의 응하여 내지의 가뭄 피해를 입은 지방에 가서 기우제(祈雨祭)를 지냈다. 또 상게닥(sangs-rgyas-grags)이라고 하는 사람은 상경하여 원조 황제를 알현하고 넓은 토지를 하사받았다. 이러한 사실로 보아 조기의 닝마파와 원조 사이에는 일정한 관계가 맺어져 있었음을 알 수 있다. 삼수르로부터 전해온 이 교파는 대체로 14~15세기까지 전승되었고 그 후부터는 점차 쇠퇴하여진 듯하다.

삼수르가 전하고 있는, 위에서 말한바 닝마파의 경전 카마(bka'-ma)는 『환강(幻綱)』(마하요가의 근본 경전)과 『보집경(普集經)』(아누요가의 근본 경전) 두 부분을 주요 내용으로 한 것이다. 수르포체와 대략 동시대에 경전 전승을 위주로 한 다른 한 인물이 있는데, 그 이름은 롱·초키상포[rong-chos-kyi-bzang-po, 후(後)티베트의 쿵롱khungs-rong 지방 출신이기 때문에 이름 앞에 "롱" 자를 붙인다]이다. 롱·초키상포의 생졸년(生卒年)은 분명치 않지만, 그와의 동시대인에 비추어 보면 대략 11세기 사람으로 추측된다. 13세 때부터 경전에 통달하고 학식이 뛰어나서 이름이 났다. 인명(因明) 및 베다와 종교 이외의 전적(典籍)도 잘 알고 산스크리트어와 역경도 할 수 있었다. 밀교 전적을 번역한 외에 이에 상관된 주소(註疏)와 논저(論著)도 저술하였다. 그는 또 스무리티·즈냐나키르티[smrtijñānakīrti, 염지칭(念智稱)]가 저술한 『언어문론(言語門論)』에 주석을 달고 티베트어 문법책을 작성하는 등 재주가 뛰어났다. 때문에 티베트판디타[인도에서 오명(五明)에 통달한 인물에게 수여하는 칭호이다. 제5편 사캬파 참조]라고 불리었다. 롱·초키상포로부터 전해 온 밀법은 "심품(心品)"이 위주인데, 닝마파를 티베트불교로 인정하지 않는 교파들이 보기에 이 "심품(心品)"이야말로 반대해야 할 대상이었다.(왜냐하면, 그 불교는 인도에서 전해받은 정통 불교가 아니라고 인식했기 때문이다.) 그 후의 전승 발전이 어떠했는가는 분명하지 않지만, 훗날 또 세 가지 계통으로 나누어진 듯하다. 첫 번째 계통은 "셈데[sems-sde, 심부心部]", 두 번째 계통은 "롱데[klong-sde, 계부

(界部)]", 세 번째 계통은 "멘각데[man-ngag-sde, 비결부(祕訣部) 또는 교수부(教授部)]"이다. 세 가지 계통은 제각기 다른 전승이 있고 또 서로 영향을 주었다. 닝마파에서는 이 세 가지 계통, 특히 최후의 "멘각데"를 "족첸"[rdzgs-chen, 대원만(大圓滿)·대구경(大究竟)]이라고 한다. 대원만(大圓滿)은 닝마파의 주요 교법이면서 그만의 특유의 교법으로 되었다. 14세기에 닝마파에는 롱첸·랍쟘파[kiong-chen-rab-'byams-pa, 본명은 디메오셀(dri-med-'od-zer). 1308~1364년)]이라고 하는 유명한 인물이 나타났다. 그는 12세(1319년) 때에 출가하고 당시의 많은 유명한 인물들에게서 닝마파와 다른 교파의 밀법을 배웠다. 상푸사원(gsang-phu-dgon-pa)에서도 유명한 승려로부터 "미륵의 5법"과 "다르마키르티의 7인 명론" 등 현교 경론을 배웠다. 그 후 동굴에서 3년간 고행을 하고, 현밀교에 통달한 유명한 승려가 되었다. 그는 닝마파의 교법을 수정한 적이 있으며, 닝마파의 밀법에 관한 많은 책을 썼다. 그의 저서는 후세에 극히 중시받아[가장 유명한 책은 『칠보장론(七寶藏論)』] 닝마파 사원의 필독서로 되었다. 그는 일찍 그 시기 티베트 지방에서 세력이 가장 큰 최대의 통치자 대사도 쟝춥겐첸(Ta'i-si-tu-byang-chub-rgyal-mtshan)으로부터 적대시받은 적이 있지만, 후에 어떤 사람이 화해시켜 주었으므로 제자를 받고 법을 전파하는 활동을 계속할 수 있었다. 그는 부탄에 간 적이 있는데 ,부탄에서 타르파링(thar-pa-gling)이라고 하는 사원을 건립하였다. 부탄 경내의 닝마파는 이 사원으로부터 전파된 것이고, 또 부탄에서 네팔로 전파되었다. 후에 부탄과 네팔의 닝마파 승려들은 항상 서캄 지방의 족첸 사원(rdzogs-chen)에 가서 교법을 배웠다.

이상으로 닝마파 경전의 전승의 역사를 간단히 알아보았다. 다음으로 테르마[gter-ma, 복장(伏藏)]에 관해 소개하고자 한다. 닝마파에서는 약 12세기 중엽부터 테르톤(gter-ston, 매장한 경전을 발굴하는 사람)이 잇따라 나타났다. 그중 가장 유명한 사람은 냥·니마오셀(nyang-nyi-ma-'od-zer, 1124년~?)이다. 그는 많은 테르마를 발굴하였는데 이를 "상부테르마(上部伏藏)"라고 통칭한다. 그 후 구루·초키왕축(gu-ru-chos-kyi-dbang-phyug, 1212~1273년)이 발굴한 테르마를 "하부테르마(下部伏藏)"라고 한다. 이 두 사람 후에도 많은 테르톤이 나타났다. 15~16세기경 라토나링파(ratna-gling-pa)는 "상부테르마"와 "하부테르마", 그리고 그 이후에 발굴된 테르마, 또 자신이 발굴한 테르마를 모아 편집하여 각인(刻印)하였는데, 이를 "로테르[lho-gter, 남장(南藏)]"라고 한다. 16세기 초기에는 또 라토쟝(la-stod-byang)의 통치자 가족 출신인 릭징·고키·뎀춡첸(rig-'dzin-rgod-kyi-ldem-'phyul-can, 생졸년 불명)이라고 하는 테르톤이 나타났는데, 그가 발굴한 것을 모아서 편집 각인한 테르마를 "쟝테르[byang-gter, 북장(北藏)]"라고 한다.

이러한 테르마를 모두 닝마파의 밀법이라고 할 수는 없다. 물론 닝마파에 의하여 전승되고 사료로 취급할 수 있는 것도 있지만, 그중에는 『오부유교(五部遺敎, bka'-thang-sde-lnga)』, 『십만보훈(十萬寶訓, ma-ni-bka'-'bum)』, 『연화생유교(蓮花生遺敎, padma-bka'i-thang-yig)』 등 토번 시대의 역사 전설에 관한 책도 보존되어 있고, 그 외 일부는 의학 서적이면서 테르마의 형식으로 전해져 내려온 것도 있다.

16세기 말기 라토쟝의 통치자 타시톱겔(bkra-shis-stobs-rgyal, 생졸년 불명)은 싱샥파·체텐도르제(zhing-shag-pa-tshe-brtan-rdo-rje)에게 패배당하였다. 영지를 다 잃고 사처로 돌아다니면서 전법하는 사이에 제자와 추종자들이 모이게 되어 이 무리를 "에밤·교단"(e-vam-chos-'khor)이라고 칭하였다. 타시톱겔은 전(前)티베트의 라싸 이남, 브라마푸트라강 북쪽에 도르제닥 사원(thub-bstan-rdo-rje-brag, 16세기 말 건립)을 건립하였다. 이 사원은 줄곧 닝마파의 전(前)티베트에 위치한 본사가 되었다. 도르제닥 사원의 승려들은 "쟝테르"(北藏)를 위주로 하면서 삼수르 이래 전승된 전적도 겸하여 신봉하였다. 사원의 주인은 전세한 라마에 의하여 계승되었다. 약 17세기 중기에는 규루메도르제('gyur-med-rdo-rje, 생졸년 불명)라고 하는 닝마파 승려가 전(前)티베트의 브라마푸트라강 남쪽에 오겐민돌링 사원(o-rgyan-smin-grol-gling,

지금의 로카 지방의 다낭현)을 건립하였다. 이 사원도 전(前)티베트에 위치한 닝마파의 또 하나의 본사가 되었다. 민돌링 사원은 "로테르"(南藏)를 위주로 하면서 삼수르 이래에 전승된 전적도 겸하여 신봉하였다. 사원의 주인은 부자(또는 장인과 사위)간에 계승되었다. 이 두 사원은 신봉하는 테르마가 서로 다름으로 인하여 우창 지방의 닝마파의 두 지파를 형성하였다. 1718년 준가르군이 티베트에 침입하면서 두 사원은 모두 심하게 약탈당하고 파괴되었다. 후에 포라네가 티베트 지방행정 사무를 관리하던 시기에 그의 자금 원조에 의하여 재건되었다.

상술한 것 외에 서캄 지방에는 비교적 큰 닝마파 사원이 세 개가 있었다. 서로 간의 종속 관계가 없고 상술한 두 사원과도 관련이 없기에, 닝마파 산하의 몇 개 지파라고 할 수 있다. 세 개의 사원 가운데 가장 일찍 세워진 사원이 카톡(ka-thog) 사원이다. 이 사원은 12세기에 가담파·데섹쉐파(sga-dam-pa-bde,-gshegs-shes-pa, 1122년~?. 팍보두파 카규파의 도르제겔포의 이종 사촌동생)에 의하여 건립되었다. 데섹쉐파는 도푹파의 손제자로서 "로테르"(南藏)를 위주로 하면서 삼수르 이래 전승된 전적도 겸하여 신봉하였다. 역대 데게왕(sde-dge-rgyal-po)의 지지를 받고 사원의 주인은 전세한 라마에 의하여 계승되었다. 두 번째 사원인 족첸(rdzogs-chen) 사원은 17세기 말기에 건립되었다. 데게왕 각왕타시(ngag-dbang-bkra-shis)가 1684년에 페마린진(pad-ma-rin-'dzin, 1625-1697년)을 데게 지방으로 초청해 와서 1685년에 세웠다.(사원은 데게의 북동쪽 멀지 않은 곳에 있다.) 그 후 족첸 사원은 서캄 지방에서 가장 유명한 사원으로 되었고, 그 명성은 전(前)티베트의 도르제닥 사원과 민돌링 사원을 초과하였다. 각지의 닝마파 승려가 족첸 사원에 찾아와서 공부하였고, 부탄과 네팔에서도 닝마파 승려가 늘 배우려고 찾아왔다. 사원의 승려의 학문 제도는 게룩파의 영향을 받은 듯 한데, 13부의 현교(顯敎) 서적을 필수로 하고, 그 외 롱첸·랍잠파와 켄체·오셸(mkhyen-brtse-'od-zer, 18세기 인물) 등 닝마파 승려의 일부 저작도 교과 과목에 포함되었다. 이 사원도 전세한 라마에 의하여 계승되었다.(초대는 달라이 라마 5세의 제자이다.) 18세기 중엽(1746년?)에 족첸 사원의 승려 시첸·랍쟘파(zhi-chen-rab-'byams-pa)가 족첸 사원에서 별로 멀지 않는 곳에 시첸(zhi-chen) 사원을 건립하였다. 이 사원은 족첸 사원보다 규모가 작지만(1951년 이전 족첸 사원의 승려는 500~600명, 시첸 사원은 100명 정도), 족첸 사원 산하의 지사는 아니고 독립한 다른 사원이다. 세 번째 사원은 펠율[dpal-yul, 현재의 사천성 백옥현(白玉縣)에 있다] 사원으로서 17세기에 세운 것이다. 창건자는 릭징·쿤상쉐랍(rig-'dzing-kun-bzang-shes-rab, 생졸년 불명)이다. 이 사원의 교법은 팍모두파 카규파의 말창 지파와 닝마파의 교법을 융합한 것으로서 현밀 (顯密)의 교습 방법도 다른 닝마파 사원과 다르다. 이 사원도 전세한 라마에 의하여 계승되었는데, 칼마양시(karma-yang-srid)라고 불렀다. 역대 칼마양시는 데루게의 펠풍(dpal-spung, 카르마·카규파의 대사도 린첸포의 본사이다.) 사원에서 수계하였다. 이상의 세 사원에 시첸 사원을 더한 네 사원은 닝마파의 사원이며, 그 위에 카르마 카규파의 펠풍 사원을 첨가한 다섯 사원은 역대 데게왕의 지지를 받았고, 각 사원의 주인도 데게왕으로부터 스승의 예우를 받았다. 이 다섯 사원은 모두가 데게왕의 관할 지역에 위치하여 있다.

지파를 형성한 상기 닝마파의 중요한 사원들 외에도 소속 사원이 적지 않다. 그 외 반드시 짚고 넘어가야 할 것은 전(前)티베트의 삼예(bsam-yas) 사원이다. 삼예 사원은 8세기에 산타라크쉬타와 파드마삼바바에 의하여 설계, 건축되었다. 이곳은 닝마파에 속하는 밀법의 전적이 가장 일찍 번역되고 전승된 장소이다. 이 때문에 삼예 사원은 이론상으로는 닝마파의 중심 사원이어야 한다. 그러나 여러 차례 화재를 당하였고, 한번은 화재 후 사캬파의 자금 제공을 받아 재건되었는데, 그 후부터 사캬파의 관할 아래에 들어가게 되었으며, 호법 신전만은 여전히 닝마파가 관할하였다. 삼예 사원에 상주하고 있는 이는 닝마파를 위수로 하는 승려로서, 그들은 줄곧 카샥(bka'-shag, 달라이라마 정부의 내각)에게 지극히 중용되어 중대한 일이 있을 경우에는 꼭 요청을 받아 액막이를 하고 기원을 하였다.

닝마파는 사캬파와 카규파의 경우처럼 중심 위치의 사원과 끊임없이 계승 관계에 놓이는 그런 전통이 있는 것이 아니고, 교파의 역사상 하나의 단서가 선명하게 찾아지는 것도 아니다. 11세기에 교파로 형성된 후 줄곧 분산적으로 발전하여 왔다. 또한 다른 교파처럼 모두 지방 세력 집단과 밀접한 연계를 가진 것도 아니다. 원조(元朝) 시기에 북경으로 간 사람이 있고, 원조 황제와 연락을 취하고 또 원조 황제로부터 책봉받은 적이 있는 것 외에는 티베트 지방에서 안정된 사원 집단 세력을 형성하지 못하였다. 전(前) 티베트 지역에서 16~17세기에 이르러서야 겨우 비교적 대규모의 사원을 건립하였고, 특히 17세기에 달라이라마 5세의 지지를 받고서야 도르제닥 사원과 민돌링 사원이 큰 발전을 이룩할 수 있었다. 달라이라마 5세는 스스로 또 남파르겔파·펜데렉세링(rnam-par-rgyal-pa-phan-bde-legs- bshed-gling) 사원을 창건하고 닝마파의 교법을 전문적으로 전승하였다. 이 사원은 도르제닥 사원과 민돌링 사원의 경우와 마찬가지로 1718년에 준가르인에게 파괴되었고, 복원된 후에는 게룩파의 사원으로 되었다.[4] 달라이라마 5세는 또 카르마 카규파의 두숨켄파(dus-gsum-mkhyen-pa)가 로닥(lho-brag) 지방에다 건립한 라룽(lha-lung) 사원을 빼앗아 닝마파에게 넘겨주었고, 닝마파를 도와서 많은 사원을 건립하였다. 달라이라마 5세는 게룩파의 수령이지만, 그가 배우고 신봉한 것은 닝마파의 밀법이었다. 닝마파밀법에 관한 저작이 많고 이 시기의 닝마파의 발전에 크게 기여하였다. 달라이라마 5세 시대에 티베트의 행정권은 구시칸과 그의 자손의 손에 장악되어 있었다. 달라이라마의 데시(sde-srid, 섭정)는 모든 행정 조치를 시행하는 중요한 협력자였고, 때로는 행정권을 자신의 손에 틀어쥐었다. 당시의 사회는 봉건 농노제였고

---

4) 이곳에서 말하고 있는 것은 포탈라궁의 남겔다창(rnam-rgyal-grva-tshang, 다창은 경당·학당 등을 의미한다)이라고 생각된다. 이는 밀법을 수행하는 달라이라마 5세 직속의 승려들로 조직되었는데, 당시에는 닝마파의 교법을 위주로 수행하였고, 게룩파의 교법도 수행하였다. 남겔다창은 포탈라궁 안에 설치한 것으로 독립적인 사원은 아니다. —편집자

달라이라마 5세는 농노에 대한 잔혹한 처형 등 벌칙을 규정하였으며, 농노를 더욱 엄격하게 영주의 토지에 속박시켰다. 농노에 대한 영주의 종속 관계는 계속 강화되어 농노는 어떠한 인권도 보장받을 수 없었다. 이러한 잔혹한 통치는 당시의 물질 조건 아래에서는 필연코 당시 사회상의 귀신 · 주술 등에 대한 미신을 이용하게 된다. 그래서 신권과 흉악한 악귀 형상 내지 야만적인 의식(선혈이 뚝뚝 떨어지는 사람의 머리 · 심장 등을 신에게 바치는 제품으로 하는 의식 등등)을 빌어서 저들의 잔혹한 통치를 유지하고자 하였다. 그러므로 달라이라마 5세는 닝마파를 선택하였던 것이다. 비록 총카파이래 게룩파의 상층 인물들은 이러한 것을 반대하였지만, 달라이라마 5세 이후의 권력자(예를 들면, 포라네 등)와 게룩파의 행정권을 틀어쥔 상층 라마들은 혹은 닝마파를 지지하거나 혹은 닝마파에게서 밀법을 겸하여 배우거나 하였다. 그래서 닝마파는 그로부터 계속 존속하였고, 역대의 카샥은 전쟁과 재해나 온역 등 중대한 사건이 생길 때면 삼예 사원 닝마파의 상좌 승려를 초청하여 법사를 진행하여 해결함으로써 닝마파의 티베트족 사회에서의 지위를 높여 주는 한편, 이로써 인민들을 두려움으로 전율케 하는 닝마파의 역할을 강화하였다. 서캄 지방의 네 개의 중요한 닝마파 사원은 모두 당시의 델게왕의 지지를 받았는가 하면, 이 몇 사원의 상좌 라마와 펠풍 사원의 대사 린포체(카규파)는 또한 델게왕의 5명의 스승이라고 호칭되었다. 이 사원들이 사회에 끼친 역할은 전(前)티베트의 닝마파 사원의 경우와 대동소이하였다.

닝마파의 특징의 하나로, 본교와 비슷하다는 점을 들 수 있다. 본교에 "구승(九乘)"설이 있고, 닝마파에도 "구승"이 있다. "구승"설이 언제 누구로부터 기원하였는지에 대해서는 분명하지 않지만, 닝마파가 교파로 형성된 후 생겼을 것이라고 추측된다. 닝마파는 분산되어 발전하였기 때문에 그 역사를 서술할 때에는 대체로 먼저 "구승(九乘)"과 "삼부(三部)" 등을 소개하고, 그다음 매 부분의 전승사를 소개한다. 우리는 앞에서 그의 역사에 대해 먼저 소개하였기 때문에, 여기서는 그의 "구승"과 "삼부" 등을 소개하고, 닝마파 자체의 견해로써 그간의 관계를 설명하기로 한다.

이른바 "구승(九乘)"이라는 것은 다음과 같다. 1. 성문승(聲聞乘) 2. 연각승[緣覺乘, 독각승(獨覺乘)이라고도 한다]. 이상의 성문과 연각 두 승은 소승(小乘)에 해당된다. 3. 보살승[菩薩乘, 대승(大乘)에 해당된다]. 이상의 성문과 연각, 보살 삼승(三乘)은 현교의 각 교파를 개괄한 것이다. 닝마파에서는 공삼승(共三乘)이라고 한다. 현밀(顯密)이 공동으로 수행하는 삼승(三乘)이라는 뜻이다. 4. 작밀(作密) 5. 행밀(行密) 6. 유가밀(瑜伽密)[제4~6의 삼승을 닝마파에서는 외밀승(外密乘) 또는 외삼승(外三乘)이라고 한다. 이는 티베트 불교의 다른 교파에서 탄트라 밀전을 4부로 분류한 것의 전3부(前三部)에 해당된다]. 7. 마하요가(大瑜伽密) 8. 아누요가(無比瑜伽密) 9. 아티요가(無上瑜伽密)[제7~9의 삼승(三乘)을 닝마파에서는 내밀승(內密乘)이라고 한다. 다른 교파의 밀법의 제4부(第四部) 무상요가부(無上瑜伽部)에 해당된다.] 앞에서 언급한 "환화부(幻化部)"는 ' 7. 마하요가'에 해당되고 "집경부(集經部)"는 ' 8. 아누요가'에 해당된다. 대원만(족첸)은 '9. 아티요가'에 해당된다. 닝마파에서는 7~9의 삼승(三乘)을 닝마파 특유의 것이라고 여기고, 내삼승(內三乘) 또는 무상내삼승(無上內三乘)이라고 한다. 4~6의 삼승(三乘)은 닝마파와 다른 교파가 공유하는 것이기에 외삼승(外三乘) 또는 무상외삼승(無上外三乘)이라고 한다. ' 9 아티요가'는 "심부(心部)", "자재부(自在部)", "교수부(敎授部)"로 나뉘는데, 이것이 이른바 닝마파의 "삼부(三部)"이다. "삼부"는 역사적으로 많은 전승이 있는데, 모두 "족첸[대원만법(大圓滿法)]"에 포함된다. 제각기 다른 전승은 너무 번잡하기에 여기서는 소개하지 않는다. 보아하니 삼수르의 경전은 "구승(九乘)"에 근거하여 '7~8 밀법'을 위주로 전승하였고, 롱 · 초키상포는 ' 9. 아티요가'를 위주로 전승한 듯하다. 롱첸 · 랍쟘파의 시대가 되어서 "족첸" 수행법을 만들어 냈는데, 이는 실제적으로 아누요가(無上瑜伽密)에 해당되고, 그중 "교수부(敎授部)"가 중심적인 수행법이 되었다. 이러한 중심 사상은 내지의 "명심견성(明心見

性)"과 "직인본진(直認本眞)" 등 선종(禪宗) 사상과 아주 비슷한데, 우리는 여기서 또 한 번 티베트 불교에 끼친 내지 불교의 영향을 본 것이다. 이런 영향은 아마도 8세기 한인 승려 마하연이 남긴 것일 수 있고, 또는 그후 티베트에 들어간 한인 승려가 전파한 것일 수 있다.

닝마파 사원 내의 신상(神像)은 기괴 야릇하고 수적으로도 많은데, 어느 사원에나 모두 모시리 만큼 주요한 것은 성취부(成就部)의 팔교설(sgrub-pa-bka'-brgyad)에 근거한 여덟 가지 신상이다. 닝마파적 호칭으로 그것을 소개하면 다음과 같다. 1. 문수(신)[文殊(身)] 2. 연화(어)[蓮花(語)] 3. 진실(의)[眞實(意)] 4. 감로(공덕)[甘露(功德)] 5. 금강궐(사업)[金剛橛(事業)]. 이상 다섯 가지는 "출세간오부(出世間五部)"라고 불린다. 여기서 '출세'는 세간 초월의 의미이고, 이른바 성불하려고 도를 닦을 때에 모시는 본존(本尊)을 가리킨다. "신(身)"·"어(語)"·"의(意)"·"공덕(功德)"·"사업(事業)" 등 문자는 자신의 "신(身)"·"의(意)" 등을 성불의 "신(身)"·"의(意)"로 되게 하기 위하여 수행한다는 의미를 가리킨다. 이런 문자 주석을 단 신상은 바로 그러한 수행법을 사용할 때에 모시는 본존이다. 6. 마모 부톤(差遣非人) 7. 무파 닥각(猛呪呪詛) 8. 직텐 초두(世間供贊). 이상 세 가지 신상은 "세간삼부(世間三部)"라고 불리는데, 사실상 본교에서 가져온 것이다. 마모 부톤의 "마모"는 원문이 "마모(ma-mo, 碼摩)"인데, 본교의 한 악신(惡神)이다. 이 삼부는 본교에서 유래한 것이라고 티베트 역사학자들은 숨김없이 직설하고 있다.[『청사(靑史)』의 저자 숀누펠 등]

제4편

카담파

카담파(bka'-gdams-pa)는 아티샤에서 기원하였고, 돔톤이 창시하였으며, 포토와(po-do-ba) 시대에 펜율('phan-yul) 지방에서 널리 유행한 교파이다. 이후 랑리탕파(glang-ri-thang-pa)와 샤르와파(shar-ba-pa)를 거쳐 라되웨곤포(lha-'gro-ba'i-mgon-po)에 이르러 본사와 말사 계통이 형성되고, 교파의 조직 규모도 크게 확대되어 "카담·교전(敎典)파(bka'-gdams-gzhung-pa)"로 되었다. 또한 쟈율와(bya-yul-ba)는 슌누쟈마·린첸강파에게서 계통를 이어받아 "카담·교수(敎授)파(bka'-gdams-gdams-ngag-pa)"로 호칭되었다.

티베트 불교의 교파명은 사원이나 산의 이름으로 명명하는 경우가 많지만, 교파의 특징이거나 포교법에 의해서 이름을 짓는 경우도 있다. 카담파의 경우는 후자에 속하는데, 교법의 특징이 이름의 유래가 되었다. 카담의 "카(bka')"는 교(敎, 가르침) 즉 언교(言敎, 말로 가르침)라는 뜻이며[불교에서는 부처님의 모든 가르침은 바로 언어문자와, 언어문자가 해석하는 의리(義理) 자체라고 한다. 언즉교(言卽敎), 부처님 말씀이 곳 가르침이다. 때문에 '언교'라고 한다] 불교의 모든 현밀 경론을 가리킨다. 카담의 "담(gdams)"은 교계(敎誡)·교수(敎授)라는 뜻이며, 승려의 수행을 지도(指導)·지지(支持)함을 가리킨다. "카"와 "담"을 연결한 "카담"은 부처님의 모든 언교(모든 현밀 경론)를 승려의 행위와 수행[여기에는 일상의 행위 "수심(修心)"과 밀교수행법(密敎修行法)이 포함된다. 즉 그들이 말하는 바와 같이, 범부로부터 성불하기까지의 모든 과정을 가리킨다.]에 대한 지시·지도로 받들어 간주함을 의미한다.[5] 이러한 사고방식은 아티샤의

『보리도등론(byang-chub-lam-gyi-sgron-ma)』에서 유래한 것이다.

아티샤는 티베트에서 장춥외를 위하여 『보리도등론(菩提道燈論)』을 저술하였는데, 이는 카담파가 의거로 삼는 주요한 논서 중의 하나이다. 이른바 범부가 성불에 이르기까지의 과정을 주제로 그 수행 내용과 단계에 관하여 요점을 간명하게 제시하고 있다.(도합 70송, 한자로 2,000자 정도) 이 저서에서는 사람을 세 종류로 분류하고 있다. 1. 하사[下士, 세간(世間)의 해탈을 바라지 않고 금생(今生)과 후세의 이락(利樂)만 추구하는 자. 불교에서는 인천승(人天乘)이라고 한다]. 2. 중사[中士, 세간유전(世間流轉)의 고통에서 개인적인 해탈만 바라고 타인의 제도(濟度)를 의식하지 않는 자. 불교에서는 소승(小乘)이라고 한다]. 3. 상사[上士, 자신의 해탈을 추구하면서 중생을 제도하기를 바라는 자. 불교에서는 대승(大乘)이라고 한다]. 이 세 종류 사람의 수행 방법을 대강으로 하여 각자에게 적합한 수행과 학습 내용을 자세히 진술하였는데, 예를 들면 귀의불(歸依佛) · 귀의법(歸依法) · 귀의승(歸依僧)[이른바 삼귀의(三歸依)], 계학(戒學) · 정학(定學) · 혜학(慧學)[이른바 삼학(三學)] 등이다. 최후의 부분에는 "혜(慧)"의 내용과 오도십지(五道十地) 등 삼학수습(三學修習)의 계위차제(階位次第)를 폭넓게 논하였고, "발보리심(發菩提心)"을 가지고 삼귀삼학오도십지(三歸三學五道十地)의 길을 시종일관으로 실행할 것을 주장하였다. 마지막 부분에서는 밀교(密敎)가 현교(顯敎)보다 우월한 이유를 진술하고, 탄트라를 등급을 나누어 4부(四部)로 분류하였다. 이러한 교리 내용과 계위(階位)의 구분, 탄트라 4부(四部)에 대해서는 응당 전문적으로 연구해야 한다. 여기서 설명하고자 하는 것은, 아티샤의 저작은 이런 구조로써 불교도의 실제적인 실천을 중핵으로 불교 교학의 모든 주요 내용을 계통적으로 정리하고 있다는 점이다. 그러므로 이 저서는 11세기 이전의 모든 불교서들을 그 내용에 따라 이 체계 속의 일정 위치에 편입해 넣음으로써 이루어졌다. 이런 사고방식은 내지의 화엄(華嚴) · 천대(天台) · 법상(法相) 등 불교 종파의 교판(敎判)에서 일으킨 역할과

---

5) 『청사(靑史)』, 영역본, 264, 268페이지 토관(土觀) 『종파원류』, 한역본(漢譯本) 38~39페이지.

동궤에 놓이는 것이다. 티베트 불교가 아직 분산적이고 혼잡하던 시기에 이루어진 이 책의 체계가 말해 주는 바는 당시의 불교 계통 전반을 논한 유일한 관점으로 된다. 이는 카담파의 교파 성립의 사상적 기반으로서뿐 아니라 티베트 불교도 사이에 실천을 위주로 하는 정신을 확립시켜 주었다. [티베트인 중에는 줄곧 현학(玄學)이 발달하지 못했고, 그러므로 불교를 수용할 때에 그의 실천적인 면에 편중하였다. 이는 내지의 육조(六朝) 시기 삼현(三玄)에 의하여 반야(般若)를 중시하였던 선종(禪宗)의 경우와 대조적이다.] 아티샤는 이 외에도 『입이제론(入二諦論)』·『중관교수론(中觀敎授論)』[이상 두 논(論)은 관(觀)에 편중한 유심 철학 강의임], 『섭보살행거론(攝菩薩行炬論)』·『발보리심론(發菩提心論)』 [이상 두 논(論)은 행(行)에 편중한 수행 방법 강의임] 등 30여 부의 저작을 저술하였다.

티베트에 있는 아티샤의 제자들로는, 가리 지방의 쟝춥외, 린첸상포, 출팀게루와(이는 각기 세 사람입니다. 인물들을 쉼표 표기로 나누어야 합니다.) 등, 우창 지방의 쿠톤, 촌두웅둥과 곡·렉페쉐랍, 돔톤, 넨죠르첸포(mal-'byor-chen-po), 곤파와(dgon-pa-ba) 인물들을 쉼표 표기로 나누어야 합니다. 등이 있다. 이들 중 쿠톤과 돔톤, 곡·렉페쉐랍 등이 가장 유명하다. 이 세 사람은 루메의 제자에게서 출가하여, 수계받고, 서캄세춘 등으로부터 경론을 배우고, 그리고 서캄에서 산스크리트어를 배웠다. 아티샤가 우창에 간 후에야 아티샤를 스승으로 모셨다. 그들 중 돔톤은 가장 오랫동안 아티샤를 따랐기에 스승의 학술 계통을 가장 깊이 이해하였다.

돔톤('brom-ston-rgyal-ba'i-'byung-gnas, 1005~1064년)은 퇴룽(stod-lung, 라싸의 서북) 지방의 부유한 가정에서 태어났다. 어린 시절에 어머니를 여의고 계모와의 불화로 집을 떠나 슈(gzhu) 지방에 가서 스승을 모시고 티베트어를 배웠다. 그 후 서캄으로 가는 도중에 네팔을 향하여 가는 세춘을 만나 서로 마음이 맞아 세춘을 스승으로 섬겼다. 세춘이 네팔에서 돌아오자, 돔톤은 세춘의 시자(侍子)가 되겠다고 청구(請求)하였다. 세춘이 먼저 캄 지방으로 돌아가자, 돔톤은 상대(商隊)와 동행하여 세춘의 뒤를 쫓아갔다. 돔톤은 세춘의 시중을 드는 한편, 보리방아를 찧고 양치기도 하면서 열심히 배웠다. 근처에는 인도인 한 사람이 살고 있었는데, 돔톤은 그에게서 산스크리트어를 배웠다. 또 그로부터 당시 인도 불교의 최고 학자인 아티샤의 존재를 알게 되었다. 아티샤가 현재 가리에 있다는 소식을 듣고 돔톤은 아티샤를 따라서 배우게 해 달라고 세춘에게 청구하였다. 세춘은 돔톤에게 당나귀 한 필과 행낭, 책 몇 권을 주어 가리에 가도록 하였다. 도중 펜율 지방에서 카와 · 샤캬왕축(ka-ba-shākya-dbang-pbyug, 루메의 제자 등 10인 중 바 · 출팀로되와 락시 · 출팀중네의 제자이다.)을 만났다. 그는 자기의 가리행의 연유를 이야기하면서, 만약 아티샤가 전티베트에 쾌히 온다고 할 때에 카와 · 샤캬왕축이 전(前)티베트 지방의 권력자들과 합의하여 함께 아티샤를 영접할 것을 약속하였다. 1045년 초 돔톤은 푸랑 지방에서 아티샤를 만났다. 돔톤은 라싸와 삼예사의 수천 명 승려들이 아티샤의 티베트 행차를 열망한다고 크게 감동하면서 말하였다. 아티샤가 티베트에 가기로 결의하자, 돔톤은 카와에게 편지를 보내 상황을 알렸다. 편지를 받은 카와는 겔라캉 사원의 샹 · 나남 · 도르제왕축(루메의 핵심 제자 4명 중의 1인이다) 등 사람들에게 알리고 우창 지방의 유력자들과 의논한 후 사자를 파견하여 아티샤를 맞이하였다. 그들은 펠탕(dpal-thang) 지방에서 아티샤를 만났다. 돔톤은 그날부터 줄곧 아티샤를 따르면서 떠난 적이 없었다. 1054년 아티샤는 네탕(snye-thang)에서 죽고, 돔톤은 마침내 아티샤의 대부분 제자들의 수령이면서 선배요, 스승으로 되었다. 1055년 돔톤은 네탕에서 아티샤의 1주년 기제사를 지냈다. 그 후 돔톤은 네탕에서 사원을 세웠고, 튤룽 지방에 간 적이 있다. 이때 담 지방의 유력자들이 토의하여 돔톤을 레뎅(rva-sgreng) 지방에 모셔 오기로 하였다. 1056년 초(티베트력 설날 이후) 돔톤은 사람들을 거느리고 레딩에 도착하여 레뎅 사원을 지었으며, 이 사원을 거점으로 카담파가 형성되었다. 돔톤은 평생 비구계를 받지 않았지만(그 때문에 승려가 아니고 거사이다), 경전을 강의

하고 많은 제자들을 양성하였다. 레뎅 사원을 세운 후 돔톤이 죽기까지의 8
~9년간 레뎅 사원에 상주하는 승려는 50~60명에 불과하였지만, 돔톤의
제자와 손제자의 시대가 되자 카담파는 크게 발전하였다.

돔톤이 죽은 후 레뎅 사원의 켄포[라마 사원의 최고 주지(住持)]는 아티샤의
제자 넨죠르첸포(rnal-'byor-chen-po, 1015~1078년)가 계승하고, 사원은 크게
확대되었다. 그가 죽은 후 아티샤의 다른 제자 곤파와(dgon-pa-ba, 1016~
1082년)가 켄포 직을 이어받았다. 곤파와가 죽은 후 수년 간 켄포 자리가 비
어 있었는데, 그 후 돔톤의 제자 포토와(po-to-ba)가 켄포 직을 이어받았다.

돔톤의 제자 가운데 세 사람이 가장 유명하다. 1. 포토와(본명은 린첸셀
rln-chen-gsal, 1031~1105년) 2. 쳉가파(spyan-snga-pa, 1038~1103년. 본명은 출팀
바르 tshul-khrims'-bar) 3. 푸충와(pbu-chung-ba, 1031~1106년. 본명은 손누겐첸
gzhon-nu-rgyal-mtshan). 이들 중 푸충와는 제자를 받지 않았고, 포토와와 쳉가
파가 각기 제자를 받고 법(法)을 전수하여 교설파와 교계파로 발전되었다.

포토와는 어릴 때 겔라캉 사원에서 출가하고, 닥걉(brag-rgyab) 사원에서
넬바(gnyer-pa, 관리인)를 하다가 28세(1058년)때 레딩에 가서 돔톤의 제자가
되었다. 돔톤이 죽은 후 포토와는 모든 시간을 정수(靜修, 속인과의 면회를 거
절하고 명상에 전념하는 수행)에 할애하였다. 51세(1081년)가 되자 여러 사원을
돌아다니면서 법을 강의하고 제자를 받았다. 평소 따르는 제자가 1천 명에
달했다고 한다. 포토와는 아티샤의 『보리도등론(菩提道燈論)』을 매우 중시
하였고, 『대승장엄경론(大乘莊嚴經論)』·『보살지(菩薩地)』[『유가사지론瑜伽師地
論』의 보살지(菩薩地)]·『집보살학론(集菩薩學論)』·『입보리행론(入菩提行論)』
[『보살행경(菩薩行經)』]·『본생만론(本生鬘論)』·『집법구경(集法句經)』 등 6론
(六論, 이 6론을 '카담 6론'이라고 한다. 여기에 『보리도등론(菩提道燈論)』을 더한 '카
담 7론'은 카담파가 늘 강론 의거로 삼는 책이다.)을 늘 강의하였다. 레뎅 사
원의 켄포를 하고 있을 때 시비가 생겨, 레뎅 사원을 떠나 포토 사원를 짓고
이 사원에서 상주하였다. 카담파는 포토와가 강의하고 제자를 거느리고 하

는 행적과 더불어 그 명성을 우캄 지방에 크게 날렸다. 당시 티베트인들은 포토와가 인솔하는 카담파의 '덕행(德行)'(카담파 승려의 행위는 불교 경전, 특히 계율이 규정한 표준에 부합되었다.)을 크게 칭찬하였고, 카담파는 세력을 넓혀 갔다. 포토와의 제자 가운데 유명한 사람은 8명, 그중에서 특히 영향력이 큰 사람은 랑리탕파와 샤르와파이다.

랑리탕파(glang-ri-thang-pa, 본명은 도르제셍게 rdo-rje-seng-ge. 1054~1123년) 역시 불경을 강의하고 제자들을 가르치는 일에 열중하였는데, 평소 따르는 제자가 2천 명에 달했다. 랑리탕파는 '카담 6론'을 강의한 외에 '미륵의 5법' 도 강의하였고, 또 네우스르파(sne'u-zur-pa)를 스승으로 섬겼다.

샤르와파(shar-ba-pa, 1070~1141년. 본명은 윤텐닥 yon-tan-grags)는 쟈룽포 (byang-rong-po) 지방목민의 아들이다. 포토와에게서 출가하고 불경을 배웠다. 그는 지력이 뛰어나서 많은 불경을 암기(暗記)하였다고 한다. 포토와가 죽은 후 그의 일부분 제자들을 인솔하였고, 자신의 제자까지 합치면 3,600 여 명에 달했다. 샤르와파도 역시 경론을 강의하였는데, 특히 『구경일승보 성론(究竟一乘寶性論)』('미륵 5법'의 하나)을 중요시하였다. 또 『보리도등론자 주(菩提道燈論自注)』에 의거하여 발보리심의 규범(規範)을 제정하고, 논(論) 한 부를 집필하여 카담파 내부의 교의(敎義)상의 불일치를 조화(調和)시키고 자 하였다. 파찹(pa-tshab-lo-tsai-ba) 역경사가 인도에서 돌아와 『중관론(中觀 論)』을 강의할 때, 그를 따라 배우는 학승(學僧)이 아주 적었기에 샤르와파는 자신의 제자를 그에게 소개하고, 또 파찹 역경사가 번역, 강의하는 『중관론 (中觀論)』[주로 『입중론(入中論)』과 주석]에도 협력을 아끼지 않았다. 샤르와파 의 사업을 계승한 제자는 쟈·최카파와 돔톤(gtum-ston)이다.

쟈·최카파(bya-'chad-kha-pa, 1101~1175년. 본명은 예쉐도르제 ye-shes-rdo-rje. 쟈bya 씨족 출신. 최카'chad-kha 사원을 세움. 그러므로 합하여 쟈·최카파라고 함.) 는 루로(lu-ro) 사람으로서 어릴 때 루로에서 레충을 따라 경전을 배우고 그 의 시자가 되었다. 한번은 레충의 시자로서 넬(gnyal) 지방에 가서 역경사 곡

로덴쉐랍이 사회하는 교의 토론 법회에 참가하였는데, 교의 연찬에 흥미를 느껴 레충을 떠나 널리 유학(遊學)하였다. 비구계를 받은 후 샤미(sha-mi)에게서 계율을 배우고, 포토와의 두 제자 돌파(dol-pa) 등에게서 불법을 배웠다. 얄룽 법회에서 랑리당파의 '여덟 마디[八句]의 심(心)의 훈련법(訓練法)'을 듣고, 그에게서 불법을 배우고 싶어졌다. 그러나 20세(1120년) 때 라싸로 가는 도중에 우연히 랑리탕파의 한 제자를 만나, 랑리탕파는 이미 죽고 그의 제자들이 켄포 직위를 두고 서로 다투고 있다는 사실을 알고는 샤르와파에게 갔는데, 그때 샤 · 최카파의 나이는 30세(1030년)였다. 그로부터 샤르와파가 죽기 전까지 12년간 그에게서 가르침을 받고, 보리심의(菩提心義)를 수행하여 불법을 깨닫게 되었다. 샤 · 최카파는 데푸('gres-phu)에 있을 때 제자들에게 보리심법(菩提心法)을 강의하였는데, 그것을 일곱 가지 내용으로 나누어 '칠의보리심법(七義菩提心法)'이라고 명명하였다. 카담파의 '칠의보리심법'의 공개 강연은 이렇게 시작되었다. 그 후 샤 · 최카파는 멜도(mal-gro)에 가서 최카 사원을 건립하고,『삼구경론(三究竟論)』과 자서전을 저술하였다. 최카사원의 켄포는 세 · 칠푸파가 계승하였다.

세 · 칠푸파(se-spyil-pu-pa, 1121~1189년. 본명은 최키겐첸 chos-kyi-rgyal-mtshan. 세se 씨에 속하는 칠푸spyil-p 사원을 세웠기에 세 · 칠푸파라고 한다)는 상부 넬의 다르마강(gnyal-stod-kyi-dar-ma-sgang) 출신으로서 샤 · 최카파에게서 다년간 불법을 배웠다. 1164년경 최카 사원과 칠푸 사원을 건립하였는데. 샤 · 최카파가 죽은 후 두 사원의 켄포가 되었다. 그는 많은 제자를 두었는데, 그중 네 사람이 제각기 사원을 세웠다. 세 · 칠푸파가 죽은 후 제자인 라 · 룽기왕축(lha-lung-gi-dbang-phyug)이 두 사원의 켄포를 계승하였다.

라 · 룽기왕축(1158~1232년, 본명은 쟝춥린첸 byang-chub-rin-chen)은 토번 시대 첸포의 후대이기에 '라(lha)'라고 호칭되었다. 은사의 허락하에 캉규르 전권을 독파하였기에 룽기왕축[독송(讀誦)의 자재자(自在者)]이라고 불렸다. 그는 야르룽 조오(yar-klung-jo-bo)의 왕 조오녠죠르(jo-bo-rnal-'byor, 외숭의 손자 타시첵의 후대)의 아들이다. 14세(1171년)에 우바새계(優婆塞戒)를 받았고, 이듬해 출가하여 계율을 배우고 세 칠푸파를 스승으로 모셨다. 24세(1181년)에 비구계를 받고, 1190년부터 세 · 칠푸파를 계승하여 최카 사원과 칠푸 사원의 켄포를 43년간 담당하였다. 카체판첸(kha-che-pan-chen)에게서 불법을 배운 적이 있으며, 그로부터 체카 사원과 칠푸 사원의 켄포는 야르룽의 조오 왕족에 의하여 계승되었다. 그 후 야르룽의 조오왕과의 관계로 인하여 사캬파와 왕래가 있게 되었고, 라 · 룽기왕축이 죽은 후 켄포의 자리는 그의 조카 라 · 되웨곤포가 계승하였다.

라 · 되웨곤포[lha-'gro'-ba'i-mgon-po, 본명은 쟝춥외(byang-chub-'od). 1186~1259년. '되웨곤포'는 존칭으로서 팍파와 캄포파에게도 똑같은 칭호가 있다. '중생의 의시(衆生依恃)'라는 뜻이다.]는 조오녠죠르의 아들 조박(jo-'bag)의 아들이다. 16세(1201년) 때 체카 사원에 가서 숙부 라 룽기왕축으로부터 우바새계를 받고 불경을 배웠다. 숙부가 죽은 후 최카 사원과 칠푸 사원의 켄포를 27년간 담당하였다(1233~1259년). 이때 포토 사원의 상좌와 카담파의 유력한 승려들이 토의하여 포토 사원과 그에 종속되는 사원을 라 · 되웨곤포에게 바쳤다. 또 콩포(kong-po) 지방의 타발(rta-bar) 사원과 푸추(spu-chu) 사원, 쟝룽(byang-lung) 사원을 위주로 하는 30여 개의 사원을 라 · 되웨곤포에게 위탁하여 관리하고, 닥포(dvags-po) 지방의 람다(bla'-mda') 사원과 칸몬소(kan-mon-shod) 사원을 위주로 하는 사원도 그에 소속되는 노예와 함께 라 · 되웨곤포에게 위탁하여 관리하였다. 그 후 비교적 오랜 시간 동안 라 · 되웨곤포가 상기 사원의 관리인(mgon-gnyer)과 소속민의 장관(mi-dpon)을 지명하여 파견하였다. 한번은 라 · 되웨곤포가 넬(gnyal) 지방의 상포체(zang-po-che) 사원의 요청으로 큰 탑의 개안(開眼) 법회를 주최하였는데, 그때에도 상포체 좌주로부터 상포체 사원과 그 말사를 얻게 되어, 그가 책임지고 이런 사원의 열쇠를 관리하였다. 롱체카르(rong-rtse-dkar) 대영당(大靈堂, gdung-khang-chen-mo) 낙성식 때에도 롱체카르 사원과 그 말사의 관리권을 접수하였다.

그 후 한동안 상포체와 닥골(brag-gor)' 지방에는 세·칠푸파의 제자가 많이 있었고 예루(g·ye-ru)와 부델(bu-dal) 지방에도 카담파의 지지층과 카담파 승려가 많았다. 이 시기에 이르러 카담파 내에는 통일적인 지도하의 사원 집단이 형성되었다. 카담파는 전(前)티베트의 한 개 작은 지방 세력과 밀접한 관계를 갖고 있지만 정치 활동은 하지 않았다. 라·되웨곤포가 많은 '본존(本尊)'의 현신(現身)을 보았고 십육나한도 그를 위해 호법(護法)하였다는 등 언설이 전해졌는데, 그로부터 십육나한이 카담파의 승려의 주위를 둘러싸는 그림이 유행되었다.(십육나한은 한족 지방에서 티베트에 전래된 것이다.) 전하는 바에 의하면, 팍파가 그를 매우 공경하였다고 한다. 라·되웨곤포는 전 생애에 늘 학문이 있는 승려와 우캄 지방의 유력자들에게 경전을 강론하고 설법하였다.

라·되웨곤포가 죽은 후에 최카 사원과 칠푸 사원의 켄포의 네 번의 임기(1377년까지)는 모두 야르룽 조오 왕족의 자제들이 역임하였다고 『청사(靑史)』에 기재되어 있다. 보아하니, 이 두 사원과 소속 사원 및 관련 사원의 상좌들은 야르룽 조오족계의 지배하에 들어간 듯하다. 야르룽 조오족계 내에서 일부는 사캬파와 밀접한 관계가 있었으며, 이 파의 세력은 13세기 말기 사캬파와 디궁파 사이 장기간 분쟁을 벌일 때에 사캬파의 편에 섰을 가능성이 크다.

샤르와파의 다른 제자 툼톤(gtum-ston, 110~-1166년. 본명은 로되닥파(blo-gros-grags-pa)]은 일찍 샤르와파에게서 경전을 배웠다. 샤르와파가 죽은 후 나르탕(snar-thang) 부근에서 12년간(1141~1152년) 경전을 강론하고 불법을 전하여 많은 제자를 얻었다. 1153년에는 나르탕 사원을 세웠다. 이 사원은 수십 년 후에 카체판첸·샤캬슈리바드라(kha che paṇ chen Śhākyaśībhadra)의 율학(律學)으로 유명하게 되었지맨샤캬슈리바드라의 율학도 설일체유부(說一切有部)의 율학에 속하지만 고지율(高地律)·저지율(低地律)과 다른 티베트의 제3의 계율이다. 그 후 고지율과 저지율은 융합되고 티베트에 전승된 것은 두 가지뿐임], 총체적으로 말하면, 샤르와파의 교법을 위주로 전승하였다. 14세기 초기 나르탕 사원의 승려 촙덴렐디(bcom-ldan-ral-gri)가 사원 소장(所藏)의 방대한 역경을 정리, 교정하여 『캉규르』・『텐구르』 2부를 편찬하였는데, 이것이 우리가 볼 수 있는 『티베트대장경』을 편찬하였다는 가장 이른 기록이다. 이상의 최카, 칠푸 집단과 나르탕, 그리고 샤르와파와 그의 제자들이 세운 다른 사원들에서는 모두 카담파 승려의 저작과 카담파가 중시하는 경론을 위주로 전수하였다. 수행법을 중시하는 사람도 있었지만, 그들의 저술 역시 경론을 널리 인용함으로써 수행을 돕도록 하였다. 그러므로, 티베트 사료에서는 그들을 카담교전파(bka'-gdams-gzhung-pa)라고 하는데, 경론을 중시한다는 뜻이다.

돔톤의 다른 한 제자 첸가파(spyan-snga-pa, 1038~1103년. 본명은 출팀바르 tshul-khrims-'bar. 그는 항상 돔톤의 옆에서 시중을 들었기 때문에 첸가파라고 불리었다. '눈앞의 사람'이라는 뜻이다.)는 20세(1057년) 때 레뎅 사원에 와서 돔톤을 스승으로 모시고 멘각[man-ngag, 스승이 제자에게 구두(口頭)로 가르치는 것. 구역(舊譯)에서는 '교수', 산스크리트어에서는 우파디샤upadśa 라고 한다.)]을 받았다. 돔톤이 죽은 후 넨쫄첸포・궁파와 등을 스승으로 모셨다. 그는 어려서부터 불교의 "성공의(性空義, 모든 법은 공이다)" 사상을 어느 정도 이해하였다. 이제의(二諦義)에 능하였고 산스크리트어를 알고 번역할 수 있었지만, 밀주를 암송하고 불공을 드리며 조용하게 수행하는 것을 특히 중시하였다. 그의 많는 제자 가운데 가장 영향력 있는 제자는 쟈율와・첸포이다.

쟈율와・첸포(bya-yul-ba-chen-po, 1075~1138년. 본명은 손누외 gzhon-nu-'od, 쟈율 사원을 건립하고 상주(常駐)하였기에 쟈율와라고 한다.)는 토룽 지방의 골고룽(stod-lung-gi-gol-go-lung)에서 태어났다. 어려서 부친을 여의고 모친이 재가하였기에 고모가 키웠다. 12세(1086년) 때 출가하여 사미(沙彌)가 되고, 골고룽에서 넬파(gnyer-pa, 관리인)로 업적을 올렸다. 14세(1088년) 후에 퇴룽파[stod-lung-pa, 본명은 린첸닝포 (rin-chen-snying-po). 1032~1116년. 첸가파의 유명한 제자 중 한 사람으로서 퇴룽첸되 stod-lung-btsan-'gro 사원을 건립하였다. 100명 정도의 제자가 있었다.]의 시자가 되었다. 쟈율와는 대부분 카담파의 기본적인 전적과 일부 기타 경론을 깊이 연구하였는데, 후에 첸가파의 부름에 응하여 마침내 첸가파의 시자가 되어 집안일을 혼자서 담당하였다. 첸가파가 로(lo) 사원의 전(殿)과 탑(塔)을 수리할 때에도, 쟈율와는 최선을 다하였다. 쟈율와가 노심초사하여 첸가파를 모셨기에 첸가파로부터 지극한 사랑을 받았고, 첸가파는 경전 강의 때마다 그를 옆에 있게 하였다. 하지만 사람들은, 쟈율와는 스승의 환심만 살 줄 알았지 스승이 강의한 내용에 대해서는 전혀 모른다고 여겼다. 이에 대하여 쟈율와는 단 자신의 연구에만 매진하고 스승을 존중하지 않는 자세는 틀린 것이라고 반론하였다.(스승을 극단적으로 받드는 것은 티베트 불교의 특징이다.) 전하는 바에 의하면, 어느 날 아침 쟈율와가 난로의 재를 쏟아 버리려고 세 번째 계단에 내려갔을 때, 교법의 모든 것을 갑자기 깨닫고 경론의 내용을 마음속으로 분명히 알게 되었다고 한다. 첸가파가 죽은 후 쟈율와는 푸충(phu-chung)·첼충(tshal-chung) 등의 지방에 잠시 머물렀다가 쟝·다르마(byang-dar-ma)의 요청을 받고 넬(gnyer) 지방에 갔다. 그 후 쟈율(닥포 지방 이남의 한 지역)에서 사원을 짓고 그곳에서 상주하였다. 쟈율와는 밀법의 이차제[생기차제(生起次第)·원만차제(圓滿次第)]에 정통하였고, 2천 명의 제자를 거느렸다. 카규파의 간포파(sgan-po-pa, 즉 닥포라제)도 쟈율와에게서 배운 적이 있다. 그의 주요 제자는 창파·린포체와 톰세르·린포체이다.

창파·린포체(gtsang-pa-rin-po-che, 1077~1161년. 본명은 도르제미쿄, rdo-rje-mi-bskyod)는 후티베트에서 태어난(그러므로 창파·린포체라고 칭한다.) 유명한 주술사이다. 곡·로덴쉐랍 등 5명의 역경사를 스승으로 모시고 폭넓게 경론을 배운 후 쟈율와에게서 밀법의 관정(灌頂)을 받다. 4부 탄트라[1. 작부(作部) 2. 행부(行部) 3. 유가부(瑜伽部) 4. 무상유가부(無上瑜伽部)]에 정통하였고, 현밀(顯密)도 겸하여 정통하였으며 수행의 실천을 위주로 하였다. 쟈율와가 죽은 후 로사원과 쟈율 사원의 켄포를 계승하였다. 이후 이 두 사원과 그들의 말사는 수행법과 밀법의 전승을 위주로 하게 되었다.

쟈율와의 또 다른 제자인 톰세르 · 린포체[khrom-bzher-rin-po-che, 본명은 린첸셍게(rin-chen-seng-ge). 1100~1170년. 법명 톰세르의 뜻은 분명하지 않다. 아마 가족의 이름일 것이다. 때문에 톰세르 · 죠세라고도 한다]는 침('chims) 지방의 대대로 밀법을 전하는 가정에서 태어났다. 샤르와파와 쟈율와에게서 불법을 배웠고, 38세 때 캄캄(kam-kam) 사원을 건립하였는데 208명의 소속 승려가 있었다. 그 후 제자인 교톤 · 린포체[sgyo-ston-rln-po-che, 본명은 쟝춥린첸(byang-chub-rin-chen). 1126~1200년]가 캄캄 사원의 켄포를 계승하였다. 교톤 · 린포체는 겔 라캉 사원의 켄포를 겸임한 적이 있다. 그의 시대에 캄캄 사원의 승려는 500명으로 늘었고, 쟈율와의 수행 방법과 밀법을 위주로 전승하였다.

아티샤의 제자이고 레뎅사원의 제3대 켄포이며 궁파와의 제자인 네우수르파(sne'u-zur-pa, 1042~1118년. 본명은 예셰바르 ye-shes-'bar. 네우수르 지방에서 태어났기에 네우수르파라고 한다.)는 어렸을 때 출가하였고, 선정(禪定)에 정통하였다. 26세 때 레뎅 사원에 가서 궁파와를 스승으로 모셨으며, 궁파와가 죽은 후 포토와를 스승으로 모셨다. 포토와가 닥룽 지방에 있을 때 10여 명의 승려가 문둥병[한센병, 티베트인들은 한센병을 뱀 형상의 요괴[蛇妖]의 작간이라고 여기고 용병(龍病)이라고 불렀으며, 뱀 형상의 요괴를 항복시키는 자야만 병을 치료할 수 있다고 생각하였다.]에 걸렸다. 포토와는 네우수르파를 파견하여 치유하였기에 보통 사람들은 그를 도술사라고 여길 뿐 네우수르파가 선정과 경전 지식에 모두 통달한 승려인 줄은 몰랐다. 그 후 그가 네우수르 지방에 사원을 건립하고 있을 때에 당지의 많은 유명한 주술사들이 배우려고 찾아왔다. 네우수르파는 평상시에 수행법에 관한 경론과 아티샤의 『보리도등론(菩提道燈論)』과 『교차제론(敎次第論)』 등을 강의하였는데, 제자는 1천 명에 달하였다. 그의 유명한 제자는 겔곰첸포와 쟝춥게제이다.

겔곰 · 첸포[dgyer-sgom-chen-po, 본명은 손누닥파(gzhon-nu-grags-pa). 1090~

1171년. 겔·라낭(dgyer-lha-snang) 가족의 출신이며 수행법으로 유명하였기 때문에 겔곰·첸포라고 불렀다. '겔 가족의 대수행자'라는 뜻이다.]는 네우술파를 스승으로 모셨고 특히 선정(禪定)의 수행을 중시하였으며, 쟈율와의 제자에게서도 불법을 배웠다. 갸마(rgya-ma) 지구의 린첸강(rin-chen-sgang) 지방에 린첸강 사원을 세웠고, 승려는 800명 정도에 달하였다. 이 사원에서도 줄곧 네우수르파의 수행법과 밀법을 주로 전승하였다.

네우수르파의 또 다른 제자 쟝춥게제(byang-chub-dge-mdzes, 1084~1167년)는 가리 지방 사람이다. 어렸을 때 출가하여 계율을 익혔고, 냑(gnyags) 역경사에게서 『반야경(般若經)』과 "미륵의 5법"을, 네우수르파에게서는 아티샤의 『보리도등론(菩提道燈論)』을 배웠다. 1118년 네우수르파가 죽은 후 쟈율와에게서 불법을 배웠고, 그 후에는 탁첸(stag-can) 사원에 상주하면서 죽을 때까지 떠나지 않았다. 탁첸 사원의 켄포는 제자인 코르첸(skor-chen)이 계승하였다. 코르첸의 손제자 마르파·푹파(mar-pa-phung-pa, 1156~1228년)가 탁첸 사원의 켄포를 할 때에는 세르와·곤(ser-ba-dgon)·갸사강(rgya-sa-sgang)·첸탕(btsan-thang)·롱캄(rong-skam) 등 네 사원을 동시에 관리하였기에 탁첸 사원의 교법이 발전하여 널리 유전되었다. 닥첸 사원으로부터 전해 내려온 이 계통도 네우수르파의 수행법과 밀법을 위주로 전승하였다.

이상 첸가파와 쟈율와의 사제(師弟)가 전해 온 쟈율 사원과 캄캄 사원의 두 전승, 궁파와와 네우술파의 사제(師弟)가 전해 온 린첸강 사원과 닥첸 사원의 두 전승, 이 네 전승 및 같은 종류의, 조금은 차요적(次要的)인 다른 사원의 전승을 살펴보았지만, 모두가 스승의 지도를 특히 중시하였고 밀법의 수행에도 정진하였음을 알 수 있다. 티베트어 사료에서는 그들을 카담·교수파(bka'-gdams-gdams-ngag-pa)라고 부른다. 카담파의 경전과 전수 내용은 상당히 분산되고 복잡하기 때문에, 여기서는 간단히 소개하려고 한다. 또 일부 차요적(次要的)인 사원의 전승에 대해서도 논하지 않았다. 이 두 파의 전승 계통에 대해서는 부록의 도표를 참고하기 바란다.

우창 지방에 있는 아티샤의 또 한 명의 중요한 제자는 곡·렉페쉐랍(rngog-legs-pa'i-shes-rab, 11세기 사람. "곡"은 가족 이름이다. 이 가족은 토번 시대의 귀족이었다.)이다. 그는 어렸을 때 딩·예쉐윤텐('bring-ye-shes-yon-tan, 생졸년 불명. 루메의 우창 10인 중 한 사람이다.)에게서 출가하였고 그 후 서캄 지방에 가서 세춘에게서 경전을 배웠다. 1045년에는 쿠톤 등 동창들과 함께 전(前) 티베트에 돌아와서 라싸 부근에 닥낙(brag-nag) 사원을 세우고 경전을 강론하며 제자들을 가르쳤다. 아티샤가 네탕에 있을 때 그곳에 가서 불경을 배웠는데, 지성이 탁월하였고 라싸에 체류하고 있는 아티샤와 낙초 역경사(아티샤의 제자 낙초·출팀겔와를 가리킨다.)에게 『중관심론주(中觀心論注)』를 공역할 것을 요청하였고, 또 아티샤에게는 『중관교수론(中觀敎授論)』의 집필을 요청하였다. 1073년에는 네우톡[rne'u-thog, 상푸(gsang-phu)에 있기 때문에 상푸 사원이라고 통칭한다.] 사원을 건립하였다. 레뎅에 여러 번 가서 돔톤에게서 불법을 배우고 그의 제자들과 교류했으며, 아티샤의 가르침을 지극히 존중하였다. 그가 죽은 후 네우톡 사원의 켄포는 조카인 곡·로덴쉐랍[그의 동생 최캽(chos-skyabs)의 아들이며 동시에 제자이기도 하다.]이 계승하였다.

곡·로덴쉐랍(rngog-blo-ldan-shes-rab, 1059~1109년)은 어렸을 때부터 백부 렉페쉐랍을 따라서 경전을 배웠고, 다른 스승에게서도 연찬을 거듭하였으며, 지혜와 해석이 예리하기로 평판이 높았다. 17세(1075년) 때 카슈미르에 유학하려고 생각하였다. 이듬해 체데(rtse-sde)가 개최한 "병진법회(丙辰法會)"에 라(rva) 역경사 및 녠로(gnyan) 역경사와 함께 참가하였고, 체데의 아들 왕축데(dbang-phyug-sde)의 승낙을 얻어 그의 시주(施主)가 되어 가리에서 카슈미르로 갔다. 카슈미르에서는 샷쟈나(sajjna)·파라히타(parāhita) 등 6명의 판디타(班智達)에게서 경전을 배웠다. 유학 중 자금이 부족하여 왕축데에게 원조를 청구하여 많은 자금을 얻었고, 왕축데는 그에게 『양장엄론(量莊嚴論)』(불교 논리의 대작) 번역을 당부하였다. 로덴쉐랍은 판디타 켈덴겔포(skal-ldan-rgyal-po)의 협력을 얻어 『양장엄론(量莊嚴論)』의 비교적 완벽한 번역을 완성하였다. 카슈미르에서 17년간 불경을 배운 로덴쉐랍은 35세(1093년)경에 티베트에 귀향하였다. 티베트에 돌아와서는 판디타 붐닥숨파('bum-phrag-gsum-pa)와 수마티키르티(sumatikirti)에게서 불경을 배웠다. 네팔에도 단기간 가서 밀법을 배웠지만, 귀국 후에는 역경에 전념하였다. 구역(舊譯)의 개정도 아주 많이 하였고(티베트 『대장경(大藏經)』 중에 로덴쉐랍이 번역한 경론은 40여 부에 달한다.) 대역경사로서 이름을 날렸다. 로덴쉐랍은 라싸와 삼의 등의 지방에서 경전을 강의하였고, 제자 도룽파의 기재에 의하면, 그의 주변에는 승려와 제자 등 2만 3,000명이 모였다고 한다.[『청사(靑史)』 73페이지] 그의 강의를 듣고 『양장엄론(量莊嚴論)』과 『양결정론(量決定論)』을 강의할 수 있는 사람은 55명, 『양결정론(量決定論)』을 정확하게 해석할 수 있는 사람은 280명, 경론을 강의할 수 있는 사람은 1,800명, 불경을 강의할 수 있는 사람은 2,130명에 달하였다. 로덴쉐랍은 일부 경론 주소(注疏)를 저술하였고, 많은 사람들에게 수차에 걸쳐 "양론(量論)"[『양결정론(量決定論)』을 위주로 하는 다르마키르티의 저술과 그 주석. 내용은 불교의 논리와 인식을 논한 것이다.]과 "미륵의 5법", 중관(中觀)의 논서 등을 강의하였다. 로덴쉐랍은 삼예 부근의 여로에서 51세로 세상을 떠났다. 가장 유명한 제자는 샹·체퐁초키라마(zhang-tses-spong-chos-kyi-bla-ma)·도룽파·로도중네(gro-lung-pa-blo-gros-'byung-gnas)·큥·린첸닥(khyung-rin-chen-grags)·데·쉐랍바르('bre-shes-rab-'bar) 등 네 사람인데, 그중에서 도룽파·로도중네는 현밀경론의 주소(注疏)를 많이 저술하였고, 『도차제광론(道次第廣論)』·『교차제광론(敎次第廣論)』을 저술하였다. 이 두 권 책은 아티샤의 『보리도등론(菩提道燈論)』에 의거하여 카담파의 교의를 해석한 것으로서, 훗날의 총카파가 그의 유명한 『보리도차제광론(菩提道次第廣論)』을 저술할 때 대본으로 하였다. 총괄적으로 보면, 로덴쉐랍의 제자와 손제자들은 카담파의 경론과 저작을 매우 주의 깊게 배웠으므로, 많은 티베트어 사료에서는 그들이야말로 카담파라고 간주하고 있다. 그러나 상푸 사원 훗날의 발전은 카담파의 다른 사원과 얼마간 구별되는 모습인데, 이후의 200∼300년간 줄곧 경론 강의로 유명하였음에도 카담파의 아티샤 등 사람들의 저술은 상푸 사원 계통에서는 오히려 주요한 지위에 놓이지 않는다. 그들은 주로『양결정론(量決定論)』과『현관장엄론(現觀莊嚴論)』을 위주로 강의하였으며, 특히 인명(因明, (불교 논리와 인식론)의 강의는 독자적으로 한 파(派)를 형성하였다. 상푸 사원의 제6대 켄포 챠파 · 최키셍게(phya-pa-chos-kyi-seng-ge, 1109∼1169년)의 시대에 인명(因明)의 강의는 대성황을 이루었다. 챠파 · 최키셍게는『양결정론광주(量決定論廣注)』와『양론섭의송(量論攝義頌)』의 자석(自釋),『양론섭의(量論攝義)』 등을 저술하였다. 그중『양론섭의(量論攝義)』는 그 후 티베트인들이 대량으로 저술한 인명(因明) 입문서의 시조가 되었다. 티베트인들이 인명(因明)을 배울 때 취하는 독특한 방법, 티베트 사원에서 경전을 배울 때 채용하고 있는 변론 방식도 챠파 · 최키셍게가 그 창시자라고 한다. 상푸 사원이 흥성할 때 티베트 각 파의 승려들이 많이 와서 배웠다. 현교면에서 각 파에 끼친 영향은 크며, 특히 곡 · 렉페쉐랍과 곡 · 로덴쉐랍 사제(師弟)가 번역하였거나 개정한 인명(因明)의 서적은 널리 보급되어 티베트 사학자들은 "신인명(新因明)"이라고 부른다.(렉페쉐랍가 전수한 구인명에 대비하여 말한 것이다) 챠파 · 최키셍게와 그의 대대(代代)의 제자들의 활동에 의하여 상푸 사원은 200∼300년간 줄곧 티베트 인명(因明)의 중요한 거점으로 되었다. 게룩파가 흥성하기 이전의 티베트에 전승된 인명은 상푸 사원을 통하여 성립되었다고 할 수 있다. 그리고 "반야(般若)"[티베트인들이 배우는 반야는『현관장엄론(現觀莊嚴論)』과 그의 주소(注疏)가 위주이다.]와 "중관(中觀)"[『입중론(入中論)』과 그의 주소(註注)가 위주이다.] 등 학문도 상푸 사원으로부터 널리 해석, 전파되었다. 말하자면, 현교 방면에서 상푸 사원은 티베트 불교의 교학의 발전에 일정한 역할을 일으킨 것이다. 그 후 상푸 사원은 상 · 하 두 원(院)으로 나뉘었으며, 사캬 정권의 시대에 그 다창의 일부분은 사캬 사원의 관할하에 놓였다. 게룩파가 흥성한 15세기가 되자 상푸 사원은 다른 카담파 사원과 함께 게룩파로 개종(改宗)하였다. 근년에는 라싸의 승려들이 여름철에만 이 사원에 와서 인명(因明)을 학습하는 상황이다.

가리 지방(당시에는 라다크 지방도 포함되었다.)에서는 린첸상포를 리더로 하는 아티샤의 제자들이 토링 사원(mtho-lding-dgon-pa)을 거점으로 가리의 3지역(푸랑 · 구게 · 라다크)에 카담파 교법을 전파하였다고 하지만, 상세한 상황은 자료가 없어 알지 못한다. 그 외 11~12세기의 티베트 각지의 역경사 중에는 카담파의 스승에게서 전수(傳受)받지 않았지만, 스스로 카담파라고 자칭하는 역경사가 많았다. 이는 당시의 카담파가 티베트 불교계에서 지위가 높다는 것을 말해 준다. 또한 이런 역경사들의 존재는 카담파의 위세를 강화시켜 주는 역할을 하였다.

카담 · 교전파는 비록 그 내부의 각 계통이 전승(傳承)의 경중 정도에 따라 다르지만, 대체로는 초기에 아티샤의 『보리도등론(菩提道燈論)』 등을 가르치는 외에 모두 "카담 6론"[1.『대승장엄경론(大乘莊嚴經論)』, 2.『보살지(菩薩地)』, 3.『집보살학론(集菩薩學論)』, 4.『입보리행론(入菩提行論)』, 5.『본생만론(本生鬘論)』, 6.『집법구경(集法句經)』]의 전수에 역점을 두었다. 그 후 역경 사업의 발전과 함께 "미륵의 5론"(1.『현관장엄론(現觀莊嚴論)』, 2.『대승장엄경론(大乘莊嚴經論)』, 3.『중변분별론(中邊分別論)』, 4.『법법성분별론(法法性分別論)』, 5.『구경일승보성론(究竟一乘寶性論)』이 포함되었다. 5론 중에는 『구경일승보성론』을 가장 중시하였다.)과 나가르주나(龍樹)의 "이취 6론(理聚六論)"[1.『중론(中論)』, 2.『칠십공성론(七十空性論)』, 3.『육십송여리론(六十頌如理論)』, 4.『회쟁론(回諍論)』, 5.『광파론(廣破論)』, 6.『보만론(寶鬘論)』이 포함된다. 6론 중에서 『보만론』을 가장 중시하였다.]을 첨가하였다. 아티샤의 저작에 대해서는 그들도 교수파와 같이 『보리도등론(菩提道燈論)』을 극히 중시하였다.(『보리도등론』과 상술한 "카담 6론"을 아울러 "카담 7론"이라고 부른다.) 이 외에 소위 "관(觀)"이라는 유심 철학의 분야에서 그들은 아티샤의 『입이제론(入二諦論)』과 『중관교수론(中觀敎授論)』[이상 두 논은 관(觀)에 편중하여 강의하는 책이다.]을 자주 강의하였고, 또 나가르주나(龍樹)의 "이취 6론(理聚六論)"도 보태어 강의하였다. 이는 "이제(二諦)"와 "중관(中觀)"의 본원(本源)[이제의(二諦義)와 중관의(中觀義)는 나가르주나의 각론, 특히 『중론(中論)』의 요지(要旨)이다.]을 진일보 탐구하기 위해서였다. 소위 "행(行)"이라는 수행 분야에서는 아티샤의 『섭행거론(攝行炬論)』과 『발보리심법(發菩提心法)』[이상 두 논은 "(行)"에 편중하여 강의한 책이다.]을 항상 강의하였고, 후에는 "미륵의 5법"도 보태어 강의하였다. 이는 수행 방법 단계[階位]설의 본원(本源)을 진일보 탐구하기 위해서였다. ["미륵의 5법" 중에서 『현관장엄론』과 『대승장엄경론』은 "행(行)"을 주제로 하고 있지만, 『법법성분별론』과 『중변분별론』에서 밝힌 삼성설(三性說), 즉 편계소집성(偏計所執性)·의타기성(依他起性)·원성실성(圓成實性)에 대하여 카담파들은 그다지 증시하지 않았다.] 이렇게 볼 때 카담파가 아티샤의 불교 이론과 수행 방법의 체계를 받아들임에 있어 『보리도등론(菩提道燈論)』을 주로 하였고, 아티샤의 다른 저작과 나가르주나, 미륵 등의 저술은 보조적으로 하였음을 알 수 있다. 이는 실제상 당시의 불교 교의에 대한 그들의 체계적인 관점을 말해 주는 것으로, 카담파의 이론의 기반을 이루는 바이다. 교전파는 다만 이러한 체계에 편중하여 그것을 전승하고 해석하는 일에 열중하였을 뿐이다.

카담·교수파도 마찬가지로 아티샤의 교의와 수행 체계를 계승하고 『보리도등론』 등 저작과 "카담 6론"에 비중을 두고 전승하고 있지만, 그들은 실제적인 수행에 편중하였고 본파 스승의 실천 경험과 그 경험을 통해 얻은 바를 더욱 중시하였으며, 또 그것을 적절히 활용하였다. 이러한 경험은 스승으로부터 제자에게 구두로 전수되었다. 이후 기술(記述)하는 상황도 있지만, 실제로 실천할 때에는 스승의 교시를 기다렸다. 그들에게 스승의 직접적인 지도는 번역된 불교 경론 이상으로 중요하게 인식되었다.(때문에 그들은 교수파라는 이름을 얻었다.) 이러한 것의 최초에는 첸가파의 "사성제(四聖諦)의 교도(敎導)"(bden-bzhi'i-khrid)와 푸충와의 "십이연기(十二緣起)의 교도(敎導)"(rten-'brel-khrid), 넨죠루첸포의 "이제(二諦)의 교도(敎導)"(bden-gnyis-kyi-khrid)

가 있다. 이후에는 『화엄경(華嚴經)』·『보만론(寶鬘論)』·『집보살학론(集菩薩學論)』·『입보리행론(入菩提行論)』 등에 의거하여 성립된 "대보리심법(大菩提心法)"과 더욱 발전된 "칠의수보리심교수(七義修菩提心敎授)" [칠의(七義): 1. 지모(知母), 2. 염은(念恩), 3. 보은(報恩), 4. 자(慈), 5. 대비(大悲), 6. 증상의락(增上意樂), 7. 보리심(菩提心). 칠의의 해석에 대하여는 총카파의 『보리도차제광론(菩提道次第廣論)』 참조.] 등이 있다. 이러한 수행법은 모두 현교의 범위를 넘어선 것은 아니다.

　카담파는 아티샤의 뒤를 이어 밀교를 매우 높은 위치에 놓았다. 그들은 현교(顯敎)의 상술한 "관(觀)"과 "행(行)"은 실제로 현밀(顯密)이 공통하게 갖고 있는 것이고, 그럼에도 밀교는 특수한 수행법이 있기에 사람을 "급속하게 성불"하게 하며, 이 점에서 밀교(密敎)는 현교(顯敎)보다 우월하다고 인정하였다. 그럼에도 밀교는 시련을 겪어서 선택된 극소수의 이해력이 뛰어난 인물에게만 전하는 것이라고 알고 있기에, 마땅히 현교를 기초로 하여야 한다고 주장하면서 밀법을 널리 확산시키지 않았다. 카담파가 전해 온 밀법은 『진실섭경(眞實攝經)』 [한역명(漢譯名) 『불설일체여래진실섭대승현증삼매대교왕경(佛說一切如來眞實攝大乘現證三昧大敎王經)』 30권. 송(宋) 시호(施護) 역] 계통의 밀법을 위주로 한 것이다. 『진실섭경(眞實攝經)』은 4부 탄트라 (1. 작탄트라 2. 행탄트라 3. 유가탄트라 4. 무상유가탄트라) 중에서 유가부(瑜伽部)에 속한다. 유가부 탄트라의 해석은 여전히 현교 교의에 기초를 두고 있고, 정통 불교의 해석에 한하여 있다. 아티샤의 시대에 인도에서는 이미 무상유가(無上瑜伽) 탄트라(『비밀집회(祕密集會)』·『승락(勝樂)』·『희금강(喜金剛)』 등)가 성행하고 있었지만, 아티샤와 그의 후학들은 여전히 『진실섭경(眞實攝經)』을 준수하였다. 이는 일관되게 현밀(顯密)을 중시해 온 카담파의 특징을 말해주는데, 사캬파와 카규파의 무상유가부무상유가부(無上瑜伽部)의 수행법에는 힌두교 성력파(性力派)의 내용이 적지 않게 들어가 있다.]를 전문 존중하는 그것과 얼마간 다른가 하면, 본교의 영향을 크게 받은 밀법을 존중하는 닝마파와도 크게 구별된다. 이 때문에 티베트 승려들은 저들의 저술에서 카담파의 현밀 교법이 비교적 "순수한" 불법이라고 적는다. 또한 이는 카담파가 티베트 각 파의 불교도 사이에서 비교적 높은 성망을 갖는 원인(일찍이 사캬파와 카규파의 많은 지도자들은 카담파의 승려를 스승으로 모시고 카담파의 교법을 배웠었다.)으로 된다.

카담파 승려가 사회에서 일반 민중을 향하여 어떠한 교의 내용을 선전하였는지에 관해서는 우리가 접한 사료에서는 별로 언급이 없다. 자료에서 아티샤를 "업과(業果)라마"·"귀의(歸依)라마"라고 칭하고 있고 "카담 6론"에는 또 『본생만론(本生鬘論)』·『집법구경(集法句經)』의 두 권이 포함되어 있는 것으로 보아, 카담파 승려가 "선악응보(善惡應報)"·"인과윤회(因果輪回)"·"불문귀의(佛門歸依)"·"생사초탈(生死超脫)" 등 언론을 선양하였을 것으로 추측된다. [『본생만론(本生鬘論)』은 부처님이 생생세세(生生世世)로 선행을 하여 선과를 얻었다는 주제의 설화 이야기집이고, 『집법구경(集法句經)』은 "인과응보(因果應報)" 외 계급사회에서 통치자에게 유리한 도덕규범을 격언의 형식으로 선양한 것이다.] 이러한 것은 당시의 티베트 사회의 봉건 통치 질서를 안정시키는 작용을 하였을 것이다.

11~12세기 티베트의 사회적 특성에 관하여 이하의 결론을 받쳐 줄 수 있는 확실한 자료는 아직 없다. 그러나 이 시기 전과 이후의 사회 상황으로부터 이 200년의 기간은 대체로 봉건사회가 서서히 형성되고 정형화(定型化)된 시기라고 할 수 있다. 봉건주(封建主)의 세력은 아직 강대하지 않았고, 정치적으로 보면 처음에는 상당히 분열 상태이었다가 후에 점차 비교적 강대한 지방 할거 세력이 나타났다. 문화는 매우 낙후하였고, 이전의 토번 시대에 수용한 내지의 봉건 문화는 생산기술과 공예 기술이 인민들 사이 유전된 것 외에 토번 그 시기에도 노예주 계급 내부에 제한되어 있었고, 민간에는 뿌리내리지 못한 듯하다. 게다가 9~10세기의 혼란기를 거치면서 깡그리 사라져 버렸다. 본교도들은 최초에는 매우 활약적이었지만, 봉건 착취

질서를 안정시키는 면에서 점차 무익하여졌고, 그러므로 불교에 그 지위를 양도하였다. 각 지방의 봉건 통치자들은 카담파의 이런 효과적인 역할을 알고, 그 발전을 지지하여 자원적으로 원조해 나섰다. 사실상 카담파의 전반 체계는 당시의 수요, 말하자면 봉건 경제의 기반을 수호하는 목적과 합치되었다. 봉건 통치자들은 바로 이러한 체계적인 상부구조가 필요하였던 것이다. 이러한 원인으로 카담파의 사원은 다양한 봉건 통치자의 지지하에 점차 티베트 각지에 널리 퍼질 수 있었다.(13세기 중기에 몽골의 쿠텐의 파견을 받고 티베트에 갔던 장군이 올려 온 보고에 의하면, 티베트에는 카담파 사원이 가장 많다고 하였다.) 후에 비교적 큰 봉건 할거 세력이 출현하자, 카담파는 또 야르룽 지방의 귀족과 결합하여 꽤 큰 규모를 갖춘 사원 집단을 형성하였다. 그러나 그 지방 정권을 잡지는 않았다. 13세기 중기에 사캬파가 원조 황실의 지지 하에 티베트의 지방행정 권력을 장악했을 때에 카담파는 승려가 정치적 권력을 잡는 것을 반대하였다.[예를 들면, 촘덴렐디(bcom-ldan-ral-gri)가 헌시(獻詩)하여 팍파를 풍자한 것이 그러하다.] 카담파는 주로 사상적으로 인민을 마비시켜 봉건 통치자로 하여금 인민을 보다 순리롭게 통치할 수 있도록 도와나서는 역할을 줄곧 담당해 온 것으로 추측된다. 또한 카담파는 불교의 순수한 전통을 계승한 일파(一派)이기도 하다. 15세기 초에 게룩파가 흥기한 후에, 카담파 사원은 잇따라 게룩파로 개종하였다. 그 원인은 게룩파가 실제적으로 카담파의 상기의 사회적 역할을 계승하였기 때문일 것이다. 카담파는 이후 게룩파에 융합되고 더는 단독으로 존재하지 않게 되었다.

[부표 1] 카담파 전승 약표 1(교전파)

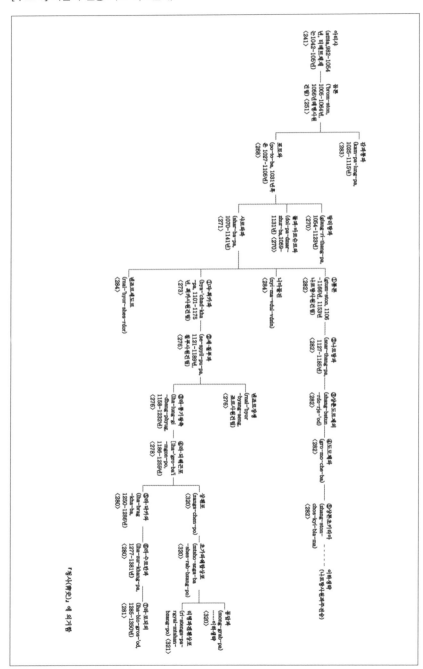

『청사(靑史)』에 의거함

[부표 2] 카담파 전승 약표 2(교수파)

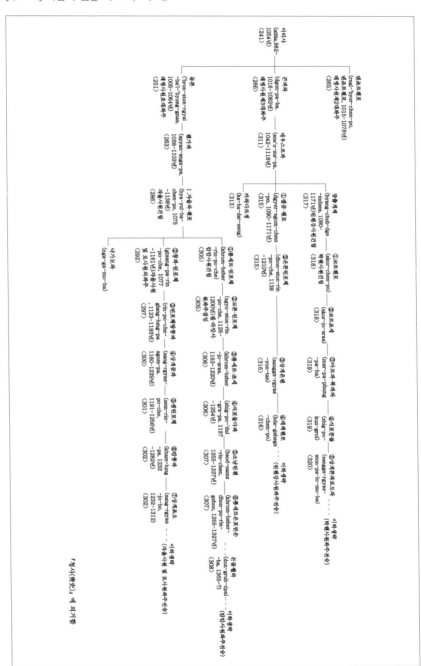

『청사(靑史)』에 의거함

제5편

사캬파

사캬파(sa-skya-pa)는 11세기에 성립되어 오늘날까지 존속하고 있는 교파인데, 13세기 중기부터 14세기 중기까지의 시기에는 정치적으로 티베트를 통치하는 세력으로 군림하였다. 사캬파의 중심 인물은 이 시기에 중앙에서도 직무를 맡고 전국 각지의 불교 사무를 관리하였다. 13세기 중기 티베트 지구는 몽골에 귀순함과 동시에 원조(元朝)의 판도에 들어갔으며, 이 과정에서 사캬파의 수령이 일정한 역할을 하였다. 때문에 이 교파는 역사상 정치 방면에서 일정하게 중요성을 갖는다. 본편에서는 사캬파 쿤씨 일족의 상황을 알아보고, 이 파가 종교에 미친 역할에 대하여 서술하고, 그의 정치적 활동에 관한 많은 내용은 제9편에서 서술하고자 한다.

사캬파에서는 쿤('khon)이라고 하는 일족이 줄곧 중심적 위치에 처하여 왔다. 아래 글 중의 인물과 사건 사이의 관계 요해(了解)에 도움을 주기 위하여 우리도 옛 자료를 활용하는 방법으로 쿤 일족의 계보를 중심으로 서술을 전개하고자 한다.

쿤(昆)[『원사(元史)』에서는 관(款)이라고 한다] 씨는 토번 왕조 이전의 구귀족이라고 한다. 티송데첸왕 시대의 일족 가운데 낭론(nang-blon, 내상(內相))을 담당한 사람이 있었고, 또 일설에는 샨타라크쉬타가 머리를 깎고 출가시킨 최초의 티베트 7인 중의 한 사람인 쿤・루이왕포숭('khon-klu'i-dbang-po-srung)도 쿤 일족의 출신이라고 한다. 그러나 쿤・루이왕포숭이 7인 중에 포함되었는가는 티베트어 사료에 따라 불일치하다.(초기의 봉건사회에서는 과거에 존재했던 자기 일족 출신의 유명한 사람을 이용하여 현재의 사회적 지위를 강화하는 수법을 늘 사용하였다.) 자료에 의하면, 쿤 일족은 처음에는 라퇴(la-stod, 후티베트의 라체 서쪽, 북은 감림을 중심으로 하고 남은 세칼을 중심으로 하는 광대한 지역이다.) 지방의 야창(ya-tshang, 분명치 않다) 지방에 거주한 것으로 되어 있다. 8세기 말경에는 돔파[grom-pa, 동체(河曲) 하곡일 것이다] 지방으로 이동하였고, 이후 또 일부분은 쟝(byang, 습관적으로 라퇴쟝, 즉 감림 지방을 가리킨다.) 지방으로 옮겨 갔다. 쿤 일족은 이때 상·하 두 지족(支族)으로 나뉘어졌다(즉 쟝과 돔파). 9세기에는 쟝의 후예인 게통(dge-mthong)이라고 하는 사람이 샵(shab, 시가체 서남쪽 샵하곡) 지방에 이주하였고, 게통의 손자 샤캬로되(shākya-blo-gros)가 그곳에 약룽쟉송(g·yag-lung-jag-gshongs) 사원을 세웠다. 샤캬로되에게는 두 아들이 있었다. 장자의 이름은 쉐랍출팀(shes-rab-tshul-khims), 차자는 사캬파의 창시자인 콘촉겔포(dkon-mchog-rgyal-po)이다. 사캬파인들의 언설에 의하면, 콘촉겔포 이전까지 쿤씨 일족은 닝마파의 교법을 신앙하였고 성과를 거둔 사람이 있었다고 한다.

콘촉겔포(1034~1102년)는 어렸을 때 부형에게서 닝마파의 교법을 배웠다. 당시는 후홍기(后弘期)가 시작되어 이미 수십 년이 지났고, 티베트인들은 대량의 불교 경전을 새로 번역하였다. 이른바 신밀주의 번역이 성행하던 시기였다. 그는 독미 역경사 샤캬예쉐('brog-mi-shākya-ye-shes, 994~1078년) 등에게서 신역 밀법를 배웠고, 전수받은 "도과법(道果法)"을 해설하는 것을 자신의 주요 교법으로 하였다. 콘촉겔포는 먼저 다보룽(gra-bo-lung)에 사원을 건립하였고[이 사원은 이후 사캬곡포(sa-kya-gog-po) 사원이라고 불리었다], 1073년에는 사캬 지방에 사캬 사원('사캬파'라는 이름은 이 사원에서 유래하였다.)을 건립하였다. 이로부터 사캬파가 점차 형성되었다. 사캬파는 줄곧 사캬 사원을 본사로 하였고 "도과교수(道果敎授)"법을 주요한 밀법 체계로 전승하였다.

1102년 콘촉겔포가 죽은 그해에 아들 쿤가닝포[kun-dga'-snyin-po, 1092~

1158년. 티베트어 사료에서는 사첸sa-chen이라고 부른다. '사캬파의 대사(大師)'라는 뜻이다. 그는 사캬 5조(五祖) 중의 제1조이다가 겨우 11세여서 바리 역경사 린첸닥(ba-ri-lo-tsa-ba-rin-chen-grags, 1040~1111년. 밀법을 위주로 밀성취법에 관한 서적을 번역하였다. 현재 텐규르에 수록되어 있다) 사캬 사원의 대리 주지를 맡았다. 사첸은 린첸닥을 비롯한 많은 역경사와 법사에게서 현밀(顯密)의 교법을 배웠고, 또한 "도과교수"법의 구결(口訣)과 수행법도 배웠다. 이때로부터 한 개의 완벽한 "도과교수"법이 사캬파의 주요한 교법으로 되었다.[원조(元朝) 시대 사캬파인이 내지에서 전법할 때에도 "도과교수"법을 위주로 하였다. 그 법에 관해서는 한역본(漢譯本)『대승요도밀집(大乘要道密集)』참조]. 1111년 사첸은 린첸닥을 대체하여 사캬 사원의 주지를 맡았다. 그 후 근 반세기 동안 많은 제자를 양성하였고, 사캬파의 흥성에 크게 기여하였다. 사첸에게는 네 명의 아들이 있었다. 장자 쿤가바르(kun-dga'-bar)는 인도에 가서 불법을 배웠는데 22세 때 인도의 마가다에서 사망하였다. 차자 소남체모(bsod-nams-rtse-mo, 1142~1182년. 사캬 5조 중의 제2조)는 부친에게서 사캬파의 교법을 배운 외에 상푸 사원의 챠파초키셍게(phya-pa-chos-kyi-seng-ge, 1109~1169년. "미륵의 5법"에 능하였고 특히 『양결정론(量決定論)』주석 및 인명(因明)에 관한 저작으로 유명하다.) 등에게서 현밀 교법을 배우고, 부친으로부터 사캬 사원의 주지를 계승하였다. 셋째 아들 닥파겐첸(grags-pa-rgyal-mtshan, 1147~1216년. 사캬 5조 중의 제3조)은 계율을 엄격히 준수하기로 유명하며, 11세(1157년) 때 『희금강(喜金剛) 탄트라』를 강연할 수 있었다고 한다. 13세에 그의 둘째 형을 대체하여 사캬 사원의 주지를 맡았고, 그 후 57년간 사캬파의 발전에 진력하였다. 많은 저작(『사캬5조문집』의 4함(函)을 차지한다.)을 저술하였고 간명한 티베트 역사서도 집필하였으며, 많은 제자를 양성하였다. 넷째 아들 펠첸외포(dpal-chen-'od-po, 1150~1203년)는 출가하지 않고 아내를 얻어 자손을 이었다.(여러 명의 형제 가운데 한 명이 아내를 얻어 종교상의 후계자를 잇고, 다른 형제들이 출가하는 것은 그 당시 티베트인들에게서 흔히 보게 되는 현상이다).

펠첸위포에게는 두 아들이 있었다. 장자는 유명한 사판·쿤가겐첸(sa-pan-kun-dga'-rgyal-mtshan)이고, 차자는 상차소남겐첸(zangs-tsha-bsod-nams-rgyal-mtshan)이다. 사판·쿤가겐첸(sa-pan-kun-dga'-rgyal-mtshan, 1182~1251년. 사캬 5조 중의 제4조)은 원명이 펜덴돈둡(dpal-ldan-don-grub)으로, 어릴 때 백부 닥파겐첸에게서 불법을 배우고 우바새계를 받을 때 쿤가겐첸으로 개명하였다. 9세(1190년) 때 벌써 사람들에게 설법하였다고 하며, 18세(1199년)에 『구사론(俱舍論)』을 배웠다. 1204년에 도푹 역경사(khro-phug-lo-tsa-ba, 카규파. 제6편 카규파 참조)가 인도 나란다 사원의 최후의 주지 샤캬슈리바드라(Śākyaśrī bhadra, 1127~1225년. 이하 '샤캬슈리'로 약칭한다.)를 티베트에 모셔왔을 때, 사판은 샤캬슈리와 그의 제자인 승가슈리 등에게서 다르마키르티의 『양석론(量釋論)』(곡 로덴쉐랍이 번역하고 사판이 개정한 판본이 텐규르에 수록되어 있다.) 등 7개 인명론(因明論), 『현관장엄론(現觀莊嚴論)』 등 경론과 『성명(聲明, sgra-rig-pa)』(산스크리트어 문법)·『의방명(醫方明, gso-ba-rig-pa)』·『공교명(工巧明, bzo-rig-pa)』·『시사(詩詞, sdyan-ngag)』·『운율(韻律, sdeb-sbyor)』·『수사(修辭, mngon-brjod)』[일사다의(一詞多義)와 일의다명(一義多名)의 학문]·『가무연극(歌舞演劇, zlos-gar)』·『역학(曆學, skar-rtsis)』 등을 배웠다. 이 가운데 뒤의 다섯 가지를 티베트인들은 "소오명(小五明, rig-gnas-chung-lnga)"이라고 부른다. 『성명』과 『의방명』, 『공교명(工巧明)』에 『인명(因明, tshad-ma 혹은 gtan-tshigs-rig-pa)』(불교도의 논리)과 『내명(內明, nang-don-ris-pa)』(불교학)을 더한 것을 인도와 티베트에서는 "오명(五明)" 혹은 "대오명(大五明)"이라고 부른다. "소오명(小五明)"은 이전에 "대오명"의 『성명(聲明)』 내에 포괄시킬 수 있다고 인정되었다.[『대당서역기(大唐西域記)』 권2 석오명(釋五明). 사판·쿤가겐첸은 대오명과 소오명에 통달하여 "판디타"(paṇḍita)의 칭호를 받았다. 인도에서는 "오명"에 통달한 사람을 '판디타'라고 칭한다.] 사판은 사캬·판디타(sa-skya-paṇḍita)의 약칭으로, 25세(1206년)에 샤캬슈리에게서 비구계를 받았다. 인도와 티베트의 불교도의 습관에 따라서 그의 스승 이름 샤캬슈리바드라에서 '슈리바드라'라는 일부분을 취하여 티베트어로 번역한 펠상포(dpal-bzang-po)에 그의 원명을 합쳐서 쿤가겐첸·펠상포라고 불렀다.[사판이 명성을 떨친 후 많은 티베트의 고승들이 자신의 이름 뒤에 펠상포를 붙이게 되었다.『원사(元史)』와『명사(明史)』에 나오는 티베트인의 이름 뒤에 따라 붙은 "반장복班藏卜"과 "파장복巴藏卜"의 뜻인즉 펠상포를 가리키는 것이다.] 사판은 그 후에도 샤캬슈리 사제에게서 폭넓게 현밀 교법을 배우고 점차 명성을 떨치게 되었다. 한번은 인도인 톡체가와('phrog-byed-dga'-ba) 등 6인이 사판의 유명함을 듣고 티베트에 찾아와 대면하여 변론할 것을 요구하였다. 사판은 그들과 키롱(skyid-grong)에서 만나 13일간 변론하였다. 그 결과 독체가와 등 6인은 패배를 시인하고 삭발하여 사판의 제자가 되었는데[그들의 머리태는 장기간 사캬 사원의 종루(鍾樓)에 걸려 있었다고 한다.] 그로부터 사판의 명성은 더욱 커졌고, 1216년 사판은 사캬사원의 관리권을 접수하여 관리하였다. 사판은 19종(種)의 저술을 남기고 있는데, 당시 티베트 불교계에 이름을 떨치고 후세에 영향을 미친 것은 그중의 3부이다. 1.『삼율의론(三律儀論)』(인도와 티베트 각 불교 교파의 시비에 대하여 평론하고 불교에 관한 자신의 견해를 명백히 논술한 책이다. 그 후 줄곧 사캬파의 필독서가 되었다).[6] 2.『정리장론(正理藏論)』[『집양론(集量論)』과『양석론(量釋論)』을 위주로 하는 다르마키르티의 인명(因明)에 관한 7부의 저작에 대하여 총괄하고 자신의 인식론과 논리 체계를 이용하여 저술한 책이다. 양론(量論) 공부에서의 필독서이고, 게룩파가 흥성하기 전의 인명(因明)에 관한 명작이다. 또 이 책은『양석론』을 특별히 중시하기 때문에 티베트학 인명(因明)의 풍기를『양결정론(量決定論)』을 중시하던 데로부터 점차『양석론』을 중시하는 학풍으로 개변시켰다. 3.『사캬격언(格言)』(『선설보장(善說寶藏)』이라고도 한다. 이 책은 인도와 티베트에 전해지던 봉건사회 윤리 혹은 처세술 등을 적은 격언집이다. 티베트인들에게 익숙한 민요·격언 등의 표현 양식으로 씌어졌는데 후세 사람들이 상세한

---

6)『삼율의론(三律儀論)』은 실제적으로 소승(小乘)의 비구계, 대승(大乘)의 보살계, 밀교(密敎)의 삼미야계(三昧耶戒)의 구별을 서술한 책이다. ─ 역자 주

주석을 달고 하여 폭넓게 유전됨으로써 티베트의 사회사상과 문학 형식 등의 방면에 커다란 영향을 미쳤다).

1240년 몽골의 오고타이 칸의 아들 쿠텐은 장관 달한·타이지·토르다낙포(dar-han-tha'i-tsi-tor-da-nag-po)를 파견하여 군사를 거느리고 티베트로 들어갔다. 당시의 티베트는 지배구조가 형성되지 않은 군웅할거(群雄割據)의 상태여서, 무력으로만은 지배하기 어렵다고 예상한 토르다낙포는 몽골인의 통치에 협력할 수 있는 티베트인 수령을 선택하도록 쿠텐에게 건의하였다. 그 당시 티베트에서 사원을 가장 많이, 가장 널리 갖고 있는 교파가 카담파이고, 그중에서 계율이 정연하고 가장 "덕행"이 있는 것이 탁룽탕파(stag-lung-thang-pa)였다. 또 오명(五明)에 통달하고 명성이 가장 높은 이가 사캬파의 판디타였다. 이러한 상황을 장악한 타이지 토르타낙포는 사판을 소견할 것을 쿠텐에게 건의하였다. 1244년에 사판은 쿠텐의 요청에 응하여 팍파와 착나 두 조카와 수행 인원을 거느리고 사캬에서 길을 떠났다. 라싸에 도착한 후 사판은 팍파와 착나 두 조카와 일부 수행 인원을 서량(西涼)으로 보내고 자신은 연도에 머물렀다. 아마도 몽골에 귀순할 것에 대하여 우창 각 지방의 유력자들과 협의하였을 것이다. 1246년에 사판은 양주(凉州)에 도착하였지만 쿠텐이 몽골 칸의 선발(選拔) 건 때문에 그곳에 있지 않아서 1247년에 쿠텐이 돌아와서야 비로소 만났다. 사판은 티베트의 몽골 귀순 조건에 관하여 쿠텐과 합의한 후 우창 승속의 각 지방 세력들에게 공개 서신을 써서 몽골에 귀순할 것을 설득하였다. 이로써 우창 지방은 몽골의 지배에 들어가게 되었고, 사실상 이때부터 조국의 판도(版圖)에 들어왔다. 그리고 사판은 사캬파를 위해 티베트의 정치와 종교면에서의 지배적 지위를 획득하여 주었다.

사판은 그 후 서량을 떠나지 않았기에, 사캬 사원은 그의 제자인 샤르파·쉐랍중네(shar-pa-shes-rab-'byung-gnas)와 우육파·소남셍게('u-yug-pa-bsod-nams-seng-ge) 등이 대리 관리하였다. 사판은 서량에서 쿠텐의 중병을 치유한 적이 있어서 더욱 신임을 얻었다. 서량에서 사판이 불법을 강의할 때에는 4명의 통역이 나서서, 몽골어 · 위구르어 · 한어(漢語) 및 그 지방의 티베트어(암도 지방의 방언) 네 가지로 번역을 담당하였다고 전해지고 있다. 사판은 또 위구르어 자모의 모양을 이용하여 몽골어 문자(40여 개의 자모)를 처음으로 제정(制定)하였다. 쿠텐의 명령에 의하여 사판의 조카 팍파는 불법을 계속 공부하고, 챡나는 몽골 복장을 하고 몽골어를 배웠다. 사판은 1251년에 서량에서 사망하였다.

사판의 동생 상차 · 소남겐첸(zangs-tsha-bsod-nams-rgyal-mtshan, 1184~1239년)은 다섯 명의 아내를 얻어 네 명의 아들을 낳았다. 첫 번째 아내는 팍파와 챡나를 낳았고, 두 번째 아내는 린첸겐첸(rin-chen-rgyal-mtshan, 1238-1279년)이라고 하는 아들을 낳았다. 세 번째 아내는 궁탕 지방의 두목의 딸인데, 딸 두 명을 낳았다. 네 번째 아내는 원래 세 번째 아내의 시비였는데, 아들 예쉐쥿네(ye-shes-'byung-gnas, 1238~1274년)를 낳았다. 다섯 번째 아내는 딸만 한 명 낳았다.

팍파('phags-pa, 1235~1280년)는 본명이 로되겐첸(blo-gros-rgyal-mtshan, 사캬 5조 중 제5조)인데, 3세에 주문(呪文)을 외웠고, 8세에 『본생경(本生經)』을 암송하였다. 9세 때에는 불경을 강의할 수 있었고, 또 명문에서 태어났기에 사람들은 그를 성자를 의미하는 '팍파'로 호칭하였다. 팍파는 10세(1244년) 때 동생 챡나(phyag-na, 1239~1267년. 정식 명칭은 챡나도르제 phyag-na-rdo-rje)와 함께 백부 사판을 따라서 양주(凉州)로 가는 도중 라사의 조캉 사원에서 사판의 손에서 출가하여 사미계를 받고 로되겐첸이라는 이름을 얻었다. 그 후 퇴룽의 출푸(stod-lung-mtshur-phu) 사원에서 간단히 계율을 배우고, 재차 양주로 향하였다.[팍파와 챡나는 상차소남겐첸의 정실 아들이고 사캬 일족의 적자(嫡子)이다. 1247년 당시 팍파는 10세, 챡나는 6세였다. 양주에 간다고 의미 있는 일을 한다고 할 수 없으며, 아마 그들은 인질에 불과하였을 것이다.] 1247년 쿠텐과 회견한 후 사판은 쿠텐의 명령에 따라 팍파에게 현밀(顯密)의 불법과 "오명(五明)"

제론(諸論)을 가르쳤다. 1251년 쿠텐과 사판이 잇따라 타계하자, 같은 해에 몽케가 코데 · 아라르 지방에서 대칸에 즉위하였고, 한족 지방과 티베트족 지방은 그의 동생 쿠빌라이의 영지가 되었다. 티베트 지방은 원래 쿠텐의 영지였으나 영주가 바뀌어 사카파의 지위도 불안하게 되었다. 1252년 쿠빌라이는 대리국(大理國)을 침공하였다. 대리국으로 출발하기 전에 쿠빌라이는 토번에도 군사를 파견하여 정복하고자 하였다. 동시에 카르마 · 카규파의 카르마 · 팍시(karma-pakshi)와 사카파의 사판을 불러서 만나려고 하였다. 그러나 사판은 이미 죽은 후여서 쿠텐의 아들은 사판 대신에 팍파를 보냈다. 1253년에 19세의 팍파는 쿠빌라이를 알현하였다. 쿠빌라이와 그의 부인 및 자녀들은 속인이 승려 스승을 대하는 예의로써 팍파를 대하였고, 밀교(密敎)의 관정(灌頂)도 받았다. 이렇게 팍파는 끝내는 쿠빌라이의 곁에 남게 되었다. 카르마 · 팍시는 쿠빌라이를 알현한 후 그곳에 남으려고 하지 않고 북상하여 헌종 몽케에게 붙었다. 1255년 21세의 팍파는 쿠빌라이의 명령에 따라 티베트에 되돌아가서 비구계(팍파는 한족과 티베트족 접경 지대에서 닥파셍게grags-pa-sangs-rgyas로부터 비구계를 받았다.)를 받고 상도로 돌아왔다. 당시 불교와 도교는 서로 우열을 다투어 자주 논쟁하였다. 1258년 몽케는 칙령을 내려 불교와 도교로 하여금 쿠빌라이의 앞에서 그 우열을 변론하게 하였다. 이 변론회에 양측은 대표 17명씩 파견하였고, 팍파는 불교 승려를 영도하여 변론회에 참가하였다(24세). 변론의 결과 도교 측은 스스로 실패를 자인하여 도사 17명이 삭발하여 승려가 되었고, 도관(道觀) 몇 개도 불교 사원으로 변경되었다.[여기에는 불교와 도교의 우열을 가린다는 그 자체의 목적 외에 몽골 통치자가 색목인(色目人)과 한인(漢人)을 등급 차별시하려는 보다 중요한 목적이 있었다고 생각된다.] 카르마 · 카규파와 사카파는 캄 지방에 저마다의 세력과 영향력을 갖고 있지만, 카르마 · 팍시가 쿠빌라이를 알현한 후 몽케에게로 입장을 바꾼 것은 사카파와 세력을 다투기 위해서였다. 사카파는 쿠텐 측에 붙어서 티베트의 영수 지위를 차지하였고, 팍파 또한 쿠빌라이에게 충성을 다하였다. 몽케가 죽은 후 쿠빌라이가 대칸이라고 자칭하였는데, 그의 어린 동생 아리크부케가 군사를 일으켜 대칸 자리를 다투었다. 이때 쿠빌라이는 카르마·팍시가 아리크부케 측에 협력할 것이라고 의심하였고(제6편 카규파 참조), 사캬파를 이용하여 티베트를 통치할 것을 결정하였다. 1260년에 쿠빌라이는 즉위 후 팍파를 국사(國師)로 봉하고, 옥인(玉印, 당시 권력자의 상징이다)을 하사하였다. 1264년에는 연경(燕京) 즉 중도(中都)를, 1267년에 중도 동북에 신성(新城)을 건설하였고 1272년에 신성을 대도(大都)라고 명명하였다. 북경(北京)의 전신이다.]으로 천도하였다. 연경에 총제원(總制院)을 설립하여 전국의 불교 사무와 티베트 지방의 행정사무를 관리하였는데, 팍파에게 명령하여 국사로서 총제원을 통할하게 하였다. 1265년에 팍파는 사캬에 돌아갔는데, 티베트 지방 행정조직을 구축하기 위해서인 듯하다. 그는 먼저 쿠빌라이에게 샤캬상포(shākya-bzang-po)를 폰첸(dpon-chen)으로 추천하였고, 쿠빌라이는 이를 승인하여 "우창삼로군민만호(衛藏三路軍民萬戶)"의 인(印)을 하사하였다. 티베트의 행정사무는 폰첸(dpon-chen)이 맡고 종교 사무는 국사[國師, 후에는 제사(帝師)로 칭하였다]가 관리하는 체제가 이로부터 성립되었다. 그러나 폰첸에 대한 추천제명(提名)과 건의(建議) 권한은 국사(혹은 제사)의 손에 틀어쥐어졌다. 대체로 이 시기에 팍파는 자신의 라당[bla-brang, '라마의 사저(私邸)'라는 의미이다. 우리가 본 자료에서는 이것이 최초로 나오는 라당이다. 후에 등장하는 대라마, 특히 활불(活佛) 유의 라당은 이에서 기원하였을 것으로 보인다.] 조직을 성립하였. 1268년에 이르러 샤캬상포는 폰첸으로서 명령을 받들어 우창 지구에 13개 만호(당시 13개를 동시에 임명하지는 않았을 것이다. 13개라는 숫자는 티베트인의 전통적인 표현 방식이다)의 만호장을 임명하였다. 이렇게 티베트 지방에는 중앙이 직접 지배하는 행정 기구가 형성되었고, 팍파는 이해에 대도(大都)에 되돌아왔다. 쿠빌라이는 팍파에게 몽골 문자를 창제할 것을 명령하였고, 팍파는 수년 간 티베트 문자를 모방하여 새로운 몽골 자모 41개를 만들었다. 자모를 조합시키면 음절이 약 1천여 개가 되었고, 그로써 몽골어를 표기하였다. 그는 대도에 돌아온 후 자기가 제작한 이 새로운 문자 체계를 쿠빌라이에게 상주하였다. 쿠빌라이는 1269년 2월에 이 새로운 문자를 반포하고, 조서를 비롯하여 중앙 부서와 각 현의 공문(公文)은 일률로 이 새 문자를 사용하도록 하였는데, 그러나 예전에 여러 민족이 통용하고 있던 문자를 여전히 첨부하도록 하였다. 문자 창제에 공적이 있으므로 팍파에게 "제사대법보왕(帝師大法寶王)"이란 호를 높여서 봉하고 또한 옥인(玉印)을 하사하였는데, 원조 때 제사(帝師)라는 직함이 설치된 것은 이것이 시초이다. 쿠빌라이는 티베트의 다른 교파의 불교도로 하여금 모두 사캬파에 개종하도록 조서(詔書)를 내렸지만, 팍파는 이 조서를 거두어들일 것을 상주(上奏)하고 각 교파의 승려들로 하여금 저들 본파의 교법을 따르도록 허락하였다. 1276년 팍파는 최후로 사캬에 되돌아갔다. 쿠빌라이는 태자 친킴에게 군사를 거느리고 팍파를 호송하도록 명령하였고, 팍파는 도중 상도에서 친킴을 위하여 『장소지론(彰所知論, shes-bya-rab-gsal)』을 저술하고 강의하였다. 이 저서의 티베트어 원문은 지금도 보존되어 있고 한역본(漢譯本)도 『대장경(大藏經)』에 수록되어 있다. 1277년에 팍파는 캄 지방과 중앙 티베트의 승려 7만 명을 시켜 추믹링모(chu-mig-ring-mo, 현재의 나르탕 사원 부근)에서 성대한 법회를 열었다. 이 법회에서 쿠빌라이는 명예상의 시주로서 법회의 비용을 감당한 외에 승려들에게는 매 개인에 금 1전(錢)씩 보시하였다. 1280년 팍파는 사캬에서 세상을 떴다. 쿠빌라이는 팍파에게 "황천지하일인지상개교선문보치대성지덕보각진지우국여의대보법왕서천불자대원제사(皇天之下一人之上開敎宣文輔治大聖至德普覺眞智佑國如意大寶法王西天佛子大元帝師)"의 칭호를 하사하였다. 원의 인종(仁宗) 연우(延佑) 7년(1320년)에는 또 팍파를 위하여 제사전(帝師殿)을 지으라는 조서를 천하의 각 노(路, 원의 행정구역 단위이다)에 내렸는데, 건축 규제는 공자묘에 비길 만 하였다. 각 노의 제사전은 실제로 이듬해[원의 영종(英宗) 지치(至治) 원년. 1321년]에 건설되었다. 팍파는 30여 종의 저작을 남기고 있는데,

그중 원조의 태자 친김에게 강의하였다는『장소지론(彰所知論)』이 가장 유행되었다.『장소지론』에는 티베트의 역사도 간략하게 기술되어 있다. 팍파의 제자와 동생, 조카와 그의 자식들 등 적지 않는 사람들이 그의 덕을 입어 중앙과 각 성(省)에서 높은 지위를 차지하였다. 어떤 사람은 제사(帝師)의 직무를 이어받았고, 어떤 사람은 공주 또는 황제의 자매에게 장가를 갔으며, 또 어떤 사람은 책봉을 받고 왕이 되었다. 사공(司空)과 사도(司徒), 국공(國公)으로 책봉되어 금과 옥인을 하사받은 사람이 줄줄이 이어졌다. 또 티베트 각 지방의 영주(領主)들이 직위와 봉작을 노리고 상경하는 경우가 그 수를 헤아릴 수 없을 만큼 많았다. 원조의 역대 황제 측에서도 티베트 종교 상류 계층의 사람들을 농락하려고 여러 가지 작위와 은상을 주었는데,『원사(元史)』에는 티베트의 승려를 위하여 국고의 절반을 소모하였다는 기재가 있다. 그러나 다른 한 면으로 몽골 · 한 · 티베트 · 위구르 등 여러 민족 사이는 각 민족 통치자가 만든 변경으로 인한 저애가 원조의 통일적인 정권 하에 취소되고, 피차간 우호적인 교류가 날로 빈번해졌다. 따라서 민족 사이의 경제 연계와 문화 기술 등의 교류가 빈번하게 진행되었다. 예를 들면, 내지의 인쇄 기구와 인쇄 기술, 목제(木製)의 나룻배와 조선(造船) 기술, 건축 기술 등이 이 시기에 티베트에 전해졌고, 티베트족 형식의 소상(塑像) · 탑 · 용구(用具) · 공예(工藝) 등 기술도 이 시기에 내지에 전해졌다. 요컨대, 팍파는 우선 그의 백부 사판 쿤가겐첸이 채용했던 향내(向內) 정책을 계승하여 티베트 지구와 조국의 중앙과의 관계를 진일보 공고히 하고, 또한 한족과 티베트, 몽골과 티베트 사이의 경제와 문화 교류를 추진하였다. 비록 티베트와 몽골 두 민족의 통치자의 결합이지만 객관적으로는 조국의 각 민족의 관계를 밀접히 하는 역할을 불러일으켰다.

원조의 세조 쿠빌라이가 팍파를 국사(國師)와 제사(帝師)로 봉한 이래, 원조의 역대 황제는 반드시 "제사"를 두었다. 황제들은 제사(帝師)에게서 불계(佛戒)를 아홉 번 받은 후 즉위하였고『남촌철경록(南邨輟耕錄)』권2] 제사는 원조 중앙의 중요한 직관(職官)이 되었다. 총제원[總制院, 1288년 선정원宣政院으로 개칭]도 팍파 이후 역대의 제사(帝師)가 통할하였지만, 흔히는 제사의 나이가 매우 어렸기에 실권은 제사 아래에 있는 원사(院使)가 장악하였다. 이어서 팍파 이후의 역대 제사(帝師)에 대하여 서술하려고 한다.

1276년 팍파가 티베트에 돌아간 후 쿠빌라이는 팍파의 동생 린첸겐첸[rin-chen-rgyal-mtshan, 『원사(元史)』에는 연진(憐眞)이라고도 나온다]에게 제사(帝師)를 계승하도록 명령하였다. 티베트어 사료에 의하면, 린첸겐첸은 1238년에 태어났고, 39세에 제사가 되었고, 1279년에 사망하였다. 그러나 『원사(元史)』의 「석로전(釋老傳)」에 의하면, 사망 시기는 지원(至元) 19년으로 되어 있다. "9"는 아마도 원래의 "6"이 잘못 표기된 듯하다. 『원사』의 「세조본기(世祖本紀)」를 참조하면, 사망 시기를 지원 16년으로 고쳐야 할 것이다. 지원 16년이면 티베트어 사료의 그것과 일치한다. 린첸겐첸이 사망한 후 쿠빌라이는 팍파의 조카 다르마파라·락시타[Dharmapālasraksita, 1268년에 태어나 12세에 제사가 되었고 1287년에 사망하였다. 착나의 아들로서 『원사』에는 "답이마팔랄걸열(答爾麻八剌乞列)"로 되어 있고 1286년에 사망하였다고 적혀 있다.]를 제사(帝師)의 계승자로 하였다. 달마 파라 락시타가 사망한 후 팍파의 제자 예쉐린첸[ye-shes-rin-chen, 1248~1294년. 40세에 제사에 임하였다. 『원사』「석로전(釋老傳)」에는 "역섭사련진(亦攝思憐眞)"으로 되어 있다.]을 계승시켰다. 예쉐린첸이 지원 31년(1294년)에 오대산(五臺山)에서 사망한 후 원 왕실은 닥파외셀(grags-pa-'od-zer, 1246년~1303년. 49세에 제사에 임하였다. 『원사』에는 "흘랄사팔알절아(吃剌斯八斡節兒)"로 되어 있다)을 제사(帝師)의 계승자로 하였다. 닥파외셀은 원래 사캬[동원(東院), 사판의 제자들은 동(東)·서(西)·상(上) 3원에 분숙(分宿)하였다. 이하의 본문을 참조]의 도르제외셀 제자이고 팍파의 조카 닥니첸포·상포펠(예쉐중네의 아들)의 초폰(mchod-dpon, 불공 등 종교의식을 담당하는 관리)을 담당하였지만, 그 후 팍파에게 의탁하여 팍파의 콘넬겐포(dkon-gnyer-rgan-po, 관리인)가 되었다. 그는 다르마파라·락시타가 죽은 후 상경(上京)하여 이 시기의 제사(帝師)가 되었다. 원의 성종(成宗) 테무르의 원정(元貞) 원년(1295년)에는 닥파외셀에게 쌍룡반뉴백옥인(雙龍盤紐白玉印)을 하사하였다. 인(印)의 명문(銘文)은 "대원제사통령제국승니중흥석교지인(大元帝師統領諸國僧尼中興釋敎之印)"이다. 동시에 백옥으로 만든 오방(五方)의 불관(佛冠)을 하사하였다. 그는 대덕(大德) 7년에 세상을 떠났다. 그 후 원의 성종은 린첸겐첸[rin-chen-rgyal-mtshan, 1257~1305년. 47세에 제사가 되었다. 『원사』에는 연진감장(輦眞監藏)으로 되어 있다. 상기(上記)한 린첸겐첸과는 다른 사람이다]을 제사(帝師)로 계승시켰다. 린첸겐첸은 사캬 동원(東院) 출신으로서 1288년경에 쿠빌라이의 명령에 의하여 사캬 사원의 시톡라당[bzhi-thog-bla-brang, 사캬파는 사대(四大) 라당으로 나누었다. 이하 본문을 참조]의 좌주(座主)가 되었고, 18년간 좌주 자리를 지켰다. 그 후 성종의 부름을 받고 상경하여 제사가 되었고, 대덕 9년에 사망하였다. 『원사(元史)』「석로전(釋老傳)」에는 린첸겐첸의 뒤를 이어 제사가 된 것은 도가반(都家班)이라고 전하고 있다. 『원사』역음(譯音) 표기의 관례로 보아 아마 도르제펠(rdo-rje-dpal, 생졸년 불명. 『원사』의 기재로 보아 제사(帝師) 재위 연대는 1305~1313년일 것이다.)이라고 하는 인물일 것이다. 몇몇 티베트어 사료에는 모두 도루제펠이 제사였다는 기재가 없고, 티베트어 『홍사(紅史)』에만 "상계펠이 사캬 사원의 겐포가 되기 전의 전임 겐포가 도루제펠이다."라는 기재가 있다. 아마 이 도루제펠이 바로 『원사』에 나오는 도가반(都家班)과 동일 인물인 듯싶다. 그러나 도가반이 실제로 제사였는지는 불명확하다. 『원사』의 성종 본기에는 대덕(大德) 9년 3월에 "흘랄사팔알절아(吃刺斯八斡節兒, 즉 닥파우셀)의 조카 상가반(相加班, 즉 상계펠(sang-rgyas-dpal), 1267~1314년)을 제사(帝師)로 하였다."는 기재가 있다. 이는 「석로전」의 "(대덕 9년 3월) 도가반(都家班)이 제사를 계승하고 황경(皇慶) 2년에 사망하였고, 상이가사(相爾加思, 즉 상계펠)가 제사를 계승하고 연우(延祐) 원년에 사망하였다."는 기재와 모순된다. 현재 후(後)티베트의 샬루 사원에 보존되어 있는 원대(元代)의 제사 부서(副署) 10여 건 문서 가운데

1건만 상게펠이 쓴 문서이고, 결말에는 "(티베트력) 양년(羊年) 7월 19일 대도(大都)에서"라고 서명되어 있다. 만약 「석로전(釋老傳)」의 기재에서처럼 상게펠이 1313년에 제사(帝師)가 되고, 이듬해에 사망하였을 경우, 1313년은 우년(牛年), 1314년은 호년(虎年)이기 때문에 양년(羊年)은 없는 것이며, 그리하면 현존의 문서와 서로 맞지 않는다. 만약 성종(成宗) 본기의 기재에서와 같이 1305년에 제사(帝師)에 취임하였으면 1307년은 정미년(丁未年)으로서 양년(羊年)이기에 문서와도 모순되지 않는다. 아마도 성종은 도르제펠을 제사로 임명하였지만, 무슨 연고로 실제로 취임하지 않았고, 결국에는 상게펠로 하여금 린첸겐첸의 뒤를 잇게 하였을 것 같다. 이 때문에 티베트어 사료에는 도르제펠[도가반(都家班)]이 제사(帝師)가 되었다는 기재가 없는 것이다. 「석로전」의 "도가반이 제사(帝師)를 계승하고 황경(慶慶) 2년에 사망하였다."는 기재는 역사학자의 실수라고 생각된다. 티베트어 『홍사(紅史)』에서도 "상게펠은 제사(帝師) 닥파외셀의 조카(닥파외셀 동생의 아들)이고, 일찍이 사캬 사원의 겐포를 담임한 적이 있으며, 또 캉살 라탕(khang-gsar-bla-brang)의 좌주를 담임하였다. 대도(大都)에 상경하여 올제이투[o-ja-du, 성종(成宗) 테무르], 퀼뤽그[go-lug, 무종(武宗) 카이샨], 부얀투(bu-yan-du, 인종(仁宗) 아유르바르와다] 세 황제의 제사(帝師)가 되었고 48세에 대도(大都)에서 사망하였다." 하고 있다. 이처럼 상게펠이 성종·무종·인종의 제사(帝師)를 담임하였다고 한다면 성종 본기와 서로 일치한다. 그러므로 「석로전」의 기재가 틀렸음을 충분히 증명할 수 있다.

닥파외셀이 죽고 팍파의 제자 예쉐린첸이 제사를 이어받은 때부터 상게펠에 이르기까지 4~5명의 제사는 모두 쿤씨 일족의 사람이 아니고 사판과 팍파의 제자 또는 제자의 계승자들이었다. 이렇게 팍파와 착나(팍파가 쿠빌라이에게 의탁한 후 사캬에 돌아가서 사캬 사원의 사무를 주관하였다. 팍파보다 먼저 사망하였다.) 이 두 형제의 계열이 중앙과 티베트 지방에서의 샤카파의 중요한 자리를 장악하였다. 팍파의 이복동생 린첸겐첸은 비록 제사(帝師)를 몇 년간 하였지만 후손이 없고 영향력이 없었다.

팍파의 또 다른 이복동생 예쉐중네(ye-shes-'byung-gnas, 1238~1274년)의 모친은 노비였다. 봉건사회 하에서 그는 출신적으로 차별 대우를 받아 다만 운남(雲南)에서 후계치[쿠빌라이의 다섯째 아들. 지원(至元) 5년(1268년)에 운남왕에 책봉되었다]의 스승을 하였고, 그 후 운남에서 사망하였다. 예쉐중네는 상포펠(bzang-po-dpal, 1262~1322년. 티베트어 사료에서는 일반적으로 닥니첸포 · 상포펠[bdag-nyid-chen-po-bzang-po-dpal]이라 부르고 닥첸이라고 약칭한다.)이라고 하는 아들이 있었다. 챡나가 죽은 후 사캬 쿤씨 일족의 습관에 따라 상포펠이 마땅히 사캬 사원의 관리권을 계승해야 하였지만, 팍파와 챡나의 계통에서 챡나의 유복자인 다르마파라 · 락시타를 내세워 관리권을 접수하여 관리하게 하였다. 다르마파라 · 락시타가 20세에 죽은 후 사캬 동원(東院)의 샤르파 · 쟘양시톡파(shar-pa-'jam-dbyang-bzhi-thog-pa)가 사캬 사원의 좌주를 18년간 대리하였다. 1282년 닥니첸포는 상경하여 자신이 사캬 사원의 계승자임을 쿠빌라이에게 상고(上告)하였다. 당시 대도(大都)에는 다르마파라 · 락시타가 제사(帝師)를 담임하고 있었고, 그가 닥니첸포를 쿤씨 일족이 아니라고 질책하였기에 쿠빌라이는 닥니첸포를 섬으로 유배 보냈다[영파(寧波)의 동쪽].[7] 다르마파라 · 락시타가 죽은 후 사캬폰첸이 닥니첸포를 맞이하여 좌주를 계승시키려고 하였지만, 쿠빌라이가 허락하지 않았다. 닥파외셀이 제사(帝師)를 담임하는 시대가 되어서야 방도를 강구한 끝에 소통이 되어서 성종 테무르는 조서(詔書)를 내려 닥니첸포를 상경시켜 사캬 사원의 좌주로 임명하고 티베트에 돌아가서 부임하게 하였다. 인종(仁宗) 황경(皇慶) 원년(1312년)에 닥니첸포는 국사(國師)에 임명되었는데, 그때서야 예쉐중네와 닥니첸포의 계통은 비로소 중앙으로부터 사캬 쿤씨 일족임을 승인

---

7) 『사캬 세계(世系)』에 의하면, 닥니첸포는 먼저 강남의 소주(蘇州), 이후에는 항주(杭州)에 유배되었다. 당지에서 한인(漢人) 여성을 아내로 얻어 아들을 낳았는데 요절(夭折)하였다. 그 후 닥니첸포는 해중(海中)의 보타산[普陀山, 절강성 주산군도(舟山群島)]으로 피신하였다.

받았다. 닥니첸포는 7명의 아내를 얻고 13명의 아들을 낳았다. 그중 1명은
요절하였다(부표 참조).

[부표 5-1] 사캬쿤 씨 일족 세계총표(世系總表)

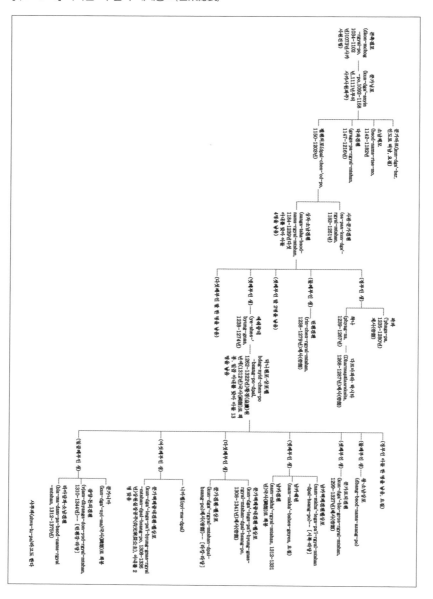

[부표 5-2] 시특 · 라당 세계표(世系表)

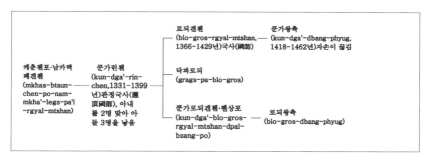

[부표 5-3] 린첸캉 · 라당 세계표(世系表)

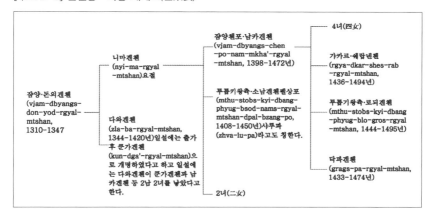

[부표 5-4] 라캉 · 라당 세계표(世系表)

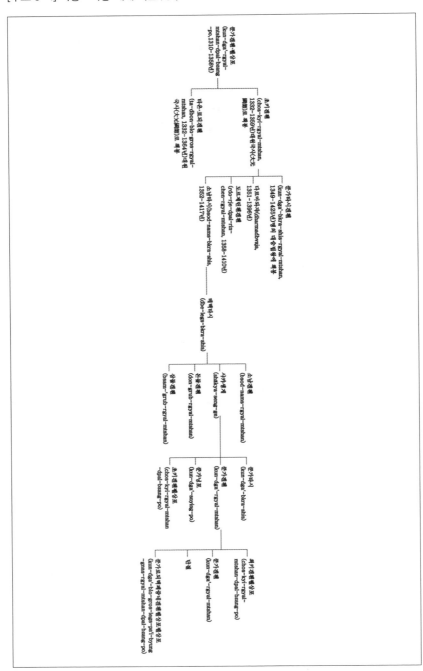

[부표 5-5] 둠초 · 라당 세계표(世系表)

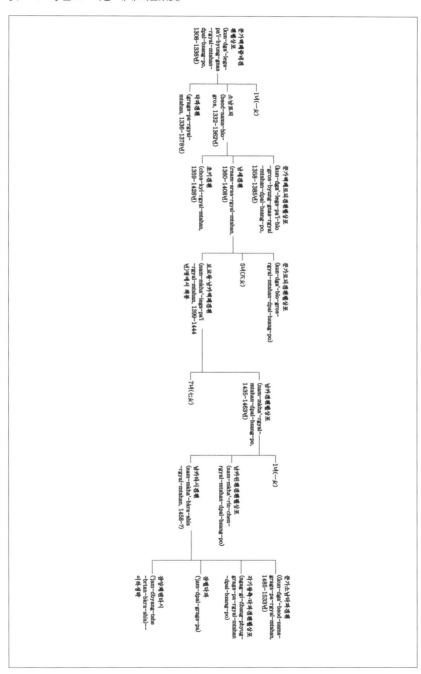

원의 인종(仁宗)은 연우(延祐) 2년(1315년)에 조서(詔書)를 내려 닥니첸포의 아들 쿤가로되겐첸 · 펠상포[kun-dga'-blo-gros-rgyal-mtshan-dpal-bzang-po, 1299~1327년. 『원사(元史)』에는 공가라고라사감장반장복(公哥羅古羅思監藏班藏卜)으로 되어 있다. '쿤가로되'로 약칭한다.]로 하여금 상게펠의 뒤를 이어 제사(帝師)를 맡게 하였다.(17세) 그는 11세 때에 상경하여 24세(1322년) 때 티베트로 돌아갔고 1327년에 사망하였다. 『원사』「석로전(釋老傳)」에는 지원(至元) 3년(1323년)에 사망하였다고 잘못 기록되어 있다. 『불조역대통재(佛祖歷代通載)』의 태정(泰定) 4년(1327년) 10월에 사망하였다는 기재는 티베트어 사료의 그것과 일치한다. 샬루 사원에 현존하는 원대의 문서 중에는 쿤가로듀가 제사(帝師)의 명의로 대도에서 우창으로 출발하였다는 우년(牛年)의 문서가 남아 있다. 우년이면 태정(泰定) 2년 즉 1325년이다. 『홍사(紅史)』에는 쿤가로듀가 인종(仁宗) · 영종(英宗) · 태정제(泰定帝) 세 황제의 제사를 담임하였고, 정묘년(丁卯年)에 대도에서 사망하였다고 기재되어 있다. 여러 사료를 보건대, 쿤가로듀가 1325년까지 제사(帝師)의 자리에 있은 것은 확실하다. 쿤가로듀가 죽은 후 제사를 계승한 상황에 대하여 『원사』「석로전」에는 "왕출이감장(旺出爾監藏)이 계승하였고 태정(泰定) 2년에 사망하였다."고 기재되어 있다. 이 왕출이감장(旺出爾監藏)이 왕축겐첸(dbang-phyug-rgyal-mtshan)일 것인데, 『사캬 세계(世系)』에는 그 이름이 없다. 『원사』에는 왕축겐첸이 제사에 재위하였던 시기가 바로 쿤가로듀가 살아 있어서 제사를 담임한 시기였다고 하고 있는데 「석로전」의 기재는 티베트어 사료의 기재와 일치하지 않는다. 왕축겐첸이 쿤가로듀의 대리인인지 아닌지는 금후 검토가 필요하다. [『원사』 권30 태정제기(泰定帝紀) 2, 태정 4년(1327년) 2월에 "제사참마역사길사복장출역사댁복졸(帝師參馬亦思吉思卜長出亦思宅卜卒)"이라는 기재가 있는데, 이 제사(帝師)의 이름도 티베트어나 한어(漢語)의 어느 사료에도 기재가 없다. 이 점에 대해서도 금후 검토가 필요하다]. 차대의 제사는 쿤가로되의 이복동생 쿤가렉페쭝네겐첸 · 펠상포(kun-dga'-legs-pa'i-'byung-gnas-rgyal-mtshan-dpal-bzang-po, 1308~1341

년. 당시 18세였다)가 계승하였다. 『원사』에는 공가열사팔충납사감장반장복(公哥列思八冲納思監藏班藏卜)이라고 부르고, 또 "옥인(玉人)을 하사하고 강새서(降璽書)를 천하에 알렸다. 그해에 사망하였다."고 적혀 있는데, "그해"가 어느 해인지는 금후 검토가 필요하다. 그다음 제사(帝師)에 대하여 『원사』「석로전」에는 "천력(天曆) 2년(1329) 연진흘랄실사(輦眞吃剌失思)가 계승하였다."로 기재되어 있다. 이 이름의 티베트어 원문은 린첸타시(rin-chen-bkre-shis)이거나 린첸닥파(rin-chen-grags-pa, 『석씨계고략속집(釋氏稽古略續集)』권1에 이 사람의 이름인 연진흘랄사(輦眞吃剌思)를 인용하고 있기 때문이다.)일 가능성이 크다. [『도손몽골사(多桑蒙古史)』상권에 "독 테무르, 즉 원 문종(文宗)은 불교를 진심으로 믿었고, 거금을 들여 사원을 재건하였다. 연진흘랄사(輦眞吃剌思)는 위구르의 유명한 라마이다. 불러들여 제사(帝師)로 임명하고 존중하였다. 조정의 일품 이하 고관들에게 명령을 내려 모두 교외에까지 나가서 맞이하게 하였다. 대신들이 부복(俯伏)하여 술을 권하였지만 제사는 술잔(觴)을 들지 않았다. 국자제주(國子祭酒)인 발술노총(孛術魯翀)이 일어서서 잔을 들고 권하였다. '제사(帝師)는 석가(釋迦)의 제자이고 천하 승려들의 스승올소이다. 나는 공자의 제자이고 천하 유자(儒者)들의 스승올소이다. 서로 예로써 마주 대할 필요가 없나이다. 제사는 웃으며 일어나서 술잔을 비웠다. 위구르의 라마는 이러한 예우를 받았지만, 라마와 안서(安西) 왕 아난다의 아들 우륵테무르가 반란을 꾀한 일이 발각되어 모두 주살당했다."는 기재가 있다. 이 말의 일부분은 『원사(元史)』권183 「패술노충전(孛術魯翀傳)」과 『자치통감(資治通鑑)』권205, 『석씨계고략속집(釋氏稽古略續集)』권1에도 보인다. 그러나 『원사』「석로전」에는 우륵테무르와 공모하여 주살당한 사람이 필란납식리(必蘭納識里)로 되어 있다. '필란납식리'라는 이름은 『원사(元史)』권36 문종기(文宗紀) 5에는 필랄특납실리(必剌忒納失里)로 되어 있는데, 두 곳 다 국사(國師)에 봉했다는 기재만 있고 제사(帝師)가 되었다는 말은 없다. 랄특납실리(剌忒納失里)는 산스크리트어 ratnaśri으로, 보길상(寶吉祥)이란 뜻이다. 연진흘랄실사(輦眞吃剌失思)는 티베트어인데 역시 보길상이란 뜻이다. 두 이름의 뜻이 같으므로 도손이 두 사람을 동일인으로 오인하였을 수 있다. 그러므로 연진흘랄실사(輦眞吃剌失思)를 필란납식리(必蘭納識里)로 한 것은 틀린 것이다.] 이후「석로전」에는 제사(帝師)에 관한 기재가 다시 없지만, 원조(元朝)의 체제로 볼 때 제사 자체는 당연히 존재하여야 할 것이다. 『불조역대통재(佛祖歷代通載)』권22 말과『석씨계고략속집(釋氏稽古略續集)』권1에는 1333년 6월 초8일에 원 순제(順帝)가 즉위하여 연호를 원통(元統)으로 정하고 "예식을 거행하여 공가아감장반장복(公哥兒監藏班藏卜)을 제사(帝師)로 삼았다."고 기재하고 있다. 이 이름의 티베트어 발음은 쿤가겐첸이고, 그는 제사 쿤가렉페중네겐첸의 이복동생이다. 티베트어 사료에 의하면, 1310년에 태어났고 1358년에 사망하였다. 22세(1331년) 때 상경하였고 그 후 제사에 선정되었다. 쿤가겐첸이 얼마 동안 제사(帝師)를 담임하였는지는 확실한 기재가 없다. 그런데 티베트어『현자희연(賢者喜宴)』(제16품)에는 "쿤가겐첸은 제사에 임명되어 26년간 재위하였다. 토구년(土狗年, 무술년. 1358년)에 사망하였다." 말하고 있다. 원통(元統) 원년(1333년)을 그가 제사(帝師)에 임명된 첫 해로 가정하면, 졸년(卒年)이 1358년[지정(至正) 18년 무술(戊戌)]이 되고, 제사에 임명된 후부터 26년이라는 시간과 꼭 맞는다. 만약 그렇다면, 쿤가겐첸은 1358년까지 줄곧 제사를 담임하고 있었을 것인데, 이 사람의 이름은『원사(元史)』에서 찾아지지 않는다. 쿤가겐첸 이후의 제사(帝師)도 한문 사료에 보이지 않는데, 여기에는 다음과 같은 이유가 있기 때문이다. 첫번째는 원조 말기의 황제가 재위하던 시기는 정치적 변동기여서 순제(順帝)의 실록(實錄)마저도 작성되어 있지 않다. 두 번째는 몽골의 신앙 대상이 이미 사캬파에서 카규파로 옮겨졌다. [원 문종(文宗)은 갈마카규파의 흑모(黑帽) 라마 3세 란중도루제를 초청하여 상경시켰고, 순제도 동인(同人)을 초청하였고, 만년에는 4세 룰페도루제를 초청하여 상경하게 하였다.] 세 번째는 티베트 지방 정세를 보면, 당시의 사캬파는 이미 지배 능력을 잃었고 실권은 팍모듀파의 쟝춥겐첸의 손에 들어갔다. 네 번째는 내지의 불교 사원과 승려의 관리권은 이미 각 지방의 응교총관부[應敎總管府, 문종(文宗) 지순(至順) 2년 1331년에 설치]로 넘어갔다. 이러한 사정으로 볼 때 사캬파가 담당하고 있던 제사(帝師)의 지위는 유명무실하게 되었고, 실제적인 권력은 없었다고 추측할 수 있다. 그런 까닭에 당시의 관(官)과 사적(私的) 문서에 제사 관련 기재가 없는 것이다.

1358년[원 지정(至正) 18년]부터 1368년[지정 28년, 즉 홍무(洪武) 원년]까지 원 순제(順帝)는 북쪽으로 갔다. 원조의 체제에 의하면, 이 10년간도 제사(帝師)를 설치하였을 것인데, 한문 사료에 기재가 보이지 않는다. 티베트어 사료에도 명확한 기재가 거의 없는데, 『세계(世系)』에서만 언급하고 있다. 그에 의하면, 팍파의 질손(侄孫) 쿤가렉페죵네겐첸·펠상포[1308~1336년. 앞에서 언급한 제사(帝師) 쿤가렉페죵네겐첸·펠상포와 이복형제이고, 같은 해에 태어났다]의 아들 라첸·소남로되(bla-chen-bsod-nams-gros, 1332~1362년)가 조서를 받고 상경하여 제사를 담임하였다. 그러나 재위 기간 등에 관한 상세한 기재는 없다. 『세계(世系)』에는 또 쿤가렉페죵네겐첸·펠상포의 손자이며 스남로되의 조카인 쿤가렉페로되겐첸(slod-dpon-chen-po-kun-dga'-legs-pa'i-blo-gros-rgyal-mtshan, 1358~1385년)이 분봉(分封)을 받고 대원국사(大元國師, 이는 그의 삼촌 스남로되가 제사이기 때문이다.)가 되었다는 기재도 있다. 『청사(靑史)』는 스남로되를 언급할 때, 그의 이름 앞에 제사(帝師) 직함을 달았다. 아마도 쿤가겐첸이 죽은 후, 즉 1358년 이후 쿤가렉페로되겐첸도 제사의 자리에 있었던 것 같다.

『명사(明史)』 권331에는 원조의 섭제사(攝帝師) 남가파장복(喃加巴藏卜)에 관한 기재가 있다. 그는 진서무정왕(鎭西武靖王) 복납날(卜納剌) 명조에 투항한 후, 즉 홍무 5년(1372년) 12월에 티베트족 지방의 원 원조(元朝) 시기의 최고 장관 신분으로서 최초에 명조에 투항하였는데, 이듬해(1373년) 치성불보국사(熾盛佛寶國師)에 분봉되었고, 옥인(玉印)을 하사받았다. 그는 원 원조(元朝)의 고관 백여 명을 추천하였는데, 모두 홍무제(洪武帝)로부터 관직을 수여받았다. 명 태조로부터 중시받았고, 원조의 마지막 제사(帝師)로서 존중받았다. 또 티베트족 지역의 여러 지방 영주들이 연이어 명조로 귀순하도록 하는데도 앞장서서 선무(宣撫) 역할을 했다. 이로 보건대, 그는 1362년 스남로되가 죽은 후 1368년 원 순제(順帝)가 북행하기 전까지 제사의 직책을 담당한 것 같다. 그러나 그의 존재도 한문 사료나 티베트어 사료에서 찾아내지 못하였다. 남가파장복(喃加巴藏卜)은 티베트어의 남카펠상포(nam-mkha'-dpal-bzang-po)이거나 또는 남겔펠상포(nam-rgayl-dpal-bzang-po)에 해당할 것인데, 티베트어 사료에서는 이 사람을 설명할 수 있는 충분한 자료를 발견하지 못하였다. 그를 카규파의 탁룽(stag-lung) 사원 제8대 좌주 남가펠상포(nam-mkha'-dpal-bzang-po, 1333~1379년. 재위 기간 1361~1375년)이라고 주장하는 사람도 있지만, 그의 사적에 섭제사(攝帝師)를 하였다는 기재가 없고, 또 사캬파와의 관계도 불명확하다. 북경 또는 남경에 간 적이 있다는 기재가 없고, 또한 명조의 국사(國師) 봉호를 받았다는 기재도 없다. 그러므로『명사(明史)』의 남가파장복(喃加巴藏卜)과 이름이 비슷하고 시대도 일치하지만, 동일 인물이라고 단정하기는 어렵고 일층 더 확인할 필요가 있다.

이상 10여 명의 제사(帝師)를 살펴보았는데, 그중 두 명의 제사[왕출이감장(旺出爾監藏)과 연진흘랄실사(輦眞吃剌失思)]와 한 명의 섭제사[남가파장복(喃加巴藏卜)]의 신분 경력 내지 그들과 사캬쿤씨 가족과의 관계를 파악하지 못한 외에, 다른 제사들은 사캬쿤씨 가족이거나 그 가족과 밀접한 관계를 갖고 사캬 사원 내부에서 권력을 잡고 있던 사람들이었음을 알아보았다. 사캬파가 원조에 귀순한 후 가장 크게 권세를 부린 사람들은 역대의 제사들이다. 그러나 제사(帝師)는 대도(大都)에 주재해 있고, 사캬 사원의 좌주로는 다른 사람을 두어 지방에서도 실권을 잡았다. 우창 지방의 행정 및 사캬직속의 토지와 농노에 관한 사무는 별도로 전문 관리원을 두었는데, 그 후 이들을 폰첸 또는 낭첸이라고 불렀다. 사판이 쿠텐에게 귀순한 후 사판 자신은 서량(西涼)에 거주하여 있었고, 명의상 사판이 사캬 사원의 좌주이지만, 실제 교무는 사판이 제정한 3명의 제자가 관리하였다. 그 3명의 제자란, 샤르파ㆍ쉐랍중네(shar-pa-shes-rab-'byung-gnas), 눕파우육파ㆍ소남셍게(nub-pa-'u-yug-pa-bsob-nams-seng-ge), 궁파·쿄톤디메(gung-pa-skyo-ston-dri-med)인데, 앞의 두 사람이 유명하다. 이 세 사람은 사캬 사원에서 대대로 물려받은 저택을 가지고 있었다. 샤르파·쉐랍중네의 저택은 동원(東院, 샤르파는 '동원의 사람'이라는 뜻)이라고 불렀고, 눕파우육파·소남셍게의 저택은 서원(西院, 눕파는 '서원의 사람'이라는 뜻)이라고 불렀으며, 이 두 저택은 부자간에 대대로 물려받았다. 쿄톤디메의 저택은 전원(前院)이라고 불렀다. 상원(上院)은 사제지간에 이어졌는데 그 실력이 비교적 약하였고, 동원(東院)은 가장 오래 지속되었고 그 세력도 컸다.[서원(西院)의 제2대는 제2임 사캬폰첸인 쿤가상포에게 의지하여 팍파를 거역한 적이 있어서 이후 자손들은 실세하였다. 상원이 언제 실세하였는가에 관해서는 아직 조사해 내지 못하였다.] 팍파의 시대에 동원의 샤르파·쉐랍중네의 세 아들은 팍파의 제자가 되었다.[그중 두 사람은 제사(帝師)직을 담당하였다.] 팍파가 북경에 있을 때에 사캬사원의 좌주는 그의 동생 챡나가 담당하였다.[챡나는 서량(西凉)에서 몽골어를 배우고 몽골 옷을 입었다. 후에 팍모듀파는 몽골 옷을 입었다는 이유로 사캬차를 비난하였다. 몽골의 법률과 생활 습관을 채용하였다는 것은 챡나와 풍첸 몇 사람을 두고 하는 말이다]. 1267년 챡나가 죽은 후 팍파는 티베트에 돌아왔다. 1280년 팍파가 죽은 후에는 챡나의 아들 다르마파라·락시타가 사캬 사원의 좌주가 되었고, 다르마파라·락시타가 1287년에 죽은 후에는 팍파의 제자인 동원의 샤르파·잠양린첸겐첸(shar-pa-'jam-dbyangs-rin-chen-rgyal-mtshan, 일부 티베트어 문서에는 샤르파잠양 shar-pa-'jam-dbyangs으로 되어 있는데, 샤르파쉐랍중네가 출가하기 전에 낳은 아들이다.)이 쿠빌라이의 명령에 의하여 사캬파 4대 라당의 좌주(sa-skya-bla-chos-bzhi-thog-gtan-sa)로 되었다. 티베트어 사료에 의하면, 샤르파잠양린첸겐첸은 좌주를 16년간 담당하였고, 그 후 상경하여 성종(成宗)의 제사(帝師)가 되었다고 한다. 그가 제사를 임할 시기가 팍파의 조카 닥첸상포펠(bla-ma-bdag-nyid-chen-po-bzang-po-dpal)이 쿤씨 가족의 정식 성원으로서 성종의 승인을 받아 사캬 사원의 좌주로 된 때이다. 닥첸은 좌주를 19년간 담당하였고, 그 후 좌주자리는 3년의 공석(空席) 기간을 거친 후 닥첸의 아들 남카렉페겐첸(nam-mkha'-legs-pa'i-rgyal-mtshan)이 계승하였다. 남카렉페겐첸도 19년간 좌주를 담당하였다. 이때 그의 이복동생 쿤가로되겐첸(kun-dga'-blo-gros-rgyal-mtshan)이 대도에서 담당하였다. 쿤가로듀겐첸은 11명의 이복형제들을 위하여 라당을 4개로 나누었다(bla-brang, 실제로 한 모친이 낳은 아들들로 라당 하나를 구성하게 하였다). 즉 시톡 · 라당(bzhi-thog-bla-brang, 사판 때 건립) · 라캉 · 라당(lha-khang-bla-brang, 초대의 풍첸 사캬상포 때 건립) · 린첸강 · 라당(rin-chen-sgang-bla-brang) · 둠초 · 라당(dus-mchod-bla-brang)인데, 계승자가 좌주가 되어 대대로 계승하였다. 사캬사원의 좌주는 남카렉페겐첸 이후 린첸강라당의 펜덴 · 라마담파 · 소남겐첸(dpal-ldan-bla-ma-dam-pa-bsod-nams-rgyal-mtshan, 1312~1375년)이 계승하였다. 그는 팍모두파의 쟝춥겐첸의 스승이다. 사캬파가 실세한 후 새로 형성된 두 지파(支派)도 그로부터 이어진 것이다. 만년에 그는 총카파의 관정사(灌頂師)가 되었다. 펜덴 · 라마담파 · 소남겐첸이 좌주를 3년간 담당한 후 사캬 사원의 좌주는 라캉 · 라탕의 타온로되겐첸(ta-dbon-blo-gros-rgyal-mtshan)이 계승하였다. 타온 · 로되겐첸도 좌주를 3년간 담당하였는데 그의 재위 기간 전(前)티베트는 팍모두파에게 무력으로 합병당하고, 후(後)티베트는 분열 상태가 되었다. 쿤씨 내부에도 권력다툼으로 인한 분쟁이 끊임 없었고, 사캬파는 이전처럼 티베트의 전 지역에 영향을 주는 좌주를 배출하지 못하였다. 이후 사캬파의 좌주는 사캬 사원의 내부 사무 및 토지와 농노만을 관리하고, 우창 지방의 행정 실권은 잡지 못하였다. 그러나 그들은 팍파의 법왕의 칭호를 여전히 답습하였다. 사캬파의 종교 활동에 관해서는 또 다른 켄포가 주최하였다. 『홍사(紅史)』에는 켄포를 역임했던 인물의 이름은 기재되어 있지만, 사캬파의 종교 활동에 관한 기재는 전혀 없다. 아마 불경을 강의하고 계율을 주는 등 일들이었을 것이다.

4개의 라탕 가운데 시톡 · 라탕은 사캬 사원의 좌주 남카렉페겐첸이 창설한 것이다. 그의 아들 타온·쿤가린첸(ta-dbon-kun-dga'-rin-chen, 1331~1399년, 이 시대에 쿤가 일족의 츄믹에로의 이동이 시작되었기에 그를 츄믹파 chu-mig-pa 라고도 한다.)은 원조의 관정국사(灌頂國師)로 책봉되었고, 팍모두파 장춥겐첸의 수행원(phyag-phyi)으로 체당에도 갔다. 쿤가린첸의 아들 로되겐첸(blo-gros-rgyal-mtshan, 1366~1420년)은 명조로부터 국사(國師)에 책봉되었다. 로되겐첸의 아들 쿤가왕축(kun-dga'-dbang-phyug, 1418~1462년)의 시대에 와서 걘체 지방의 수령과 비교적 밀접한 관계를 유지하였다. 쿤가왕축이 죽은 후 자손이 끊기었고, 시톡·라당은 린첸강·라당의 남카겐첸의 손에 넘어간 후 단절되었다.

린첸강·라당은 돈외겐첸(don-yod-rgyal-mtshan, 1310~1347년. 펜덴·라마담파·소남겐첸의 형이다.)을 초대(初代)로 한다. 이 라당은 샤루(zhva-lu)과 밀접한 관계가 있다. 3대를 거쳐 15세기 말에 후대가 끊어졌다. 전(前)·후(後)티베트에도 이 계통은 끊어지고 없다.(일부는 캄 지방에 갔는데 그곳에는 이 계통의 후대가 있다)

라캉·라당은 제사(帝師) 쿤가겐첸을 창시자로 한다. 쿤가겐첸은 아들이 두 명 있는데 ,장자 초키겐첸(chos-kyi-rgyal-mtshan, 1332~1359년)은 1356년에 상경하여 원조의 국사(國師)로 책봉받았다. 초키겐첸의 아들 쿤가타시겐첸(kun-dga'-bkra-shis-rgyal-mtshan, 1349~1425년. '쿤타파kun-bkra-pa'라고 약칭한다.)은 『명사(明史)』에서 곤택사파(昆澤思巴)로 기재되어 있는데, 명조 초기에 대승법왕(大乘法王, theg-chen-chos-rgyal)으로 책봉되었다. 이 라당도 3~4대를 거친 후 16세기 초기에 후대가 끊어졌다.

둠초·라당은 쿤가렉페츙네겐첸(kun-dga'-legs-pa'i-byung-gnas-rgyal-mtshan, 1308~1336년)을 초대로 한다. 그는 원조 황제의 여동생 상장(尙長) 공주를 아내로 맞이하였고, 티베트 지방의 법을 집행하는 관리를 담당하였다. 그의 막내아들 닥파겐첸(grags-pa-rgyal-mtshan, 1336~1378년)은 왕으로 책봉되었다. 닥파겐첸의 손자 남카렉페겐첸(nam-mkha'-legs-pa'i-rgyal-mtshan, 1399~

1444년)은 명조의 영락(永樂) 황제로부터 보교왕(輔敎王)으로 책봉되었고, 세습을 허락받았다. 둠초·라당은 현재까지 존속되어 있고, 다른 세 개 라당이 단절된 후 이 라당의 출신자들이 사캬 사원의 유일한 좌주로 되었다. 사판을 사캬 사원의 초대 좌주로 하면 근세까지 제82~83대(1951년에 재위하여 있던 사캬 법왕은 제82라는 설이 있다.)를 거쳤다. 제47대와 제48대의 시대에 둠초·라당은 또 푼촉(phun-tsho-gs) 또는 돌마(sgrol-ma)라고 하는 두 포당(pho-brang)으로 나뉘어졌다. 그 후 두 포당의 계승자가 교대로 사캬사원의 좌주로 되었고, 사캬 법왕(skskya-chos-rgyal)이라고 자칭하였다. 실제로 그들은 사캬 사원 소속 20여 개 장원의 영주에 불과하였다. 종교적으로 사캬파는 그들을 사캬의 자손원(子孫院)이라 칭하고 있다.(본 편의 뒷면에 첨부한 사캬 쿤씨 가족 세대 족보표 참조)

　사판 이전부터 사캬파는 종교적으로 대단히 성망이 높았는데, 사판의 시대에 정점에 달하였다. 사판 이후 제자들은 현교(顯敎)의 분야에서 사판의 저술 외에 다른 경론도 강의하였지만 특별한 규정이 없었고(예를 들면 게룩파는 5론이라는 규정이 있음), 내용도 사람에 따라 달랐다. 밀교 분야에서는 『희금강(喜金剛)』의 수행법을 위주로 하면서, 다른 밀법, 예를 들면 도과교수법(道果敎授法)을 전수하였다. 선후로 전승이 다르기에 동원(東院)과 자손원(子孫院)의 두가지 전승 계통으로 나뉘어졌다.

　사캬파가 정치적으로 득세한 이후, 사캬파인들이 중앙과 티베트 지방에서 많은 요직을 차지하여 그 기세가 대단하였다. 이 파의 사람들은 종교사상 일부 유명한 승려를 제외하고는 모두 집에 있으면서 불법을 배웠다. 설령 만년에 출가하더라도 이미 장가들어서 자식을 낳았고, 출가(出家)와 재가(在家)의 구별이 그다지 엄격하지 않았다. 특히 벼슬길에 들어서는 경우 흔히는 몽골 관복을 갈아입고 향락에 빠져 이익과 관록을 추구하였으며, 속인과 다름없었다. 『청사(靑史)』에 이 시기의 대부분 삼장법사(三藏法師)들이 세속의 부귀를 향수하고 있다고 적은 것은, 바로 이러한 양상을 반영한 것이다. 이는 『원사(元史)』에서 티베트 승려가 내륙 지역에서 제멋대로 법을 어기면서 횡포한 짓을 하였다고 기재한 것과 일치한다. 사캬파가 세력을 잃은 후 그 일부분은 종교 생활을 회복하였다. 15세기 후반 사캬파 중에는 또 새로운 사원이 건립되었는데, 그들을 사캬파의 지파(支派)로 보는 설이 있다. 그중의 한 사람이 약풍·상계펠(g·yag-phrug-sangs-rgyas-dpal)이다. 그는 사캬 사원과 체당 사원에서 현밀 교법을 배웠다. 그 후 사캬 사원에 거주하면서 불경을 강의하고, 제자들을 가르쳤다. 제자 가운에 롱톤마웨셍게[rong-ston-smra-ba'i-seng-ge, 1367~1449년. 사천(四川) 금천(金川) 일대 사람으로서 이 지방 출신의 티베트인을 갸롱rgya-ron이라고 칭한다. 롱둥의 이름은 여기에서 유래한 것임)가 있다. 그는 본교 가정의 출신으로서 18세(1384년)까지 줄곧 본교를 배웠다. 18세 때 상푸 사원에 가서 현교(顯敎)의 경론을 배웠다. 22세(1388년) 때 비구계를 받았고, 27세에 약풍·상계펠의 제자가 되어 그에게서 사캬파의 현교 설법 규칙을 배웠고, 또 대승법왕 쿤가다시겐첸에게서 사캬파의 밀법을 배웠다. 1435년에는 라사 이북의 펜율 지방에 나렌도라(nālendra) 사원을 건립하여 『현관장엄론(現觀莊嚴論)』과 『반야경(般若經)』 등 현교 경론을 주로 가르쳤다. 그에게는 유명한 제자가 많았고, 『양결정론소(量決定論疏)』 등 저술도 냈다. 총카파의 저서에 대하여 반론(反論)을 제기한 적도 있지만, 그의 많은 제자와 손제자들이 게룩파로 개종하였다. 롱톤의 제자 랍쟘파상계펠(rab-'byams-pa-sang-rgyas-'phel, 1411~1485년)은 많은 경론에 통달하였기에 랍쟘파라고 불리었다.("랍쟘파"는 후에 경론에 통달한 사람의 학위를 표시하는 칭호로 각 파가 공동으로 사용하였다) 랍쟘파라는 칭호는 이 사람으로부터 시작된 것이다. 1449년 랍쟘파상계펠은 데율·케첼('bras-yul-skyed-tshal) 사원을 건립하였다. 후에 이 사원으로부터 5개의 말사가 발전하여 나왔다. 이 사원들에서는 사캬파의 규칙에 따라 경론을 강의하였고, 사캬파 말기(末期)에 경론 강의를 진행하는 중요한 사원으로 되었다.

14세기 후반 사캬파에서 현교 분야의 유명한 인물이 나타났다. 즉 렌다와·손누로되(red-mda'-ba-gzhon-nu-blo-gros, 1349~1412년. 렌다 지방의 출신이기 때문에 '렌다와'라고 부른다. 현재의 사캬와 라체 사이에 있다.)이다. 그는 사캬파의 쿤가펠(kun-dga'-dpal)과 마티판첸(ma-ti-pan-chen)에게서 현교를 배웠고, 남카상포(nam-mkha'-bzang-po)와 닥파겐첸(grags-pa-rgyal-mtshan) 등에게서『비밀집회(祕密集會)』등 밀법을 배웠다. 렌다와는 사캬파 가운데서 학식이 있는 라마일 뿐만 아니라 티베트 불교사에서도 부톤·린첸둡(bu-ston-rin-chen-grub, 1290~1364년)과 총카파 사이에 위치하는 중요한 학자이다. 티베트 불교 각 파가 중시하는『중관론(中觀論)』, 특히 찬드라키르티[月稱]의『입중론(入中論)』등 유심 철학은 한 시기 티베트에서 실전되었다. 그러나 렌다와의 연찬(研鑽)과 보급 활동에 의하여 부활하였고, 사캬파의 유심 철학은 티베트 불교계에서 중요한 지위를 차지하게 되었다. 이러한 공적 때문에 렌다와는 티베트 불교에서 일정한 지위를 차지하고 있다. 렌다와는 많은 저작과 주소(注疏)를 저술하였고, 또 많은 제자를 양성했다. 그는 총카파의 현교 분야의 스승이고, 총카파의 두 유명한 제자인 겔참제와 게튭제도 원래는 그의 제자였는데, 그가 총카파에게 소개하였던 것이다. 사캬파 사원에서는 후에 13부의 현교 경론을 배워야 한다는 규정을 내왔는데, 이는 대체로 게룩파의 영향을 받아서이다.

사캬파의 밀교 분야의 세 지파는 고르(ngor) 지파와 공가르(gong-dgar) 지파, 찰(tshar) 지파이다. 이 세 지파는 팍파의 종손 라마담파·소남겐첸으로부터 전해졌다.

고르(ngor) 지파는 고르첸·쿤가상포(ngor-kun-dga'-bzang-po, 1382~1456년)에 의하여 창시되었다. 그는 사캬에서 태어났고, 9세(1390년)에 출가하였다. 사캬 동원(東院)에서『삼률의론(三律儀論)』(사판의 저술)을 배웠고 후에는 붓다슈리(Buddhaśrī)를 근본 라마로 모시고 그에게서 사캬파의 "도과교수(道果敎授)"법을 배웠다. 붓다슈리는 라마담파·소남겐첸의 손제자(라마담파·스남겐첸→펜덴출팀(dpal-ldan-tshul-khrims)→붓다슈리→고르첸·쿤가상포)이다. 고르첸·쿤가상포는 사캬 사원의 켄포를 담당하였고, 그에게서 수계(受戒)한 사람이 1만 2천 명이 넘는다고 하였다. 1429년 48세 때 고르 지방에서 에반초덴(e-van-chos-ldan) 사원을 건립[후에는 고르 사원이라고 통칭하였다. 후(後)티베트의 나르탕 사원과 샤르 사원의 중간에서 남쪽으로 기울어진 곳에 있다. 이 사원은 말기에 후티베트에서 사캬파 밀법을 전파하는 중요한 장소로 되었고, 사캬 남원(南院)의 밀법을 위주로 하였다.]하였고, 이 사원을 거점으로 도과교수(道果敎授)를 83회, 금강만론(金剛鬘論)을 60 여회 강의하고 밀법의 전수를 위하여 전(前)티베트에 두 번, 가리를 세 번 방문한 외에 로만탕(blo-sman-thang, 현재는 네팔 영역) 지방에도 세 번 다녀왔다. 많은 제자 가운데 그의 고르 사원의 켄포를 계승한 사람은 콘촉겐첸(dkon-mchog-rgyal-mtshan, 1388~1469년)이다. 그는 사캬파 쿤씨 일족과 당시 권세를 부리던 린풍파로부터 숭배받고 지지받았을 뿐 아니라, 그 자체도 사원을 건립하였었으며 많은 제자를 거느렸다. 쿤가상포와 콘촉겐첸 및 그들의 제자들에 의하여 고르 지파(支派)가 형성되었다.

공가르 지파(支派)는 투톤·쿤가남겔(thu-ston-kun-dga'-rnam-rgy-al, 1432~ 1496년)에 의하여 창시되었다. 그는 어릴 때부터 밀법을 배우고, 제·잠파 링파(rje-byams-pa-gling-pa)에게서 비구계를 받았고, 사캬 동원(東院)에서 배운 적이 있다. 그 후 소남상포(bsod-nams-bzang-po)를 근본 라마로 모셨으며, 사캬 사원의 자손원의 밀법을 위주로 전승받았다. 소남상포는 라마담파·소남겐첸의 손제자(라마담파 스남겐첸→대승법왕 쿤가카시→소남상포→쿤가남겔)이기 때문에 공가르 지파(支派)도 라마담파·소남겐첸으로부터 전해진 지파(支派)라고 할 수 있다. 1464년 쿤가남겔이 33세 때에 전(前)티베트의 공가르족의 동쪽에 공가르·도르제덴(gong-dkar-rdo-rje-gdan) 사원을 건립하였다. 후에는 공가르 사원이라고 통칭하였다. 이 사원도 점차 말기에 전(前)티베트에서 사캬파 밀법을 전파하는 중요한 장소로 되었다. 소남상포의 동급생 종파·쿤가겐첸(rdzong-pa-kun-dga'-rgyal-mtshan, 1382~1436년)도 사캬파 밀법을 대표하는 그 시기의 유명한 인물이다. 종파·쿤가겐첸은 사캬 동원(東院)에서 배운 적이 있지만, 대승법왕 쿤가타시를 근본 라마(라마담파·소남겐첸→대승법왕 쿤가다시→종파·쿤가겐첸)로 모셨다. 그는 감링(ngam-ring) 사원과 초텡(chos-steng)사원의 켄포를 담당하였고, 밀법을 위주로 하는 사캬파의 교법을 전수하였다. 그에게도 많은 제자가 있었는데, 게룩파의 게튭제도 그의 밀법의 제자이다. 종파쿤가겐첸과 투톤쿤가남곌이 전수한 사캬파의 밀법은 사캬 자손원(子孫院)의 밀법을 위주로 한 것이다.

16세기에 들어서서 사캬파는 교법사상 이름을 남길 만한 인물을 배출하였다. 즉, 찰첸·로셀걈쵸(tshar-chen-blo-gsal-rgya-mtsho, 1494~1566년)이다. 그는 타쉬룬포 사원에서 출가하였고, 그 후 사캬파의 도링파·쿤상초키니마(rdo-ring-pa-kun-bzang-chos-kyi-nyi-ma)에게서 고르 지파(支派)와 공가르 지파(支派)가 전수하는 사캬 밀법을, 사캬의 후예 닥첸·로되겐첸(bdag-chen-blo-gros-rgyal-mtshan)에게서 이상 두 지파(支派)가 전수하지 않는 밀법을 배웠고, 한 시기 종교계에서 상당히 평판이 높았다. 전하는 바에 의하면, 달라이라마 3세는 찰첸·로셀걈쵸에게서 사캬파 밀법을 배웠고, 달라이라마 5세는 찰첸·로셀걈쵸의 후배에게서 배웠다고 한다. 찰첸·로셀걈쵸는 망카르(mang-mkhar, 사캬의 서쪽, 라체의 이남) 지방의 툽텐게펠(thub-bstan-dge-'phel) 사원에 상주(常住)하였고, 많은 유명한 제자와 손제자들을 키웠다. 그 후 그들은 하나의 교파를 형성하였는데, 티베트 문헌에서는 사캬파의 찰 지파(支派)라고 칭한다. 이 지파의 과거를 더듬어 사제지간의 전승 관계를 살펴보면, 팍파의 종손(從孫) 라마담파·소남겐첸에까지 이르게 된다.

[부표 5-6] 원대 역대 제사표(元代歷代帝師表)

1. 팍파['phags-pa, 본명은 로되겐첸(blo-gros-rgyal-mtshan), 1235~1276년] 1260~1280년 세조 쿠빌라이의 제사를 담임.

2. 린첸겐첸(rin-chen-rgyal-mtshan, 1238-1279년, 팍파의 동복동생) 1276~1279년 세조 쿠빌라이의 제사를 담임.

3. 다르마파라 · 락시타(Dharmapālasraksita, 1268~1287년. 팍파의 동복동생 챡나의 아들). 1279~1286년 성종 테무르의 제사를 담임.

4. 예쉐린첸(ye-shes-rin-chen, 1248~1294년. 팍파의 동생) 1286~1294년 세조 쿠빌라이의 제사를 담임.

5. 닥파외셀(grags-pa-'od-zer, 1246년~1303년, 팍파의 시자로서 그를 대신하여 공불하는 사람이다.) 1294~1303년 세조 쿠빌라이의 제사를 담임.

6. 린첸겐첸[rin-chen-rgyal-mtshan, 1257~1305년. 사캬 동원(東院) 출신. 쿠빌라이의 임명을 받고 시톡 · 라당의 좌주를 담임] 1303~1205년 성종 테무르의 제사를 담임. [다음 번 제사(帝師)를 『원사(元史)』 「석로전(釋老傳)」에서는 도가반(都家班)으로 잘못 기재되어 있는데 이곳에서는 게재하지 않는다.]

7. 상게펠(sangs-rgyas-dpal, 1267~1314년. 제5대 제사(帝師) 닥파외셀의 조카로서 사캬사원의 켄포를 담임하였다.) 1305~1314년 성종 · 무종 · 인종 3대에 거쳐 제사를 담임.

8. 쿤가로되겐첸 · 펠상포[kun-dga'-blo-gros-rgyal-mtshan-dpal-bzang-po, 1299~1327년. 팍파의 종손(從孫)] 1305~1314년 인종 · 영종 · 태정제(泰定帝) 3대에 거쳐 제사를 담임.

9. 왕축겐첸(dbang-phyug-rgyal-mtshan, 경력 불명) 『원사(元史)』 「석로전(釋老傳)」에 의하면, 1323~1325년 태정제(泰定帝)의 제사(帝師)를 담임하였다고 하지만, 티베트어 사료와 모순되기 때문에 제8대 제사(帝師)의 대리일 것이라고 의심된다. 조사 검토를 거쳐야 한다.

10. 쿤가렉페중네겐첸 · 펠상포[kun-dga'-legs-pa'i-'byung-gnas-rgyal-mtshan-dpal-bzang-po, 1308~1341년. 팍파의 종손(從孫)] 『원사(元史)』에 의하면, 1325년부터 태정제(泰定帝)의 제사(帝師)를 담임하였다고 한다.

11. 린첸타시[rin-chen-bkre-shis, 『석씨계고략속집(釋氏稽古略續集)』]에는 린첸닥(rin-chen-grags)으로 되어 있다(경력과 생몰년 불명). 『원사(元史)』에 의하면, 1329년부터 제사(帝師)를 담임하였다고 한다. 『원사』 「석로전(釋老傳)」에 기재된 제사(帝師)는 이 사람까지이다.

12. 쿤가겐첸 · 펠상포[kun-dga'-rgyal-mtshan-dpal-bzang-po, 1310~1358년. 팍파의 종손(從孫)] 1333~1358년 순제의 제사(帝師)를 담임.

13. 라첸 · 소남로되[bla-chen-bsod-nams-blo-gros, 팍파의 증종손(曾從孫)] 『사캬 세계

(世系)』에 의하면, 이 사람은 제사(帝師)를 담임하였다고 하는데, 아마 1358～
1362년 순제의 제사(帝師)를 담임하였을 것이다.

14. 남곌펠상포(nam-rgayl-dpal-bzang-po, 경력과 생몰년 불명) 원대 말기, 아마 1362
년 이후 섭제사(攝帝師)를 담임하였을 것이다. 명대에는 치성불보국사(熾盛佛寶
國師)에 책봉되었다.

[부표 5-7] 사캬 사원 좌주표(座主表)

1. 콘촉곌포(dkon-mchos-rgyal, 1034～1102년) 1073년 사캬 사원 건립.
2. 바리역경사린첸닥(ba-ri-lo-tsa-ba-rin-chen-grags, 1040?～1111년) 1102～1111년 좌
   주 담임.
3. 사첸 · 쿤가닝포(kun-dga'-snyin-po, 1092～1158년) 콘촉곌포의 아들로서 사캬 오
   조(五祖) 중의 제1인. 1111～1158년의 47년간 좌주 담임.
4. 소남체모(bsod-nams-rtse-mo, 1142～1182년) 사첸 · 쿤가닝포의 아들로서 사캬 오
   조(五祖) 중의 제2인. 1158?～1172년 좌주 담임.
5. 닥파곌첸(grags-pa-rgyal-mtshan, 1147～1216년) 소남체모의 동생으로서, 사캬 오
   조(五祖) 중의 제3인. 1172년에 좌주 담임. 1216년에 사망.
6. 사판 · 쿤가곌첸(sa-pan-kun-dga'-rgyal-mtshan, 1182～1251년) 소남체모와 닥파곌
   첸의 조카로서 사캬 오조(五祖) 중의 제4인. 1216?～1251년 좌주 담임. 그중 1244
   년 이후에는 제자 3명이 좌주의 직권을 대행. 사판의 시대부터 사캬파는 우창 지
   구의 정치 종교의 영수의 지위를 취득하였다. 사판본인은 1244년에 양주(涼州)
   에 가서 쿠텐과 회견한 후 양주에 남았기 때문에 사캬 사원의 관리는 그의 제자
   샤르파 · 쉐랍중네(shar-pa-shes-rab-'byung-gnas)와 우육파 · 소남셍게('u-yug-pa-bsod-
   nams-seng-ge)등 3명이 대리하였다.
7. 팍파('phags-pa, 1235～1280년) 사판 · 쿤가곌첸의 조카로서 사캬 오조(五祖) 중의
   제5인. 1260년 쿠빌라이에 의하여 국사(國師)로 책봉되었고, 1264년 이후 총제원
   을 통합하였다. 1269년 대보법왕 국사로 책봉되었고 옥인(玉印)을 하사받았다.
   샤캬상포를 픈첸에 임명하고, 라당을 건립하였다. 팍파가 대도(大都)에 체재할
   때 사캬 사원 좌주의 직무는 그의 동복동생 챡나(phyag-na)가 대행하였다.
8. 다르마파라 · 락시타(Dharmapālasraksita, 1268～1287년) 팍파의 조카. 1280～
   1286년 7년간 좌주 담임.
9. 샤르파 · 쟘양린첸곌첸[shar-pa-'jam-dbyangs-rin-chen-rgyal-mtshan, 즉 샤르파 · 쟘
   양시톡파(shar-pa-'jam-dbyang-bzhi-thog-pa)] 1287～1304년 좌주 담임.

10. 닥니첸포·상포펠(bdag-nyid-chen-po-bzang-po-dpal, 1362~1322년) 다르마파라·락시타의 사촌 형제로서 1304~1322년 19년간 좌주 담임. 그 후 1323~1325년 3년간 좌주 직위는 공석이었다.

11. 케춘첸포·남카렉페겐첸(mkhas-btsun-chen-po-nam-mkha'-legs-pa'i-rgyal-mtshan) 닥니첸포·상포펠 아들로서 1325~ 1343년 19년간 좌주 담임.

12. 라마담파·소남겐첸(bla-ma-dam-pa-bsod-nams-rgyal-mtshan, 1312~1375년) 케춘첸포·남카렉페겐첸의 동생으로서 1344~1346년 3년간 좌주 담임.

13. 타엔·로되겐첸(ta-dben-blo-gros-rgyal-mtshan, 1332~1364년) 라마담파·소남겐첸의 조카로서 1347~1349년 3년간 좌주 담임. 그의 재위 당시 팍모두파의 장춥겐첸이 전(前)티베트의 대부분 만호의 영지를 겸병하였고, 사캬파의 실력은 약화되었다. 1354년이 되어 팍모두파는 후(後)티베트의 대부분 지구를 지배하였기 때문에 사캬파는 우창의 영수 지위를 잃었다.

제6편

카규파

카규파에는 카르·규(dkar-brgyud)와 카·규(dka'-brgyud)라는 두 가지 표기법이 있다. 카르·규는 "백전(白傳)", 카규·파는 "구전(口傳)"을 의미한다. 카규파의 창시자 마르파와 미라레파는 늘 흰색의 승복(僧服, ham-thabs, 당시 이러한 교법을 수행하는 사람들은 인도의 습관에 따라 흰 승복을 입었다.)을 착용하였기에 백교(白敎)라는 칭호가 있게 되었고, 후세 사람들은 이 교파 자체를 "백전(白傳)"이라고 불렀다(토관 『종파원류(宗派源流)』 참조). 그러나 일반적으로는 "카규파"로 통용된다. 이 교파는 밀교의 수행법을 특히 중시하고, 그 수행은 모두 스승의 구전에 의거하는데, 사제(師弟) 간의 비밀스런 구전을 특별히 중시한다. 이 교파는 초기부터 두 가지 계통이 있었다. 하나는 큥포넨졸(khyung-po-rnal-'byor, 1086~?)로부터 시작되는 샹파·카규파(shanggs-pa-dka'-brgyud)이고, 다른 하나는 마르파로부터 전해지는 닥포·카규파(dvags-po-dka'-brgyud)인데, 이 두 파의 밀법은 모두 인도에서 유래하였다. 두 파가 티베트에 전해진 후, 전파된 지방도 다르고 규모와 실력 차이도 크다. 샹파·카규파는 14~15세기에 그 세력이 쇠퇴하였지만, 닥포·카규파의 일부 지파는 끊임이 없이 지금까지 전승되고 있다. 현재 카규파를 거론하면 닥포·카규파를 가리키지만, 역사적으로 샹파 카규파를 언급하지 않을 수 없다.

샹파·카규파는 큥포넨졸이 창시하였는데, 큥포(khyung-po)는 씨족명이고, 넨졸은 "유가행자(瑜伽行者)"를 의미하는 칭호이다. 큥포넨졸은 10세

(1095년) 때부터 산스크리트어와 티베트어를 배우고, 13세(1098년)가 되자 본교, 이어서 닝마파의 대원만법(大圓滿法)을 배웠지만, 불만족하였다. 그래서 적지 않는 황금을 들고 네팔에 가서 바수마티(世慧, vasu-mati)에게서 밀법을 배웠다. 그 후 인도에 가서 마이트리파, 니구마(ni-gu-ma) 등 여러 사람에게서 밀법을 배웠다. 티베트에 돌아온 후 랑리탕파(카담파포토와의 제자. 제4편 카담파 참조)에게서 비구계를 받았다. 전(前)티베트의 펜율('phan-yul, 라사 이북)에 사원을 건립한 후 후(後)티베트의 샹(shangs) 지방에 가서 그곳에 체류한 3년간 108개의 사원을 건립하고, 제자를 키웠다. 이 교파는 샹지방에서 세력을 넓혔기에 샹파·카규파라고 칭한다. 그 후 그의 제자들이 쟉('jag) 사원과 삼딩(bsam-sdings) 사원을 건립하였는데, 이 두 사원을 거점으로 두 개의 지파가 형성되었다. 15세기에 적교(吊橋)의 건설로 유명하였던 탕통겔포(thang-stong-rgyal-po, 1385~1464년)가 이 교파에 속한다. 14~15세기에는 총카파와 게듭제 사제(師弟) 두 사람이 샹 지방에 가서 샹파·카규파의 승려에게서 불법을 배웠다. 그 후 이 교파는 사라져 그 흔적을 알 길이 없다.

닥포·카규파의 창시자는 닥포라제(dvags-po-lha-rje)인데, 그 연원(淵源)은 마르파와 미레라파의 두 사제에게서 찾아진다. 마르파(mar-pa, 1012~1097년)의 본명은 최키로되(chos-kyi-blo-gros)이고, 로닥[lho-brag, 전(前)티베트 남부] 지방의 부유한 집에서 태어났다. 15세(1026년) 때에 독미 역경사[당시 사캬사원 부근의 뉴구룽 사원에 체류하고 있었다]에게로 가서 밀법을 배우려 하였지만, 밀법을 전수받자면 거액의 돈이 필요하기 때문에 산스크리트어만 배우고 인도에 가서 불법을 배웠다. 마르파는 인도에 세 번, 네팔에 네 번 다녀왔다. 그는 인도에서 많은 스승을 모셨는데, 주로 나로파(Nā-ro-pa)·마이트리파(maitripa)·즈냐나가르파(jñānagarbha) 등에게서 『희금강(喜金剛)』과 『집밀(集密)』 대인(大印) 등 법을 배웠다. 티베트에 돌아온 후 로닥 지방의 도보룽(gro-bo-lung)에 정주(定住)하여 제자들을 가르쳤다. 마르파는 평생 출가하지 않고, 제자를 가르치는 외에 장사를 하고 농사도 하였다. 그의 제자 가운데 가장 유명한 이로는 메톤·촌포·소남겐첸(mes-ston-tshon-po-bsod-nams-rgyal-mtshan)·출톤·왕게(mtshur-ston-dbang-nge)·곡톤·최쿠도르제(mgos-ston-chos-sku-rdo -rje, 1036~1102년)·미라레파(mi-la-ras-pa) 등 네 명이 있다. 미라레파 앞의 세 제자는 마르파에게서『집밀(集密)』·『승락(勝樂)』·『희금강(喜金剛)』·『사좌(四座)』·『대환(大幻)』등 밀교 경전의 해석을 전수받았다. 그중에서 출톤·왕게와 곡톤·최쿠도르제 두 사람은 당시에 유명하였고, 후세에도 오래 전승되었다. 미라레파는 마르파의 수행법을 계승하였고, 또 그의 제자 닥포라제에게 전승되어 카규파를 형성하였다.

미라레파(mi-la-ras-pa, 1040~1123년)는 티베트 불교사에서뿐 아니라 티베트 사회에서도 매우 유명한 인물이다. 후(後)티베트의 궁탕(gung-thang, 키롱 이북) 지방에서 태어났고, 원래는 캉포(khyung-po) 씨족에 속했는데, 조부의 세대부터 미라 씨족으로 개칭하고 궁탕에 정주하게 되었다. 그의 부친은 장사를 하여 부자가 되었는데, 미라레파가 7세(1046년) 되던 해에 병사(病死)하였다. 당시 그의 어머니는 24세였는데, 그의 백부(伯父)는 그들의 재산을 점유하기 위하여 그의 어머니를 그의 백부의 아들에게 재가하도록 핍박하였다. 그의 모친이 이를 거절하자, 그의 백부는 기편(欺騙, 사람을 속이고 재물을 빼앗음) 수단으로 그들 모자를 속여서 그들 전부의 재산을 강점하였다. 때문에 미라레파 모자(母子)는 가난한 생활을 하였다. 얼마 지나지 않아 그의 어머니는 미라레파로 하여금 집을 떠나 먼 곳으로 가서 주술(呪術)을 배워서 그의 백부의 재산 강점 행위에 복수하라고 하였다. 미라레파는 우선 창롱(gtsang-rong) 지방에 가서 흑주술(黑呪術, 즉 본교의 주술)을 배웠다. 티베트인이 쓴 전기에 의하면, 미라레파는 주술로 백부의 아들과 며느리, 친척·친구 등 35명을 죽였다고 한다(티베트인들은 고대에 주술을 숭배하였는데『당서(唐書)』에 이미 이에 관한 기재가 있다). 또한 그의 모친이 주위로부터 천대받았으므로 그는 또 얄롱에 가서 "방박법(放雹法, 본교의 법술)"을 배웠다. 전기에 의하면, 미라레파는 또 모친의 명령에 따라 우박을 내리게 함으로써, 온 마을의 농작물을 망가뜨렸다고 한다. 후에 미라레파는 자기가 저지른 죄를 깊이 참회하고 불교를 신앙하게 된다. 그는 먼저 롱(rong)에서 닝마파의 승려로부터 대원만법(大圓滿法)을 배웠지만, 만족하지 못하고 로닥에 있는 마르파를 찾아갔다. 마르파는 미라레파에게 농사일과 집짓기만 시키고 아무것도 배워 주지 않았다. 전기에 의하면, 이는 미라레파가 이전에 범하였던 저주(咀呪)·강박(降雹(우박 내림)·살인 및 해악 끼치기 등의 죄업을 씻기 위해서라고 하였다. 미라레파가 마루파의 분부대로 열성을 다해 부지런히 일하였기 때문에, 마루파는 자기 전부의 밀교 수행법을 전수해 주었다. 이 수행법은 "수신(修身)"[티베트 승려들의 말을 빌면, 현교는 수심(修心)에 중점을 두고, 밀교는 수신에 중점을 둔다고 한다. 수신은 호흡(呼吸)·맥(脈)·명점(明点) 등 생리적 면에 공을 들여 수행함을 가리킨다.]을 위주로 하는데, 현재 우리들이 말하는 "기공(氣功)"과 비슷한 그것에서 착수하여, 수행이 일정한 정도에 도달하면 일종의 체험을 얻게 된다. 이러한 체험은 또 불교 유심 철학으로 훈련하여 얻은 소위 "경계(境界)"와 합치된다. 미라레파는 이러한 내용을 또한 몇 가지 단계로 나누었다. 카규파는 먼저 "졸화정(拙火定, drod)"부터 시작하여 다음 "나로 6법" 등 법을 수행하고, 최후에 "만유일미(萬有一味)"·"원친평등(怨親平等)"·"염정무별(染淨無別)"·"명공무별(明空無別)"·"향락무별(鄕樂無別)" 등 일종의 "경계"를 친증(親證)한다. 이러한 "경계"를 카규파에서는 "대인(大印, phyag-rgya)"이라고 한다. 전하는 바에 의하면, 미라레파는 "졸화정(拙火定)"을 수행하여 얻는 바가 있어서 "레파"라고 칭한다는 것이다(수행을 하여 성과가 있다는 뜻이다. 혹한에도 홑옷으로 추위를 막을 수 있었다). 미라레파는 38세(1077년) 때부터 마르파에게서 배우기 시작하여 6년 8개월을 함께 생활한 후 45세(1084년)에 집으로 돌아왔다. 모친은 이미 타계하였고, 여동생은 다른 지방에서 걸식하였다. 미라레파는 키롱·뉴라무(gnya'-lam) 일대의 산중에서 스승으로부터 가르침을 받으며 9년간의 수행을 하였다. 이 기간에 그는 들풀만 먹고 살았으며, 9년이 되는 해(1092년)에는 앞에서 언급한 "경계"에 도달하였다고 한다. 그 후 미라레파는 하산하여 목민에게 설교를 하면서 카일라스산에도 다녀갔다. 당시 카일라스산 주위에는 본교 사원이 많이 있었으며, 그 일대는 본교의 세력 범위에 속했다. 미라레파는 본교의 지도자와 "두법(斗法, 도술을 부려 싸움)"하여 상대방을 패배시켰다고 한다. 이후 카일라스산 일대의 본교 세력은 점차 쇠약해지고, 불교의 세력이 확대되었다. 미라레파 자신도 그때로부터 보다 많은 시주가 있게 되었고, 더욱 많은 제자를 거느리게 되었다. 후에는 라치(la-phyi)·추발(chu-bar) 등의 지방에 체류하면서 활동하였다. 1123년에 84세의 미라레파는 남의 독해를 받아 세상을 떠났다.(미라레파의 이야기는 그의 제자들로부터 카규파의 홍보 자료로 크게 이용되었다. 여기에서 소개한 것으로도 카규파의 교법의 일부를 알 수 있다)

미라레파는 남녀를 불문하고 제자를 두었는데, 그중 레충과 닥포라제가 가장 유명하다.

레충(ras-chung, 1083~1161년)은 본명이 도르제닥(rdo-rje-grags)이다. 어려서 부친을 여의고 모친이 그의 숙부에게 재가하였으므로 숙부 집의 하인이 되었다. 레충은 발음이 또렷하여 마을 사람들에게 불경을 읽어 주고 사례금을 받아 모친과 숙부를 섬겼다. 11~12세(1093~1094년) 때 미라레파를 만나 "졸화정(拙火定)"의 수행을 배워 "증험(證驗)"을 얻고 그의 제자가 되었으나 15세(1097년) 때에 문둥병에 걸려 미라레파 황폐한 집에서 혼자 살았다. (이는 티베트에서 청조 초기까지 전염병 환자를 대하는 습관이다) 인도인 세 명이 그곳을 지날 때 레충의 모양을 보고 측은히 여겨 그를 데리고 함께 인도에 갔다. 어떤 사람이 주법[呪法, 금강수주(金剛手呪)]을 배워 주었는데, 그 주문을 읽고 병이 다 나았다고 한다. 티베트에 돌아오는 도중 네팔에서 아툴야다사(Atulyadāsa)에게서 『승락(勝樂)』등 몇 가지 탄트라의 해석을 배웠으며, 티베트에 돌아온 후에는 또 미라레파에게서 법을 배웠다. 미라레파는 레충을 다시 인도에 파견하여 마르파가 배우지 못한 밀법[무신공행모법(無身空行母法)]을 배우게 하였다. 레충은 인도에서 티푸파(ti-pu-pa, 나로파와 마이트리파의 제자)로부터 상기한 밀법을 포함한 여러 가지 밀법을 배웠다. 티베트에 돌아온 후 인도에서 배운 것을 다시 미라레파에게 전수하였다. 이로부터 카규파에는 미라레파가 전수한 "승락이전(勝樂耳傳)"과 레충 자신이 전수한 "레충이전(熱瓊耳傳)" 두 가지 계통이 있게 되었다. 레충은 수행하여 진리를 깨달았을 뿐 아니라 또 인도에서 배워 온 것이 있어서, 미라레파를 떠나 전(前)티베트 각지를 다니며 법을 전수하였다. 그는 전(前)티베트의 북부와 남부의 여러 곳에 체류하였는데, 얄룽에 있을 때 어느 왕족의 딸과 함께 밀법을 수행하였다. 그러나 그 여인이 또 다른 사람과 관계를 발생하여서 레충은 의기소침하여 도망하였다. 그 후 샴부(sham-bu)의 설산에서 조용히 수행하고 후에 넬(gnyal, 닥포 지방의 남쪽)에 이르렀는데, 그 지방의 로로(lo-ro)에서 가장 오랫동안 체류하였으며, 제자도 가장 많았다. 제자들 중에는 당지의 통치자도 여럿이 있었는데, 그중의 로찌고와(lo-byi-mgo-ba)는 레충의 제자가 되었다가, 그의 조수(grel-pon) 역을 담당한 것이 전후 25년간이 되었다. 레충이 전수한 카규파의 교법은 로로 지방을 중심으로 상당히 오랜 시기 계승되었지만, 지파를 형성하지는 못하였다.

미라레파의 또 다른 제자 닥포라제(dvags-po-lha-rje, 1097~1153년. 닥포라제는 닥포 지방의 의사라는 뜻이다)의 본명은 소남린첸(bsod-nams-rin-chen, 어릴 때의 이름은 로되닥blo-gros-grags. 니씨snyi 일족의 출신인데, 감포 사원에 상주하였기에 감포파라고도 한다.)이다. 어릴 때부터 의학을 배우고 의학 면에서의 덕성과 이론이 출중하므로 이름을 날렸다. 20세에 아내를 여의고 슬픔에 마음이 상하여 염세에 빠졌다가 26세(1204년)에 출가하여 계율(戒律)을 받았다. 먼저 닥포 지방의 마르율로덴(mar-yul-blo-ldan)에게서 『승락(勝樂)』 계통의 밀법을 배웠고, 그 후 펜율에 가서 챠율와(제4편 카담파 참조)에게서 카담파의 교법을 배웠다. "정공(定功)"이 있어 한번 앉으면 13일 동안 견지할 수 있었다고 한다. 고향에 돌아온 후 행각(行脚, 여기저기 돌아다님) 하는 거지에게서 미라레파의 이름을 듣고 곧 후(後)티베트로 찾아갔다(1110년경). 전(前)티베트를 경과할 때 길을 돌아서 펜율에 가서 카담파 여러 스승에게 경의를 표하였다. 카담파 스승들은 카담파만으로도 충분하다고 하였고, 또는 카담파의 교법을 포기하는 것은 좋지 않다고 타일렀다. 그러나 미라레파에게서 법을 배우려는 닥포라제의 결심이 확고하여 후티베트의 딘(brin) 지방에 이르렀다. 미라레파를 만났을 때 미라레파는 두개골로 만든 잔에 술을 부어 닥포라제에게 권하였다. 닥포라제는 수계받은 승려이기에 음주 불가이지만, 미라레파는 술 마시라는 무리한 명령을 거듭 내렸다. 닥포라제가 술을 마시자 미라레파는 이름을 물었다. "소남린첸"이라고 대답하자 이번에는 지금까지 배운 학문을 물었다. "승락(勝樂) 등 관정과 카담파의 교법"이라고 대답하자, 미라레파는 "나의 문하(門下)에 들어왔으니 반드시 나의 법대로 수행해야 한다."고 말하였다. 그리하여 닥포라제에게 "금강해모관정(金剛亥母灌頂)"을 전수하고 법에 따라 수행을 거쳐 "증험(證驗)"을 얻은 후 또 "졸화정법(拙火定法)"을 가르쳤다. 닥포라제는 미라레파에게서 13개월 동안 법을 배운 후 그의 명령을 받고 1111년에 전(前)티베트에 돌아가서 수행에 전념하였다. 그는 넬 지방에서 카담파의 세와룽(se-ba-lung) 사원에 거주하였지만, 그 사원의 승려에게 꾸중 들을까 두려워하다 보니 수행에 전념하지 못하였다. 후에 사원을 떠나서 3년간 수행에 힘써 카규파의 "경계"에 도달하였다. 미레라파에 대한 신뢰는 날로 견고해졌고, 그의 가르침에 따라서 외부와의 모든 연계를 끊고 황량하고 적막한 곳에 혼자 거주하면서 조용히 수행하였다. 1121년 지금의 닥라감포(dvag-la-sgam-po, 닥포 지방의 브라마푸트라 강 북안, 동경 93도선 이서)에 감포 사원을 건립하였는데, 이 사원은 이후 닥포·카규파의 본사가 되었다(그래서 닥포라제를 감포파라고도 부른다). 그 후 미라레파를 만나서 자기의 얻은 바를 말씀드리고자 얄룽까지 갔을 때 미라레파가 이미 세상을 떠났다는 소식을 듣고(1123년) 외데궁겔('od-de-gung-rgyal)에 돌아와서 수행을 계속하였다. 닥포라제는 감포 사원을 거점으로 하면서 카담파와의 교류도 회복하였다. 미라레파는 제자에게 언제나 "대인(大印)"

과 "방편도(方便道)"를 동시에 가르쳤고, 종래로 한 가지만을 전문으로 가르치지 않았다. 닥포라제는 작풍을 바꾸어서 제자의 상황을 잘 지켜본 후 밀법(密法)에 적합한 자에게는 "방편도"를 전수하고, 현교(顯敎)에 적합한 자에게는 "대인"을 가르쳤다. 그는 또 카담파의 교법과 미레라파의 밀법을 융합하여 "대인"을 위주로 하는 자신의 체계를 형성하고 새로운 교파를 창립하였다. 이 교파는 닥포 카규파라고 불림으로써 샹파·카규파와 구별되었다. 그러나 후세에 카규파라고 하면 바로 이 닥포·카규파를 가리키는 것으로 되었다. 닥포라제는 카규파 밀교의 수행에 관한 책과 카담파 교의를 해석한 책을 썼는데, 가장 유명한 저작으로는 『해탈도장엄론(解脫道莊嚴論)』(thar-rgyan, 직역은 정법여의보해탈보장엄대승도차제해설正法如意寶解脫寶莊嚴大乘道次第解說)이 있다.

닥포라제는 감포 사원에 30년 내외 거주하였는데 저명한 제자들이 적지 않다. 1150년 닥포라제는 좌주의 직위를 자기의 조카 곰파·출팀닝포(sgom-pa-tshul-khrims-snying-po, 1116~1169년. 닥포라제 밀법의 계승자이다)에게 넘기고 1153년에 세상을 떴다. 그 후 감포 사원의 좌주 자리는 주로 그의 일족 후대들이 계승하였고, 경우에 따라서 전임 좌주의 제자가 계승하기도 하였다. 닥포라제의 일족이 감포 사원 일대에 거주하였지만, 이 사원은 크게 발전하지는 못하였다(최초에는 한 개 작은 사원이었는데 닥포라제의 제자들이 주위에 초가집을 짓고 살면서 점차 고정적인 건축물로 확대되었다. 1718년 준가르가 파병하여 티베트를 침입할 때 감포 사원이 소각되었으며 사후에야 재건되었다).

닥포라제의 제자 중 네 사람이 전(前)·후(後)티베트에서 각기 사원을 건립하고 제자를 받아서 네 개의 지파를 형성하였다. 그중에서 팍모두 일파는 또 다시 8개의 지파로 나뉘어졌다. 카규파에서는 이 지파들을 "4대 8소(四大八小)"라고 총칭한다. 이하 표로 종합해 보면 다음과 같다.

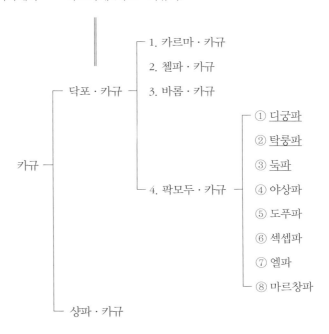

마르마 ― 미라레파 ― 닥포라제 (닥포·카규파)

카규 ┬ 닥포·카규 ┬ 1. 카르마·카규
      │   ├ 2. 첼파·카규
      │   ├ 3. 바롬·카규
      │   └ 4. 팍모두·카규 ┬ ① 디궁파
      │   ├ ② 탁룽파
      │   ├ ③ 둑파
      │   ├ ④ 야상파
      │   ├ ⑤ 도푸파
      │   ├ ⑥ 섹셉파
      │   ├ ⑦ 엘파
      │   └ ⑧ 마르창파
      └ 샹파·카규

밑줄을 친 지파는 현재까지 존속하여 온 것이고, 그 외의 것은 선후로 소실되었다.

1. 카르마·카규파

카르마·카규파(karma-dka'-brgyud)는 닥포라제의 제자 두숨켄파(dus-gsum-mkhyen-pa, 본명은 최키닥파(chos-kyi-grgs-pa). 1110~1193년, 이 파의 후배의 말을 빌면, 그는 과거와 현재, 미래를 통찰하는 능력이 있어서 두숨켄파라고 한다는 것이다. 두숨은 과거와 현재, 미래의 삼시(三時) 혹은 삼세三世라는 뜻이고, 켄파는 지자(知者)라는 뜻이다.]로부터 시작된다. 서캄의 테소(tre-shod) 지방에서 태어났고, 양친은 모두 밀법 수행자였다. 어릴 때부터 부모에게서 법을 배우고, 16세

(1125년)에 출가하여 초키닥파라는 이름을 얻었다. 출가 후 2년 만에 작은 사원을 건립하였고, 아티샤의 제자에게서 밀법을 배웠으며, 전하는 바에 의하면, 수증(修證) 면에서 영험을 얻었다고 한다. 19세(1128년) 때 전(前)티 베트에 갔고, 이듬해에는 퇴룽사탕(stod-lung-sa-thang)에서 갸마르파(rgya-dmar-pa)와 챠파(phya-pa) 사제(師弟)에게서 "미륵의 5법"과 "중관 6론"을 배웠다. 그 후 샤르와파[shar-ba-pa, 본명은 쉐랍도루제(shes-rab-rdo-rje)]와 쉐랍상게 (shes-rab-seng-ge) 사제에게서 카담파의 교법을 6년간 배우고, 파찹 역경사 (spa-tshab-lo-tsa-ba)에게서 "중관6여리취(中觀6如理聚)"를 배웠다. 멜 둘진 (mal-'dul-'dzin)에게서는 비구계를 받고, 계율을 배웠다. 또 겔라캉에서 과 (rgva-lo) 역경사와 캄파아셍(khams-pa-a-seng)에게서 『시륜(時輪)』과 『육가행 (六加行)』 등을 배웠다. 30세(1139년) 때에 닥포닥카(dvags-po-brag-kha)에서 닥포라제를 알현하고, "사좌(四座)"에 관하여 들었다. 그 후 감포에서 닥포 라제와 그의 조카 곰파·출루팀닝포에게서 법을 배웠다. 닥포라제는 그에 게 "보리도차제(菩提道次第)"와 실천법 및 "방편도(方便道)"를 전수하였다. 9 일 동안의 수행을 거쳐 깨달음의 체득을 얻은 두슘켄파는 "정력(定力)"에 의 하여, "졸화(拙火, drod)"를 뽑아내고 면포(棉布) 홑옷을 입고 9개월을 고행하 였다. 두 손은 언제나 땀이 나고, 당시 8백여 명의 수행자(모두 닥포라제의 제 자들임)들 가운데 두슘켄파는 굳건한 수행자로서 저명하였다. 그 후 닥포라 제는 그를 상리(sang-ri)에 가서 수행하게 하였다. 5개월 넘어 지난 후 호흡을 자유로이 조절할 수 있었다고 하며, 다시 닥포라제 곁으로 돌아와 3년간 함 께 생활하였다. 로로 지방에서는 레충에게서 "나로 6법" 등 나로파와 마이 트리파가 전수한 모든 법과 "방편도(方便道)"를 배우고 "낙공무별구생지(樂 空無別俱生智)"를 증득(證得)하였다. 두슘켄파는 사캬파의 "도과교수(道果敎 授)"와 "대원만법(大圓滿法)" 등을 배운 적이 있지만, 그 자신은 카규파의 "졸 화(拙火)"와 "대인(大印)"이야말로 가장 효험이 있다고 인식하였다. 전(前)티 베트에 30년 체류하는 동안 여러 스승으로부터 현밀의 교법을 배운 두슘켄

파는 38세(1147년) 때 서캄의 리오체(ri-bo-che) 부근 칼마 지방에 카르마덴사 (karma-gdan-sa, 카르마파는 이 사원에서 유래한다.) 사원을 건립하였다. 서캄에 있을 때 그에게는 1천 명의 제자와 추종자들이 모였고, 당지의 지배자들 간 의 분쟁을 조정하였으며, 대량의 재물을 감포 사원과 전(前)티베트의 기타 사원에 봉납하였다. 만년에는 전(前)티베트에 가서 상첼파(zhang-tshal-pa)에 게 다른 사람과 자꾸 싸우지 말라고 권유하였다. 1187년에는 퇴룽(라사 이 북)에서 출푸(mtshur-phu) 사원을 건립하였다. 카르마 · 카규파는 초기에 출 푸 사원과 카르마 사원을 상 · 하 두 본사로 하였지만, 카르마팍시가 출푸 사원을 증축한 후에는 출푸 사원을 본사로 하였다.

카르마 · 카규파는 티베트 불교 각 파 가운데 활불전세(活佛轉世) 제도를 가장 먼저 채용하고 가장 오래 전승한 교파이다. 카르마 · 카규파는 선후로 몇 가지 활불전세 계통을 건립하였는데, 그중 가장 저명한 것이 흑모파 (zhva-nag-pa)와 적모파(zhva-dmar-pa)이다. 카르마 · 카규파는 티베트에서 정 권을 장악한 적이 없지만, 전(前)티베트와 서캄 지방에서 줄곧 일정한 세력 을 유지하고 있었고, 내지의 황실과 티베트 행정 수뇌와 모두 밀접한 관계 를 갖고 있었다. 15~16세기에는 티베트 지방 세력 간의 분쟁에 참여한 적 이 있으며, 이로 보아 이 교파는 종교 실력을 자본으로 각종 정치 활동을 진 행한 듯하다. 아래에 카르마 · 카규파의 몇 개 활불 계통의 사적(事迹)을 서 술해 본다.

흑모파는 카르마파의 가장 대표적인 활불전세(活佛轉世) 계통이다. 카르 마파는 상술한 두숨켄파를 제1세로 하지만 실제로는 그의 제2세 카르마 팍 시로부터 시작되었다.

카르마 · 팍시(karma-pakshi, 1204~1283년)의 본명은 최키라마(chos-kyi-bla-ma, 법사라는 의미)이며, 티베트 불교 전설 중에서 거론되는 파드마삼바바에 버금가는 "신통력"이 있는 사람으로서, 티베트인들은 그를 둡첸(grub-chen, 대성취자의 뜻)이라고 부른다. 두숨켄파가 사망한 지 11년 후인 1204년에 카르마·곽시는 서캄의 디룽담파초츙('bri-lung-dam-chos-phyung) 지방에서 태어났다. 집안은 체포우(btsad-po-u) 일족에 속하는데, 통치자의 가정이다. 9~10세 때부터 불교 서적을 읽었고, 봄닥파(sbom-brg-pa, 두숨켄파의 손제자)를 스승으로 모셨다. 봄닥파는 카르마·곽시를 남다르게 대해 주면서 특별히 동정하는 마음을 들여 양성하였다. 그는 카톡파(kha-thog-pa)에게서 출가하여 최키라마라는 이름을 얻었으며, 봄닥파의 가르침에 따라 10년 동안 하루도 빠짐없이 전심전력으로 수행(修行)하여 당시 사람들로부터 주목받았다. 서캄에 돌아와 점차 500명의 제자와 추종자를 갖게 되었고, 티베트 승려들은 그가 "신통력"을 과시할 수 있다고 하였으며, 그 지방에서의 사냥 금지를 효과적으로 집행할 수 있다고 하였다(불교는 살생을 금지하기 때문에 일반 라마들은 모두 사람들에게 사냥하지 말 것을 권유한다. 그가 사냥을 금지시킬 수 있다는 것은 그의 사회적 영향력을 말해 준다). 1247년 그는 출푸 사원에 돌아와 6년간 거주하였는데, 명성을 멀리 떨쳤다. 1253년에 쿠빌라이는 사자(使者)를 출푸 사원에 파견하여 카르마·곽시를 불러서 만나려 하였다. 같은 해에 카르마·곽시는 룽율세르퇴[rong-yul-gser-stod], 카르마·곽시가 쿠빌라이를 회견한 연대에 관해 두 가지 설이 있다. 한 가지 설은 1255년이고, 다른 한 가지 설은 카르마·곽시가 50세 때인 1253년이다. 회견 장소인 룽율세르퇴는 현재 어느 곳인지 분명치 않고, 대체적으로 사천(四川) 서부의 가융(嘉絨)일대라고 추정된다. 쿠빌라이가 이 지방에 온 시간은 대리(大理)를 정복한 1252~1253년이고, 당시 군대를 파견하여 토번 지구에 진입하였는데 역사상 토번을 굴복시켰다고 한다. 사실은 몽골군이 서캄 지구에 진입할 때에 그에 항거해 나서는 꽤 큰 한 개 부락을 정복한 것 같다. 카르마파는 두숨켄파 때부터 서캄에 커다란 영향을 끼쳤고, 몇 세대의 전세를 거치면서 서캄에서의 영향력은 갈수록 더욱 두드러졌다. 카르마·곽시 자신도 서캄의 통치자 가족 출신이다. 쿠빌라이가 먼저 곽파를 불러 육반산(六盤山)에서 소견한 후 자기 측근에서 보좌하게 한 것은 1253년이다. 그러나 곽파의 영향력은 우창에 있는 것이고, 쿠빌라이는 이때 마침 서캄 동부를 지날 때이고, 그러니 카르마·곽시를 소견하였다는 것은 논리에 부합된다. 그러므로 우리는 카르마·팍시가 50세 되던 해인 즉 1253년에 쿠빌라이를 회견하였다는 그 일설을 채용한다.]에서 쿠빌라이를 알현하였다. 쿠빌라이는 자기 측근에서 보좌할 것을 명령하였지만, 카르마·팍시는 동의하지 않고 사천(四川) 서부에서 북상하여 행각(行脚)하면서 선교하였다. 영하(寧夏)와 내몽골의 접경 부근에 퉐낭룰페라캉('phrul-snang-sprul-pa'i-lha-khang) 사원을 건립하였고, 영주(靈州, ling)와 감주(甘州, kan) 일대에 이르렀다. 1256년에 그가 티베트에 돌아오려고 할 때 몽케[원 헌종(憲宗)]의 조서를 받고 온긴(Ongin) 지방의 시라외루도(Sira-ordo, 카라코루무Karakorum? 남쪽에서 멀지 않다.)에서 알현하였으며, 끝내는 몽케의 곁에 남았다. 티베트인들이 전하는 바에 의하면, 몽케는 카르마 팍시를 국사(國師)로 봉하고, 금연(金緣)의 검은 모자[모자의 양식은 훗날 원조가 국사에게 하사하는 양식과 같으면서 다만 금연이 더 있을 뿐이다. 이 모자는 현재 출푸 사원에 보존되어 있다.]와 금인(金印)을 하사하였다고 한다. 이는 대체로 1256년부터 1260년까지 5년간에 벌어진 일들이다. 카르마 팍시의 "팍시"라는 두 글자는 몽골어에서 차용한 것인데, 한어(漢語)의 "박사(博士)" 혹은 "법사(法師)"에서 유래한 것이다. 아마도 위구르어혹은 다른 문자로부터의 차용(借用)을 거쳤을 것인데, 티베트어로는 오히려츄키라마의 직역(直譯)이다. 『통재(通載)』권22에는 "북인지칭팔합석 유한인지칭사야(北人之稱八哈石 猶漢人之稱師也, 북인이 팔합석이라고 칭함은 마치 한인이 스승이라고 칭하는 것과 같도다)"는 기재가 있다. 카르마 팍시의 이름은 이때부터 사용한 것 같다. 그 후 본명은 오히려 아주 적게 사용되었다.) 카르마 팍시는 몽케가 소집한 불교와 도교의 우열(優劣)을 다투는 변론 대회에서 도사를 이겼다고 한다. 1259년 몽케가 죽고 이듬해 쿠빌라이는 개평(開平)에서 먼저 칸으로 자칭하였는데, 그의 동생 아리크 부카(Arig-Boga)도 화림(和林)에서 칸으로 자칭하였기에 칸의 자리를 두고 형제간에 다투었다. 동년 말 쿠빌라이는 팍파를 국사로 임명하였다. 이로 보건대, 티베트 지방을 통치하는 데 사캬파를 이용할 것은 이미 확정된 상태였다. 1261년 아리크 부카는 패전하였다. 카르마・팍시는 예전에 쿠빌라이를 따르려고 하지 않은 데다가 이때는 또 아리크 부카를 협력하였다는 혐의가 있어 투옥되었다(티베트인이 전하는 바에 의하면, 팍파와 카르마・팍시는 쿠빌라이의 면전에서 총애를 받으려고 서로 다투었다고 한다. 이는 사캬와 카담 두 파가 중앙에서 암투를 벌였고 지방의 권세를 쟁탈하였음을 반영하여 준다. 그러므로 카르마 팍시가 혐의를 받아 투옥된 배후에는 팍파의 영향이 있었을 수 있다). 후에는 카르마 팍시를 변경의 케우추(ke'u-chu, 한자 이름은 분명치 않음)로 유배 보냈으며, 그의 제자 두 명은 죄 때문에 사형당하였다. 이후 1264년에야 카르마 팍시는 석방되었고, 쿠빌라이의 허가를 받아 자유로 선교할 수 있게 되었다. 이해에 그는 티베트에로 길을 떠났는데, 도중에서 줄곧 선교하였고 8년 만에 출푸 사원에 돌아왔다. 그는 출푸 사원을 확장하고 새로운 불상을 안치하였다. 1283년 카르마 팍시는 출푸 사원에서 사망하였다. 중앙에서 사캬파와의 싸움에서는 실패하였지만, 카르마 팍시가 캄 지방과 영하(寧夏)・감숙(甘肅)・청해(靑海) 일대에서 활동하였기에, 카규파의 영향력과 종교 세력은 크게 증가되었다. 그의 세대에서부터 카르마파의 활불 전세 제도가 확립되었다.

흑모파 제3세 랑중도르제(rang-byung-rdo-rje, 1284~1339년)는 미라레파의 고향 궁탕 지방에서 태어났다. 그는 카르마・팍시의 환생으로 인정되었는데, 티베트에서 어린이가 전대(前代)의 전세(轉世)로 확인된 사례로는 이것이 맨 처음이다. 5세(1288년)에 출푸 사원에 들어가서 우겐파(u-rgyan-pa, 카르마・팍시의 제자)에게서 법을 배웠으며, 7세에 출가하여 18세(1301년)에 비구계를 받은 후 계율을 배웠고, 카르마파와 닝마파, 시제파의 많은 밀법을 배운 적이 있다. 또 상푸 사원 하원(下院)에 가서 당시 성행하던 『중론(中論)』・『미륵의 5법』・『대승아비달마집론(大乘阿毗達磨集論)』・『구사론(俱舍論)』・『유가사지론(瑜伽師地論)』・『인명론(因明論)』 등 현교를 배웠다. 그 후 서캄 지방에서 행각하였고, 리오체 지방에 카르마 라텡(karma-lha-steng) 사원을 건립하였다. 콜티[kol-ti, 서캄의 차와강(tsha-ba-sgang)] 지방에서는 분쟁을 중재하였다. 출푸 사원에 돌아온 후에는 우겐파에게서 『시륜(時輪)』을, 바세르 (sba-ser)에게서 의학을 배우고, 감포와 공포 지방에서 또다시 행각(行脚)하였다. 공포에서는 3년간 체류하였고, 차리산(tsa-ri, 닥포 지방)을 순례하였으며, 또, 역산서(曆算書)도 저술하였다. 전(前)티베트에 돌아간 후 데첸텡 (bde-chrn-steng) 사원을 건립하였고, 후(後)티베트의 사카·갼체 등 많은 지방에 가서 전법하였다. 후에 또 공포 지방에 가서 작은 사원들을 지었고, 추종자들이 점차 많아졌다. 1326년에는 라사에 갔었고, 서캄의 카르마 지방에서 사원을 고쳐 짓고, 제자를 받아서 법을 전수하였다. 1328년에는 삭삼 (sag-zam)이라고 하는 작은 다리를 수리하고 룬둡리퇴(lhun-grub-ri-khrod) 등 사원을 건립하였다. 1331년에 그는 전티베트에서 원의 문종(文宗)으로부터 상경하라는 조서를 받았다. 이듬해에 또 그의 상경을 재촉하는 조서를 받고 10월에 북경에 도착했는데, 그때 문종은 이미 사망하였다. 그는 원의 영종(寧宗)이 즉위할 때 관정(灌頂)을 하였고, 황제의 동생 엔테코스에게 수계 (授戒)하였다. 그가 상경하여 있을 때에 제자 닥파셍게에게 데첸텡 사원에 상주하라고 당부하였다. 이 닥파셍게가 다름 아닌 카르마 적모파의 제1세이다. 1334년 랑중도르제는 티베트에 돌아오는 도중에 오대산(五臺山)을 순례하였고, 영하(寧夏)에 가서 법을 전수하였다. 서캄 지방을 지날 때 당지의 소란을 수습하였으며, 출푸 사원에 돌아온 후에는 삼예 사원에 은거하면서 그곳에서 사람을 청해들여 캉규르 1부(一部)와 텐규르 전부를 필사하였다. 1336년 원의 순제(順帝)는 또다시 그를 상경하라 하였고, 이에 그는 1338년 북경에 도착하여 관정국사(灌頂國師)에 책봉되었으며, 옥인(玉印)을 하사받았다. 1339년에 그는 북경에서 사망하였다.[어떤 책에서는 랑중도르제가 라마파(bla-ma-pa)에게 살해되었다고 적고 있다. 그러나 『원사(元史)』에는 그런 기재가 없다. "제사(帝師)"는 당시의 구어(口語)로 라마이고, 순제(順帝)의 제사는 쿤가겐첸 (kun-dga'-rgyal-mtshan)이며 그는 사캬 쿤씨 일족 출신이다. 이른바 라마파는 아마 이 사람을 가리키는 듯하다.]

흑모파 제4세 활불의 이름은 롤페도르제[rol-pa'i-rdo-rje, 별명 슈리다르마키르티(shrīdharma-kīrti). 1340~1383년]으로, 공포 지방의 부유한 집의 아들이다. 3세 때 부모와 함께 냥포(myang-po) 지방에 갔었고, 공포와 냥포 두 지구의 여러 곳을 방문하였다. 이때 랑중도르제의 제자 곤겔와(mgon-rgyal-ba)로부터 랑중도르제의 전세(轉世)라고 인정받았다. 그 후 융톤·도르제(g·yung-ston-rdo-rje-dpal)에게서 "나로 6법"과 『시륜(時輪)』·『육가행(六加行)』·『생기원만이차제(生起圓滿二次第)』 등 카규파와 사캬파의 밀법(密法)과 현교(顯敎)의 "미륵의 5법" 등을 배웠다. 그 후 네보(snye-bo)·케낭(khe-nang)·차리(tsa-ri)·닥포 등 여러 곳을 돌아다녔다. 그는 일찍이 팍모두파의 대사도(大司徒) 쟝춥겐첸(byang-chub-rgyal-mtshan)으로부터 깊이 신임받았고, 첼파의 사도(司徒) 첼파·게웨로되(tshal-pa-dge-bali-blo-gros)[『홍사(紅史)』의 저자. 첼파의 말임 만호장]의 요청을 받아 첼궁탕(tshal-gung-thang) 사원에도 갔다. 1356년에는 원 순제(順帝)의 조서를 받고 상경하여, 1357년 비구계를 받고 계율을 매우 엄격히 지켰으며, 60종류의 문자를 알고 많은 책을 소장하였다고 한다. 그는 데첸 등 많은 지방을 돌아다녔고 후에는 출푸에 돌아갔다. 1358년 서캄을 지날 때 통치자들이 송영(送迎)하였고, 어떤 통치자는 그 측근에서 시중을 들었다. 미냑랍강(mi-nyag-rab-sgang)에서는 두 부족 사이의 전쟁을 중재하였는데, 그들은 쾌히 25년간의 휴전을 약속하였다. 1359년에는 조서를 들고 마중 나온 만수(曼殊) 국사를 만나려고 랍강에서 출발하여 총카(tsong-kha)를 지나는 중에 총카파에게 오계를 전수하였다. 양주(凉州)에서는 사판이 체류하였던 튤페데(sprul-pa'i-sdd) 사원에서 법을 강의하였다. 1360년에는 대도에 가서 원의 순제(順帝) 부자에게 "금강해모관정(金剛亥母灌頂)"을 전수하고, "나로 6법"을 강의하였으며, "방편도(方便道)"를 전수하였다["방편도(方便道)"는 경우에 따라서 밀교의 남녀쌍신(男女雙身)의 수행법을 가리킨다. 원조 조정의 추문은 이미 전에 널리 알려져 있거니와 롤페도르제가 조서를 받고 상경한 일은 어쩌면 이와 관련이 있을 수 있다]. 또 태자에게 자신이 저술한 『본생백사(本生百事)』・『구경일승보성론(究竟一乘寶性論)』・『대승정엄경론(大乘莊嚴經論)』 등 현교 경전과 일부 밀교를 강의하였고, 귀족과 장관을 위주로 하는 몽골・한족・위구르・서하・고려 등의 왕족과 고위 고관들에게 법을 전수하였다. 대도에 5년간 체류한 후 롤페도르제는 1364년에 출발하여 티베트에 돌아가는 도중에 감주(甘州, kan-chu) 부근에 대사원을 건립하였다. 그 후 비리(bi-ri)에 들르고, 캄 지방을 다니며 사원을 건립하고 불상을 제작하였다. 서캄의 카르마 지방에서도 승려와 민중에게 설법하고, 공포와 포보[spo-bo, 현재의 파밀(波密)] 등 지방을 돌아다녔다. 그가 대도(大都)에 갔을 때는 나이가 겨우 21세였다. 순제(順帝)가 그를 부른 것은 아마도 순제 부자의 황음(荒淫), 즉 "연설기법(演撰幾法)"[혹은 "연철이법(延徹爾法)"이라고 한다] 때문일 수 있다.[8] 그러나 당시의 감숙・청해・서캄・티베트 일대에 끼친 카르마의 영향과 세력은 현저하게 확대되었고, 그 대표 인물로서의 흑모파 활불은 중앙정권이 정치적으로 중요시할 상대로 주목받았다. 1368년에 명의 태조(太祖)가 즉위한 후 선후로 사람을 파견하여 티베트족 승속(僧俗)의 수령을 북경으로 불렀다. 흑모파 4세 롤페도르제도 부름을 받은 사람 중의 하나이지만, 그는 더는 내지에로 오지 않고 1374년부터 사자를 파견하여 남경에 공물을 바치기 시작하였다. 그 후 1383년에 이르러 롤페도르제는 공포 북부의 황폐한 산 아래에서 생애를 마쳤다. 명조 초기에 그는 줄곧 제 때에 사람을 파견하여 명조에 공물을 진상하였다.

흑모파 제5세 활불(活佛)은 데신섹파[de-bzhin-gshegs-pa, 본명은 최펠상포(chos-dpal-bzang-po). 1384~1415년]이다. 그의 부친은 냥포 지역의 아라냥(a-la-myang) 지방의 밀법을 전수(專修)하였다. 그는 4세(1387년) 때 카최왕포(mkha'-spyod-dbang-po. 카르마 적모파 제2세)에게서 법을 배우기 시작하였고, 일찍 『금강만(金剛鬘)』과 "나로 6법", 『시륜(時輪)』・『육가행(六加行)』 등 밀

---

8) 티베트 불교에서는 여성 파트너와 함께하는 성적 요가를 졸(sbyor)이라고 한다. 사법(邪法)으로 여겨져 누차 배척되었다. ─ 역자 주

법을 배웠다. 7세 때(1390년) 체라강(rtse-lha-sgang)에서 출가하여 초펠상포라는 이름을 얻었으며, 18세(1401년) 때 서캄에 가서 콘교(kon-gyo) 장관 외세르남카['od-zer-nam-mkha', 『명사(明史)』권331 호교왕(護敎王)으로 책봉된 종파(宗巴) 즉 만가알(幹卽南哥)인 듯하다]에게서 많은 재물을 받았다. 당시 콘교 일대는 전쟁이 일어날 일촉즉발의 상태였는데, 데신섹파의 조정(調停)에 의하여 전사를 피면하게 되었다. 그 후 콘교에서 링(gling)과 카르마, 리오체 등 지방에 가서 법을 전수하고 또 공포에 갔으며, 20세(1403년) 때 체라강에서 비구계를 받았다. 무릇 그가 가는 곳마다 많은 공물(供物)이 넘쳐났고, 많은 사람에게 법을 전수하였다. 티베트어 사료에 의하면, 그는 "능히 사람을 설복시켜 법을 준수하도록 한다."(통치 계급으로 말하면 승려로서의 가장 큰 용도가 이에 있었다)고 하였다. 그 후 여행하면서 전법하는 중에 황제의 사자가 출푸 사원에 왔다는 소식을 듣고 급히 돌아왔다. 그래서 명 성조의 그의 상경을 명령하는 조서를 중앙의 관료 후현(侯显)과 승려 지광(智光)으로부터 받았다. 데신섹파는 먼저 사람을 남경에 파견하여 공물(貢物)을 바친 후 후현·지광과 함께 몸소 남경으로 출발하였다. 그는 서캄 지방을 경유하는 길을 선택하여 상경하는 도중에 당지의 승속들을 위하여 설법하였고, 영락(永樂) 4년(1406년) 겨울에야 남경에 도착하였다. 영락제(永樂帝)는 화개전(華蓋殿)에서 연석을 베풀어 환대하였으며, 이듬해(1407년) 봄 영락제는 그에게 영곡사(靈谷寺)에서 태조 제후의 명복을 비는 보도대제(普度大齋)를 차리도록 명령하였는데, 사서(史書)는 "상서(祥瑞)가 많이 있어 황제는 크게 기뻐했[多有靈瑞 帝大悅]"라고 적고 있다. 3월이 되어 영락제는 그에게 "여래(如來)"라는 이름을 하사하고[데신섹파는 여래(tathāgata)의 티베트어이다. 그로부터 그는 데신섹파라는 이름을 얻고 본명인 최펠상포는 오히려 쓰지 않게 되었다.] 또 "만행구족시방최승원각묘지혜선보응우국연교여래대보법왕서천대선자재불령천하석교(萬行具足十方最勝圓覺妙智慧善普應佑國演敎如來大寶法王西天大善自在佛領天下釋敎)"[약칭은 대보법왕(大寶法王)]으로 책봉하였다. 그의 제자 중 여러 명이 선후로 국사와 대국사로 책봉되었다.『명사(明史)』권331에는 4인이 대국사로 책봉되었다고 적혀 있고, 티베트어 사료에는 6인이 국사의 칭호를 얻었다고 기재되어 있다. 또 영락제의 명령에 의하여 데신섹파는 오대산(五臺山)의 현통사(顯通寺)에 대제(大齋)를 차리고 방금 전에 사망한 황후를 위하여 명복을 빌었다. 영락 6년(1408년)에 귀향길에 올라 연도에서 계속 설법하면서 출푸 사원에 이르렀다. 전후 두 차례에 걸쳐 전(前)티베트 각지에서 법을 전수하였는데, 티베트어 사료에서는 "법을 듣는 승속관민(僧俗官民)이 부지기수"라고 하였다. 팍모두파 천화왕(闡化王) 닥파겐첸(grags-pa-rgyal-mtshan)도 그의 설법을 들었다. 그의 많은 제자 중 유명한 사람이 10여 명 된다. 1415년(영락 13년)에 그는 32세의 나이로 세상을 떴다. 데신섹파가 대보법왕의 봉호를 얻은 후부터 흑모파의 역대 활불은 그 봉호를 세습하였고, 명조가 멸망할 때까지 모두 대보법왕으로 자칭하였으며, 제때에 사람을 파견하여 공물(貢物)을 진상하였다. 일찍이 원 세조(世祖) 쿠빌라이가 팍파를 대보법왕으로 책봉한 이래 "대보법왕"의 봉호는 티베트인에게 가장 존경받는 칭호로 되었다. 명 성조(成祖)와 선종(宣宗)이 책봉한 삼법보(三法寶) 가운데 대보법왕에 대한 예의범절은 대승법왕(大乘法王)·대자법왕(大慈法王)보다 성대하고 또한 가장 장중하였다. 이는 카르마 카규파가 전(前)티베트 지방에 어느 정도 기반이 있고, 캄 지방에 비교적 큰 영향력을 미치기 때문이며, 특히 전(前)·후(後) 티베트 지역의 최대의 통치자인 천화왕(闡化王)과, 그리고 콘교 지방의 호교왕 외세르남카 등과 모두 일정하게 관계를 유지하였기 때문이다. 그의 영향력은 대승법왕(大乘法王)과 대자법왕(大慈法王)보다 훨씬 컸다. 그러나 카르마 카규파는 사원 소유의 농노와 경작지, 방목장을 갖는 외에 당시의 한 개 지방정권을 형성하지는 못하였다(원조가 책봉한 열 몇 개의 만호萬戶중 데신섹파의 이름은 없다.『명사(明史)』는 그를 행각승이라 칭하였다). 캄 지방의 여러 지방정권 관할 구역 내에 세운 사원과 그곳에 모이는 신도들이 데신섹파의 실력의 기반을 이루었다. 카르마·팍시 이래 역대의 흑모파와 적모파 활불

(活佛)은 장기간 각 지방을 행각하면서 설법하고 신도를 모았으며, 지방 분쟁을 조정하고 지방 세력과 연결을 맺음으로써 카르마파의 실력을 유지, 확장하였다. 이 방침은 흑모파 10세 최잉도르제까지 유지되었고, 『명사(明史)』에도 그들을 행각승(行脚僧)으로 기재하고 있다. 명조는 티베트 지방에 대하여 "책봉을 많이 하고 공시(貢市)의 이익을 넉넉하게 주는" 정책을 채용하여 그들로 하여금 명 제실(帝室)과의 직접적인 관계를 유지하도록 하였다. 동시에 감숙·청해 일대에 "강족과 호족 간의 격리를 엄하게 하여[嚴羌胡之隔]" 몽골과 티베트가 연합하여 내지를 침입하는 것을 방지함으로써 몽골과 티베트 지방에 대한 저들의 통치를 유지 및 공고화하였다. 그러므로 데신셰파와 같은 인물에게 '대보법왕'이라는 숭고한 봉호와 성대한 예의범절을 아끼지 않고 주었으며, 카르마파 역시 명조로부터 얻은 봉호의 권위를 이용하여 캄창(康藏)지방에 자신의 세력과 영향력을 확대하였다. 후에 적모파는 강대한 실력을 기반으로 후(後)티베트 지방정권과 결탁하여 신흥세력인 게룩파와 권력 다툼을 위한 투쟁을 벌였다.

흑모파 제6세의 이름은 통와돈덴(mthong-ba-don-ldan, 1416~1453년)이다. 서캄 카르마 부근의 돔(dom) 지방에서 태어났고, 데신셰파의 환생으로 인정받았다. 2세(1417년)에 부모가 카르마 사원에 데리고 갔으며, 그는 일찍 전(前)티베트의 공포·닥파·서캄 등 지방을 돌아다녔다. 티베트어 사료에는, 명 제실(帝室)이 상경을 명령하는 조서(詔書)를 내렸을 때, 몸소 가지 않고 사람을 파견하여 공물(貢物)을 진상하였다고 기재되어 있다. 1436~1450년의 10여 년간 전후 여덟 차례 공물을 바쳤고, 1453년에 사망하였다.

흑모파 제7세의 이름은 최닥걈초(chos-grags-rgya-mtsho, 1454~1506년)이며, 우겐파의 고향 고(mgod) 지방에서 태어났다. 그도 앞 선배들의 관례에 따라 각 지방을 두루 돌아다녔다. 티베트어 사료에 의하면, 그는 인도 붓다가야(bu-ddhagaya)의 대(大)판디타와 서신 왕래를 하였다고 한다. 1465년 명 효종(孝宗)의 조명(詔命)을 받고 헌종(憲宗)의 명복을 빌었고, 같은 해에 몽골

소왕[小王, 인명은 분명치 않지만 연대로부터 추측하면 아마 칭기스칸의 제27세손 만달굴칸(mandag-holkhan, ?~1467년)일 것이다]의 서한도 받았다. 최닥걈초는 카르마 적모파 4세 최닥예쉐와 대략 같은 시기의 활불인데, 이 두 사람의 시기부터 게룩파와의 투쟁이 격화되었다. 구체 내용은 적모파 4세 항을 참고하기 바란다.

흑모파 제8세의 이름은 미쿄도르제(mi-bskyood-rdo-rje, 1507~1554년)이다. 이 사람은 평생에 특별히 기재해야 할 사적을 남기지 않았다. 그는 명 무종武宗이 중관中官 류윤劉允을 파견하여 거액의 자금을 소모함으로써 찾은 활불이다[『명사(明史)』권331 참조].

흑모파 제9세의 이름은 왕축도르제(dbang-phyug-rdo-rje, 1556~1603년)이다. 명 신종神宗에게 공물(貢物)을 바쳤고, 몽골의 어느 왕자와 연계(이름이 분명치 않다)가 있었다. 또 과거의 선배 활불이 구축한 여강(麗江)의 지부(知府) 목씨(木氏)와의 관계를 강화하였다. 그러나 이 시기 게룩파의 달라이라마 3세와 몽골의 알탄칸은 긴밀한 관계를 맺고 있었고, 몽골에는 게룩파의 교법이 널리 침투되고 있었다. 그 후 카르마파, 특히 적모파의 활불은 몽골칸과 인맥을 갖고 있었지만 게룩파를 당해 내지 못하였다.

흑모파 제10세의 이름은 최잉도르제(chos-dbyings-rdo-rje, 1604~1674년)이다. 그는 고락[古洛, 'go-log, 현재의 청해성 과락(果洛)] 지방에서 태어났다. 그는 8세(1611년)와 14~15세(1617~1618년)때 두 차례에 걸쳐 사람을 파견하여 명 만력(萬曆) 황제에게 공물을 진상하였다. 최잉도르제의 일생, 특히 중년 이전은 바로 명조 말기 중앙 권세가 쇠퇴하고 몽골과 티베트 두 민족 지구의 지방 세력이 서로 결탁하여 감숙·청해 일대와 우창 지방이 분쟁으로 소란스럽던 시기였다. 티베트의 지방 세력을 보면, 카르마·카규파와 린풍파 및 창파칸(gtsang-stod-rgyal-po)이 선후로 상호 연합하여 일파(一派)를 이루었고, 게룩파[황교(黃敎)]가 팍모두파 및 그의 일부 가신[家臣, 역시 지방의 영주(領主)들임]들과 연합하여 또 한 일파를 형성함으로써 이 두 일파가 대립하였다. 또한 이 두 파는 서로 자신과 관련이 있는 몽골 칸 및 몽골 군대를 끌어들였으므로, 여러 가지로 정세가 복잡하게 뒤얽혀 전쟁을 일으켰다(제10편 참조). 이로 보면 적모파 4세가 몽골 지방에 법을 전파하고부터 몽골의 일부 칸들이 카르마파 상층과 결탁하기 시작한 듯하다. 1610년 나이가 겨우 7세인 최잉도르제는 몽골의 수령 코로기[kho-lo-gi, 청해에 할거. 알탄칸의 질손(侄孫)인 듯하다. 진일보 확인이 필요함]로부터 전법하러 오라는 요청을 받았지만, 사정상 가지 못했다. 1614년에 또 요청을 받고 몽골 지방에 가서 다이칭(dai-ching)이라고 하는 몽골 수령에게 설법하였다. 1620년에는 챠하르와 하르하칸으로부터 봉헌(奉獻)을 받았다. 이는 최잉도르제와 몽골 칸의 왕래에 관한 소소한 기재이고, 우창 내부의 카르마파와 창파칸이 연합하였다는 점이 보다 중요한 것이다. 이 연합은 적모파 5세와 6세가 중심이 되었지만, 흑모파 10세가 카르마파의 최고 수뇌인 만큼 그와 무관하다고 할 수 없다. 이에 대하여 카르마파 전기에서는 최잉도르제를 극구 변호하였다. 예를 들면, 그는 어려서부터 두 명의 챡모 라마(lcags-mo-bla-ma)의 보호 아래 있었고, 실권은 그들의 손에 장악되어 있었다는 것이다. 그리고 이 두 라마와 적모파 6세 츄키왕쮸구는 사이가 좋지 않았고, 창파칸 푼촉남겔(phun-tshogs-rnam-rgyal)이 1620년 전후에 이 두 챡모 라마의 권세를 빼앗은 후에도 창데겔파와 흑모파 10세의 긴장 관계는 해소되지 않았으며, 이러한 대립 상태는 20년간 지속되었다고 하였다. 이 전기는 게룩파의 정권이 안정된 후에 쓴 것으로서, 와중에는 카르마 흑모파가 이전에 게룩파를 적대시하였던 "죄과"를 면제하고자 하는 의도가 분명히 나타나 있다. 또 한 자료에는 1618년에 창파칸 푼촉남겔이 라사에 침입한 몽골 군대 일부를 격파한 후 최잉도르제는 푼촉남겔을 전(前)·후(後)티베트의 통치자로 지정하고 "왕"의 지위를 인정하였으며『십육법(十六法)』이라고 통칭하는 티베트 법률서에 기재가 있다. 푼촉남겔 부하의 저작이다. 또 인(印)을 주었다고 하였다.[인문(印文)은 산스크리트어의 장식(裝飾) 문자로서 그 의미는 현재에도 알지 못한다. 아마도 좋은 말을 새긴

도장일 것이다.1 이는 푼촉남겔이 무력으로 후(後)티베트를 제압하고 전(前)티베트를 점령한 사실, 최잉도르제가 명조로부터 책봉받은 대보법왕을 세습하여 "천하의 석교를 통솔하"게 된 것, 즉 티베트족 지구 종교 총 수령의 신분과 티베트족 지구 각 지방정권의 수령이라는 신분은 흔히는 종교 지도자에 의하여 지명된다는 습관 등으로 미루어 볼 때 흑모파 10세가 창파칸 푼촉남겔을 왕으로 승인한 것도 사실인 듯하다. 당시 전(前)·후(後)티베트의 합법적 통치자는 명조에서 천화왕(闡化王)으로 책봉한 팍모두파이지만, 이때 그의 실력은 이미 쇠퇴하였다. 그러나 천화왕과 그의 관할하의 각 지방 영주(領主)들은 창파칸을 데파(관리인)로는 승인하지만, 왕으로는 승인하지 않았다. 푼촉남겔은 창퇴겔포(gtsang-stod-rgyal-po)로 자칭하였지만, 이는 왕으로 자처함에 불과하고, 그 지위를 확고히 하기 위해서는 종교면에서 최고의 지위에 있는 대보법왕의 승인과 지지가 필요하였다. 그러나 푼촉남겔을 통치자로 승인한 것은 다만 형식상에서 기성사실을 승인한 데 불과하며 지방 통치 권력은 본래 흑모파 10세의 손에 있지 않았다. 그러나 이 두 사람의 결탁은 이 사건을 통하여 실력 연합을 정식으로 이룬 것이 된다. 그렇지만 실제 투쟁에 참여한 이는 적모파 6세이고(상세한 사항은 아래 글을 참조), 그러므로 티베트 각 지방 세력과 구시칸 등은 연합하여 약 1637년(혹은 1640년, 확인 필요)에 사자를 파견하였다. 1642년에 성경[盛京, 현재의 심양(瀋陽)]에 도착한 사자들, 그리고 티베트 지방 세력에 보낸 청 태종의 답신에는 적모파 활불만 보이고, 흑모파 10세에 관해서는 언급이 없었다.

1621년부터 1625년까지 게룩파를 지지하는 몽골 칸의 군대가 티베트에 도착하였다. 얼마 후 카르마파도 촉투칸의 군대를 불러와서 게룩파에 대처해 나섰다. 이 군대를 인솔한 이는 촉투칸의 아들 아르스란(Arslan)인데, 게룩파에서는 이익만 추구하는 아르스란의 약점을 이용하여 뇌물을 주어 자기편으로 만들었다. 1635년 적모파 6세가 사망하였는데, 어떤 자료에 의하면, 아르스란이 당슝 지방에서 그를 살해하였다고 한다. 이러한 상황의 변화에 흑모파 10세는 출프 사원에서 도망갈 수밖에 없었다. 그 후 카르마파는 이익을 미끼로 아르스란을 유혹하여 화살을 게룩파에 돌렸지만, 게룩파는 어느 정도 손해 본 후 동일 방법으로 또 아르스란을 쟁취해 냈다. 아르스란이 재차 카르마파의 재물을 목적으로 이러한 행동을 반복하려 할 때, 적모파 6세의 수하의 주요 관원 샤말랍쟝파(zhva-dmar-rab-'byams-pa)가 사람을 파견하여 촉투칸에게 편지를 보내 견결한 항의와 요구를 제기하였다. 사정을 알게 된 촉투칸은 명령을 내려 자기의 아들 아르스란을 사형에 처하였다. 이때 챠하르의 린단칸은 촉투칸의 설득으로 카르마파를 지지하게 되었고(린단칸은 원래 게룩파를 신봉하였다), 또한 군대를 인솔하여 청해 지방으로 출발하였지만 얼마 안 되어 병사하였다. 촉두칸[9]도 게룩파를 지지하는 오이라트부의 구시칸에게 섬멸되었다. 이로부터 카르마파를 지지하는 몽골 칸은 모두 소멸되었다.

　호쇼트부의 구시칸은 청해와 서캄 지방의 적대 세력을 소멸한 후 1642년에 군대를 인솔하여 전(前)티베트로 들어가서 창파칸 텐쿙왕포(bstan-skyong-dbang-po, 푼촉남겔의 아들이자 계승자)를 격파하고 살해하였다. 우창에서 카르마파가 지극히 우세이던 상황은 일변하여 게룩파가 압도적으로 우세를 차지하게 되었고, 카르마파는 어려운 열세에 처하였다. 이런 상황하에 흑모파 10세의 처지는 곤난하였는데, 얼마 후 그는 판첸라마 4세의 중재로 달라이라마 5세의 양해를 청구하는 데 성공하였다. 그는 달라이라마 5세의 권위를 받아들이고 그의 감독 아래 들어갈 것을 승인하고(달라이라마가 사람을 파견하여 출프 사원에 상주하는 것), 달라이라마 5세도 카르마파와 이 교파의 대부분 소속 사원을 승인하고(이 시기 라룽lha-lung사원 등 일부의 카르마파 사원은 강요에 못 이겨 게룩파 사원으로 개종하였다), 또한 흑모파 10세로 하여금 여전히 이 사원들을 주관하게 하고 방해하지 않을 것을 약속하였다. 그러나 머지않아 가르파(sgar-pa) 전쟁이 폭발하였다. 가르파는 카르마덴사(karma-

---

9) 린단칸이 죽은 후 1634년에 촉투칸이라고 이름을 바꾸었다. ― 역자 주

gdan-sa, 두숨켄파가 건립) 사원 부근에 거주하던 캄 지방 일족(一族)의 이름이며, 린풍파 통치자들이 이 가족에서 태어났다. 린풍파는 창롱(gtsang-rong)에서 권력을 쥐기 전에 서캄의 사원을 통하여 카르마파와 밀접한 관계를 맺었다. 창파칸이 실권을 잡은 후에도 카르마파와 밀접한 관계를 유지하였다. 이때 가르파(이름 불분명)가 거병하여 구시칸과 달라이라마 5세에게 반기를 들었다. 흑모파 10세도 가르파와 밀접한 관계가 있기에 불가피적으로 의심을 받아 구시칸과 달라이라마 5세의 군대에 쫓기어 어느 건축물(장소는 불명확하다) 안에 포위되었다. 가르파군은 공포 지방에서 최후로 격멸되었다. 흑모파 10세는 극심한 상황에서 탈출하여 운남 여강토사(麗江土司)의 지부(知府) 목씨(木氏) 집으로 도망갔다. 목씨는 오래전부터 카르마파 대라마의 신도이고 지지자였다. 그러나 흑모파 10세는 목씨 집의 호화로움이나 소란함이 귀찮아 다른 조용한 사원에 은거하였다. 그 후 그는 단신으로 말을 타고 매우 적은 필수품만 가지고 고록으로 출발하였다. 그의 말로는, 새로 전세(轉世)한 적모파 7세를 만나기 위해서였다고 하였다. 그러나 도중에 강도에게 마필과 옷들을 전부 빼앗겨 남루한 차림으로 걸식하면서 앞으로 걸어갔다. 그를 찾아 나선 흑모파와 적모파의 두 갈래 부하를 만나서야 그를 다시 여강(麗江)으로 모셔갈 수 있었다.

창파칸의 멸망으로 흑모파 10세의 위풍과 기세는 크게 떨어졌지만, 그의 종교적 지위와 영향력은 캄과 우창 지방에서 여전히 유지되었다. 1653년[순치(順治) 10년, 달라이라마 5세가 북경에서 티베트로 돌아간 해이다] 청의 순치제(順治帝)는 사람을 파견하여 흑모파 10세를 북경으로 요청하였지만, 무슨 이유인지 그는 가지 않았다. 고록에서 여강(麗江)으로 돌아온 후 그는 순치제에게 표문을 보냈고, 1659년에는 사자를 파견하여 공물을 진상하였다. 1660년 순치는 흑모파 10세에게 편지를 보내고 인(印)을 수여하였다. 청 왕조의 통치는 안정되었고, 티베트에서는 구시칸의 아들 다얀칸의 통제와 달라이라마 5세의 종교 지도자로서의 지위가 확고하여졌다. 흑모파 10세는 방법을 강구해 중앙의 승인과 지지를 청구해야 했고, 그 결과 청조 황제의 책봉 및 편지와 인(印)을 수여받았다. 순치제(順治帝)는 조서에서, 명조가 카르마 파를 책봉하던 선례를 따르고 그 방침을 답습하려 한다고 언급하였지만, 이때 다얀칸이 인솔한 강대한 몽골군이 티베트의 당슝 지방에 주둔하였고, 달라이라마 5세의 위풍과 게룩파의 실력 앞에서 카르마파는 자기의 구세력 을 회복할 수 없었다. 흑모파 10세는 여강(麗江)에서 사실상 유배된 상태에 처하였고, 카르마파의 사원과 승려, 재산은 그의 젊고 유능한 대리인이 관리 하였다. 이 대리인의 이름은 겔찹첸포닥파촉양(rgyal-tshab-chen-po-grags-pa-mchog-dbyangs, 1617~1658년. 겔찹 활불 5세)이다. 그는 1653년 닥룽 사원의 샵 둥린포체(zhabs-drung-rin-po-che, 당시 활약한 인물로서 달라이라마 5세와 기타 교 파의 모순을 항상 중재하였다)와 함께 라사에 가서 달라이라마 5세에게 가르파 전쟁에서 게룩파가 점유한 카르마파의 사원을 되돌려 줄 것을 요구하였다. 교섭의 결과 대부분의 사원이 카르마파에게 돌려졌고, 일부 사원은 이때부 터 게룩파로 개종되었으며, 카르마파 측도 달라이라마의 이 교파에 대한 관할권을 승인하였다(라싸가 평화적으로 해방되기 전까지 역창(譯倉) 관원이 출프 사원에 주재하였다). 흑모파 10세는 60세(1663년)경 출프 사원에로 돌아왔고, 1674년에 세상을 떠났다. 그는 죽기 전에 라사에 가서 달라이라마 5세와의 화해를 청구한 적이 있다. 흑모파 10세의 일생은 카르마파 역사상 전환점 으로 된다. 그전의 여러 세대는 지방을 통치하는 실권을 잡지는 못하였지 만, 린풍파와 창파칸과 연합하였고, 명조로부터 대보법왕영천하석교(大寶 法王領天下釋教)의 봉호를 받았으며, 또 유력한 지방 통치자의 지지를 받아 그 기세가 대단하여 안하무인격이었다. 그러나 흑모파 10세의 세대에 이 르러 중앙에는 명에서 청으로의 왕조 교대가 있었고, 지방에는 창파칸의 티 베트 통할이 구시칸 부자의 군대 주둔으로 바뀌었다. 청 제실(帝室)과 구시 칸 부자가 모두 게룩파를 지지하였기 때문에, 그 이후의 카르마파의 활불 은 종교적 지도자의 지위에 국한되어 있었고, 더 이상 정치권력을 손에 넣지 못하였다.

흑모파 제11세의 이름은 예쉐도루제(ys-shes-rdo-rje, 1676~1702년)이며, 짧고 평온한 일생을 보냈다. 1686년 데파(관리인) 상계걈쵸가 몸소 출프 사원을 방문하였는데, 이는 달라이라마 5세가 사망한 후 게룩파와 카르마파의 관계가 갈수록 화해되고 있음을 암시해 준다.

흑모파 제12세의 이름은 쟝춥도르제(byang-chub-rdo-rje, 1702~1732년)이고, 역시 수명이 짧았다. 그의 생애에도 티베트는 다사다난한 시기였다. 1718년 라사에 불려 가서 준가르의 장관 체링톤두푸를 만났다. 1720년 청(淸) 군대가 달라이라마 7세를 라사에 호송할 때에도 라사에 가서 당시의 많은 중요 인물(청조의 장군을 포함)과 캉치네[강제내(康濟鼐)]·포라네[파라내(頗羅鼐)] 등과 회견하였다. 포라네가 정권을 장악한 후, 그에게 여러 차례 선물을 주었다. 1728년 옹정제(雍正帝)는 흑모파 12세에게 조서를 보내 상경을 요구하였다. 흑모파 12세는 상경하기 전에 적모파 8세와 시투린포체(si-tu-rin-po-che) 등과 함께 네팔과 인도를 순례하였다. 1730년에 포라네가 부탄에 진군할 때 그는 중재자의 한 사람으로 활약하였다. 1731년 적모파 8세와 함께 북경에 갔는데, 이듬해 두 사람은 북경에서 연이어 세상을 떠났다. 이러한 다채로운 활동을 통해 볼 때 카르마파의 종교적 지위가 여전히 낮지 않음을 알 수 있다.

흑모파 제13세의 이름은 두툴도르제(bdud-'bdul-rdo-rje, 1733~1797년)라고 하며, 그는 유명한 테르톤(gter'-ston, 지하와 동굴에 매장되어 있는 경전을 발굴하는 사람. 닝마파에 이런 사람이 많고 발굴된 책도 거의 모두 닝마파에 속하는 경전임)이다. 전하는 바에 의하면, 그는 새와 짐승의 언어를 이해하는 사람이라고 한다. 그에 관한 기재도 대부분은 그와 새와 짐승사이의 대화이고 정치적인 사건은 없다.

흑모파 제14세의 이름은 텍촉도르제(theg-mchog-rdo-rje, 1798~1845?)이고, 제15세의 이름은 카캽도르제(mkha'-khyab-rdo-rje, 1846?~1923년)이며, 제16

세의 이름은 릭페도르제(rig-pa'i-rdo-rje, 1924년생)이다. 이 사람들의 사적에 대한 기재는 찾지 못했다. 릭페도르제는 1959년 일부 반동적인 티베트 상층의 동란에 참가하여 인도에 망명하여 있다(달라이라마 14세의 인도 망명에 동행한 것을 가리킨다).

카르마파 중에서 흑모파에 버금가는 활불 전세 계통이 적모파(zhva-dmar-pa)이다. 이 계통은 10대를 이었지만, 그중 절반가량이 정치 권세에 열중하는 사람들이다. 결국 그들의 정치 활동은 나라를 배반하는 데까지 이르러 청조에 재산을 몰수당하고 전세(轉世)가 끊어졌다.

적모파 제1세의 이름은 닥파셍게[grag-pa-seng—ge, 왕구레파(dbang-gu-ras-pa)라고도 한다. 1283~1349년]이다. 원 제실(帝室)에서 관정국사(灌頂國師)로 책봉하고 그에게 붉은색 모자를 하사하였기에, 그로부터 시작하는 계통을 적모파라고 한다. 폼포(spom-po) 지방의 샤(sha)씨 가족의 왕구(dbang-gu) 지족(支族) 출신이다. 13세에 오계를 받고 17세(1299년)에 폼(spom) 사원에서 출가하여 카규파의 밀법을 배웠고 "졸화정(拙火定)"을 수행하여 홑옷으로 추위를 막을 수 있어 왕구레파('왕구 가족의 홑옷을 입은 수행자'라는 뜻)라고도 한다. 1308년 출프 사원에 가서 배우고 그 후 상포 사원에 가서 현교(顯敎)의 경론을 7년간 배웠다. 또 흑모파 3세 랑즁도르제를 스승으로 모시고 데첸텡 사원에서 밀법(密法)을 배웠다. 단기간 랑즁도르제를 따라 네모(snye-mo) 지방에서 활동한 적이 있고, 네모에서 스승을 떠나 죠모낭(jo-mo-nang, 죠낭파의 사원) 사원에 가서 『시륜(時輪)』을 배웠다. 미라레파가 살았던 지방에서 3년간 체류하면서 수행에 전념하였다. 그 후 또 데첸텡에 가서 랑즁도르제를 만나뵙고 정수(靜修)를 위주로 하면서 많은 밀법을 5년간 배웠으며, 이 시기에 비구계를 받았다. 랑즁도르제로부터 데첸텡 사원의 켄포로 임명되었지만, 취임하지 않고 푹모체(phug-mo-che)에서 5년을 보냈다. 1333년에 네낭 사원[gnas-nang, 1490년 양파첸(羊八井) 사원이 건립되기 전에 적모파의 본사였음]을 건립한 후, 1년간 폐관(閉關)하고 독거 수행하였다. 그 후 북경에 있는 랑즁도르제의 명령을 받고 데첸텡 사원에서 지냈다. 만년에는 병으로 고생이 많아 주로 네낭 사원에서 보냈다. 많은 제자 가운데 약데판첸(g·ysg-sde-pan-chen, 1299~1378년. 에밤e-vam 사원을 건립하였다.)이 가장 유명하다.

적모파 제2세의 이름은 카쵸왕포(mkha'-spyod-dbang-po, 1350~1405년)이고, 제3세의 이름은 초펠예쉐(chos-dpal-ye-shes, 1406~1452년)이다. 그들은 적모파 제1세와 마찬가지로 현밀(顯密)을 겸하여 배우고 밀법 수행을 위주로 하였다. 각 지방을 두루 돌아다니며 제자를 모으고 사원을 건립하였다. 그들의 활동 범위는 파밀(波密) 지방에까지 달하였다. 적모파 제1세 닥파셍게는 흑모파 제3세 랑중도르제의 제자이고, 흑모파 제5세 데신섹파는 적모파 제2세 카쮸왕포를 스승으로 모셨다. 이후 적모파와 흑모파 두 계통의 활불이 서로가 스승과 제자의 관계로 되는 것이 상례가 되었고, 이는 달라이라마와 판첸라마의 사이가 상호 간 스승과 제자로 맺어지는 그것과 대체적으로 같다. 적모파 3세는 명조 황제로부터 금강지(金剛持) 불상과 공이[杵], 방울[鈴] 등을 하사받았다.

적모파 제4세의 이름은 최닥예쉐(chos-grags-ye-shes, 1453~1524년)라고 하지만, 티베트어 사료에서는 샤마르최닥파(zhva-dmar-chos-grags-pa)라고 부른다. 적모파 제5세의 이름은 콘촉엔락(dkon-mchog-yan-lag, 1525~1583년)이고, 제6세의 이름은 초키왕축(chos-kyi-dbang-phyug, 1584~1635년)이다. 이 시대는 티베트 내부의 승속(僧俗) 두 세력이 서로 결탁하고 또 서로 투쟁하던 시기였다. 카르마파도 권력과 이익을 다투는 투쟁에 참여하였고, 이 세 활불(活佛)은 그런 쟁탈전에서 주요 배역을 담당하였다.

우창 지방은 1354년[원 순제(順帝) 지정(至正) 14년]부터 팍모두파의 대사도(大司徒) 쟝춥겐첸(byang-chub-rgyal-mtshan, 1302~1364년)의 지배하에 들어갔다(당시의 감링 지방과 걍체 지방, 그 외 일부 지역을 제외). 팍모두파의 비교적 안정된 정치는 약 80년간 유지되었고, 1435년[명 선종(宣宗) 선덕(宣德) 10년] 팍모두파의 린풍파[rin-spungs-pa, 이 일족은 당시 린풍종의 종폰(宗本)이었다. 1415

년, 즉 명 영락(永樂) 14년에 당지에 도지휘사사(都指揮使司)를 설치할 때 린풍파 가족의 사람이 도지휘첨사(都指揮僉事)로 임명되었고 세습을 허락받았다. 린풍종은 현재의 임보현(仁布縣)이다.]가 서쪽의 시가체(日喀則)를 점거하고 세력범위를 확대하였다. 그 후 린풍파는 명의상으로는 팍모두파의 관할을 받지만, 실제로는 팍모두파와 암암리에 대항하는 세력으로 성장하였다. 1481년[명 헌종(憲宗) 성화(成化) 17년]이 되어 린풍파는 무력으로 팍모두파를 격파하였는데, 서로 적대시하는 두 세력이 이로써 형성되었다. 1565년[명 세종(世宗) 가정(嘉靖) 44년]에 린풍파의 가신 싱샥파ㆍ체텐도르제(zhing-gshags-pa-tshe-brtan-rdo-rje)가 린풍파 관할하의 지방 두목과 연합해 속민의 봉기('bangs-log)를 이용하여 린풍파의 정권을 탈취하였다. 그는 수부(首府)를 시가체로 옮기고, 창퇴겔포(gtsang-stod-rgyal-po)로 자칭하였다. 이것이 한문(漢文) 사료에 기재된 창파칸 정권이다. 1618년에 이르러 이 정권은 전(前)티베트와 후(後)티베트의 대부분(감링 지방과 걍체 지방을 포함) 지방에까지 그 세력을 확장하였으며, 1642년에 와서야 구시칸에 의하여 소멸되었다. 린풍파 정권은 초기에는 사캬파ㆍ게룩파(황교)와 관계가 있었고, 말기에는 카르마ㆍ카규파와 밀접한 관계를 맺었다. 창파칸은 죠낭파와도 관계가 깊었다. 린풍파는 원래 서캄 가르마 일대의 가르파(sgar-pa)족에 속하는 일가족이었는데, 그 일대의 카르마파 사원을 통하여 오래전부터 카르마파와 일정한 관계를 유지해 왔다. 그러다가 15세기 말기에 이르러 그들은 적모파 제4세 초닥예쉐와 결탁하는데, 이로써 그들의 관계는 새로운 단계에 들어선다.

적모파 4세 최닥예쉐는 10여 세 때 서녕 일대에 갔었고, 또 서녕 북부에서 몽골족 지방에까지 행각하면서 선교하였다(활불 계통에서는 언제나 일부 핵심 인물이 모든 사무를 주관한다. 그러므로 활불이 아주 어릴지라도 그들의 활동을 정상적으로 진행된다). 티베트에 돌아온 후 또 서캄과 공포 및 전(前)티베트 각 지방을 행각하였다. 린풍파와 관계를 맺은 후 1490년에는 린풍파 당시의 수령 돈외도르제(don-yod-rdo-rje)의 지지하에 양파첸(yangs-pa-can) 사원을 건립하였다. 달라이라마 5세의 『티베트왕신기』에서 돈외도르제와 샤마르·초닥파가 시주하고 공양을 받는 관계를 맺었다고 기재하고 있는 바와 같이, 두 사람은 상의를 거친 후 돈외도르제가 양파첸 사원 건립에 필요한 자금을 제공하여 주었고, 장원과 노예(sde-dang-bcas-pa)를 떼어 주었다. 이때의 그들의 관계는 지방 영주와 종교 지도자 사이의 관계이면서 또한 지방 영주 및 그에게 계책을 꾸며 주는 자 사이의 관계라고도 할 수 있다. 그래서 돈외도르제는 토지와 속민을 주었고, 또 적모파 4세에게 많은 인력과 물자를 제공하여 양파첸 사원을 건립하게 한 것이다. 이때로부터 적모파 활불(活佛)의 본사는 네낭 사원에서 양파첸 사원으로 옮겨갔다. 이처럼 카르마파와 린풍파는 이해관계를 함께하는 동맹을 형성하였는데, 이익 때문에 그들은 다른 한 동맹 집단에로 창끝을 겨누었다. 그것이 곧 팍모두파와 게룩파로 무어진 집단이었다. 1481년 린풍파는 무력으로 팍모두파 통치자를 격파하였는데, 그 주요 공모자가 적모파 4세 초닥예쉐이다. 1498년 린풍파의 세력은 라싸에까지 이르렀다. 적모파 4세는 린풍파를 부추겨 데퐁과 세라 두 사원의 승려로 하여금 해마다 한 차례 거행되는 기원법회(祈願法會)에 참가하지 못하도록 금지시켰다. 이 기원법회는 본래 게룩파의 창시자 총카파가 팍모두파의 천화왕(闡化王) 닥파겐첸(grags-pa-rgyal-mtshan)의 지원을 받아 창시한 것이고, 총카파가 입적한 후에는 데퐁 사원의 역대 티파가 주최하였다. 대기원회는 티베트 전 지역적으로 영향력이 있고 모든 교파가 참가하는 중요한 법회이기에, 게룩파가 이 법회를 주최한다는 것은 다른 교파보다 높은 게룩파의 지위를 상징하여 준다. 적모파 4세는 데퐁과 세라 두 사원의 승려들을 참가하지 못하게 하는가 하면, 그들 대신으로 상푸 사원 혹은 카르마파의 승려를 내세워 법회를 주최하게 하였다. 이로써 한편으로는 게룩파의 명망에 타격을 주고, 다른 한편으로는 게룩파 사원의 경제 이익에 손상을 주었다(법회 때는 각 방면에서 들어오는 보시가 가장 많고 참가하는 승려마다 많은 재물을 얻는다). 그 외에도 라싸 부근에 흑모파와 적모파의 두 사원을 새롭게 건립하였는데, 그 속셈은 게룩파의 영향하에 있는 민중들을 통제하고 데풍과 세라 두 사원의 실력을 약화시키자는 데 있었다. 그리고 게룩파의 승려가 카르마파의 승려를 만났을 때에는 꼭 경의를 표하도록 규정하였다. 달라이라마 5세의 『티베트왕신기』는, 이 두 사원을 건립한 것은 흑모파 7세의 의도라고 기재하고 있다. 흑모파 7세는 1506년에 세상을 떠났고, 이 책략을 계속 실행한 것은 적모파 4세였다. 그러나 카르마파 두 사원의 존속 시간은 길지 못했으며, 그럴지라도 데풍 · 세라 두 사원의 법회 참가 금지는 1517년까지 유지되었다. 이 시기 팍모두파의 세력은 어느 정도 회복되어 라싸의 린풍파 세력을 몰아냈고, 1518년에야 데풍 사원의 티파가 기원법회를 주최하는 관례를 회복하였다. 적모파 4세가 죽은 뒤 5세와 6세도 이러한 투쟁을 계속하였다. 그러나 그들을 지지한 것은 우선은 린풍파였고, 1565년부터는 권력을 잡은 창파칸으로 바뀌었다. 그 후 이 투쟁 형식에는 새로운 요소가 가입되었다. 쌍방이 모두 몽골칸과 결탁하였고, 자기와 관계를 맺은 몽골군을 저마다 티베트에 끌어들여 서로 간에 죽이고 싸운 것이다. 투쟁의 주요 형식은 무장력 겨룸이고 종교 지도자는 모사나 연락원의 역할을 할 뿐인데, 티베트 불교도의 저술은 이러한 사실을 회피하여 언급하지 않는다. 적모파 5세와 6세의 전기에도 당시의 투쟁에 대하여 전혀 기재가 없고 창파칸에 관한 자료도 극단적으로 부족하다. 일단 기존의 자료에 의거하여 상황을 간단히 소개하면 다음과 같다.

창파칸의 계통은 싱샥파 · 체텐도르제(zhing-gshags-pa-tshe-brtan-rdo-rje)에서 시작된다. 그는 린풍파 최후의 수령 각왕직메닥파(ngag-dbang-'jigs-med-sgags-pa)의 데파[sde-pa, 가신(家臣)]인데, 토번시대의 귀족 냑(gnyags) 씨의 후예라고 자칭하였다. 그는 당시 민중들의 린풍파에 대한 불만 정서를 이용하여 린풍파 관할하의 관민과 연합하여 민중 봉기를 일으켜 린풍파의 세력을 뒤엎고 인민 봉기의 과실을 갈취함으로써 통치권을 잡았다. 그러나 그의 세력은 그다지 확고하지 않아 수부(首府)를 린풍에서 시가체로 옮겼는데, 아마 린풍파 잔존 세력의 위협을 피하고자 하였던 것 같다. 체텐도르제의 9명 아들 중 이름이 알려진 것은 4명이다. 첫 번째는 페마카르포(padma-dkar-po)인데, 그는 싱샥파가 린풍파를 뒤엎을 때 부친과 행동을 함께하였다. 두 번째는 카르마·텐숭왕포(karma-bstan-srung-dbang-po)인데, 그는 라싸 북방의 펜율 지방의 수비를 담당하였다. 세 번째는 라왕도르제(lha-dbang-rdo-rje)인데, 쿤팡(kun-spang, '모든 것을 버린 사람'의 뜻)이라는 칭호를 갖고 있으며, 아마도 밀법 수행에 전념하여 세상사에 관여하지 않은 듯하다. 네 번째는 투톱(mthu-stobs)이다. 두 번째부터 네 번째까지 세 사람이 한 가정을 이루었고 그 공통의 아들이 푼촉남겔(phun-tshogs-rnam-rgyal, 1586~1621년)이다[10]. 그는 1607년에 라싸 부근의 지방관이 불러온 몽골군을 물리친 적이 있고, 1610년에는 군대를 거느리고 전(前)티베트를 공격하고 야르쟙(yar-rgyab)을 공략함으로써 전(前)티베트 남부를 항복시켰다. 1612~1613년에 그는 통치 지역을 확장하였는데, 감림·갼체·로튜(lho-stod)와 전(前)티베트의 일부 지방이 그에게 귀속되었으며, 항상 무력을 사용하여 반란을 진압함으로써 통치를 유지하였다. 1618년 그는 퇴룽 지방에서 또 몽골군을 격퇴하였는데, 이 몽골군이 이전에 라싸의 조캉 사원과 라모체 사원을 훼손하였었다는 말을 듣고, 두 사원을 수복한 후 석가모니 불상에 공물을 바쳤다. 카르마파의 흑모파 10세는 푼촉남겔을 우창 지방의 통치자로 승인하고 인(印)을 하사하였다. 요컨대, 창파칸 계통은 푼촉남겔의 시대에 강대해진 것이다. 푼촉남겔의 아들은 카르마·텐쿵왕포(karma-bstan-sykong-dbang-po, 1606~1642년. 한문 사료에 기재되어 있는 구시칸에게 살해된 창파칸이 바로 이 사람이다.)이고, 1621년에 아버지의 지위를 계승하였다. 그는 종래의 카르마·카교파와의 관계 외에 죠낭파와도 밀접한 관계를 유지하였는데, 그 자신이 곧 죠낭파 대라마 타라나타(tāranātha, 몽골의 제프춘담파 제1세의 "전신(前

---

10) 티베트의 일부다처제(一夫多妻制)에서는 아내가 낳은 아들은 아내와 가계를 공유하는 형제들의 공통의 아들이라고 칭한다. ― 역자 주

身)"이대의 대시주였다. 1630년 라다크왕 셍게남겔(seng-ge-rnam-rgyal)이 구게(gu-ge) 왕실을 소멸시킨 후 후(後)티베트에 침입했을 때 텐콩왕포가 나서서 격퇴하였다. 텐콩왕포는 적모파 6세와의 관계를 통해서 당시(1635년경) 청해에 침입해 들어온 몽골 하르하부의 촉투칸(이 일족은 대대로 카르마파를 신봉하였다. 아마 적모파를 신봉한 듯하다.)의 군대를 끌어들였다. 이 군대는 촉투칸의 아들 아르스란이 인솔하였는데, 아르스란은 이익만 추구하는 사람이어서 게룩파에게 이용당하여 적모파 6세를 죽음에로 몰았다(1635년). 1642년[명 숭정(崇禎) 15년] 촉투칸도 구시칸에게 살해당하고 창파칸의 계통은 사라졌다.

게룩파는 구시칸의 무력면에서의 지지를 받고 또 청조로부터 책봉받아 절대적인 우세를 차지하였으므로 카르마파의 활불, 특히 적모파는 종적을 감출 수밖에 없었다. 적모파 제7세 이름은 예쉐닝포(ye-shes-snying—po, 1639?~1649년?)이고, 제8세는 최키돈둡(chos-kyi-don—grub, 생졸년 불명)이며, 제9세는 최키니마(chos-kyi-nyi-ma, 요절)이다. 이 세 세대의 활불은 대체로 모두 달라이라마의 관할 아래 일개 교파의 지도자로서 생애를 보냈다.

적모파 제10세의 이름은 미팜·최둡걈초(mi-pham-chos-grub-rgya-mtsho, 1738년 이전~1791년)이며, 판첸라마 6세 펜덴예쉐(dpal-ldan-ye-shes, 1738~1780년)의 동복형제이다. 이 판첸라마에게는 둥파후톡투(drung-pa-hu-thog-tho)[즉 『청사고(淸史稿)』 「티베트전(傳)」의 "중파호도극도(仲巴呼圖克圖)"를 가리킨다. 본명이 로상진파(blo-bzang-byin-pa)이다]라고 하는 형이 있다.[이 세 사람의 모친은 라다크 지방왕의 딸이고 그들의 한 질녀는 당시의 여성 활불 도르제팍모(rdo-rje-phag-mo)이다] 판첸라마는 1780년 건륭제(乾隆帝)의 70세 생신 때에 알현(謁見)하고 만수무강을 축하하였는데, 그만 천연두에 걸려 북경에서 병사하였다. 당시 건륭 황제와 왕공 대신, 몽골 왕은 판첸라마를 추도하고 공물과 조의금으로 수십만 금을 선사하였다. 그때 타쉬룬포 사원의 팍조파(phyag-mdzod-pa, 회계)이던 둥파후톡투가 거액의 자금을 잘라먹고, 적모파 10세에게는 게룩파가 아니라는 핑계로 자금 혜택을 주지 않았다. 적모파 10세는 큰 원한을 품고 타쉬룬포 사원에 보복하고자 서쪽의 구르카로 가서 구르카왕을 부추겨 사건을 일으키도록 하였다. 현재의 네팔에 위치한 구르카(gur-kha)를 티베트인들은 옛적에 벨포(bal-po)라고 불렀고, 원래는 세 개의 소왕국이 있었다. 1769년(건륭 34년)에 이 세 소왕국이 출병한 틈을 타서 구르카족이 벨포를 통일하고 구르카라고 개칭하였다. 구르카가 권력을 잡은 이래 티베트와의 관계는 긴장 상태에 처해 있었다. 구르카인이 티베트인을 향하여 주조한 은화(銀貨)의 양식과 은의 함량이 변경되어 티베트 측에서 사용을 거부한 것, 구르카와 티베트의 변경 무역(주로 곡물과 티베트 소금의 교역)의 세금 징수액과 물품의 품질 등이 논쟁을 일으키는 주요 원인으로 되는데, 여러 번 교섭하여도 해결되지 않았다. 적모파 10세는 타쉬룬포 사원에 많은 재부가 있다고 과장하여 말하고, 이익으로 구르카왕을 유도하여 출병하도록 부추겼다. 구르카왕과 적모파 10세는 이렇게 결탁하였고, 1788년(건륭 53년)에 구르카군이 처음으로 후(後)티베트를 침입하자 청군도 티베트에 들어갔으므로 티베트인은 뇌물을 주고 강화할 것을 제기하였다. 적모파 10세는 구르카 측을 대표하여 담판에 참석하였다. 후에 티베트 측은 화평 조약 이행을 거부하였는데, 이에 적모파 10세는 티베트 장관에게 크게 위협하는 어투의 편지를 보냈다. 1790년 구르카군은 두 번째로 티베트를 침입하고, 곧바로 타쉬룬포 사원을 약탈하였다. 이듬해(건륭 56년) 청조는 복강안(福康安)을 파견하여 정예부대를 이끌고 티베트에 들어가 구르카군을 격퇴하였다. 구르카왕은 투항하고 적모파 10세는 형벌이 두려워 자살하였다. 복강안(福康安)은 조서에 따라서 항복을 받아들였는데, 그 항복 조건의 하나는 구르카왕이 적모파 10세의 유해, 그의 처와 자식, 제자와 하인들을 귀환하는 것이었다. 적모파 10세의 유해가 티베트에 돌아온 후 건륭제의 명령에 의하여 전(前)티베트, 후(後)티베트와 서캄 지방의 각 사원에 나누어 매달고 반역죄의 징계로 삼게 하였다. 적모파가 소유하였던 양파첸 사원을 위주로 하는 전부의 사원과 그 소속하의 토지·목장·농노 등은 전부 몰수하여 공유화하였다. 양파첸 사원은 조서에 의하여 기룽후툭투로 하여금 잠시 관리하게 하였다가 가경(嘉慶) 15년에는 기룽후툭투에게 하사하여 영원히 관리하게 하였다. 양파첸 사원의 적모파 승려 103명은 강제로 게룩파로 개종시켜 게룩파 각 사원에 분산 배치하여 엄하게 단속하였다. 그리고 특별히 조서를 내려 적모파 활불 계통의 전세를 금지시켰고, 이때부터 카르마·적모파 계통은 단절되었다.

티베트 불교 사원의 자산 상황을 기재한 티베트어 사료는 극히 적지만, 양파첸 사원은 조사를 거쳐 몰수하였기 때문에 청조의 조정에 보고되어 그 기록이 남아 있다. 당사자 관리들의 상주문『구르카기략(廓爾喀紀略)』권41, 권46.『우창통지(衛藏通志)』권13 하에 기재된 내용을 집록하여 아래에 첨부함으로써 활불의 사원 재산 상황을 일견하기로 한다.

양파첸 사원의 조사 상황

1. 장전이 아홉 곳[庄田九處]. 아홉 곳은 계속하여 자세히 조사하였다. 최초의 예측에는 "각 곳의 장전에서 매년 바치는 칭커보리[靑稞]·완두콩·버터기름 등을 티베트의 표준 가격으로 계산하면 2천여 금(金)에 해당된다." 그중 "강락정(江洛井) 한 곳의 매년의 칭커보리 수확을 알아보면 연 수확이 1330석(石)이다."

2. 양파첸 사원의 건축물 내에는 방이 778칸, 승방이 357칸, 산 아래에는 작은 절이 13칸 있다.

3. "사원에 소속되는 번민(番民)은 217명, 소와 양을 기르고 양식은 바치지 않는다. 사원 내에서 우라(烏拉)의 사역(使役)에 종사한다." "젖소를 사람에게 맡겨 방목하고 해마다 버터기름을 징수하는데, 그것은 500금(金)에 해당된다."

4. 현존의 칭커보리·콩·차유(茶油)·소금은 대략 2만 금(金)에 해당된다. ("사원 내에 있는 칭커보리·완두콩은 5천여석(石)이다")

5. "샤마르가(家)의 사승(私僧)의 의복·커튼과 금은동(金銀銅) 그릇, 여성용 액세서

리 등은 시가(市價)로 수천 금(金)에 가깝다"(그중에는 도금한 "관정(灌頂) 국사"의 동인(銅印)이 한 개 있는데 북경에 보내 소각하였다. 듣건대, "원명(元明)의 고물"이라고 호칭되는 것이라고 한다.)

카르마파는 상술한 흑모파 · 적모파의 두 가지 활불 계통 외에 또 몇 개의 활불 전세(轉世) 계통을 갖고 있다. 비교적 유명한 것은 서캄 펠풍(dpal-spungs) 사원의 시투(si-tu) 활불, 네낭 사원의 파오(dpa'-bo) 활불, 출프 사원의 겔찹(rgyal-tshab) 활불 등이다. 시투(si-tu) 활불 전세(轉世) 계통은 원래 카르마덴사 사원에 있던 시투 · 초키즁네(si-tu-chos-kyi-'byung-gnas)가 1727년 데루게에 펠풍 사원을 건립하고, 그 후 펠풍 사원을 본사로 하였다. 시투 · 초키즁네의 전세자(轉世者)는 초키니마(chos-kyi-nyi-ma)라고 하며, 『송달대소(頌達大疏, sun-rtags-'grel-chen)』[『시투대소(司徒大疏)』라고 통칭한다. 티베트어 문법 분야의 권위적인 책이다.]를 저술하였으므로 유명하다. 파오 1세의 이름은 최왕룬둡(chos-dbang-lhun-grub)이고, 2세의 이름은 파오 · 축락쳉와(dpa'-bo-gtsug-lag-phreng-ba, 1503~1565년)이다. 2세는 『지자희연(智者喜宴, chos-'byung-mkhas-pa'i-dga'-ston)』(1564년 완성)을 저술하여 유명하다. 이 책은 내용이 풍부한, 신뢰할 만한 역사서이다. 파오 2세부터는 로닥라룽(lho-brag-lha-lung) 사원을 이 계통의 본사로 하였으며, 후에는 네낭 사원으로 바뀌었다.

상술한 시투 활불과 파오 활불 두 전세(轉世) 계통은 카르마 · 카규파의 적모파 활불 전세 계통에서 파생한 것이다.

북경도서관에 소장된 『티베트라마사례(西藏喇嘛事例)』에서는 파오 활불 계통에 대하여 다음과 같이 기재하고 있다.

네낭파오후비륵한(捻浪巴沃呼畢勒罕) : 1세[初輩]는 파오 츄왕룬듑(結帕頗却汪侖珠)이고, 양퇴(揚堆)에서 출생하여 61세에 원적(圓寂)하였다. 2세[二輩]는 파오축락쳉와(巴頗祖納称汪)이고 예탕(業黨)에서 출생하여 63세에 원적하였다. 3세[三輩]는 파오축락걈초(巴頗祖納甲錯)이고 퇴룽추다(堆嚨楚達)에서 출생하여 63세에 원적하였다. 4세

[四輩]는 축락군두상포(祖納滾都桑布)이고 로짜(洛扎)에서 출생하여 18세에 원적하였다. 5세[五輩]는 축락칭레걈초(祖納称勒甲錯)이고, 후(後)티베트 룽[絨] 지방에서 출생하여 20세에 원적하였다. 6세[六輩]는 축락둔듀(祖納頓柱)이고 취수자앙(曲水仔昻)에서 출생하여 17세에 원적하였다. 7세[七輩]는 축락겔와(祖納格帕)이고, 뎅게(德格)에서 출생하여 64세에 원적하였다. 8세[八輩]는 축락츄키겔포(祖納曲吉結布)이고 뎅게자캉(德格札康)에서 출생하여 56세에 원적하였다. 9세[九輩]는 파오쟝춥뎬페궁포(帕頗占丹貝貢布)이고, 거짜(格札)에서 출생하였으며 도광(道光) 28년(1848년)에 금병추첨으로 활불로 확정되었고, 올해 63세이고 백교(카규파)에 속한다.

겔찹 활불 계통은 출프 사원에 거주하였다. 앞에서 언급한 흑모파 10세를 대리하여 카르마파 사원과 승려를 관리한 닥파촉양은 겔찹 활불 계통의 제5세이다.

『티베트라마사례(西藏喇嘛事例)』는 겔찹 활불 계통에 대하여 다음과 같이 기재하고 있다.

츨프겔찹후비륵한(楚布結摻呼畢勒罕) : 1세[初輩]는 구시펜쥴둔듀(谷昔邊覺頓柱)이고, 보아딩(博窩鼎)에서 출생하여 63세에 원적하였다. 2세[二輩]는 다시남겔펠샹(札喜朗結擺桑)이고, 보아이오(博窩宜沃)에서 출생하여 29세에 원적하였다. 3세[三輩]는 구시다시텐쥴(谷昔札喜邊覺)이고 캄파인첸강(康巴仁青扛)에서 출생하여 31세에 원적하였다. 4세(四輩)는 닥파돈듀(札巴頓柱)이고 네무자이(聶母札夥)에서 출생하여 31세에 원적하였다. 5세(五輩)는 닥파촉양(札巴却養)이고 후(後)티베트 딩제(定結)에서 출생하여 42세에 원적하였다. 6세(六輩)는 놀부상포(洛布桑補)이고, 캄파인첸탕(康巴仁結湯)에서 출생하여 39세에 원적하였다. 7세(七輩)는 구시군촉우셀(谷昔札滾覺沃色)이고, 네무자갈(聶母甲噶)에서 출생하여 55세에 원적하였다. 8세(八輩)는 츄펠상포(曲擺桑補)이고, 운남(雲南) 여강(麗江)에서 출생하여 55세에 원적하였다. 9세(九輩)는 각왕예쉐듀뎬걈초(阿旺夷喜吐丹甲錯)이고, 쿤가(貢噶)에서 출생하였으며 희경(喜慶) 19년에 금병 추첨을 통해 활불로 확정되었고 57세에 원적하였다. 10세(十輩)는 덴페니마(丹巴宜瑪)이고, 앙셰(昻協)에서 출생하였으며 동치(同治) 9년에 금병추첨을 거쳐 활불로 확정되었고 26세에 원적하였다. 11세(十一輩)는 닥파걈초(札巴甲錯)이고, 포탈라사리(布達拉碩里)에서 출생하였으며, 광서(光緖) 28년(1896년)에 금병 추첨을 통해 활불로 확정되었고, 올해 8세이고, 백교(카규파)에 속한다.

카르마파 각 전세(轉世) 계통의 역대 활불들은 많든 적든 간에 저마다 자기의 제자가 있고, 행각하고 선교하며 제자를 가르치고 사원을 건립하는 것을 업으로 삼는다. 그에 관한 자세한 상황은 아직 사료를 찾지 못했다. 궁가후툭투 세둡최키셍게[bshad-sgrub-chos-kyi-seng-ge, 그는 중앙민족학원(中央民族學院)에서 교편을 잡은 적이 있다. 카르마 카규파의 계통에 속하는 소활불이다.]가 1953년에 구술한 내용에 의하면, 당시의 전(前)티베트, 후(後)티베트와 서캄 각 지방에 카르마파에 속하는 사원이 아직도 200여 개 있다고 하였다. 그 외에 부탄·시킴·네팔·라다크 등 지방에도 카르마파 사원이 있다. 카르마파 대활불은 이러한 사원을 통하여 각 지역에 영향을 주었다. 그러나 자세한 상황에 관해서는 금후 현장 조사가 필요하다.

2. 첼파·카규파

첼파·카규파(tshal-pa-dka'-brgyud)의 창시자는 샹·첼파(zhang-tshal-pa)이다. 그의 본명은 촌두닥[brtson-'grus-grags, 1123~1194년. 아명(兒名)은 다르마닥(dar-ma-grags)]이고 라싸 부근의 첼파두(tshal-pa-gru, 혹은 tsha-ba-gru)에서 태어났다. 부친은 밀법 수행자이다.(아마도 닝마파인 듯싶다). 샹·첼파는 어려서 종교에 관심이 있었고, 5~6세 때 부친으로부터 윤회와 지옥의 고통에 관한 말을 듣고 마니차(轉經筒)를 항상 돌리면서 고통에서 벗어나기를 바랐다. 7세에 티베트어를 배우고, 9세에 경과 주문을 배웠으며, 18세에 선정(禪定)을 닦고, 그 외 주술을 3년간 배웠다. 21~22세(1143~1144년)경 서캄으로 갔으며, 23세에 오계를 받았다. 또한 귀신을 몰아내고 액막이를 하는 술법을 1년간 배웠는데, 갈수록 염세하게 되어 출가할 생각을 갖게 되었다. 그래서 주술의 도구를 모두 버리고 26세(1148년)에 출가하여 비구계를 받고 이름을 촌듀닥으로 바꾸었다. 출가한 후에는 황폐한 오두막집에서 살면서 선정과 독경을 1년간 견지하였고, 티베트에 돌아오는 도중에 쾨(rkva-lo) 역경사에게서 밀교 교수법과 샤마디관정(三摩地灌頂), 제식술(制息術, 호흡을 조절하는 밀교의 수행법) 및 육가행(六加行) 등을 배웠다. 후(後)티베트에 돌아온 후 배운 것에 대한 효험을 느끼지 못하여 다시 에르파와(yer-pa-ba)에게서 나로파의 방편도(方便道)를 배웠다. 이렇게 수행한 결과, "졸화(拙火)"가 발생하여 굶주림과 추위를 견딜 수 있게 되었고, 늘 황폐한 집에서 살았다. 3년 후 다시 쾨(rkva-lo) 역경사에게서 배우고, 동푸('brong-pu) 등 지방에서 수행에 전념하여 "증험(證驗)"을 얻었다. 1152년 30세 때에 팍모두파의 도르제겔포(rdo-rje-rgyal-po)와 함께 닥포라제(당시 닥포라제는 74세, 즉 사망하기 1년 전이다.)를 배알하고 곰파·출팀닝포(sgom-pa-tshul-khrims-snying-po, 1116~1169년, 닥포라제의 조카이자 밀법의 계승자.)에게서 배웠다. "구생화합법(俱生和合法)"을 배워 수행을 견지한 결과 지력이 크게 증진되고 경서(經書)의 뜻도 잘 이해할 수 있었다. 출팀닝포는 그에게 분별없이 수행하라고 가르쳤으며, 그대로 수행한 결과 "진실의"를 증득할 수 있었다. 이런 "진실의"는 이 세상의 선악(善惡), 더러움과 깨끗함[穢淨], 미추(美醜)·귀천(貴賤) 및 열반·윤회, 불(佛)과 범부(凡夫) 등 모든 차별은 허위적인 환상이고 인위적인 분별에 불과하다는 것을 의미한다. 샹·첼파는 이러한 "진실(眞實)"을 증득한 후 출팀닝포에게 진술하였고, 출팀닝포는 그가 "증오(證悟)"를 얻었다고 긍정하였다. 그 후 울카파('ol-kha-pa)의 가르침을 받고, "자심(慈心)"·"비심(悲心)"·"보리심(菩提心)"을 양성하여 또 다른 경지에 도달하였다. 샹·첼파는 팍모두파의 도르제겔포에게서도 법을 배웠는데, 도르제겔포가 1170년에 사망한 후 덴사틸 사원에서 수년 간 지냈다. 그 사이 라싸의 첼시(tshal-gzhis, 라싸 부근의 첼궁탕 지방) 지방의 세력 있는 가르[mgar, 토번의 "대론(大論)". 가르·동첸이라고 자칭한다. 즉『당서(唐書)』의 녹동찬(祿東贊)의 후예] 일족의 수뇌 가르·겔와중네(mgar-rgyal-ba-;byung-gnas)의 지지를 얻게 되었다. 그리고 1175년에 첼시에 첼파 사원을 건립함으로써 사원 건립의 염원을 마침내 실현하였다. 본 교파의 이름은 이 사원 이름에서 유래한 것이다. 사원 건립에 필요한 재료와 인력은 사람들의 자발적인 원조에 의뢰하거나 혹은 청구하여 받기도 하였다. 일단 청구가 거부당할 때에는 사람을 파견하여 약탈하였다. 사원 건립 후에도 샹·첼파는 늘 제멋대로 사람을 협박하고, 또 수시로 사람을 파견하여 재물을 강탈하였기 때문에 그의 주변에는 분쟁이 끊이지 않았다. 이런 싸움질 잘하는 행위 때문에 샹·첼파는 티베트 불교사에서 특수한 인물로 꼽힌다. 그의 해석을 따르자면, 자기는 마음에 속념이 전혀 없어 세속적인 예법에 구애되지 않는다는 것이며, 무선악·무생멸의 경계에 이미 도달하였다는 것이다. 그러므로 그의 타인과의 분쟁이나 재물 강탈은 자신을 위한 것이 아니고 완전히 불법을 위해서라고 하였다. 이 말에 숨은 뜻[言外之意]을 살피자면 그의 행위는 무죄일 뿐만 아니라 "공덕(功德)"이 있었다. 후세의 티베트 불교도들은 그를 책망하지 않을뿐더러 오로지 일심으로 불교를 위하는 그의 정신을 높이 평가하였고, 심지어 그를 팍모두파의 도르제겔포·총카파와 함께 티베트의 "삼보(三寶)"라고 일컬었다. 이는 티베트 불교와 다른 불교 계통에서는 보기 드문 현상이다. 1187년에 제자들의 도움으로 샹·첼파는 첼파 사원 부근에 궁탕(gung-thang) 사원을 건립하였다. 만년에 두숨켄파의 조언에 따르고서야 분쟁을 일으키거나 재물을 강탈하는 등의 행위를 멈추었다. 1194년 그가 세상을 떠난 후에도 많은 제자들이 사원을 건립하고 신자들을 모았는데, 큰 사원에는 승려가 1만 명에 달하였다. 샹첼파가 죽은 후 첼파 카규파의 종교 활동은 첼파 사원과 궁탕 사원 두 사원의 켄포가 주관하였고, 켄포 직위는 사제(師弟) 간의 계승 혹은 추천으로 산생(産生)되었다. 두 사원의 실권은 샹·첼파의 시자(侍者)였던 다르마손누 (dar-ma-gzhon-nu)가 장악하였고, 또 다르마손누 일족의 후대가 계승하였다. 제3 세대(世代) 때 그의 종손(從孫) 예쉐중네(ye-shes-'byung-gnas)는 키메 [skyid-smad, 라사하(河) 하류] 지방의 많은 촌락을 합병하고 권세를 확장하였는데, 그 관할지를 "사부팔지(四部八支)"라 칭하였다. 예쉐중네의 후임자는 샹·첼파의 시주였던 갈이(噶爾)가족의 가르·겔와중네(mgar-rgyal-ba-'byung-gnas)의 아들 상계고둡(sangs-rgyas-dngos-grub)이 계승하였다. 당시는 원 세조 쿠빌라이가 우창 지방의 각 세력을 만호(萬戶)로 분봉하던 시기여서 상계구둡도 1268년에 첼파 만호장(萬戶長)으로 분봉되었다. 이리하여 상계구둡은 당당하게 정교양권(政敎兩權)을 손에 넣고 첼파의 영주로서의 지위를 확립하였다. 상계구둡의 아들 린첸겐첸(rin-chen-rgyal—mtshan)은 만호장을 계승하고 북경에 가서 공물을 진상하기도 하였다. 쿠빌라이가 린첸겐첸의 영지(領地)를 첨가해 주고 금인(金印)을 하사하였기에 첼파는 전(前)티베트에서 세력이 큰 3대 만호(萬戶) 중의 하나로 되었다(다른 두 만호는 팍모두파와 디궁 만호이다). 13~14세기경 티베트 각 지방의 영주가 권력과 이익을 다툴 때 첼파도 한 개 중요한 세력이었다. 첼파와 샤루는 인척(姻戚) 관계이고, 또 사 캬파와도 관계가 밀접하였다. 이 시기 첼파 교파는 첼파 영주의 부속물이 되었다. 14세기 중엽 첼파의 만호장 쿤가도르제[kun-dga'-rdo-rje, 상계구둡의 현손.『캉규르』의 일부를 개편하였고, 부톤린첸둡이 완성 의식을 거행하였다. 원조의 몇 부의『캉규르』중에서 이것이 가장 유명하여 어떤 간행본은 이 책을 저본(底本)으로 하였다.]는 사캬·야상과 연합하여 팍모두파의 대사도(大司徒) 장춥겐첸과 대결하였다가, 싸움에 패배하고 봉지를 모두 팍모두파에게 빼앗기고 마는데, 첼파는 이로부터 쇠락하였다. 쿤가도르제의 아들 게렉상포(dge-legs-bzang-po)는 원조(元朝)로부터 사도(司徒)의 봉호를 하사받았고, 그의 손자와 증손자는 명조(明朝)로부터 지휘(指揮)[지휘첨사(指揮僉事)인 듯하다]의 직함을 받았지만, 이미 전에 실력이 없어진 상태이고, 첼파 영주의 몰락과 함께 첼파 교파도 쇠퇴하였다. 원조 말기에 첼파 사원과 궁탕 사원은 상푸 사원의 부속 사원으로 변하였다가 게룩파가 흥기한 후에는 또 게룩파의 부속 사원으로 되었으며, 첼파 카규파는 단절되고 만다.

3. 바롬 · 카규파

바롬 · 카규파('ba'-rom-dka'-brgyud)의 창시자는 닥포라제의 제자 다르마왕축(dar-ma-dbang-phyug, 생졸년 불명. 대략 12세기에 활동)이다. 그는 전(前)티베트 이북의 펜율에서 태어났고, 다르카와(dar-ka-ba) 일족에 속한다. 다르마왕축은 어느 날 어떤 행각승(行脚僧)이 닥포라제의 "덕능(德能)"을 절찬하는 말을 듣고 배알하러 갔다. 닥포라제는 이 일을 매우 기뻐하며 그를 자상히 지도하였는데, 그 결과 다르마왕축은 아주 높은 깨달음의 경지에 도달하였다. 그 후 장[byang, 후(後)티베트의 감림 지방. 구칭은 라퇴쟝 · 쟝이라고 약칭] 지방에 바롬('ba'-rom) 사원을 건립하였는데, 교파의 이름은 이 사원 이름에서 유래한 것이다. 다르마왕축은 이 사원을 거점으로 제자를 모으고 법을 전수하였으며, 밀교 대인(大印) 수행법과 현교 대인(大印) 수행법을 가르친 것이 그 일대에서 평판이 좋아 바롬 · 카규파를 형성하였다. 다르마왕축은 매우 장수하였으며, 많은 제자를 모았다. 제사(帝師) 레파[ti-shri-ras-pa, 이 사람은 『원사(元史)』 「석로전(釋老傳)」에서는 보이지 않는다. 아마 보다 오랜 시대인 서하(西夏) 혹은 금대(金代)의 제사인 듯하다. 진일보의 자료 조사가 필요하다.]는 그중 가장 유명한 제자이다.[11] 다르마왕축이 사망한 후 바롬사원의 켄포는 그의 일족이 대대로 이어받았다. 그 후 분쟁이 많이 생기고 켄포가 수차 바뀌면

---

11) 각종 자료의 분석에 의거하여 현대의 많은 학자들은 제사(帝師) 레파는 서하(西夏) 왕조가 책봉한 제사(帝師)라고 인정한다. 서하에서 임직한 연대는 13세기 초기이다. ― 편집자

서 이 교파는 단절된다.

4. 팍두·카규파

팍두·카규파(phag-gru-dka'-brgyud)의 창시자는 닥포라제의 가장 유명한 제자 팍모두파(phag-mo-gru-pa, 1110~1170년)이다. 본명은 도르제겔포(rdo-rje-rgyal-po)이고, 서캄 남부 디룽·네쇠('dri-lung-rne-shod) 지방에서 태어났으며, 에와나펜톡(dbas-va-na-phan-thog) 일족에 속한다. 어려서 양친을 여의고 9세 때 쟈키라캉(bya-khyi-lha-khang)에서 출가하여 도르제겔포라는 이름을 얻었다. 사경(寫經)과 회화(繪畫)에 재능이 있었다. 서캄에서 잇따라 16명의 스승을 섬기면서『입보리행론(入菩提行論)』등 불서를 배웠고, 그 자신도 다른 사람에게 강의하였다. 전(前)티베트에 가서 유학(遊學)하고 싶었지만 여비가 모자라 같은 일족의 부자의 종자(從者)가 되어 그들을 따라서 티베트행을 실현하였다. 19세에 전(前)티베트에 가서 퇴룽갸마르(stod-lung-rgya-dmar) 사원에서 중관(中觀)과 인명(因明)을 배우고, 그 후 카담파의 양강파(yang-gang-pa)·돈텡파(don-steng-pa)·쟈율와(bya-yul-ba) 등에게서 "발보리심법(發菩提心法)"을 배움과 동시에『교차제(敎次第)』등 강의도 들었다. 25세 (1134년) 때 술푸(zul-phu) 사원에서 쟈율사(bya-'dul)로부터 비구계를 받고『계경(戒經)』을 배웠다. 또 냥덴(myang-bran)에게서 계율 규조(規條)의 실천의칙(實踐儀則)을 배웠다. 현교(顯敎)를 배울 때에 그는 매일 사시선정(四時禪定, 아침·점심·황혼·저녁에 하는 선정)을 수행하였다. 그가 학식이 넓고 심각하여서, 당시 사람들은 그를 최차와(chos-rtas-ba, '법의 근본'이라는 뜻)라고 불렀다.

그는 또 마르·최키겔첸[dmar-chos-kyi-rgyal-mtshan, 프랑로로출(pu-rangs-lo-chung)의 문하 제자]에게서『승락탄트라』등 각종 밀법을 배웠고, 콰(rkva-lo) 역경사로부터 밀교 수행법의 교수와 법의를 배운 적이 있다. 또 아셍(a-seng)에게서 콰(rkva-lo) 역경사가 전수한 『육가행(六加行)』 등 밀교 수행법을 배웠다. 그 후 후(後)티베트에 가서 닝마파의 대원만법과 『비밀 집회 나가르주나의 해석(集密龍樹釋)』, 레충이 전수한 밀법을 배우며 수행하여 진리를 깨달았다. 그는 또 사캬 사원에 가서 사첸에게서 사캬파의 근본법인 도과교수(道果教授)를 배웠다. 그 후 전(前)티베트에 돌아와 퇴룽 지방의 상게·넬충와(sangs-rgyas-gnyal-chung-ba)에게서 방편도(方便道)를 배웠다. 사캬 지방에서는 그 시기 유명한 밀교 스승을 찾아 가가호호 방문하여 가르침을 받고, 점차 이름을 날렸다. 그 후 샹첼파가 그를 만류하여 함께 지냈다. 샹첼파는 팍모두파를 당지 지방 권력자의 사적(私的)인 상좌라마를 시키려고 하였지만, 팍모두파는 호족에게 매수되어 이용당하는 것이 싫어 거절하였다. 두 사람은 함께 닥포라제를 찾아갔다. 닥포라제는 팍모두파에게 여러 가지 밀법을 가르쳤고, "구생화화법(俱生和合法)"과 대인법문(大印法門)을 전수하였다. 닥포라제의 가르침이 이전에 배운 모든 밀법보다 우월하다고 느낀 팍모두파는 닥포라제를 근본 라마로 모셨다. 머지않아 닥포라제는 세상을 떠났다. 팍모두파는 후(後)티베트에 가서 사첸을 만나뵙고 자신이 배운 카규파의 밀법에 대하여 말하였지만, 사첸은 더는 그와 불교를 담론하지 않았다. 그는 고향에 돌아와 첼강(mtshal-sgang)에 거주하면서 제자를 모으고 불법을 강의하였다. 5년 사이에 그는 닥포라제가 전수한 밀법을 위주로 가르쳤으며, 제자들이 늘고 점차 이름을 사방에 떨쳤다. 닥포라제의 학문은 카담파의 『보리도차제(菩提道次第)』와 미라레파의 『대인수법(大印修法)』을 융합한 것이고, 이 스승의 가르침을 계승함으로써 팍모두파의 학문이 형성되었다. 그가 첼강에 있을 때 저술한 저작 『갈지냠게(噶吉釀格, gar-gyji-nyams-ge)』는 카담파의 교의와 미라레파의 대인수법(大印修法)이 융합된 특징을 잘 보여 주고 있다.

1158년 49세 때에 그는 후(後)티베트의 팍모두(phag-mo-gru) 지방에 가서 작은 사찰을 짓는데, 이것이 훗날의 유명한 덴사틸[gdan-sa-mthil, 체탕(澤當)에서 강을 건너 동북쪽, 현재의 상리현(桑日縣)에 속한다 사원이다. 그 후 사망하기 전까지 13년간 이 사원에서 거주하였으므로, 사람들은 그를 팍모두파라 부르고, 이 교파를 팍모두파파(派)라고 하며, '팍두·카규파'라고 약칭하였다. 1165년 탁룽탕파(stag-lung-thang-pa, 아래 글의 탁룽·카규파 참조)가 와서 그를 알현하였다. 팍모두파는 탁룽탕파를 자기의 시자(侍者)로 삼았다. 그의 가르침을 받으려고 모이는 승려들이 날마다 늘어, 팍모두파는 갖은 방법을 강구하여 승려들의 생활을 유지하고자 하였다. 그가 자신은 검약하게 지내면서 모든 수입을 승려들을 위하는 데 사용하였으므로 명성이 더욱 높아졌다. 팍모두파의 만년에 디궁파('bri-gung-pa, 아래 글의 디궁·카규파 참조)가 찾아왔고, 팍모두파는 그에게 예전에 전수한 것과는 다른 특수한 밀법을 전수하였다. 당시 팍모두파의 주위에 모여든 승려들은 항상 800명이 넘었고, 유명한 인물만 10여 명이 되었다. 1170년 팍모두파가 죽은 후에 제자들은 티베트 각 지방에서 사원을 건립하고, 법을 가르쳤다. 이들은 후에 팍두 카규파의 여덟 개 지파(支派)가 되었다.

팍모두파의 본파는 덴사틸 사원을 거점 사원으로 하면서 장기간 여러 지파와 동시에 존재하였다. 팍모두파 도르제겔포가 죽은 후부터 1176년까지 6~7년간 덴사틸 사원은 정식 좌주의 자리가 비어 있었다. 그 후 샹첼파가 대리를 담임하였지만, 발원회향(發願回向) 외에 다른 활동은 거의 거행하지 않았다. 1177년부터 1179년까지 디궁파 린첸펠이 좌주를 담임하였다. 하지만 자신이 가난했던 디궁파는 사원의 승려들의 생활을 유지해 갈 힘이 없어서 승려들이 불신임하였고, 불만을 나타냈다. 디궁파는 1179년에 덴사틸 사원을 떠나 상푸를 거쳐 디궁으로 갔다. 그 후 덴사틸 사원은 점차 쇠락하였고, 1179~1207년에는 좌주의 자리가 비어 있었다. 1198년에는 탁룽탕파와 디궁파가 힘을 합쳐 덴사틸 사원 내 팍모두파의 오두막집에 대전(大殿)을 새로 지었다. 덴사틸 사원에는 대량의 경전과 불상이 수장되었고, 그중 탁룽탕파가 바친 경전이 가장 많았다. 그 후 이 지방의 권력자 사이에 분쟁이 생겨 무기를 가지고 서로 싸울 위험이 있게 되자, 디궁파는 기회를 타 경전과 불상을 가져가서 삼예 사원의 개수(改修) 비용으로 하였다. 디궁파는 두 지방 세력의 수령에게 뇌물을 주어 정전을 부탁하는 한편, 승려들을 데려가 자신의 시종으로 하고 대량의 경전을 닥포라제가 지은 감포 사원으로 옮겨갔다. 이 행위는 현지의 승속들의 큰 불만을 일으켰는데, 저들의 스승이 지은 사원을 디궁파가 파괴한다고 비난하였다. 탁룽탕파는 디궁파의 행위에 더욱 불만을 가졌으므로, 둘은 다투면서 서로 양보하지 않았다. 1208년이 되어 디궁파의 제자 닥파즁네(grags-pa-'byung-gnas, 1175~1255년)가 중재에 나선 결과 디궁파가 우위를 차지하였다(이 때문에 탁룽탕파는 우울증으로 1210년에 세상을 떠났다고 한다). 디궁파는 닥파즁네를 덴사틸 사원의 좌주로 앉혔다. 닥파즁네는 팍두 지방의 호족 랑라식족(rlangs-lha-gzigs, '랑씨'로 약칭)의 출신이다. 랑씨는 일찍이 네둥(gnas-drug) 지방에 거주하였고, 자칭 토번 시대의 유명한 호족의 후예로서 대대로 팍모두 지방의 데폰(sde-dpon, 지방관)을 담임하였다. 또한 그의 가족은 세대로 닝마파의 승려를 배출하였으며, 오랜 역사를 가진 지방 세력이었다. 닥파즁네가 덴사틸 사원의 좌주를 담당한 후 그 좌주 자리는 랑씨 가족 내에서 형제나 숙질 사이에 전승하고, 또한 세습하게 되었다. 랑씨 가족이 지방의 큰 세력이므로 그 가족의 소재지의 이름을 따서 팍모두파라고 부르게 되었다. 원 세조가 전(前)·후(後)티베트에서 각 지방 세력을 만호(萬戶)에 분봉할 때 1268년에 팍모두파도 만호로 분봉되었다. 만호장(萬戶長)은 티베트어로 티폰(khri-dpon)이라고 하는데, 그 티폰 직은 랑씨 가족 내 인원이 담당하는 덴사틸 사원의 좌주가 추천하고, 선정원(宣政院)에서 임명하였다. 최초에는 랑씨 가족의 출신자가 아닌 유능한 인물이 만호장을 담임하기도 하였지만, 그럴 경우에도 랑씨 가족의 지지가 필요하였기 때문에 만호장의 임명권은 사실상 랑씨 가족이 틀어쥔 것이다. 닥파즁네의 조카 닥파린첸(grags-pa-rin-chen)은 덴사틸 사원의 다섯 번째 좌주이다. 1290년 디궁파가 반란을 일으켰지만, 진서무정왕(鎭西

武靖王) 쒀스빤(撕思班)이 인솔하는 몽골군은 푼첸과 아구렌의 도움을 받아 반란을 평정하였다. 무정왕(武靖王)이 우창에 체재하는 기간 닥파린첸은 최선을 다하여 무정왕 부부를 호위하여 왕의 환심을 얻어 제사(帝師) 닥파외셀과 함께 호뉴(虎紐) 만호인을 하사받았다. 닥파린첸은 만호장을 겸직하였기에, 티폰(khri-dpon)이 아닌 라폰(lha-dpon)이라고 불렀다. 14세기 중엽 닥파줌네의 종손 대사도(大司徒) 쟝춥겐첸(ta'i-si-tu-byang-chub-rgyal-mtshan, 1302~1364년)은 무력으로 전(前)티베트의 대부분 지방을 합병하고, 1351년 체탕(rtses-thang) 사원을 건립하였다. 이후 그의 직위를 계승하는 사람은 관례대로 유년 시절에 먼저 체탕 사원의 좌주를 담임한 후에 행정 직무(sde-srid, 데시)를 계승하였다. 1406년에 쟝춥겐첸의 종손 닥파겐첸(grags-pa-rgyal-mtshan)이 명조로부터 천화왕(闡化王)으로 책봉받았는데, 이로써 랑씨 가족의 세력은 절정에 도달하였고, 그 후에 점차 몰락하였다. 1481년에 린풍파에게 패배하였고, 17세기 초(1618년)에는 정치적인 권세를 완전히 잃었다. 덴사틸 사원의 좌주를 랑씨 가족이 독점한 후부터 팍모두파라는 이 교파는 점차 이 지방 세력의 부속물로 되었다. 하지만 체탕 사원은 현교(顯教) 분야에서 교파를 차별시함이 없이 각파의 명승(名僧)들을 요청하여 경전을 강론하게 함으로써 세력을 유지하였다. 15세기 초 천화왕(闡化王) 닥파겐첸은 총카파를 지지하여 황교를 창립하였다. 황교가 흥성하자 팍모두파는 더더욱 쇠퇴하게 되었고, 팍모두 지방 정권의 쇠망과 함께 그후 소실되었다(팍모두파 랑씨 정권이 우창을 통치한 상황은 제10편에서 서술하기로 한다).

팍모두파에서 파생한 여덟 개의 지파(支派) 가운데 해방 전(1949년)까지 여전히 현존한 것은 디궁과 탁룽, 둑파 세 지파이다. 그 외 다섯 지파, 즉 야상·도푹·슉셉·엘파·말창 등은 이미 전에 소실되었다. 어떤 지파는 사료가 극히 적어서 여기서는 이름만 제기할 뿐이다.

1) 디궁·카규

디궁('bri-gung) 지파(支派)는 디궁파·린첸펠('bri-gung-pa-rin-chen-dpal, 1143
~1217년)에 의하여 창시되었다. 그는 서캄 덴마['dan-ma, 현재의 사천(四川) 등
가현(鄧柯縣)]의 큐라[skyu-ra, 그의 출신지로 인하여 큐라 대사(大師)라고도 불림] 일
족의 출신이며, 이 가족은 대대로 닝마파를 신봉하였다. 태어난 지 얼마 되
지 않아 고향이 재해를 입어 서캄 남부로 이사하였으며, 사람들에게 불경
을 독송해 줌으로써 생계를 유지하였다. 그는 9세(1151년) 때 사람들에게 불
경을 강의하였고, 후에는 팍모두파의 이름을 듣고 1167년경에 덴사틸 사
원에 가서 팍모두파에게서 법을 배웠다. 그의 언설에 의하면, 이때에 "제법
진실(諸法眞實)"의 지혜를 증득하였다고 한다. 그가 덴사틸 사원에서 2년 8
개월을 지낸 후, 팍모두파가 세상을 떠나고 산굴에서 독거하면서 조용히
수행하는 중에 갑자기 문둥병에 걸렸다. 투병 과정에 디궁파는 타인의 병
고(病苦), 나아가서 세간(世間)의 여러 가지 고(苦)에 대해 생각하게 되며, 병
이 나은 후 인과를 굳게 믿고 불가(佛家)의 인과의 교리를 철저히 깨닫게 된
다. 그리하여 인과도리와 이전에 증득한 "진실(眞實)"을 융합하여 일종의
"경계(境界)"에 도달한다. 당시의 불교도들은 그의 "경계"가 바로 부처님의
"경계"라고 믿었기에, 디궁파는 큰 명성을 얻는다. 그때부터 각지에서 법회
주최에 그를 요청하였다. 1177년 35세의 나이에 출가하여 사미계와 비구계
를 받았고, 수계(受戒)한 후에는 계율을 깊이 연구하여 계율 분야에서 대단
한 학식을 쌓는다. 1179년 37세 때 디궁('bri-gung)에 가서 원래 팍모두파의
제자였던 미냑·곰린(mi-nyag-sgom-rin)이 건립한 작은 사원을 증축하여, 이
름을 디궁틸('bri-gung-mthil)이라고 개칭하였다. 이 사원은 후에 티베트의 유
명한 대사원이 되었고, 디궁파라는 이름과 지파의 명칭도 이 사원에서 유
래한 것이다. 디궁파가 사원에 와서 1년이 되는 사이에 새로 100여 명의 승
려가 모였다. 디궁파가 카일라스산을 순례하고 돌아온 후에는 각지에서 찾

아오는 사람이 더욱 많아졌다. 어느 때는 디궁틸 사원에서 법회를 개최할 때 각지에서 온 참여자가 5만 5,525명에 달하였다고 한다(디궁 지방은 농지와 목지의 경계에 위치하고 있어서 농목 제품의 교역 장소이다). 그래서 디궁의 경제 수입과 성세는 높아지고, 디궁파도 흥성해졌다. 디궁파는 팍모두파가 만년에 새롭게 얻은 학문을 배웠고, 그 자신 또한 경론에 대하여 깨달은 바가 있었다. 이로써 디궁지파의 독자적인 교법이 성립되었다. 디궁파는 항상 현밀(顯密) 경론을 강의하였지만, 그의 마음은 언제나 "진공(眞空)"과 "대비(大悲)"가 융합되는 경지에 처해 있었다. 그는 불교의 근본은 승려이고, 승려의 근본은 계율이라고 생각하여, 엄격히 계율을 지키고 술과 고기를 끊었다. 제자들도 이를 본받아 디궁파의 명성은 드디어 티베트 전 지역에 퍼졌다. 그의 많은 제자 가운데 유명한 이가 20명이 넘는데, 그들은 저마다 각지에서 사원을 건립하고 제자를 모았다. 디궁의 본 사원은 디궁파의 가족, 즉 큐라일족이 관리하였다. 최초의 4대는 직권이 단지 종교에만 한하였고, 지방 행정 사무 관리 권한은 장악하지 않았다. 원조(元朝) 초기에 티베트 각 지방의 세력을 만호로 분봉할 때, 디궁도 전(前)티베트 만호 중의 하나였다. 디궁 사원의 소재지가 농업 지역과 목축 지역의 인접 지방에 처하였고, 캄 지방과 중앙티베트를 연결하는 교통의 요충지였다. 또한 디궁이 만호부를 설치한 만호이며, 게다가 원 세조 쿠빌라이의 동생 훌라구의 지지를 얻는 등의 원인으로 디궁 만호장의 직함은 일반 만호보다 높았다.[디궁만호와 사캬픈첸은 선위사(宣慰使)의 직함을 가졌던 시기가 있는데 이는 선정원(宣政院) 소속의 지방 직관의 최고 품급(品級)이다.] 나아가 디궁은 전(前)티베트에서 세력이 큰 3대 만호의 우두머리가 되었다(그 밖의 둘은 첼파와 팍모두파이다). 13세기 말기에 디궁과 사캬사이는 늘 분쟁과 전쟁이 일어났다. 1290년에 사캬픈첸 아구렌(a-glen)이 여러 만호들의 무력을 집합시키고 원 세조에게 몽골군을 티베트에 들이도록 주청(奏請)하고서야 [당시 티베트 지방은 진서무정왕(鎭西武靖王)의 분여지(分與地)이므로 몽골군은 진서무정왕 쒸스빤(攦思班)이 인솔하였다] 비로소 디궁파를 패배시키고, 디궁틸 사원을 불태워 버릴 수 있었다. 이를 티베트사(史)에서 "링록[gling-log, 사원의 사변(事變)이라는 의미]"이라고 한다. 디궁 세력은 이로부터 좌절하였으나 종교적 영향력을 여전히 이어 오다가 얼마 후 실력을 회복하여 14세기 중기에는 야상 · 첼파 등 만호와 연합하여 팍모두파의 쟝츕겐첸과 대결한다. 그러나 또 패배당하고 세력을 크게 잃어 디궁틸 사원도 한 시기는 팍모두파정권 측에서 사람을 파견하여 관리하기에 이른다. 명조 시기에 들어서 디궁파의 수령은 천화왕(闡化王)에 책봉되고 세습권을 얻는다(제10편 명대의 우창 지방의 정치와 종교 생활 참조). 16세기 후반기에 디궁파는 밀법을 특별히 중시하고 게룩파를 적대시하는 자세였고, 디궁 지역의 질병 유행으로 승려들이 사망하는 등의 원인으로 세력은 다시 쇠퇴하였다. 17세기 전반기에 디궁파는 여전히 게룩파의 강적이었다. 1642년에 구시칸이 티베트에 진입하고 1653년에 달라이라마 5세가 청조의 책봉을 얻은 후 디궁파는 달라이라마의 관할하에 들어갔다. 아마 그때부터 디궁파도 활불 전세(轉世) 제도를 채용하기 시작한 듯하다. 명확한 기재는 없지만, 『티베트라마 사례(事例)』에는 디궁파의 두 명의 활불 전세(轉世)가 보인다. 제2세의 생년이 1760년인 점에 맞추어 추측하여 보면 큐라일족의 세력은 17세기 중엽에 이미 쇠퇴하였음을 알 수 있다. 디궁파는 17세기 중엽 이후 줄곧 쇠락하여 종교 분야에서의 지위와 영향력을 보존하고 있을 뿐이다.

2) 탁룽 · 카규

탁룽 · 카규(stag-lung-dka'-brgyud)의 창시자는 탁룽탕파 · 다시펠(stag-lung-thang-pa-bkra-shis-dpal, 1142~1210년)이다. 그는 양쇠봉라텡(g · yang-shod-bong-ra-steng)에서 태어났고, 닥시딩포(dbrag-zi-'bring-po) 일족의 루게(kiu-dge) 지계(支係)에 속한다. 그는 어려서 모친을 여의고 계모의 박대로 여러 번 출가

하려고 하였지만, 부친이 허락하지 않았다. 18세(1159년)에 탕캬라캉(thang-skya-lha-khang)으로 도망가서 출가한 후 많은 스승에게서 현교의 경론과 카담파의 교법을 배웠다. 인도 유학을 바라고 수차 길을 떠났지만 번마다 가족이 뒤따라와서 데려갔다. 사람들이 팍모두파를 절찬하는 말을 듣고 24세에 그의 제자가 되어 카규파의 교법을 배웠다. 스승에게 공손하기로 이름이 났고, 곧 팍모두파의 시자(侍子)가 되었다. 그는 정성껏 근면하게 법을 배우고 공성(空性)과 사무량심[四無量心, 자(慈)·비(悲)·희(喜)·사(舍)를 '사무량'이라고 함]을 수행하여 "무주열반(無住涅槃)"의 경계를 증득(證得)하였다. 팍모두파를 6년 따랐고, 팍모두파가 세상을 떠난 후에 멜도(mal-gro)에 가서 최카파('chad-kha-pa)에게서 카담파의 교법을 배웠고, 소마라(sho-ma-ra)에서는 샹샤라와(zhang-sha-ra-ba)에게서 비구계를 받았다. 29세(1170년)부터는 퐁도(phong-mdo)와 세레(se-gle), 탕고(thang-mgo)에서 7년간 지냈다. 세레에 있을 때 캄 지방의 요청을 받고 출발하였지만, 도달하지 못하고 세와룽(se-ba-lung)에서 3년간 지냈다. 39세(1180년) 때 초청에 응하여 제자 17명을 데리고 탁룽에 가서 포토와가 살았던 곳에 사원을 건립하고 정착하였다. 이것이 바로 유명한 탁룽 사원이고, 본 지파(支派)의 명칭은 이 사원에서 유래하였으며, 다시펠도 이 때문에 탁룽탕파라고 불린다. 그 후 또 캄 지방의 초청을 받고 제자 5~6명을 데리고 캄으로 떠났지만, 목적지까지 못 가고 되돌아와서 스승을 염하고[念師], 서원을 염하며[念誓願], 죽음을 염하는[念死] 삼염불분(三念不分)의 교법을 가르쳤다. 이듬해(1181년) 여름 타부팅(bkrab-ting)에서 세파다르레(she-pa-dar-re)가 살해되는 사건이 벌어져 달율(dar-yul, 지방이 분명치 않음)과 롱(rong, 지방이 분명치 않음) 지방 사람들이 막 흥기를 들고 싸움을 벌이려 하였다. 이에 탁룽탕파가 나서서 중재하여 분쟁이 해결되었으므로, 달율과 롱 두 지방 사람들은 그의 속민으로 되었다. 탁룽탕파는 자신이 얻은 경전을 모두 팍모두파의 덴사틸 사원에 바쳤지만, 1209년에 디궁파가 덴사틸 사원의 장서(藏書)를 모두 감포 사원으로 옮겨 갔다는 사실을 듣고 디궁파와의 분쟁에 말려들게 되었고, 우울해하다가 이듬해에 병사하였다. 탁룽탕파는 출가 이래 계율을 엄하게 지켰고, 음주와 육식을 금하였다. 법의(法衣)의 끈을 풀지 않는가 하면 속인의 집에 들어가지 않았으며, 사원 내에 여인과 육식이 들어오는 것을 금지하였다. 매일 규정된 시간에 따라 강의하는 등 그의 일상은 엄밀하게 배치되었다. 사원 내의 승려들에게도 상세하고 세밀한 사원 규칙과 계율을 정하였는데, 만년에 제자가 3천여 명에 달하였다. 당시 탁룽 사원의 승려는 계율을 엄격히 지키는 것으로 유명하였다. 1240년 몽골 쿠텐의 장군 톨다낙포가 쿠텐에게 보고한 기록이 남아 있는데, "티베트에는 사원이 가장 많기로는 카담파이고, 덕행이 뛰어난 것은 탁룽파이며, 디궁파의 첸가(spyan-snga)는 법력이 가장 크고, 사캬판디타는 오명(五明)에 통달하였다(가장 학식이 있다.)"고 하였다. 이로부터 당시에 탁룽파를 어떻게 평가하였는가를 알 수 있다.

탁룽탕파는 생전에 대책을 강구하여 일족의 조카 쿠엘 · 린첸곤(sku-yal-rin-chen-mgon, 1191~1236년)을 양성하였다. 탁룽탕파가 1210년에 세상을 떠난 후 쿠엘 · 린첸곤은 아직 20세였지만, 유언에 따라 켄포에 취임하였다. 린첸곤은 11세에 출가하고, 13세에 탁룽 사원에 와서 탁룽탕파의 제자로서 7년간 배우면서 수행하였으며, 19세에 비구계를 받고, 20세에 켄포 직위를 담임하였다. 린첸곤이 켄포가 된 후 탁룽 사원의 대다수 승려는 각지에 흩어져 3천여 명에서 700명으로 줄었다. 그 후 린첸곤은 누구에게나 차별 없이 가르치고 병 치료를 잘하여 맹인의 눈을 띄워 주고 귀머거리를 들을 수 있게 하였으므로, 여러 방면으로부터 들어오는 보시가 급증하였다. 1228년에는 대전(大殿)을 건설하고 사원도 부유해져, 승려들이 다시 모였다. 먼저 2,800명이 모이고 3,700명으로 증가되었으며, 각지에 말사를 건립한 후에는 5,000여 명에 달하였다. 탁룽탕파의 차기 켄포, 즉 탁룽 사원의 제3대 켄포 이름은 상게야르존 · 쉐랍라마(sang-rgyas-yar-byon-shes-rab-bla-ma, 1203~1272년)이다. 그는 평생을 집에 많이 있고, 세상 밖으로 잘 나가지 않았으며,

상세한 사원 규칙을 정하였다. 팍파가 대도(大都)에서 사캬로 되돌아가는 중에 탁룽 사원에 들렀는데, 상계가 사원을 나와 팍파를 영접하면서 서로 이마를 맞대는 인사를 하였다(지위가 같은 인물이 만날 때 인사하는 상견례이다). 이는 탁룽파의 사회적 성망의 높음을 말해 주는 일례이다. 상계는 자신의 조카 망가라구루(mang-ga-la-gu-lu, 1231~1297년)를 팍파에게 맡겼다. 상계가 세상을 떠난 후 그의 다른 조카이면서 제자인 상계온(sang-rgyas-dbon, 1251~ 1294년)이 탁룽 사원의 켄포를 담임하였다. 망가라구루가 상계온과 켄포 자리를 다투었는데 팍파가 망가라구루를 지지하였으므로 상계온은 겨우 1년 만에 부득불 켄포의 자리에서 물러났다. 그 후 망가라구루가 탁룽 사원의 제4대 켄포에 취임하였다.

망가라구루는 원 세조로부터 황금을 하사받았다. 티베트어의 일반 사료에는 탁룽 사원이 쿠빌라이가 책봉한 13만호(萬戶) 중의 하나라고 하고 있지만, 초기의 사료에는 탁룽 사원의 이름이 없고, 다른 사료에 원조 시기 탁룽 사원의 관할 구역에 만호를 설치한 적이 없다고 명확히 기재되어 있다. 그러므로 탁룽 사원은 만호가 아니었다고 추정할 수 있다. 탁룽 사원의 제9대 켄포 타시펠첵(bkra-shia-dpal-brtsegs, 1359~1424년)은 명조의 영락제(永樂帝)로부터 국사(國師)에 책봉되었고, 은인(銀印)을 하사받았다. 확인 가능한 자료를 통해 보면, 15세기 후기까지 탁룽 사원의 승려는 품행이 단정하고, 역임 켄포가 모두 "법을 중요시하고 계율을 지켰"다고 칭찬받은 상황을 알 수 있다. 일찍이 디궁 사원과 싸운 적이 있고 탁룽 사원은 소수로써 다수를 이겼었다.

상계온은 1273년 켄포 자리에서 퇴위한 후 탁룽 사원의 유명한 성물(聖物, 전하는 바에 의하면, 미라레파의 유골과 생전에 신었던 신이다)을 가지고 서캄으로 갔다. 그리고 1276년에 서캄의 리오체(ri-bo-che)에서 리오체 사원을 건립한다. 이 사원은 서캄 지방에서 탁룽파의 주요 사원으로서 탁룽 사원과 함께 똑같이 "야르탕"[yar-thang, "상(上)의 탕" 즉 탁룽 사원을 가리킴]과 "마르탕"[marthang, "하(下)의 탕," 즉 리오체 사원을 가리킴]이라고 불리었다. 두 사원에는 각기 승려가 3천~4천 명 재적하였고, 그 후 300~400년간 리오체 사원 역시 서캄 지방의 최대의 사원으로 꼽혔다. 그 후 두 사원은 좌주 선출(選出)면에서 활불 전세(轉世) 제도를 채용하였고, 이리하여 탁룽 사원에는 두 명의 활불이 있다. 한 사람은 탁룽 마창인데, 그를 제1세로 하는 계통은 13세기까지 거슬러 올라갈 수 있다(혹은 쿠엘 린첸군이다). 다른 한 사람은 탁룽 체파인데, 이 계통의 제1세는 17세기부터 전세(轉世)가 시작되었다. 리오체 사원에도 두 활불이 있는데, 대략 17~18세기부터 시작되었다. 상세한 상황은 더 조사해야 알 수 있다.

3) 둑파 · 카규

둑파 · 카규(vbrug-pa-dka'-brgyud)는 고행을 중요시하는 것이 특징적인데, 지방정권을 장악한 적이 없다. 제자들이 극히 많고 매우 널리 분포되어 몇 개 중심이 형성되었다. 우선은 "중(中)둑파"와 "상(上)둑파", "하(下)둑파"로 구분되었다가, 후에는 "남(南)"이 출현하였다. "남둑파"의 중심은 국외의 부탄왕 국에 있으며, 이 교파의 종교 지도자는 장기간 정치와 종교의 두가지 권리를 겸하여 장악하였고, 종교상의 마찰 때문에 티베트 지방정권과 여러 번 분쟁이 있었으며, 심지어는 전쟁도 하였다. 여기서는 국내의 상 · 중 · 하 세 둑파에 한하여서만 간단히 서술하여 둔다.

둑파 지파(支派)는 팍모두파의 제자 링레 · 페마도르제(gling-ras-padma-rdo-rje)에서 발단하여 창파 · 갸레 · 예쉐도르제(gtsang-pa-rgya-ras-ye-shes-rdo-rje)에 의하여 형성되었다. 이것이 "중(中)둑파"이고, 갸레의 두 제자 로레파(lo-ras-pa)와 괴창파(rgod-tshang-pa)가 각자 "상(上)둑파"와 "하(下)둑파"를 형성하였다.

링레 · 페마도루제는 냥퇴(myang-stod)에서 태어났고 링메(gling-smad) 일족에 속하기 때문에, 링레라고 부른다. 부친은 의약과 점복(占卜)을 직업으로 하는 분이었고, 링레는 어려서 읽고 쓰기를 잘하였는데, 밭 한 뙈기를 라멘[ra-sman, 라 의사(醫師)라는 뜻임]에게 바치고 그에게서 의학을 배워 의술에 능숙하였다. 13세(1140년)에 아버지를 여의고, 17세에 출가하여 링롭폰(gling-slob-dpon)을 스승으로 모시고 법을 배웠다. 그때 그의 집과 적대 관계에 있던 한 지방 관원의 집안이 갑자기 몰락하여 생활이 곤궁에 빠져든 사건이 발생하였는데, 사람들은 링레가 주술(呪術)을 부렸다고 인정하였으므로, 링레는 이로 인해 주술사로서 유명해졌다. 그 후 옴탕파(vom-thang-pa)에게서 밀법을 배웠는데, 멘모(sman-mo)라고 하는 여성에게 유혹되어 계율을 범하고 부부가 되었다. 멘모는 남편에게 "저의 양친은 돈이 많지만 아들이 없어요. 우리는 돈을 큥창파(khyung-tsang-pa)에게 바치고 그에게서 법을 배워 파계(破戒)의 죄업을 제거합시다."라고 하였고, 둘은 함께 무명옷을 입고 수행하였으나 증험이 없었다. 큥창파는 링레를 로로(lo-lo)의 레충파에게 보냈다. 링레는 35세(1162년)에 로로에 갔지만, 레충파는 이미 1년 전에 세상을 떠났으므로 레충파의 제자 숨파(sum-pa)에게서 밀법(密法)을 배웠다. 38세(1165년)에 팍모두파를 알현하였고, 팍모두파는 아내가 있는 유가행자(瑜伽行者)를 줄곧 싫어하였지만, 링레만은 특별히 좋아하여 밀법의 구결(口訣)을 전수하였다. 링레는 조용한 곳에서 수행에 전념하여 증오(證悟)를 얻고, 그 내용을 팍모두파에게 말하자 팍모두파는 아주 기뻐하였다. 1166년 링레는 아내를 버리라는 팍모두파의 명령을 받고 아내를 북방의 야르쿡(yar-khugs)으로 보냈다. 덴사틸 사원에 돌아온 후 상리(zangs-ri)의 한 여성을 수행의 파트너(phyag-rgya)로 하였다. 그 후 그 여성과 갈라지려고 하였지만, 여성이 동의하지 않아 링레는 캄 지방으로 도망갔다. 상리 여성은 링레를 찾으려고 캄 지방으로 향하였지만, 도중에 죽었다. 링레는 다시 덴사틸 사원으로 되돌아왔지만 팍모두파는 이미 세상을 떠나고 없었다(1170년). 그 후 링레는 우창 지방을 돌아다녔고, 한 지방 추장의 초청에 응하여 당포

('phrang-po) 지방으로 갔다. 그곳에서 샹첼파의 명을 받들어 그를 도와 전쟁에 참여하였으며, 포당(pho-brang) 지방에 남아서 추레우 · 충와(chu-glevu-chung-ba) 군을 저격하여 많은 재부를 얻었다. 링레는 그 재부의 절반을 샹첼파의 불상 제작에 자금으로 제공하였고, 입수한 경전은 모두 덴사틸 사원에 보냈다. 만년에는 나풀(sna-phur-dgon) 사원에 거주하면서 제자를 받아서 법을 가르쳤다. 자신의 밀법 수행의 경험에 관한 책을 대여섯 가지 저술하였고 1188년에 사망하였다.

창파 · 갸레예쉐도르제(gtsang-pa-rgya-ras-ye-shes-rdo-rje)는 냥퇴(myang-stod)의 쿠레(khu-le)지방에서 태어났고, 갸(rgya) 일족에 속하기 때문에 갸레라고 칭하였다(부친의 이름은 갸수르 · 포차와 rgya-zur-po-tsha-ba). 형제가 7명이고 자식이 많았기 때문에 부친은 갸레를 한 본교도에게 위탁하여 부양하였다. 본교도는 그에게 융둥펠(g · yung-drung-dpal)이라고 이름 지어 주었다. 8세에 어머니를 여의고 12세(1172년) 때 그의 형이 그를 창롱(gtsang-rong) 지방에 데리고 갔는데, 그곳에서 "졸화정(拙火定)"법을 배웠다. 13세(1173년)부터 타탕파(rta-thang-pa)와 3년간 지내며 『구사론(俱舍論)』 · 『요가(瑜伽) 탄트라』와 시제파교법(希解派教法) 등 현밀 교법을 배웠다. 15세(1175년)부터는 8년간 카르룽파(mkhar-lung-pa)에게서 닝마파의 대원만법과 『양론(量論)』 등 현교 경론을 배우고, 다른 스승에게서 『대환(大幻)』 · 『대비복장(大悲伏藏)』 · 『진실명경(眞實名經)』[즉 『문수사리진실명경(文殊師利眞實名經)』] 및 아티샤가 전수한 "대비법(大悲法)" 및 『입보리행론(入菩提行論)』 등 경론을 배웠다. 22세(1182년) 때에는 부친이 연석을 차려서 카르룽파를 초대하고, 갸레로 하여금 승좌하여 불경을 강의하도록 부탁하였다. 한번은 링레 · 페마도르제를 만나 그에게 약간의 소금을 드려 경의를 표시하고, 서로 간의 교법을 충분히 의논하였다. 그 후 나풀 사원에 가서 링레에게서 배워 밀법의 구결을 얻고, 7일간 수행하여 홑옷을 입고 추위를 막을 수 있었다. 갸레는 오랫동안 앓던 천연두 병이 나은 후에는 링레에게 말 한 필 및 찻잎과 흑설탕을 드리고 또한 그의 집 짓는 일을 도와주는 것을 대가로 링레의 모든 밀법 구결을 얻었다. 갸레는 다르도르(dar-rdor)라는 사람과 교의를 변론하여 이겼으므로, 지자(智者)의 명예를 얻었다. 전하는 바에 의하면, 그는 폐관(閉關)을 통한 독거 수행으로 외풍(外風)과 내식(內息)을 합일하고 높은 성과를 증득하여 모든 번뇌를 잘 이겨 냈다고 한다. 갸레는 나풀 사원에서 5년간 지내면서 매한가지 교법을 배우는 즉시 바로 실천에 옮겨 수행하였다. 경전 강의를 협조하기도 하고, 법회와 일상 사무도 처리하였다. 스승의 명령에 따라 켈상(bskal-bzang)과 함께 "방편도(方便道)"를 수행하고, 돌(dol) 지방의 카르추(mkhar-chu)에 가서 선정(禪定)을 닦고 나풀 사원에 돌아왔는데, 그때 링레는 이미 세상을 떠났다(1188년에 사망). 그는 링레를 다비(茶毘)한 후 로로 지방의 예곤(ye-mgon) 등 네 사람과 라룽(ra-lung)에 가서 제자들을 모아 점차 부유해졌다. 그 후 밤색 말 한 필을 나풀 사원으로 몰고 가서 아마죠모(a-ma-jo-mo)에게 드리고 또 나풀 사원에 링레의 납골탑을 세우고 사원을 증축하였다. 일을 끝낸 후 제자 7명을 거느리고 칼츄 지방에 가서 챡풀첸(lcags-phur-can)에서 독거 선정(禪定)에 전념하였지만, 질병이 들어 전신이 아팠다. 병이 나은 후 지해(智解)가 크게 늘고 연기(緣起)의 교리를 깨닫게 되었다. 챡푸르첸(lcags-phur-can)에서 3년간 지낼 때 레충파가 저술하여 감추어 두었던 저작 『로뇸코르둑(ro-snyoms-skor-drug)』을 발견하였다. 29세(1189년)에 도포레파(mdo-po-ras-pa)를 방문하고 "나로 6법"을 배웠다. 쟈큥(bya-skyung)과 추오리(chu-bo-ri) 등의 지방에서 한때를 보내고, 디궁 사원에 가서 디궁파의 설법을 들었다. 감포 사원과 차리에서도 여름 한 철을 보냈다. 라싸에서는 롱둘(klong-rdol) 사원을 지었고, 사원을 세운 후에는 샹첼파를 찾아뵙고 배운 바를 검증하고 "대비법(大悲法)"을 배웠다. 갸레는 샹펠파의 권고에 따라 33세(1193년)에 출가하여 사미계와 비구계를 동시에 받았다. 출가 후에는 후(後)티베트의 농업 지역과 목축 지역을 행각하면서 설법하였는데, 쟝차카(byang-tsha-kha) 등 지방에서 얻은 많은 보시를 나풀 사원으로 보냈다. 그 후 라룽 지방에 라룽(ra-lung) 사원을, 라싸 서남 기츄(라사강) 서쪽 지방에 둑('brug) 사원을 건립하였다. 이 지파(支派)의 이름은 이 사원에서 유래한 것이다. 둑 사원을 건립한 지 1년도 안 되어 그의 가르침을 받으려고 승려들이 사방에서 모여와 둑 사원 부근에 1천여 칸의 초가집을 지었다. 갸레는 그 후에도 각 지방을 행각하면서 설법하여 많은 재물을 얻었지만, 모두 종교 활동에 썼다. 그는 항상 제자들에게 세 가지 일을 훈계하였다고 한다. 1. 세속 사무로 수행의 마음을 어지럽혀서는 안 된다. 2. 언제나 불법을 위하여, 다른 사람을 위하여 자신을 희생할 것을 생각해야 한다. 3. 스승을 존중해야 한다. 그의 만년에는 제자가 5천여 명이나 되었다. 제자의 대부분은 수행을 통해 "대인심의(大印深義)"를 이해하고 마음에 깨달은 바가 있었다고 한다. 제자들은 갸레의 명을 받들어 제각기 여러 지방으로 가서 수행하면서 제자를 가르쳤다. 이 때문에 그의 제자는 곳곳에 있게 되었고, 둑파 지파(支派)는 우창 지방에 널리 전파되었다. 갸레는 1211년 51세로 세상을 떠났다. 둑파 지파는 당초 둑 사원을 본거지로 하였지만, 중심을 점차 라룽 사원으로 옮겼다. 라룽 사원으로 전승된 계통을 "중(中)둑파"라고 한다. 갸레에게는 유명한 제자가 6명 있는데, 그중 "상(上)둑파"와 "하(下)둑파"의 창시자가 가장 유명하다.

하(下)둑파의 창시자는 로레파·왕축촌두(lo-ras-pa-dbang-phyug-brtson-'grus, 1187~1250년)이다. 그는 슝(gzhung) 지방의 닥첸(grags-chen)에서 태어났고, 로낭(lo-nang) 일족에 속하기 때문에 '로레파'라고 부른다. 당초 그의 양친은 자식이 없어 관음상에 열심히 기원하여 로레파를 낳았는데, 6세에 글자를 깨쳤다고 한다. 그가 16세(1202년) 나던 해에 갸레가 슝 지방에 가서 설법 활동을 하였는데, 로레파는 갸레의 시자(侍者)를 담당하였다. 이듬해 부모를 따라 네탕둠(snye-thang-dums)에 갔을 때에 재차 갸레를 만났다. 18세(1204년) 때에 콜모룽(skyor-mo-lung)에 도망가서 벨티(sbal-ti)律師에게 출가하여 왕축촌두라는 이름을 얻었다. 그 후 갸레에게서 배웠는데, 집에서 사람을 파견하여 쫓아왔기에 갸레는 로레파를 고향으로 보냈다. 로레파는 자기를 장가 보내려고 하는 양친을 떠나 다시 갸레에게로 도망갔다. 그는 갸레에게서 "졸화정(拙火定)"을 배워 홑옷을 입고 추위를 막을 수 있었다. 어느 가을 갸레가 로레파의 고향 사람의 요청을 받고 닥첸에 갔을 때, 로레파의 양친은 갸레에게 아들의 환속을 명령하여 달라고 청구하였다. 하지만 로레파가 결코 환속하지 않을 것을 표명하여서 양친은 그로부터 절망하였다. 갸레는 로레파의 이런 결심을 특별히 칭찬하였다. 그해 가을 로레파는 비구계를 받고 『율경(律經)』 등 계율 서적을 배우고 『희금강(喜金剛)』·『대환(大幻)』 등 탄트라와 『도하(do-ha)』[인도인의 저작으로서 시가의 형태로 밀교의 수행법과 증험을 말한 것이다. 선종(禪宗)의 증도가(證道歌)와 비슷하다.] 등 밀교의 수행법을 배웠다. 부친이 죽자 로레파는 전부의 집 재산(2,000~3,000티베트그램의 칭커보리)을 소비하여 갸레를 위주로 하는 많은 승려를 청해 들여 사자를 위한 불사(佛事)를 진행하였다. 일을 끝내고 보니, 그에게 남은 칭커보리는 1티베트그램에 불과하였다. 로레파는 갸레를 따라서 둑 사원에 가서 일곱 가지의 서원(誓願)을 세웠다. (1) 고향에 돌아가지 않는다. (2) 하산(下山)하지 않는다. (3) 항상 가부좌를 틀고 앉는 모습으로, 눕지 않는다. (4) 속세 사람의 집에 발을 들여놓지 않는다. (5) 언제나 홑옷만 입는다. (6) 말을 적게 한다. (7) 매일 108그릇의 "수공양(水供養)"을 중단하지 않는다. 갸레는 이러한 서원(誓願)은 결코 수행의 관건이 아니라고 여겼지만, 로레파는 6년간(석가모니 부처님이 6년간 고행을 하셨으므로 6년을 기한으로 하였다.) 견지하였고, 그 후에는 얽매이지 않았다. 로레파는 인도의 8대 불교 유적을 순례하려는 염원이 있었지만, 갸레가 말려서 그만두었고 끝내는 여전히 갸레를 따랐다. 그 시기에 로레파의 사촌 형제들로부터 늘쌍 구박받아 오던, 그의 모친과 여동생이 가난과 병마에 시달렸지만, 로레파는 자기가 당하는 이런 불행을 수행의 양식(糧食)으로 삼는 자세를 취하였다.[카규파 사람들은 탐욕과 분노와, 증오의 감정 등 번뇌를 수행의 양식으로 생각함으로써 소위의 성취를 이룩하고자 하였다. 일반적인 불교도에게서 번뇌는 수행의 장애로 되지만, 카규파는 바로 이런 번뇌에 초점을 맞추어 수행하며, 그러므로 그들은 말하기를, 번뇌는 수행의 원천으로 전환될 수 있고, 혹은 번뇌를 도로 한다고 하였다. 둑파 지파(支派)는 이 점을 특별히 중시하였다.」 후에 후(後)티베트에서 갸레는 비밀 전수를 얻었다. 로레파가 25세(1211년) 되던 해에 갸레가 세상을 떠났다. 로레파는 산꼭대기에 거주하면서 고행에 전념하였는데, 그때에도 장애가 생겨날 때면 그것을 수행의 양식으로 전환시켰으며, 이에서 "매우 높은 경계"와 "매우 깊은 지혜"를 증득하였다고 전하고 있다. 그 후 그는 제자를 받고 법을 가르쳤는데, 주로 선정법을 가르쳤다. 그는 추믹카르포(chu-mig-dkar-po) · 싱캄(shing-skam) · 착칠(lcags-spyil) · 우리(dbu-ri) 등의 지방에서 막을 짓고 제자를 가르쳤다. 우리(dbu-ri)에서 6년간 지내는 사이에 제자가 1천여 명이 되었다. 로레파는 자신이 얻은 보시를 많은 사람에게 나누어 주었고, 또 둑파 지파(支派)의 본사인 라룽 사원과 둑 사원에 재물을 보냈다. 55세(1241년) 때에 카르포최룽[dkar-po-chos-lung, 이 사원은 아마 "하(下)둑파"의 본사일 것이다. 장소는 확실하지 않지만 "하(下)둑파"의 명칭에서 보건대, 라룽 사원의 동쪽인 듯싶다. 아마 야르룽하곡의 동쪽이라고 추측된다] 사원을 건립하였다. 이 사원에서 큰 법회를 거행할 때에 참가한 승려가 1만여 명에 달하였다. 로레파는 로닥에 카르츄(mkhar-chu) 사원을 재건하고, 멘(man, 현재의 부탄) 지방의 붐탕(bum-thang)에 타르파링(thar-pa-gling) 사원을 건립하였다. 셍게리(seng-ge-ri)에 가서 계율을 바로잡고, 1,500명의 승려에게 승락관정(勝樂灌頂)을 행하였다. 1250년 64세에 세상을 떠났다. 로레파는 희사(喜捨) 및 세속사와의 단절, 정진(精進) · 선정(禪定) · 학식(學識), 대중에게 이익을 주는 등 여러 방면에서 사람들에게 칭송되었다. 그가 죽은 후에 그의 조카 차리와(tsa-ri-ba)가 카르포최룽 사원의 켄포가 되고, 다른 제자들은 저마다 사원을 건립하고 제자를 받아서 교파를 형성하였는데, '하(下)둑파라고 칭한다.

상(上)둑파(stod-'brug)는 괴창파 · 곤포도루제(rgod-tshang-pa-mgon-po-rdo-rje, 1189~1258년)에 의하여 창시되었다. 그는 로닥 지방의 루충기타(lu-chung-gi-khra)에서 태어났다. 괴창파가 태어나기 전에 그의 양친은 두 아들이 있었으나, 모두 어려서 요절하였다. 그의 부모는 괴창파를 어릴 때부터 숙톤(zug-ston, 가족을 대신하여 어린이의 양육을 직업으로 하는 승려) 스님에게 위탁하여 키웠고, 이 스님은 그에게 곤포펠(mgon-po-dpal)이라는 법명을 지어 주었다. 그 후 여러 스승에게서 『카담의 도차제』·『중관(中觀)』·『입보리행론(入菩提行論)』·『현관장엄론소주(現觀莊嚴論小注)』 등 현교 경론을 배웠다. 한번은 고향의 술잔치에서 후(後)티베트에서 온 네 명의 가수를 만났다. 그들에게서 갸레를 극구 찬양하는 말(가수를 각 지방에 보내 승려를 칭송하는 것은 당시 티베트 불교 승려가 이름을 떨치고 제자를 받는 수단이다.)을 듣고 괴창파는 갸레에게 존경과 신뢰의 마음을 갖게 되었다. 그는 양친의 허가를 얻고서 네 명의 가수 및 숙톤 스님 등과 함께 라룽 사원으로 가서 갸레를 만나뵙고 출가하여 곤포도르제라고 이름을 개명하였다. 이때 그의 나이 19세(1207년)인데, 그로부터 갸레의 곁에서 3년을 지냈다. 갸레는 괴창파를 아주 좋아하여 그에게 선정(禪定)의 방법과 귀의(歸依)·발심(發心)·사요가(四瑜伽)를 배워 주고, 디궁파의 구생화합(俱生和合)·방편도인(方便導引)·평등일미(平等一味) 등 밀법(密法)을 전수하였다. 21세(1209년) 때에 둑 사원에 가서 3개월간 조용히 수행하고, 갸레의 강의를 폭넓게 들었다. 또 갸레의 허락을 얻고 디궁 사원에 가서 디궁파에게서 밀법을 배우고, 레딩 사원에 가서 탕룽탕파와 샹첼파를 알현하였다. 그러나 누구보다도 갸레를 존경하고 믿었으므로 나중에는 갸레의 곁으로 돌아왔다. 1211년 갸레가 세상을 떠나고 이듬해부터 괴창파는 전(前)티베트의 남부 로닥카르추(lho-brag-mkhar-chu)와 후(後)티베트의 카일라스산 및 국외의 카슈미르, 쟈란다라(jālandhara) 등 지방을 두루 돌아다녔다. 카르추에서 3년, 다른 지방을 포함해서 4년을 지내면서 선정을 닦았다. 후(後)티베트에 돌아온 후 라룽 사원에 가서 갸레의 조카 온레·다르마셍게를 알현하고 온레의 지시에 따라 폼(phom) 지방의 라캅(lha-khab)에서 3년간 선정(禪定)을 닦았다. 3년 후 온레에게서 비구계를 받았다. 차리산에서도 3년을 지냈는데, 이때에 괴창파의 정력(定力, 마음을 한곳에만 쏟는 힘)은 아주 강했다고 한다. 괴창파는 차리산에서 라룽 사원으로 돌아온 후 강의에 협조해 줄 것을 바라는 온레의 요구에는 응하지 않고, 후(後)티베트의 라퇴 지방에 보내 줄 것을 희망하였다. 온레가 허락하지 않자, 그는 비밀리에 온레에게 만다(曼扎)[즉 수미산 만다라(曼荼羅). 밀교의 중요한 교법을 전수할 때 제자가 라마에게 드린다.]를 드리고 겨우 허락을 얻어 라퇴에 갔다. 라퇴의 쟈록창(bya-rog-tshang)에서 시제파의 성취(成就)를 얻은 승려를 만나고 시제파의 교법을 배웠다. 큥카르(khyung-dkar) 지방과 양카르 (yang-dkar) 지방에서 3년간 지내고서 그의 정력(定力)은 더욱 제고되었다. 38세(1226년)경에는 셸카르(shel-dkar) 부근의 괴창(rgod-tshang)에서 7년을 지내고 괴창 사원을 건립하였다. 이 때문에 사람들은 그를 괴창파라고 부른다. 그 후 괴창파는 구창 일대의 산에서 선정(禪定)을 닦고 텡도(steng-gro)·풍다르(spung-dar)·쟝링(byang-gling)·데첸텡(bde-chen-stengs)·바르독 도르제링(bar-'brog-rdo-rje-gling) 등의 사원을 건립하고 만년에는 이 사원들에서 지내면서 제자를 받아서 법을 가르쳤다. 이런 사원들에 많은 제자와 추종자들이 모였고, 하나의 교파를 형성하였다. 1258년 괴창파는 세상을 떠났는데, 신도에게서 돈을 거두어 장의(葬儀)를 해서는 안 된다는 유언을 남겼다. 그의 많은 제자들 중 이름을 떨친 10여 명 가운데 대다수는 모두 각 지방에서 사원을 건립하고 제자를 받았다. 그중 양군파(yang-dgon-pa)와 우겐파(u-rgyan-pa)가 가장 유명하다.

양군파·겐첸펠(yang-dgon-pa-rgyal-mtshan-dpal, 1213~1258년)은 라퇴로(la-stod-lho, 티베트인들은 예전에 딩리·셸카르 지방을 라퇴로라고 불렀다.)의 군파라동(dgon-pa-lha-gdong) 지방에서 태어났고, 통(stong) 일족에 속한다. 이 일족에서는 대대로 닝마파의 유명한 승려가 나왔다. 그는 유복자이고 5세에 승려를 찬송하는 시를 잘 낭송하였으므로 당시 사람들은 그를 활불의 화신(化

身, sprul-sku)으로 여겼다. 그해에 밀법을 배우기 시작하였고, 6세(1218년)부터 풀마르와(phul-dmar-ba)에게서 닝마·카담·시제·츄율·사캬 등 각파의 밀법을 3년간 배웠다. 9세(1221년)에 라동(lha-gdong) 사원의 켄포에 취임하고 승도들에게 경전을 강의하였다. 또 라마·코닥파(bla-ma-ko-brag-pa)와 괴창파·사캬판첸·제첸가(rje-spyan-snga)·상게레첸(sangs-rgyas-ras-chen), 라마·두충파(bla-ma-drod-chung-pa) 등 스승들에게서 당시 각 교파의 현밀교법을 배웠다. 22세(1234년)에 비구계를 받고 겐첸펠이라는 이름을 얻었다. 그 후 시리남팅(shri-ri-gnam-stings) 사원을 건립하고, 자신은 부레(bu-le)에 거주하면서 경을 강의하였다. 명성을 크게 날렸기 때문에 각 지방에서 찾아온 승려는 1만여 명에 달하였고 선정(禪定)에 관한 서적도 몇 권 저술하였다. 46세(1258년)에 시리남팅 사원에서 사망하였다.

우겐파·린첸펠[u-rgyan-pa-rin-chen-dpal, 1230~1309. 최초의 이름은 셍게펠(seng-ge-dpal)]의 선조는 대대로 닝마파의 밀법을 수행하였고, 어려서부터 자연적으로 정력(定力)을 갖고 있었다고 전해졌다. 7세부터 16세까지 닝마파의 "마모(ma-mo)"·"푸르파(phur-pa)" 등 법(본교의 법)과 『승락(勝樂)』·『희금강(喜金剛)』·『유가(瑜伽) 탄티라』등 서적을 공부하였고, 주석(注釋)·성취법(成就法)·의궤(儀軌) 등을 배웠다. 16세(1245년) 때 보동에(bo-dong-e)로 가서 린첸체모(rin-chen-rtse-mo)에게서 『대승아비달마집론(大乘阿毗達磨集論)』·『구사론(俱舍論)』·『양결정론(量決定論)』·『현관장엄론소주(現觀莊嚴論小注)』등 현교 논서(論書)를 배우고 변론을 잘하였다고 한다. 그때 괴창파가 데첸텡에서 챵룽(spyang-lung)으로 가는 도중에 고룽푸(go-lung-phu)를 거쳤다. 우겐파는 괴창파를 알현하고, 존경하며 믿는 마음이 생겼다. 괴창파가 부타(sbud-tra)에 왔을 때 우겐파는 동(銅)으로 만든 차 주전자와 흑설탕을 드리고, 가까이서 시중 드는 근시(近侍) 제자가 되어 오계(五戒)를 받았다. 괴창파는 그에게 카규파의 "대인법(大印法)"을 가르쳐 주리라는 답을 주었다. 동시에 우겐파는 고룽 지방의 도데펠(mdo-sde-dpal)에게서 『현관장엄론소주(現觀莊嚴論小注)와 계율을 배웠다. 우겐파는『백업경(百業經)』을 한번 보고 잊지 않았으며 20세(1249년) 때에 사미계와 비구계를 동시에 받고 린첸펠이라는 이름을 얻었다. 수계(受戒) 후 12년간 연속으로 폐관(閉關)하여 독거 수행에 전념하였고, 육식을 거부하였다. 그 후 린체(rln-rtse)에게서 도('bro-lo) 역경사가 전한『시륜금강』전부의 교수법, 고룽파에게서 착(chag-lo) 역경사가 전한『시륜금강』과 역산(曆算)을, 상계도루제(sangs-rgyas-rdo-rje)에게서 차미(tsa-mi)가 전한『시륜금강』과 그 갈래를 배웠는데, 학습 기간은 11개월 걸렸다(이는 우겐파가 티베트에 있는 세 파의 시륜 전승을 모두 배웠음을 말해준다).『시륜금강』의 공부를 마친 후 스승 괴창파를 만나려고 데첸텡 사원으로 가는 도중에 "만유일미(萬有一味)"의 도리를 증오(證悟)하였다. 데첸텡 사원에서는 괴창파로부터 카규파의 밀법을 모두 전수받았다. 그 후『시륜금강』의 의문점을 자문하기 위하여 샴바라(śambhala)에 갈 것을 청구하였지만, 괴창파는 이를 허락하지 않고 시륜법을 가르치고 시륜금강의 관정을 행한 후에야 샴바라가 아닌 온디야나(Oddiyana)에 우겐파를 보냈다. 우겐파는 북부의 황막한 무인 지역을 거쳐 카일라스산에서 한동안 보내면서 법을 배운 후 마르율(mar-yul, 현재의 라다크)과 라쟝(ra-byang)으로 향하였다. 당초에 다섯 명의 동행자가 있었지만, 쟈란다라(jalandhara)에 도착한 후 세 명은 티베트로 돌아가고, 우겐파와 펠예(dpal-ye) 두 사람만 계속 행진하였다. 갈 길은 험난하고 몽골 기마병의 약탈 행위도 있었지만, 마침내 온디야나의 두마타라(dhu-mathala) 지방에 도착하였다. 그곳에서 여성 유가행자(瑜伽行者, 한 기녀의 딸이었다)를 만나 그에게서 법을 배우고 모든 구결을 얻었다. 그 후 티베트로 돌아오는 중, 카슈미르를 지날 때 카슈미르왕이 30명의 사람을 파견하여 뒤쫓아와서 죽이려고 한 것을 둘은 방법을 강구해 도망하였다. 우겐파가 쟈란다라와 온디야나를 여행한 데에 관한 기록은 그의 전기에 보존되어 있는데, 이 지역(파키스탄의 스와트swat 하곡 일대)의 고대 지리 연구에 중요한 자료로 활용된다. 바로 온디야나[온디야나는 당조 사람들의 음역

(音譯)이고, 티베트인들은 우겐(u-rgyan) 이라고 번역하였음]에 간 적이 있기 때문에 그를 우겐파라고 부른다. 우겐파가 티베트에 돌아왔을 때 괴창파는 이미 세상을 떠난 후였고, 그는 괴창파의 조각상을 몇 개 만들었다(괴창파는 임종 시 자신을 위하여 조각상을 만들지 말라는 유언을 남겼지만, 우겐파는 "유언을 듣지 못했다"는 핑계로 괴창파의 조각상을 만들었다. 이는 괴창파와 우겐파의 사제 관계가 매우 깊다는 것을 말해 한다.) 우겐파는 본래 카르마 흑모파 제2세 카르마 · 팍시의 제자이자 흑모파 제3세 랑중도루제의 스승이기 때문에 흑모파에서 중요한 위치를 차지하고 있지만, 티베트 역사가들은 그를 둑파 카규의 상(上)둑파로 분류한다. 1261년 우겐파는 또 많은 제자를 거느리고 인도의 금강보좌[석가모니 부처님이 성도(成道)한 지방으로서 현재의 붓다가야(Buddhagaya)]의 순례 길에 나섰다. 그가 금강보좌의 부근을 지날 때 인도인들은 그가 이 지방의 귀신을 굴복시켰다고 믿었다. 이때로부터 우겐파는 유명한 대요가행자(大瑜伽行者)가 되었다. 우겐파는 항상 무분별정(無分別定)과 보리심을 함께 수행하고 사람들의 병을 치료하였으며, 많은 현밀경론을 통달하여 점차 유명한 인물로 되었다. 우겐파는 티베트에 돌아온 후 넬(gnyal) 지역의 로로(lo-ro, 레충이 사원을 지은 곳)와 초나(mtsho-sna), 교르(gyor) 등의 지방을 두루 돌아다녔다. 원 세조 쿠빌라이의 조서를 받고 대도(大都, 현재의 북경)에 가서 쿠빌라이에게 시륜만다라 관정(灌頂)을 행하였다. 대도에 간 지 얼마 되지 않아 그는 황제 곁을 떠나 티베트로 돌아왔는데, 대도에 남아 있으라는 쿠빌라이의 명령을 거절하고 돌아왔으므로, 어떠한 재물(당시 북경에 갔던 티베트 라마들은 모두 대량의 재물을 가지고 귀향하였다.)과 봉호도 갖지 않았다고 한다. 우겐파는 1309년 80세로 세상을 떠났다. 제자는 매우 많았고, 당시에 유명하였던 사람으로는 5~6명이 있다.

둑파 · 카규에는 후에 "남(南)둑파"라고 불리는 또 하나의 계통이 있다. 본거지는 현재의 부탄에 있고, 이 지파(支派)의 지도자는 훗날 부탄의 정(政)과 교(敎) 두 방면의 권리를 겸하여 장악하였다. 그들은 또 라다크 지방의 왕실과 종교적 관계를 맺고 있어서 라다크 지방 왕은 항상 둑파의 지도자를 스승으로 모셨으며, 이러한 관계는 티베트 역사에도 일정한 영향을 미쳤다. 예를 들면, 달라이라마 5세의 만년 시기는 상게걈초가 집권하던 때였는데, 황교와 둑파 사이의 이해 충돌로 인하여 티베트 지방정부와 부탄의 집권자는 서로 상대방을 공격하였고, 저마다의 관할 구역에서 상대방을 차별 대우함으로써 서로 간의 종교 이익에 손상을 주었다. 라다크 당시의 지방 왕이 티베트 지방정부에 대한 부탄의 반항 행위를 원조해 나설 것이라고 말하였기 때문에, 1681~1683년에 티베트 지방정부와 라다크 사이에 전쟁이 일어났다. 1683년에 이르러 티베트 지방정부가 라룽 사원의 활불 미팜왕포(mi-pham-dbang-po)를 중재인으로 열성(列城)에 파견하여 정전 조건을 협의하고서야 비로소 분쟁을 끝낼 수 있었다. 그러나 "남(南)둑파"에 관한 상세한 상황은 이 이상 자료가 없어서 약할 수밖에 없다.

4) 야상 · 카규

켈덴예쉐셍게(skal-ldan-ye-shes-seng-ge', ?~1207년)는 팍모두파의 제자로서, 몬가르(mon-gar)에서 태어났다. 유년 시절에 양치기를 하였고, 그 후 팍모두파를 스승으로 모시고 "증오(證悟)"를 얻었다. 다랍(gar-rabs)에 쉬라(zva-ra) 사원을 건립하고 제자를 모았는데, 그중 주요 인물이 최몬람(chos-smon-lam, 1169~1233년)이다. 최몬람은 창셸(gtsang-zhal) 지역의 마르모(dmar-mo) 지방에서 태어났고, 눕(gnubs) 일족에 속한다. 어릴 때 출가하여 카담파의 최카파에게서 계율과 카담파 교법을 배우고 선정(禪定)에 능통하였다. 1186년 (18세)에 갸(rgya-dur) 율사(律師)에게서 비구계를 받고, 그곳에서 6년간 지내면서 율장(律藏)을 깊이 연구하였다. 28~29세 때에는 어느 한 사원의 넬파(gnyer-pa)를 담당한 적이 있으며, 불경 강의를 협조한 적도 있다. 그 후 켈덴예쉐셍게가 팍모두파의 제자라는 것을 알고 쉬라 사원에 가서 켈덴에게서 배웠는데, 사제(師弟) 간에 매우 의기투합하였다. 그 후에도 스승을 찾아 각 지방을 돌아다녔고, 1199년(31세)에 사라 사원에 돌아와 다시 밀법을 배웠다. 그는 타룽(mtha'-lung)의 라모(ra-mo)에 정주(定住)하였지만, 빈번히 쉬라 사원과 다른 지방에 가서 스승을 찾아 법을 배웠다. 레충이 전수(傳授)한 6법과 츄율파의 교법도 배웠고, 38세(1206년) 때에는 야상[g·ya'-bzang, 현재의 산남(山南) 지방 내동현(乃東縣) 아상(亞桑)] 사원을 건립하였는데, 이 교파의 이름도 이 사원에서 유래한 것이다. 이듬해(1207년) 켈덴예쉐셍게가 세상을 뜨자, 최몬람은 스승의 제자들을 거느렸다. 최몬람이 야상 사원을 건립한 후 야르룽(yar-klong) 일대와 로카(lho-kha), 초나(mtsho-sna) 등 지방의 시주들이 사람을 파견하여 법회를 주최할 것을 요청하였다. 그가 로닥(lho-brag) 지방에서 선후로 45차례의 법좌(法座)를 설립하였고, 로카(lho-kha) 지방에서 47차례의 법좌를 설립하였으므로 점차 명성을 떨쳤다. 그는 상당히 넓은 지역에서의 인간의 수렵 행위를 금지시킬 수 있었으며, 그의 제자들도 각지에서 사원을 건립하고 제자를 모았다. 최몬람이 죽은 후에 야상파(派)는 한 지방 세력과 결합하였고, 원 세조가 티베트에서 만호(萬戶)를 책봉할 때 야상파도 만호부(萬戶府)가 되었다. 그러나 세력이 한정적이어서 팍모두 만호(萬戶)에 종속되었다. 14세기 중엽 야상 지방 세력은 디궁 만호 및 첼파 만호와 연합하여 팍모두 만호와 대적하였다. 1349년 전후에 팍모두파의 쟝춥겐첸에게 패배당하여 야상 만호(萬戶)의 지역은 팍모두파의 지배하에 들어갔다. 이곳의 지방 세력은 이로부터 쇠퇴하고 야상 교파도 따라서 사라졌다.

5) 토푹 · 카규

토푹 · 카규(khro-phug-dka'-brgyud)는 팍모두파의 제자 겔차(rgyal-tsha)와 쿤덴(kun-ldan)이 창시하였고, 오래 존재하지는 못했다. 이 교파는 두 가지 사건으로 유명하다. 하나는 이 두 사람의 제자인 토푹역경사(khro-phug-lo-tsa-ba)의 활동, 즉 그가 인도의 판디타 3명을 특별히 초청한 일을 말함이고, 다른 하나는 토푹 사원에 미륵보살상이 있어 후세에 이르기까지 티베트 불교도의 순례 성지(聖地)로 공인받은 일이다. 아래에 간단히 서술하기로 한다.

겔차(rgyal-tsha, 1118~1195년. 그의 모친은 어느 작은 왕의 딸이었다. 겔차는 '왕의 조카'라는 뜻임)는 후(後)티베트의 시가체와 사캬 사이의 샵(shab) 지역 젤('jal) 지방에서 태어났고, 눕(snubs) 일족에 속한다. 그의 집안은 대대로 닝마파의 성취자를 배출하였다. 그는 5세에 티베트어를 배웠고, 숫자 계산을 잘하였다. 그때부터 이미 불교에 흥미가 있었고, 19세 전에 18명의 승려를 스승으로 모시고 법을 배웠으며, 19세가 되자 전(前)티베트에 가서 스승을 찾아 법을 배웠다. 25세(1142년) 때 고향에 돌아온 후에는 사람들에게 불경을 독송하고 때로는 불경을 강의하였다. 부친은 그를 일찍이 결혼시키려고 하였지만, 그는 결혼하려고 하지 않고 선후로 13명의 스승을 모시고 법을 배웠다. 그 후 팍모두파에게서 배우고, 대인공성의(大印空性義)를 증오(證悟)하였다. 그 후에도 많은 사람에게서 법을 배우고, 츄율파의 법을 배우기도 하였다. 일설에 의하면, 그는 도합 82명을 스승으로 섬겼다고 한다. 후에 고향에 돌아와서는 자주 사람을 외지에 보내 장사를 시켰고, 그 자신은 많은 재물을 가지고 덴사틸 사원에 가서 팍모두파 본인과 사원의 승려들마다에게 보시하였다. 대략 이 시기에 그는 팍모두파 등에게서 모든 교법을 배웠다. 1171년 그는 팍모두파의 뜻대로 귀향하여 제자를 받아서 법을 가르쳤다. 돈모리(don-mo-ri) 지방에서 정식으로 비구계를 받았는데, 그때 나이가 이미 54세(1171년)였다. 집으로 돌아간 후 샹춘온충(zhang-btsun-dbon-chung)에게서 토푹(khro-phug) 지방의 택지(宅地)를 사서 불당과 몇 채의 승방(僧房)을 지었다. 20명 정도의 제자를 모아, 주로 선정(禪定) 수행을 하였다. 이것이 도푹 사원이고, 이 교파의 이름은 이 사원에서 유래한 것이다[현재의 시가체 서쪽에서 남쪽으로 기울어진 샵하(河)의 동쪽]. 겔차도 남에게 관정을 전수하였었으며, 1195년 78세에 세상을 떠났다.

쿤덴(kun-ldan)은 쿤덴레파(kun-ldan-ras-pa, 1148~1217년)라고도 하며, 겔차의 동생이다. 겔차가 팍모두파에게서 배울 때 쿤덴은 형을 위하여 양식을 날랐다. 당시는 마침 팍모두파가 제자들에게 미레라파의 이야기를 할 때였는데, 쿤덴은 흥미를 느끼는 동시에 신앙심이 생겨 팍모두파의 곁에 남아 법을 배웠다. 팍모두파의 가르침에 따라 수행에 노력하여 "증오(證悟)"를 얻은 그를 두고 당시의 불교도들은 대성취자(大成就者)라고 인식하였다. 쿤덴이 고향에 돌아간 후 어느 해 흉년이 들어 기근이 발생하였다. 쿤덴이 지팡이로 토푹 사원의 불전 앞의 토지를 찌르면서 주문을 외우고, 그곳에서 대량의 칭커보리(靑稞)를 파냈다. 그 칭커보리로 굶주린 백성을 구제하였는데, 5일간 끊이지 않았다고 한다. 이로부터 쿤덴은 당시에 "신통력"으로 또한 유명하여졌다. 겔차와 쿤덴의 두 형제의 제자가 토푹 역경사(khro-phug-lo-tsa-ba)이다.

토푹 역경사의 본명은 출팀쉐랍(tshul-khrima-shes-rab, 1173~1225년)[쟘페펠(byams-pa'i-dpal)이라고도 한다.『부톤불교사』참조]이고, 겔차와 쿤덴 두 형제의 조카이다. 6세에 티베트어를 공부하고, 8세에 겔차에게서 법을 배웠으며, 11세에 창카르(gtsang-dkar)가 강의하는『양결정론(量決定論)』을 들었는가 하면, 12세에 사캬의 법회에 참가하였다. 16세 때까지 창카르에게서 현밀의 경론을 배우고 경의(經義)를 해석할 수 있었으며, 변론을 잘하였다. 17세 때에 체톤쿤상(rtse-ston-kun-bzang)을 토푹 사원에 초청하여 만다라의궤(曼茶羅儀軌)를 배웠다. 19세에 샹게와(zhang-dge-ba)에게서 산스크리트어를 배우고, 점차 역경을 할 수 있게 되었다. 이해에 비구계를 받았으며,. 수계(受戒) 후에도 창낙촌두셍게(gtsang-nag-brton-'grus-seng-ge)에게서 2년간 계율을 배웠다. 21세에는 쿤덴에게서 로로레파(lo-ro-ras-pa)가 전수한 방편도(方便道)를 배웠다. 이 시기 전염병을 예방하기 위하여 3년간 폐관(閉關)하고 독거 수행하였는데, 이 기간에도 겔차에게서 136종(種)의 교법을 배웠다. 1196년에는 네팔에 가서 붓다슈리(buddhaśrī)에게서 현밀(顯密) 경론을 폭넓게 배웠고, 미트라요키(mitra-dzo-ki)와도 만났다. 토푹 역경사는 미트라요키를 도폭 사원에 초청하여 18개월간 함께 생활하였으며, 미트라요키가 네팔에 돌아갈 때 토푹 역경사는 키롱까지 배웅하였다. 후에 그는 또 붓다슈리를 티베트에 초청하였다. 이때 토푹 역경사는 큰 불상을 만들려고 생각하고, 넬(gnyal) 지방의 챡다춈파(chag-dgra-bcom-pa)에게 편지를 보내 붓다슈리를 넬 지방에 요청하고 자신은 그의 통역을 담당하였다. 넬 지방에는 붓다슈리의 강의를 들으려고 많은 승려와 속인들이 찾아왔는데, 그들의 보시에 의하여 붓다슈리는 300냥의 황금을 얻었다. 토푹 역경사와 붓다슈리는 도폭 사원에 돌아가서 이 황금으로 미륵상을 제조하였다. 그 후 토푹 역경사는 제자 몇 명을 데리고 도모(go-mo) 산어귀를 거쳐 인도의 비도르(vaidur) 지방에 가서 샤카슈리바드라(Śākyaśrībhadra, 나란다 사원의 최후 좌주로서 티베트에 계율을 전승하고 현교 교의와 인명(因明) 학설에 큰 영향을 미쳤다)를 모셔 왔다. 샤카슈리바드라는 1204년 티베트에 들어온 후 북쪽의 레딩, 남쪽의 로닥과 넬메(gnyal-smad)에 이르는 광범한 지역을 돌아다니며 10년에 걸쳐 포교 활동을 하였다. 그 사이 토푹 역경사는 통역으로서 잠시도 그를 떠나지 않았다. 그들이 얻은 보시는 대부분 미륵상을 제조하는데 쓰고, 남은 것은 삼장법사(三藏法師)들과 다른 승려에게 분배하였다. 샤카슈리바드라가 카슈미르의 고향에 돌아갈 때 토푹 역경사는 가리에까지 동행하였는데, 헤어질 때 샤카슈리바드라는 자신의 황금 300냥을 토푹 역경사에게 주었다(길에서 강도를 만날까 두려워서 갖고 갈 엄두를 내지 못하였다). 이렇게 토푹 역경사가 인도의 판디타 3명을 초청하고 토폭사원을 넓혀 짓고 미륵상을 제조하였으므로 토푹·카규 이 일파는 당시에 상당한 성망을 얻게 되었다. 1225년 토푹 역경사는 전(前)티베트에서 세상을 떠났다. 그의 아들 셈파첸포(sems-pa-chen-po)가 토폭사원의 사업을 계승하였다. 셈파첸포의 제자가 양체파·린첸셍게(yang-rtses-pa-lin-chen-seng-ge)이고, 양체파 린첸셍게의 제자가 바로 저명한 부톤·린첸듑(bu-ston-lin-chen-grub, 1290~1364년, 이하 '부톤'이라고 약칭한다)인데, 부톤 자신은 다른 한 일파를 형성하였다. 토폭 사원은 한동안 그 세력을 유지하였지만, 후에는 서서히 쇠퇴하였으며 그 미륵대불상만이 티베트 불교계의 한 개 "성적(聖蹟)"으로서 지금까지 남아 있다.

6) 숙셉·카규

숙셉·카규(shug-gseb-dka'-brgyud)의 창시자는 팍모두파의 동생 겔곰·출팀셍게(gyer-sgom-tshul-khrima-seng-ge, 1144~1204년)이다. 그는 야르롱(yar-klongs)지방에서 태어났고, 쿤둑파(khra'-'brug-pa) 왕족(첸포의 후예)의 후세이다. 19세(1152년)부터 팍모두파에게서 법을 배웠고, 38세에 네푸(snye-phu)지방에 숙셉 사원을 건립하였다. 숙셉파라는 이름은 이 사원에서 유래한 것이다. 겔곰·출팀셍게로부터 전해진 이 교파는 많은 유명한 사람을 배출하였는데, 시제파의 초기 교법을 매우 중시하였다. 순누펠의 『청사(靑史)』에서는 숙셉파를 시제파(zhi-byed-pa)에 포함시키고 있다. 그러나 카규파에서는 숙셉파의 창시자 겔곰·출팀셍게가 팍모두파의 동생이기 때문에, 숙셉파를 팍모두카규의 8소 지파의 하나라고 주장하고 있다. 이곳에서는 더 소개하지 않는다.

7) 엘파·카규

엘파·카규(yel-pa-dka'-brgyud)의 창시자는 팍모두파의 동생 예쉐첵파(ye-shes-brtsegs-pa, 생졸년불명)이다. 그는 엘푹(yel-phug) 사원을 건립하였는데, 이 교파의 이름은 이 사원에서 유래한 것이다. 전하는 바에 의하면, 게사르왕이 엘파파(派)를 신봉하였다고 하며, 게사르왕의 자손이 게사르왕의 무기를 이 사원에 보관하여 두었다고 한다. 그러나 후에 이 교파는 다른 교파와 합류되었고, 오래전에 이미 소실되었다.

8) 마르창 · 카규

마르창 · 카규(smar-tshang-dka'-brgyud)의 창시자는 마르창 · 쉐랍셍게(smar-tshang-shes-rab-seng-ge, 생졸년 불명)이다. 그는 이 교파의 교법을 예쉐겐첸(ye-shes-rgyal-mtshan)과 린첸링파(rin-chen-gling-pa)에게 전하였다고 한다. 후에 이 교파는 캄지구의 펠율(dpal-yul) 지방의 닝마파와 합류함으로써 소실되었다(제3편 닝마파 참조).

[부표 6-1] 닥포 · 카규 연원표(淵源表)

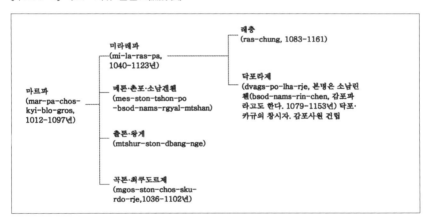

[부표 6-2] 닥포·카규 방계총표(傍系總表)

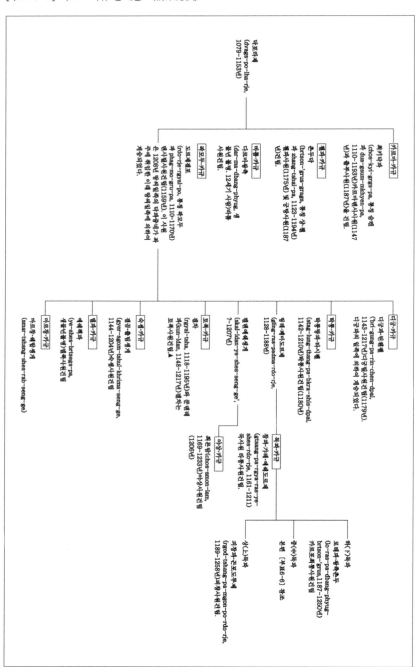

닥포의세
(dvags-po-lha-rje,
1079-1153년)

카르마-카규
까르마-파
(chos-kyi-grags-pa, 홍청 초대)
후.dus-gsum-mkhyen-pa,
1110-1193년)가르뽀파의법사사원(1147
년)과 축쭈르된사원(1187년)을 건립.

츨라-카규
추두띵
(brtson-'grus-grags, 홍청 상캄
뿌.zhang-tshal-pa, 1123-1194년)
법사사원(1175년) 및 궁탕사원(1187
년)건립.

바롱-카규
다르마왕축
(dar-ma-dbang-phyug, 성
홍뿌.zhang.12세기 사원)바롱
사원건립.

팍모-카규
도뽀제뽀
(rdo-rje-rgyal-po, 팍모뿌
뿌.phag-mo-gru-pa, 1110-1170년)
법사사원(1158년), 이 사원
은 1208년 명세왕손 에게불가 뵈
주씨 왕위인 이래 명세왕손의 의하여
계승되었다.

디궁-카규
디궁파-린첸뻴
('bri-gung-pa-rin-chen-dpal,
1143-1217년)디궁파의법사사원(1179년).
디궁파의 왕축의 의하여 계승되었다.

딱롱-카규
딱롱탕파-따시뻴
(stag-lung-thang-pa-bkra-shis-dpal,
1142-1210년)딱롱사원건립(1180년)

동푸-카규
걀와-갸레-예쇼도제
(gtsang-pa-rgya-ras-ye-
shes-rdo-rje, 1161-1211)
독사원 완추사원건립.

짤-셰뽀도제
(ding-ras-padma-rdo-rje,
1128-1188년)

뵉-카규
걀.
(rgyal-tsha, 1118-1195년)와.륜챔빼
뿌.(kun-ldan, 1148-1217년)껜사돈
뜨라사원건립)A.

슉셉-카규
궐쿠-촘빠생게
(gyu-sgom-tshul-khrims-seng-ge,
1144-1204년)슉셉사원건립

예빠-카규
예셰쪽뽀
(ye-shes-brtsegs-pa,
성흘사원)예빠사원건립

마르창-카규
마르창-셰랍셍게
(smar-tshang-shes-rab-seng-ge)

야장-카규
짤은뵉(chos-smon-lam,
1169-1233년)야장사원건립
(1206년)

하(下)계뽀
도체빠-뺑축도
(lo-ras-pa-dbang-phyug-
brtson-'grus,1187-1250년)
카르포초승사원건립

중(中)계뽀
분편 [부표6-6] 참조

상(上)계뽀
괴창빠-곤뽀도제
(rgod-tshang-pa-mgon-po-rdo-rje,
1189-1258년)상사원건립.

역대 흑모파 활불

제1세 두숨켄파(dus-gsum-mkhyen-pa, 1110~1193년)

제2세 카르마 · 팍시(karma-pakshi, 1204~1283년)

제3세 랑즁도르제(rang-byung-rdo-rje, 1284~1339년)

제4세 롤페도르제(rol-pa'i-rdo-rje, 1340~1383년)

제5세 데신섹파(de-bzhin-gshegs-pa, 1384~1415년)

제6세 통와돈뎬(mthong-ba-don-ldan, 1416~1453년)

제7세 최닥갸초(chos-grags-rgya-mtsho, 1454~1506년)

제8세 미쿄도르제(mi-bskyood-rdo-rje, 1507~1554년)

제9세 왕츅도르제(dbang-phyug-rdo-rje, 1556~1603년)

제10세 최잉도르제(chos-dbyings-rdo-rje, 1604~1674년)

제11세 예쉐도루제(ys-shes-rdo-rje, 1702~1732년)

제12세 쟝춥도르제(byang-chub-rdo-rje, 1702~1732년)

제13세 두툴도르제(bdud-'bdul-rdo-rje, 1733~1797년)

제14세 텍촉도르제(theg-mchog-rdo-rje, 1798~1845?)

제15세 카캽도르제(mkha'-khyab-rdo-rje, 1846?~1923년)

제16세 릭페도르제(rig-pa'i-rdo-rje, 1924년생)

역대 적모파 활불

제1세 닥파셍게(grag-pa-seng—ge, 1283~1349년)

제2세 카쵸왕포(mkha'-spyod-dbang-po, 1350~1405년)

제3세 최펠예쉐(chos-dpal-ye-shes, 1406~1452년)

제4세 최닥예쉐(chos-grags-ye-shes, 1453~1524년)

제5세 콘촉엔락(dkon-mchog-yan-lag, 1525~1583년)

제6세 최키왕츅(chos-kyi-dbang-phyug, 1584-1635년)

제7세 예쉐닝포(ye-shes-snying—po, 1639?~1649년?)

제8세 최키돈둡(chos-kyi-don—grub, 생졸년 불명)

제9세 최키니마(chos-kyi-nyi-ma)

제10세 최둡갸초(chos-grub-rgya-mtsho, 1738년 이전~1791년) 6세 판첸(1738~1780
        년)의 형.

[부표 6-4] 디궁 · 카규 세계표(世系表)

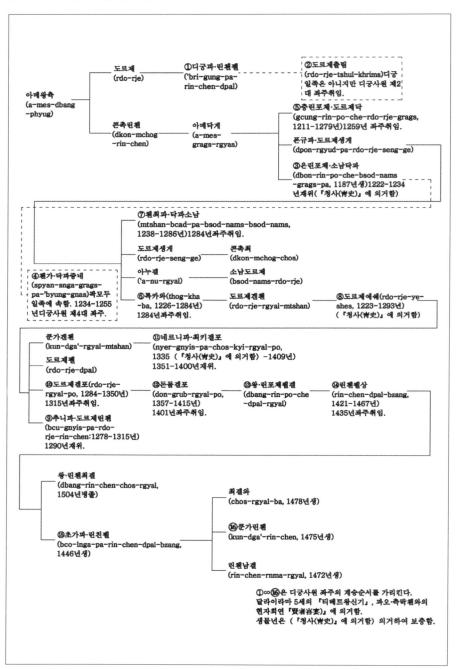

①∞⑯은 디궁사원 좌주의 계승순서를 가리킨다.
달라이라마 5세의 「티베트왕신기」, 파오·측락첸와의
현자희연「賢者喜宴」에 의거함.
생몰년은 (「청사(靑史)」에 의거함) 의거하여 보충함.

[부표 6-5] 탁룽 · 카규파의 탁룽 사원 좌주 전승표(傳承表)

1. 탁룽탕파 · 타시펠(stag-lung-thang-pa-bkra-shis-dpal, 1142~1210년) 1180년 탁룽 사원 건립
2. 쿠엘 · 린첸곤(sku-yal-rin-chen-mgon, 1191-1236년) 1210~1236년 재위
3. 상계야르존 · 쉐랍라마(sang-rgyas-yar-byon-shes-rab-bla-ma, 1203~1272년) 1236~1272년 재위
4. 망가라구루(mang-ga-la-gu-lu, 1231~1297년) 1273~1297년 재위
5. 상게펠상포(sangs-rgyas-dpal-bzang-po, 1257~1310년) 1297~1309년 재위
6. 린첸라와(rin-chen-bla-ba, 1288~1339년) 1309~1339년 재위
7. 린첸중네(rin-chen-'byung-gnas, 1300~1361년) 1339~1361년 재위
8. 남카펠상포(nam-mkha'-dpal-bzang-po, 1333~1379년) 1361~1375년 재위
9. 타시펠첵(bkra-shia-dpal-brtsegs, 1359~1424년) 1376~1481년 재위. 명(明)의 영락제(永樂帝)로부터 국사(國師)에 책봉되었다.
10. 쟝춥갑초(byang-chub-rgya-mtsho, 1403~1448년) 1424~1439년 재위
11. 타시펠외파(bkra-shia-dpal-'od-pa, 1408~1460년) 1430~1460년 재위
12. 각왕닥파펠상포(ngags-dbang-grags-pa-dpal-bzang-po, 1418~?) 1461~? 재위
13. 타시펠와(bkra-shia-dpal-ba, 1461~?) 1473~? 재위

『청사(靑史)』에 의거함

[부표 6-6] 중(中)둑파 라룽 사원 활불 세계표(世系表)
　　　　　[북경도서관 소장(所藏) 『청사(靑史)』 초본(抄本)에 의거함]

1대 갸레예쉐도르제, 양퇴고륵(揚堆庫勒)[12]에서 출가, 51세에 입적.
2대 쿤가펜쬴, 후장열룽(後藏熱隆)에서 출가, 49세에 입적.
3대 쟘양최키닥파, 갑어(甲魚)에서 출가, 48세에 입적.
4대 페마갈포, 공곤왕열(工棍汪熱)에서 출가, 65세에 입적.
5대 파샹왕포, 경결(瓊結)에서 출가, 49세에 입적.
6대 미팜왕포, 락찰과정(洛札夥挺)에서 출가, 74세에 입적.
7대 카규팅레, 공포와융(工布窩絨)에서 출가, 50세에 입적.
8대 미팜텐징남곌, 동매로정(棟買魯鼎)에서 출가, 55세에 입적.
9대 강왕미팜직메남곌, 강자육마(江孜陸麻)에서 출가, 도광(道光) 18년에 입병체정(入瓶掣定)됨, 57세에 입적.

10대 툽텐남겔게렉켈상, 퇴룽채덕(堆曨蔡德)에서 출가, 광서(光緖) 13년에 입병체정(入甁掣定)됨, 현재 18세[13].

---

12) 양퇴고륵(揚堆庫勒)은 냥퇴쿠레(nyang-stod-ku-le)의 한자음이다.
13) 내용의 고증에 의하면, 초본(抄本) 『서장라마사례(西藏喇嘛事例)』는 광서(光緖) 27년에 출판되었고, 이로부터 추단하면 10대 툽텐남겔게렉켈상은 광서(光緖) 10년(1884년)에 출생하였고, 9대 강왕미팜직메남겔은 도광(道光)7년(1827년)에 출생하였다.

제7편

그 밖의 지파(支派)

1. 시제파

시제파(zhi-byed-pa)의 유래는 인도인 담파상겔(dam-pa-sangs-rgyas, ?~1117년)에까지 거슬러 올라간다. 담파상겔은 남인도인으로서, 출가한 후 비크라마쉴라(Vikramaśīla) 등 사원과 금강보좌·스다림(逝多林) 등 지에서 선후로 다르마키루티(아티샤의 스승)와 마이트리파 등 당시의 현교(顯敎)와 밀법(密法)의 유명한 인물 50여 명을 스승으로 섬기고 현밀(顯密)의 교법을 배웠다. 그 후 은거하여 수행에 전념한 결과 여러 가지 성취를 얻었다고 한다. 담파상겔의 교법은 『반야경(般若經)』(그중에서 『현관장엄론』이 위주이다)이 중심이고 밀법 분야에서는 대인법문(大印法門)을 전수하였지만, 한 가지 방법에만 구애되지 않았다. 담파상겔은 티베트를 다섯 차례나 방문하였고, 전(前)티베트의 남부와 후(後)티베트의 남부에서 여러 가지 교법을 전수하였으므로 제자가 대단히 많았다. 그는 사람들의 서로 다른 재능에 따라 그에 맞추어 설법하였고, 포교 내용이 다종다양했기 때문에, 통일적인 교파를 형성하지 못하였다. 그의 교법은 수행을 위주로 하는 것이어서 제자들은 모두 황폐한 산이나 깊은 숲속, 무덤 등 인적이 드문 곳에서 장기간 고행(苦行)하였으므로 사원을 건립하거나 승가를 조직하는 일에 열중하지 않아 사회적인 한 세력을 형성하는 경우가 매우 적었다. 담파상겔의 제자들 역시 자신의 제자를 많이 모았으므로 그 교법이 오랫동안 전승되었지만 여전히 고행을 중시하였고, 내지의 황실과 연계를 갖지 않았을 뿐 아니라 티베트에서도 지방정권을 장악하거나 혹은 그에 참여하거나 하지 않았다. 1097년 후(後)티베트의 딩리 지방(쵸몰라마봉 부근)에 사원을 건립하였지만, 시제파의 거점으로는 되지 않았다. 전하는 바에 의하면, 담파상겔은 만년에 내지의 오대산(五臺山)을 순례하였으며, 그가 죽은 후 내지의 승려가 담파상겔의 초상을 인쇄물로 유통시켰다고 한다. 그러나 한문(漢文)의 불교사와 승전(僧傳) 등 사료에서 그에 관한 기재를 찾아볼 수 없다. 담파상겔이 전수한 법 중에서 비교적 오래 전승되었고, 인원수가 비교적 많은 것으로는 두 파가 있다. 1. 시제파 2. 츄율파(자세한 내용은 다음 글에서 적는다.) 어떤 티베트사 자료에서는 이 두 개 전승을 티베트 불교사상의 두 가지 교파로 취급하였다. 여기서 우리는 시제파에 대하여 서술하기로 한다.

시제(zhi-byed)의 뜻은 "능적(能寂)" 즉 "식(息)을 그치다"(숨을 멈추다)이다. 이는 그들이 반야성공의(般若性空義)와 일련(一連)의 고행 수법에 의거하여 생사의 윤회(輪廻)를 멈추게 하고, 모든 고뇌와 그 근원을 없앨 수 있음을 의미한다. 그들은 이 법문(法門)을 "능적"이라고 자칭하였는데, "시제"란 "능적"의 티베트어 번역이다.

티베트어 사료는 시제파의 교법에 전전(前傳)・중전(中傳)・후전(後傳)의 3전(三傳)이 있다고 적고 있다. 말하자면, 담파상겔은 세 시기에 서로 다른 티베트인에게 세 가지 이런 류의 교법을 전수한다는 의미이다. 1.전전(前傳)은 라충외세르(bla-chung-'od-zer, 생졸년 불명)에 의하여 전승되었다. 2. 중전(中傳)은 또 세 사람에게 나뉘어 전수되었는데, 그들은 (1) 마・최키쉐랍(rma-chos-kyi-shes-rab, 1055~?년) (2) 소충・겐둔바르(so-chung-dge-'dun-'bar, 1062~1128년) (3) 캄・예쉐겐첸(skam-ye-shes-rgyal-mtshan, 생졸년 불명)이다. 이 세 사람은 스승에게서 전수받은 교법을 또 각자의 제자에게 전승하였다. [캄・예쉐겐첸의 제자들은 중전(中傳)을 다시 상전(上傳)과 하전(下傳) 두 계통으로 나누었다]. 그 외에도 소위 말하는 중전(中傳)의 방계(傍系)가 있는데 다파

(gra-pa, 생졸년 불명)와 체(lce), 쟝(jang) 세 사람이 전승한 교법이 그것이다. 그 외에 또 흩어져 전승된 사람이 여러 명이 있고, 그중에서 24명의 여승(女僧)이 유명하다. 이들은 다 시제파의 중전(中傳)에 속한다. 3. 후전(後傳)에는 전승자가 세 사람이 있다. (1) 보디삿트바·쿤가(bodhisattva-kun-dga 1062~1124년) (2) 파찹곰파(pa-tshab-sgom-pa, 1077~1158년) (3) 겔와텐네(rgyal-ba-ten-ne, 1127~1217년. 역시 파찹곰파의 제자이며, 자기의 전승이 있음)이다. 이 세 사람은 모두 비밀적으로 교법을 전수하는가 하면, 또한 흔히는 단향적이다. 시제파의 전승을 받은 대부분 사람들은 간소하게 종교 생활을 할 뿐 사회적으로 이름이 없으며, 지방 정치 세력과도 관계를 맺지 않았다. 14세기 말 15세기 초에 이르러, 이런 전승의 거의 대부분은 실전되었다. 시제파의 일부 수행법은 다른 교파의 승려에 의해 수용되거나 또 그들 각자의 교파 중에서 유전되기도 하였지만, 교파로서의 시제파는 이때 이미 사라졌다.

2. 최율파

최율파의 명칭은 티베트어로 "gcod-yul"과 "spyod-yul"의 두 가지 표기법이 있다. 첫 번째 표기 "gcod"는 "단(斷)"인데, 뜻인즉 그들의 주요 교법인 공성견(空性見)과 자비심(慈悲心), 보리심(菩提心)을 통해 인생의 고뇌와 생사의 근원을 끊을 수 있음을 의미한다. "yul"은 불교 서적에서 "경(境)"이라는 뜻이고, 심리 활동의 대상을 의미한다. 불교도는 모든 번뇌[그들은 번뇌라는 것은 의혹(疑惑)이거나 업을 쌓거나 생사윤회의 근원 등을 가리킨다고 하고 있다.]는 인간이 인식 대상에 대해 가지는 오해와, 이에 의거한 애증(愛憎)에서 생기며 진정한 지혜와 모든 사람에 대한 자비심은 번뇌를 끊을 수 있다고 여긴다. 즉 그들의 이러한 "법문(法門)"은 정확하지 않은 인식을 바탕으로 하는 대상[즉 "경(境)"]과 이로 인한 여러 가지 번뇌를 끊을 수 있다는 것이다. 그런 까닭에 이 법문을 "gcod-yul"이라고 한다. 또 다른 표기 "spyod"라는 뜻은 "행(行)"인데, "행"이라는 것은 정신과 그의 대상인 인식 대상을 인식하고 판단하는 것을 가리킨다. "spyod-yul"은 옛날에 "소행경(所行境)"[당 현장(玄奘)의 번역으로서 심식(心識)이 요지(了知)하는 내용을 가리킴]으로 번역되었는데, 이른바 반야공성견(般若空性見)과 자비심(慈悲心) 등 경계와 효능을 가리킨다.

이 파는 담파상계로부터 전승(윗 글 참조)되었는데, 전하는 바에 의하면, 최율파는 담파상계가 세 번째로 티베트에 들어갔을 때 쿄 · 사캬예쉐(skyo-shākya-ye-shes, 생졸년 불명)와 야르롱 · 마라세르포(yar-kiong-rma-ra-ser-po, 생졸년 불명)에게 최율 교법을 전수하였다고 한다. 마라세르포의 제자는 남자가 많아서 이 계통을 "포최"(pho-gcod, '남자 계통의 최율파' 라는 뜻)라고 한다. 쿄 · 사캬예쉐에게 전수된 교법은 그의 조카 쿄 · 소남라마가(skyo-bsod-nams-bla-ma, 생졸년 불명)에게 전승되었고, 소남라마는 자기의 여성 제자 랍돈마(labs-sgron-ma, 티베트 종교사에서 유명한 인물이다. 생졸년 불명)에게 전수하였다. 랍돈마의 제자는 여성이 많아서 이 계통을 "모최"(mo-gcod, '여성 계통의 최율파'라는 뜻)라고 한다. 이 밖에 카락파(kha-rag-pa, 생졸년 불명) 계통이 있다. 최율파는 그 무슨 지위라든가와는 더욱 접하지 않은 교파인데, 15세기까지 계승자가 있었으나 그 후로는 최율파에 관한 기재를 찾아볼 수 없다.

3. 조낭파

조낭파(jo-nang-pa)는 "성공의(性空義)"를 해석함에 있어 티베트 불교의 기타 교파와 다른 입장을 취하였다. 조낭파는, 사물에는 그의 진실체성(眞實體性)이 있는데, 이 진실체성 자체를 성공(性空)이라고 할 수 없으며, 사람의 "허망분별(虛妄分別)"에 의하여 덧붙여진 것만이 공(空)이라고 할 수 있다고 인식한다. 그러므로 성공(性空)이란 "허망분별"에 의하여 첨가된 것만을

"공"이라 인정하는 것을 말함이며, 사물의 본진(本眞) 자체는 "공"이라 할 수 없다는 것이다. 사물의 본진은 사물의 "자(自)"이고, 사물 위에 덧붙은 "허망 분별"은 "타(他)"이다. 그러므로 성공(性空)이라 할 때 "타공(他空)"을 말할 뿐이며 "자공(自空)"일 수는 없는 것이다. 이것이 다른 교파와 구별되는 점인데, 조낭파만의 독자적인 사고방식을 말해 준다. 다른 교파는 용수(龍樹)의 중론의(中論義)에 따라 일체 사물에는 상존불변(常存不變)의 실체가 결코 없고 사물 본신이 허망하기 때문에, 성공(性空)이라고 인정한다. 성공이란 사물 자체의 본성이 공(空)이고 "타공의(他空義)"에 맞먹는 것은 "자성공(自性空)"이기도 한 것이다. "타공의"설에 의하면, 일체 사물은 그의 실성(實性)을 갖고 있고, 특히 더 나아가 일체 중생이 불성을 갖고 있다고 인정하며, 중생 층위의 불성과 부처님의 불성은 조금도 다르지 않다고 인정한다. 이러한 설의 근간은 힌두교의 시바파와 일맥상통한다. 이 때문에 티베트 불교의 다른 교파 라마들은 조낭파의 이러한 "타공의"의 견해가 불교가 아니라고 반박하였다. 조낭파의 "타공의"설은 유모·미쿄도르제(yu-mo-mi-bskyod-rdo-rje, 생졸년 불명)까지 거슬러 올라간다. 그는 원래 재가 유가행자(瑜伽行者)였으나 출가한 후 이름을 데파겔포(dad-pa-rgyal-po)로 개명하고, 여러 사람을 스승으로 섬기면서 『시륜(時輪)』·『집밀(集密)』 등의 법을 배웠다. 우육('u-yug) 지방에서 수행하여 증험을 얻고 "타공의(他空義)"를 깨닫게 되는데, 그는 이 내용을 저술한 후 82세에 세상을 떠났다. 그 후 유모·미쿄도르제의 제5대 제자 툭제춘두(thugs-rje-brston-'grus, 1243~1313년)가 조모낭 사원(jo-mo-nang, 조낭 사원 jo-nang이라고 약칭. 시가체 서쪽의 라체현 동북, 야루짱부강의 남쪽)을 건립하였는데, 본 교파명은 이 사원에서 유래한 것이다. 툭제춘두의 손제자 돌부파·쉐랍겐첸 때에 조낭파는 흥성하기 시작하였다.

돌부파·쉐랍겐첸(dol-bu-pa-shes-rab-rgyal-mtshan, 1290~1361년)은 돌부(dol-bu) 지방의 벤창(ban-tshang) 일족에서 태어났기에 돌부파라고 칭한다. 그는 어릴 때 키톤쟘양파(skyi-ston-'jam-dbyangs-pa) 숙질의 제자가 되어 현교

4대론[『현관장엄론(現觀莊嚴論)』·『입중론(入中論)』·『구사론(俱舍論)』·『양결정론(量決定論)』]과 『금강만(金剛鬘)』 등 밀법을 배웠다. 특히 로(rva-lo) 역경사가 전수한 『시륜(時輪)』을 자세히 배웠다. 돌부파는 젊었을 때부터 사캬 사원에서 4대론을 강의하였는데, 남의 비난을 아랑곳하지 않고 4대론 이외에 『입보리행론(入菩提行論)』 당시 카담파가 자주 강의하는 경전으로서 사캬 사원에서 강의하는 것은 금지되었다.)을 강의하여 사캬파의 미움을 샀다. 그 후 돌부파는 전(前)티베트와 후(後)티베트의 각 사원을 두루 유람하고 변론 장소에 참석하여 당시의 "학자"로 되었다. 31세(1320년) 때 조낭 사원의 케촌·욘텐갸초[mkhas-brtson-yon-tan-rgya-mtsho, 1206-1327년. 툭제촌두의 제자로서 대도(大都)에 간 적이 있다.]에게서 『시륜(時輪)탄트라』의 무구광소(無垢光疎)와 교수법을 배우고(욘텐갸초가 조낭 사원에서 가르친 『시륜』은 도역경사('bro-lo-tsa-ba)로부터 전해 온 것임), 실천에 옮겨 증험을 얻었다고 한다. 35세(1324년) 때 조낭 사원의 좌주가 되었고, 그 후 세상을 떠날 때까지 조낭 사원에서 제자들에게 현밀 교법을 가르쳤다. 돌부파는 쿤붐·통돌첸모(sku-'bum-mthong-grol-chen-mo, 티베트의 유명한 탑)라고 하는 대탑을 세웠다고 한다. 1334년 그는 사상마티판첸(sa-bzang-mati-pan-chen)과 로되펠(blo-gros-dpal)이라고 하는 두 제자에게 명령을 내려 『시륜(時輪) 탄트라』의 역문을 교정 및 개정하고, 이 신역문에 의거하여 『시륜 탄트라』의 무구광소(無垢光疎)의 소석(疎釋)과 섭의(攝義)를 작성하였다. 이 외에도 많은 관정의궤(灌頂儀軌) 및 수행법과 역산(曆算)에 관한 책을 저술하였다. 조낭파로 볼 때 보다 중요한 것은 돌부파가 『요의해(了義海)』·『제4결집(第4結集)』 등 조낭파의 교의를 명백히 논술한 저작을 저술하였다는 점이다. 이러한 저작들에서 돌부파는 다른 교파의 라마가 "자공의(自空義)"설로 조낭파의 "타공의(他空義)"설을 비판하는 것을 반박하고, "타공의"설의 근거와 정당성을 명확히 밝혔다. 그 후 그는 이 저작들의 요약적인 의미와 사체[sa-bcad, 과판(科判)의 뜻] 등을 작성하고, 또 『구경일승보성론주(究竟一乘寶性論注)』·『현관장엄론주(現觀莊嚴

論注)』·『불교총석(佛敎總釋)』등을 저술하였다. 돌부파의 저작은 당시에 전(前)티베트와 후(後)티베트에 널리 퍼졌는데, 다른 교파의 라마가 조낭 사원에 많이 와서 그와 변론하였지만, 모두 논파되었다고 한다. 돌부파에게는 늘 2천여 명 정도의 제자가 따랐는데, 그의 제자 로되펠(blo-gros-dpal)이 조낭사원의 좌주를 이어받은 후 돌부파는 전(前)티베트에 가서 라사에서 『시륜(時輪) 탄트라 육가행법』을 널리 전파하였다. 만년에는 조낭 사원에 돌아와 1361년에 72세로 세상을 떠났다.

돌부파의 또 다른 제자인 쵹레남겔(phyogs-las-rnam-rgyal, 1306~1386년)은 보동파(bo-dong-pa)라고도 한다. 가리 사람으로서 어릴 때부터 전(前)티베트의 쵠코르링(chos-'khor-gling) 사원에 가서 반야(般若)와 인명(因明) 등 현교(顯敎) 경론과 대소오명(大小五明)을 배웠다. 그 후 전(前)티베트와 후(後)티베트의 변론 장소를 두루 유람하고 유명한 "학자"가 되었다. 한번은 변론을 할 때 돌부파를 만났는데, 존경의 마음이 생긴 그는 조낭 사원에 가서 돌부파에게서 『시륜(時輪)』과 관정(灌頂) 등 밀법을 배웠다. 그 결과 "매우 높은 정력(定力)"을 증득(證得)하였기에 돌부파를 근본(根本) 스승으로 섬겼다. 돌부파의 다른 한 제자 쟝파타이웬파[byang-pa-ta'i-dban-pa, 타이웬은 원조(元朝)가 그에게 봉한 대원국사(大元國師) 봉호의 약칭이다. 타이웬은 많은 지방에서 대원(大元)이라는 의미로 통한다. 쟝은 라퇴쟝을 가리키는 것으로 보아 쟝파는 라퇴쟝의 만호장의 출신을 말해 주는 듯하다.]는 돌부파사제의 동의를 얻은 후 쟝 지방에 감링(ngang-ring) 사원을 건립하였다. 돌부파는 감링 사원에서 한동안 지냈으나, 쵹레남겔을 좌주로 임명한 후에 조낭 사원에로 돌아갔다. 쵹레남겔은 감링 사원에서 반야(般若)와 인명(因明) 등 현교 경론을 강의하고 많은 제자를 키웠다. 오랫동안 좌주 자리에 있었지만 1354년 49세 때에 좌주 자리를 텐페겐첸(bstan-pa'i-rgyal-mtshan)에게 넘기고, 조낭 사원에 돌아가 좌주가 되었다. 5년 후(1359년) 첼파 사원(tshal-pa)에 가서 승도들에게 『시륜(時輪) 탄트라』와 관정의궤(灌頂儀軌)를 강의하고, 『시륜』교수법을 전수하였다. 그 후 얄룽에 가서 탄툭 사원에 거주하였는데, 그의 설법을 듣는 제자와 추종자들은 그 수가 매우 많았다. 1386년 81세 때에 후(後)티베트에서 세상을 떠났다. 앞에서 언급한 사상마티판첸과 촉레남겔은 총카파의 스승이기도 하다. 이러한 세대의 인물들이 세상을 떠난 후 조낭파의 "타공론(他空論)"은 다른 교파의 반대를 당해 내지 못하고 그 세력이 점차 약화되었다. 16~17세기에 이르러서야 조낭파에 유명한 인물이 또 나타났는데 그 이름은 타라나타이다.

시기가 확실하지 않지만 조낭파의 최고 라마도 전세(轉世) 제도에 의하여 이어받게 되었고, 적어도 16세기 후기까지 계승되었다. 티베트어 사료에 의하면, 조낭파의 쿤가둘촉(kun-dga'-grol-mchog)이 죽은 후 전세자(轉世者)가 된 사람이 타라나타(tāranātha)이다. 타라나타의 본명은 쿤가닝포(kun-dga'-snying-po. 1575~1634년, 생졸년에는 이설이 있음)이고, 전(前)티베트와 후(後)티베트 접경 지대의 카락큥춘(kha-rag-khyung-btsun)에서 태어났다. 그의 집안은 갸역경사(rgya-lo)의 후손이라고 한다. 어릴 때에 조낭 사원에서 불경을 공부하였고, 그 후 우창 지방을 두루 유람하면서 여러 스승에게서 현밀의 교법을 배웠으며, 30세(1604년)에 비구계를 받았다. 1608년에는 인도 불교 말기의 역사를 기재한 『인도불교사』(독일어 · 일본어 · 영어 역본이 있음)를 저술한 외에 종교에 관한 저작도 많이 저술하였는데, 그중 조낭파의 교의를 해석하고 발전시킨 몇 권의 책으로 이름을 날렸다. 조낭파는 초기에 라퇴쟝[후(後)티베트의 감링이 그의 수부(首府)이다] 지방 수령의 지지를 받았지만, 16세기 말기에 라퇴쟝은 창파칸의 공격을 받아 실세하였고, 그 후에는 창파칸의 지지를 받았다. 17세기 초기에 창파칸의 세력은 급속히 확장되었고[한문(漢文) 사료에서 창파칸은 일반적으로 텐쿵왕포를 가리키지만, 이곳에서는 그의 부친 픈촉남겔을 가리킨다. 그들 두 부자는 모두 창데겔포로 자칭하였다. 픈촉남겔은 1612년에 무력으로 후(後)티베트를 통일하였고 1618년에는 전(前)티베트도 그의 지배 하에 들어갔다. 그들 두 부자는 조낭파를 지지하였다.] 게다가 타라나타 또한 당시의 유명한 인물이었기 때문에 조낭파도 따라서 17세기 초기에 재차 흥성하였다. 당시 서부 인도에서 티베트에 들어온 인도인은 모두 타라나타로부터 접대받고 공양을 받았다.(『인도불교사』는 이런 인도인의 구술에 의하여 저술된 책이다. 인도에는 인도 불교의 역사에 관한 저술이 없기 때문에 현대 인도인들의 인도 역사와 불교에 관한 책들에서는 『인도불교사』의 내용을 많이 채용하고 있다). 1614년에 타라나타는 조낭 사원 부근에 탁텐픈촉링(rtag-brtan-phun-tshogs-gling) 사원을 건립하였다. 그 후 머지않아 막북(漠北)의 몽골 칸이 티베트 승려를 몽골에 초청하려고 티베트에 사자를 보냈다(당시 막북 몽골에는 사원이 있었지만, 라마들은 모두 사캬파였다). 그때 창파칸의 세력은 바야흐로 흥성기여서 당연히 종교 분야의 세력 확대를 노렸고, 막북(漠北) 몽골과 정치적 유대를 강화할 필요가 있었다. 그 방면의 조건을 마련하기 위하여 타라나타를 몽골 지방에 보내 불법을 전수하게 하였다. 몽골로 출발하기 전 달라이라마 4세는 타라나타에게 "마이다리"(maidari, 이는 산스크리트어 maitaya 의 몽골어 발음으로서 미륵보살이라는 뜻임) 칭호를 수여하였다고 한다. 그러므로 몽골인은 타라나타를 "마이다리" 활불로 부르고, 젭춘담파의 전신(前身)으로 여겼다. 타라나타는 막북 몽골의 쿠론에서 지냈고, 그 일대에서 20년간을 활동하였는데, 몽골 칸의 신뢰와 지지를 받아 젭춘담파(rje-btsun-dam-pa, 몽골과 티베트 두 민족 승려들이 불법에 정통하고 계율을 철저히 지키는 대라마에 대해 부르는 칭호임)라고 불리었다. 그는 몽골에서 많은 사원을 건립하였고, 1634년에 세상을 떠났다. 1635년 몽골의 두쎄투칸의 아들이 태어났는데, 막북(漠北) 몽골 칸은 이 아이를 타라나타가 전세(轉世)한 것으로 인정하였다. 그가 곧 젭춘담파 1세이다. 그는 1649년 티베트에 들어가서 불경을 공부하였는데, 그가 공부를 마치고 몽골로 돌아올 당시 달라이라마 5세는 청조의 봉호를 받아 그 세력이 전성기에 이르렀을 때였다. 달라이라마 5세는 젭춘담파 1세에 대하여 게룩파로 개종하는 것을 조건으로 그의 활불의 지위를 인정하고, 또 몽골에 돌아가는 것을 허락한다고 하였다. 젭춘담파 1세는 이런 조건을 받아들였고, 이로부터 막북(漠北) 몽골은 최고 종교 수령으로부터 시작하여 선후로 막북의 모든 사원이 게룩파로 개종되었다.[14] 바로 이 시기를 전후하여 달라이라마는 젭춘담파 1세의 세력을 이용하여 닥덴 푼촉링 사원을 게룩파 사원으로 개종시키고 이름도 간덴 푼촉링 사원(dga'-ldan-phun-tshogs-gling)으로 개명하였다. 전(前)티베트와 후(後)티베트에 있던 조낭파 사원도 게룩파 사원으로 바뀌었다. 현재의 사천과 청해의 경계 부분에 아직 조낭파 사원이 보존되어 있지만, 교파로서의 조낭파는 이렇게 사라졌다.

4. 기타 작은 교파

티베트 사학자들은 티베트 불교사상 어느 교파에도 포함시킬 수 없는 유명한 몇 인물에 대해서는 단독으로 작은 교파로 취급하였다. 『토관종파원류(土觀宗派源流)』는 이러한 인물 3명을 소개하고 있다.

코닥파소남겐첸(ko-brag-pa-bsod-nams-rgyal-mtshan, 1182~1261년). 그는 1204년에 티베트에 들어간 사캬슈리바드라를 비롯하여 각 파의 유명한 스승에게서 현밀 교법을 배웠다. 29세(1210년)에 비구계를 받았고 스남겐첸이라는 이름을 얻었다. 그 후 가이라스산에서 5년간 수행하여 특수한 "증험(證驗)"

---

14) 타라나타와 몽골의 젭춘담파 활불 전세(轉世) 계통의 관계에 대하여 아직 연구해야 할 문제들이 많다. 본서의 견해는 몽골어 자료를 근거로 삼고 있지만, 티베트어의 『타라나타전』과 『달라이라마 5세전』에 의하면, 타라나타는 티베트를 떠난 적이 없다고 하고 있다. 달라이라마 5세가 1617년에 출생할 때에 타라나타는 그를 위해 축복하였고, 이름을 지었다. 타라나타는 달라이라마 5세의 모친 가문(루캉 일족)이 신봉하는 상사(上師)이고 루캉 일족과의 관계가 아주 친밀하기 때문에, 그의 영향력은 아주 컸다. 달라이라마 5세는 여러 가지 은원(恩怨)으로 인하여 자신의 자서전에서 타라나타를 많이 언급하고 있고, 타라나타가 티베트에서 사망하였다고 말하고 있다. 몽골 측에서 무엇 때문에 타라나타가 몽골에서 포교 활동을 하였다고 하고, 젭춘담파의 전신(前身)이라고 기재하고 있는지는 금후의 연구가 필요하다. ─ 원 편집자

을 얻었다고 한다. 그는 냥추하(myang-chu) 상류(上流, 현재의 갼체 일대)에 코닥(ko-brag) 사원을 건립하였고, 그 지방의 황무지에서 샘물을 발견하였으므로 코닥파라고 불리었다. 후에 그는 네팔의 비푸티찬드라(Vibhūticandra)를 딩리에 초청하여 와서 서로 불법을 배웠다. 코닥파는 여러 가지 대인법문(大印法門)에 통달하였고, 당시 티베트의 유명한 승려들의 주목을 받았으며, 그 명성이 자못 높았다. 유명한 제자가 여러 명 있었지만 그가 죽은 후 얼마 지나지 않아 그의 교법은 단절되었다.

부톤·린첸둡(bu-ston-rin-chen-grud, 1290~1364년, 일반적으로 '부톤'이라고 부른다). 그는 티베트 불교사에서 극히 유명한 인물이다. 티베트 불교의 여러 가지 분야 모두에 걸치는 저작이 있고, 그의 저작을 모은 전집은 달라이라마 13세의 각본(刻本)에 의하면 28함(函), 델게판은 26(函), 200종 이상에 달한다. 부톤은 티베트에 전해진 밀교의 전적(典籍)을 분석, 감별하여 정리하고, 중요한 서적은 상세한 주석을 달았으며, 현교 경론에도 많은 주석을 달았다. 그리고 또『텐규르』를 편찬(編纂)하였다(그 후『텐규르』는 여러 가지 각본이 있지만 기본상 부톤이 편집한 차례에 따라서 판각한 것이다). 매우 유명한『불교사』(1322년)도 그의 저작이다. 그는 학자로서 이름을 날린 후 후(後)티베트 샤루(zha-lu) 지방 영주(13만호 중 비교적 유명한 만호)의 지지를 받아 샤루 사원의 좌주를 담임하였다. 부톤은 사판 이후 총카파 이전 시기의 최대의 불교학자라고 할 수 있다. 원조 말기의 황제 원순제 도곤 테므르가 부톤을 요청하였었지만, 는 상경하지 않았다. 부톤에게는 유명한 제자가 많이 있는데, 그 중 두세 사람은 총카파의 스승을 맡은 적이 있다. 부톤이 사망한 후 샤루 사원은 그를 초대로 하는 전세(轉世) 제도를 확립하였고 그의 학설은 제자와 전세(轉世)한 후배에 의하여 계승되었다. 부톤은 불교 교의에 큰 영향을 끼쳤지만, 정치에 발을 들여놓은 적이 없다.

보동파·쵹레남겔(bo-dong-pa-phyong-las-rnam-rgyal. 이 사람은 즉 조낭파 3절에서 언급한 보동파쵹레남겔과 동일 인물일 수도 있지만, 다른 사람일 가능성도 있다)15). 보동파는 모든 현밀의 교법과 오명제론(五明諸論)에 통달하였고, 보동판첸(bo-dong-pan-chen)이라고 불리기도 한다. 저작이 극히 많고 관련 분야가 넓지만, 아쉽게도 전해진 각본이 없다. 그는 당시의 유명한 라마였고, 펠모·최딩(dpal-mo-chos-sdings) 사원 등을 건립하였다. 제자가 많았고 한 교파 계통을 형성하였지만, 얼마 안 되어 기세를 잃고 사라졌다.

---

15) 본장 조낭파 3의 촉레남겔(1306~1386년)과 보동파촉레남겔(1376~1451년)은 생존 시대가 가까워서 자주 혼동되었다. 그러나 최근의 연구에서 서로 다른 사람이라는 것이 판명되었다. 그리고 보동파촉레남겔의 전집이 티베트하우스(뉴델리) 출판사에서 간행되었다. — 역자 주

제8편

게룩파(황교)

계룩파(dge-lugs-pa)는 총카파가 창시한 교파이다. 총카파(tsong-kha-pa, 1357~1419년)는 본명이 롭상닥파펠(blo-bzang-grags-po-dpal, 일반적으로 롭상닥파라고 부름)이고, 청해성 서녕(西寧) 부근의 타얼스(塔爾寺) 지방에서 태어났다. 부친의 이름은 루붐게(klu-'bum-dge, 생졸년 불명)이고 원조 말기에 다루가치(원조의 중요한 관직)를 역임하였다. 총카파는 7세(1363년)에 출가하여 카담파의 유명한 라마 둔둡린첸(don-grub-rin-chen)에게서 10년간 현밀(顯密)의 교법을 배웠고, 16세(1372년) 때 학문을 보다 깊이 연구하기 위하여 우창으로 갔다(암도 지방의 승려들은 학문을 더욱 깊이 연구하고 싶으면 우창으로 가는 것이 통례이다). 그는 17세(1373년)에 전(前)티베트에 가서 29세(1385년)에 비구계를 받을 때까지 주로 현교의 논서(論書)를 배웠고, 기회가 있으면 밀법(密法)과 의방명(醫方明), 성명(聲明) 등도 겸하여 배웠다. 이 기간 그는 카담파의 사원에서 가장 오랫동안 지내면서 불경 공부를 하였지만, 현교(顯敎) 분야에서 그에게 가장 큰 영향을 미친 스승은 사캬파의 렌다와(rad-mda'-ba)이다. 총카파는 당시 유행하는 중요 논서의 공부를 마칠 때마다 전(前)티베트와 후(後)티베트의 사원에서 거행되는 입종(立宗) 답변을 거쳐 통과하였으므로, 티베트 불교계에 점차 이름을 떨쳤다. 1385년 비구계를 받은 이후에는 주로 밀교와 그 주소(注疏)를 배웠고, 장소를 선택하여 전심전력으로 수행(修行)하였으며 또 스승과 친구를 찾아다니며 현교 교리 분야의 의문점을 해결하였다. 포교 활동과 저작을 하기 시작한 것도 이때부터이다. 1393년부터 1398년까지 그의 사상은 점차 성숙되었다. 그는 전(前)티베트 남부의 카담교전파와 카담교수파의 모든 유명한 스승으로부터 체계적으로, 깊이 있게 카담파의 교법을 배웠다. 그는 카담파의 사상과 현밀 경론에 대한 자신의 조예(造詣)를 융합시켜 자신의 독자적인 체계를 형성하였다. 이 체계는 티베트에 유전되고 있는 현밀의 교법을 실천과 수증(修證)을 원칙으로 순서 정연하게 조직한 것이다. 바로 이 시기에 총카파는 사회에 영향을 끼치는 종교 활동을 시작하였다. 1399년부터 1409년까지는 종교적인 사회 활동을 주로 하였는데, 그가 쓴 현교와 밀교에 관한 자신의 관점을 논하는 저작들은 티베트 불교 체계면에서 중요한 작품으로 된다. 총카파는 저작을 쓰는 한편 소승(小乘)·대승(大乘)·현교(顯教)·밀교(密教)의 계율을 적극적으로 홍보, 강의[宣講]하고, 승려는 현밀을 불문하고 반드시 계율을 엄격히 준수해야 한다고 제창하였다.

이 기간 총카파와 그의 제자들의 모든 활동 비용은 명조 황제에게서 천화왕(闡化王)으로 책봉된 닥파겐첸(grags-pa-rgyal-mtshan)과 그의 소속하의 몇 중요 관원들이 후원한 것이다. 1409년 초 총카파는 닥파겐첸 등의 전폭적인 지지를 받고 라사의 조캉 사원에서 대규모의 대기원제(大祈願祭)를 개최하였다. 이것이 이후 500년간 이어져 온, 1년에 한 차례 라사에서 거행되는 문람첸모(smon-lam-chen-mo, 대기원제)의 시작이다. 법회가 끝난 후 라사의 동북쪽에 간덴 사원[dga'-ldan-rnam-par-rgyal-ba'-gling, 직역하면 희족존승주(喜足尊勝洲)이고, 약칭하면 간덴 사원이다. "간덴"이란 미륵보살이 안주한다고 하는 도솔천을 가리킴]을 건립하였다. 이후 총카파와 그의 제자들은 줄곧 간덴 사원에서 지냈다. 이 때문에 이 교파를 간덴페룩((dga'-ldan-pa'i-lugs, 간덴사파)이라고 부르며, 가룩파(dga'-lugs)라고 약칭한다. 그후 게룩파라고 발음이 변화되었고, 또 접미사가 변하여 게룩(dge-lugs)이라고 쓰게 되었다. 후세 사람들은 티베트어의 맞춤법에 근거하여 선규파(善規派)라고 의역(意譯)하였다. 또 이 교파의 승려들이 황색모자를 착용하기 때문에 황모파(zhva-ser-pa)라고 부르며 황교라고 약칭한다. 총카파는 만년에(1409~119년) 종교 활동과 저술에 심혈을 기울였다. 그의 몇 편의 중요한 밀교 경전의 주소(註疏)는 주로 이 시기에 집필한 것이다. 그는 티베트력(曆)으로 1419년에 입적(入寂)하였다.

총카파는 저명한 종교 개혁자로서 티베트 불교사상에 이름을 남겼다. 그가 창설한 게룩파는 티베트족과 몽골족 역사에 중요한 영향을 미쳤고, 사캬·카규·닝마 등 각 교파는, 정도의 차이는 있지만, 게룩파의 영향을 받아 본래의 전통적인 풍격을 개변하였다. 이런 의미에서 총카파의 종교개혁은 티베트 불교사상 중요한 자리를 차지한다. 총카파의 종교개혁은 한 불교도의 입장에서 보면 불교의 사회적 영향과 승려로서의 명예를 지키는 것이 그 목적이었고, 당시 일부 교파의 승려들에게서 보이는 특권의 향유, 농노의 점유, 이권(利權)의 추구, 음미(淫靡)한 생활, 인민에 대한 학대 등 행위를 겨냥한 것으로, 이에 대한 사회적인 강렬한 불만을 토대로 한 것이었다. 총카파는 불교 경전을 근거로 계율을 지키는 것을 제창하고 현교와 밀교의 관계를 명백하게 주장하였으며, 불교를 배우는 차례 순서를 규정하였다. 또 이에 근거하여 승려의 생활 규범과 사원의 조직 체계, 승려의 불경 공부 순서, 시비(是非)의 표준 등을 제정하였다.

이러한 수법이 효과를 거둔 이유는, 이러한 개혁의 내용이 티베트 불교계에서 공동으로 받드는 경전에서 분명히 밝힌 것이고, 또한 총카파 자신의 불교 경전에 대한 깊은 조예가 변론 장소에서 공인되었으며, 모든 정직한 승려들이 그에 감복(感服)하였기 때문이다. 그리고 이 때문에 재물과 녹봉을 추구하고 향락을 탐내면서 남에게 손해를 끼치고 자기의 이익만을 도모하는 승려들이 노골적으로 나서서 반대할 수 없었다. 더욱 중요한 것은 그의 배후에 당시 우창의 대부분 지역을 지배하고 있던 천화왕(闡化王) 닥파 겐첸(1374~1432년)과 그의 주요 관원들의 지지가 있었고, 또 학문과 품성이 뛰어난 유명한 승려들이 온 힘을 다해 지지하였기 때문에 총카파의 종교개혁은 순조롭게 진행되었고, 원만하게 결실을 맺었던 것이다.

당시 티베트 사회의 정직한 불교도들이 보기에 총카파의 이러한 개혁은 불교의 순결성을 회복하는 행위 그것이었다. 그러므로 총카파가 자신이 카담파의 전통을 계승하였다고 승인하자, 카담파 사원의 승려들은 잇따라 게룩파로 개종하였고, 게룩파는 광대한 부속 사원들을 갖게 되어 튼튼한 기초를 다질 수 있었다. 당시의 통치자들의 마음속에 총카파의 개혁은 불교가 민중과 수하 관원들로 하여금 본분을 지키고, 윗사람을 존경하고 아랫사람과 사이 좋게 지내도록 하는 데 도움이 되었다. 다시 말하면, 고분고분하게 통치를 받아들이게 함에 있어서 가장 바람직한 전범의 역할을 하는 것이었다. 그런 까닭에 천화왕 닥파겐첸은 자신의 조카와 계승자로 하여금 총카파를 스승으로 삼아 비구계를 받게 하고, 또 그 지배하에 있는 승려들로 하여금 대규모적 법회를 거행하게 하였으며, 총카파에게 불경을 강연할 수 있는 장소를 마련해 주었다. 1409년 티베트력(曆) 신년부터 거액의 비용을 들여 각 교파의 승려 수만 명을 라사의 조캉 사원에 소집하여 대기원제(大祈願祭)를 개최하였다. 대기원제는 총카파로 하여금 주최자로서 많은 승려들에게 불경을 강의하도록 하였다. 닥파겐첸이 의식적으로 총카파의 명망을 높여, 최종적으로 그를 티베트 불교 교파의 총수 자리에 발탁하려는 의도는 이에서 알 수 있다. 이로써 총카파의 종교개혁의 영향력이 확대되었고, 게룩파의 우월한 지위가 확립되었다. 총카파의 불교 교의에 대한 계통적인 관점이 다른 교파에 영향을 주어 각 교파가 기본적인 관점에서 일치한 사상을 형성한다면, 이는 팍모두파 정권에 가장 유리하였다. 그러므로 닥파겐첸이 죽은 후 천화왕(闡化王)의 계승자와 수하의 중요한 귀족들은 게룩파 세력의 발전을 계속하여 지지하였다[총카파와 그의 티베트 불교 개혁 및 그의 사회 배경에 관하여서는 본서의 『총카파전론(傳論)』 참조].

총카파가 간덴 사원를 건립한 7년 후인 1416년에 그의 제자 타시펜덴 [bkra-shsi-dpal-ldan, 1379~1449년. 통칭 쟘양최제('jam-dbyangs-chos-rje)]이 라싸의 서쪽 교외에 데풍(dpal-ldan-'bras-spungs-phyogs-thams-cad-las-rnam-par-rgyal-ba'i-gling, 직역하면 길상미취시방존승주(吉祥米聚十方尊勝洲)이고, '데풍 사원'이라고 약칭한다.) 사원을 건립하였다. 9년 후인 1418년에는 총카파의 다른 제자 사캬예쉐[shākya-ye-shes, 1352∼1435년. 명 선덕(宣德) 9년에 대자법왕(大慈法王)에 책봉되었다. 그러므로 '대자법왕'이라고도 불린다.]가 내지에서 가지고 온 재물로 라싸의 북쪽 교외에 세라(se-ra-theg-chen-gling, 직역하면 색라배승주(色拉大乘洲)이고, '세라 사원'이라고 약칭한다) 사원을 건립하였다. 이 두 사원은 천화왕(闡化王) 관원들의 후원에 의하여 세워졌다. 데풍 사원과 세라 사원 및 총카파 자신이 건립한 간덴 사원, 이 세 사원은 모두 총카파 생전에 세워진 사원으로서 당초부터 규모가 매우 컸고, 후에는 또 줄곧 게룩파의 전(前)티베트의 세 거점 사원으로서 3대 사원[三大寺]이라고 호칭된다. 이 3대 사원은 주로 총카파의 학설을 전파하는 곳이면서 동시에 게룩파 소속 사원의 켄포[mkhan-po, 산스크리트어 upādhyāya, 의역하면 화상(和尙)의 의미이다]를 양성하는 장소이기도 하다. 켄포는 불경을 강의하고 계율을 수여하는 법사[화상(和尙)의 고대 한지(漢地)에서의 의미도 이런 뜻이다. 친교사(親敎師)라고 의역할 수 있으며, 주지(住持)라고 통칭된다]이고, 소속 사원의 지도자이다. 이리하여 게룩파에서는 거점 사원과 소속 사원 사이의 밀접한 관계가 형성되었고, 스승에 대한 보은(報恩)을 매우 중요시하게 되었다. 총카파가 세상을 떠난 후 간덴 사원은 그의 제자 다르마린첸(dar-ma-rin-chen, 1364∼1432년. 통칭은 겔찹제)이 계승하여 제2대 간덴티파(dga'-ldan-khri-pa, 초대 티파는 총카파이다.)가 되었다. 이후 간덴사에서는 불교 학문이 가장 깊은 승려가 티파를 담임하였고, 총카파 당시의 각종 규범을 다른 사원보다 가장 오래 보전하였다.

3대 사원 중에서 데풍 사원의 발전이 가장 빨랐고, 1년에 한 차례 거행하는 대기원제는 타시펜덴이 주최하였다. 타시펜덴은 삼예 지방의 부호 가정에서 태어났고, 그의 부친은 비사문천왕[毗沙門天王, vaiśravaṇa, 티베트인들은 비사문천왕을 재록신(財錄神)으로 여긴다.]의 화신이라고 전해지고 있다. 타시펜덴은 어릴 때 체탕 사원(팍모두파 정권의 직접적인 지배하에 있던 대사원)에서 출가하였고, 상푸 사원과 쿄르모룽(skyor-mo-lung) 사원에서 불법을 배웠다. 그 후 체탕 사원에 돌아가서 석차(席次)를 정하는 직무를 맡았고, 총카파에 게서 비구계를 받았다. 그는 내오종(內鄔宗)의 종폰(宗本) 남카상포(nam-mkha'-bzang-po)와 절친한 친구였다. 그는 총카파 문하에서 경전을 가장 많이, 또 가장 정확하게 암송(暗誦)할 수 있는 사람으로 이름났지만, 불교 학문을 가장 깊게 배운 사람은 아니었다. 그는 데풍 사원을 건립할 때 남카상포를 주요한 시주로 삼았다. 당시 그자신은 38세에 불과하였고, 학문면에서나 명망면에서나 다르마린첸과 게렉펠상(dge-legs-dpal-bzang, 1385~1438년. 케둡제 mkhas-grud-rje라고도 한다) 같은 사람들보다 훨씬 못했다. 남카상포가 그를 지지한 원인은, 타시펜덴이 팍모두 집단과 밀접한 관계가 있기 때문이었다 [타시펜덴은 체탕 사원의 집사승(執事僧) 담임 시기에 이미 팍모두 정권 랑씨 가족의 수뇌 인물과 직접 관계를 맺었다. 그에 비해 총카파는 일개 타지방인이었다]. 랑씨 일족과 내우종폰(內鄔宗本) 남카상포가, 타시펜덴이 데풍 사원를 건립하는 것을 지지하였기 때문에, 팍모두파의 다른 귀족들도 자금 원조를 하였다. 또 토지와 농노를 제공하여 사원의 재산으로 하고 자신의 자제들을 데풍 사원에 보내 불경 공부를 하게 하였다. 그 후 부유한 상인과 농노주들도 귀족들을 본받았기 때문에 데풍 사원은 귀족과 부자집 자제들이 집중적으로 모여서 공부하는 학당으로 급성장하였다. 다시펜덴 당시에 이미 7개의 다창 [grva-tshang, 1. 다문원(多門院) 2. 명혜주(明慧洲) 3 광락원(廣樂院) 4. 하확원(霞廓院) 5. 문사주(聞思洲) 6. 조복주(調伏洲) 7. 밀주원(密呪院). 팍모두 정권이 실세한 후 4개의 다창으로 합병됨]을 건립하였다. 또 데풍 사원은 게룩파의 다른 사원에 비하여 팍모두 집단과 보다 긴밀한 관계를 유지할 수 있었다. 이 때문에 데풍 사원의 명성과 실력은 점차 간덴 사원과 세라 사원를 능가하였고, 게룩파 가운데 학문이 깊은 승려들이 데풍 사원에 집중되었다. 이리하여 게룩파의 실제적인 지도권은 데풍 사원 수뇌의 손으로 넘어갔다.

1447년 총카파의 다른 제자 겐둔둡(dge-'dun-grub, 1391~1474년. 그는 후에

달라이라마 1세로 추인되었다)은 후(後)티베트의 시가체 부근에 타시룬포 사원(bkra-shis—lhun-po, 간덴 사원과 데풍 사원, 세라 사원과 함께 게룩파의 4대 사원으로 불린다)을 건립하였다. 이 사원은 팍모두파의 귀족 펜죠르상포[dpal-'byor-bzang-po, 총계 귀족 출신으로서 당시 시가체의 종폰(宗本)이었다.]가 주요한 시주로 나서서 건설된 것이고, 게룩파가 후(後)티베트에로 발전을 가져올 수 있었던 중요한 절차로 된다. 겐둔둡은 후(後)티베트의 사캬 부근 목장주 가정에서 태어났다. 출생 후 가운이 쇠퇴하여 어려서부터 부모님을 도와 양치기를 하였다. 나르탕 사원(snar-thang)에서 출가하여 20세(1404년)에 비구계를 받았고, 25세(1409년)에 전(前)티베트에 갔다. 이 시기 겐둔둡은 우창의 유명한 사원을 다니며 배웠고, 변론에 참가하여 명성을 얻었다. 1415년에는 스승을 따라 총카파를 뵙고 그의 제자가 되었다. 총카파가 입적한 후 쉐랍셍게(shes-rab-seng-ge, 총카파의 중요한 제자로서 밀법에 능하였다)를 따라 후(後)티베트에 가서 여러 지방을 다니며 포교 활동을 하였고, 점차 제자를 갖게 되었다. 그 후 다르마린첸과 게렉펠상에게서 밀법을 배웠고, 많은 저술을 하였다. 타시룬포 사원을 건립한 후 겐둔둡은 이 사원의 티파를 20년간 자임(自任)하였다. 그가 사망한 후 타시룬포 사원의 티파는 그의 제자에 의하여 계승되었다. 1485년 타시룬포 사원의 상층 라마들은 겐둔갸초를 타시룬포 사원에 맞이하였다.

겐둔갸초(dge-'dun-raya-mtsho, 1475~1542년. 후세에 추인된 달라이라마 2세)는 후(後)티베트의 시가체 서북쪽 타낙(rta-nag) 지방에서 태어났다. 어려서부터 아버지에게서 닝마파의 밀법을 배웠으며, 11세(1485년) 때 타시룬포 사원에 갔다. 12세 때 룽릭갸초(lung-rigs-raya-mtsho)에게서 우바새계를 받았고, 겐둔갸초펠상포(dge-'dun-raya-mtsho-dpal-bzang-po, '겐둔갸초'라고 약칭)라는 이름을 받았다. 같은 해에 출가하여 사미계를 받았다. 그 후 타시룬포 사원의 켄포와 의견이 맞지 않아 1494년에는 요청을 받고 전(前)티베트의 데풍 사원에 갔고, 이듬해에 비구계를 받았다. 이 시기 후(後)티베트의 린풍파

(rin-spung-pa) 세력이 이미 강대해졌으며, 카르마·카규파와 결탁하여 게룩파를 적대시하였다. 1481년 카르마·카규파는 라싸 부근에 2개의 사원(흑모파와 적모파)을 건립하여 데풍 사원과 세라 사원의 세력을 견제하려 하였고, 게룩파의 승려가 카규파의 승려를 길에서 만나면 반드시 경의를 표시해야 한다고 규정하였다. 또 린풍파가 무력으로 라싸를 제압한 후 1498년부터 1517년까지 데풍 사원과 세라 사원 두 사원의 승려로 하여금 1년에 한 차례 거행되는 대기원제(大祈願祭)에 참가하는 일을 금지시켰다. 대기원제의 주최자도 상푸 사원 혹은 카르마파의 지도자가 담임하였다. 이 기간 겐둔걈초는 데풍 사원을 떠나 우르카[이 종(宗)의 종폰(宗本) 일가는 총카파 생전 때부터 줄곧 게룩파의 지지자였다.]에 은거하였다. 1509년 겐둔걈초는 겔메톡탕(rgyal-me-tog-thang) 지방에 촨코르겔(chos-'kbor-rgy-al, 후에 이 사원은 겐둔걈초가 매년 여름과 가을에 거처하는 곳이 되었다.) 사원을 건립하였다. 1512년 겐둔걈초는 타시룬포 사원에 돌아가 타시룬포 사원의 켄포가 되었다. 1517년에 팍모두파의 세력이 회복되어 라싸에서 린풍파의 세력을 몰아내자 겐둔걈초는 데풍 사원에 돌아가 데풍 사원의 켄포가 되었다. 이듬해(1518년) 겐둔걈초가 대기원제를 주최할 수 있게 되었고, 데풍 사원과 세라 사원 승려의 대기원제 참가할 권리가 회복되었다. 1526년 세라 사원의 켄포를 겸임한 겐둔걈초는 게룩파의 사실상의 지도자가 되었다. 1530년경 겐둔걈초는 데풍 사원의 서남쪽 모퉁이에 간덴포당(dga'-ldan-pho-drang, 달라이라마 5세의 포탈라궁 건립 이전에 이곳은 역대 달라이라마의 거처였음)을 건립하고 또 같은 시기에 데파(sde-pa)를 설치하여 사원 소속의 장원(莊園)과 농노(農奴) 등 모든 사무를 관리하였다. 1537년 디궁 사원은 군대를 파견하여 간덴 사원을 공격하였다. 우르카에서 우르카 지방 무장 세력이 복병전으로 디궁 사원의 군대를 격퇴하였으나, 게룩파 소속의 18개 사원은 여전히 무력에 의해 디궁 카규파로 개종당하였다. 1541년에 겐둔걈초는 구게왕(gu-ge)의 원조를 받아 산남(山南) 체탕의 동북, 창포강 이북에 가리다창(mnga'-ris-grva-tshang)

을 건립하였다. 1542년에 겐둔갸초는 입적하였다.

　15~16세기의 티베트 역사 상황에 관해서 우리는 아직 분명히 알고 있지 않다. 여기저기 조금씩 산견되는 사료에 의하면, 1435년 이후 린풍가(家)의 두 사람이 후(後)티베트 린풍종(宗)과 삼둡체(bsam-'grub-rtse, 현재의 시가체) 두 곳에 제각기 거점을 잡고 있었다. 린풍파는 명목상으로는 여전히 팍모두파의 신하이지만, 지방 할거 세력을 사실상 형성하고 있었다. 1458년 팍모두의 랑씨 일족에 또 내란이 생겨 남북(南北)이 서로 다투어 세력이 약화되었다. 린풍가(家)는 1474년 야르갑(yar-rgyab) 지방에서 독립하였고, 1481년에는 카르마 카규 흑모파 7세의 요구에 응하여 전(前)티베트에 파병하여 팍모두파 통치자를 격파하였다. 카르마 카규파는 린풍파의 세력에 의뢰하여 게룩파의 세력을 제압하였고, 게룩파를 대기원제(大祈願祭)에 참가하지 못하도록 20년간 금지시켰다. 이는 게룩파에게 경제적 손해뿐 아니라 사회적으로도 게룩파의 명망에 큰 타격을 안겨 준 것이었다. 그 후 팍모두파의 세력이 약간 회복되어서야 이러한 정세를 반전시킬 수 있었다. 게룩파는 초기에 팍모두파 정치집단의 지지를 받았고, 역으로 그의 3대 사원[三大寺]은 또 승속(僧俗)을 포함하여 사람을 "교육"시켜 주는 역할을 담당함으로써 팍모두파의 봉건적 통치를 보필(輔弼)하였다. 하지만 팍모두파의 세력이 쇠퇴되고, 린풍파와 카르마·카규파가 결탁하여 그 세력이 강성해지자, 게룩파는 종래의 방법으로 발전을 도모하는 것이 어렵게 되었다. 그러므로 팍모두파와 그 관할하의 귀족들과 어느 정도 운명을 같이하는 외에 별도로 방법을 대어 실력을 높여야 하였다. 3대 사원은 건립 후 각지에 산재하였던 대량의 원 카담파 사원을 거의 다 게룩파로 개종시켜 3대 사원의 소속 사원으로 만들었다. 또한 게룩파 승려들은 갖은 수단으로 우창의 구(舊)사원을 회복하거나 신(新)사원을 창건하거나 하였다. 결과 게룩파의 본사와 소속 사원이 급증하여 1개의 실력 집단[거점 사원과 소속 사원은 다 농노와 장원(莊園)을 갖고 있었고, 거점 사원과 소속 사원 사이에 또 일정한 경제적 연계가 있어서 봉건

사회의 실력 집단을 형성하는 바이다.]을 형성함으로써 충분히 자립할 수 있게 되었다. 게룩파는 지지해 주던 통치 세력이 약화됨에 따라 타격을 받았지만, 그 실력은 "지네는 죽어도 굳지 않는"것(권세가는 망하더라도 상당한 영향력을 갖고 있다.)과 같았다. 그러므로 게룩파의 이익 확보의 초점은, 소속 사원을 발전시키고 자기의 실력을 공고화하는 데로 바꾸어졌다. 동시에 정치면과 교파면에서의 적대 세력과 싸워야 하였다. 그러므로 라싸에서 멀리 떨어져 있는 간덴 사원에서만은 총카파의 규범을 지키는 외에 데풍 사원과 세라 사원은 싸움에서 가장 먼저 충격받기 때문에 내부 결속을 굳건히 하고 세력을 강화하는 것을 급선무로 하였다. 무엇보다 먼저 안정된 통치 시스템이 필요하였는데, 데풍 사원과 세라 사원의 지도자는 우선적으로 전세(轉世)를 통해 수령 인물을 계승시키는 방법을 채용하였다. 이에 의해 안정적인 지도 집단이 성립되고 또 전세자(轉世者)의 명의로 사회 활동을 하므로, 소속 사원을 확대하기에 보다 유리하였다. 동시에 게룩파 지도 집단 내부에서 생길 수 있는 권력투쟁으로 인한 분쟁을 피면하였다. 그리고 전(前)·후(後)지도자가 명목상 동일인이어서 그 사회관계도 명분이 서고 이치에 맞게 계승받을 수 있었다. 기왕 전세자(轉世者)라고 말한 이상 그의 신분 역시 세속 귀족보다 높은 지위에 올려진 것이고, 그러므로 귀족들과 교섭하는데도 편리하였다(이미 카르마 카규의 적모파와 흑모파의 선례가 있었다). 당시 겐둔갼초가 겐둔둡의 전세자로 인정된 것은 이러한 역사적인 배경 때문이고, 또한 당시 게룩파가 처한 지위가 결정해 준 것이다. 겐둔갼초는 일찍이 장기간 전(前)·후(後)티베트 지방을 두루 다니면서 많은 제자를 받아들였고, 또 많은 옛 사원을 부흥시켰으며, 동시에 자신도 사원을 건립하였다. 그가 게룩파의 지도자로서 있을 시기의 정치 상황은 게룩파에 결코 이롭지 않았다. 그가 만년에 간덴포당을 건립하고 사원을 관리하는 데파를 창설한 것을 보면, 게룩파 특히 데풍 사원의 경제 실력이 점차 성장하고 있음을 말해 준다. 그가 세상을 떠난 후 전세(轉世) 제도는 더욱 명확하게 수립되었다.

겐둔걈초의 차기 전세자(轉世者)의 이름은 소남걈초(bsod-nams-rgya-mtsho, 1543~1588년)이다. 라싸 이북의 투룽(stod-lung) 지방의 귀족 가정 출신으로서, 그의 집안은 마린첸촉(티베트에서 최초로 출가한 7인 중의 한 사람)의 후예라고 자칭하였고, 그의 모친 일가도 팍모두파의 벼슬아치 집안이었다. 데풍 사원의 상층 라마가 소남걈초를 겐둔걈초의 전세자로 선택한 배경에는 게룩파와 팍모두 지방정권 사이의 관계를 강화하기 위한 의도가 있었다. 1546년 데풍 사원의 상층 라마들은 성대한 의식으로 이 네 살 나는 어린이를 맞아들였다. 그는 데풍 사원의 켄포 소남닥파(bsod-nams-grags-pa)에게서 우바새계를 받고, 소남걈초라고 이름하고 불경 공부를 시작하였다. 1549년 소남걈초는 7세 때 출가 의식을 거행하고, 역시 소남닥파에게서 사미계를 받고, 1552년 10세 때에 스남닥파로부터 정식으로 데풍 사원의 켄포를 이어받았다. 이듬해 정월 대기원제(大祈願祭)를 개최할 때 소남걈초는 이 법회의 명의상의 주최자가 되었고, 법회에 참가한 사람들에게 『불본생경(佛本生經)』을 강의하였다. 그 후 전(前)티베트와 후(後)티베트의 각 지방에서 유학(遊學)하였다. 1558년에는 세라 사원의 켄포를 겸임하였고, 22세(1564년)에 비구계를 받았다. 그 후에도 각 지방을 주유하면서 제자를 받아들이고 포교 활동을 하였다.

8~9세기 이래 티베트족 인민들은 청해호(青海湖) 부근의 비옥한 토지에서 살아왔지만, 16세기 초기부터 몽골족 부락이 이곳에 진입하였다. 1559년 몽골 투메트부의 알탄칸(1507~1583년)이 부족을 이끌고 청해호 부근에 진출하였다. 1571년 그는 명조의 융경(隆慶) 황제로부터 순의왕(順義王)으로 책봉되어 서쪽으로 몽골 오이라트 부족을 정벌하였지만, 이기지 못하고 청해호 부근에로 밀려나 정착하였다. 부하들 사이에는 전쟁 혐오 정서가 넘쳤고, 당지의 티베트족 각 부도 불온한 상황이었다. 알탄칸은 순의왕으로 책봉된 이래 불교에 마음을 붙이고 명조에 라마와 라마교 경전, 불상을 주청(奏請)하였다. 그는 오이라트 부족을 정벌한 것을 후회하고, 세첸혼다이

지의 권고를 받아들여 불교를 이용하여 통치를 강화하려고 생각하였다. 그래서 사자를 티베트에 파견하여 소남걈초를 청해로 모셔 와 만나려고 하였다. 소남걈초는 즉답을 피하고 먼저 승려를 파견하여 상황을 깨달아 알아냈다. 1576년 알탄칸이 재차 요청하자 소남걈초는 청해에 갈 것을 승낙하였다. 1577년 11월에 라싸 데풍 사원에서 출발한 소남걈초는 이듬해 5월에 청해호 호숫가의 앙화사(仰華寺, 청해호 동쪽에 있는 사원. 알탄칸의 아들 빙투가 1574년에 건립하였다. 사원의 명칭 앙화(仰華)는 명 만력(萬曆) 황제가 하사한 것이다.]에서 알탄칸과 만났다. 그들은 쿠빌라이와 팍파의 지난 일들을 회고하였고, 소남걈초는 과거에 티베트 라마들이 사용했던 옛 방법을 답습하여 몽골 귀족 사회에서 남편이 죽으면 아내를 순장하는 악습을 폐지할 것과, 가족이 사망한 후 대량의 낙타나 말을 도살하여 '여비[반비(盤費)]'로 삼는 낙후한 풍속을 폐지할 것을 권유하였다. 이러한 권유는 객관적으로 볼 때 목축업 생산에 유익하였고, 몽골의 통치자와 몽골족 인민에게도 은혜가 큰 것이어서 몽골 인민의 호감을 얻었다. 게다가 알탄칸 통치 집단의 적극적인 선양과 제창에 의하여 게룩파는 몽골 통치자의 숭배의 대상이 되었고, 그 종교 세력도 점차 광대한 지역의 몽골족 인민들 속으로 깊이 침투되었다. 소남걈초는 또 몽골족 통치자들에게 몽골족 인민 전체의 본래의 샤머니즘 신앙을 포기하도록 해야 한다고 요구하였다. 그래서 특히 샤만교의 옹고트신(Ongot) 신상(神像)을 부숴 버리고, 본래 옹고트신을 모시던 자리에 불상을 공양하도록 하였으며, 제물(祭物)도 새로 잡은 가축을 공양하던 것을 바꾸어서 유락(乳酪)·선향(線香)·꽃으로 하도록 규정하였다. 이와 같이 종교의식면에서도 몽골족 인민들의 불교 신앙을 확고히 하였다. 회견 때 소남걈초와 알탄칸은 서로 존호를 증정(贈呈)하였다. 소남걈초는 알탄칸에게 "챠크라발티 세첸칸(咱克喇瓦爾第徹辰汗)"[咱克喇瓦爾第. 챠크라발티는 산스크리트어 Cakravati의 음역. 불교 경전에 등장하는 고대 인도의 매우 위력 있는 군주의 존칭으로서 전륜왕(轉輪王)이라는 뜻이다. 인도 전역을 통일한 군왕을 전금륜왕(轉金

輪王) 또는 전륜왕이라고 칭한다. 세첸칸(徹辰汗)은 '총예(聰睿)한 칸'이라는 뜻이다. 원 세조 쿠빌라이도 세첸칸이라고 칭한 적이 있기 때문에 후세의 몽골 칸들은 이 칭호를 매우 중요시하였다.]이라는 존호를 증정하였고, 알탄칸은 소남걈초에게 "성식일체와제이라달뢰라마(聖識一切瓦齊爾喇達賴喇嘛)"["성(聖)"은 불교에서 인간 세상의 한도를 초과하였다는 뜻이고 "식일체(識一切)"는 "일체지(一切智)"의 또 다른 번역이다. 이는 티베트 불교의 현교(顯敎) 분야에서 최고의 성과를 얻은 승려에 대한 칭호로서, 티베트어 발음은 탐체켄 thams-cad-mkhyen이고, 산스크리트어 sarvajñā[정변지(正邊知)를 번역한 것으로, 석가모니 부처님의 열 가지 칭호 중의 하나이다.] 와제이달라(瓦齊爾達喇)는 산스크리트어 Vajradhāra의 음역으로서 티베트어로는 도루제챵(rdo-rje-'chang)이고 집금강(執金剛)의 의미이다. 이는 밀교 분야에서 최고의 성취를 이룬 승려에 대한 칭호이다. 달라이(達賴)는 몽골어로 '바다'라는 뜻이고 라마(喇嘛)는 티베트어로 '상사(上師)'라는 뜻이다. 전체적으로 말하면 "현교와 밀교에서 모두 최고의 성취를 얻어 범인(凡人)의 영역을 벗어나 성인의 경지로 들어간 바다의 상사(上師)"라는 의미이다. 명과 청 두 왕조는 달라이라마에게 봉호를 하사할 때, 이 존호 또는 그 일부분을 그대로 답습하여 사용하였다. 그러므로 이 자리에서 그 의미를 해석해 둔다]라는 존호를 증정하였다. 이때부터 소남걈초와 그의 전세자(轉世者)들에게는 '달라이라마'라는 칭호가 붙게 되었다. 그는 겐둔걈초를 달라이라마 2세, 겐둔둡을 달라이라마 1세로 추인하고, 자신을 달라이라마 3세로 인정하였다. 그 후 그의 전세자들은 모두 달라이라마라고 칭하게 되었다.

소남걈초와 알탄칸이 서로 존호를 증정한 후 소남걈초를 켄포[mkhan-po, 이 켄포는 수계의식(授戒儀式)에서 중심적 역할을 하는 라마에 대한 칭호이다.]로 전계(傳戒) 법회를 개최하였다. 이 법회에서 계율(戒律)을 받은 몽골인은 1천 명이 넘었다고 한다. 통코르(stong-'khor) 후툭투 1세와 일부 몽골 귀족들도 이 법회에서 비구계를 받고 출가하였다. 이 법회 후 소남걈초는 알탄칸과 동행하여 같은 해(1578년)에 투메트(土黙特)로 향하였다. 총카를 경유할 때 총카파 탄생지에 있는 탑[총카파 탄생지로서 선인(先人)이 탑을 세운 것이 있었다.] 옆에 현교를 위주로 설법하는 사원을 건립하였다(이 사원은 이후 탈사원 sku-'bum-byams-pa-gling 으로 발전하였다). 또 감주(甘州)를 경유할 때 소남걈초와 그의 제자 천화왕(闡化王) 각왕타시닥파(ngag-dbang-bkra-grags-pa)가 공동으로 파견한 승관(僧官)이 알탄칸의 건의를 받아들여 명조에 마필 등을 진상하였다. 달라이라마 3세는 당시의 재보(宰輔) 장거정(張居正)에게 서한을 보내 이후 정기적으로 공물을 진상할 수 있도록 허락할 것을 청구하였다. 서한에서는 또 달라이라마 3세가 예전에 알탄칸에게 투메트(土黙特)에 돌아가도록 권고함으로써 명조를 도왔고, 또한 명조에 충성할 것을 맹세하였으며, 명조 황실은 그의 공물 진상을 허락하였음을 강조하였다. 투메트에 도착한 후 알탄칸은 그곳에 큰 사원을 건립하고, 대승법륜주(大乘法輪洲 , thegchen-chos-'khor-gling)라고 이름 지었다. 이것이 몽골 지방에서의 최초의 게룩파 사원으로 되며 그 후에도 많은 게룩파 사원이 건립되었다. 소남걈초는 운남(雲南) 여강(麗江) 토지부((土知府) 목씨(木氏)의 요청을 받고 서캄으로 향하였다. 출발하기 전 게룩파의 라마 한 명을 자신의 대리로 위임하여 몽골 지방의 게룩파 교무(教務)를 담당하게 하였다. 1580년에는 리탕(理塘)·파탕(巴塘) 일대[당시는 여강(麗江) 목씨(木氏)의 관할하에 있었다]에 도착하였다. 소남걈초는 리탕에 리탕 사원[thub-bstan-phyogs-tham-cad-las-rnam-par-rgyal-ba'i-sde, 대자시방존승사(大慈十方尊勝寺)]을 건립하였다. 그 후 2년에 걸쳐 마캄(瑪康)·닥야프(乍雅) 등의 지방을 두루 돌아다녔고, 최후에는 챰도(昌都)의 챰도쟘파링 사원(chab-mdo-byams-pa-gling, 자씨주사(慈氏洲寺). 이 사원은 총카파의 손제자가 건립한 것이다)에 이르렀다. 이 사원의 승려는 소남걈초를 저들의 명예켄포 자리에 모셨다. 소남걈초는 이 외에도 요청에 응하여 여러 사원을 방문하였다. 소남걈초가 장기간 데풍 사원을 떠나 각 지방을 두루 다닌 것은 이 기회를 빌어 게룩파의 세력을 확대하기 위한 것 외에, 다른 한 원인은 후(後)티베트의 창파칸이 그동안 무력으로 전(前)티베트를 정복하려고 단단히 작정하고 그 예봉을 게룩파의 데풍 사원과 사라 사원 세력이 이미 약화되어 있는 팍모두 천화왕(闡化王)에게 겨누었기 때문이었다. 당시 소남 걈초는 우캄 지방의 팍모두 천화왕 각왕타시닥파(소남걈초를 스승으로 삼았다)와 그의 부하 총게파 등 귀족들의 지지를 받았고, 명조 제실(帝室)과도 진공(進貢) 관계를 맺었다(명조 제도로는 국사(國師) 이하 인의 공물 진상을 불허하였다. 소남걈초의 공물 진상을 받아들임은 그의 지위가 국사와 동등하거나 그 이상임을 승인한 것이 된다. 명조에 공물 진상을 함으로써 큰 경제 이익을 얻을 수 있었다). 게다가 소남걈초는 청해에서 대군을 거느리고 있는(알탄칸의 둘째 아들이 군대를 거느리고 체류하였다) 몽골 투메트(土默特) 부락의 지지를 받았으므로, 당시에 명망이 매우 높았다. 『명사(明史)』 권331의 기재에 의하면, 소남걈초는 "기이한 기술이 있어서 사람을 잘 감복시켰기에 여러 이민족(異民族)은 모두 그의 가르침을 따랐다. 즉 대보법왕과 천화왕은 모두 머리 숙여 그의 제자임을 자칭하였다. 이로부터 서방에서는 이 승려만 존중하였고, 여러 이민족 왕들은 공연히 허망한 자리만 차지하고 더는 호령할 수 없었다."고 하였다. 이 말은 비록 과장적일지라도, 당시 소남걈초가 티베트 사회에서 명성과 위세가 매우 높았음을 말해 준다.

1583년에 알탄칸이 세상을 떠나자 그의 자손은 소남걈초와 몽골 각부의 칸들을 알탄칸의 장례에 요청하였다. 소남걈초는 1583년부터 1586년에 걸쳐 탈 사원과, 대자법왕이 건립한 사원 및 임조(臨洮) 등 지방을 두루 다니면서 후허호트에 이르렀다. 그 도중에서도 몽골 각 부락에서 포교 활동을 하여 각 부의 칸들의 신뢰를 얻었고, 어떤 사람은 출가까지 하였다. 1587년 소남걈초는 몽골 각 부의 칸들과 함께 알탄칸의 장례에 참석하고 또 그들에게 설법하였는데, 이로부터 몽골 칸들은 모두 게룩파를 신봉하게 되었다. 바로 이해에 명조 황실에서는 사람을 후허호트에 파견하여 소남걈초를 "도올즈창(朶兒隻唱)"(『명실록(明實錄)』 참조. 티베트어 도루제챵(rdo-rje-'chang)의 고

역(古譯)으로서, 즉 앞에서 언급한 와제이달라(瓦齊爾達喇, Vajradhāra)와 같은 뜻이다. 이는 알탄칸이 그에게 증정한 존호의 일부분이다.]으로 봉하고 칙인을 하사하였으며, 북경으로 초청하였다. 그 당시 몽골 차하르 부락의 칸의 요청도 받았기에 소남걈초는 차하르를 거쳐 북경에 가려고 준비하였지만, 1588년 3월에 도중의 카오투미라는 곳에서 입적하였다.

알탄칸이 소남걈초를 몽골에 초청하여 게룩파를 전파한 후부터 막남(漠南)과 막북(漠北) 각 부의 칸들은 게룩파를 신봉하게 되었다. 이전에 카규파나 사캬파의 라마와 접촉이 있었던 개별적인 칸들은 여전히 그 신앙을 견지하였지만, 대부분은 게룩파로 개종하였다. 어떤 칸들은 자신의 속민마저 게룩파를 신봉하도록 강박하였고, 반대하는 자에 대해서는 천막과 가축 등을 몰수하였다(모든 가산을 몰수한 것이나 다름없다). 이는 몽골 칸이 통치를 공고히 함에 게룩파가 유리하였기 때문이다. 객관적으로 볼 때 게룩파는 샤머니즘에 비하여 봉건 경제 기초를 유지함에 있어 더욱 적합하였다. 또한 살생과 싸움 금지의 주장을 보더라도 이는 많은 가축을 제물로 삼아 사자(死者)의 "행량(行糧)"으로 바쳐야 하는 등 샤머니즘의 낙후한 습속에 비하여 유목 경제의 발전에 유리하였다. 이 때문에 광대한 몽골족 인민들이 게룩파를 접수하게 되었고, 몽골 칸들은 이로써 저들의 게룩파 신앙이 더더욱 수확을 거두었다고 느꼈다. 이 결과 귀족의 자제들이 연이어 출가하는가 하면, 적잖은 사람들이 우창으로 공부하러 갔다. 귀족 라마의 수가 매우 많아져서 몽골족의 봉건 관리 등급 제도도 자연 종교계에 반영되었다. 당시의 전세(轉世) 라마(활불)는 1. 호톡투 2. 노몬한 3. 샤부둥 4. 후비루간 네 등급으로 나뉘었고, 그 대우는 몽골 사회의 타이지(台吉)·자이상(宰桑) 등 세속의 관직에 대조되게 규정하였다(슈만의 『달라이라마전』 참조. 그 출처는 진일보의 조사 확인이 필요하다). 전세(轉世) 라마의 이러한 등급 제도는 청조에서도 계속하여 사용하였고, 몽골과 티베트 두 민족의 각 지방 여러 티베트 불교 교파에 보급, 이용되었다. 상층 라마, 특히 전세(轉世) 라마는 가사(袈裟)

를 걸친 귀족으로 되어, 정신적으로 몽골족 인민을 지배하는 실권을 틀어쥐었고, 보다 유리하게 자신의 친족을 도와 몽골인을 정치적으로 지배하고 경제적으로 착취할 수 있었다. 광대한 몽골족 지구에서 상층을 포함한 인민 전체가 게룩파를 신봉한 이 역사적 사실(事實)은 그 후의 우리나라 역사, 특히 몽골족과 티베트족 역사에 중대한 영향을 끼쳤다.

전하는 바에 의하면, 소남걈초가 투메트를 떠나기 이전부터 몽골인들은 그가 내세에 몽골인으로 환생할 것을 요구하였다고 한다. 이는 아마도 게룩파의 상층 라마가 실제로 전세(轉世) 제도를 이용하여 게룩파와 몽골칸의 관계를 돈독히 하고자 하였기 때문이라고 생각된다. 또한 이렇게 함으로써 몽골인의 게룩파 신앙을 강화할 수 있었다. 당시 우창 지방은 창파칸과 카르마 카규파의 연합 세력과 팍모두 천화왕(闡化王)과 게룩파의 연합 세력, 양자 간의 싸움이 나날이 치열해 가는 상황이었다. 그러므로 게룩파로 말하면, 몽골의 지지를 굳건히 하는 것이 대단히 중요하였다. 1589년 알탄칸의 손자가 마침 아들을 얻게 되자 데풍 사원의 상층 라마는 그 아이가 소남걈초의 전세자(轉世者)라고 인정하였다. 1592년 3대 사원은 이미 은퇴한 간덴 사원의 티파 겔캉체와 · 펜쫄걈초(rgyal-khang-rtse-ba-dpal-'byor-rgya-mtsho)를 위주로 하는 라마 대표단을 후허호트에 파견하여 알탄칸의 증손자를 달라이라마 4세로 정식 인정하고, 펜쫄걈초가 친히 나서서 그를 윤텐걈초(yon-tan-rgya-mtsho, 1589∼1616년)라고 명명하였다. 1602년에 3대 사원은 또 사람을 파견하여 몽골군의 호위를 받으며 윤텐걈초를 티베트로 영접해 들였다. 이듬해 전(前)티베트의 레딩 사원에 도착하였을 때는 그를 달라이라마의 법좌에 모셨다. 윤텐걈초는 데풍 사원에 도착한 후 당시의 간덴 사원의 티파를 스승으로 출가 의식을 거행하고 사미계를 받았다. 1607년에 그는 타시룬포 사원에 가서 주지(住持) 롭상최키겐첸(blo-bzang-chos-kyi-rgyal-mtshan, 청조에서 봉한 판첸라마 4세)에게서 불경을 배웠다. 1610년 후(後)티베트 시가체의 창파칸(gstang-stod-rgyal-po) 부자가 군대를 통솔하여 라싸를 공격하려고 하였지만, 달라이라마 4세를 호위하고 있는 몽골군이 두려워 전쟁을 하지 않고 후(後)티베트로 철수하였다. 1614년 윤텐갸초는 롭상최키겐첸을 데풍 사원에 모셔 와서 그에게서 비구계를 받았으며, 그 후 데풍 사원과 세라 사원의 켄포에 취임하였다. 1616년 말 윤텐갸초는 데풍 사원에서 원적(圓寂)하였다. 일부 사료는 창파칸이 자객을 파견하여 암살하였다고 적고 있다. 당시 창파칸이 중병에 걸렸는데, 어떤 사람이 이는 윤텐갸초가 저주를 내렸기 때문이라고 하였고, 이에 창파칸이 사람을 파견하여 윤텐갸초를 찔러 죽이고 달라이라마의 전세(轉世)를 금지하였다는 것이다. 그러나 창파칸의 병은 윤텐갸초가 죽음으로써 호전되지 않았다. 그 후 타시룬포 사원의 주지(住持) 롭상최키겐첸이 그의 병을 치료하여 주고 달라이라마의 전세(轉世)를 허가할 것을 청구하였다. 그때에야 비로소 데풍 사원의 상층 라마는 산남(山南)의 귀족 총게파('phyongs-rgyas-pa)의 집에서 달라이라마 5세 각왕롭상갸초(ngag-dbang-blo-bzang-rgya-mtsho, 1617~1682년)를 인정하였다.

달라이라마 4세가 티베트에 체류한 기간(1603~1616년)부터 달라이라마 5세의 전반기까지 40~50년간 티베트에서는 승속(僧俗)의 영주(領主) 간에, 또 그들 각자가 끌어들인 청해의 몽골족 각 부의 통치자 상호 간에 싸움이 지속되었다. 이 때문에 정세는 불안정하고 혼란하였다. 알탄칸이 달라이라마 3세를 몽골로 요청하고 알탄칸의 증손이 달라이라마 4세로 인정된 것은, 사실상 정세 복잡화의 서막에 해당하는 것이라고 할 수 있다. 뒤이어 하르하 몽골 부락의 촉투홍다이지와 오이라트 몽골 호쇼트 부락 구시칸이 가세해 들어왔고, 1642년에 이르러 구시칸이 티베트족 전 지역을 제압하여서야 비로소 혼란한 국면이 종료되었다.

1578년 알탄칸은 청해에서 투메트로 돌아가고, 달라이라마 3세는 그 이듬해 투메트에서 서캄으로 갔다. 알탄칸은 코리치쳉(kho-li-chi-cheng)와 홍타이지·라춘·다이칭바툴 등 가신(家臣)을 청해에 남겨두고, 달라이라마 3세도 돈코르 윤텐갸초(yon-tan-rgya-mtsho)를 자신의 대표로 몽골 지방에 남겨 두어서 경상적인 연계를 유지하였다. 달라이라마 4세가 티베트로 갈 때에 코리치쳉과 다른 몽골족 수령들이 함께 호송하였고, 데파키쇠파(sde-srid-skyid-shod-pa)와 데풍 · 세라 두 사원의 수뇌가 또한 특별히 마중 나와서 동행하였다. 그들이 티베트에 도착한 후 몽골족 군대와 데파키쇠파의 티베트족 민병이 연합하여 창파칸의 카르마 픈촉남겔(karma-phun-tshogs-rnam-rgyal, 1586~1621년?) 군대와 한 차례 싸움을 벌었다. 처음에는 몽골족 군이 승리하였지만, 데파키쇠파의 민병과 데풍 · 세라 두 사원의 승병(僧兵)이 내분을 일으켜 뿔뿔이 흩어졌으므로, 창파칸의 군대가 데풍 · 세라 두 사원을 공략하고 라사하(河) 하류의 네 개 종(宗)을 점령하였다. 데파키쇠파는 청해로 도주하였고, 그 후 닥룽파의 중재에 의하여 데풍 · 세라 두 사원이 벌금을 지불하고 분쟁이 겨우 수습되었다. 1612년 창파칸 픈촉남겔은 후(後)티베트 전 지역을 제압하였고, 1618년에는 전(前)티베트의 대부분 지역을 수중에 넣어 그의 세력은 한동안 전성기에 달하였다. 1621년 픈촉남겔의 아들 카르마 텐콩왕포(karma-batan-skyong-dbang-po, 1606-1642년)가 16세에 창파칸의 지위를 계승하였다. 같은 해에 청해의 라춘(lha-btsun, 티베트인들은 왕족 출신의 승려를 '라춘'이라고 칭하였다. 이 라춘은 알탄칸의 친족이라고 생각된다. 원명은 진일보의 자료 검토를 거쳐야 한다)은 홍타이지 부락 등 투메트 몽골군 약 2천 명을 거느리고 라싸로 가서 창파칸의 군대와 게탕강(brgyad-thang-sgang)에서 싸웠다. 창파칸은 패배하여 착포리산(lcags-po-ri, 한인(漢人)들은 약왕산(藥王山)이라고 부른다. 라싸의 포탈라 궁전의 서쪽에 있다)으로 퇴각하였다. 타시룬포 사원의 롭상최키겐첸과 간덴사원의 티파 탁룽샵둥(stag-lung-zhabs-drung) 등이 나서서 중재한 결과, 간덴포당 소속의 토지의 경계를 다시 확정하고 과거에 점령하였던 세라 · 데풍 두 사원의 장전(莊田)을 반환하였다. 그리고 핍박으로 개종시켰던 전(前)티베트 지방의 게룩파 사원과 사원 소속의 농노를 모두 게룩파에 되돌려 주었다. 라춘과 홍타이지는 또 사람을 파견하여 창파칸과 교섭하고, 이듬해(1622년)에는 롭상최키겐첸이 주재(主宰)하여 달라이라마 5세를 영접하여 데풍 사원에 모셨다. 이때 게룩파는 몽골군의 지지를 받아 세력이 다소 회복되었다. 그러나 얼마 지나지 않아 창파칸은 또 다시 무력으로 협박하면서 달라이라마를 청해에 보내지 않으면 데풍·세라 두 사원의 재물을 약탈할 것이라고 위협하였으므로, 달라이라마 5세는 도주하여 잠시 회피하였다. 이때 홍타이지와 그의 동생 사이에 내분이 일어났는데, 데파키쇠파의 중재로 분쟁이 겨우 수습되었다. 1630년 라춘은 또 군대를 파견하여 홍타이지의 부락을 습격하였고, 홍타이지 형제는 망라(mang-ra)로 도망갔다. 이듬해 라춘은 세상을 떠났다. 그때 막북(漠北)과 막서(漠西)의 몽골 칸은 군대를 거느리고 청해로 진입하였고, 청해에 머물러 있던 투메트 몽골 부락은 하는 수 없이 청해의 중부로 이동하였다. 그 먼저 1628년에 막남 몽골의 차하르부 린단칸이 주변 부락을 습격하였기에 주변 부락 사람들은 막북으로 도망하였다. 막북의 여러 몽골 부락 사이에도 분쟁이 일어났다. 그중의 한 갈래로서 촉투홍다이지는 기회를 타서 부락 사람들을 거느리고 막남을 거쳐 1632년에 청해에 도착하여, 청해의 투메트 부락과 기타 몽골 부락을 정복하고 청해 지방을 차지하였다. 촉투홍타이지의 일족은 대대로 카르마·카규파를 신봉했기 때문에 청해에 진입한 후 전(前)티베트의 카르마 카규파와 연락을 취하였다. 1635년에 촉투홍타이지 부자는 카르마 적모파의 랍잠파 라마와 결탁하고 또 창파칸과 내통함으로써, 이 두 갈래 티베트와 몽골 무장 세력을 합쳐서 게룩파를 소멸하고, 게룩파의 사원 재산을 약탈하고자 하였다. 촉투홍다이지는 자신의 아들 아르스란을 파견하여 1만명의 군대를 거느리고 티베트로 진입하게 하였다. 아르스란군의 우익과 좌익은 1635년 겨울에 제각기 디궁과 후(後)티베트의 북부에 도달하였다. 이때 게룩파의 수뇌 인물 롭상최키겐첸과 달라이라마의 티파 소남랍텐(bsod-nams-rab-brtan, 후에 소남최펠 bsod-nams-chos-'phel 로 개명하였다) 등은 대책을 협의하고, 아르스란에게 뇌물을 주어 눈앞의 위기를 모면하는 한편, 사람을 파견하여 호쇼트부의 구시칸에게 도움을 청하였다.

구시칸의 본명은 토롤파이후(tho-rol-pa'i-hu, 1582~1654년 혹은 1655년 초)이고 10세 때부터 용맹하기로 유명하였다. 예전에 하르하와 오이라트의 두 몽골 부락 간의 분쟁을 중재하였었고, 동코르의 후툭투와 하르하의 칸들이 함께 대국사(大國師)의 칭호를 그에게 증정하였는데, 구시칸이란 호명도 이 칭호에서 유래한 것이다구시칸(固始汗)은 국사한(國師汗)의 음이 변한 것이다. 몽골인은 "국사(國師)"라는 용어로 총명하고 학식 있는 사람을 지칭하여 표현한다. 그는 원래 천산북로(天山北路)에서 유목 생활을 하였는데, 이때는 이미 부족을 이끌고 천산남로(天山南路)에로 이동한 것이고, 비옥한 토지의 청해 지대를 손에 넣으려고 마음먹고 있었다. 청해와 티베트 지방의 정세를 알고 있었던 그는 게룩파 수령의 요청을 받자 부족을 이끌고 1636년 초에 청해 호반(湖畔)에 이르렀다. 구시칸은 적은 병력으로 많은 적을 이겨 냈으며, 촉투홍타이지를 사로잡아 죽이고 그의 병력 4만 명을 포로로 한 후 청해 지방을 점거하였다. 촉투홍타이지의 아들 아르스란은 티베트에서 살해되었고(제6편 카규파 참조), 촉투홍타이지의 일족은 이로써 멸망하였다. 구시칸은 사자를 파견하여 청조와 친분을 맺고, 1637년에 티베트에 들어가서 판첸라마 4세와 달라이라마 5세를 알현하였으며 또 함께 성경(盛京, 현재의 심양)에 사자를 파견하여 청 태종(太宗)을 배알하기로 협정하였다. 당시 청 태종은 이미 막남(漠南) 몽골의 각 부락을 병합하고, 위세가 한창이었다. 판첸라마와 달라이라마는 1637년에 구시칸에게 텐진최키겔포[bstan-'dzin-chos-kyi-rgyal-po, 약칭은 텐진최겔 (bstan-'dzin-chos-rgyal)이다. '지교법왕持敎法王'의 뜻이다]의 칭호를 증정하였다. 청해에로 돌아온 후 구시칸은 사자를 파견하여 판첸라마와 달라이라마의 청해로의 영접을 수락해 줄 것을 요청하였다. 구시칸은 돌아온 사자로부터 창파칸이 게룩파를 탄압하고 있는 상황을 듣고 1639년에 군대를 거느리고 티베트로 출발하였다. 그러나 도중에 서캄으로 방향을 바꾸어 그 당시 본교를 신봉하면서 불교를 박해하고 있던 서캄 베리(be-ri)의 토사(土司) 돈외도르제(don-yod-rdo-rje)를 격파하였고, 이듬해 11월 25일에는 돈외도르제 본인을 사로잡아 죽이고 캄 지방의 각 부락을 정복하였다. 1641년 구시칸은 또다시 군대를 거느리고 티베트로 진입하여 1642년 봄에 창파칸의 군대을 격파하고 텐콩왕포를 사로잡아 죽였으며, 전(前)티베트와 후(後)티베트의 영주(領主)들을 정복하였다. 이렇게 감숙·청해 지방 및 사천의 캄 지방과 서캄 지방을 모두 수중에 넣은 구시칸은 스스로 티베트족 지방의 대칸이 되었고, 아들들을 파견하여 청해에 주둔하게 하였다. 그는 캄 지방의 세금으로 청해의 부락 민중을 거느리고 전(前)티베트와 후(後)티베트에서 징수하는 세금으로는 달라이라마를 공양함과 동시에 게룩파의 종교 활동 경비로 하였다. 그러한 후에 라싸에 자신의 정권을 건립하였다. 티베트 지방의 티베트족 고급 관료는 구시칸이 직접 임명하였고, 그중 가장 중요한 직위로서 데파[sde-pa, 데시(sde-srid)라고도 한다]는 달라이라마의 티파 소남랍텐이 담임하도록 임명하였다. 우창 지방의 행정 명령은 구시칸의 답인(踏印)을 거친 후 발포하였고, 디파도 부서(副署)하고 날인(捺印)하였다. 이 정권을 지지하는 군대도 전부 구시칸이 장악하였다. 구시칸은 팔기(八旗)의 몽골군을 티베트에 주둔시켰는데, 그들은 평상시 다무('dam-rgya-shog-brgyad, 약칭은 다무. 현재의 담슝으로서 구칭은 다무팔기) 지방에서 방목하면서 생활하였다. 전(前)티베트와 서캄 지방의 데루게에는 13개의 대사원을 건립하였다. 1653년 달라이라마 5세가 북경에서 청의 순치(順治) 황제를 알현하고 티베트로 돌아올 때, 청조에서는 사자를 파견하여 구시칸을 준행문의민혜고실한(遵行文義敏慧顧實汗)으로 책봉하고 금책(金冊)과 금인(金印)을 하사하였다. 그 금인에는 만문(滿文)과 漢字, 몽골문 세 가지 문자가 각인되었다. 이는 구시칸의 티베트 정권이 당시의 중앙정부로부터 정식 책봉을 받았음을 말해 주며, 이로써 구시칸은 청조 조정에 소속되는 신하가 되었다. 1654년 구시칸은 라사에서 세상을 떠났다. 그후 이 지방정권으로서의 칸의 지위는 구시칸의 자손 다얀칸과 달라이칸, 라장칸 삼대가 물려받았다.

17세기 전반에 우창 지방은 혼란기에 처하였다. 게룩파의 명의상의 지도자는 달라이라마이지만, 4세는 일찍 죽었고, 5세는 아직 어려서, 롭상최키겐첸(blo-bzang-chos-kyi-rgyal-mtshan, 1567~1662년)이 실권을 틀어줘었다. 그는 후(後)티베트에서 태어났고, 13세에 사미계를 받았다. 22세에 라싸에 가서 불경을 배우고, 간덴 사원에서 경전을 변론하였다. 34세(1600년)에 타시룬포 사원의 좌주가 되었고, 1614년에 데풍 사원에서 달라이라마 4세에게 구족계를 수여하였다. 1616년 달라이라마 4세가 급사하는 바람에 게룩파가 위기에 처하자, 이듬해인 1617년에 롭상최키겐첸은 타시룬포 사원의 좌주를 사직하고 데풍과 세라 두 사원의 좌주에 취임하였으며, 게룩파를 위기에서 구하려고 갖은 방법을 다 하였다. 그는 이전에 창파칸의 중병을 치료해 주었었는데, 이 인연으로 창파칸으로 하여금 달라이라마의 전세(轉世)를 승인하도록 겨우 허락을 얻었다. 1622년 롭상최키겐첸이 주최하여 달라이라마 5세를 데풍 사원에 모셔왔다. 1625년에 롭상최키겐첸은 달라이라마 5세에게 사미계를 주었고, 1635년 겨울에는 달라이라마의 디파 소남랍텐과 토의하여 아르스란을 뇌물로 매수할 계책을 꾸미고 구시칸에게 사자를 파견하여 구원을 요청하였다. 1638년에는 또 달라이라마 5세에게 구족계를 주었다. 티베트 전 지역을 제압한 구시칸은 롭상최키겐첸을 스승으로 모셨고, 1645년에 롭상최키겐첸에게 "판첸 보크도"("판첸"은 대판디타의 뜻이고, "보크도"는 몽골인의 예지롭고 용맹한 인물에 대한 존칭이다)의 칭호를 수여하였다. 이로부터 "판첸"이라는 칭호가 있게 되었다. 이와 동시에 구시칸과 달라이라마 5세는 또 롭상최키겐첸에게 타시룬포 사원의 주지를 맡아 줄 것을 요청하였고, 후(後)티베트의 일부 지역을 그의 관할하에 두었다. 1647년 청의 순치(順治) 황제는 롭상최키겐첸에게 "금강상사(金剛上師)"라는 칭호를 봉하였다. 1652년(순치 9년)에 달라이라마 5세가 상경하였는데, 그때 순치 황제는 판첸 롭상최키겐첸도 함께 상경할 것을 요청하였다. 그러나 당시 86세인 판첸은 먼 길을 갈 수 없어 동행하지 못하였다.[16] 1662년 판첸이

---

16) 『달라이라마5세전』에 의하면, 판첸라마 4세는 담슘까지 배웅하였고, 달라이라마 5세와

세상을 떠난 후 달라이라마 5세가 그의 전세자(轉世者)를 선정하였다. 이로부터 게룩파는 활불 전세(轉世) 계통이 성립되었다. 일부 티베트인들은 롭상최키겐첸을 판첸 후툭투 1세라고 하지만, 정통적인 견해에 의하면, 그는 판첸라마 4세이다. 총카파의 수제자 케둡제 게렉펠상(mkhas-grub-rje-dge-legs-dpal-bzang, 1385~1438년)이 판첸라마 1세, 소남촉랑(bsod-nams-phyogs-glang, 1439~1504년)이 판첸라마 2세, 로상둔둡(blo-bzang-don-grub, 1505~1566년)이 판첸라마 3세로 추인되었기 때문에, 판첸라마 4세 롭상최키겐첸의 전세자(轉世者)로서 로상예쉐(blo-bzang-ye-shes, 1663~1737년)는 판첸라마 5세로 인정되었다. 로상예쉐는 달라이라마 5세에게서 계율(戒律)을 받고 불법을 배웠으며, 그 자신 또한 달라이라마 6세와 7세의 계사(戒師)이기도 하다. 이로부터 달라이라마와 판첸라마가 서로 간에 스승과 제자로 되는 것이 정례(定例)가 되었다. 1713년(강희 52년) 청조의 강희(康熙) 황제는 로상예쉐를 판첸·에르티니(pan-chen-er-ti-ni)로 책봉하고, 금책(金冊)과 금인(金印)을 하사하였다. 또 황제의 명령에 의하여 그의 후(後)티베트에서의 관할 지역을 다시 확정하였다. 이렇게 중앙정부에 의하여 판첸라마의 종교상의 숭고한 지위가 다시 확정되었다. 금책과 금인을 하사한 것은 판첸라마의 지위를 높여 달라이라마와 동등하게 하려는 의도가 있었다. 판첸은 대판디타(대학자)의 의미로서 산스크리트어 판디타(paṇḍita, "오명(五明)"에 통달한 사람에 대한 칭호)와 티베트어 첸포(chen-po, "크다", "대"의 뜻)가 합쳐서 생긴 단어로서, 그 약칭이 판첸이다. "어르티니"는 만주어에서 "보배[寶]"의 뜻으로서 티베트어의 린포체(rin-po-che)에 해당된다.

17세기 전반기는 게룩파의 역사에서 중요한 시기이다. 이 시기 게룩파는 몽골칸의 지지를 얻어 위기를 넘기고 세력을 크게 확장하였다. 그 기간 판첸라마 4세가 중요한 역할을 하였지만, 정세가 안정된 후 실권은 달라이라마 5세 각왕롭상감초에게 장악되었다. 그 원인은 달라이라마 2세 이후 달

___

수일 동행했다고 한다. ― 편집자 주

라이라마를 게룩파의 지도자로 하는 전통이 있었기 때문인데, 보다 중요한 것은 달라이라마 3세 이후 게룩파가 신속히 몽골 각 부락의 신뢰를 얻었고, 달라이라마는 이미 몽골 지방의 우상(偶像)이 되었으므로 달라이라마를 게룩파의 지도자로 하면 실력 있는 몽골 칸의 지지를 끌어당길 수 있어 게룩파로 볼 때 이득이 많았다. 달라이라마 5세의 부친은 디파였고, 이 일족은 이전에 게룩파는 물론, 카규파 · 닝마파와도 좋은 관계를 유지하고 있었다. 이 일족 중에서 달라이라마 5세를 인정한 데는 이러한 각 교파와의 관계를 이용하려는 의도가 있었다.

그러나 당시 창파칸의 세력이 한창이어서, 게룩파는 어려운 처지에 놓여 있었다. 투메트 몽골 군이 창파칸을 격파한 후 1622년에야 달라이라마 5세를 라싸 데풍 사원으로 모셔 왔다. 1625년 달라이라마 5세가 9세일 때 판첸라마 4세 수하에서 출가하여 사미계를 받고, 각왕롭상걈초라고 명명되었다. 1637년 구시칸은 승속 귀족 여러 명 및 종자(從者)들과 함께 변장을 하고 라싸에 가서 달라이라마 5세와 판첸라마 4세에게 선물을 드리고, 또 사자를 파견하여 성경[盛京, 현재의 심양(瀋陽)]에 가서 청 태종(太宗)을 알현하기로 합의했다. 1638년 22세의 달라이라마 5세는 판첸라마 4세에게서 구족계를 받고, 또 관례에 따라 데풍과 세라 두 사원의 좌주에 취임하였다. 1642년 달라이라마 5세가 26세 되던 해에 구시칸이 티베트에 진입하여 창파칸을 멸망시키고, 전(前)티베트와 후(後)티베트의 각 지방 세력을 제압하였다. 그 후 구시칸은 달라이라마 5세를 존중하여 티베트 전 지역의 종교적 지도자로 추대하고, 전(前)티베트와 후(後)티베트의 세금을 달라이라마 5세에게 바쳐 게룩파 사원의 종교 활동 비용으로 삼게 하였다. 또 달라이라마 5세의 티파 소남랍텐을 자신의 정권의 디파로 임명하였다. 구시칸이 이렇게 한데는 달라이라마를 매수하여 자신을 도와 티베트족 전 지역을 통치하도록 하기 위한 것이라고 보인다. 왜냐하면, 당시 게룩파는 서캄 지방과 감숙 · 청해 지방에 이미 상당한 세력이 있었고, 몽골 칸의 티베트 통치에 달라이라마의 도움이 꼭 필요하였기 때문이다. 우창 지방의 행정 관리에는 또한 티베트인의 협조가 필요하였고, 그러므로 소남랍텐을 이용하지 않을 수 없었다(소남랍텐은 창파칸과의 투쟁에서 중요한 역할을 하였다. 그는 몇 번이나 청해에 가서 투메트 몽골칸들과 함께 창파칸을 대처하는 데 대한 대책을 협의하였다. 또 투메트 장관들 사이의 분쟁을 중재하였고 구시칸의 티베트 진입을 획책하였다). 그러므로 구시칸은 우창의 세금은 흔쾌히 게룩파 집단에 제공하지만 정권과 군권은 완전히 자기 손에 틀어쥐었다. 이렇게 하여 달라이라마와 관계를 맺을 뿐 아니라 티베트족 지역의 정세를 공제할 수 있었는데, 이는 구시칸이 몽골 각 부의 칸들 사이에서의 지위를 인정받고 그들과의 관계를 처리함에 있어 모두 이로운 점이 많았다. 때문에 우창 지방의 세금은 모두 게룩파에 제공하였지만, 구시칸 본인과 그의 이 직위를 계승한 자손들은 몽골군 일부분을 거느리고 줄곧 전(前)티베트에 체류하였다. 이는 구시칸이 달라이라마를 틀어쥐고 티베트 지역을 제압하는 것을 매우 중요시하였음을 말해 준다. 우창 지방에서 행정 명령을 내리는 이는 구시칸이고 티파는 부책임자에 불과하였다. 그러나 티베트 농노 사회에서 모든 농노는 농노주에 속하였고, 농노주에게는 농노를 구타와 처벌, 눈알 파내기, 심지어 상황에 따라 사형할 권리가 있었다. 농노주는 자신의 장원(莊園)에서 행정과 사법의 실권을 가지고 있기 때문에, 일반적인 농노의 안중에는 농노주야말로 통치자였다. 우창 지방의 세금을 달라이라마가 소유한 이상 달라이라마의 디파가 사람을 파견하여 거두었고, 농노도 달라이라마에게 속하였기 때문에 일반적인 티베트인이 보기에 달라이라마야말로 그들의 주인이고 행정 수령이었다. 티베트 역사를 연구하는 일부 외국인들은 달라이라마 5세가 당시 티베트의 정권을 장악하였다고 인정하는데, 이러한 해석은 더 연구해 보아야 할 일이다(이 문제는 아래 글에서 다시 언급하려고 한다). 같은 해(1642년)에 구시칸과 판첸라마 4세, 달라이라마 5세가 파견한 사자가 성경(盛京)에서 청 태종(太宗)을 알현하고 파격적인 대우를 받았다. 이는 청 태종이 달라이라마

등이 몽고족, 특히 막남(漠南)·막북(漠北)의 몽골 칸에 대해 끼치는 영향력을 고려하여 회유 정책을 써서 달라이라마를 이용하려고 했기 때문이다. 사자가 티베트로 돌아갈 때 청 태종은 사람을 파견하여 티베트에까지 동행하게 하였는데, 판첸라마·달라이라마·구시칸 3인에게 편지를 보내고 구두로 그들과 회담하게 하였다(회담의 내용은 불명하지만, 서로 협력하여 청조가 명조의 천하를 취득할 것을 약속하였다고 추측된다). 1644년 북경에 수도를 정한 후 청조의 순치(順治) 황제는 달라이라마와 빈번히 사자를 파견하여 왕래하였고, 판첸라마와 달라이라마의 상경을 거듭 요청하였다. 1652년 달라이라마는 판첸라마의 대리(판첸라마는 연로하여 동행하지 못하였다) 및 구시칸의 사자를 인솔하여 북경에 도착하였다. 순치(順治) 황제는 특별한 예의로 접대하였다(이는 달라이라마가 출가자이기 때문이며 일부 외국인이 말한 바 이국(異國)의 군주에 대한 예의로 접대한 것은 아니다. 예의가 성대하고 호화로운 면에서 원조와 명조의 선례를 따랐지만 그 수준을 더욱 초과하였다). 1653년 달라이라마가 티베트로 돌아가는 길에 대갈(代噶)에 도착했을 때 순치 황제는 예부상서(禮部尙書)와 리번원시랑군관(理藩院侍郞軍官)을 파견하여 금책(金冊)과 금인(金印)을 하사하고 달라이라마를 "서천대선자재불소령천하석교보통와적라달라달뢰라마(西天大善自在佛所領天下釋敎普通瓦赤喇怛喇達賴喇嘛)"로 책봉하였다. 금책(金冊)의 책문(冊文)과 금인(金印)의 인문(印文)은 만족어·몽골어·티베트어·한어(漢語) 네 가지 문자를 사용하였다. 이로부터 청조의 중앙정부는 달라이라마의 종교상의 지위를 재차 확정하였다. 봉호는 두 부분으로 구성되어 있다.

전반(前半) 부분의 "서천대선자재불소령천하석교(西天大善自在佛所領天下釋敎)"는 명조의 영락(永樂) 황제가 대보법왕(大寶法王) 데신섹파(de-bzhin-gshegs-pa)에게 하사한 봉호 중에서 "서천대선자재불령천하석교(西天大善自在佛領天下釋敎)"라는 부분을 답습하고 "소(所)"라는 문자를 새로 추가한 것이다. 명조가 데신섹파를 대보법왕(大寶法王)으로 봉한 것은 또한 원조가 팍파를 대보법왕으로 봉한 이야기를 답습한 것이다. 이 봉호는 원조와 명조 중앙정부가 티베트 승려에게 수여한 최고의 봉호였다. 팍파는 선정원(宣政院)을 관할하였고, 한족(漢族)과 티베트족의 사원과 승려를 포함한 전국의 불교를 관리하였다. 그런 까닭에 명조는 대보법왕의 봉호에 "서천대선자재불령천하석교(西天大善自在佛領天下釋教)"의 문자를 첨가하였지만, 사실상 명조의 대보법왕(大寶法王)은 한인(漢人) 승려의 사무를 관할하지 않았다[원조 말기의 제사(帝師)도 이미 한인(漢人) 승려의 사무를 관리하지 않았다]. 명조의 영락(永樂) 황제도 사캬파의 곤택사파(昆澤思巴, 즉 쿤가타시겐첸이다. 제5편 사캬파 참조)를 "영천하석교(領天下釋教)"가 포함된 대승법왕(大乘法王, theg-chen-chos-rgyal)으로 책봉하였지만, 사실상 명조의 황실은 데신섹파가 "영천하석교(領天下釋教)"의 권력을 행사하는 것을 지지하지는 않았다. 청조는 이 봉호를 그대로 사용하여 의식적으로 달라이라마가 천하(실제로는 몽골족과 티베트족 두 지역을 가리킨다)의 티베트 불교 최고지도자라는 것을 인정하였지만, 내륙 방의 한인(漢人) 승려는 포함되지 않았기 때문에 "영천하석교(領天下釋教)"를 "소영천하석교(所領天下釋教)"로 수정하였다. 인문(印文)은 만족어 · 몽골어 · 티베트어 · 한어(漢語) 네 가지 문자로 새겨져 있는데, "영천하석교(領天下釋教)"에 해당되는 티베트어는 "rgya-che-khyon-la"로서, 그 뜻은 "하나의 광대한 범위 내"이다. 이는 천하를 가리키는 "gnam-'og"와 구별되며, 이 "범위"는 몽골 · 티베트 두 민족 지방의 모든 불교를 가리키지만, 한인(漢人) 지방의 청의승(靑衣僧)은 그에 포함되지 않는다. 이것이 바로 한자(漢字) 부분을 "영천하(領天下)"가 아닌 "소영천하(所領天下)"로 하고, 티베트어도 "rgya-che-khyon-la"가 아닌 "gnam-'og"를 사용함으로써 담게 되는 메시지이다. 순치(順治) 황제가 이 봉호를 그대로 사용한 것은 자신이 명조 중앙정부의 지위를 계승하였음을 나타내서, 중앙정부의 신분으로 명조의 선례에 따라 티베트족 승려의 최고 지도자를 책봉한 것이다. 이상이 바로 이 봉호의 앞부분의 의미이다.

후반(後半) 부분의 "보통와적라달라달뢰라마(普通瓦赤喇怛喇達賴喇嘛)"는 명조가 순의왕(順義王)으로 책봉한 알탄칸이 달라이라마 3세에게 수여한 전부의 존호로서, 다만 한자(漢字) 부분의 "지일체(識一切)"가 "보통(普通)"으로 바뀌었다. 사실상 이는 티베트어 "탐체켄"[thams-cad-mkhyen, 정확한 번역은 "일체지(一切智)"이고 산스크리트어의 sarvajñā이다]의 불완전한 번역이다["보통(普通)"이란 두 글자는 여기서 보편(普遍)적으로 통달(通達)하다는 뜻이다]. 이 부분 봉호의 의미는 달라이라마 3세에 관해 이야기할 때 이미 해석하였기 때문에 이곳에서 다시 반복하지 않는다. 순치(順治) 황제가 이 봉호를 그대로 사용한 의도는 몽골인에게 익숙한 달라이라마의 이 존호를 황제가 재차 긍정함으로써 달라이라마가 몽골칸들과 인민에 대해 끼치는 영향력을 보전 및 강화하여 자신의 몽골족에 대한 통치에 유리롭게 하기 위해서였다. 이러한 점에서 보면, 이 봉호는 사실상 달라이라마 5세 고유의 종교적 지위를 승인한 것에 불과하며, 새로운 내용을 증가하지 않았고, 나아가 달라이라마의 정치상의 어떠한 권력이나 직위도 승인하지 않은 것이다. 이 점에 대하여서는 달라이라마를 책봉한 책문(冊文)에 더욱 명확히 기재되어 있다.

> 짐(朕)이 듣건대 천하 교화와 독자 수행은 개종(開宗)의 의의가 다르고 출가하는[出世間] 것과 세속으로 나오는[入世間] 것도 가르침의 도경을 설립함이 다른 것이노라. 하지만 마음을 맑고 깨끗하게 하여 자기의 불성을 발견하는[明心見性] 것과 세계를 아름답게 하고 백성을 각오시키는[淑世覺民] 것은 그 이치가 결국 같은 것이로다. 그대 라부장찰복(羅布藏札卜) 달라이라마는 흉금회포(胸襟懷抱)가 확고명랑[貞朗]하고 덕행아량(德行雅量)이 심후홍대[淵弘]하며 선정지혜(禪定智慧)의 수행이 뛰어나고 색공만연(色空萬緣)을 모두 끊었기 때문에 불법을 선양할 수 있고, 우둔하고 몽매한 백성들을 가르치고 인도할 수 있는 것이노라. 그러므로 서역 각 방에 행복과 은혜를 베풀어 성명이 우리 동방 국토에 전파되었도다. 우리 선황태종문황제(先皇太宗文皇帝, 즉 황태극)는 이 상황을 듣고 마음에 들어 특히 사자를 보내어 그대를 맞아들인 것이

로다. 그대 또한 이미 황제의 마음을 알고 임진년(壬辰年)에 내조하여 알현할 것을 승낙하였구나. 짐은 하늘이 주는 사명을 짊어지고 천하를 안무하는 중에 그대는 과연 이에 내조하고자 부름에 응하여 기한 내에 이르렀구나. 그대는 의태 풍범이 친절하고 언어 침묵에는 절도가 있으며 지혜는 원융 통달의 경지에 이르렀노라. 그대는 백성을 위하여 자비를 널리 베풀고 수행의 법문을 열었으며 참으로 백성의 수행 길에서의 사닥다리이고 불교계의 태산이고 북두이노라. 짐은 그대를 매우 찬상하노라. 지금 금책과 금인을 하사하고 그대를 "서천대선자재불소령천하석교보통와적 **라달라달뢰라마**(西天大善自在佛所領天下釋敎普通瓦赤喇怛喇達賴喇嘛)"로 책봉하노라. 겁운(劫運)에 응험하여 세간에 와서 현신하고 부처님의 교화를 흥성시키고 기회와 인연을 따라 불법을 해설하며 천하를 이롭게 하고 세상과 백성을 구제하니 이야말로 지극히 선하고 아름다운 일이 아니겠는가!

청조는 달라이라마를 책봉한 동시에 시위(侍衛)와 라마(喇嘛) 내대신(內大臣) 낭노극수세대(囊努克修世岱) 등 사람(달라이라마가 티베트로 돌아갈 때 수행한 사신들임)을 파견하여 금책금인(金册金印)을 티베트로 가져갔다. 구시칸에 대해서는 "준행문의민혜고실한(遵行文義敏慧顧實汗)"[이 인문은 『실록』에서는 "준행문의(遵行文義)"라 하였고 『번부요략(藩剖要略)』과 『성무기(聖武記)』 등 책에서는 "준의문의(遵文行義)"라 하였다.]으로 책봉하였다. 한어(漢語)・만족어・몽골어 세 가지 문자를 사용한 금책(金册)과 금인(金印)에는 다음과 같이 기재되어 있다.

제왕이 천하를 통치할 때 반드시 부속 방국(邦國)을 위무(慰撫)하고 격려함으로써 위덕과 교화로 온 천하를 덮어야 하노라. 부속 방국의 군주와 수장이 만약 시세(時勢)를 잘 살피고 성심으로 귀순하고 교화를 갈망하면 조정은 반드시 포상하여 회유(懷柔)를 나타낼 것이로다. 그대 액노특(厄魯特) 부락의 고실한(顧實汗)은 도덕을 준수하고 선행(善行)을 즐겨 하며 정의를 지키고 인의를 행하며 은혜가 일경(一境)을 덮었고 정성을 다하여 전심으로 조정에 귀순하니 짐은 그대를 매우 찬상하노라. 지금 금책과 금인을 하사하고 그대를 "준행문의민혜고실한(遵行文義敏慧顧實汗)"으로 책봉하노라. 그대는 마땅히 충성심을 더욱 더 맹세하고 부처님의 음성과 교화를 널리 선양하고 짐의 장벽과 호위(護衛)가 되어야 하노라. 서로 화목하고, 짐도 그대를 책봉하여 영지를 관리하게 하노라. 이렇게 천추만대로 변심하지 않고 영원히 행복을 누리고자 하노라. 이는 짐이 친히 반포하는 것이노라.

이 두 책문(冊文)을 비교해 보면 달라이라마는 다만 종교적 지도자로 책봉하였지만, 구시칸은 "작짐병보(作朕屏輔), 집내봉기(輯乃封圻)"의 칸으로 책봉한 것이다. 그러므로 봉호에는 "칸"을 사용하였다. 함께 라싸에 거주하고 있는 두 사람 중 한 사람은 행정상의 지도자(구시칸), 또 한 사람은 종교상의 지도자(달라이라마)로 책봉한 것이다. 달라이라마는 티베트족 지방의 종교 지도자일 뿐만 아니라 광대한 몽골족 지방의 종교 지도자였다. 청조(淸朝)는 달라이라마를 이용하여 몽골을 통치하려고 생각하였기 때문에 달라이라마에 대한 예의가 극진하였고, 역사상에서 채용하였던 최고의 봉호를 주었지만 그의 신분은 "선림(禪林)의 산두(山斗)", "영천하석교(領天下釋敎)"에 불과하였다. 구시칸은 당시 감숙(甘肅)·청해(靑海)·캄·티베트 등 전부의 티베트족 지방을 무력으로 제압하였지만, 그의 배후에는 여전히 강적이 있었다. 준가르(準噶爾)는 티베트족 지역을 호시탐탐 노리고 있었고, 막남(漠南)과 막북(漠北)의 칸들도 구시칸이 청해(靑海)·캄·티베트 등의 여러 티베트족 지방을 통치하는 것에 꼭 감복한 것은 아니기 때문에, 이런 상황은 국내의 강대한 세력의 지지가 필요하였다. 당시 명조(明朝)의 황실은 위기에 처하였고 홍타이지(청 태종)는 동북 지방에서 궐기해 1620년부터 수십 년간 막남(漠南) 몽골의 각 부를 정복하여 당시 실력이 제일 강한 세력이 되었고, 몽골 칸들의 안목에도 특히 뛰어나게 보였다. 구시칸은 청해에 들어간 후부터 사자를 파견하여 청조와 친분을 맺었고, 라싸에 들어간 1637년에는 판첸·달라이라마와 연합하여 공동으로 청조에 사자를 파견하였다. 청조의 군대가 산해관(山海關) 안으로 들어오기 이전부터 순치(順治) 황제가 북경을 수도로 정한 이후까지 쌍방의 사자의 왕래는 매우 빈번하였다. 순치 초년부터 청조 내부 상황을 보면, 막남(漠南) 몽골은 신하로서 복종하였지만 막북(漠北) 몽골은 아직 귀순하지 않았고, 준가르(準噶爾)몽골과는 적대 관계였다. 광대한 한족(漢族) 지역은 이미 제압하였지만 청에 순종하지 않았고, 명조의 잔당(殘黨)은 험준한 지형에 의지해 완강하게 저항하고 있었다.

이러한 상황에서 구시칸과 같은 "서방군장(庶邦君長)"이 시세(時勢)를 잘 살펴 진심으로 귀순하려고 한다면 청조 황실은 당연히 정표(旌表)하여 회유의 뜻을 보이기 마련이다. 그러므로 순치(順治) 황제가 달라이라마를 종교적 지도자로 책봉하고 구시칸을 정치적 지도자로 책봉한 것은, 당시 티베트족지방의 실제 상황을 반영한 것이다. 청조에서 구시칸을 티베트족지역의 칸으로 책봉한 이상 달라이라마에게 같은 봉호를 주는 것은 불가능하였다(동일한 지역에 두 왕이 있을 수는 없다). 그러므로 당시 티베트의 정치적 지도자를 달라이라마 5세라고 하면서, 구시칸의 정치적 지도자로서의 지위를 무시해 버리거나 더욱이 티베트가 당시 중국으로부터 독립한 한 개 국가라는 외국인 연구자의 언설은 역사적 사실에 부합되지 않는 잘못된 주장이다. 그렇지만 달라이라마 5세가 중앙의 청조 황실의 대폭적인 지지를 받았고, 지방적으로는 구시칸의 존중과 신임을 받은 사실, 그리고 우창 지방의 모든 세금을 장악하였고 많은 게륵파 사원이 그에게 버팀목으로 역할한 사실, 구체적으로 우창 지구의 행정사무를 주관하는 디파가 그의 수하 사람이었다는 사실 등등으로 볼 때 달라이라마 5세는 구시칸이 관할하는 우창 지방에서 정식적인 명의는 없었지만, 일정한 실권이 있었던 것도 사실이다.

청조의 순치 황제가 달라이라마 5세를 책봉한 장소는 북경의 궁중이 아니고 대해(代海)의 호반(湖畔)이었다대갈(代噶)은 즉 대해호반(代海湖畔)이다. 대해(代海)는 후허호트시 동남 25킬로미터, 현재의 명칭은 대해(岱海)이다. 그 이유는 달라이라마가 이 지방에서 몽골 각 부의 칸들을 회견하기로 예정되었기에, 청조는 몽골 칸들이 다 모이는 이 기회를 이용하여 달라이라마를 책봉하기 위해서였다. 이렇게 함으로써 조정이 달라이라마를 존중하고 있다는 것을 나타냄과 동시에 몽골 칸들이 숭배하는 달라이라마가 만 리 길을 걸어 북경에 와서 청조의 황제를 알현하고, 황제는 많은 사람들 앞에서 달라이라마를 책봉하는 것을 보여 준 것이다. 이는 청조에 대한 몽골칸들의 충성심을 강화하는 유효한 수단이었다.

달라이라마 5세가 정식으로 청조의 황제로부터 책봉받은 이후 티베트 사회에서의 성망은 더더욱 높아졌다. 구시칸이 위임한 디파도 달라이라마의 옛 부하였던 사람이기 때문에, 달라이라마의 영향은 우창 지방의 행정 방면에 침투되었다. 1654년 구시칸이 사망하자 그의 자식들 사이의 계승자 선택이 3∼4년간 지연된 후에야 결정되었다. 1658년에 구시칸의 장자 다얀칸이 청해에서 라싸로 가서 구시칸의 지위를 계승하였다. 다얀칸은 1660년에 둥메파 · 딩레걈초(grong-smad-pa-'phrin-las-rgya-mtsho)를 데파로 임명하였다. 다얀칸은 1668년에 세상을 떠나고, 그 후 칸의 지위는 3년 가까이 공석이 되었다. 딩레걈초도 동년 5월에 세상을 떠났지만, 칸이 부재(不在)이기 때문에 데파를 임명할 수 없어 데파의 직위도 1년간 공석이 되었다. 이해는 달라이라마 5세가 사람을 위임하여 잠시 관리하게 하였다. 1669년 8월이 되어서야 비로소 달라이라마 5세의 최폰[mchod-dpon, 공불(供佛) 등 종교의식을 담당하는 직위]이었던 롭상투톱(blo-bzang-mthu-stobs)을 데파로 임명하였다. 이는 아마도 데파 주관하의 행정사무를 오랫동안 지체해서는 안 되기 때문에 달라이라마 5세가 임명한 것 같다. 1671년에 다얀칸의 아들 달라이가 라싸에 가서 칸의 지위를 계승하였지만, 그도 기성사실을 승인하는 수밖에 없었다. 1675년 롭상투톱이 자리에서 물러나고, 다창 · 녤파 · 롭상진파(grva-tshang-gnyer-pa-blo-bzang-spyjn-pa)가 데파로 임명되었다. 롭상진파는

1679년에 퇴위하였고, 그 후 데파를 계승한 이는 상게갸초[sangs-rgyas-rgya-mtsho, 1653~1705년. 달라이라마 5세의 아들이라는 전설이 있다. 1652년 달라이라마 5세가 상경하는 도중에 달목(達木)을 거쳐 지날 때 몽골의 귀부인과 동침하였다. 이듬해 상게갸초가 태어났다. 만약 이 전설이 사실이라면, 상게갸초와 몽골 귀족 사이에 일정한 관계가 있다는 것을 말해 준다.]라고 하는 속인이었다. 상게갸초가 데파를 맡은 후 달라이라마 5세와 구시칸은 그를 아주 신임하였다. 그는 다른 교파(둑파 카규를 포함)를 억압하고 게룩파의 확장에 모든 힘을 다 기울였다. 1681년 부탄에서 정교(政敎) 양권을 장악하고 있던 둑파·카규의 지도자가 보복으로 그의 지배 지역에 있는 게룩파를 공격하였다. 이 때문에 라사와 부탄 사이에 분쟁이 발생하였다. 라다크토왕 데렉남겔(bde-legs-rnam-rgyal, 약 1675~1705년 재위. 이 왕 이전의 몇 대부터 모두 둑파·카규의 대라마를 스승으로 섬겼다. 부탄의 정교 지도자는 둑파·카규에 속하였기 때문에 라다크토왕과도 밀접한 관계가 있었다)은 부탄의 둑파·카규 대라마가 모욕을 당하는 것을 그냥 보고 있을 수 없다는 생각을 표명하였다. 상게갸초는 달라이칸 및 달라이라마 5세와 협의하여 몽골기병을 주력으로 하는 군대를 파견하여 라다크를 공격하였다. 이 군대의 통솔자는 달라이칸의 형제가 담당하였는데, 그 이름은 간덴체왕(dga'-ldan-tshe-dbang, 그는 당시 타시룬포 사원의 승려였다. 사원 부근의 시장을 관리하는 사무에서 재능을 발휘하였기에 임시 환속하여 군대를 거느리고 출정했음)이다. 이 전쟁에서 몽골 기병은 그 위력을 충분히 발휘하여 레성(sle)을 점령하였을 뿐 아니라 그 서쪽 바스고(ba-sgo)까지 공격하였다. 라다크토왕은 카슈미르의 원군(援軍)을 불러오고서야 몽골·티베트 연합군을 좌절시켜 강화(講和)를 받아들이게 할 수 있었다. 결국 1683년에 협의가 체결되고, 라다크는 1630년 이래 점령하였던 구게(gu-ge)와 루톡(ru-thog)[현재의 가리 지역] 등의 지방을 라싸의 직접적인 관리하에 귀속시키고, 라다크를 티베트의 속국으로 규정하였다. 라다크토왕은 매년 티베트 지방정부에 사절을 파견하여 공물을 진상하고, 라싸도 매년 라다크로 운송 판매하는 전차(磚茶, 찻잎을 쪄서 벽돌 모양으로 굳힌 차. 몽골인이 상용함)를 제지하지 않기로 약속하였다(1841~1842년에 제국주의가 개입한 또 한 차례의 전쟁을 겪은 후에야 라다크는 티베트에서 이탈하였다). 이번 전역(戰役)이 발생한 이듬해(1682년, 강희 21년)에 달라이라마 5세가 입적하였지만, 상계걈초는 계룩파의 이익과, 특히 그 자신의 권세적 지위를 위하여 당시의 상황을 고려한 후 달라이라마 5세의 사망을 비밀에 부치고, 모든 일을 달라이라마의 명의로 실행하였다. 부고를 내지 않은 원인에 대한 문헌은 발견되지 않았지만, 당시의 상황으로 볼 때 다음 세 가지 이유를 들 수 있다. 첫 번째, 당시는 라사와 라다크의 전쟁이 아직 끝나지 않았기 때문에 달라이라마 5세의 사망을 발표하면 전쟁의 결과에 영향을 미칠 가능성이 있었다. 두 번째, 달라이칸의 형제 간덴체왕은 통솔자로서 외지에서 군대를 거느리고 명성과 위엄이 한창이었다. 달라이라마 5세의 사망을 발표하면 간덴체왕은 명실상부하게 데파의 직위를 회복하여 완전히 달라이칸의 명령에 따를 것이며, 이렇게 되면 실권이 몽골인의 손에 들어가게 되는 것이다. 그렇게 되면 달라이라마 5세가 만년에 추진하고 있던 우창 내부에서의 계룩파 통치 지위의 강화를 위한 각종 조치(이하 기술을 참조)가 수포로 돌아가게 된다. 세 번째, 구시칸의 자손들은 줄곧 달라이라마 5세가 장악하고 있는 우창 내부의 행정 권리를 쟁탈하려는 의도를 갖고 있었다. 단지 달라이라마 5세에 대한 청조의 지지와 구시칸의 달라이라마 5세에 대한 숭배, 또 역대 데파의 대부분이 달라이라마의 지휘에 복종하였기 때문에 어찌 할 방법이 없었다. 당시 준가르의 갈단칸의 세력은 한창이었고, 그와 달라이라마 5세는 사제 관계이고 상계걈초와는 동창이었으며, 그들은 서로 간에 합작할 수 있었다. 상계걈초는 이전에 갈단칸을 이용하여 호쇼트 부족의 청해칸(갈단칸의 원수가 청해 호쇼트 부족에 가서 피난하였기에 갈단칸은 무력으로 청해를 위협하였다. 이는 간접적으로 청해칸을 위협한 것이 된다)을 견제한 적이 있었다. 만약 달라이라마 5세의 사망을 발표하면 갈단칸이 상계걈초에게 더는 이용되지 않을 수 있었다. 이 외에도 여러 가지 이유를 들 수 있지만, 이상 세 가지로써 설명이 충분한 듯하다.

먼저 당시 티베트 지구의 티베트족 내부의 상황을 설명하려고 한다. 1642년 게룩파가 득세한 후부터 1705년 상계걈초가 세상을 떠난 때까지의 60여 년은 게룩파가 급속히 발전한 시기이다. 동시에 티베트 지구의 봉건 농노제가 더욱 강화되고 지방 행정제도도 일련의 변화를 발생하던 시기이다. 이 변화 과정에서 청조(淸朝) 중앙정부가 달라이라마를 지지한 것 및 구시칸과 그의 자손이 군대를 거느리고 라싸를 지킨 것이 버팀목 역할을 하였다. 또 구체적으로 이러한 변혁을 추진한 것은 달라이라마 5세와 상계걈초 등 사람들이었다. 그들은 티베트족의 승속의 상층부를 둘러싸고 농노주의 통치적 지위를 강화하기 위하여, 또 농노의 심신(心身)을 속박하고 압제하기 위하여, 여러 가지 조치를 취하였다. 이러한 조치에 관한 상세한 사료는 아주 적지만, 소량의 자료를 통해 보면 당시의 우창 지방은 하나의 지방 행정 기구에 통합되었다. 이러한 국면은 청조가 종교상에는 달라이라마 5세를, 정치상에는 구시칸과 그의 자손을 지지하였기 때문에 형성된 것이다. 이와 같은 이민족이 통치하는 상황하에서 원래 실력을 가지고 있던 우창 지방의 영주들은 단독으로 할거하지 못하고, 한 개의 티베트인 "지도자"에게 의지하여 따를 수밖에 없었다. 이 지도자는 당연히 달라이라마 5세이다. 또 우창의 행정 실무를 맡은 데파는 달라이라마 5세에게 충성하는 사람이었다. 구시칸의 최초의 속셈은 우창의 세금을 게룩파에 제공하는 것으로 달라이라마와 결합하자는 데 있었다. 그러면 달라이라마의 협력을 얻어 감숙·청해·캄 지방과 티베트의 통치를 강화하는 한편, 달라이라마를 손아귀에 넣음으로써 다른 몽골 칸들을 대처하고 그들에게 호소할 수 있는 자신의 역량을 강화할 수 있었다(이 때문에 구시칸과 그의 자손들은 군대를 거느리고 전(前)티베트에 주둔하였다). 그러므로 구시칸은 군권(軍權)과 고급 관리의 임명 등 대권만 틀어쥐고, 우창 내부의 행정사무에 관해서는 세금 징수를 달라이라마더러 지배하게 한 이상 티베트인 마음대로 처리하게 내맡겼다. 구시칸의 자손들도 달라이라마 5세의 지위와 성망을 두려워하여 그 상황을 개변하지 못하였다. 상게걈초 시기에 이르러 상게걈초는 달라이라마로부터 그 재능을 인정받아 그에 힘입어 데칸이 되었고, 실권을 장악한 상황이었다. 그러므로 달라이라마와 상게걈초는 우창의 본래의 영주(領主)들을 위협 혹은 설득하는 방법으로 자신을 위하는 일에 이용하였다. 영주들의 주요 장원은 그들의 자손들이 세습하게 하고, 영주 본인과 그 자손은 세세대대로 라싸에서 관직에 임하는 것을 조건으로, 그들로 하여금 귀족의 신분으로 라싸에 집중 거주하게 하고, 영주들 관할 하의 기타 장원은 내놓게 하여 티베트 지방정부에 귀속시켜 관할하게 하였다.

데파는 각 지방에서 종폰유관제도(宗本流官制度)[17]를 시행하여 티베트 지방정부에 권력을 집중시켰다. 이렇게 함으로써 지방 세력이 반란하거나 할거하는 사회적 기반을 제거하였다. 상게걈초는 『갈륜판사장정(噶倫辦事章程)』을 써서 지방정권이라면 모두 직관에 속해야 하고, 반드시 일률로 게룩파를 신봉하여야 한다고 규정하였다. 이리하여 티베트 귀족들, 즉 각 지방 세력은 모두 게룩파의 신도거나 지지자가 되었고, 기타 교파가 재기(再起)할 수 있는 기회를 제거하였다. 당시 라싸와 외지의 각 종(宗)의 행정 관원은 원조와 명조의 옛 제도를 계속하여 사용하였고, 승속(僧俗)을 병용하였고, 승려의 지위는 속인보다 높았다. 승관(僧官)은 모두 게룩파의 상층 승려를 임명하였기 때문에 "정교일치"의 체제는 더욱더 강화되었고, 우창 지방에서의 게룩파의 통제도 튼튼해졌다.

경제 방면에서는, 우선은 창파칸과 그 산하의 귀족이 소유하고 있던 토지와 농노를 몰수하여 분배하였는데, 그중 일부분은 공로가 있는 신귀족에게 주어 세습 장원으로 하고, 일부분은 신정권의 관원의 직분의 전(田)으로 남겨 두었으며 또 일부분은 각 지방의 게룩파 사원에 나누어 주어 게룩파의

---

17) 중앙정부에서 임명한 관리를 파견하여 지배하는 제도이다. 관리는 지방의 전임(轉任)을 반복하였기 때문에 유관(流官)이라고 칭하였다. ― 역자 주

실력을 강화하였다. 다음으로는, 할거 세력을 제거하고 유관제도(流官制度)를 시행하였으므로 장원제(莊園制)의 봉건농노제도를 보다 확고히 하였다. 그들이 발포(發布)한 봉지(封地) 문서에는 영주가 농노에 대하여 때리고, 벌주고, 손을 베고, 발을 자르고, 눈을 도려내고, 심지어 목을 벨 수 있는 권리를 부여한다고 함으로써 영주의 농노에 대한 통제를 강화하였다. 또 농노가 도망치는 것은 불법이라고 명확히 규정하여 농노를 영주의 토지에 속박하였다(과거에 여러 할거 세력 사이에서 농노는 도망가는 방법으로 다른 영주를 선택하는 것이 가능하였지만, 행정이 진정으로 통일된 후에는 농노의 도망은 더욱더 어렵게 되었다). 종교 방면에서는 달라이라마 5세가 순치(順治) 황제에게서 책봉받은 후 게룩파는 티베트 각 교파 가운데서 일약 통치적인 지위를 차지하는 종교가 되었다. 우선 청조의 책봉, 몽골군의 지지를 받는 우세를 내세워, 다른 교파를 설득하여 달라이라마의 지도를 받아들이게 하였다. 다음으로는 교의가 불순하다, 혹은 게룩파의 적(敵)과 결탁하였다 등 구실을 만들어 다른 교파의 많은 사원을 강제로 몰수하였다. 예를 들면, 조낭파의 닥덴푼촉링 사원 및 부속 사원, 조낭파와의 관계가 깊은 감링 사원 및 부속 사원을 몰수하였다. 또 예를 들면, 카르마 카규파와 창파칸이 결탁하였다는 것을 구실로 삼아 카르마·카규파의 여러 사원을 몰수한 동시에 강제로 개종시켜 게룩파의 부속 사원으로 되게 하였다. 또 게룩파의 많은 사원을 대규모적으로 확충하고 60여 개의 새 사원을 건립하였다. 어떤 사료에 의하면, 당시 게룩파의 사원은 3,070개(아마 작은 규모의 절도 포함되었을 것이다)에 달하였다고 한다. 이런 사원들에 대하여 토지와 농노를 나누어 준 외에 주변의 종(宗) 및 장원(莊園)에 명령하여 정기적으로 종교 활동 비용을 바치게 하였다. 달라이라마 5세는 게룩파 주요 사원과 부속 사원 사이의 관계를 규정하고, 사원 내부의 조직 형식, 집사(執事) 승려의 임면승진(任免昇進) 제도, 게룩파 승려의 불경 공부 순서, 시험 제도, 사원 내부의 규율과 의례 등에 대한 규칙을 세웠으며, 체계적인 종교 규정 제도를 확립하였다(후에 달라이라마 7

세와 달라이라마 13세가 이러한 규칙에 대해 약간 첨삭하였는데, 첨삭을 거친 후의 그것이 티베트 평화 해방 이전의 규정 제도가 되었다). 계룩파에서는 그 이후 이런 규정들을 계속해서 사용하였다. 이렇게 계룩파는 티베트사회에서 주요 사원과 부속 사원의 분포 네트워크를 형성하였다.

이는 한편으로는 종교로 인민을 마취시켜 농노주(달라이라마 5세 자신이 최대의 영주였다)를 도와 인민을 통치하는 역량을 강화시키고, 다른 한편으로는 농노에게 자신의 신분을 개변하는 길을 열어 주었다(농노 혹은 속인이 승려가 되어 순차에 따라 배우고 시험을 거치면 켄포 혹은 데파의 직위에 승진할 수 있기 때문에, 이론적으로는 통치자의 대열에 가입할 수 있는 것이다). 이리하여 보다 더 인민을 미혹할 수 있게 되었고, 계룩파의 사원에 들어가서 승려가 되는 사람이 더욱 많아지게 되었으며, 계룩파의 세력은 한층 더 팽창되었다. 건륭(乾隆) 2년(1737년) 이번원(理藩院)에 보고된 달라이라마 7세 소속의 사원은 3,150개, 승려는 30만 2,560명, 소속 농노는 12만 1,438호였다. 판첸라마 소속의 사원은 327개, 승려는 1만 3,670명, 소속 농노는 6,752호였다. 합계하면, 계룩파에 속하는 사원은 3,477개, 승려는 31만 6,320명, 농노는 12만 8,190호였다『성무기(聖武記)』 권5 참조. 진극승(陳克繩)의 『서역유문(西域遺聞)』 안의 기재도 대체로 같지만, 판첸라마 소속의 사원이 372개로 되어 있다. 또 인도인 다스(C. Das) 의 논문에 의하면, 1882년 갈하(噶廈)가 통계한 계룩파 소속의 사원은 1,026개, 승니(僧尼)는 49만 1,242명이었지만, 작은 규모의 절과 마니라캉(ma-ni-lha-khang)은 포함되지 않았다. 닝마·사캬·카규 등 각 교파 사원의 합계는 계룩파 총수보다 조금 많다. 모든 티베트 불교 사원의 총수는 2만 5,000개, 승려는 76만여 명인데 여기에는 감숙·청해·캄 티베트족 지구의 사원도 포함된다. 이 숫자로부터 총 인구와 승니의 비례는 가령 가구당 5인이라고 계산한다면(티베트에는 원래 소규모의 가정이 많고 흔히는 5인 미만이었다) 티베트 농노의 인구는 64만 950명, 승니의 인구는 그 절반에 가깝다. 즉 승니는 총 인구의 절반을 차지한다. 계룩파의 승니는 총카파 이래 계율을 엄격하게 지키는 것이 그 특징이었다.

계율에 의하면, 승니는 결혼하여 자식을 낳을 수 없고 농업 노동도 금지되었다(경작에 의한 살생을 피면하기 위해서이다) 사회에서 만약 절반에 가까운 인구가 결혼과 생육을 하지 않고 주요한 생산노동에 참가하지 않는다면 필연적으로 티베트 사회에 엄중한 영향을 끼치게 된다. 인구는 증가하기는커녕 나날이 감소되고, 농업 생산도 증장하지 않는가 하면, 더구나 농노에 대한 영주의 잔혹한 착취와 형벌로 인하여 티베트 사회는 장기적으로 침체되어 발전하지 못하였다. 게룩파의 상층이 지방행정 권력을 장악하고 정치 세력에 의거하여 대량으로 사원과 승니를 확충한 것은 생산에 이바지되지 않았을 뿐만 아니라, 사회 재부(財富)를 대량으로 소비함으로써 티베트 사회에 엄중한 후과(後果)를 야기시켰다.

게룩파 세력의 계속적인 발전 상황을 설명하기 위해 달라이라마 5세가 입적한 이후 티베트 지방과 청조 중앙정부, 국내 몽골족 지구 사이의 관계 및 이런 관계의 연고에 의해 점차적으로 정형화된 티베트 지방정권의 상황을 설명하기로 한다.

이 시기 우리나라 서북부의 이리 일대에 한 갈래 강대한 세력이 새롭게 출현하였다. 그는 준가르 갈단칸(dga-'ldan, 1644~1697년)으로서, 달라이라마 5세 및 상게갸초와 밀접한 관계가 있었다. 그는 준가르칸 바토르(bātur)의 아들로서, 1653년 부친 바토르가 세상을 떠나자 칸의 직위는 동모(同母)의 형 셍게가 계승하고, 갈단은 출가하여 승려가 되었다. 그 후 갈단은 라싸에 가서 불경 공부를 하였는데, 달라이라마 5세가 스승이고, 상게갸초가 동창이었다. 1671년 셍게가 이복형제 두 사람에게 살해당했기 때문에 갈단은 스승 달라이라마 5세의 허가를 얻고 셍게를 위해 복수하려고 준가르로 돌아갔다. 갈단은 대책을 강구하여 이복형제 가운데 한 사람을 붙잡아 죽였지만, 다른 한 사람은 청해로 도주하여 호쇼트부에로 피난하였다. 셍게가 살해된 후 그의 아들 소남랍텐이 칸의 직위를 계승하였지만, 형제를 위하여 복수한 갈단의 성망과 세력이 점차 흥성하였다. 1676년에 갈단은 마침내 자기의 조카 소남랍텐을 죽이고 스스로 준가르칸이 되었으며, 달라이라마 5세로부터 "보쇼크트칸"의 칭호를 받았다고 선포하였다. 1677년에 갈단은 두르베트와 토르구트 등 부족을 겸병하고 오이라트 4부의 맹주가 되었다. 1678년에는 회(回)부(서부의 이슬람 지역)를 귀속시켰고, 천산남로(天山南路)와 천산북로(天山北路), 하투(河套) 이서의 광대한 토지를 다스렸으며, 시시로 청해의 호쇼트부를 위협하였다. 동시에 달라이라마 5세 및 상계갸초와 계속 교류하였다. 1682년 달라이라마 5세가 입적한 후, 상계갸초는 그의 사망을 비밀에 부치고 부고를 내지 않았다. 달라이칸을 견제하고 자신의 지위를 든든히 하기 위해서는 더욱더 갈단과 결합하여 청해의 호쇼트부를 위협할 필요가 있었다. 갈단도 달라이라마 5세의 지지에 의지하여(사실상 상계갸초에게 이용당하였지만) 1688년부터 여러 차례 막북(漠北) 몽골을 침입하였고, 또 막남(漠南) 몽골도 엿보고 있었다. 1688년에 막북(漠北) 몽골의 트세트칸과 제프츤담파는 청조의 보호를 요청하였고, 그 후 막북(漠北) 몽골은 청조의 판도에 들어갔기 때문에 갈단은 청조를 적으로 대하게 되었다. 1690년에 청조는 우란부통(烏蘭布通)에서 갈단을 패배시켰다. 청조는 달라이라마 5세에게 분부하여 갈단으로 하여금 전쟁을 중지할 것을 촉구하였지만, 상계갸초는 오히려 국내를 침범하도록 부추겼다. 그러나 갈단이 패배하였기 때문에 상계갸초는 또 사람을 파견하여 갈단을 대신하여 청조에 투항을 빌고, 그 추격을 완화시키려고 하였다. 청조의 강희(康熙) 황제는 이 시점에 상계갸초의 속임수를 알아차렸다. 1691년 셍게의 아들 체왕랍탄은 부친의 옛 대신들을 소집하여 갈단과 권력 다툼을 하는 동시에 청조에 공물을 진상하고 지원해 줄 것을 청원하였다. 그 후 갈단은 1694~1696년의 3년에 걸쳐 막북(漠北) 몽골을 침공하고 청군에 의해 여러 차례 패배당하였다. 1694년 상계갸초는 갈단이 청군에 패배하였기 때문에 달라이라마 5세의 명의로 자신에게 "왕작(王爵)"을 하사할 것을 청 조정(朝廷)에 상주(上奏)하였다(달라이칸과의 권력 다툼에서 자신의 지위를 강화하려고 하였다). 강희(康熙) 황제는 청구대로 상계걈초를 왕으로 책봉하고 금인(金印)을 하사하였다. 인문(印文)은 "장와적라달라달뢰장전불교홍선불법왕포특달아백적지인(掌瓦赤喇怛喇達賴藏傳佛敎弘宣佛法王布忒達阿白迪之印)"(티베트어는 rdo-rje-'chang-tā-ta-la'i-bla-ma'i-chos-shid'-dzin-cing-rgyal-ba'i-bstan-pa-dar-rgyas-su-skyor-ba'i-sa-dbang-budha-apali'i-tham-ka)로 되어 있다. "장와적라달라달뢰라마(掌瓦赤喇怛喇達賴喇嘛)"의 해석은 본편 전문(前文)을 참조하기 바란다. "장와적라달라달뢰장전불교(掌瓦赤喇怛喇達賴藏傳佛敎)"는 달라이라마 5세의 종교 사무를 담당, 즉 게룩파의 사무를 주관한다는 뜻이다. "홍선불법왕(弘宣佛法王)"은 그가 행정 사무의 "왕(王)"이 아니고 종교 사무의 "왕(王)"이라는 것이고, "포득달(布忒達)"은 산스크리트어[buddha, 인문(印文)은 약간 오류가 있다]로서 "각(覺)"을 의미하고, 티베트어의 "상계"에 해당된다. "아백적(阿白迪)"은 산스크리트어[abdhi, 인문(印文)은 apati로 되어 있는데 아마 몽골어의 독법인 것 같다]에서 "해(海)"를 의미하고 티베트어의 "걈쵸"에 해당된다. "포특달아백적(布忒達阿白迪)"은 즉 상계걈초(티베트어를 산스크리트어로 바꾸어 쓰는 것은 몽골인의 습관이다. 청조에서도 흔히 그 방법을 답습하였다)를 의미한다. 이는 상계걈초 개인에게 주는 것을 표시하며 그의 사용 범위는 단지 종교 사무에만 한한 것이고, 그의 "왕"의 봉호도 달라이칸처럼 행정 수령의 "왕"[구시칸과 그의 자손을 청조가 티베트 지구의 칸으로서 승인하고 책봉하였기 때문에 행정의 왕으로 상계걈초를 책봉하는 것은 불가능할뿐더러 그렇게 하려고도 하지 않았다. 강희(康熙) 황제는 상계걈초에 대하여 불신감을 갖고 있었지만 달라이라마 5세의 사망을 확인할 수가 없었고, 그의 명의로 상주(上奏)한 이상 책봉 청구를 거절하지 못하였고 그러나 인문(印文)에 미리 복선을 깔아 두었던 것이다]이 아니었다. 1696년 청군은 죤모도(昭莫多)에서 갈단군을 크게 격파하였고, 체왕아부라탄이 당시의 준가르에서 점차 득세하였으며, 갈단은 1697년 봄에 궁지에 빠져 자살하였다. 같은 해 강희(康熙) 황제는 조서를 내려, 상계걈초가 달라이라마 5세의 사망을 비밀로 하여 보고하지 않고 갈단을 부추긴 죄를 힐책하였다. 상계걈초는 공손한 말로 용서를 바라고, 달라이라마 5세를 장사 지내는 동시에 벌써부터 찾아 놓은 달라이라마 6세 창양갸초(tshangs-dbyangs-rgya-mtsho, 1683~1706년)를 정식으로 즉위시켰다. 1701년 달라이칸은 세상을 떠나고, 1703년에 그의 아들 라장칸이 칸의 지위를 계승하였다. 티베트어 사료에서는, 상계갸초도 같은 해에 퇴위하고 그의 아들 탁살(卓薩)에게 데파의 직무를 임시로 대리하도록 하였다고 한다. 달라이칸은 그의 만년에 상계갸초가 청조로부터 냉대 받는 것을 보았고(한문 사료에는 달라이칸과 상계갸초가 제각기 사자를 파견하여 강희 황제를 알현하려고 하였는데, 달라이칸의 사자는 접견을 받았지만 상계갸초의 사자는 알현 허가를 받지 못했다는 기재가 있다.) 쌍방의 투쟁은 이미 격화되었으며, 라장칸이 칸의 지위를 계승한 후 그와 상계갸초와의 투쟁은 더욱 격렬해졌다. 이 때문에 상계갸초는 명의상으로나마 퇴위하여 모순을 피하였지만, 사실상 여전히 실권을 잡고 있었다. 1705년에 이르러 상계갸초는 라장칸의 내시(內侍)를 매수하여 음식물에 독을 넣어 라장칸을 살해하려고 하였지만 실패하고, 또 황급히 티베트 민병을 소집하여 무력을 사용하였다. 라장칸은 미리 예견성 있게 몽골의 기병을 집결시켜 대기하고 있었고, 쌍방은 7월에 교전하였는데 상계갸초는 패배하고 사로잡혀 목숨을 잃었다. 라장칸은 사람을 파견하여 강희(康熙) 황제에게 상계갸초의 반역 경과를 보고함과 동시에 달라이라마 6세 창양갸초가 주색에 빠지고 행위가 방탕하다는 이유로 폐출(廢黜)할 것을 주청하였다. 또 각왕린첸(ngag-dbang-rin-chen)을 데파로 임명하여 티베트의 행정사무를 처리하였다. 강희 황제는 보고를 받은 후 상계갸초가 겉으로는 복종하는 척하나 속으로는 배반[面從腹背]하는 모습이고 반역의 흔적이 뚜렷하여 벌 받는 것이 마땅하며, 또 그가 옹립한 달라이라마 6세 창양갸초도 당연히 그 지위에 있어서는 안 된다고 인정하여 석주(席柱)가 인솔하는 호위군을 파견하여 조서와 인을 휴대하고 티베트에 가서 라장칸을 "익법공순칸(翊法恭順汗)"으로 책봉하였다. 또한 창양갸초를 북경에 압송하라고 명령하였다. 1706년 창양갸초는 압송 도중에 청해호반에서 병사하였다. 라장칸은 예쉐걈초(ye-shes-rgya-mtsho)를 달라이라마 6세로 선정하여 1707년 2월에 상주(上奏)하여 허가를 받고, 정식으로 즉위시켰다. 그러나 예쉐걈초는 사람들의 기대에 부응하지 못하였고, 특히 3대 사원 상층 라마들의 반대를 받았다. 이러한 상황을 알고 있는 강희 황제는 1713년에 사자를 파견하여, 금책(金冊)과 금인(金印)을 휴대하고 티베트에 가서 판첸라마 5세 롭상예쉐(blo-bzang-ye-shes, 1663~1737년)를 판첸·에르티니(pan-chen-er-ti-ni)로 책봉하였다. "판첸"의 뜻은 본편 전문(前文)에서 해석하였고, "에르티니"는 만족어로서 "보배(寶)"라는 의미이며, 티베트어의 린포체(rin-po-che)에 해당된다. 강희(康熙) 황제는 의식적으로 게룩파의 지도자를 새롭게 육성하여 필요할 때에 판첸라마에게 게룩파의 교무를 맡기려고 한 것이다. 이로부터 2~3년 전 3대 사원의 라마들은 리탕(理塘)에서 켈상걈초라는 어린이를 찾아내어 창양걈초의 전세영동(轉世靈童)으로 하였다. 1709년부터 라장칸과 청해 호쇼트부의 타이지들 사이에 불화가 생겼고, 호쇼트부의 타이지들도 라장칸이 옹립한 예쉐걈초를 달라이라마 6세로 승인하지 않고, 리탕의 어린이 켈상걈초가 진짜 달라이라마라고 강희 황제에게 연명으로 상주하였다. 1716년 강희(康熙) 황제의 동의를 얻은 후 청해호쇼트부의 지도자들은 켈상걈초를 서녕의 타얼스 사원으로 모셔갔다. 켈상걈초는 같은 해에 수계(受戒) 의식의 거행과 함께 출가하였다.

1697년 갈단이 사망한 후 체왕랍탄이 준가르의 칸 지위를 계승하였고, 그 후 20년에 걸쳐 실력을 축적하여 점차 강성하여졌다. 체왕랍탄은 청해 호쇼트부의 타이지들과의 사이에 갈등이 있었고, 또 티베트에 대하여 큰 야심을 품고 노리고 있었다. 그는 먼저 자녀의 혼사 건을 미끼로 라장칸과 가짜로 결연을 맺어 상대방으로 하여금 방어를 늦추게 하였다. 1717년 그는 장관 체링둔둡을 파견하여 군대를 거느리고 라싸를 습격하여 점유하고 라장칸을 살해하였으며, 라장칸이 옹립한 켈상걈쵸를 폐하고 탁체파라겔랍텐(stag-rtse-pa-lha-rgyal-rab-brtan)을 데파로 임명하였다. 이리하여 구시칸과 그의 자손들에 의한 티베트의 통치는 끝났다. 그러나 체링둔둡은 티베트에서 실제상 군사적 통치를 한 것인데, 군기가 아주 해이하여 3대 사원의 재물을 약탈하여 이리(伊梨)에 보냈고, 교파가 다르다는 이유로 닝마파의 사원을 약탈, 소각하였다. 특히 그들이 제멋대로 약탈하고 임의로 티베트 민족을 도살하였으므로 티베트인들의 보편적인 불만을 일으켜 드디어 청조에 연합 상주하여 티베트 파병을 요청하게 되었다. 라장칸의 한 며느리가 준가르군이 라싸에 침입할 때 아이를 데리고 도망쳐 차이다무에 갔다. 그 며느리는 청조의 지방관 앞에서 울면서 자기를 대신하여 조정에 상주하여 티베트에 파병할 것을 요구하였다. 당시 준가르는 아직 청조에 귀속하지 않았고, 라싸 특히 달라이라마의 소재지가 준가르군의 손안에 들어가게 되면 서남 일대는 물론 막남(漠南)과 막북(漠北) 몽골에도 큰 영향을 끼칠 수도 있었다. 티베트인의 상주를 받은 강희(康熙) 황제는 1718년에 액윤특(額倫特)에게 명령하여 청해에서 군대를 거느리고 티베트에 진입하게 하였지만, 액윤특의 군대는 낙츄에서 전멸되었다. 1720년 강희 황제는 정신(廷信)에게 명령하여 섬서(陝西)·감숙(甘肅)의 관병을 거느리고 서녕에서 티베트로 진군하게 하였고, 갈이필(噶爾弼)은 사천·운남의 관병을 거느리고 타전로[打箭爐, 현재의 강정(康定)]에서 티베트로 진군하게 하였다. 그리고 켈상걈초에게 금책(金册)과 금인(金印)을 하사하고, 달라이라마 6세로 책봉하였다[켈상걈초를 달라이라마 6세로 책봉한 것은 창양걈초와 예쉐걈초 두 사람을 6세로 인정하지 않음을 표시한다. 그러나 티베트인, 특히 3대 사원의 승려들은 줄곧 창양걈초를 달라이라마 6세로, 켈상걈초를 달라이라마 7세로 인정한다. 한문(漢文) 사료에는 켈상걈초가 달라이라마 6세로 되어 있고, 이 문제는 1783년까지 지속되었다. 건륭(乾隆) 48년 8월 건륭황제가 켈상걈쵸의 전세자(轉世者)인 쟝펠걈초를 달라이라마 8세로 책봉해서야 비로소 창양걈초가 6세로, 켈상걈초가 7세로 묵인되었다. 혼란을 피하기 위하여 이하 켈상걈초를 달라이라마 7세로 칭한다]. 켈상걈초(달라이라마 7세)는 호쇼트부의 타이지들에게 호송되어 정신(廷信)의 대군과 함께 티베트로 들어갔다. 갈이필(噶爾弼)은 부장(副將) 악종기(岳鐘琪)가 평정한 캄 지방의 수령과 사원의 상층라마의 건의를 받아들여 8월에 라싸에 들어갔다[이번의 안무(按撫)와 책봉(册封)에는 참도의 팍파라'phags-pa-lha 린포체도 포함되었다. 팍파라 1세는 총카파의 제자 쉐랍상포(shes-rab-bzang-po)의 제자이다. 쉐랍상포는 1437년에 참도에서 참도 쟘파링(chab-mdo-byams-pa-gling) 사원을 건립하고 팍파라에게 넘겼다. 그 후 이 사원의 사주(寺主)는 팍파라의 전세자(轉世者)에 의하여 계승되었다. 이번에 책봉받은 사람은 팍파라 6세 직메릭페걈쵸('jig-med-rig-pa'i-rgya-mtsho)이다. 강희 황제는 그가 공로가 있기 때문에 "천강황교액이덕니낙문한(闡講黃教額爾德尼諾門汗)"으로 책봉하였다. 『우창통지(衛藏通志)』에는 "천강(闡講)"으로 기재되어 있고 장기근(張其勤)과 묘주(妙舟) 등의 책에는 "강연(講衍)"으로 되어 있다[. 그 당시 정신(廷信)의 대군은 낙취 지방에 도착하였다. 체링둔둡은 패배하여 협로를 거쳐 이리(伊犁)로 도망갔다. 켈상걈초는 9월 초에 라싸에 갔고, 15일에 즉위의 식전(式典)을 거행하였다. 같은 날 켈상걈초는 판첸라마 5세 롭상예쉐를 스승으로 모셔 사미계를 받았고, 이름을 롭상켈상걈초(blo-bzang-bskal-bzang-rgya-mtsho, 1708~1757년. '켈상걈'초로 약칭)로 하였다. 강희 황제는 그를 "굉법각중(宏法覺衆)"으로 추가 책봉하였다. 1720년 8월부터 이듬해 봄까지 티베트의 행정은 청군(淸軍)이 잠시 관리하였다. 1721년 봄 청조 조정은 데파를 폐지하기로 결정하고, 별도로 4인의 카론(bka'-blon) 직위를 설치하여 청군(淸軍) 수령의 감독하에 티베트 지방 행정사무를 관리하였다.

청군이 철퇴한 후(라싸에 3천 명을 계속 주둔시켰다) 캉첸네(khang-chen-nas)를 수석카론으로 임명하여 티베트 지방 행정사무의 전체를 관리하였고, 또 "패자(貝子)"로 책봉하였다. 캉첸네는 본명이, 소남겔포[bsod-nams-rgyal-po, 티베트어 사료에는 다이칭바두루(da'j-ching-bha-dur)라고도 함]이고, 후(後)티베트 출신으로서 원래는 라장칸의 카론이었다. 준가르가 티베트를 침공할 때 그는 군대를 거느리고 가리 지방을 지켰는데, 청군이 티베트로 진입한 후에는 체링둔둡과 이리(伊犁) 사이의 연락을 차단시켜 공을 세웠다. 그는 청조에 가장 충성하였기 때문에 수석카론을 맡았고, 후(後)티베트와 가리 지방의 행정사무를 겸하여 관리하였다.

그 외의 세 카론의 상황은 다음과 같다. 첫 번째는 가포파(nga-phod-pa)로서, 이름은 도르제겔포(rdo-rje-rgyal-po)이다. 콩포(kong-po) 지방의 대귀족으로서, 역시 라장칸의 카론이었다. 준가르가 티베트를 침공할 때 군대를 거느리고 준가르가 동쪽으로 침범하는 것을 막았고, 청군의 티베트 진입에 협조하여 공을 세워 "패자(貝子)"로 책봉되었다. 티베트의 행정사무를 협력하여 처리하였고 콩포(kong-po) 이동 지방의 사무를 겸하여 관리하였다. 두 번째는 룸파네(lum-pa-nas)로서, 이름은 타시겔포(bkra-shis-rgyal-po)이다. 전(前)티베트의 출신으로서 원래는 라장칸의 치폰(rtsis-dpon)이었다. 청군에게 길을 안내하여 공을 세워 보국공(輔國公)으로 책봉되었고, 라싸 동북 일대의 지방 사무를 겸하여 관리하였다. 세 번째는 쟈르라네(sbyar-ra-nas)로서, 이름은 로뢰겔포(blo-gros-rgyal-po)이다. 그는 원래 달라이라마 7세의 챡즈(phyag-mdzod)였는데, 청군에게 길을 안내하여 공을 세워 일등 타이지로 책봉되었다. 4인의 카론이 티베트 사무를 관리하는 조직 형태는 라장칸 시대의 형식을 답습한 것이다. 그러나 사실상 몽골 칸과 티베트족 데파가 그들의 상사(上司)로 배치되어 있지 않기 때문에, 캉첸네를 수석 카론으로 삼았다. 청조는 한편으로는 라장칸 이래의 티베트 정교 분권의 형식을 답습하고, 다른 한편으로는 지방정부의 조직 형태면에서도 정교 분권의 실상을 긍정하였다. 달라이라마에 대한 배려는 다만 7세가 임명한 챡즈 쟈르라네를 카론에 임명한 것으로 그쳤을 뿐이다. 그러나 캉첸네의 귀족으로서의 지위는 가포파와 룸파네에게 미치지 못하였고, 두 사람은 캉첸네를 경멸하였다. 룸파네는 자신의 두 딸을 달라이라마 7세의 부친 소남다르게(bsod-nams-dar-rgyas)의 아내로 바쳤고, 쟈르라네는 원래 달라이라마의 부하였기 때문에 당연히 달라이라마 부친의 지휘에 복종하였다. 이리하여 달라이라마 7세의 부친 소남다르게가 사전 모의를 하고 3인의 카론이 결탁하여 캉첸네와 권력 다툼을 하였다. 이 시기 티베트 귀족이 각자의 세력을 확충하려는 야심이 다시 생겼다고는 하지만, 이는 어디까지나 지방정권 내부의 다툼에 불과한 것이며 예전처럼 한곳을 독차지하고 있던 상황과는 달랐다.

1722년 겨울에 강희(康熙) 황제가 세상을 떠나고 옹정(雍正) 황제가 즉위하였다. 그 직후부터 이듬해 봄까지 청조는 청해와 티베트의 주둔군(駐屯軍)을 철수하였다. 1723년 가을 청해 호쇼트부의 로부상단진이 반란을 일으켰다(로부상단진은 구시칸의 막내아들 다시바토르의 아들로서, 일찍 청조로부터 친왕으로 책봉되었었다. 그러나 이때에 청조는 구시칸자손의 티베트 통치권을 완전히 취소하였고, 또 서캄 지방도 사천의 관리하에 귀속시켰기 때문에 로부상단진은 다시는 캄 지방의 세금을 향유할 수 없는 상황이었다. 이에 불만을 품고 앞장서서 반기를 든 것으로 예측된다). 옹정 황제는 연갱요(年羹堯)와 악종기(岳鐘琪)를 파견하여 토벌하였다. 1724년 반란을 평정한 후 청조는 서녕판사대신(西寧辦事大臣)을 설치하여 청해의 호쇼트부를 통할하였다. 1727년에는 사천, 티베트의 판사대신(辦事大臣) 2인을 두어 라싸에 상주(常駐)하도록 하였다. 같은 해 여름 가포파와 룸파네는 드디어 캉첸네와 라싸에 있는 그의 일족과 부하들을 살해하였다. 당시 후(後)티베트에 있던 캉첸네의 심복 포라네는 이 소식을 듣자마자 청조에 급보하는 동시에 직접 가리(가리의 지방관은 캉첸네의 형제였다)와 후(後)티베트에 가서 군대를 모집하여 반란을 평정할 준비를 하였다.

포라네(pho-lha-nas)는 본명이 소남톱겔(bsod-nams-stobs-rgyal, 1689~1747년)이고, 후(後)티베트에서 태어났다. 그는 원래 라장칸의 부하 군관이었는데, 1721년 캉첸네가 수석카론이 된 후 치픈(rtsis-dpon)에 임명되었다. 당시 준가르군의 침략으로 티베트 사회는 파괴되었고, 지방재정도 어려웠다. 포라네는 먼저 사람을 모집하여 납세를 조건으로 황무지를 개간하게 하고 빈집을 얻어쓰게 하였는데, 결과 티베트 지방의 수입세가 늘고 재정이 어려운 문제도 해결되었다. 이로 인하여 캉첸네로부터 신뢰받고, 그의 유력한 조수로 되었다. 1723년 청조로부터 타이지에 책봉되었고 카론으로 승진하였으며, 후(後)티베트의 지방행정을 겸하여 관리하였다. 1727년 캉첸네가 살해된 후 그는 가리와 후(後)티베트의 군대를 규합하여 3인 카론의 반란군과 싸웠다. 갼체에서 실패하였지만 최후 낙츄의 전투에서 대승하였고, 다무 지방의 몽골군을 손에 넣었다(다무 지방의 몽골군은 원래 달라이라마 7세의 부친 소남다르게의 관할하에 있었다). 1728년 여름에는 라싸에 내려가 가포파 등을 사로잡고 청조 조정(朝廷)에서 처벌하기를 기다렸다. 같은 해 8월 초 청조 조정은 사랑아(査朗阿)를 파견하여 군대를 거느리고 라싸에 가서 가포파와 룸파네 두 사람을 능지처참하였다. 결국 포라네에게 우창의 전체 사무를 맡도록 하였고, 후(後)티베트는 여전히 포라네가 겸하여 관리하였으며, 전(前)티베트는 포라네가 추천한 카론 2인이 겸하여 관리하도록 하였다. 청조 조정은 캉첸네가 살해당하고 달라이라마 7세의 부친 소남다르게가 사전 모의를 한 것을 감안하여, 분쟁의 재발을 방지하기 위해 달라이라마 7세를 리탕으로 옮기는 동시에 판첸라마 5세 로상예쉐를 라싸에 데려가서 게룩파의 교무를 대리하게 하였다. 또 라체·픈촉링·감링·총카·키롱·가리코르슴 등의 지방을 판첸의 관할 지역으로 하였다. 판첸은 라체와 픈촉링, 감링 세 지역만 받아들이고, 원래 자기의 관할 지역이었던 팍리와 갼체, 백지(白地) 세 지역을 전(前)티베트에 떼어 주고, 백란종(白蘭宗)을 전(前)티베트와 후(後)티베트의 분계로 하였다. 9월에 판첸은 라싸에 도착하고, 달라이라마 7세는 주장대신(駐藏大臣) 마랍(瑪拉)에 의하여 리탕에 호송되었다. 차랑아(査朗阿)는 티베트의 사무를 마친 후 그 권한을 주장대신(駐藏大臣) 승격(僧格)과 매록(邁祿)에게 위양하고 2천 명의 군을 티베트에 주류시키고 북경으로 돌아갔다.

　달라이라마 7세는 리탕에서 1년 넘게 지낸 후 1730년 초에 조서를 받고 태녕(泰寧) 혜원묘(惠遠廟)로 이주하였다. 옹정(雍正) 황제는 조서를 내려 소남다르게를 리탕에서 북경으로 불러와 그가 티베트의 정치에 개입한 것을 직접 질책하였다. 소남다르게는 이후 다시는 티베트의 정치에 개입하지 않을 것을 담보하였고, 옹정 황제는 달라이라마 7세를 위무(慰撫)하기 위하여 소남다르게를 보국공(輔國公)으로 책봉하였다(이는 1729년의 일이다. 이후 역대 달라이라마의 부친 혹은 형님은 모두 관례에 따라 보국공으로 책봉되었다). 1735년 늦은 봄에 청조 조정(朝廷)은 달라이라마를 태녕에서 라싸로 돌아오게 하였지만, 그의 권한은 종교 사무에 그치도록 엄격하게 제한하였다. 그의 부친 소남다르게는 명령에 의하여 삼예 사원에 상주하였고, 또 그의 정치 개입을 방지하기 위하여 매년 한 차례만 라싸에 가서 한 달 동안 달라이라마를 만나도록 허락하였다. 티베트의 행정 사무는 주장대신(駐藏大臣)의 감독 아래 포라네에게 전권을 위탁하여 처리하였다. 포라네는 티베트의 전체 행정권을 맡은 후 1747년 사망할 때까지 청조 조정의 신하로서의 직권을 충실히 지켰다. 그는 20년에 걸쳐 티베트의 정치를 쇄신한 공적으로 패자[貝子(1729년) 패륵(貝勒), 다라패륵(多羅貝勒, 1731년), 군왕(郡王, 1739년)]로 차례로 책봉되었다. 이 20년간은 티베트 사회가 비교적 안정적이고 번영하였던 시기이다.

종교 분야에서의 그의 주요 공적은 티베트어로『캉규르』와『텐규르』의 목판을 새긴 것을 들 수 있다.『캉규르』는 1730년,『텐규르』는 1732년에 새겼는데, 이것이 바로 현존하는 나르탕판(納塘版)이다. 티베트 대장경의 각 판본(刻版本)은 명조 영락(永樂) 8년(1410년)경에 내지에서 판각한『캉규르』가 최초의 판본으로서, 그 후 만력(萬曆) 연간에도 다시 판각하였다. 청조 초기의 강희(康熙)・옹정(雍正) 연간에도 내지에서『캉규르』와『텐규르』전권(全卷)이 판각되었다. 상기한 내지의 각판본(刻版本)은 나르탕판(納塘版)보다 더 오래된 판본이다. 나르탕고판(納塘古版)은 14세기에 판각되었다고 하지만 현존하지 않고, 인본(印本)도 발견되지 않았기에 확실히 존재하는지는 의문이 남는다[아마 14세기 나르탕 사원에서 촘덴릭페와 우파로셀 등 사람이『캉규르』와『텐규르』를 정리, 편집, 교정한 정본(定本)을 조각 목판으로 착각한 것 같다]. 포라네 시대에 나르탕판을 판각한 후 서캄의 데루게와 감남(甘南)의 쵸네에서도『캉규르』와『텐규르』전권(全卷)이 판각되었다. 포라네는 또 준가르에 의하여 파괴된 닝마파 사원과 도루데닥 사원, 민둘링 사원을 수복하였다. 만년에 포라네와 달라이라마 7세의 사이에 마찰이 생겼는데, 1747년 포라네가 세상을 떠난 후 그의 둘째 아들 규르메남겔('gyur-med-rnam-rgyal)이 조서를 받고 군왕의 작위를 세습하였다. 규르메남겔은 3년 남짓 권력을 휘두르면서 적대자를 주멸(誅滅)하고, 달라이라마를 질시하였으며, 주장대신(駐藏大臣)도 무시하고 티베트에 주둔하는 청군(淸軍)을 철퇴할 것을 상주하였다. 1750년에는 그의 반역의 징후가 드러났다. 당시 주장대신이었던 부청(傅淸)과 랍포돈(拉布敦)은 수하에 군대가 없었고 상황이 긴급하였기 때문에, 규르메남겔을 주장대신의 관아(官衙)으로 불러와 손수 칼로 찔러 죽였지만, 이 두 사람도 역시 규르메남겔의 부하 로상타시에게 살해되었다. 이 일이 발생한 후 달라이라마는 판디다(원래 카론이었다)에게 우창의 사무를 대행시키고, 티베트인에게 포고하여 로상타시와 그의 도당을 협조하거나 혹은 감추지 못하게 하였고, 또 사람을 파견하여 로상타시와 그의 도당을 체포하여 투옥시키고 청조 조정(朝廷)의 처치를 기다렸다. 이 사건을 알게 된 청조 조정은 사천 총독 책릉(策楞), 부도통(副都統) 반제(班第) 등을 파견하여 제각기 군대를 거느리고 티베트로 진입하게 하였다. 반제가 먼저 티베트에 도착하여 반역자를 처형하였고, 책릉은 티베트에 도착한 후 반제(班第)와 조혜(兆惠), 납목찰이(納木札爾) 등과 협의하여 1751년에 뒷일 처리에 관한 의견서[善後章程]를 상주하여 결정하였다. 이로부터 티베트에서는 군왕(郡王)·다라패륵(多羅貝勒) 등의 작위을 폐지하고, 카샥(bka'-shag, 내각)을 창설하고 속인 3인과 승려 1인으로 구성된 카론 4인을 설치하여 일상 사무를 처리하였다. 또 상주서(上奏書)와 역참교통(驛站交通) 등 중요한 사항은 반드시 달라이라마와 주장대신(駐藏大臣)에게 보고하여, 그들이 참작(參酌)하여 결정해야 하고 달라이라마의 인신(印信)과 주장대신의 관방(關防, 명·청시기에 사용한 장방형의 인신)을 찍은 후에야 실행하도록 하였다. 또 티베트 관원의 임면·상벌·승진 등에 관한 장정을 규정하였고, 그중에서 카론과 대본(代本) 등 중요한 직위는 반드시 중앙에 상주하여 결정해야 하였다. 그 외에도 중요한 사항에 대한 규칙을 제정하였는데, 이는 티베트 행정제도에 대한 최초로 되는 중대한 개혁이다.

이 선후장정(善後章程)을 제정함으로 인하여 주장대신의 권력이 강화되었고, 동시에 중앙정부는 정식으로 달라이라마에게 티베트 행정사무를 관리하는 권한을 부여하였다. 이후 200년간 티베트에서는 게룩파가 권력을 장악하는 이른바 "정교일치" 체제가 중앙정부에 의하여 확정되었다. 게룩파 사원 내부의 각종 제도는 달라이라마 7세가 적당하게 수정하였다. 1757년 달라이라마 7세가 세상을 떠나자 청조 조정(朝廷)은 데모후툭투각왕쟘펠데렉걈쵸(do-mo-ho-thog-thu-ngag-dbang-'jam-dpal-bde-legs-rgya-mtsho)에게 위탁하여 게룩파의 사무를 관리하였다. 또 티베트 대신에게 조서를 내려 일이 발생하면 제목(第穆)과 협의하고 달라이라마 7세의 생존 시와 똑같이 처리하였다. 그 후 이 직위는 정식으로 장판상상사무[掌辦商上事務, "상(商)"은 "쟉즈파"(phyag-mdzod-pa)의 약칭으로서, 근대 사람들은 "쟉즈"로 음역하였다. 그는 문자면에서 '창고'라는 의미인 데 "쟉즈파"는 명의상 창고 관리인, 말하자면 상탁특파(商卓特巴), 내지의 재무 관리인[管財人]에 해당하는 것이다. 그러나 티베트 재정의 수입과 지출은 각 지방에서 납부하는 실물이기 때문에 그의 실권은 티베트의 행정과 종교 사무와도 관련되었다. 그 점에서 외국인과 일부 통속 서적에서는 섭정이라고 오칭함라고 칭하였다. 이 직위는 선대의 달라이라마가 세상을 떠난 후 차기의 달라이라마가 성년이 되기 전까지 달라이라마의 직권을 대행하는, 그 역할을 발한다. 1793년 건륭(乾隆) 황제는 복강안(福康安)을 티베트에 파견하여 군대를 거느리고 구르카병의 침입을 격퇴시킨 후 티베트 내의 선후장정(善後章程)을 개정하고 주장대신(駐藏大臣)의 권한을 더욱 강화함과 동시에 달라이라마가 직접 외국과 왕래하는 것을 금지하였다. 그러나 달라이라마가 티베트 행정사무에 참여하는 권리는 그대로 유지하였다. 여기까지 티베트에서의 게룩파의 "정교일치" 체제의 개황을 서술하였다. 1959년 이후 이 체제는 근본적으로 폐지되었다.

[부표 1] 청대 티베트 지방 역대 티베트족 행정장관표

1642∼1658년	소남랍텐(bsod-nams-rab-brta), 즉 소남최펠(bsod-nams-chos-'phel, 데파)
1658∼1660년	공위(空位)
1660∼1668년	동메파·팅레걈초(grong-smad-pa-'phrin-rgya-mtsho, 데파)
1669∼1675년	롭상투톱(blo-bzang-mthu-stob, 데파)
1675∼1679년	롭상친파(blo-bzang-spyin-pa, 데파)
1679∼1705년	탁살(卓薩, 상계걈초의 아들, 대리데파)
1705∼1707년	각왕린첸(ngag-dbang-rin-chen, 데파)
1707∼1717년	[몽골의 라장칸이 청조로부터 익법공순왕(翊法恭順王)에 책봉되었다]
1717∼1720년	닥체파·라겔랍텐(stag-rtse-pa-lha-rgyal-rab-brtan, 준가르군 대리인)
1720∼1721년	(청군 수령이 감독하여 관리)
1721∼1727년	캉첸네·소남겔포[khang-chen-nas-bsod-nams-rgyal-po, 청조로부터 "패자(貝子)"에 책봉되었다. 수석카론]
1727년	[청조는 티베트에 주장판사대신(駐藏辦事大臣)을 설치하기 시작]
1727∼1728년	3명의 카론이 연합 집권하였다. 가포나·도르제겔포(nga-phod-pa-rdo-rje-rgyal-po) 룸파네·타시겔포(lum-pa-nas-bkra-shis-rgyal-po) 쟈르라네·로되겔포(sbyar-ra-nas-blo-gros-rgyal-po)
1728∼1747년	포라네·소남톱겔(pho-lha-nas-bsod-nams-stobs-rgyal, 1689∼1747년) 청조로부터 군왕(郡王)에 책봉되었다.
1747∼1750년	규르메남겔('gyur-med-rnam-rgyal) 청조로부터 군왕(郡王)에 책봉되었다.
1751∼1757년	달라이라마 7세 켈상걈초(bskal-bzang-rgya-mtsho)는 주장대신(駐藏大臣)과 공동으로 카샥(bka'-shag, 내각)의 4카론을 지도하여 티베트의 행정사무를 처리하였다. 이후 이러한 공동의 행정관리는 청조의 정례(定例)로 되었다.
1757∼1777년	데모·호톡투·각왕쟘펠데렉걈초[de-mo-ho-thog-thu-ngag-dbang-'jam-dpal-bde-legs-rgya-mtsho, 장판상상사무(掌辦商上事務). 선대의 달라이라마가 입적한 후 차기의 달라이라마가 성인이 되기 전까지 그 직권을 대행하였다. 이것도 청대의 정례(定例)가 되었다. 이하 부호 * 는 장판상상사무(掌辦商上事務)를 맡은 사

람을 가리킨다.]

1777〜1786년	*체몬링 · 사마티팍시 · 각왕출팀(tshe-smon-gilng-sa-ma-ti-pakshi-ngag-dbang-tshul-khrims)
1787〜1790년	달라이라마 8세 쟘펠걈초('jam-dpal-rgya-mtsho)
1791〜1811년	*타착 · 피릭 · 툽텐페곤포(rta-tshag-spi-lig-thub-bstan-pa'i-mgon-po)
1811〜1818년	*데모 · 호톡투 · 각왕롭상둡텐직메걈초(de-mo-ho-thog-thu-ngag-dbang-blo-bzang-thub-bstan-'jigs-med-rgya-mtsho)
1819〜1844년	*체몬링 · 사마티팍시 · 각왕쟘펠출팀(tshe-smon-gilng-sa-ma-ti-pakshi-ngag-dbang-'jam-dpal-tshul-khrims)
1874〜1845년	*판첸라마 7세 텐페니마(bstan-pa'i-nyi-ma)
1845〜1855년	*레댕 · 호톡투 · 각왕예쉐출팀겐첸(rva-sgreng-ho-thog-thu-ngag-dbang-ye-shes-tshul-khrims-rgyal-mtshan)
1855년	달라이라마 11세 케둡걈초(mkhas-grub-rgya-mtsho)
1855〜1862년	*레댕출팀겐첸(연임)
1862〜1864년	*데시 · 세다와 · 왕축곌포(sde-srid-bshad-sgra-ba-dbang-phyug-rgyal-po)
1864〜1873년	*데둑곰마 · 호톡투 · 티수르 · 켄랍왕축(sde-drug-gong-ma-ho-thog-thu-khri-zur-mkhyen-rab-dbang-phyug)
1873〜1875년	달라이라마 12세 팅레걈초('phrin-las-rgya-mtsho)
1875〜1886년	*타착 · 호톡투 · 각왕펜덴최키겐첸(rta-tshag-ho-thog-thu-ngag-dbang-dpal-ldan-chos-kyi-rgyal-mtshan)
1886〜1895년	*데모 · 호톡투 · 각왕롭상팅레랍곌(de-mo-ho-thog-thu-ngag-dbang-blo-bzang-'phrin-las-rab-rgyas)
1895〜1904년	달라이라마 13세 툽텐걈초(thub-bstan-rgya-mtsho)
1904〜1909년	*제86대 간덴티파 · 롭상겐첸(dga'-ldan-khri-thog-gya-drug-pa-blo-bzang-rgyal-mtshan)
1909〜1910년	달라이라마 13세 툽텐걈초(thub-bstan-rgya-mtsho)
1910〜1912년	*체몬링 · 호톡투(dga'-ldan-khri-'dzin-tshe-smon-gilng-ho-thog-thu)
1913〜1933년	달라이라마 13세 툽텐걈초(thub-bstan-rgya-mtsho)
1934〜1941년	*레딩 · 노몬한 · 호톡투(rva-sgreng-no-min-han-ho-thog-thu)
1941〜1951년	*용징 · 탁닥린포체(yongs-'dzin-stag-drag-rin-po-che)
1951년	2월, 달라이라마 14세 텐징걈초(bstan-'dzin-rgya-mtsho) 친정(親政) 개시. 5월, 티베트 화평 해방.

[부표 2] 몽골 호쇼트부 티베트 지방 역대 칸 세계표(世系表)

1642~1654년	구시칸 · 토롤파이후(1582~1654년)
1658~1668년	다얀칸
1671~1701년	달라이칸
1703~1717년	라장칸

[부표 3] 달라이라마 세계표(世系表)

제1세	겐둔둡(dge-'dun-grub, 1391~1474년)
제2세	겐둔감초(dge-'dun-raya-mtsho, 1475~1542년)
제3세	소남감초(bsod-nams-rgya-mtsho, 1543~1588년)
제4세	윤텐감초(yon-tan-rgya-mtsho, 1589~1616년)
제5세	각왕롭상감초(ngag-dbang-blo-bzang-rgya-mtsho, 1617~1682년)
제6세	창양감초(tshangs-dbyangs-rgya-mtsho, 1683~1706)
제7세	롭상켈상감초(blo-bzang-bskal-bzang-rgya-mtsho, 1708~1757년)
제8세	잠펠감초('jam-dpal-rgya-mtsho, 1758~1804년)
제9세	룽톡감초(lung-rtogs-rgya-mtsho, 1805~1815년)
제10세	출팀감초(tshul-khrims-rgya-mtsho, 1816~1837년)
제11세	케둡감초(mkhas-grub-rgya-mtsho, 1838~1855년)
제12세	팅레감초('phrin-las-rgya-mtsho, 1856~1875년)
제13세	툽텐감초(thub-bstan-rgya-mtsho, 1876~1933년)
제14세	텐징감초(bstan-'dzin-rgya-mtsho, 1934년~)

[부표 4] 판첸라마 세계표(世系表)

제1세	케둡제 · 게렉펠상(mkhas-grud-rje-dge-legs-dpal-bzang, 1385~1438년)
제2세	소남촉랑(bsod-nams-phyogs, 1439~1504년)
제3세	롭상돈둡(blo-bzang-don-grub, 1505~1566년)
제4세	롭상최키겐첸(blo-bzang-chos-kyi-rgyal-mtshan, 1567~1662년. 이 인물을 판첸라마 1세로 하는 티베트인도 있다.)
제5세	롭상예쉐(blo-bzang-ye-shes, 1663~1737년)

제6세 롭상펜덴예쉐(blo-bzang-dpal-ldan-ye-shes, 1738~1780년)

제7세 텐페니마(bstan-pa'i-nyi-ma, 1781~1853년)

제8세 텐페왕축(bstan-pa'i-dbang-phyug, 1854~1882년)

제9세 최키니마(chos-kyi-nyi-ma, 1883~1937년)

제10세 최키겐첸(chos-kyi-rgyal-mtshan, 1939년~)[18]

---

18) 왕삼(王森) 선생이 이 책을 집필하던 당시 판첸라마 10세는 건재하였다[판첸라마 10세는 1989년에 원적(圓寂)하였다. ― 편집자 주

제9편

원대 13만호에 대하여

9세기 중엽부터 토번 왕조의 지배 세력 내부에 내분이 일어났고 이삼십 년 후 장기간에 걸쳐 끊임없이 지속되는 인민 봉기의 충격으로 노예사회는 철저히 붕괴되었다. 그 후 티베트는 극단적으로 분산되고, 혼란스런 상황과 각 세력이 할거하는 국면이 200년 정도 지속되었다. 이러한 분산된 시기를 약 400년간 거친 후 원조(元朝)가 티베트에 행정 체제를 건립할 때에야 겨우 통일된 국면이 나타났다. 물론 이는 봉건 농노제 사회의 봉건 영주가 원조 정부의 명령에 의해 진행한 통일에 불과한 것이지만 400여 년간의 혼란한 국면은 이로써 마침내 막을 내렸다.

할거 시대에 티베트 서부에는 토번첸포의 후예가 통치하는 3개의 소왕국이 형성되었다. 그곳의 토지와 인민은 모두 세 소왕에 속하였기 때문에, 그 후 이 일대를 가리코르숨[mnga'-ris-skor-gsum, 가리3역(阿里三域)의 뜻]이라고 불렀다. 첫 번째는 구게(gu-ge)이고, 현재의 가리 서남부에 위치하며 주변에 절벽이 많기 때문에 박코르[brag-skor, 암역(岩域)]라고 칭하였다. 두 번째는 푸랑(spu-rangs)이고, 현재의 가리 동남부의 푸랑종에 위치하며 주변에 설산이 많아서 강코르[gangs-skor, 설역(雪域)]라고 불리었다. 세 번째는 망율(mang-yul)이고, 현재의 라다크 지방이며 주변에 호수가 많으므로 초코르[mtsho-skor, 호역(湖域)]라고 호칭되었다. 세 왕국은 부친에서 아들이 이어받으며 연속되었는데, 원조(元朝)가 끝날 때까지 유지되었다. 전(前)·후(後)티베트 지방에서도 토번첸포의 후예들이 라싸·삼예·얄르룽·라체 등의 지방을 지배하였고, 또 후(後)티베트의 콘씨('khon)·체씨(lce)와 전(前)티베트의 가르씨(mgar)와 랑씨(rlangs) 등 토번 시대 귀족(대노예주)의 후예들도 각 지방에서 독립적인 소규모의 세력을 보존하고 있었다. 10세기 말기에 이르러 불교가 서녕 일대에서 전(前)·후(後)티베트에 다시 전해지고 승려들은 소규모적인 사원을 많이 건립하여 거점으로 하였으며, 도처에 종교 계율과 문화 지식을 전파하였다.

비슷한 시기에 가리 측에서도 인도의 승려를 요청하여 불교를 전파하였다. 쌍방이 합류된 후 불교는 민간에 서서히 침투되었고, 심지어 어떤 승려는 통치자의 지위에 올라섰다. 이 시기의 자료가 특히 부족하지만, 극소수의 자료, 예컨대 『청사(靑史)』에는 어떤 승려가 어느 한 곳에 사원을 건립하고 제자를 받으며 포교에 노력하였는데, 세상을 떠난 후 그의 조카가 그 지방의 통치자가 되었다는 이야기가 기재되어 있다. 또 한 승려가 어느 지방의 두 통치자의 분쟁을 중재한 후 두 통치자의 속민은 모두 이 승려의 관할 하의 속민이 되었다는 이야기도 있다(이 두 사례는 11~12세기경의 이야기이다). 이러한 분산된 자료가 설명해 주고 있는바, 혼란한 사회에서 승려는 저들의 종교적 사회지위를 이용하여 그 지방의 행정사무에 개입하였고, 심지어는 한 지방의 행정 실권을 장악하였던 터이다[토번 말기에 첸포가 승려를 펜데첸포(鉢闡布)에 임명하여 내외 군정 대권을 집정하게 함으로써 승려가 정치에 참여하는 선례를 보여 주었다]. 승려가 민중에게 큰 영향력이 있는 이상 세속의 통치자들, 말하자면 아직 잔존하여 있는 토번 시대의 귀족과 첸포의 후예들은 당연히 승려를 이용하여 정권을 유지하고 통치를 강화하고자 하였다. 11세기와 12세기의 유명한 승려의 대부분이 귀족 출신이고, 세속의 통치자들은 언제나 유명한 라마를 지지하였던 사실이 이 점을 말해 준다. 물론 통치자와 승려 사이에는 연합도 있고 투쟁도 있기 마련이지만, 초기에는 연합하였다는 기재가 비교적 많다(당연히 통치 계급 사이의 연합이다). 한 시기의 연변을 거친 후 우창 지방에는 승속이 결합한 여러 세력이 형성되었다. 동시에 티베트 지구의 경제는 농업이 점차 발전을 가져와 목축업을 능가하여 압도적인 우위를 차지하였다. 이 때문에 여러 하곡(河谷) 지대의 농업 지구에는 비교적 큰 지방 세력이 출현하였다. 이리하여 11세기 중기부터 13세기 중기까지 점차 분산 할거의 상황이 형성되었다. 이러한 지방 세력은 한 개 가족이 정교양권(政敎兩權)을 장악하거나, 아니면 한 개 가족이 한 교파와 결합한 상태이며, 혹은 교파가 위주이면서 한 가족이 암암리에 경제 실권을 장악한 모습이다. 12세기 말부터 13세기 초기까지 비교적 강대한 지방 세력으로서 가리3역(阿里三域)의 세 소왕이 각각 사원과 승려를 소유한 외에 또 후(後)티베트에서는 사캬(sa-skya)의 콘씨['khon, 곤시(昆氏). 『원사(元史)』에서는 관씨(款氏)로 되어 있다] 일족이 정교양권(政敎兩權)을 장악한 세력으로 성장하였다. 콘씨 일족은 샤루(zha-lu)의 체씨(lca) 일족과 혼인 관계를 맺었고, 라퇴쟝(la-stod-byang)의 지방 수령[이는 서하(西夏)의 후예로서 서하가 멸망하기 직전에 사캬에 의탁하였다]과 밀접한 관계를 유지하였으며, 기타 지방 세력과도 관계가 있었다. 캰체 지구(rgyal-mkhar-rtse)에도 세속 지방 세력이 있었다(이 세력도 사캬에 의뢰하였다). 그외 전(前)티베트 라싸의 동남부에는 첼지방(tshal)의 가르씨(mgar) 일족과 첼파카규 교파가 연합하여 한 지방 세력을 형성하였다. 야르룽(yar-klongs) 지구에는 토번첸포의 후예로서 야르룽조오(yar-klongs-jo-bo)라고 호칭되는 지방 세력이 있었고, 팍모두(phag-mo-gru)지방의 랑씨(rlangs) 일족은 팍모두카규교파의 승속 연합의 지방 세력을 틀어쥐고 있었다. 라사하(河) 상류의 지류 소롱하(gzo-rong-chu) 하곡에 있는 초그로씨(cog-ro) 일족은 디궁카규 교파와 연합하여 세력을 이루었다. 퇴룽(stdo-lung)에 있는 카르마카규의 출푸 사원, 탁룽(stag-lung)에 있는 탁룽카규의 탁룽 사원은 모두 종교를 기반으로 하는 지방 세력이었다. 그러나 라싸 북부의 레딩 사원을 거점으로 하는 카담파는 라싸 남부의 상푸 사원, 후(後)티베트의 나르탕 사원 등 종교상에서 중요한 지위를 차지하는 많은 사원을 소유하고 있었고, 그 세력은 종교 분야에만 제한되어 있었으며 우창의 각 지방 세력 사이의 권력투쟁에는 참여하지 않았다. 이 밖에도 전(前)티베트와 후(後)티베트에는 승속이 연합한 지방 세력이 아주 많았다. 이 지방 세력들은 각자가 정권을 틀어쥐고 서로 종속되지 않았지만, 우창 전체의 안위(安危)에 유관되는 사건이 생길 때에는 함께 모여 대책을 상의하였다.

13세기 초에 몽골족이 북방에서 궐기하였고, 칭키스칸(테무진, 즉 원 태조)이 1206년에 몽골 제국을 건립하였다. 바로 이해에 그는 몽골군을 거느리고 서하(西夏)에 쳐들어갔고, 또 감숙·청해의 차이다무(柴達木) 지방에 이르렀으며, 그러자 이 지방의 티베트족은 몽골에 귀순하였다. 서하 왕실이 사캬파와 관계가 있어서 칭기스칸은 우창 지구에 눈길을 돌렸다. 어떤 사료에 의하면, 칭기스칸은 티베트 불교를 존중하는 의사를 표명하는 편지를 사캬파 대라마에게 보냈고, 군대를 파견하여 티베트에 진입할 의향을 표명하였다고 한다. 티베트 각 지방의 세력은 몽골군의 위력이 무서워 대책을 강구하는 동시에 대표 두 사람을 파견하였다. 한 사람은 야르롱조오의 데시조가(sde-srid-jo-dga')이고, 또 한 사람은 첼파·쿤가도르제(tshal-pa-kun-dga'-rdo-rje)이다. 야르롱조오와 첼파 두 지방 세력은 당시 티베트에서 비교적 큰 세력이었고, 상황을 좌지우지하는 힘을 갖고 있었던 듯하다. 두 사람은 칭기스칸에게 공물 헌납과 복속을 들어 달라고 청구하였다. 당시 몽골군은 다른 지방을 정복하고자 진출한 상태여서, 항복은 접수하였지만 미처 티베트 지구를 실제적으로 통치하지는 못했다. 이런 견해에 관하여서는 의문스러운 점이 많지만, 티베트인과 몽골인이 저술한 역사서에서 많이 언급하고 있기 때문에, 먼저 적어 놓고, 이후 번역, 고증하기로 한다.

당시에 감숙·청해의 티베트족 지역의 일부분은 서하에 속하였고, 또 일부분은 금(金)나라에 속하였지만, 서하는 1227년에, 금(金)나라는 1234년에 몽골에 의해 멸망되었고, 이후 이 지방은 몽골에 귀속되었다. 오고타이(칭기스칸의 아들, 원 태종)는 즉위하자 서하의 옛 땅 및 감숙·청해의 티베트족 지방(당시는 당올특(唐兀特)이라고 칭하였다)을 자기의 둘째 아들 쿠텐闊端『몽골원류(蒙古源流)』에는 고등한(庫騰汗)으로 기재. 1206~1254년]의 영지로 획분해 주었다. 쿠텐은 양주(凉州)에 주재하였고, 1230년에 장관 도르타낙포[티베트어 사료에는 dor-rta-nag-po, 당시의 직함은 다이한(多爾汗)]를 파견하여 몽골군을 거느리고 우창에 진입하도록 하였다. 도르타낙포는 라싸 북부의 레뎅 사원 (rva-sgreng)과 겔라캉 사원(rgyal-lha-khang)에 도착한 적이 있고, 또 어떤 티베트어 사료에 의하면, 몬율(mon-yul, 현재의 부탄)과 네팔에까지 이르렀다고 한다. 도르타낙포는 당시 티베트 승속 세력의 할거 상황과 티베트 불교 각 교파 세력이 교착된 상황을 잘 이해하였고(그들의 소속 지역은 흔히 교착되었다), 몽골군이 일일이 통치하기에는 어려움을 느꼈다. 몽골군은 1240년에 감숙·청해에서 철수하고, 도르타낙포는 쿠텐에게 몽골을 협조하여 우창 전 구역을 통치할 만한 당지의 종교 지도자를 선택할 데 대해 건의하였다 (가리 지방은 이미 전에 몽골에 투항하였다).

달라이라마 5세가 저술한 『티베트왕신기』에서는 "현재 우창 지방에는 카담파의 사원이 가장 많고, 탁롱교파(즉 탁롱카규) 승려의 계율이 가장 청정하며, 디궁교파(즉 디궁카규)의 첸가 대사(大師)는 대법력(大法力)을 구비하였고, 사캬 교파의 판디타(즉 사판)는 오명(五明)에 통달하였다."고 기재하고 있다. 도르타낙포는 쿠텐에게 이 사람들 중에서 한 사람을 선택할 것을 청구하였다. 몽골은 이미 정복하였거나 정복하려고 하는 지역에 대하여 그 지방의 종교 지도자를 농락하여 그의 협조하에 당지 인민을 통치하는 정책을 채용하였다. 이는 칭기스칸 이래 일관되게 채용한 정책이었고, 쿠텐의 티베트 정책도 사실상 이 정책을 계속하여 답습한 것이다. 1244년 쿠텐은 또다시 도르타낙포와 걸문(傑門)을 티베트에 파견하여 사캬판디타 쿤가겐첸 (sa-skya-pandita-kun-dga'-rgyal-mtshan, 1182~1251년. 즉 사판)을 양주에 초청하여 우창 전 지역의 몽골 귀순에 관해 상담하려고 하였다. 1244년에 사판은 그의 조카 팍파와 챡나를 데리고 종자(從者)들과 함께 양주로 출발하였다. 라싸 부근에 도착했을 때 팍파에게 사미계를 주어 출가시키고, 또 팍파와 착나를 파견하여 수명의 종자(從者)를 데리고 양주(凉州)로 향하게 하였다. 이는 사판이 꼭 양주에 간다는 성의를 분명하게 보인 것이다(팍파와 착나는 나이가 어렸지만 사캬파가 정한 계승자이기 때문에 그들의 양주행의 의의는 중요하였다). 사판은 도중에 머물면서 전(前)·후(後)티베트 각 지방 세력과 연락을 취하고 대책을 상의하였으며, 1246년이 되어서야 양주(凉州)에 도착하였다. 이때에 쿠텐은 칸의 선출 때문에 카라코룸에 갔었고, 귀위크(원 태종 오고타이의 아들. 원 정종)가 즉위한 후 이듬해 양주에 되돌아가서 사판과 만났다. 쿠텐과 사판은 티베트가 몽골에 귀순하는 조건을 토의하여 결정한 후에 사판이 공개 서신을 써서 우창의 각 승속 통치자들에게 보내어 쿠텐의 조건을 접수하여 투항할 것을 설득하였다. 공개 서신은 현재에도 사판의 전집에 수록되어 있다.

이 공개 서신에서 보면, 당시의 귀순 조건은 아래와 같다. 우창 지구의 승속 관원과 인민은 모두 몽골의 신민(臣民)이 된다. 승속 관원과 백성의 행정 분야의 사무는 몽골에서 파견한 인원이 관리한다. 사원과 승려에 관한 종교 사무는 몽골에서 위탁한 사캬파의 종교 지도자가 관리한다. 티베트 원유의 모든 승속 관원의 관직은 선례에 따라 임직하는 것을 허락하며 몽골에서 지정한 사람의 관리를 받는다. 이 사람은 사캬파의 지도자에 의하여 추천되며, 몽골에서 금자조서(金字詔書)로 임명하며 다루가치라는 명의로 우창의 관민을 관리한다. 우창 지구의 고급 관료는 반드시 금자조서를 소지하고 있는 사람이 몽골 칸의 소명을 받들고 임명해야 한다. 각 관원은 사캬파의 금자조서를 소지하고 있는 사람의 허가 없이 독단적으로 일을 처리해서는 안 된다. 만약 그렇지 않으면 위법이고, 위법자는 도저히 용서하지 않는다. 우창 각 지방의 관원은 3부의 책자를 작성하여 지방관의 이름, 관할하의 인민의 호수(戶數), 바쳐야 할 공물(貢物)과 부세(賦稅)의 품목과 수량을 명료하게 기록해야 하며, 몽골 칸과 사캬 사원에 1부씩 제출하고, 1부는 지방관이 보관한다. 각 지방에서 납부하는 공물은 각 지방의 산출물일 수 있는데, 예컨대 금·은·진주·상아·우황, 범과 표범의 가죽 등이거나 기타 가장 좋은 토산품을 헌상하도록 한다. 당시 티베트 각 지방의 승속 세력들은 모두 일치하게 이 조건을 받아들이고 정식으로 몽골에 귀순하였다. 사캬파는 이로부터 티베트에서의 행정과 종교 양면에서 지도자의 지위를 취득하였다. 티베트의 여러 승속 지방 세력들은 몽골에 귀순하는데는 반대 의견이 없었지만, 사캬파가 티베트의 지도자의 지위를 얻은 데 대해서는 불만을 품은 세력이 있었다. 사판과 동 시기에 양주(涼州)에 도착한 이들로는 사천과 캄지방의 티베트족 지구의 여러 지방 세력들이다. 예컨대 필리(必里) 등 부족 대표도 이때 귀순하였다. 티베트 서부의 가리3역(阿里三域)은 이미 전에 귀순하였다.

1251년 쿠텐과 사판이 잇따라 세상을 떠나자, 우창캄 지방에는 공물(貢物)과 부세(賦稅)의 납부를 거절하는 세력이 나타났다. 1252년 쿠빌라이는 명령을 받고 몽골군을 거느리고 대리(大理)에 진공하였다. 우로(右路) 군대는 토번을 경유하면서 또 군대를 파견하여 캄 지방에 진입하였다. 캄 지방의 각 지방 세력은 재차 몽골에 투항하였다. 당시 규모가 비교적 큰 우창의 지방 세력, 특히 티베트 불교의 지도자들은 서로 다투어 몽골 칸의 인척이나 측근자와 관계를 구축하였고, 그들의 권력에 의지하여 자신의 티베트에서의 세력을 보존하고 확대할 수 있기를 기도(企圖)하여, 카규파는 팍모두파, 디궁파는 훌라구, 첼파는 쿠빌라이와 관계를 맺었다. 카르마카규의 카르마팍시는 쿠빌라이의 소견을 받았지만, 또 북상하여 헌종(憲宗, 몽케. 1251~1259년 재위)을 알현하였다. 1251년에 헌종이 즉위한 후 동생 쿠빌라이에게 막남(漠南) 몽골 지방을 총령하는 권한을 부여하였다. 쿠빌라이는 여전히 칭기스칸과 쿠텐의 정책을 답습하여 티베트지구의 종교 지도자를 구슬려서 몽골의 통치에 협조하게끔 하려고 하였다. 1252년 쿠빌라이는 사자를 파견하여 양주(涼州)에 가서 팍파를 청해 오게 하였다(원래는 사판을 요청하였지만, 사판이 사망하였기 때문에 팍파가 소견에 응하였다). 팍파는 이듬해 육반산

(六盤山)에서 쿠빌라이를 알현하고 쿠빌라이의 곁에 남았다. 쿠빌라이는 1260년에 즉위하였고, 여전히 사캬파를 이용하여 우창 지방을 지배할 것을 결의하고 그해 연말에 팍파를 국사로 책봉하였다. 그는 먼저 타멘(ta-men)을 티베트에 파견하여 당지의 상황을 알아내고, 각 지방의 호구를 조사하였으며, 공물(貢物)의 수량을 확정하고 티베트 각 지방에 역참(驛站)을 설치하게 하였다. 타멘(ta-men)은 인구의 밀도와 자원의 상황에 근거하여 캄 지방[도퇴 (mdo-stod)]에 7개의 큰 역참, 감숙·청해[도메(mdo-smad)] 지방에 9개의 큰 역참, 전(前)티베트[우(dbus)]에 4개의 큰 역참, 후(後)티베트[창(gtsang)]에 4개의 큰 역참을 설치하였다. 또 큰 역참 사이에는 몇 개의 작은 역참과 군참(軍站)을 설치하였다. 당시 티베트 지방에 행정제도를 갖추기 위하여 이미 전에 준비를 서둘렀고, 이를 위해서 무엇보다 먼저 교통망을 정비하였다. 1264년 쿠빌라이는 개평(開平)에서 대도[大都, 현재의 북경(北京), 당시는 중도(中都)로 칭하였다]로 천도하고, 총제원[總制院, 1288년에 선정원(宣政院)으로 승격하였다. 선정원의 이름은 당조(唐朝)에서 토번의 사자를 접견하였던 장소인 선정전(宣政殿)에서 유래한 것이다]을 설치하였다. 선정원은 전국의 불교 사무와 티베트 지방의 행정사무를 관할하였다[군사(軍事)도 포함되었다. 원조(元朝)는 중서성(中書省)·어사대(御史臺)·추밀원(樞密院)·선정원(宣政院)을 설치하였다. 이는 중앙정권 기구 중 황제 직속의 네 기구로서 서로 종속되지 않는다. 중서성은 내지의 각 성의 행정을, 어사대는 감찰을, 추밀원은 군사를, 선정원은 전국의 불교 사무와 티베트족 지구의 군정 사무를 관리하였다]. 그리고 팍파를 국사(國師)로 임명하여 총제원의 사무를 통할하게 하였다. 원조는 이때부터 티베트족 지구를 관리하는 중앙 기구을 마련한 것이다. 지원(至元) 25년(1288년)에 당시의 상서성(尙書省) 우승상(右丞相) 셍게는 총제원이 통할하는 토번의 여러 선위사(宣慰司)가 군사(軍事)·재정(財政)·곡물(穀物) 등 막중한 사무를 처리하기 때문에 선정원(宣政院)으로 개칭할 것을 상주(上奏)하였다. 이리하여 총제원은 선정원으로 개칭하여 질종일품(秩從一品)으로 승격하고[총제원은 질정이품(秩正二

品)이었다, 3대(臺)의 은인(銀印)을 사용하였다.

이 중앙 조직의 아래에 쿠빌라이는 티베트족 지구에 세 개의 선위사사도 원수부(宣慰使司都元帥府)를 설치하였다. 첫 번째는 토번등처선위사사도원 수부(吐番等處宣慰使司都元帥府)로서, 감숙·청해의 티베트족 지구와 사천의 티베트족 지구의 일부분을 관할하였다. 그중에서 내지와 인접해 있는 한족 (漢族)과 티베트족이 교착하여 거주하는 지역에는 노(路)·주(州)·현(縣)을 설치하고 유관(流官)을 두었으며, 임면(任免)은 섬서행성(陝西行省)에 귀속시 켰다. 또 티베트족 집거 구역에는 안위사(安慰司)·안무사(按撫司)·초토사 (招討司)·원수부(元帥府)·만호부(萬戶府)·천호소(千戶所) 등 지방 행정기관 을 설치하여 당지의 군민 사무를 관리하였다. 만호부 이하의 직관은 당지 의 티베트족 승속 상류층 인사를 임용하였고, 동시에 세습 혹은 전례에 따 라 물려받는 것을 허락하였다. 두 번째는 토번등로선위사사도원수부(吐番 等路宣慰使司都元帥府)로서, 사천 서부의 주(州)·현(縣)과 서캄 지구를 관할하 였다. 이곳에도 안무사(按撫司)·초토사(招討司)·원수부(元帥府)·만호부(萬 戶府)·천호소(千戶所) 등 지방행정기관을 설치하여 당지의 군민 사무를 관 리하였다. 유관(流官)의 임면권(任免權)은 사천행성(四川行省)에 귀속시켰다. 만호부 이하의 직관은 역시 당지의 티베트족 승속 상류층 인사를 임용하였 고, 세습 혹은 전례에 따라 물려받는 것을 허락하였다[명·청 시대에도 이 제 도를 답습하였고, 그 후 감숙·청해·사천·캄의 티베트족 지구의 토사(土司) 제도를 형성하였다]. 세 번째는 우스창납리속고로손등삼로선위사사도원수부(烏思 藏納里速古魯孫等三路宣慰使司都元帥府)로서, 우·창·가리(현재의 라다크 지구도 포함) 등 티베트족 지구를 관할하였다. 그중에서 가리3역[mnga'-ris-skor-gsum, 즉 납리속고로손(納里速古魯孫) 또는 납리속고아손(納里速古兒孫)이라고 한다. 이는 티베트어를 한음(漢音)으로 쓴 것이다. ─어의의 해석은 앞의 글 참조]은 송조(宋朝) 이래 세 토왕(토번첸포의 후예)이 관할하였고, 우창 지방보다 먼저 몽골에 귀 순하였지만, 원래의 직위를 보류하고 있었기 때문에 쿠빌라이는 이 지구에 다만 원수 2명을 배치하여 군무를 통할하게 하였다. 우창[dbus-gtsang, 즉 전前·후後티베트를 가리키며 우스창(烏思藏)이라고도 한다] 지구에는 몽골군 도원수(都元帥) 2명을 배치하여 몽골 주둔군을 관리하였다. 그리고 만호부(萬戶府)와 천호소(千戶所)를 여러 개 설치하여 지방행정 기구로서 당지의 민정[즉 관민관(管民官)]을 관리하였다. 사캬에는 폰첸[dpon-chen, '대관(大官)'의 뜻으로서 티베트인 구래의 직관 명칭은 아니고 그의 확실한 의미는 지금도 분명치 않다. 쿠텐이 티베트에 설치한 다루가치와 폰첸은 글자의 의미가 비슷하며 모두 장관 혹은 대관을 가리킨다. 그러나 쿠빌라이의 시기 다루가치의 설치에 관한 명확한 공문서는 없는데, 혹은 사캬가 군민사무를 관리하는 관을 "오사장삼로군민만호(烏思藏三路軍民萬戶)"의 직으로 책봉하였을 수 있다. "군민만호"는 원조(元朝) 초기의 지방 행정제도로서 그 지위는 선위사(宣慰司)의 아래이고 만호부의 위에 있었다. 『원사(元史)』에는 군민만호(軍民萬戶)가 선위사로 승격되었다는 실례가 기재되어 있다. 1280년 이후 선위사의 직함을 갖고 있는 폰첸도 있었지만, 티베트 역사에서는 여전히 폰첸으로 칭하는 사람을 선위사(宣慰使)로 칭하지 않고 있다. 티베트인으로서 선정원의 부사(副使)를 담임한 사람을 티베트 역사에서는 "근본폰첸(rtsa-ba'i-dpon-chen)"이라고 칭하고 있다. 혹시 티베트인들은 내지의 복잡한 관직의 호칭에 습관되지 않아 전부 폰첸으로 칭하였는지도 모른다.] 1명을 배치하여 지휘 통솔하였다. 또 전운(轉運) 1명을 배치하여 역참의 교통을 관리하였다.

세 개의 선위사사도원수부(宣慰使司都元帥府)는 모두 선정원에 소속되었고, 그중에서 선위사도원수(宣慰使都元帥)·원수(元帥)·전운(轉運)·만호(萬戶) 및 일부의 중요한 천호(千戶) 등 고급 관원은 선정원(宣政院) 혹은 제사(帝師)가 천거한 후 황제가 임명하였다. 만호와 천호는 당지 승속의 지도자가 많이 담임하였고, 전례에 따라 물려받는 것을 인증하였다. 중앙의 정령(政令)에 대해서는 제사가 부서(副署)하여 황제의 조서를 전달함으로써 집행하였다. 이러한 명령이 미치는 범위는 매우 광범위하였다(농노의 도망을 금지하는 등 사건까지 포함되었다). 만호와 천호 이하의 속관은 그 자신의 서명에 의하여 임명되었는데,『원사(元史)』의「석로전(釋老傳)」에는 이러한 제도를 아래와 같이 서술하고 있다. 즉 "세조 …군현 토번의 지방에서는 관직을 설치하고 구분함에 있어 제사(帝師)의 명령에 의거하였다"(원대의 역대 제사에 관해서는 제5편 사캬파 참조).

티베트 지방의 우스창납리속고로손등삼로선위사사도원수부(烏思藏納里速古魯孫等三路宣慰使司都元帥府)의 아래에 설치한 만호(萬戶)와 천호(千戶)에 관한 상세한 상황은 사료 부족으로 자세하게 알 수 없다.『원사』「백관지(百官志)」의 우스창납리속고로손등삼로선위사사도원수부'의 항(項)에는 그 소속의 만호와 천호에 관해 약간의 부기(附記)가 있다. 티베트어 사료에는 많은 책에서 우창 13만호의 명칭을 언급하고 있지만, 상세한 해설은 없고, 또 서로 간의 차이가 매우 크다. 그중에서 비교적 초기의 기재가『원사(元史)』의 기재와 가장 비슷하다. 티베트 13만호의 문제를 가능한 한 명확히 이야기하기 위하여 두 종류의 기재를 대조하면서 다른 사료를 첨부하여 설명하고자 한다.

『원사』「백관지」에는 아래와 같이 기재되어 있다.

오사장납리속고로손등삼로선위사사도원수부(烏思藏納里速古魯孫等三路宣慰使司都元帥府): 선위사오원(宣慰司五員), 동지이원(同知二員), 부사일원(副使一員), 경력일원(經歷一員), 포도사관일원(捕盜司官一員), 그 부속을 부기(附記)하면:

　　[일] 납리속고아손원수이원(納里速古兒孫元帥二員)

　　[이] 오사장관몽골군도원수이원(烏思藏管蒙古軍都元帥二員)

　　[삼] 단리관군초토사일원(担里管軍招討司一員)

　　[사] 오사장등처전운일원(烏思藏等處轉運一員)

　　[오] 사로사(사응작전)지리관민만호일원[沙魯思(思應作田)地里管民萬戶一員]

　　[육] 찰리팔전지리관민만호일원(擦里八田地里管民萬戶一員)

　　[칠] 오사장전지리관민만호일원(烏思藏田地里管民萬戶一員)

[팔] 속아마가와전지리관민만호일원(速兒麻加瓦田地里管民萬戸一員)

[구] 살랄. 전지리관민만호일원(撒剌田地里管民萬戸一員)

[십] 출밀만호일원(出密萬戸一員)

[십일] 오롱답자만호일원(螯籠答剌萬戸一員)

[십이] 사답롱자만호일원(思答籠剌萬戸一員)

[십삼] 백목고로만호일원(伯木古老萬戸一員)

[십사] 탕복적팔천호일원(湯卜赤八千戸一員)

[십오] 갸마와만호일원(加麻瓦萬戸一員)

[십육] 쟈율와만호일원(扎由瓦萬戸一員)

[십칠] 아단부장사팔만호부달로화적일원(牙旦不藏思八萬戸府達魯花赤一員),   만호
일원(萬戸一員), 천호일원(千戸一員), 담리탈탈합손일원(擔里脫脫合孫一員)

[십팔] 밀아군만호부달로화적일원(密兒軍萬戸府達魯花赤一員), 만호일원(萬戸一員),
초후강팔천호일원(初厚江八千戸一員), 복아팔관일원(卜兒八官一員)

[『원사(元史)』권87 「백관지(百官志)」3]

　『달라이라마 5세전』에는 사캬의 초대폰첸 사캬상포의 시기 혹은 조금
후 시기의 기록에 근거하여 우창 각 만호가 관할하는 속민의 호수를 서술한
한 단락의 문자가 있다. 그 내용은 다음과 같다.

고대 문헌(sngon-gyi-yig-tshang)의 기재에 의하면 :
아콘(a-kon)과 미링(mi-gling) 두 사람이 (티베트를) 방문한 후 속민 소속의 인민
[mi-sde, mi-sde와 chos-sde는 상대적인 명칭으로서 후자는 사원의 속민을 가리킨다. 원조(元
朝)는 사원의 속민에 대하여 공물과 부세를 면제하였고 낱낱이 조사하지 않았다. 이 때문에
이번 조사의 대상은 세속 관원의 속민에 한하였다]과 토지에 대하여 대몽골(chen-po-hor)
의 명의로 기본적인 호구(dud) 수를 낱낱이 조사하였다. 상부(서부)의 가리3역(阿里
三域)(mnga'-ris-skor-gsum), (우창의) 사원 속민, 지방 관원 직분전(職分田)의 속민 및 만

호·천호의 관할에 속하지 않는 농목민을 제외하고 우창 각 만호 관할하의 속민 수는 아래와 같다.

[1] 라퇴로(la-stod-lho) (만호) 속민의 호수는 1,990호.

[2] 라퇴쟝(la-stod-byang) (만호) 속민의 호수는 2,250호.

[3] 추믹(chu-mig) 만호 속민의 호수는 3,003호.

[4] 샤루(zha-lu) 만호 속민의 호수는 3,892호.

[5] 쟝도국(byang-'drog) 만호는 이후에 출현한 것이다(이에 대하여 두 가지 해석이 가능하다. 쟝도국 만호는 이번 조사 이후에 책봉되었거나 혹은 이번 조사 이후에 조사되었다).

[6] 야르독(yar-'drog) 만호(와 기타 만호는 다르다) 그 아래에 16개의 레부(leb)가 특설되었다. (집계) 750호.

전(前)티베트에서 조사한 호수는 다음과 같다.

[7] 디궁('bri-gung) (만호) 소속의 농민과 목민(bod-'brog)은 집계 3,630호.

[8] 첼파(tshal-pa) (만호의 속민은 집계) 3,700호.

[9] 팍모두파(phag-mo-gru-pa) (만호의 속민은 집계) 2,438호.

[10] 야상파(g·ya'-bzang-pa) (만호의 속민은 집계) 3,000호.

[11] 갸마와(rgya-ma-ba) 와 [12]의 쟈율와(bya-yul-ba) [공유(共有)의 속민은] 5,900호로서 각각 절반씩 소유하였다(절반씩 소유의 원문은 phyed-phyed-yin).

[13] 타룽파(stg-lung-pa)는 500호.

그 아래에 라·둑(lho-'brog, byug) 등 지방에 흩어져 사는 속민은 (또) 1,400호.

이번의 (호구) 조사는 몽골과 사캬파가 시주(施主)와 공양받는 자 사이의 관계를 맺은 후 우창에서 최초로 진행한 조사이다.

가리 이하(이동을 가리킨다)에서 샤루 이상(이서를 가리킨다)까지는 아쿤과 미링이 조사하였다.

이곳(샤루) 이하에서 디궁 이상의 토지는 수투부아키[su-thub-a-skyid, 그는 라싸 툽나오동(gro-khud-sna-bo-gdong)의 수령이다. 그의 일족은 예전에 사캬파의 초대, 2대, 3대 지도자의 시주였다가 주최하여 조사하였다.

그 외에 사캬폰첸 사캬상포는 "삼로군민만호(三路軍民萬戶)"(zam-gru-gun-ming-dben-hu, gru는 『청사(靑史)』에 klu로 되어 있다)의 직함을 가지고 있었다. 그의 종이로 된 고서의 기록 중에서는 (우창 각 만호속민 호수)를 이렇게 (기록)하고 있다. 이런 만호들이 우창에서(각 지방에서 각자가) (지방행정) 권력을 집행하고 장악하는 제도는 이렇게 형성되었다.

(『달라이라마 5세전』 제1권, 라싸판 20~21페이지)

　　『달라이라마 5세전』에 있는 상술한 만호의 명칭과 그 소속 관할하의 속민 호수는 『롱돌라마전집(klong-rdol-dla-ma'i-gsung-'bum)』에서도 보이고 있으며, 그 내용도 개별적인 문자와 어구를 제외하고는 거의 같다. 이 두 자료는 13만 호의 이름만 열거한 티베트어 자료와는 다소 차이가 있지만 『원사(元史)』 「백관지(百官志)」와 비교적 근사하다. 이 때문에 이 두 자료는 비교적 초기의 자료를 근거로 하였다고 할 수 있다. 『달라이라마 5세전』에서 언급한 것을 보면, 그의 자료는 샤캬상포(shākya-bzng-po)의 권자(卷子)에서 연원하였다고 하고 있다. 샤캬상포는 사캬의 초대 폰첸이다. 다른 티베트어 문서에서는 아콘과 미링 두 사람이 1268년에 전(前)·후(後)티베트에 파견되어 각 만호 소속민의 호구를 조사하고 납부해야 할 공물(貢物)과 부세(賦稅)의 종류와 수량을 정하였다고 하였다. 당시의 샤캬상포는 이 호구조사 사업을 협조하였다(어떤 티베트어 사료에는 호구조사 시간이 1287년이고, 조사에 협력한 사람은 폰첸인 순누왕축이라고 하고 있는데, 기재한 만호의 명칭과 호수는 대체로 같다). 그렇다면 그가 보존한 기록은 당연히 가장 오랜 것이고, 또 비교적 믿을 만한 문자 기록인 것이다.

　　그 외에도 여러 티베트어 사료를 검토하였는데 그중에는 우창 13만호(khri-skor-bcu-gsum)의 명칭을 게재한 사료가 있다. 서술의 편리를 위하여 이런 티베트어 사료의 책 이름과 이 책에 기재되어 있는 우창 13만호의 명칭을 모두 제각기 번호를 매겨 다음과 같이 적어 둔다.

[일] 『송파감포불교사(松巴堪布佛敎史, dpag-bsam-ljon-bzang)』가 『역창(譯倉, yig-tshang)』 (이는 고대 사료이다)의 기재를 인용한 것을 보면 다음과 같다. 인용문은 『송파 감포전집판(松巴堪布全集版)』 102〜103페이지. 다스 간본(刊本) 제158〜159페 이지.

1. 디(궁) 2. 팍(모두) 3. 갸마 4. 야상 5. 첼파 6. 쟈율 라·둑(bya-yul-lha-'brug) 7. "가리"(mnga'-ris) 8. 라퇴로 9. (라퇴)쟝 10. 추믹 11. 샤루 12. 쟝독 13. 양독.

[이] 『내녕사송(乃寧寺頌)』 우리가 여기서 사용한 것은 투치의 『서장화권(西藏畫卷)』 (G.Tucci: Ti-betan Painted Scrolls)의 인용문이다. 본서 제2권 681페이지. 원문은 8 개의 만호만 기재하고 있다. 나머지는 결여되었다.

1. "가리" 2. (라퇴)로 3. (라퇴)쟝 4. 추믹 5. 샤루 6. 큥(khyung) 다·바르(sbra-bar) 7. 디궁 8. 첼파

[삼] 『티베트왕신기』(bod-kyi-deb-ther-dpyid-kyi-rgyal-mo'i-glu-dbyangs) 달라이라마 5세 저(1643년에 책으로 만들어졌다), 민족출판사, 1957년 조판 인쇄본 138페이지

1. 라퇴로 2. (라퇴)쟝 3. 굴모(gur-mo) 4. 추믹 5. 샹(shangs, 6. 샤루 7. 갸마 8. 디 궁 9. 첼파 10. 탕포체파 11. 팍모두 12. 야상 13. 양독.

[사] 『롱돌라마전집』(klong-rdol-dla-ma'i-gsung-'bum) 롱돌라마(1719〜1805년) 저, 인 용문은 본서 라싸판 제23장 제5페이지.

1. 라퇴로, 2. (라퇴)쟝 3. 추믹 4. 샤루 5. 쟝독 6. 양독 7. 디(궁) 8. 첼파 9. 팍모 두 10. 야상파 11. 갸마와 12. 챠율와 13. 탁룽파·라·둑(stag-lung-pa, lha, 'brug)

[오] 『정법원류(正法源流)』(dam-chos-byung-tshul, 『증속원류(增續源流)』라고도 함) 본 서의 전반부(1〜129페이지)는 콘촉룬둡이 저술한 것으로 약 16세기에 책으로 만들어졌고, 후반부(129〜228페이지)는 상계픈촉이 저술하였으며 약 18세기에 책으로 만들어졌다. 인용문은 본서 데게판 162페이지.

1. 라퇴(로) 2. (라퇴)쟝 3. 추(믹) 4. 샤루 5. 라(lha) 6. 샹 7. 야(상) 8. 팍(모두) 9.

갸(마) 10. 첼(파) 11. 디(궁) 12. 탁(룽) 13. 양(독).

[육] 『토관종파원류』(grub-mtha'-shel-gyi-me-long) 토관롭상최키니마(1737-1802년)가 저작하였다. 인용문은 본서 데게판 78페이지.

1. 라퇴(로) 2. (라퇴)쟝 3. 추(믹) 4. 샤루 5. 쟈(bya) 6. 라(lha) 7. 야(상) 8. 팍(모두) 9. 갸(마) 10. 첼(파) 11. 디(궁) 12. 탁(룽) 13. 양독.

[칠] 『도링판디타전(多仁班第達傳)』(rdo-ring-pandita-rnam-thar). 도링판디타는 18세기의 사람이다. 인용문은 전사본(轉寫本) 4페이지.

1. 라퇴(로), 2. (라퇴)쟝 3. 추믹 4. 가리 5. 샤루 6. 샹 7. 갸마 8. 디궁 9. 첼(파) 10. 라·쟈·둑(lho-bya'-brug) 11. 팍모두 12. 야상 13. 양독.

이하는 『원사(元史)』 「백관지(百官志)」의 순서에 따라 『달라이라마 5세전』과 상기한 일곱 가지 티베트어 서적을 대비하여 우창 지구의 각개 만호(「백관지」의 [일]부터 [새까지 만호 내에 속하지 않는 주요 부분은 앞부분에서 이미 기술하였다)에 대하여 서술하려고 한다.

[팔] "사로사(사응작전)지리관민만호일원[沙魯思(思應作田)地里管民萬戶一員]" (전지리(田地里)는 원대의 문헌에서 경상적으로 사용하는 단어로서 그 뜻은 "지면(地面)", 즉 그 지방을 가리킨다); 이 만호인즉 『달라이라마 5세전』의 [새] 샤루만호이다. 그 외 7가지의 티베트어 자료 중에서 [육] 『토관종파원류』를 제외하고 모두 샤루만호의 이름을 언급하고 있다. 자료[육]에서 샤루만호에 해당하는 것은 "쟈(bya)"이다. 이 "쟈(bya)"는 이미 후(後)티베트에 편입되었기 때문에 당연히 전(前)티베트의 챠율이 아니고 샤루만호 관할 지역 내부의 지명일 수 있다. 현재 상세한 지명의 자료가 없기 때문에 단언할 수 없지만, 아마도 샤루만호를 가리키는 것으로 보인다. 샤루만호는 3892호를 관할하였고, 만호부는 후(後)티베트 시가체 동남의 샤루 지방에 설치하였다.

[구] "찰리팔전지리관민만호일원(擦里八田地里管民萬戶一員)" : 이 만호는 『달라이라마 5세전』에서의 첼파(tshal-pa)만호이다. 상기한 7가지의 티베트어자료에서는 모두 첼파만호의 이름을 언급하고 있다. 첼파만호는 3700호를 관할하였고 만

호부는 전(前)티베트 라싸 동남의 첼시궁탕(tshal-gzhis, gung-thang)지방에 설치하였다.

[십] "오사장전지리관민만호일원(烏思藏田地里管民萬戶一員)" : 이 만호는 『달라이라마 5세전』에서는 보이지 않고 그 명칭도 상기한 7가지의 티베트어 자료에서도 보이지 않는다. 그러나 우리는 사캬의 쿤씨 일족이 자신의 속민과 토지를 가지고 있다는 것을 알고 있다. 다스(S.C.Das)는 1268년 각 만호의 호수를 조사할 그때에 그가 사캬 소속의 속민을 3,630호라고 하였다고 서술하고 있는데, 이 숫자야말로 하나의 만호의 규모에 해당하는 것이다. 사캬의 초대 폰첸 사캬상포는 쿠빌라이로부터 추가로 책봉되어 인(印)을 하사받았는데, "오사장삼로군민만호지인(烏思藏三路軍民萬戶之印)"(dbus-gtsang-gi-zam-klu-gun-min-dbang-hu'i-dam-kha)이다. 이 인문(印文)은 『홍사(紅史)』와 『청사(靑史)』에 나타나고 있으며 『달라이라마 5세전』에서도 "삼로군민만호(三路軍民萬戶)"라고 하는 직함을 언급하고 있다(윗글 참조). 아마도 그는 자기 아래의 만호를 관할하였거나 혹은 사캬 자체의 만호를 직접 관리하였을 것이다. 인문(印文)의 "오사장(烏思藏)"이라고 하는 문자는 『원사(元史)』에 있는 "오사장전지리(烏思藏田地里)"와 서로 같다. 그러나 군민만호(軍民萬戶)의 등급은 일반 만호보다 높고 만호부와 선위사(宣慰司)의 중간에 해당된다. 『원사(元史)』에서는 군민만호(軍民萬戶)에서 승격하여 선위사(宣慰司)가 되는 실례를 많이 들고 있고, 사캬만호도 폰첸이라고 칭하지만 만호라고는 칭하지 않는다. 쿠빌라이는 사캬의 제6대 폰첸에게 선위사(宣慰使)의 직명(職名)을 수여하였지만, 티베트인들은 여전히 폰첸이라고 불렀다. 혹은 사캬에 또 관민(管民) 만호(사캬인들 사이에는 구두로서의 이러한 설법이 있다)가 있기 때문에 사캬 자체가 역시 만호 중의 하나였을 수 있다. 그러면 무엇 때문에 "우스창((烏思藏)"이라고 칭하고, 사캬라고 칭하지 않는가? 사캬 지방은 제사(帝師) 직속의 영지이고 제사의 고향이며 또 우창을 관리하는 사캬폰첸의 주둔지이기 때문에 당시 우창 지구의 수부(首府)라고 할 수 있다. 청조에서 라싸를 전(前)티베트라고 칭한 것처럼 원조에서도 사캬를 "우스창(烏思藏)"이라고 칭하였을 가능

성도 있다. 마찬가지로 "백관지(百官志)"에서 사캬만호를 언급할 때에도 "우스창烏思藏"이라는 글자를 사용하였다. 그러나 이 만호와 그의 호구 수목는 『달라이라마 5세전』에 인용되어 있는 사캬상포의 권자(卷子) 중에는 나타나 있지 않다. 어떤 사료에 의하면, 사캬 소속의 토지와 인민에 한해서 공물(貢物)과 부세(賦稅)의 납부를 면제하였다고 하지만, 당시의 상황으로 볼 때 이러한 견해는 믿을 수 없다. 기왕 그렇다면 사캬상포의 권자(卷子)에 그것을 다시 열거할 필요가 없는 것이다. 『한장사책(漢藏史册)』에서 우창 13만호를 이야기할 때 라투로와 라투쟝에 이어서 "lha-sde-gzhun-pa-zur-na-gsal"이라고 하고 있는데 그 뜻인 즉 "사캬 사원 관할하의 (호수는) 별도로 자세히 밝힘"이고, 그다음에야 츄믹과 샤루를 거론한 것이다. 지리적인 순서로 보아도 이 말은 바로 사캬를 이야기하고 있는 것을 알 수 있다. 상기한 7가지의 티베트어 자료를 보면, [새]『롱둘라마전집』에는 이 만호에 대한 기재가 전혀 없고 [삼]『티베트왕신기』에서 그에 해당하는 것을 보면 구르모(gur-mo)이다. 구르모는 고대 티베트의 유명한 시장이었는데, 물물교환을 진행하는 가운데 금은으로 가격 차이를 대체하였고, 각지의 시장은 모두 구르모 시장의 가격을 기준으로 하였다. 아마도 사캬의 관민(管民)만호가 이곳에 상주하면서 민사를 관리하였기 때문에 이러한 설이 있게 되었을지도 모른다. 자료[일]『팍삼준상(松巴堪布佛教史)』과 [이]『내녕사송(乃寧寺頌)』, [칠]『도링판디타전(多仁班第達傳)』의 세 가지 자료에서 모두 가리(mnga'-ris)의 한 개 만호를 언급하고 있는데, 이 "가리"는 "가리3역"을 가리키는 것이 아니다. 왜냐하면 "가리3역"에는 만호를 전혀 설치하지 않았기 때문이다. "가리3역"은 가리 지구(당시에는 현재의 라다크 등지를 포함하였다)를 가리키며, 이곳에서 말하는 "가리"는 당연히 가리 지구를 의미하지 않는다. 바꾸어 말하면, 이 "가리"는 한 개 지구의 이름자가 아니고 이 두 글자의 본의에 입각해 있는 것으로서 "가리(mnga'-ris)"는 "직속의 토지와 인민"[직속해 있는 토지와 인민을 가리(mnga'-ris)라 하고, 그들의 영주를 가닥(mnga'-bdag)이라 한대이라는 의미이며, 이는 11세기부터 사용해 온 표현법이다. 사캬에 소속해 있는 토지와 인민은 곧바로 제사(帝師)

에게도 직속이기 때문에 "가리"라고 칭한 것이며, 뜻인즉 '사캬 직속의 토지와 인민'이라는 말이다. 자료 [오] 『정법원류(正法源流)』와 [이] 『내녕사송(乃寧寺頌)』의 두 가지 자료 중에서 자료[일] 『팍삼존상(松巴堪布佛敎史)』, [이] 『내녕사송(乃寧寺頌)』, [칠] 『도링판디타전(多仁班第達傳)』의 세 가지 자료 중 가리 만호에 해당하는 만호는 "라(lha)"이다. 사캬에 소속되어 있는 토지와 인민은 동시에 사캬 사원에 소속한다고도 할 수 있기 때문에 사원의 토지와 인민을 티베트인들은 "라데(lha-sde)"라고 칭하였다. 따라서 이 만호를 "라(lha)" 만호라고 칭할 수 있으며, "라(lha)"는 "라데(lha-sde)"의 약칭인 것이다. 그러나 티베트어 사료에서 명확하게 해석하지 않았고, 우리의 해석 역시 추론일 뿐이다. 이상의 추측에 근거하면, 이 "라(lha)" 만호는 사캬 만호를 가리키는 것일 수 있다. 총괄적으로 말하면, 『원사(元史)』·「백관지(百官志)」 중의 관련 조목에서와 티베트어 사료 [일] 『팍삼존상(松巴堪布佛敎史)』, [이] 『내녕사송(乃寧寺頌)』, [오] 『정법원류(正法源流)』의 세 가지 티베트어 사료 중 "가리(mnga'-ris)", 그리고 [오] 『정법원류(正法源流)』와 [육] 『토관종파원류』 두 가지 티베트어 자료 속의 "라(lha)"는 모두 사캬 만호를 가리키는 것이다.

[십일] 속아마가와전지리관민만호일원(速兒麻加瓦田地里管民萬戶一員)

[십이] 살랄전지리관민만호일원(撒剌田地里管民萬戶一員)

이 두 관직은 만호가 아니다. 만호를 거론하는 티베트어 자료에서 우리는 그에 대응되는 이름을 찾아내지 못하였다. 다른 티베트어 자료에서도 우리는 그에 해당하는 명칭을 찾아내지 못하였다.

[십삼] 출밀만호일원(出密萬戶一員) : 이 만호는 『달라이라마 5세전』 속의 세 번째 사료[3] 츄믹(chu-mig) 만호이다. 그 외 상기한 7가지의 티베트어 자료에도 모두 츄믹(chu-mig) 만호의 이름이 있다. 당시 그는 3003호를 관할하였다. 그곳은 후(後)티베트 시가체의 서남으로, 북쪽은 날탕 사원과 인접해 있고, 동쪽은 골 사원과 이어진 곳이다.

[십사] 오롱답자만호일원(嶅籠答刺萬戶一員) : 이 만호의 명칭은 티베트어 자료에서는

보이지 않는다. 그러나 몇 가지 티베트어 자료를 전면적으로 대비해 본 결과 [일]『팍삼준상(松巴堪布佛教史)』자료 중의 제12의 쟝독, [이]『내녕사송(乃寧寺頌)』자료 중의 제6의 쿙(khyung), 찰(扎), 배이(倍爾) [삼]『티베트왕신기』자료 중의 제5의 샹(shangs), [사]『롱돌라마전집』자료 중의 제5의 쟝독, [오]『정법원류(正法源流)』자료 중의 제6의 샹(shangs), [칠]『도링판디타전(多仁班第達傳)』자료 중의 제6의 샹(shangs) 등은 사실상 한 만호에 대한 다른 별칭인 것이다. 즉 쟝독, 샹(shangs), 쿙(khyung), 찰(扎), 배이(倍爾) 등 명칭을 공유하고 있다. 향하(香河) 상류 지역은 줄곧 목축 지역이었기 때문에 쟝독(티베트북부의 목축 지역이라는 뜻이다)이라고 불렀다. [이]『내녕사송(乃寧寺頌)』자료 중의 쿙(khyung), 다, 발은 각각 야크(yak)의 떼, 야크(yak)의 모포(毛布)로 만든 텐트, 야크(yak)의 털로 만든 외투를 가리키며, 이 세 글자는 총체적으로 야크(yak)의 방목을 주요한 생업으로 하는 목축민을 가리킨다. 당시 향하(香河) 유역에서는 야크(yak)의 방목을 주요한 업으로 하였기 때문에 이러한 속칭이 있었고, 상기한 세 명칭은 사실상 한 지역을 가리키는 것이다. 이 지역에 만호를 설치하기는 비교적 늦어서이고, 세대로 이 지방의 만호의 위치에 놓였던 일족은 탁낙[stag-nag, 즉『원사(元史)』에서 말하는 답랄(答剌)]에 거주하였다. 이 지방은 현재의 남목림(南木林) 이동의 하곡(河谷) 남안(南岸)에 해당한다. 오롱(敖籠)은 이 하곡의 이름으로서, 오롱답(敖籠荅)은 현재의 답(荅) 지방을 가리킨다. 그러므로『원사(元史)』에 기재된 오롱답(敖籠荅)은 즉 티베트어 자료 [삼]『티베트왕신기』, [오]『정법원류(正法源流)』, [육]『토관종파원류』, [칠]『도링판디타전(多仁班第達傳)』네 가지 티베트어 자료 안의 샹(shangs) 만호, 말하자면 [일]『팍삼준상(松巴堪布佛教史)』, [삼]『티베트왕신기』두 가지 자료 중에 기재된 쟝독 만호, 또한 [이]『내녕사송(乃寧寺頌)』자료 안에 있는 쿙(khyung), 다, 발 만호에 해당된다. 한자와 티베트의 명칭은 다르지만, 실은 같다.

[십오] 사답롱자만호일원(思答籠剌萬戶一員) : 이 만호인즉『달라이라마 5세전』중의 제[13]의 탁룽파(stag-lung-pa)만호이다. 500호와 라, 둑(lha'-brug)에 흩어져 거

주하는 1,400호를 관할하였다(합계 1,900호). 상기한 7책의 티베트어 자료 가운데 [오]『정법원류(正法源流)』와 [육]『토관종파원류』두 가지 자료 중에 모두 탁룽의 이름이 출현하였다. [새]『롱돌라마전집』 자료 중에는 탁룽파(stag-lung-pa), 라(lha), 둑 ('brug)으로 되어 있다. 자료 [일]『팍삼준상(松巴堪布佛敎史)』 중에는 이 이름이 없고 쟈율(bya-yul), 라(lha), 둑('brug)의 한 개 만호가 있고, [칠]『도링판디타전(多仁班第達傳)』 자료 중에는 이 이름이 없이 라(lha), 쟈(bya), 둑('brug)이 있으며, [삼]『티베트왕신기』 자료 중에서 그에 해당되는 것은 탕포체파(thang-po-che-pa)이다. 자료 [이]『내녕사송(乃寧寺頌)』 안에서 이 만호에 해당되는 이름은 누락되었다. 보아하니 이 만호에 대한 여러 티베트어 자료 중의 기재는 얼마간 혼란스러운 듯하다. 비교적 후기의 티베트어 자료에서는 모두 이 만호를 라싸 이북 탁룽 지방의 카규파 탁룽 사원의 탁룽이라고 간주한다. 그러나 현재 확인할 수 있는 탁룽카규에 관한 티베트어 자료에는 이 종파의 어떤 인물이 만호에 책봉되었다는 내용의 기재가 없다. 그리고 어떤 자료에서는 탁룽카규의 사람은 원조로부터 만호로 책봉된 적이 없다고 기재하고 있다. 전(前)티베트의 로카 지방에도 탁룽[stag-lung, 양독웅호(羊卓雍湖)의 서남]이라고 하는 지명이 있다. 이 탁룽은 양독 만호라고 하는 만호장의 일족이 건설하였기 때문에 어떤 티베트어 자료에서는 양도탁룽(ya-'bro-stag-lung)이라고 칭하고 있다. 이는 탁룽과 양도의 관계를 설명하여 주며, 또 각 티베트어 자료에서 언급하고 있는 양도 만호(그 만호장은 폰첸을 담임한 적이 있다), 『원사(元史)』「백관지(百官志)」에서는 거론한 적이 없는 양도[한자 표기에는 "양탁(羊卓)")의 이름은 『원사(元史)』의 사답농랄(思答籠剌)은 탁룽(stag-lung)의 고대의 번역이며, 그것은 곧 티베트어 자료에서 언급하고 있는 양독만호임을 말해 준다. 라(lha), 둑('brug)에 관해서는 우리는 지도에서 아직 찾지 못하였다. 그리고 탁룽(stag-lung)과 라(lha), 둑('brug)이 같이 있었을까에 관해서는 자료 [일]『팍삼준상(松巴堪布佛敎史)』 중에는 쟈율, 라, 둑(bya-yul-lha-'brug)으로 되어 있고, 자료[칠]『도링판디타전(多仁班第達傳)』에서는 라(lha), 쟈(bya), 둑

('brug)으로 되어 있기에, 다만 순서가 틀리게 되어 있어서 동일한 것일 가능성이 있다. 그러나 자료[사]『룽둘라마전집』중에는 탁룽파(stag-lung-pa), 라(lha) , 둑('brug)(이하 [십구]쟈유와만호일원(扎由瓦萬戸一員) 참조]으로 되어 있기 때문에 진일보 고증할 필요가 있다.

[십육] 백목고로만호일원(伯木古老萬戸一員) : 이 만호는 바로『달라이라마 5세전』중의 제[9]팍모두파(phag-mo-gru-pa)만호이며, 당시 2,438호를 관할하였다. 상기한 7가지의 티베트어 자료 가운데 [이]『내녕사송(乃寧寺頌)』중의 누락된 문자 그 부분 가운데와 그 변두리에 있어야 하는 외에 모두 팍모두파 만호에 대해 기재하고 있다. 14세기 중엽에 사캬를 대체하여 우창의 대부분 지역을 관할한 팍모두파, 그가 바로 훗날 명조 초기에 설치되었던 팍모두파 만호부이며 얼마 후 그의 수령이 명 성조에 의하여 천화왕(闡化王)으로 책봉된 그 팍모두파이다(상세한 내용은 본서 제9편 참조) .

[십칠] 탕복적팔천호일원(湯卜赤八千戸一員) : 이는 한 개 만호가 아니며,『달라이라마 5세전』중의 그 단락에도 나와 있지 않다. 그러나 자료[삼]『티베트왕신기』중에는 탕포체파(thang-po-che-pa)라고 하는 만호가 나오는데, 탁룽파와 서로 대응된다. 탕포체파는 속민이 150호뿐이면서『원사(元史)』에서 천호(千戸)라고 하는데, 그 호수가 너무 적다는 생각이 든다. 달라이라마 5세의『티베트왕신기』에서는 만호로 열거하고 있지만, 믿기 어렵다. 왜 이런 착오가 있게 되었는지 진일보 고증할 필요가 있다.

[십팔] 가마와만호일원(加麻瓦萬戸一員)

[십구] 쟈율와만호일원(扎由瓦萬戸一員)

이 두 만호는『달라이라마 5세전』중의 제[11]갸마와(rgya-ma-ba)와 제[12]의 쟈율와(bya-yul-ba)에 해당하는 것인데, 그들은 도합 5,900호를 공유(共有)하였다. 갸마와에 관해서는 여러 사료들에서, 자료 [이]『내녕사송(乃寧寺頌)』안의 누락된 문자 부분의 것을 제외하고는 모두 이 만호의 명칭에 대한 기재가 있다. 갸마와 일족의 관할 지역은 비교적 넓고 어떤 사료에 의하면 펜율까지 관리하였다고 한다. 또 어떤 사료에서는 이 일족이 건립한 사원의 총관(總管)이 만호의 관직을 담임하였다고 적고 있다. 근세의 지도에서는 줄곧 갸마디캉(갸마와 만호의 주둔지)이라고 하는 지명을 볼 수 있다. 이 지명이 바로 갸마와이고 13만호 중의 하나라는 데는 의심의 여지가 없다.

쟈율와에 대해서는 상황이 조금 복잡하다. 원대의 티베트어 사료를 인용한 『달라이라마 5세전』과 『한장사집(漢藏史集)』, 『롱둘라마전집』 등 비교적 초기의 티베트어 자료들에서 열거하고 있는 13만호의 명칭 중에는 모두 쟈율와 만호가 기재되어 있다. 자료[일]『팍삼준상(松巴堪布佛教史)』 중에서는 쟈율, 라, 둑(bya-yul-lha-'brug) 삼자를 합쳐서 하나의 만호로 취급하고 있다. 자료[칠] 『도링판디타전(多仁班第達傳)』에서는 라(lha), 쟈(bya), 둑('brug)으로 열거하고 있는데, 사실상 『롱둘라마전집』 안의 견해와 같다. 『한장사집(漢藏史集)』의 다른 한 곳에서도 쟈율와의 속민은 1,000호, 둑파의 속민은 900호, 합쳐서 1,900호로서 제13번째 만호로 기재하고 있다. 이것에 근거하여 『원사(元史)』에서도 쟈율와를 만호로 열거하고 있는데, 이는 초기의 티베트어 자료 안의 내용에는 부합되지만, 다른 티베트어 사료에는 이것과 어긋나는 이설(異說)이 있다. 예컨대, 달라이라마 5세의 『티베트왕신기』와 『신홍사(新紅史)』에는 탕포체로 기재되어 있고 자료 [오]『정법원류(正法源流)』에서와 [육]『토관종파원류』에는 닥 즉 탁룽으로 기재되어 있다. 탁룽은 겨우 600호, 탕포체도 겨우 150호에 불과하기에 만호를 설치하기에는 분명 부족한 것이다. 아마도 쟈율와는 비교적 작은 지방 세력을 끌어모아 만호의 규모를 만들고 만호장 관직을 설립한 것 같다. 쟈율와에는 1,000호의 속민이 있기 때문에 『원사(元史)』와 원대의 티베트어 사료에는 모두 쟈율로 표시되어 있다. 쟈율와는 팍모두파처럼 방대한 일족은 아니지만, 그 만호장이 의지하는 지방 세력과 만호장의 주둔지는 매우 온건하였다. 이 때문에 후세의 사료에는 만호장의 일족과 주둔지가 다름에 따라서 부동한 만호의 이름으로 기재하였다고 생각된다. 이 점에 대해서는 진일보 고증하여 사실을 확정할 필요가 있다.

[이십] 아리부장사팔만호부달로화적일원(牙里不藏思八萬戶府達魯花赤一員) : 이 만호(萬戶)는 『달라이라마 5세전』 중의 [10]야상파[g·ya'-bzang-pa, 고대에는 g·ya-'bzang-pa로 썼다. 원대의 사람들은 야리뿌장스빠(牙里不藏思巴)로 발음하였다]에 해당하며, 3,000호를 관할하였다. 자료 [이]『내녕사송(乃寧寺頌)』 중에는 글이 누락되고 자료가 불완정하지만, 기타 6가지 티베트어 자료에는 이 만호의 이름이 기재되어 있다. 『원사(元史)』 「백관지(百官志)」에는 이 만호를 특별히 명시하였고, 만호 1명 이외에 세 개의 관직이 설치되었다. 만호의 위에는 다루가치 1명, 만호의 아래에는 천호(千戶) 1명이 배치되었다. 또 단리탈탈합손(担里脫脫合孫)을 관합(關合)의 지방에 설치하여 전문관(專門官)이 오가는 인원을 검사하였고, 그 허실을 판별하였다. 야상에 만호부를 설치한 것은 소속의 인구가 많아서가 아니고 그곳이 당시의 교통 요충지이기 때문이다. 그러므로 야상 만호는 비교적 중요한 만호이다. 그러나 팍모두파 만호와 여러 차례 싸워 1349년경에 정복당하고, 만호의 영지도 팍모두파에 병합되었으며 만호의 직위도 소실되었다. 이 때문에 야상 만호에 관한 기재는 극히 결핍하다. 이 만호는 본래 야상 사원을 만호부의 주둔지로 하였다. 그곳은 현재의 전(前)티베트 로카 지구 내동현(乃東縣)의 야상 사원이다.

[이십일] 밀아군만호부달로화적일원(密兒軍萬戶府達魯花赤一員), 만호일원(萬戶一員), 초후강팔천호일원(初厚江八千戶一員), 복아팔관일원(卜兒八官一員) : 이 만호는 『달라이라마 5세전』 중의 제[7]디궁만호['bri-gung, 고대 티베트인은 디궁을 필리궁(必里公)으로 읽었고, 몽골인은 그것을 밀아군(密兒軍)으로 읽었다. 이 관점은 한유림(韓儒林) 씨의 견해를 채용한 것임]이다. 상기한 7가지의 티베트어 자료에는 모두 디궁 만호의 이름이 기재되어 있고, 소속의 농민과 목민 3,630호를 관할하였다. 『원사(元史)』 「백관지(百官志)」에도 만호부로 기재되어 있고, 만호 1명 이외에 네 개의 관직이 설치되었다. 보아하니 디궁은 당시의 중요한 만호인 것이고, 티베트어 사료에 의하면, 관할 지역이 비교적 컸으며 사캬와 늘 분쟁이 있어 여러 차례 싸웠다고 한다. 1290년에도 디궁은

큰 전쟁을 일으켰다. 원조는 진서무정왕(鎭西武靖王)을 파견하여 군대를 거느리고 티베트에 진입하여 폰첸 아구렌이 통할하는 각 만호의 군대와 함께 디궁을 격파하였다. 이로부터 보면, 디궁은 강대한 만호였음을 알 수 있다. 디궁의 곰첸(sgom-chen) 사캬의 폰첸(dpon-chen)이 모두 원조(元朝)로부터 선위사(宣慰司) 도원수(都元帥)로 책봉되었음도 이 점을 말해 준다. 디궁은 전(前)티베트의 멜도궁카르(mal-gro-gung-kar) 동북쪽으로 멀지 않은 곳에 있었다.

『달라이라마 5세전』에는 있지만 『원사(元史)』 「백관지(百官志)」에는 없는 만호가 두 개 있다. 즉, 라퇴로(la-stod-lho)와 라퇴쟝(la-stod-byang)이다. 이 두 만호는 상기한 7가지의 티베트어 사료에서도 만호로 열거하였다. 후(後)티베트의 서부, 특히 라체(lha-rtse)현 이서의 지역을 티베트인은 라퇴라고 통칭한다. 라퇴는 또 남북 두 부분으로 나뉜다. 라퇴로는 라퇴 지구의 남부에 있다. 라퇴로의 "로"는 남쪽을 의미하며, 라체(lha-rtse) 이서 야루쟝포강 이남의 지방을 가리킨다. 이 지구에 있는 딩리와 셀칼 두 지방을 티베트어 사료에서는 로딩리(lho-ding-ri) 또는 로셀칼(lho-shel-dkar)이라고 칭하기도 한다. 쟝감링(byang-ngam-ring)의 예와 대조해 보면, 이 두 지방은 본래 라퇴로 지구의 유명한 지역이었음을 판정할 수 있다. 어떤 티베트어 자료에서는 라퇴로가 셀칼을 그의 수읍(首邑)으로 삼았다고 하고 있고, 그러면서도 딩리에도 원조로부터 사도(司徒)에 책봉된 인물이 있었다고 한다. 이 지역에 관한 티베트어 사료는 아주 부족하고, 겨우 알아볼 수 있는 것은 관할 구역이 매우 넓고 인구가 희박하며 겨우 1,089호에 불과하고, 지방수령의 실력이 강하지 않으면서 단결이 안 되어 내분이 잘 일어난다는 점이다. 또한 여러 차례 라퇴쟝 만호와의 싸움에서 패배하여 만호장도 늘 사캬가 사람을 파견하여 담임하였다는 것이다. 예컨대, 사캬의 제12대 폰첸은 자신의 아들을 라퇴쟝의 만호장으로 파견하였다. 혹은 그가 관할하는 인구가 너무 적어서, 그 만호장은 반드시 중앙에서 임명한 것은 아니어서 『원사(元史)』에도 기재되지 않았을 수 있다. 그러나 마땅히 그를 만호의 하나라고 하여야 한다.

라퇴쟝의 "쟝"은 북쪽을 의미하며, 라체 이서 야루쟝포강 이북의 지구를 가리킨다. 티베트어 자료에서는 모두 쟝감링 그곳이 그 수읍(首邑)이라고 하고 있다. 이 지구의 지방 부족(部族)은 서하 왕실의 후예로서 칭기스칸이 서하를 멸망시킬 때에 일부가 사캬에게로 와서 의탁하여 감링에 정주하였다. 원조(元朝)의 초기부터 명조(明朝)의 말기까지 이 일족은 줄곧 그 일대의 한 개 지방정권을 장악하였다. 그들은 사캬의 쿤씨 일족과 밀접한 관계가 있었고, 13세기 말기부터 14세기까지 원조로부터 대사도(大司徒)·국공(國公)·대원국사(大元國師) 등으로 책봉받았다. 그 일족이 만호장직을 세습하였을 가능성도 있지만, 우리는 자료에서 그 일족의 어느 인물이 만호장에 책봉되었다는 구체적인 기재를 보지 못했다. "13만호"에 관하여 우리는 번거로운 고증을 하였지만, 만족할 만한 결과를 얻은 것은 아니고 우선 적어 놓고 참고용으로 제공하는 바이다.

앞서 말한 내용을 종합하면 『원사(元史)』「백관지(百官志)」에 기재된 11만호는 모두 티베트어의 기재와 서로 입증할 수 있으며, 각종의 티베트어 사료 안의 기재와 일치한다. 『원사(元史)』에 기재되지 않은 두 만호(라퇴로, 라퇴쟝)를 첨가하면 도합 13만호이다. 이 13만호 가운데 후(後)티베트에 6개, 즉 1. 사캬 2. 샤루 3. 추믹 4. 라퇴쟝 5. 라퇴로 6. 쟝독(샹이라고도 함)이 있고, 전(前)티베트에 6개, 즉 1. 디궁 2. 야상 3. 첼파 4. 팍모두파 5. 갸마 6. 탁룽이 있다. 전(前)티베트와 후(後)티베트 사이에 양독이 있다. 우창지구 13만호의 상세한 정황은 아직 명확하지 않은 부분이 있지만, 원대에 국내 각지에서 특히 소수 민족지구에서 선위사사도원수부(宣慰使司都元帥府) 제도를 추진하였고, 그 아래에 각 만호를 나누어 설치하였으며 당시 우창 지방에서도 실시하였다는 것, 한(漢)과 티베트의 사료에 근거하여 볼 때 이는 확실한 사실임에는 의심의 여지가 없다.

이 만호들의 성쇠에 관하여서는 사료의 결핍으로 이 자리에서 서술하기는 어렵다. 그러나 티베트어 사료에 산견되어 있는 내용에 근거하여 보면, 지방 세력들 사이에 서로 결탁하고, 서로 싸우던 이합의 흔적을 찾을 수 있다. 원조(元朝) 초기에는 사캬를 신임하였고, 제사(帝師)는 쿤씨로부터 많이 나왔으며 폰첸도 사캬가 천거하였다. 사캬는 전(前)티베트와 후(後)티베트에서 지배적인 지위를 차지하고 있었다. 후(後)티베트의 라퇴쟝·추믹·사루·독 네 개의 만호는 사캬에 대대로 의존하였거나 사캬가 직접 통제하였고 혹은 쿤씨와 통혼하여 결국에는 모두 사캬에 복속하였다. 전(前)티베트에서 세력이 비교적 큰 첼파와 갸마 두 만호도 사캬와의 관계가 밀접하였고, 사캬를 지지하였으며 서로 손을 잡았다. 라투로 만호는 실력이 약하였고 사료의 기재도 매우 적은데, 각 만호들이 경쟁하는 가운데서 영향력이 미약한 지위에 있었던 것 같다. 전(前)티베트의 디궁의 관할 지역은 농업 지대와 목축 지역을 겸유하고 있었고 교통의 요충지에 위치하고 있었기 때문에, 무역의 편리를 이용할 수 있어 재력이 탄탄하였다. 원조는 디궁에 만호부를 설치하고 만호장 외에 다루가치 등 관직도 설치하였다. 그 만호장 역시 선위사(宣慰使)를 겸임한 자가 많이 있었으며, 그 성세는 초기에 전티베트의 다른 일반 만호보다 컸다. 디궁은 또 야상과도 연결되어 있다. 야상에도 만호부가 설치되었고, 관원은 디궁의 경우와 상황이 비슷하며, 관할 지역은 디궁보다 넓었다. 팍모두파도 초기에는 디궁과 밀접한 관계를 갖고 있었기 때문에 디궁의 세력은 사캬와 서로 필적할 만하였다. 1290년 사캬는 원군을 티베트로 초청해 들여 디궁의 무력을 패배시키고 디궁 사원을 불태웠으므로, 그 후 그 세력은 점차 쇠퇴하였다. (『원사(元史)』는 이를 디궁의 반란이라고 칭하였다). 첼파 만호는 당초에는 무력으로 전(前)티베트 위에 군림하였지만 후에 점차 쇠퇴하였다. 14세기 중엽에 팍모두파가 강대해졌고, 1349년에 이르기까지 선후로 야상과 디궁, 첼파 등 만호의 영지를 병합하였다. 1354년에는 사캬를 패배시키고 후(後)티베트를 공략하여 라투쟝·라투로 두 만호를 제외하고(걍체 지방도 제외) 모두 장악하였다. 원조는 그 세력을 긍정하고 만호장을 대사도(大司徒)로 추가로 봉하였지만, 머지않아 원조(元朝) 자체가 멸망하였다. 명대에 들어서서 팍모두파는 여전히 티베트의 최대의 세력이었다. 갸마와 양독 두 만호는 모두 세력이 작았고 각 만호 사이에 각축을 벌이는 상황을 기재한 자료에서 이 세 만호만은 보이지 않는다. 원 세조가 티베트에서 만호를 설치할 때 당지의 부족을 채용하고 관직을 추가로 봉하였는데, 이 점은 내지의 유관(流官)의 경우와 다르다. 비록 선위사(宣慰司)를 설치하여 통치하였지만 선위사(宣慰使)는 흔히 사캬를 두둔하였고, 각 만호는 여러 가지로 실력을 행사하였고 군웅할거의 전례를 답습하였다. 일이 발생하면, 원조(元朝)는 많이는 진서무정왕(鎭西武靖王)에게 위임하여 티베트에 진입시킴으로써 처치하였다.

원조(元朝) 초기 티베트는 쿠텐의 분여지(分與地)였지만, 쿠빌라이가 즉위한 후 쿠텐의 자손은 아리크부카와 도당을 맺었다가 되돌아서 또 쿠빌라이에게 귀순하였다. 쿠텐의 자손은 겨우 보신만 하고 토번 분여지는 오그룩치(奥魯赤)의 분여지로 되었다. 오그룩치는 쿠빌라이의 일곱째 아들로서, 지원(至元) 6년에 서평왕(西平王)으로 책봉되었고, 그의 아들 테무르부카는 대덕(大德) 원년(1297년)에 진서무정왕(鎭西武靖王)으로 다시 책봉되어 토번 등지는 여전히 그의 분여지로 되었다. 그 후 분여지는 그의 아들 삭사반(搠思班)이 계승하였고, 원조가 끝날 때까지 티베트 지방의 사무는 이 계통의 제왕(諸王)이 티베트에 들어와서 통할하였다(테무르부카와 삭사반이 티베트에 들어와서 티베트 사무를 처치한 상황은 모두 티베트어 자료에서 찾아진다). 명조 홍무(洪武) 3년(1370년) 토번의 여러 부족의 명조에로의 투항 건으로 등유(鄧愉) 군대를 알현한 사람이 진서무정왕(鎭西武靖王) 복납자(卜納剌)인즉 삭사반(搠思班)의 손자이다.

13만호 제도를 건립하였던 연대에 관하여, 쿤촉룬둡(dkon-mchog-lhun-grub)

과 상계픈쵹(sangs-rgyas-phun-tshogs)이 공저한『정법원류(正法源流)』(dam-chos-'byung-tshul, 별명『증속원류(增續源流)』)의 데계판 162페이지에 "팍파가 34세 때인 무진년(戊辰年, 1268년)에 시캬폰첸 사캬상포가 13만호장을 임명하였다."는 기재가 있다. 이해는 팍파가 대도(大都)에서 사캬에 돌아온 후 4년째이고, 또 아콘(a-kon)과 미링(mi-gling) 두 사람이 원조 황제의 명에 따라 티베트에 가서 호구를 조사하던 해이다. 이렇듯 원조는 1264년에 총제원(總制院)을 설립하고 팍파로 하여금 국사(國師)로서 총제원의 사무를 통할하게 하였으며, 우선 티베트족 지구를 관할하는 중앙 기구와 인사(人事)를 확립하였다. 그전에 타멘(ta-men)을 티베트에 파견하여 당지의 상황을 요해하고 역참(驛站) 시스템을 건립하였는데, 그 후 일정한 기간의 준비를 거쳐 티베트 지구의 실정을 고려하고 지방행정 기구 체계의 제도 구축 문제를 제정하였다. 1265년에는 또 팍파를 파견하여 티베트에 돌아가서 지방행정 인원의 확정 문제를 이양하도록 하였다.『정법원류(正法源流)』에서는 1268년 팍파가 대도(大都)에 돌아와서 사캬상포를 "우창삼로군민만호"로 임명하고 폰첸으로 칭하였으며, 폰첸은 또 각 만호의 만호장을 임명하였다고 하였다[폰첸의 임명이 어느 해인지 확인할 수 있는 것은 겨우 이 한 줄의 사료에서뿐이고, 아직 상세히 고증할 필요가 있다. 티베트어로 된『사캬 세계(世系)』델게판 102페이지에서는 사캬상포가 1262년에 시톡라당을 건립할 때 이미 폰첸의 직함을 사용하였다고 쓰고 있다. 그러나 티베트인의 역사 기록은 결코 엄밀하지 않기 때문에, 이것을 근거로 1262년에 이미 폰첸의 직위를 설치하였다고 할 수는 없다. 사캬상포의 정식적인 임명은 1264년에 총제원(總制院)을 설치한 후이거나 혹은 1268년에 팍파가 대도(大都)에 돌아온 때라고 추측되지만, 사캬상포는 그전에 사캬의 사무를 담당하였고 세조로부터 "우창삼로군민만호"라고 하는 정식적인 칭호를 받았다]. 1268년에 이르러 원조는 또 아콘(a-kon)과 미링(mi-gling) 두 사람을 티베트에 파견하여 각 만호의 속민 호수를 조사하는 동시에 황제의 조서를 전달하여 각 만호의 만호장을 임명하였다. 이로부터 원조는 티베트 지구에서 지방행정 제도를 확실하게 건립한 것이다.

　티베트의 이른바 정교합일 제도는 곽파의 시대부터 시작되었다고 말하는 사람이 있다. 이에 먼저 한(漢)과 티베트의 사료 속의 설법을 살펴본 다음 정교합일에 관하여 서술하려고 한다. 티베트 지방에서 중앙정부가 직접 장악하고 있는 행정 기구로는 두 급이 있다. 하나는 선위사사도원수부(宣慰司使都元帥府)로서, 이는 지방에서의 최고급의 행정 기구이다. 다른 하나는 만호(일부의 중요한 천호도 포함)로서, 이는 다른 급의 기구이다. 만호와 천호 아래의 관리는 만호장 등이 스스로 장악하였다. 선위사사(宣慰司使)에 관하여 티베트어 사료는 선위사(宣慰使)가 각 만호 사이의 분쟁과 소송을 처리하였다고 자주 언급하고 있다. 또한 선위사는 만호장과 천호장을 면직시키거나 처벌할 권력이 있다고 하고 있지만, 상세한 내용은 티베트 승려의 체제가 불명확하기 때문에 그들의 저작에서도 상세한 기록은 보이지 않는다.

　티베트 승려들에 의하여 자주 거론되는 이 급의 행정 인원은 사캬폰첸이다. 폰첸이라는 단어는 원조이전의 티베트 지방 관직 중에는 나타나지 않는데, 아마 새로운 칭호인 듯하다. 1247년 사판이 우창의 승속 지도자들에게 보낸 투항을 권유하는 편지에서 사캬의 금문자(金文字) 조서를 가진 사람이 다루가치의 명의로 티베트 지방 승속관원을 통제한 데 관해 언급하였었다. 다루가치는 몽골문인데 군민을 겸하여 관할하는 지방장관이라는 의미이며 한문 사료에서는 장관이라고 번역하기도 한다. 폰첸(dpon-chen)도 대관을 의미하지만 다루가치에서 연유하였는지 아닌지는 문자근거를 찾지 못했다. 그러나 폰첸의 지위와 직권에서 보면 폰첸과 다루가치 사이에 어떤 관계가 있을 가능성이 있다.

　상술한 바와 같이 사캬에서 어느 해에 폰첸을 설치하였는지는 명확하지 않지만, 1268년에는 이미 폰첸이 출현하였고 그러므로 곽파가 1265년에 티베트에서 돌아온 이후 조서를 전달하여 임명하였을 가능성이 크다. 여러 티베트어 사료를 보더라도 초대 폰첸은 모두 사캬상포라고 기재되어 있다.

이 사람은 사판이 서량(西涼)에 체류할 때에 그의 대리인의 자격으로서 우창의 사무를 관리하였던 것 같다. 그가 폰첸에 임명된 후『홍사(紅史)』와『청사(青史)』두 책에서는 "라마가 종교 사무를 관리하였다."고 기재하고 있다 [원조 당시의 구두어에서는 제사(帝師)를 라마라고 칭하였다고『남촌철경록(南邨輟耕錄)』권2에서 기재하고 있다].『청사』의 원문은 "라마가 라마의 사무를 관리하였다(bla-mas-bla-ma'i-bya-ba-mdzad, 오늘날 의역하면 '종교 사무를 관리하였다'이다)," "역대의 폰첸은 세속의 사무를 관리하였다(dpon-chen-rims-su-bskos-pa-rnams-kyis-'jig-sten-gyi-bya-ba-mdzad)"이다. 이 말은 제사(帝師)가 종교 사무를 관리하고 폰첸이 세속의 행정사무를 관리하였다는 뜻이며, 말하자면 즉 교권과 행정권은 분리되었던 것이다.『티베트왕신기』에는 만호 사이의 분쟁과 소송 등 사무에 관하여 폰첸이 나서서 처리하였다고 언급한 바 있다. 이로 보면 위에 인용한 구절은 사실적인 근거가 있음을 알 수 있다. 그러나 원조가 폰첸을 임명할 때는 제사(帝師)의 추천에 의뢰하였고, 제사의 지명(指命)은 또한 흔히는 사캬 사원 좌주의 천거에 의거하였다(역대의 폰첸은 도합 20명이 넘는데 그중 쿤씨 일족의 출신은 한 사람도 없다. 아마도 본인의 재능을 근거로 하고, 그리고 사캬와의 인사 관계에 근거하여 추천한 듯하다). 그렇다면 폰첸의 임면권은 제사 혹은 사캬좌주가 온건히 틀어쥐었음을 알 수 있다. 그런데 사캬쿤씨 일족 가운데는 또 왕으로 봉해진 사람이 여러 명이고, 국공(國公)과 사도(司徒), 사공(司空)에 봉해진 사람이 "앞뒤가 이어질" 정도로 많았다고 역사서에 기록되어 있다. 원조 황제는 그를 제사의 일족으로 인정하였기 때문에 특히 우대한 것이다. 그러므로 폰첸은 비록 조정의 관원이지만, 작위는 사캬쿤씨보다 낮고 세력도 사캬 좌주와 대항할 수 없으며 사실상 늘 제사 혹은 사캬좌주의 뜻을 받들어 행사하였다. 폰첸을 담임하였던 28명 가운데 제2대 폰첸 쿤가상포(kun-dga'-bzang-po)는 원래 팍파의 시자였지만, 폰첸이 된 후 팍파의 뜻을 거역하였기 때문에 쟈록종(bya-rog-rdzong)에서 원조 군대에게 살해되었다. 이 사건의 경위는 분명하지 않지만, 이는 원조 조정이 쿤씨 일족을 지지한 일례라고 할 수 있다. 20여 명의 폰첸 가운데 선위사(宣慰使)에 임명된 이로는 두 사람이 명확하게 기재에 남아 있다. 그리고 또 한 사람은 선정원(宣政院)의 인(印)[아마도 선정원을 가리키는 듯하다]을 장악하였다고 티베트어 자료에서 언급하고 있다. 이러한 것으로 보아 원조(元朝) 중앙에서 폰첸을 매우 중요시하였음을 알 수 있다. 현존 자료로부터 역대 폰첸의 비교적 큰 사적을 알아볼 수 있다. 예컨대, 초대 폰첸은 십여만 명의 호구조사에 협조하였고, 제7대 폰첸은 중앙정부를 협조하여 우창의 상황을 조사하여 지방의 어떤 기구를 개편하였다(아마 1287년 쿠빌라이가 사람을 파견하여 우창 상황을 조사하고 역참을 설치한 것을 가리키는 듯하다)고, 또 원조의 법률에 근거하여 티베트 지구의 민간의 형률령(刑律令)을 개정하였다는 것이다. 이 외에 폰첸의 행적에 관한 기재에서 우리가 볼 수 있는 것은, 많이는 사캬 사원을 위하여 역군을 징용하여 어떤 커다란 대전(大殿)을 건설하였다거나, 어느 한 곳의 엔담을 수축하였다는 등 유의 사적이다. 그러나 원조가 멸망하기까지 폰첸이라는 직위는 여전히 한 개의 중요한 직위였다. 역순차로 세어서 세 번째의 폰첸이 칙명에 의하여 선위사사도원수(宣慰司使都元帥)에 임명되었다는 것으로 보아, 당시 원조가 사캬쿤씨 일족을 총애하여 신임하면서도 폰첸의 직위도 매우 중요시하였음을 알 수 있다. 이는 제도상 아직도 정교분리의 원칙을 집행하였음을 보여 준다. 그러나 사실상 종교적 권리를 장악한 자의 지위는 정치적 권리를 장악한 자보다 높았고, 후자는 전자가 시키는 대로 하였다. 똑같은 상황은 여러 만호의 사례를 통해 알아볼 수 있다.

제사 혹은 사캬의 좌주가 티베트 지구에서 당지의 종교 사무를 관할한 이상, 그들의 아래에도 일군의 실무자가 있고, 한 개의 기구(機構)가 형성되었다. 그 기구의 상세한 상황에 대한 체계적인 기재는 보지 못했다. 다만 『사캬 세계(世系)』란 책에서 일부의 직위를 언급한 것을 볼 수 있다. 그 직위들은 다음과 같다.

일,　슬폰(gsol-dpon), 이 직위는 문자적 측면에서의 의미를 보면 음식을 관리하는 관직으로서, 실제로는 사무총장에 해당된다.

이,　짐폰(gzim-dpon), 문자적 의미로는 침실과 복식을 관리하는 관직.

삼,　츄폰(mchod-dpon), 문자적 의미로는 불공 등 종교의식을 관리하는 관직.

사,　젤폰(mjal-dpon), 접견과 초대 등 사무를 관리하는 관직.

오,　익폰(yig-dpon), 문서와 서류철 등 사무를 관리하는 관직.

육,　즈폰(mdzod-dpon), 재무를 관리하는 관직.

칠,　탑폰(thab-dpon), 음식 조리 등 사무를 책임지는 관직.

팔,　젠폰('dren-dpon), 안내 등 사무를 책임지는 관직.

구,　덴폰(gdan-dpon), 석차를 배치하는 관직.

십,　캬폰(skya-dpon), 이사(移徙)와 운반을 관리하는 관직.

십일,　타폰(rta-dpon), 마필을 관리하는 관직.

십이,　조폰(mdzo-dpon), 편우(황소와 야크의 잡종)를 관리하는 관직.

십삼,　키폰(khyi-dpon), 개를 관리하는 관직.

　이상의 직무를 담당한 사람들은 표면적으로는 어느 한 개인의 생활을 관리하는 인원처럼 보이지만, 사실상 그들은 제사(帝師) 혹은 좌주의 근시(近侍)이며 제사와 좌주를 협조하여 종교 사무를 관리하였다. 이러한 조직은 우리가 본 자료에서는 처음 나타났다. 이후의 각 활불(달라이라마와 판첸 및 호톡투)의 라당(bla-brang) 조직도 대체로 이 형식을 답습하였다.

　달라이라마 5세의『티베트왕신기』에 의하면, 전(前)티베트의 만호 가운데서 디궁과 팍모두파, 첼파의 실력이 비교적 컸다고 한다. 그리고『원사(元史)』「백관지(百官志)」에서는 디궁과 야상 이 두 만호만이 만호부를 설치하고 또 다루가치 등 관직을 설치하였다고 하는데,「백관지」는 비교적 초기의 상황을 기재하였고, 달라이라마 5세는 훗날의 정황에 근거하여 거론한 것 같다. 현재 디궁과 야상에 관한 상세한 자료는 보지 못하였고, 이 두 만호의 만호장 [티베트어로 티폰(khri-dpon)이라고 칭하지만, 디궁만호에서는 곰파(sgom-ps)라고 칭한다]의 임면 정황도 아직 분명치 않다. 팍모두파에 관하여서는 달라이라마 5세의 『티베트왕신기』에 약간의 기재가 있다. 이하 팍모두파를 예로 삼아 원조의 티베트 지방에서의 만호장의 임명 상황과 만호 내부의 승속 세력의 성쇠(盛衰)를 살펴보기로 한다. 그러나 각 만호의 상황은 서로 다르고, 팍모두파의 상황으로 기타 만호를 총괄하기는 어려우며, 여기서는 다만 전(前)티베트와 후(後)티베트 만호 상황의 일부분을 거론할 뿐이다.

전술한 바와 같이(제6편 카르마 카규파의 팍모두파 참조), 팍모두파(phag-gru)는 랑(rlangs) 씨가 통치하는 하나의 지방 세력이다. 랑(rlangs)씨는 덴사틸 사원과 체탕사원을 틀어쥐었고, 팍모두 카규파를 좌지우지하였으며, 이 두 사원을 통하여 각 교파의 승려들과 연계를 가졌다. 랑씨 일족 가운데 최초로 덴사틸 사원의 주지를 맡은 사람은 닥파중네(grags-pa-'byung-gnas, 1175~1255년)이다. 그의 수하에는 덴마곰춘(dan-ma-sgom-brtsun, 서캄의 덴콕'(dan-khog) 사람이다)이라고 하는 사무를 처리하는 사람이 있었다. 티베트의 각 지방 세력이 원조에 귀순한 후 팍모두파는 홀라구가 예전에 점령했던 일부 지역을 손에 넣었고, 이때 덴마곰춘은 이런 지방을 관리하는 책임을 맡았다. 그 후 쿠빌라이가 팍모두파로 하여금 이 지방을 관할하도록 허락하자, 덴마곰춘은 치폰[spyi-dpon, 총관(總管)의 뜻]이 된다. 닥파중네가 퇴직한 후 그의 동생 곌와린첸(rgyal-ba-rin-chen, 1203~1267년)이 덴사틸 사원의 주지를 계승하였다. 곌와린첸은 자기의 부하이며, 가축 관리를 담당하고 있던 도르제펠(rdo-rje-dpal)을 사캬에 추천하였고, 도르제펠을 세 차례나 상경시켜 청구하게 한 결과 원조는 마침내 도르제펠을 팍모두의 만호장(즉『원사(元史)』「백관지」의 백목고로(伯木古老)]으로 임명하였다. 도르제펠은 곌와린첸의 추천에 감격해마지 않았고, 또 팍모두파의 세력 범위 내에서 만호장을 하기 때문에 그는 겔와린첸의 뜻에 순종하지 않을 수 없었으며, 랑씨 일족의 이익을 도모하지 않을 수 없었다. 전하는 바에 의하면, 도르제펠은 팍모두파의 관할구역 내에 12개의 장원[gzhis-kha, 장원 내의 성보(城堡)식 건물. 농노를 집중적으로 관리하기에 편리하며 이 12개 장원 가운데에 네오동체(內塢棟孜)도 포함된다]을 건립하였다고 한다. 그 자신도 승복 차림을 하고 계율을 엄수하였기 때문에 승속을 불문하고 사람들의 존중을 받았다. 동시에 장원 관리를 잘 하였기 때문에 그의 권력은 점차 확대되었다.

겔와린첸의 뒤를 이어 덴사틸 사원의 주지가 된 사람은 린첸도르제(rin-chen-rdo-rje, 1218~1280년)이다. 린첸도르제가 착임한 후 도르제펠은 세상을 떠나고 그의 동생 숀누겔첸(gzhon-nu-rgyal-mtshan)이 만호장에 임하였다. 『티베트왕신기』에 의하면, 숀누겔첸은 원조인(몽골인)의 옷차림을 하고 "밤에는 가무에 탐닉하고 정오에는 아직 잠을 잤다."고 한다. 그러므로 랑씨 일족의 이익에 손해를 끼쳤다. 그가 죽은 후 린첸도루제는 사람을 북경으로 파견하여 만호장을 임명하는 칙인(勅印)을 청구하여 쟝춥숀누(byang-chub-gzhon-nu, 양독지방의 사람이다)를 팍모두의 만호장으로 임명받게 하였다. 쟝춥숀누가 죽은 후 그의 조카 숀누욘텐(gzhon-nu-yon-tan)이 만호장이 되어 6년간 재위하였다. 쟝춥숀누와 숀누욘텐은 모두 향락을 탐하고 행동이 경솔한 사람이었다. 같은 시기에 덴사틸 사원의 주지도 교체되어 린첸도루제의 조카 닥파예쉐(grags-pa-ye-shes, 1240~1288년)가 그 자리를 맡았다. 닥파예쉐 이후 그의 동생 닥파린첸(grags-pa-rin-chen, 1250~1310년)이 그 지위를 계승하였다. 닥파린첸은 제사(帝師) 닥파외셀(제5대 제사)과 친분이 있었고, 제사 닥파외셀과 진서무정왕(鎭西武靖王) 테무르부카[원 세조 쿠빌라이의 일곱째 아들 오그룩치의 아들이다. 토번지방은 진서무정왕의 분여지이다. 윗글 참조]의 지지 하에 닥파린첸 본인은 만호장의 칙인(勅印)을 얻는다. 그러나 그는 만호장을 따로 파견하지 않고, 스스로 팍모두 카규의 덴사틸 사원의 주지와 팍모두 만호장의 직무를 겸임하였으며, 라폰[bla-dpon, 문자로 보면 라마치폰의 약칭이다. 치푄(khri-dpon)은 곧 만호장이다]이라고 개칭하였다. 이리하여 팍모두 만호의 관할구역에는 중앙이 정식으로 임명한, 정교 양권을 한 몸에 모은 직관이 등장하였다. 말하자면, 이때 와서야 비로소 정교일치 제도를 보여 주는 전형이 출현한 것이다.

닥파린첸이 세상을 떠난 후 그의 조카 닥파겐첸(grags-pa-rgyal-mtshan, 1293 ~1360년)이 덴사틸 사원의 주지를 이어받는다. 그는 자신의 형 겐첸상포(rgyal-mtshan-bzang-po)를 상경시켜 만호장의 칙인(勅印)을 청구하여 얻어 오게 하였는데, 그의 동생 닥파상포(grags-pa-bzang-po)를 만호장으로 임명하였다. 그러나 머지않아 또 제2대 만호장 쇤누겐첸의 아들 겐첸캽(rgyal-mtshan-skyabs)을 만호장으로 임명하였다. 그 후 대사도(大司徒) 쟝춥겐첸(byang-chub-rgyal-mtshan)이 만호장을 이어받았다. 쟝춥겐첸은 우창의 대부분을 병합하고, 팍모두 랑씨 일족의 우창 지구에 대한 통치적 지위를 확립한 인물이다. 쟝춥겐첸 본인은 출가인이고, 그는 자신의 직위를 계승하는 사람은 반드시 출가하여 계율을 지켜야 한다고 규정하였다. 그 후의 역사에도 기재되어 있듯이 몇 대의 계승자들은 모두 출가하여 체탕(rtsed-thang, 쟝춥겐첸이 1351년에 건립하였다) 사원에서 주지를 수년 간 맡은 후 네오동체(內鄔棟孜)에 가서 행정 지도자의 직무를 담임하였다. 명조는 쟝춥겐첸 이후 제2대~제4대의 행정 직무 계승자들을 관정국사(灌頂國師)로 봉하였고, 제5대 계승자 닥파겐첸(grags-pa-rgyal-mtshan, 1374~1440년)을 관정국사천화왕(灌頂國師闡化王)으로 추가로 봉하였다. 이는 중앙정부가 정교 양권을 한 몸에 모은 제도를 정식으로 긍정한 것이 된다.

기타 만호로 말하면, 예컨대 디궁 만호는 종교계 수뇌의 조카가 만호장을 담임하였고, 첼파 만호는 가르씨 일족의 부자간에 만호장을 이어받았으며, 그들은 첼궁탕 사원과 밀접한 관계가 있었다. 사루와 라투장 등 만호는 속인이 만호장을 담임하였지만, 승려를 청하여 사원을 건립하고 그들의 자제를 그곳에서 출가시켜 승려가 되게 함으로써 종교계의 지지를 얻었다.

그 결과 사원의 세력은 점차 강화되고 귀족 세력은 점차 쇠약해졌다.

　11세기부터 불교는 티베트의 민간에서 득세한 후 그의 영향력은 더욱더 강해졌다. 12세기가 되자 어떤 사원은 토지와 속민을 소유하게 된다. 13세기 초에는 당지의 세력과 불교 세력이 결합함으로써 이루어진 큰 지방 세력이 몇 개 출현하였다. 13세기 중엽 티베트 각 지방 세력이 몽골에 귀순한 후 원조는 티베트에 지방행정 기구를 설치하는 동시에 중앙에도 티베트족 지구를 통할하는 중앙 기구를 성립하였다. 이리하여 티베트지방은 원조의 행정관할하에 통일되었다. 당시는 농노제의 봉건사회였고, 원조(원조)는 이 지구를 통치하기 위하여 당지의 세력 있는 농노주를 이용하지 않을 수 없었고, 동시에 당지 종교 지도자의 협력을 얻어 통치를 진행하였다. 이는 칭기스칸 이래 원조가 채용한 전통적인 정책이었다. 쿠빌라이가 팍파를 제사(帝師)로 임명하여 선정원(宣政院)의 사무를 통할하게 한 이후, 불교 사원 승도를 관리하는 중앙·지방의 기구에서뿐만 아니라 티베트족 지구의 행정과 군사를 관리하는 중앙·지방의 기구에서도 티베트 승려를 중용하였다. 『원사(元史)』에서는 "선정원(宣政院) …… 사(使), 2위에 위치하는 자는 반드시 승려가 담당하였고, 제사로부터 천거를 받아야만 했으며, 내외의 정치를 총괄하는 장관 이하 직에는 반드시 승속을 함께 사용하여 군민을 통섭하였다."고 기재하고 있다. 승려에 대하여서는 사원 소속의 토지와 인민을 면제하고 면역하는 등 특권을 주었으므로, 필연적으로 승려의 권세를 조장하였고 티베트 지구의 "정교일치" 제도의 형성을 촉진하였다. 쿠빌라이 이후의 몇 대의 황제는 티베트 불교를 맹신하였고, 대도(大都)에서 벼슬하는 티베트인은 색목인으로서 중용되는 한편, 제사(帝師)의 측근과 문생(門生)으로서 은총을 받았고, 특히 우대받았다. 당시의 사람들은 "국고를 탕진하여 토번승려의 좋은 일에 공급하였다.", "국가 재부와 부세의 절반은 토번에 넘어갔다."고 야유하였다. 이런 승려들은 또한 "세력을 부리며 나쁜 짓을 제멋대로 하였고," 법을 어기고 백성을 해쳤다.

『원사(元史)』에는 강남의 어떤 승관(僧官, 팍파의 제자)이 밭을 2만 3,000 (畝)를 점유하고 민호 2만 3,000호를 암암리에 점유하였으며, 또 남송의 황제와 신하의 능묘를 100여 개 도굴하였다는 기재가 있다. 또 평민을 제멋대로 죽이고 재물을 빼앗는 등 일들은 수없이 많았다. 대도(大都)에 있는 티베트 승려는 교묘하게 명목을 만들어 불사를 많이 행함으로써 국비를 낭비하였을 뿐만 아니라 "기복(祈福)"의 이유를 내세워 죄수를 석방하라고 상주함으로써 통치자의 법규를 파괴하였고, 통치자 사이의 분쟁을 좌지우지하였다. 조정에서 임명한 관리를 구타하고 역관(驛館)에서 소란을 피우는 등에 관하여 사서에서는 "기세가 등등하여 사방에 미쳤고 끼친 손해는 이루 다 말할 수 없다."고 하였다. 이에서 우리는 법규 따위를 안중에 두지 않고 오로지 이익만 챙기는 승려의 추악한 몰골을 상상하게 된다. 『청사(靑史)』에서도 원대의 승려는 대부분이 모두 이익과 관록(官祿)만 추구하고 식욕과 성욕 등 속된 향락에 만족하였다고 기재하고 있는데, 이는 승려가 승려의 결점을 꺼려서 감추면서 겸손하게 말한 것일 따름이다. 그 외 밀법을 수행한다는 구실로 사람의 재물과 토지를 강탈하고 타인의 아내와 딸을 빼앗고 평민을 잔혹하게 살해하는 등 상황이 내지보다 더욱 심하였다. 원조에서 취한 티베트 승려를 중용하고 그들을 지방의 직관에 임명하는 등 조치의 영향하에 많은 승려들은 관직을 도모하고, 재물을 교묘하게 획득하며, 제멋대로 날뛰는 길을 걷고자 하였다. 이러한 상황은 원조 말기와 명조 초기에 더욱 심해졌다.

[부표] 원대사캬 역대 폰첸

1. 샤캬상포(shākya-bzng-po)
2. 낭네르와 · 쿤가상포(nang-gnyer-ba-kun-dga'-bzang-po)
3. 샹춘(zhang-btsun)
4. 츅포 · 강카르와(phyug-po-sgang-dkar-ba)
5. 쟝린(byang-rin)
6. 쿤숀(kun-gzhon)
7. 숀왕(gzhon-dbang)
8. 쟝도(byang-rdo)
9. 아그렌(ag-len) 아그렌 이후 숀왕이 다시 부임하였지만 도중에 사망.
10. 렉파펠(legs-pa-dpal)
11. 셍게펠(seng-ge-dpal)
12. 외세르셍게('od-zer-seng-ge)
13. 쿤가린첸(kun-dga'-rin-chen)
14. 돈외펠(don-yod-dpal)
15. 욘춘(yon-btsun)
16. 외세르셍게('od-zer-seng-ge) 재부임
17. 겔상(rgyal-bzang)
18. 왕츅펠(dbang-phyug-dpal)
19. 소남펠(bsod-nams-dpal)
20. 겔상(rgyal-bzang) 재부임
21. 왕춘(dbang-btsun)
22. 남카텐파(nam-mkha'-brtan-pa) 남카텐파가 폰첸을 담임할 때 사캬의 권세는 이미 완전히 팍모두파의 손에 넘어갔다. 달라이라마 5세의 『티베트왕신기』의 사캬폰첸 기재는 남카텐파에서 끝났다.

(『홍사(紅史)』, 『티베트왕신기』에 의거하여 작성)

제10편

명대 우창 지방의
정치와 종교 상황

1368년 연초 주원장(朱元璋)은 남경에서 제왕이라 일컫고, 국호를 명(明), 연호(年號)를 홍무(洪武)로 정하였다. 그해 가을 명군(明軍)이 북경에 입성하고 원조(元朝)의 순제가 북쪽으로 도망가 버림으로써 원조는 멸망하였다. 1369년에 섬서(陝西)를 안정시키고 난 주원장은 티베트에 관리를 파견하고 조서를 보내 티베트 각 부(部)로 하여금 명조에 귀순할 것을 유고(諭告)하였다. 1370년 명의 장군 등유(鄧愈)는 하주(河州)를 공략하였다. 원의 토번선위사(宣慰司)의 선위사(宣慰使)였던 하쇄남보(何瑣南普)[『원사(元史)』에 의하면 토번등처선위사사도원수부(吐番等處宣慰使司都元帥府)의 관청 소재지는 하주(河州)였다. 하쇄남보는 쇄남보(瑣南普)라고 하는데, '하(何)'는 황제가 하사한 성씨이다] 등은 원조에서 받은 금은의 패(牌)와 인(印)을 가지고 와서 하주(河州)에서 등유(鄧愈)와 회견하고 군전(軍前)에서 차례로 명조에 투항하였다. 원조의 진서무정왕(鎭西武靖王)이었던 복납랄(卜納剌, 쿠빌라이의 일곱째 아들 오그룩치(奧魯赤)의 현손으로서, 티베트 토지의 전부가 그의 일족의 분여지(分與地)였다.]도 토번의 제반 부족과 함께 귀순하였다. 12월 하쇄남보 등 13인은 명조에 와서 이듬해 정월에 전원이 관직을 받았다. 하쇄남보는 하주위지휘동지(河州衛指揮同知)의 관직을 받고 세습을 허락받았다. 이리하여 감숙(甘肅)·청해(靑海)·사천(四川)의 여러 티베트족 부족들이 명조에 많이 투항하였다. 홍무 5년(1372년) 우창의 섭제사(攝帝師) 남곌펠상포는 사자를 파견하여 공물을 진상하였고, 이듬해에는 친히 입조하여 치성불보국사(熾盛佛寶國師)로 책봉받고 옥인을 하사받았다. 그 외에 우창의 원조의 구관(舊官) 60여 명도 모두 홍무제(洪武帝)로부터 관직을 하사받았다[1374년 공물을 진상하려고 온 현지의 관리 58명도 관직을 하사받았는데, 그들을 포함하면 100명이 넘는다].

이리하여 티베트 지구의 수뇌 인물은 승속을 불문하고 앞을 다투어 상경하여 조공하고 관직을 봉해줄 것을 청구하였으며, 원조의 칙인(勅印)을 바치고 명조의 신칙인(新勅印)을 바꾸어 받았다. 이리하여 원래 원조의 통치하에 있던 승속 직관은 전부가 신왕조에 귀순하여 명조 관할하의 직관으로 되었고, 명조 중앙정부는 원조 중앙정부의 티베트족 지구의 통치권을 계승하였다. 일부 외국인은 명조와 티베트의 관계에 대하여 단지 원조의 칙인(勅印)을 바치고 명조의 칙인을 바꾸어 받았다는 것만으로 명조가 티베트에 대하여 주권을 행사하였다는 근거로 할 수 없다고 여긴다. 이런 주장은 본래는 평론할 가치가 없는 것이지만, 황당무계한 사람들에 의하여 제법 전파되었다. 달라이라마 5세의 『티베트왕신기』에는 명조가 티베트인을 법왕(法王)·제왕(諸王)·행도지휘사사(行都指揮使司) 및 그 관원의 지휘동지(指揮同知)와 지휘첨지(指揮僉知) 등 관직으로 책봉한 내용들이 정중하게 기재되어 있다. 또한 명대의 성화(成化) 연간에 천화왕(闡化王) 닥파줌네의 비서, 곽(郭) 역경사가 저술한 저명한 역사 저서 『청사(靑史)』을 보면, 대사도(大司徒) 쟝춥겐첸의 시대에 우창 각 지방의 관원이 대사도(大司徒)에게 낡은 관인(官印)을 바치고 대사도가 새롭게 발급하는 관인을 받는 것은 각지 관원이 대사도의 관할하에로 귀순함에 있어 필요 조건이라고 하였다. 고대로부터 한(漢)과 티베트에서는 정권이 교체될 때마다 소속하의 관료는 낡은 관인(官印)을 바치고, 새로운 관인을 받았었다. 이것은 새로운 권력자에 대한 귀순의 의미를 나타내는 것으로서, 이에 대한 한인(漢人)과 티베트인의 이해는 완전히 일치하였다. 통치가 엄하다거나 관대하다거나 하는 것은 최고 권력을 가진 당국이 그 당시의 사정을 참작하여 채용한 정책에 관한 문제이다. 그러나 주권의 귀속과 정책의 관엄(寬嚴)은 서로 다른 성질의 두 가지 문제인 것이다.

원조가 초기에 무력으로 각 지방을 정복하고 중국을 통일한 후 여남인[廬南人, 남송의 옛 관할하의 한인(漢人)을 가리킨다]은 아직 불안정하였고, 티베트족 지구는 정치적 · 군사적으로 모두 중요한 지위에 처해 있었다. 그러나 티베트는 지세가 험준하고 멀기 때문에 무력만으로 제압하기가 어렵고 당지의 세력을 이용할 수밖에 없었다. 당시 티베트에서 불교의 실력은 이미 강대하였고, 지방 세력의 수령은 승려인 경우가 많았다. 그러므로 원조의 세조는 팍파를 제사(帝師)로 임명하여 선정원(宣政院)을 통할하게 하였던 것이다. 이런 형세하에서 원조의 황실(帝室)은 티베트의 행정상 통일을 위하여 사캬의 쿤씨 일족과 관계를 맺고, 그들을 부추겼다. 종교적으로도 사캬파에 의한 통일을 의도하였지만, 시기가 적합하지 않아 실현하지 못하였다. 원조 말기가 되자 내지의 도처에서 농민의 봉기가 빈번히 발생하였기 때문에 원조 조정은 서쪽 지방을 돌볼 여유가 없었다. 티베트 지구도 지방 세력 사이에 권력과 이익을 다투어 서로 할거하는 상태가 되었다. 그중에서 카규파의 팍모두파(phag-mo-gru-pa)의 세력이 가장 강하였고, 관할 구역도 가장 컸다.

명 태조는 원조를 멸망시키고 중국을 손에 넣었지만 원조 황실(帝室)의 후예는 여전히 대막(大漠) 남북을 점유하고 있어 명조의 숙적이 되었다. 그러므로 명조 초기의 티베트족 지구에 대한 정책은 우선 감숙(甘肅) · 청해(靑海) 일대에 위(衛)를 설치하고 군을 주둔시켜 몽골과 티베트 사이의 교통을 차단함으로써, 양자가 연합하여 내지에 침입하는 것을 방지하였다. 동시에 9개 지방에 막강한 군대를 두어 몽골 각 부를 방어하였다. 티베트족 지구에 대하여서는 감숙 · 청해 일대에서는 한인(漢人)과 당지의 관료를 공동으로 통치에 참여시키고, 티베트 지구는 여전히 전례를 따라 안무하는 방도를 취하였다. 홍무(洪武) 연간에 조정에 배알하러 온 티베트인과 그가 천거한 원조 황실(帝室)의 구(舊)관료에게는 모두 관직을 봉하여 주었다. 처음에는 하주(河州)에 서안행도지휘사사(西安行都指揮使司)를 두어 도감과 우창 등 지방을 통할하고, 그 후 도감과 우창 두 위(衛)를 행도지휘사사(行都指揮使司)로 승격시켰으며, 그 아래에 주(州)와 현(縣)을 제외하고 여전히 선위사(宣慰司)·선무사(宣撫使)·만호부(萬戶府)·천호소(千戶所)를 설치하였다. 명조의 군사력은 북방에다 사용하기 때문에 티베트족 지구에는 대군을 주둔시키지 못하고 차과사(茶課司, 후에 차마사(茶馬司)로 고침)를 설치하여 내지와 티베트 사이의 교역을 조종함으로써 공제하였다.

티베트 내부에 대해서 명조 황실은 안무(按撫)하는 것을 최우선으로 하면서 이익을 각 세력에 나누어 주는 한편, 여전히 승려를 중용하였다. 그 세력을 분할해서는 모두 중앙에서 직접 통할하였고, 쉽게 위무(慰撫)하기 위하여 여전히 승려를 이용하였다. 또 그들에게는 공물(貢物)과 시장면에서의 이익(명조는 공물 가치의 3배에 해당하는 하사품을 주었다. 변경 지역의 시장 교역은 관가의 시장 교역이 끝난 후에 민간의 시장 교역을 진행하도록 하였다)을 주는 것으로 안무(按撫)하였다. 영락(永樂) 연간이 되자 티베트족의 각 지방 세력에게 보다 많은 관직을 분봉하여 주었는데, 승관(僧官)에는 3명의 법왕, 5명의 왕, 약간 명의 국사(國師)[관정대국사(灌頂大國師)·관정국사(灌頂國師)·대국사(大國師)·국사(國師) 등 수십 명을 포함]와 선사(禪師) 등이 있고, 속관(俗官)으로는 지휘동지(指揮同知)와 지휘첨지(指揮僉知) 등[영락(永樂) 연간에 만호는 이미 유명무실하여져 만호의 관직은 폐지되었다] 관직이 있었다. 분봉한 여러 관직은 대부분 전례에 따라 세습을 윤허하였지만, 법왕과 국사 등 원래 전세(轉世) 제도를 사용하지 않은 봉호는 세습을 윤허하지 않았다. 승관으로서 국사 이상인 자, 속관으로서 부족(部族)의 족장 이상을 담임하는 자는 정해진 시간에 따라 조공하는 것을 허락하였다. 『명사(明史)』에서는 "그들은 모두 천자에게서 칭호를 승인받고 세력을 유지하고 이익을 얻었다. 또한 공물(貢物)과 시장의 이익을 탐내고 세속의 관직 유지를 바랐기 때문에 변화의 엄두를 내지 못했고, 명조가 끝날 때까지 대전란은 없었다."고 기재하고 있다. 이렇게 명조는 티베트족 지구에서 관직을 많이 봉하고 토지를 많이 나누어 주며 공물(貢物)과 시장의 이익으로 농락하는 정책을 실시하였는데, 이로써 명조의 티베트족 지구에 대한 통치는 예기의 효과를 거두었던 터이다.

티베트 지방에는 원조 말기부터 사캬파와 디궁파 사이의 전쟁이 있었고, 그 후에는 팍모두 만호와 야상 만호, 첼파 만호, 디궁 만호 사이의 분쟁이 있었다. 1349년이 되자 팍모두파는 먼저 전(前)티베트와 야상·첼파·갸마·디궁 등 만호의 영지를 겸병하였고, 1354년에는 사캬픈첸이 거느리는 여러 만호의 연합군을 격파하고 후(後)티베트의 대부분 토지를 겸병하였다 (당시 걘체·라퇴쟝은 아직 독립을 유지하였다). 팍모두파는 사캬파에 내분(內紛)이 일어난 기회를 타서 출병하여 원조가 사캬에게 하사한 봉칙(封敕)을 몰수하였고, 상둡체종푠을 내세워 사캬픈첸을 겸임하게 함으로써 후(後)티베트의 여러 세력을 감독하고 위협하였다. 그러나 라체이서에서는 여전히 사캬파가 세력을 유지하였다. 명조 초기의 티베트 지방의 형세를 말하자면, 정치면에서는 후(後)티베트에 사캬, 전(前)티베트에 팍모두와 디궁이 있는데, 이들은 실력이 비교적 강한 영주들이다. 종교 방면에서는 후(後)티베트의 사캬파가 원대 제사(帝師)로서의 여세가 남아 있어 여전히 일정한 세력을 유지하고 있었다. 전(前)티베트의 카르마·카규파는 전(前)티베트의 일부와 서캄의 대부분에 큰 영향을 미치고 있었고, 팍모두 정권이 부추겨 세운 게룩파도 두각을 드러내 그 세력이 날로 커져만 갔다. 그리고 예를 들면, 카규파의 탁룽·둑파 등 지파도 저마다의 세력과 영향력을 가지고 있었다. 그 외에 예를 들면 닝마파와 샤루·조낭 등 작은 교파는 세력이 작아 정치적 영향은 거의 없는 상태였다. 명조 초기의 티베트 지방 승속 지도자에 대한 봉작과 임직은 역시 각 지방의 승속 세력의 실제 상황에 근거하여 차별 대우하였다.

영락(永樂) 4년(1406년), 우선은 홍무(洪武) 제후(帝后)를 위하여 불사를 행한다는 명목으로 카르마·카규파 흑모계의 제5세 활불 데신섹파[de-bzhin-gshegs-pa, 1384~1415년. 본명은 최펠상포(chos-dpal-bzang-po)]를 남경으로 불러들였다. 이듬해(1407년) 봄 영곡사(靈谷寺)에서 보도대재(普度大齋)를 마련하여 태조 황후의 명복을 기원하였다. 불사를 마친 후 데신섹파를 "만행구족시방최승원각묘지혜선보응우국연여래대보법왕서천대선자재불영천하석교(萬行具足十方最勝圓覺妙智慧善普應佑國演敎如來大寶法王西天大善自在佛領天下釋敎)"(약칭은 대보법왕, rin-chen-chos-rgyal)로 봉하였고, 인(印)과 "여래(如來)"의 명칭(데신섹파는 "여래"의 티베트어 번역이다)을 하사하였다. 그의 제자 여러 명도 대국사(大國師) 및 국사(國師) 등 명호를 하사받았다. 영락 6년(1408년) 데신섹파가 귀향할 때에는 금화(金貨)를 하사하고 중관(中官)을 파견하여 호송하였다. 명조가 봉한 세 법왕 가운데 대보법왕 데신섹파에 대한 봉호와 예우가 가장 성대하고 장중하였다. 다음은, 영락 8년(1410년)에 중관(中官)을 파견하여 사캬파의 승려 쿤데파[kun-bkras-pa, 즉 쿤가타시(kun-dga'-bkra-shis)의 약어이다. 1349~1425년. 그는 원조의 제사(帝師) 쿤가겐첸의 손자로서 라캉라당의 지파에 속한다]를 요청하였다. 쿤데파는 영락(永樂) 11년(1413년)에 남경에 도착하였고, 영락 황제의 접견을 받은 후 대장경과 은화 등을 하사받았으며 "만행원융묘법최승진여혜지홍자광제호국연교정각대승법왕서천상선금강보응대광명불영천하석교(萬行圓融妙法最勝眞如慧智弘慈廣濟護國演敎正覺大乘法王西天上善金剛普應大光明佛領天下釋敎)"로 책봉되었다. 영락 12년(1414년) 쿤데파가 귀향할 때에는 하사품을 추가하여 주고, 중관(中官)을 파견하여 호송하였다. 세 번째는, 영락 6년(1408년)과 12년(1414년)에 두 차례나 게룩파의 창시자 총카파를 남경으로 요청하였다. 그러나 영락 6년에는 그 이듬해에 개최되는 대기원제(大祈願祭)의 준비로 바빴고, 영락 12년에는 그 전해 11월 이래 오래 병을 앓다가 금방 나은 때여서 총카파 자신은 영락 황제의 요청에 응하지 못하였다. 그러나 영락 12년의 요청에는 자신의 제자 샤캬예쉐(shākya-ye-shes, 1352~1435년)를 대리로 상경시켰다. 샤캬예쉐는 그해 연말에 남경에 도착하였고, 영락 황제로부터 대승법왕에 버금가는 예우를 받았다. 이듬해에는 "묘각원통자비보응보국현교관정홍선서천불자대국사(妙覺圓通慈悲普應輔國顯敎灌頂弘善西天佛子大國師)"로 봉하였고 인(印)을 하사하였다. 영락 14년 샤카예쉐가 귀향할 때에는 불경[영락 8년 전후 내지에서 각인한『캉규르』108함(函)으로서 윗글의 대승법왕 쿤데파에게 하사한 불경도 이 불경을 가리킨다. 그 이전에 대보법왕에게도 이 불경을 하사하였다]과 불상 등을 하사하였다. 영락 황제는 친히 찬사의 시를 지어 하사하였다.

선덕(宣德) 9년(1434년) 샤카예쉐는 또다시 조정에 찾아와 배알하였는데, 선종(宣宗)은 그를 경사(京師)에 머무르게 하고 "만행묘명진여상승청정반야홍조보혜보국현교지선대자법왕서천정각여래대원통불(萬行妙明眞如上勝淸靜般若弘照普慧輔國顯敎至善大慈法王西天正覺如來大圓通佛)"(약칭은 대자법왕大慈法王 byams-chen-chos-rgyal)로 봉하였다. 샤카예쉐는 이듬해 귀향하는 도중에 객사하였고, 대자법왕의 봉작은 끊어졌다. 『명사(明史)』에서는 대보법왕 데신셱파와 대승법왕 쿤데파를 행각승으로 취급하면서 어느 한 곳에 상주하지 않았다고 기재하고 있다. 원조 말기 사캬가 팍모두파에 패배하였기 때문에 대승법왕 쿤데파는 우창을 방랑하였다. 간체의 펜코르최텐(dpal-'khor-mchod-rten) 사원과 관계를 맺었지만, 그 사원에 상주하지 않았다(당시 사캬 사원의 라캉라탕은 팍모두파가 점유하였고, 팍모두는 린풍파를 사캬픈첸에 위임시켰고 라캉라탕을 겸하여 관리하게 하였다). 대승법왕 쿤데파가 죽은 후 그의 종손(從孫) 소남겐첸(bsod-nams-rgyal-mtshan)은 정덕(正德) 10년(1515년)에 사자를 파견하여 공물을 진상하고 대승법왕의 명호를 계승할 것을 요청하였는데, 당시의 예관(禮官)이 신중하게 고찰하지 않고 바로 허가하였다. 가정(嘉靖) 15년(1536년)에는 보교왕(輔敎王)과 함께 공물을 진상하였다. 대보법왕 데신셱파는 카르마·카규파 흑모계의 제5세 활불이었지만, 장기간 캄의 여러 지방을 행각하였다(제6편 카규파 참조). 이 활불 계통은 전세(轉世)에 의하여 계승되었는데, 그들의 이론에 의하면, 전세자(轉世者)의 전(前)·후(後) 사람은 모두 동일 인물의 서로 다른 화신이라고 하였다. 그러므로 대보법왕의 명호도 데신섹파 이후의 흑모계 역대 전세 활불에 의하여 계승되었다(최근까지도 카르파의 승려는 구두로는 여전히 흑모계의 제16세 활불을 대보법왕이라고 하였다).

대보법왕과 대승법왕은 어느 한 곳에 상주하지 않았기 때문에 명조는 그들에게 납공하는 기간을 규정하지 않았지만, 명조가 끝날 때까지 공물진상은 끊이지 않았다고 한다. 요컨대 명조는 종교 분야에서 카르마·카규의 대표로는 데신섹파, 사캬의 대표로는 제사(帝師)의 후예인 쿤데파, 게룩파의 대표로는 총카파의 제자인 샤캬예쉐를 선택하고, 법왕의 칭호를 주었다. 그 외에 탁룽과 같은 규모가 작은 교파는 그의 지도자에게 국사(國師)의 칭호를 주었고, 국사도 일정한 기한에 따라 조공하는 것을 허락하였다. 여러 교파에서 국사의 칭호를 책봉받은 사람은 20～30명에 달하였다. 법왕과 국사도 지정된 기한 내에 공물을 진상하였고, 되받은 하사품은 푸짐하였다. 호시(互市)도 우선적으로 배려하여 주었다. 명조 황제는 그때그때 칙호지(勅護持, 이는 황제가 그 사원의 재산이 침해받지 않도록 보증해 주는 증거물로서 하사한 것이다)를 하사하였고, 간혹 사원의 편액을 하사하기도 하였다. 이리하여 티베트의 사원의 명성과 재산은 명대에 급성장을 이루었다. 보건대, 명조 초기의 티베트 정책은 티베트의 종교 세력을 끊임없이 증장시킴에 있어 중요한 역할을 하였던 듯하다.

명조 초기 티베트족 지구에 도합 다섯 명의 왕을 책봉했다. 찬선왕(贊善王)은 감숙과 청해의 티베트 지구를 관할하였고, 호교왕(護敎王)은 서캄 지구를 관할하였으며, 천화왕(闡化王)과 천교왕(闡敎王), 보교왕(輔敎王)은 모두 전(前)티베트와 후(後)티베트를 관할하였다.

찬선왕(贊善王) 최펠겐첸(명사의 번역의 전례에 따르면, 원문은 아마 chos-dpal-rgyal-mtshan,. ?～1425년)을 『명사(明史)』에서는 영장(靈藏)의 승려라고 하면서 그의 관할 지역은 사천의 경계에서 우창 부근까지라고 하였다. 번역의 전례에 따라 영장을 티베트어로 맞추어 보면 링창(gling-tshang)이 되고, 이 단어를 캄 지방 사람들은 '린충'으로 발음하는데, 즉 현재의 린충(林叢) 지방이다. 『명사』에서 기술한 것을 보면, 최펠겐첸은 영락 4년(1406년)에 사자를 파견, 입공(入貢)하여 관정국사(灌頂國師)로 봉해졌고 영락 5년(1407년) 국사의 신분을 보유한 채 찬선왕(贊善王)으로 추가 책봉되었다. 홍희(洪熙) 원년(1425년)에 최펠겐첸이 세상을 떠나자, 명령에 따라 그의 아들 남겔겐첸이 찬선왕을 계승하였다. 정통(正統) 6년(1441년) 남겔겐첸은 자신이 연로하다는 이유로 장자 펜덴걈쵸를 찬선왕으로 하고, 차자 팍궁상파에게는 지휘권(指揮權)을 맡길 것을 주청하였다. 황제는 펜덴걈쵸를 도지휘사(都指揮使)로 임명하여 부친을 대신하여 본도(本都)의 사사(司事)를 관리하게 하였고, 팍궁상파를 지휘첨사(指揮僉事)로 임명하였다. 정통 10년에는 또 팍궁상파를 찬선왕(贊善王)으로 봉하였고, 성화(成化) 3년(1467년)에는 또 타르파겐첸을 세습시켜 찬선왕으로 봉하였다 현재의 티베트 지역 내에는 천화왕(闡化王)·천교왕(闡敎王)·보교왕(輔敎王)·호교왕(護敎王)의 네 왕이 있다.

호교왕 종파알즉남가파장복[宗巴斡卽南哥巴藏卜, "종파(宗巴)"는 의미가 불분명하다. 『청사(靑史)』에서는 그를 픈첸으로 칭하였다. 아마 원조 말기에 토번등로선위사사도원수부선위사(吐番等路宣慰使司都元帥府宣慰司)로 하였을 것이다. "알즉남가파장복(斡卽南哥巴藏卜)"은 『청사(靑史)』의 티베트어 "외셀남카펠상포(od-zer-nam-mkha'-dpal-bzang-po)"의 한자음일 것이다]은 『명사』에서 관각(館覺)의 승려라고 칭하고 있다. 관각은 현재 티베트 창도(昌都) 동남부의 쿤쿄(貢覺, kon-kyo)이다. 『청사』는 1401년경 데신섹파가 쿤쿄에서 행각할 때 그가 대량의 재물을 공양하였다고 언급하였다. 그는 카르마·카규파와 비교적 깊은 관계가 있었던 듯하고, 당지의 최대 지방 세력 수령이었다. 이 외에 그에 관한 보다 상세한 자료는 아직 보지 못했다. 『명사(明史)』의 기재에 의하면, 그는 1406년에 사자를 파견하여 공물을 진상하였고, 조서에 의하여 관정국사(灌頂國師)를 수여받았고, 사령장(辭令狀)을 하사받았다고 한다. 1407년에는 사자를 파견하여 사례를 표하였고, 호교왕(護敎王)으로 추가 책봉되었으며, 금인을 하사받았다. 1414년에 종파알즉남가파장복(宗巴斡卽南哥巴藏卜)은 세상을 떠나고, 명조는 그의 아들 알사아길랄사파장복(斡卋兒吉剌思巴藏卜), 티베트어 외셀닥펠상포(od-zer-grags-dpal-bzang-po)의 한자음일 것이다)으로 하여금 호교왕을 계승하게 하였다. 그가 죽은 후 자손이 없어서 호교왕의 봉호는 끊어졌다. 그러나 만력(萬曆) 연간에 또 호교왕이 공물을 진상하였다는 기록이 보이는데, 상세한 상황은 불분명하다.

티베트어 자료에 의하면, 원조는 선위사도원수부(宣慰司都元帥府)를 사캬·관각(舘覺)·영장(靈藏)이라는 세 곳에 픈첸 한 명씩 설치하여 군민의 사무를 관리하였다고 한다. 관각과 영장의 호족은 원조 때에 이미 기반이 있어서 명조 초기에 관각(舘覺)에는 호교왕(護敎王)을, 영장(靈藏)에는 찬선왕(贊善王)을 설치하였고, 혹은 원대의 3구 분할 통치의 의미를 계속하여 답습하였다. 이로써 원대의 사캬 쿤씨 일족을 백난왕(白蘭王)으로 봉하는 제도를 폐지하고, 티베트족,지구를 종왕(宗王)의 분여지(分與地)로 하는 제도도 폐지시켜 행도지휘사사(行都指揮使司) 제도를 유력하게 추진하였다.

보교왕(輔敎王)은 사캬파의 승려로서, 영락 11년(1413년)에 봉하였다. 본명은 남카렉파(nam-mkha'-legs-pa,)『사캬 세계(世系)』에는 dbang-nam-mkha'-legs-pa'i-rgyal-mtshan-dpal-bzang-po로 되어 있다. "왕남카렉페겐첸펠상포"라고 읽는다. '왕'은 보교왕을 말한다. 1399~1444년)이다. 그는 사캬의 둔최라당(dus-mchod-bla-brang)의 후예(팍파의 제5대 종손)이다. 『명사(明史)』권311「서역 열전 3」에는 남카렉파가 사달장(思達藏)의 승려라고 기재되어 있다. 사달장은 즉 탁창(stag-tshangs)으로서, 사캬 이서, 구키룽(舊濟囉) 이북을 가리키며, 원명은 종객(宗喀)이고 현재는 개명하여 키룽(吉隆)이라고 하는 지방이다. 남카렉파의 증조부 쿤가렉페중네는 원대의 장공주(長公主)를 아내로 얻어 백난왕으로 책봉되었고, 조부와 부친도 세습하여 왕으로 책봉받았다. 그들은 탁창을 거점으로 하는데 사캬의 네 라탕 중에서 실력이 비교적 강했다. 1354년 팍모두파의 쟝춥겐첸이 사캬 사원을 점령한 이래 보교왕의 일족은 닥창을 거점으로 사캬의 실력을 보존하였다. 그래서『명사』에서는 그를 사달장(思達藏)의 승려라고 칭한다.『사캬 세계(世系)』의 기재에 의하면 남카렉파는 1415년에 명조로부터 보교왕(輔敎王)으로 책봉되었고(『사캬 세계(世系)』 델게판에는 tu-kya-ho-vang으로 되어 있지만 hu-kya'o-vang의 오기(誤記)로 보인다] 라체(lha-rtse)와 낭가자(浪卡子,원문은 양독(yar-'brog)]의 수령과 린풍(rin-spungs)의 낭소(nang-so, 린풍종 본 수하의 중요한 인물)도 보교왕을 매우 존경하였다고 한다. 보건대, 남카렉파의 시대에 사캬파는 세력을 회복하였고, 그 자신도 지방의 유력자의 지지를 얻은 것이다. 그리고 관직을 많이 봉하고 토지를 많이 나누어 주는 명조의 정책하에 남카렉파는 사캬의 쿤씨를 대표하는 인물로서 보교왕(輔敎王)의 봉호를 얻었다. 이 왕위는 그의 자손이 3~4대에 걸쳐 계승하였고, 매번 계승할 때마다 명조 조정에서 사자를 파견하여 새로 책봉하였다. 사캬파는 본래 네 개의 라당으로 나뉘는데, 15세기 중엽부터 16세기 초기까지 보교왕의 둔최라당만 남았고, 그 외의 세 라당은 후계자가 끊어졌으며, 둔최라당이 사캬사원의 주인이 되었다.

천교왕(闡敎王)은 디궁카규의 승려로서, 이름은 왕린포체 · 린첸펠겔(dbang-rin-po-che-rin-chen-dpal-rgyal, dpal-rgyal은 dpal-gyi-rgyal-mtshan, 즉 펠기겐첸의 약어이다. 생졸년 불명)이다. 그는 14세기 말 디궁 사원의 좌주 최키겔포(chos-kyi-rgyal-po, 1335~1409년, 1352~1400년 사이에 디궁 사원의 좌주를 담임하였다. 총카파의 한 스승이다)의 조카로서,삼촌의 뒤를 계승하여 디궁 사원의 좌주가 되었다.『명사(明史)』에는 그를 필력공와[必力工瓦, 디궁와('bri-gung-ba)의 당시 발음]의 승려라고 칭하였다. 린첸펠겔은 영락11년 (1413년)에 천교왕에 책봉되었다. 디궁은 원조 초기에 큰 실력을 가진 만호[『원사』의 밀아군만호부(密兒軍萬戶府)]였지만 1,290년에 사캬파로부터 심한 타격을 받은 적이 있다. 그리고 1349년경에는 그 영지의 대부분이 팍모두파에 합병되었다. 그 후 한 시기는 사원 소속의 농노를 관리하는 곰파(sgom-pa)를 팍모두파가 선발하여 파견하였다. 15세기 초에 이르러 디궁파의 세력은 약간 회복되었다. 린첸펠겔의 영지는 농지와 목지가 겸하여 있고 교통의 요충지여서, 그곳에 농목 교역의 시장이 열렸다. 명대에 이르러 그를 천교왕(闡敎王)으로 봉함과 동시에 디궁파의 다른 한 인물을 대국사(大國師)로 봉하였는데, 아마 전(前)티베트에서 팍모두파와의 대립 세력을 구축하려는 의도 때문이었을 것이다. 천교왕의 직위는 그의 자손에 의하여 세습되었고, 이 봉작은 16세기까지 유지되었다.

천화왕(闡化王)은 팍모두파의 승려 닥파겐첸[grags-pa-rgyal-mtshan, 1374~1432년. 『명사(明史)』에는 길자사파감장파장복(吉刺思巴監藏巴藏卜)으로 되어 있는데, 이는 닥파겐첸펠상포의 한자 역음임]이다. 팍모두파는 원조 말기에 이미 전(前)·후(後)티베트에서 가장 큰 지방 정권이 되었다. 이 정권의 관할지역이 확대되기는 14세기 중엽 쟝춥겐첸(byang-chub-rgyal-mtshan, 1302-1364년, 닥파겐첸의 조부 시대의 인물)이 무력으로 여러 만호의 영지를 합병할 때부터 시작되었다. 전(前)·후(後)티베트의 대부분 지역을 통치하면서부터 쟝춥겐첸은 티베트의 농노제 경제와 지방행정 조직, 팍모두파의 교무에 대하여 모두 일련의 새로운 조치를 실시했다. 이러한 조치는 티베트 지구에 새로운 국면을 열었고, 후세에 심각하고 거대한 영향을 끼쳤다. 경제면에서 그의 주요한 지배 지역, 즉 전(前)·후(後)티베트의 대부분 지역에서 농노주 장원 제도를 널리 시행하였다. 행정면에서는 종(宗, rdzong)을 기본적인 행정단위로 하여 종폰(宗本, rdzong-dpon)을 설치하였다. 종폰은 쟝춥겐첸이 임명하였는데, 내지의 유관(流官)과 비슷한 관직이다. 그러나 이와 동시에 그가 공을 세운 가신에게 장원(gzhis-ka)을 주어 세습의 영지로 하게 하였기 때문에, 그 속하의 일군의 새 귀족을 형성하였다. 그 외 그는 법률과 비슷한 성질의 일부 규정을 써냈는데, 티베트인들은 그것을 "십육법(十六法)"(zhal-lce-bcu-drug)이라고 통칭하였다. 이러한 조치는 대체로 모두 훗날 티베트의 통치자들에 의해 답습되었다.

종교적으로는 덴사틸 사원에 숙부 닥파중네(grags-pa-'byung-gnas, 1175～1255년)를 초대(初代)로 하는 첸가(spyan-snga)라는 직위를 설치하여 랑씨 일족이 줄곧 틀어쥐었다. 그러나 덴사틸 사원은 밀교 수행을 위주로 하는 사원이고, 현교 경론을 가르치는 전통이 없었다. 그러므로 쟝춥겐첸은 1351년에 체탕(rtse-thang, 현재의 로카지구 체탕) 사원을 건립하고 이 사원에서 현교의 경론을 가르쳤다. 체탕 사원의 종교 활동은 팍모두파에 한정되지 않았는바, 쟝춥겐첸은 각 교파의 유명한 승려를 요청하여 경전을 강의하도록 하였다. 사원의 승려도 교파에 따라 차별시하지 않았다. 1352년 체탕 사원이 건립된 후 사원의 법회에 필요한 경비와 승려들의 생활 비용 등은 팍모두파 정권이 부담하였고, 체탕사원의 좌주도 쟝춥겐첸의 일족이 물려받았다. 체탕사원의 초대 좌주는 쟝춥겐첸의 조카로서 당시 13세인 샤캬겐첸[shākya-rgyal-mtshan, 1340～1373년, 『명사』에는 장양사가감장(章陽沙加監藏)으로 되어 있다. 즉 쟘양사캬겐첸('jym-dbyangs-shākya-rgyal-mtshan)의 한자 역음이다]이 담임하였다. 샤캬겐첸은 원조(元朝) 말 1365년에 원순제로부터 관정국사(灌頂國師)에 책봉되었고, 장양국사(韜陽國師)로 불리었다. 같은 해 사캬겐첸은 체탕 사원의 좌주에서 퇴위하고 네우동체(sne'u-gdong-rtse, 팍모두파의 행정 수뇌 소재지)에 가서 팍모두파 정권의 제2대 데시가 되었다. 체탕 사원의 좌주는 샤캬겐첸의 조카 닥파린첸(grags-pa-rin-chen, 1349～1367년, 1365년 좌주 취임 시 17세)이 계승하였다. 홍무 5년(1372년) 샤캬겐첸은 명조로부터 관정국사에 책봉되었다. 1367년 닥파린첸이 세상을 떠난 후 사원내의 경전을 강의하는 승려가 잠시 사무(寺務)를 관리하였다가 1368년 말에 또 닥파린첸의 동생 소남닥파[bsod-nams-grags-pa, 1359～1408년. 『명사』에는 쇄남찰사파희감장복(鎖南扎思巴噫監藏卜)으로 되어 있다]가 계승하였으며, 그때의 그의 나이가 10세였다. 1381년 소남닥파는 체탕 사원의 좌주를 사직하고 네우동체(sne'u-gdong-rtse)에 가서 팍모두파의 행정 수령이 되고 체탕 사원의 좌주는 소남닥파의 사촌 동생 닥파겐첸이 계승하였는데, 그 당시 겨우 8세였다.

1385년 말 닥파겐첸은 체탕 사원의 좌주를 사직하고 네우동체[소남닥파는 그의 지위를 닥파겐첸에게 양보하고 닥파겐첸은 팍모두파의 행정 수령이 되었다. 체탕 사원의 좌주는 닥파겐첸의 동생 쟝춥도르제(byang-chub-rdo-rje)가 계승하였다. 1377~1428년.]에 갔다. 홍무 21년(1388년) 명조는 닥파겐첸이 팍모두파의 행정 수령을 계승하도록 허락함과 동시에 관정국사(灌頂國師)로 책봉하였다. 영락 4년(1406년)에는 관정국사천화왕(灌頂國師闡化王)으로 추가 책봉하고, 옥인을 하사하였다. 1428년 쟝춥도르제가 세상을 떠나고 체탕 사원의 좌주는 그의 조카 닥파중네(grags-pa-'byung-gnas, 1414~1448년?)가 계승하였다. 1432년 닥파중네는 체탕 사원의 좌주를 사직하고 네우동체에 가서 천화왕(闡化王)을 계승하였다. 그 후 12년간(1432~1444년)에 걸쳐 체탕 사원의 좌주의 자리는 공석이었고, 사무(寺務)는 닥파중네가 겸임하였다. 그 후 팍모두파의 세력은 점차 쇠퇴하고 체탕 사원의 종교상의 지위는 신흥의 게룩파에 의해 대체되었다. 체탕 사원의 좌주는 천화왕(闡化王)의 형제 혹은 조카가 독차지하였지만, 종교계에서의 지위는 이미 과거와 비교할 수 없이 약화되었다.

덴사틸 사원에서는 1289년부터 1310년까지 닥파린첸(grags-pa-rin-chen)이 첸가를 담임하였는데, 그는 일찍 팍모두파의 만호장을 겸임하고부터 라폰(bla-dpon, 이 명칭은 제9편에서 이미 언급하였음)이라고 칭하였다. 닥파린첸이 세상을 떠난 후 그의 조카 대사도(大司徒) 쟝춥겐첸의 형 닥파겐첸[grags-pa-rgyal-mtshan, 1293~1360년. 명조에서 책봉한 천화왕(闡化王)과 동명이인임]이 첸가를 계승하였다. 닥파겐첸이 1360년에 세상을 떠나자 그의 동생 닥파쉐랍(grags-pa-shes-rab, 1310~1370년)이 첸가를 계승하였고, 닥파쉐랍이 1370년에 세상을 떠난 후 닥파쟝춥(grags-pa-byang-chub, 1356~1386년. 총카파는 예전에 그를 스승으로 모셨다)이 계승하였다. 닥파쟝춥도 1374년에 첸가를 사직하고 네우동체의 행정 수령이 되었다.[『명실록(明實錄)』 홍무 7년 갑인조기(甲寅條記)에는 오사장파목죽파련복사길자사파상축감장파장복(烏思藏帕木竹巴輦卜闡吉剌思巴賞竺監藏巴藏卜)이 사자를 파견하여 상주서와 토산물을 바쳤다고 하는데, 바로 이 사람을 가리킨다.]. 1381년 닥파쟝춥은 행정수령의 직위를 동생 소남닥파(bsod-nams-grags-pa)에게 양보하고 덴사틸사원에 돌아가 첸가를 담임하였다. 닥파쟝춥은 1386년에 세상을 떠나고 소남닥파도 그의 직위를 사촌 동생 닥파겐첸[윗글의 명조에서 천화왕(闡化王)에 책봉된 사람]에게 양보하고 덴사틸 사원에 돌아가 첸가를 담임하였다. 1377~1381년 사이에 닥파쟝춥은 네우동체의 행정 수령과 덴사틸 사원의 첸가를 겸임하였고, 라폰이라고 자칭하였다. 1405년 소남닥파는 사정으로 말미암아 첸가를 사직하였다. 그 후부터 1434년까지 천화왕의 세 동생, 즉 닥파로되(grags-pa-blo-gros, 1383~1407년. 첸가 재임 기간은 1405~1407년), 소남상포(bsod-nams-bzang-po, 1380~1416년, 첸가 재임 기간은 1408~1416년), 소남겐첸(bsod-nams-rgyal-mtshan, 1386~1434년 첸가 재임 기간은 1417~1434년. 나르탕 사원의 사무도 겸임)이 잇따라 덴사틸 사원의 첸가를 담임하였다. 1434년이후 첸가는 12년 정도 공석이었고 네우동체의 행정 수령 닥파줌네가 덴사틸 사원의 첸가를 겸임하였다. 그 후 팍모두파의 세력은 점차 쇠퇴하고 덴사틸 사원도 잠적하였다.

이상 덴사틸 사원과 체탕 사원의 좌주와 팍모두파 정권의 수령은 모두 랑씨 일족이 담임하였음을 알 수 있다. 그들의 관계에 관해서는 간단한 표를 만들어 부록으로 붙인다.

이상의 서술에서 알 수 있듯이, 팍모두파 지방정권의 세력이 비교적 강하던 시기, 정치와 종교 방면의 두 가지 권리를 장악한 라폰 2~3명을 제외하고, 흔히는 랑씨 일족의 출신자들이 정권과 교권을 제각기 장악하였다. 덴사틸 사원의 첸가 측에서는 오직 닥파쟝춥만이 사직 후에 행정 수령을 담임하였고 기타 행정 수령 직은 사캬겐첸 때로부터 모두 체탕 사원의 좌주가 계승하였다. 전하는 바에 의하면, 대사도(大司徒) 쟝춥겐첸은 일찍이 팍모두파 행정 수령의 계승자라면 반드시 출가하여 계율을 지키는 인물이어야 한다고 규정하였다고 한다. 제6대 행정 수령 닥파줌네 때까지 보면[대사도(大司徒) 쟝춥겐첸을 초대로 하여 따져 보면] 모두 이 규정에 부합되었다. 대사도 쟝춥겐첸은 1351~1352년에 비교적 큰 규모의 체탕 사원을 건립하고 현교의 경론을 위주로 강의하였다. 이 사원에 와서 불경을 강의하고 불법을 배우려 하는 승려는 교파를 불문하고 차별 없이 대하였다. 이 점은 사캬 사원과 구별되면서 카담파의 상푸 사원과 비슷하였다(제4편 카담파 참조).

  쟝춥겐첸이 이 사원을 건립한 이유를 해석한 사료는 찾지 못하였다(티베트불교의 자료에서는 당연히 "불교의 발전을 위하여"라고 하였다). 쟝춥겐첸이 이렇게 한 이유는 불교 특히 현교를 보다 잘 이용하여 사회가 비교적 안정적이던 시기에 농노 계급을 마취시켜 그들의 계급의식을 둔화시킴으로써 그들로 하여금 착취받고 압박받는 자기의 처지에 안주하고 농노주들은 덕분에 더 큰 이익을 챙길 수 있었기 때문이라고 보인다. 쟝춥겐첸이 진행한 정치적·행정적 조치는 이상의 점과 배합하여 전(前)·후(後)티베트에서의 통치를 공고히 하는 데 유효하였다. 계율을 포함한 현교는 통치자들의 황음 잔인한 행실을 제한하거나 은폐시켜 주는가 하면 이와 동시에 현교 경론의 번거롭고 세밀한 유심주의 철학은 당시의 전(前)·후(後)티베트 사회에서 유일하게 통치자의 사상을 훈련시킬 수 있는 한 개 체계였다. 통치 계급으로 말하자면, 현교의 이러한 두 가지 특성은 그들과 그 자손들의 통치를 장기적으로 유지하는데 유용하였다. 그러므로 대사도(大司徒) 쟝춥겐첸부터 팍모두파의 랑씨 일족은 현교를 매우 중요시하였고, 체탕 사원은 당시에 덴사틸 사원보다 중요한 지위에 처해 있었다. 게룩파가 흥기하기 전에 체탕 사원은 역시 전(前)·후(後)티베트에서 매우 유명한 사원이었다. 쟝춥겐첸 이후의 행정 수뇌가 모두 어릴 때에 체탕 사원의 좌주를 담임한 후 네우동치에 가서 행정 수뇌의 직위에 취임하는 이유는 바로 이러한 점에서 설명되는 바이다(쟝춥겐첸은 예외이다). 체탕 사원의 좌주를 담임하여 팍모두파 행정 수뇌의 후임자로서 필요한 "성망"을 형성하는 한편, 봉건사회의 통치자에 필요한 사상과 행동을 훈련하였던 것이다. 당시에 불교는 전(前)·후(後)티베트의 사회 문화 교육을 지배하는 일련의 사상 의식으로 되었을뿐 아니라 그 시기 사람들의 사상에 큰 영향을 미쳤다. 그러므로 팍모두파 랑씨 일족이 불교를 매우 중시하여 자신의 통치에 이용하려는 것은 아주 자연스러운 행동일 수밖에 없었다. 달라이라마 5세의 『티베트왕신기』에는 팍모두파 지방정권의 당시의 인물 평가 표준이 기재되어 있는데, 그것인즉 "가세" "학문" "권세" (rigs-rus, yon-tan, mnga'-thang)이다. "가세"는 내지의 위진(魏晉) 시대의 "가문", "문벌"과 인도의 "카스트" 등에 포함된 의미를 겸하여 가리키는 것이고, 이는 자연히 봉건사회에서 한 사람의 사회적 지위를 평가하는 한 개 표준으로 되었다. "학문"은 실제로 그 당시 불학에 대한 조예와 수양을 가리키며, "권세"는 다름 아닌 관직을 말하는데, 세 번째로 중요시되었다. 이로부터 당시 통치 계급과 사회 인사들의 마음속에 불교가 어떤 지위인지를 알 수 있다.

14세기 중엽 팍모두파 지방정권의 대사도(大司徒) 쟝춥겐첸이 전(前)·후(後)티베트의 대부분 만호의 영지를 겸병하고 원 순제의 승인을 얻어 대사도에 책봉된 후, 이 지역은 80~90년에 걸쳐 안정된 상황이 지속되었다. 사캬겐첸이 후(後)티베트에서 한 차례, 닥파겐첸이 걈체에서 두 차례 군사를 부린 외에(이 몇 차례의 전투는 규모가 작았고 전쟁을 하지 않고 되돌아오는 경우도 있었다) 큰 전란은 없었다. 팍모두파의 역대 통치자들은 저들의 관할하의 장원을 빈번히 순시하였고, 쟝춥겐첸이 속민의 생산을 중시하였던 방식을 그대로 유지하였다. 티베트어 사료에 기재된 많은 현상은 이 시기 티베트 사회가 비교적 안정되었고, 생산성도 향상하였음을 말해 준다. 천화왕(闡化王) 닥파겐첸은 40년에 걸쳐 팍모두파 지방정권의 행정 수뇌를 담임하였고, 그의 재위 기간에 우창 지방은 사회가 번영하고 문화는 발달하여 한 개 고봉을 이루었다. 달라이라마 5세의 『티베트왕신기』에는 닥파겐첸이 조례를 정하여 복식의 등급을 규정하였다고 하고 있는데, 매년 춘절을 축하하는 연석에서 그의 가신들은 여러 가지 보석과 장신구로 장식한 화려한 복장을 입었고, 평일에도 보석이 달린 귀걸이를 걸어 "귀천(貴賤)"을 구분하였다고 한다. 이런 몇 구절의 표현은 통치자가 사치스러운 생활에 빠졌음을 보여 주는 동시에 봉건 등급 제도가 완미한 정도에 이르렀음을 말해 준다. 닥파 겐첸은 14세기말 부터 게룩파의 창시자 총카파(tsong-kha-pa, 1357~1419)를 지지하고 이용하기 시작하였는데, 1409년 티베트력(曆) 신년 때에 친히 앞 장서서 물자를 낼 뿐 아니라 자기 관할하의 귀족들에서 호소하여 대량의 물 자를 라싸의 조캉 사원에 제공하게 하였고, 대규모적인 대기원제(大祈願祭) 를 개최하도록 하였다. 대기원제의 명의상 주최자는 총카파이지만, 실제로 는 팍모두파 정권이 지지한 것이고, 팍모두파의 "명성"('부록 1 — 총카파 전론 (傳論)' 참조) 때문이었던 것이다. 대기원제가 종료된 후 총카파를 위하여 간 덴 사원을 건립하였고, 이로부터 게룩파가 형성되었다.

천화왕(闡化王) 닥파겐첸의 동생들과 팍모두파의 후계자들 및 그의 중요 한 가신(팍모두파 관할 하의 귀족들)과 가신의 후계자들은 모두 줄곧 게룩파를 지지하였다. 닥파겐첸은 1406년에 천화왕에 책봉된 후부터 명조의 황실과 밀접한 관계를 유지하였다. 1407년(영락 5년) 영락 황제의 명령을 받고 호교 왕(護敎王)과 찬선왕(贊善王), 디궁와 국사 및 필리(必里), 도감·롱답(隴答) 등 각 위(衛)의 티베트족 수령과 공동으로 전(前)·후(後) 티베트 지구, 및 내지 와 티베트 지구를 연접하는 크고 작은 역참을 수복하였고, 내지와 티베트 의 각 중요한 지방을 연결시키는 교통을 막힘없이 잘 통하도록 보장하였 다. 즉 명조 중앙과 티베트족 지구 관원의 왕래를 빈번히 하였고 ,두 지구 인민 사이의 교역을 추진하였으며, 티베트족 지구의 번영을 뒷받침해 주었 다. 닥파겐첸의 중요한 가신들도 명조 황실로부터 위임장을 받았다. 현재 볼 수 있는 자료에 의하면, 예컨대 네우종(sne'u-rdzong)의 남카상포(nam-mkha'-bzang-po)는 네우종행도지휘사사도지휘첨지(行都指揮使司都指揮僉知)로 책봉 되었다.[『명실록(明實錄)』, 「태종실록권」(太宗實錄) 권87에는 "영락 11년(1413년) 2 월 기미(己未), 우스창우아종채행도지휘사사(烏思藏牛兒宗寨行都指揮使司)를 설치하 고, 남갈감장(喃葛監藏)을 도지휘첨지(都指揮僉知)로 임명하였다."고 한다. 영락 6년

(1408년) 12월 신축조(辛丑條)에는 우아종채관(牛兒宗寨官) 남가장복(南哥藏卜)이 사자를 파견하여 공물을 진상하였다는 기재가 있다. 티베트어 자료의 기재에 의하면, 남카상포는 이 전후 줄곧 네우종의 종폰(rdzang-pon)을 담임하였다고 한다. 우아종채(牛兒宗寨)는 즉 네우종이고, 원래는 네우장원(sne'u-gzhis-ka)이라고 하였다. 영락 11년조에 기재된 남갈감장(喃葛監藏)은 영락 6년조에 기재된 남가장복(南哥藏卜, 즉 남카상포)일 것으로 보인다. 한문 사료에 있는 티베트인의 역명은 어긋나는 번역[異譯]이 많다. 남카상포는 천화왕(闡化王) 닥파겐첸의 가신 중에서 손꼽히는 중신으로, 라사 일대를 관할하였다. 그의 형제 중에도 삼둡체(bsam-grub-rtse, 현재의 시가체)의 종폰(rdzang-pon)을 담임한 인물이 있다. 예컨대, 린풍종(rin-spungs-rdzong)의 남카겔포(nam-mkha'-rgyal-po)도 도지휘첨지(都指揮僉知)에 책봉되었다『명실록(明實錄)』「태종실록권(太宗實錄)」권101에는 "영락 14년(1416년) 5월, …서번(西蕃)의 영사분채행도지휘사사(領司奔寨行都指揮使司)를 설치하고, 두목인 갈가아복(葛加兒卜)을 도지휘첨지(都指揮僉知)로 임명하였고, 사자를 파견하여 칙서와 관인을 하사하였다."고 기재되어 있다. 영사분채(領司奔寨)는 린풍종의 다른 번역[異譯]이고 갈가아복은 남카겔포의 고대어 번역[古譯]이다. 남카겔포도 천화왕(闡化王) 닥파겐첸의 중요한 가신 중의 한 사람이고, 린풍종의 종폰을 담임하였다. 린풍종의 종폰은 사캬 사원을 관할하는 책임이 있기 때문에 남카겔포도 사캬와 츄믹의 만호장을 겸임하였다. 또 궁카르종(gung-dkar-rdzong)의 종폰 폰시좀(dpon-gzhi-'dzom), 닥카르종(brag-dkar-rdzong)의 종폰 린첸펠(rin-chen-dpal)도 명조 황실로부터 도지휘첨지(都指揮僉知)에 위임되었다(그 외에도 많은 사람들이 도지휘첨지에 위임되었다). 위에서 서술한 사람들은 팍모두파 정권하의 귀족이면서 종폰의 직무를 맡았고, 동시에 명조 황실로부터 위임받은 중앙의 관료였다.

현존하는 당시의 책봉 문서에 의하면, 도지휘첨지(都指揮僉知)는 소용(昭勇) 장군이라는 대장군직을 수여받은 정3품의 무관으로서 원대의 상만호(上萬戶)의 정3품과 같았다. 명대의 무관직으로서의 지휘(指揮) 등 관직은 모두 세습을 허락하였고, 티베트지구에서도 예외일 수 없었다. 티베트족 자제가 지휘직의 세습을 허락해 달라고 상주(上奏)한 사실은『명실록(明實錄)』에 자주 보인다. 또 티베트사는 천화왕(闡化王) 닥파겐첸 때에 대사도(大司徒) 쟝춥겐첸이 규정하였던, 종폰을 유관(流官)으로 하는 제도를 변경시켜 자기 수하의 종폰의 직위도 세습하도록 권리를 주었다고 기재하였다. 이러한 제도상의 변화는 명대의 중앙 체제와 무관하다고 할 수 없다. 봉건 농노 사회에서 세습은 당연한 것이고, 이는 귀족의 지위와 권세를 더욱 강화하여 주었다. 그 결과 닥파겐첸이 죽은 후 티베트 지방에는 팍모두파 관할하의 귀족 할거 상황이 다시금 출현하였다. 팍모두파 정권은 비록 여전히 명조로부터 책봉을 받아(명조는 역대의 천화왕에 대하여 모두 사자를 파견하여 책봉하였다) 우창의 대부분 지방의 최고의 행정 장관으로서의 명의를 유지하였지만, 닥파겐첸처럼 모든 관할 지역을 지배할 수 없게 되었고, 세력은 이때부터 점차 쇠락하였다.

게룩파가 흥성하던 초기에 천화왕(闡化王) 닥파겐첸은 그를 극력 지지하였다. 1409년 처음으로 대기원제(大祈願祭)를 개최할 때 팍모두파 지방정권 산하의 중요 귀족들은 거의 다 시주(법회는 15일에 거쳐 개최되었고 시주는 법회의 개최 비용과 법회에 참가하는 모든 승려에게 음식을 공양하였다. 어떤 사람은 혼자서 1일의 비용을, 어떤 사람은 여러 명이 1일분을 부담하였다. ('부록 2 총카파 연보' 참조)가 되었고, 그중에서 가장 열심적인 후원자는 네우종의 종폰 남카상포였다. 총카파가 간덴 사원을 건립할 때 가장 많이 출자한 이는 닥카르종의 종폰 린첸펠과 린첸룬포(rin-chen-lhun-po) 부자였다. 남카상포는 쟘양츄제타시펜덴이 1416년에 데풍 사원을 건립할 때에도 지원하였다. 대자법왕(大慈法王) 샤카예쉐는 내지에서 얻은 재물로 세라 사원을 건립하였다. 이 3대 사원은 총카파의 의도에 의하여 건립되었다. 그들의 주요한 활동은 현교 경론을 가르치고 전승하는 것이며, 그 내용은 총카파가 카담파의 교의를 발전시키고 보강하여 구축한, 이른바 "신카담파" 즉 "게룩파"의 교의이다. 팍모두파의 체탕 사원에서도 현교 경론을 가르쳤지만, 닥파쟝춥 이후에는 점차 카담파의 교의를 표준으로 하였다(닥파쟝춥과 그의 동생들을 카담파의 역사서에서는 카담파의 인물로 언급하고 있다). 예전에 팍모두파 관할하의 귀족 자제들과 출가자들은 체탕 사원에 많이 가서 배웠지만, 게룩파의 3대 사원이 건립된 후에는 3대 사원의 경론의 가르침이 체탕 사원과 일맥상통하고, 또 내용과 이치의 "정밀함과 풍부함"이 체탕 사원을 능가하기 때문에 대부분 귀족 자제들이 3대 사원, 특히 데풍 사원에 가서 경론을 배웠다. 당시의 관습에 따라 귀족들이 장원의 전부이거나 일부분의 토지를 사원에 희사(喜捨)함으로써 장원 소속의 농노를 포함하여 모두가 사원의 재산이 되었다. 비교적 안정적이고 번영되었던 당시의 사회 상황 아래서, 귀족과 평민들로 말하면 불교를 배우는 것이 출세의 길로 되었고, 3대 사원은 길지 않은 시간 내에 각기 1천여 명의 승려와 대량의 토지, 농노를 소유하게 되었다. 게다가 3대 사원은 우창의 각지에 널리 분포되어 있는 수많은 소속 말사(末寺)들을 저마끔 소유하고 있어서 사회적으로 한 개 독립적인 세력이 형성되었다.

15세기 말기 이후 팍모두파 랑씨 일족이 내부적으로 분열되어 귀족들 사이의 분쟁이 갈수록 치열해졌다. 토지와 농노를 소유하고 있는 사원들도 자연히 그에 말려들었다. 결과 승속 결합의 몇 개 집단이 묶어져 무력충돌을 하기에까지 이르렀다. 시초에 천화왕(闡化王) 닥파겐첸이 남카겐첸(nam-mkha'-rgyal-mtshan)을 린풍종의 종폰[이로부터 남카겐첸과 그의 일족은 린풍파(rin-spung-pa)라고 칭함]으로 임명하였고, 또한 츄믹 만호장과 사캬의 라캉첸모의 푼첸[대사도(大司徒) 쟝춥겐첸 이래 린풍종의 종폰이 사캬푼첸을 겸임하였는데, 이는 사캬파의 행동을 감시하는 조치였다]도 겸임하였다. 그 후 남카겐첸의 아들 남카겔포(nam-mkha'-rgyal-po, 생졸년 불명)가 그의 직위를 계승하였다. 1416년(영락 14년) 영락 황제는 린풍에 행도지휘사사(行都指揮使司)를 설치하고 남카겔포를 도지휘첨사(都指揮僉事)로 임명하였으며, 사령장(辭令狀)을 주고 소용(昭勇)장군으로 봉하였다. 1426년(선덕 원년)에 남카겔포의 아들 노르부상포(nor-bu-bzang, 생졸년 불명)가 린풍종의 종폰을 계승하자 선덕 (宣德) 황제는 명령을 내려 그를 린풍 행도지휘사사(行都指揮使司)의 도지휘 첨사(都指揮僉事)와 소용(昭勇) 장군을 계승하게 하였다. 노르부상포는 무력 으로 후(後)티베트의 약소 세력을 합병하고, 린풍 일족은 이로부터 강성하 게 되었다. 노르부상포는 사캬의 쿤씨 후예로서 영락 11년(1413)에 보교왕 (輔敎王)으로 책봉된 남카렉파와 관계를 맺었다. 또 린풍 지구에 롱쟘첸 (rong-byams-chen-chos-sde) 사원을 건립하고 식량과 물자를 공급하였다. 노 르부상포의 시대부터 린풍은 명의상으로는 팍모두파로부터 지배받았지 만, 실상은 독립 상태였다. 노르부상포의 아들 쿤상파(kun-bzang-pa, 생졸년 불명) 형제의 시대가 되자, 쿤상파는 린풍종의 종폰을 계승하고 그의 동생 둔둡도르제(don-grub-rdo-rje)는 삼둡체(bsam-grub-rtse, 현재의 시가체)의 종폰 이 되었다. 또 다른 동생 초케도르제(mtsho-skyes-rdo-rje)는 야르룽지구의 카 르톡종(mkhar-thog-rdzong)을 점유하고 후에는 네우동체에서 팍모두파 행정 사무를 대행하는 장권대신(掌權大臣, dpon-tshab)이 되었다. 쿤상파의 또 다 른 동생 샤캬겐첸(shākya-rgyal-mtshan)은 냥콕종(nyang-khog-rdzong)을 점유 하였다.

이리하여 쿤상파의 시대에 린풍 일족 세력이 크게 발전하였다. 쿤상파와 사캬파의 승려는 한층 더 연합되었고, 쿤상파는 그들을 지원하여 몇 개의 사원을 건립하였다. 쿤상파의 아들 돈유도르제(don-yod-rdo-rje)는 팍모두파 의 중요한 가신인 네우종 종폰(윗글에서 서술한 남카상포의 후예들임)에 속하 는 닥카르 장원(gzhis-ka-brag)과 추술(chu-shul)·룬포체(lhun-po-rtse) 등 땅(네 우종 종폰을 맡은 귀족은 게룩파를 지지하는 유력자이다. 닥카르 장원은 이 귀족 일족 의 세습 봉지로서 이 일족의 이름도 닥카르이다. 둔유도루제의 공격으로 이 일족은 멸 망하였다)을 무력으로 탈취하였다. 돈유도르제는 카르마·카규파 적모계의 제4세 최닥예쉐와 결탁하였고, 최닥예쉐를 지지하여 1490년에 양파첸 (yangs-pa-can) 사원을 건립하였으며, 토지와 노예를 사원의 재산으로 기부하였다. 이때로부터 린풍파와 카르마 흑모파가 결탁하여 한 집단이 되고, 게룩파와 팍모두파 및 게룩파를 지지하는 귀족들이 모인 다른 한 집단이 치열한 싸움을 벌였다.

　1481년 카르마 · 카규파는 라싸의 동쪽 교외 지역에 두 사원(흑모파와 적모파가 각각 한 사원)을 건립하였는데 ,이로써 게룩파의 데풍,사원과 세라,사원을 배척하고자 하였다. 이와 동시에 카르마 카규파는 디궁 카규파와 함께 게룩파의 소규모의 소속 사원들을 폭력으로 개종시키고, 데풍과 세라 두 사원 소유의 일부분 토지를 빼앗았다. 게룩파와 카르마파, 디궁파는 이렇게 적대 상태가 되었다. 1497년에 린풍파는 무력으로 라싸를 제압하였고, 총카파가 창시한 1년에 한 차례씩 라싸에서 거행되는 대기원제(大祈願祭)에 데풍과 세라 두 사원의 승려들이 참가하지 못하도록 금지하였는데, 그 시간은 1498∼1517년의 약 20년간이 된다. 이런 방법으로 린풍파는 게룩파의 성망을 타격하고 두 사원의 경제이익을 손상주었다. 1518년에 이르러서야 팍모두파의 세력이 회복되었고, 데풍과 세라 두 사원의 승려의 대기원제 개최와 참가 권리를 회복하였으며, 린풍파 세력은 라싸에서 철퇴하였다. 1537년에 디궁파는 출병하여 간덴 사원을 공격하고자 하였는데, 군대가 월카종('ol-kha-rdzong, 월카종의 종폰은 대대로 게룩파를 지지하였다)에 이르러 징치(rdzing-phyi) 지방에서 복병을 만나 패하는 바람에 간덴 사원을 파괴하려던 목적을 이루지 못하고, 계획을 바꾸어 게룩파 소속의 18개 사원을 개종(게룩파 소속 사원을 디궁파 소속 사원으로 개종)시키고 돌아갔다. 1565년에 린풍파의 각왕직닥(ngag-bdang-'jig-grags, 생졸년 불명, 초케도르제의 손자)이 종폰이 되었는데 그의 가신 싱샥파 · 체텐도르제(shing-gshags-pa-tshe-bstan-rdo-rje, 생졸년 불명.)가 후(後)티베트 서부의 일부 지방 관원과 연합하고 린풍종속 민의 불만 정서를 이용하여 봉기를 일으켜 린풍파의 통치를 전복하였다. 그는 속민 반란의 성과를 독차지하여 린풍파 관할하에 있던 후(後)티베트의 대부분 지구를 제압하였고, 감링의 라투장 만호의 실력을 약화시켰으며, 스스로를 창퇴겔포[gtsang-stod-rgyal-po, 후(後)티베트의 왕이라는 뜻이다. 한문 사료에서 말하는 창파칸의 증조부이다]로 자칭하였다. 그러나 여전히 카르마 카규파와 결탁하여 게룩파를 적대시하였다. 1581년에 디궁파 내부에 변란이 일어나 디궁파의 세력도 다시는 일어설 수 없게 되었다. 이 시기 팍모두파의 랑씨 일족도 천화왕(闡化王)이라는 텅 빈 이름만 지킬 뿐 통치 실력을 잃은 상태였다. 전(前)·후(後)티베트에서 지방 세력 간의 싸움은 게룩파와 게룩파를 지지하는 귀족들을 한편으로 하고, 창파칸과 카르마 카규파를 다른 한편으로 하는 두 진영 사이에 진행되었다.

  창파칸에 관한 자료는 매우 적은데, 제6편 카르마 카규파에서 이미 설명하였으므로 여기서는 반복하지 않는다. 싱샤파의 후예(그의 손자 픈촉남겔, 픈촉남겔의 아들 텐콩왕포)는 카르마 카규파 적모계와 결탁한 외에 사캬파와 죠낭파, 후(後)티베트의 다른 작은 교파와도 결탁하였다. 특히 텐콩왕포(bstan-skyong-dbang-po, 1606~1642년)는 죠낭파를 적극적으로 지지하였고, 타라나타(tarānātha, 1575~1634년, 생졸년에는 이설이 있다)를 위하여 탁텐픈촉링(rtag-brtan-phun-tshogs-gling) 사원을 수축하였다. 후에 타라나타[그의 전세자(轉世者)는 게룩파의 몽골에서의 젭춘담파 1세이다]는 요청에 응하여 몽골로 가는데 이 역시 대체로는 텐콩왕포의 의사를 좇아서였다. 창파칸의 조손(祖孫) 3대는 여러 사원을 건립하였고 법회도 개최하였다. 정치적으로 이 세대들은 주로 무력으로 관할 지역을 확장하고 전(前)·후(後)티베트를 지배하였다. 1610년경에 픈촉남겔(phun-tshogs-rnam-rgyal, 1586~1621년?)은 후(後)티베트의 대부분 지역을 지배하였는데, 팍모두파 소속이 아니었던 라퇴쟝(la-stod-byang)·갼체(rgyal-rtse) 등의 지방도 그에 포함되었고 전(前)티베트의 공카르(gong-dkar) 및 암드록초호수 동남의 로닥(lho-brag)지구도 지배하였다. 그러나 그의 통치는 불안정하였고 그 후의 10여 년간은 무력으로 반란을 진압해야 하는 상태가 지속되었다. 1618년에 이르러 픈촉남겔은 전(前)티베트의 대부분 지역을 지배하게 되었고 전(前)·후(後)티베트를 동시에 통치하는 티베트 역사상 대규모적인 지방정권을 형성하였다. 카르마 카규파 적모계도 창파칸의 권력을 기반으로 한때는 크게 번창하였다. 그들은 게룩파와 게룩파를 지지하는 전(前)티베트의 세력을 적대시하고 억압하였다. 그 후 20년에 걸쳐 압도적인 우위를 차지하였지만, 게룩파가 몽골군을 청해들이자 그러한 상황은 근본적으로 전환되었다.

게룩파는 15세기 초에 몇 개 중심 사원을 건립하였고 팍모두파 통치자와 그의 관할하 귀족의 지지를 받아 카담파의 대량의 사원을 게룩파의 소속사원으로 개종시켜 사원경제를 기반으로 하는 집단 세력을 형성하였다. 그 후 팍모두파 통치 정권은 점차 쇠퇴하였고 린풍파와 전(前)티베트 귀족 사이에 권력 다툼을 벌이는 혼란스런 국면이 계속되었다. 이런 상황하에서 게룩파는 달라이라마 2세와 3세 시기에 여러 지방을 주유하면서 소속사원을 발전시키에 주력하였는데, 이는 이 집단의 기반을 든든히 하는 주요 수단으로 되었다. 그리하여 세속 귀족들이 영고성쇠(榮枯盛衰)를 거듭하는 상황하에서 게룩파의 실력은 오히려 줄곧 상승기에 처하였다. 16세기 후기에 이르러 달라이라마 3세와 몽골의 알탄칸이 관계를 건립한 후 게룩파는 몽골 각 부족에 신속히 전파되었다. 이러한정황은 티베트 내부의 두 세력 집단의 승부 여하에 영향을 끼칠 뿐 아니라 몽골과 티베트 두 민족의 금후의 역사 발전 과정에도 크게 영향을 주게 되는데, 청조 초기의 몽골과 티베트 두 민족에 대한 정책과 방침도 이러한 상황에 근거하여 제정되었다. 명이 흥성하고 원조 황실(帝室)이 북으로 이주한 지 수십 년 후 몽골족은 조국의 북부에서 몇 개의 부족으로 분화되었는데 1435년경에 오이라트[즉 이후의 위라특衛拉特, 혹은 악로특厄魯特으로서 칭기스칸의 비직계(非直系)이다.] 제부(諸部)의 세력이 강해져, 드디어 몽골 여러 부족의 맹주가 되었다. 약 50년 후 다얀칸(쿠빌라이의 후예. 칭기스칸의 제29세 손자)은 칭기스칸의 직계 제부(諸部)와 연합하여 오이라트(두르베트부·트르구트부·쇼로스부, 즉 준가르부와 호쇼트부)를 천산 남북으로 쫓아내고 대막(大漠)남북 몽골 지역의 패권을 잡았다. 그러나 1543년 다얀칸이 세상을 떠난 후 몽골은 또 다시 차하르부 · 카라친부 · 투매트부[이상은 막남(漠南)]와 하르하부[막북(漠北, 이 부는 또 다섯 개 작은 부로 분열] 등 5개 큰 부로 분열되었다. 그중에서 오르도스부(하투일대에서 방목)와 투메트부(후허호트에서 방목)의 세력이 가장 강하였다. 16세기 초기부터 명조의 변경 지방 관리가 실직 상태여서 몽골 귀족이 이끄는 한 갈래 부족이 청해에로 쳐들어오기도 하였으나 그 시기 명조는 몽골족의 대거 남하와 티베트족 지구에로의 진입을 막아 내는 힘은 갖고 있었다. 그러나 1559년에 이르러 투메트部의 알탄칸이 대오를 이끌고 서쪽으로 청해에 침입하자 명조는 그것을 막아낼 힘이 없어서 계략을 써서 알탄칸을 위무(慰撫)하는 수밖에 없었다. 그래서 1571년에 알탄칸을 순의왕(順義王)으로 봉하였고, 이때의 명조는 몽골과 티베트 두 민족 사이의 교통을 더는 단절시키지 못하였다.

　티베트 불교는 원의 정치와 문화에 일정한 영향을 주었다고는 하지만 그것은 다만 원조 황실과 왕공 귀족으로부터 숭배받았을 뿐이고, 광범한 몽골 지구의 몽골족 인민에게 수용되어 그들로부터 신봉받은 것은 아니었다. 원조 황실이 북쪽으로 파천한 후 원조 황실과 사캬파와의 관계 및 그들의 티베트 불교에 대한 신앙은 끊어졌다 이어졌다 하는 모습이었다. 당시의 통치계급과 몽골족인민들 대부분은 저들 고유의 샤머니즘을 신앙하였지만, 그러나 1578년에 이르러 몽골 투메트부의 알탄칸이 달라이라마 3세와 청해의 앙화사(仰華寺)에서 회견한 후부터 게룩파는 몽골족 지구에 급속히 전파되었다. 그리하여 투메트부의 통치계급뿐만 아니라 몽골족 민간에도 침투되었고, 그 후 얼마 지나지 않아 오르도스부 · 차하르부 · 하르하부 · 카라친부 및 천산 일대의 오이라트 여러 부는 개별적으로 카규파와 사캬파를 믿는 일부 칸들을 제외한 전부가 게룩파를 신봉하였고 게룩파 사원이 몽골족 각지에 연속 건립되었다. 몽골족 지구와 게룩파의 3대 사원 사이, 특히 달라이라마가 있는 데풍 사원과의 관계는 나날이 밀접해졌고, 알탄칸의 증손자 윤텐갸쵸가 달라이라마 4세로 인정받은 후에 이런 관계는 더욱 견고하여지고, 한층 발전하였다. 몽골족 지구에는 달라이라마의 대리인(동코르·후투그투 등)이 상주하였고, 라사에는 몽골의 승속 귀족이 상주하였다. 몽골족지구의 사원의 상층라마는 모두 라사의 3대사원에서 경론을 배웠고 몽골족 여러 부(諸部)의 칸의 자제들도 3대사원 특히 데풍사원에 가서 배웠으며 어떤 이들은 달라이라마의 제자가 되었다. 몽골 제부(諸部)의 칸(그들은 흔히 군대를 데리고 갔다)들도 자주 티베트에 가서 달라이라마와 판첸라마를 알현하고 많은 사원에 보시하였다.

이러한 종교 활동의 배후에는 티베트와 몽골의 승속의 상층계급이 정치적으로 서로 결탁하고 이용하는 외에 보다 중요한 것은 사실상 몽골과 티베트 두 민족, 두 지구의 무역 활동이 이러한 행동을 추진하는 힘이 되었다(그들은 물품을 휴대하여 왕래하는 도중에서 매매하였다). 그러나 몽골족 내부에서 여러 부의 칸들은 서로 종속관계가 아니어서 때때로 분쟁이 생겼다. 하지만 모두 게룩파를 신봉하고 달라이라마와 저마다 직접 연락할 수 있기 때문에 달라이라마라는 우상적인 존재는 몽골 제부(諸部)의 칸들에게 커다란 영향을 미쳤다. 17세기 30~40년대에 이르러 몽골족 칸왕의 티베트족 지구에서의 활동은 정치적 목적과 영토에 대한 야심을 선명히 드러냈다. 먼저 차하르부의 린단칸이 몽골 각 부 사이에 분쟁을 일으켰고 각 부의 많은 사람들이 북쪽의 하르하로 이동하였으며 하르하 각 부 사이는 또한 이 때문에 분쟁이 일어났다. 그 중 촉투칸은 부족 사람들을 이끌고 서진하여 최종적으로 청해 지방(17세기 30년대 초기)에 이르러 당지의 투메트부를 정복하였다.

촉투칸은 대대로 카르마·카규파를 신봉하였던 터이고 그러므로 카르마·카규파에 의뢰하여 창파칸 텐콩왕포와 관계를 맺었다. 또한 린단칸과 연락하여 카르마·카규파(당시 린단칸은 게룩파를 신봉하였고 그때 한창 청 태종 홍타이지의 압박을 받을 때였다)에 개종하도록 설득하였고, 창파칸과 연합하여 사건을 일으키려고 밀모하였다. 그러나 린단칸은 청해로 가는 도중에 병사하였다. 촉투칸은 1635년에 자기의 아들 아르스란을 파견하여 군대를 이끌고 티베트에 들어가 게룩파를 소멸하고 창파칸과 함께 티베트를 지배하고자 하였다. 그러나 아르스란은 게룩파의 뇌물을 받아먹고 게룩파와 카규파 사이에서 주저하다가 카규파 승려의 고발로 인하여 1636년에 처형되었다. 이와 때를 같이하여 게룩파 사원의 상층 라마는 사람을 파견하여 호쇼트부의 구시칸의 도움을 요청하였다. 호쇼트부는 오이라트 4부 중의 하나로서 원래는 천산북로에서 방목 생활을 하였으나 이때는 이미 천산남로로 옮겨온 상태였다. 구시칸은 본래 청해를 공략하여 거점을 마련할 의향이 있는 데다가 눈앞의 형세가 자기에게 유리함을 이용하여 1637년에 부족을 이끌고 청해에로 쳐들어갔다. 하여 투메트부의 잔존 세력과 연합하여 촉투칸을 격파, 살해하고 그의 수만 명 세력을 합병함으로써 청해에 호쇼트부 근거지를 건립하였다. 바로 그해에 구시칸은 참배객으로 위장하고 라사에 가서 판첸라마 4세 로상최키겐첸과 달라이라마 5세 각왕로상걈쵸와 협의하여 공동으로 청조에 사자를 파견하여 청조로부터 후원 받아 티베트를 장기적으로 지배하고자 하였다. 그 후 구시칸은 1639년에 군대를 거느리고 서캄으로 갔고 1640년에는 서캄의 페리토사(土司, 당시 서캄에서 가장 강대한 지방 세력이었음)를 멸망시켰다. 1641년에는 여강(麗江) 토지부(土知府) 목씨(木氏)의 관할 지역의 일부분를 포함한 서캄 각 지구를 제압하였고 그해 연말에 군대를 거느리고 티베트에 진입하였다. 이리하여 1642년에 구시칸은 창파칸 텐콩왕포를 격파하고 살해함으로써 전(前)·후(後)티베트를 자기의 지배하에 넣었다. 이것으로 티베트지구의 서로 적대시하는 두 승속 세력 집단의 대결은 구시칸과 게룩파의 전면적인 승리로 끝났고, 구시칸은 전(全)티베트를 지배하게 되었다. 그러나 당시 그 서북에 위치하고 있는 강력한 준가르부와 동북의 대막(大漠) 남북에 자리 잡고 있는 몽골 제부(諸部)는 구시칸이 전반 티베트족 지구를 지배하고, 특히 달라이라마를 공제하는 데 대하여 불복하였다. 그러므로 구시칸은 반드시 외부로는 강한 지원군과 연합하여 몽골칸의 티베트 진입을 방지하고, 내부로는 달라이라마와 연합하여 티베트 내부에 대한 지배를 든든히 다져야 했다. 그는 우선 1637년 좌우에 달라이라마와 판첸라마를 요청하여 공동으로 청조에 사자를 파견하였고, 달라이라마와 판첸라마의 명의를 빌어 자신의 지위를 높혔다. 그 후에도 공동으로 수차 청조에 사자를 파견하였다. 구시칸은 자기 아들들을 감숙·청해 등 티베트 지구에 주둔시키고 캄 지방에 세금을 부과하여 몽골군 500여 호의 비용 문제를 해결하고 평시에는 다무지방에 주둔하였다(이것이 바로 다무 몽골 팔기(八旗)의 유래이다). 이렇게 그는 전(全)티베트족 지구의 칸이 되었다. 당시의 감숙·청해·캄 지방의 상황은 매우 복잡하였다. 총카파의 제자들이 이 일대에서 이미 사원을 건립하였고 달라이라마 3세, 4세의 운영과 발전을 거쳐 게룩파는 이미 상당한 실력을 쌓았다. 구시칸은 우창 지방의 세금 징수를 미끼로 삼아 달라이라마와 연합하였다. 일면으로 달라이라마 및 그의 통치 지구 내의 게룩파 사원(캄 지방에서 그는 13개의 게룩파 사원을 새롭게 건립하였고, 감숙·청해 지구에도 약간의 게룩파 사원을 건립하였는데, 이런 사원들은 자연히 그의 완전 통제하에 놓여졌다.) 으로 하여금 자기의 티베트지 구 인민들에 대한 공제에 도움이 되게 하고, 또 일면으로는 달라이라마를 틀어쥐어 그 위망을 빌어 기타 몽골칸 왕들을 잘 공제하고자 하였다. 이는 당연히 통치자로서의 의기양양한 수완이지만, 이후부터 전(前)·후(後)티베트에는 몽골의 칸과 게룩파의 영수가 연합하여 통치하는 국면이 형성되었다(제8편 게룩파 참조). 전(前)·후(後)티베트의 이런 상황은 1644년 청군이 북경을 점령하고 명조가 멸망한 후에, 청조의 수십 년에 걸치는 조종과 공제에 의하여 겨우 개변되었다.

　게룩파 역사에 관해서는 전문 서적이 별도로 있고, 청대의 티베트의 종교 상황에 관한 내용도 게룩파 역사에서 서술되고 있다. 본 저서에서는 제8편에서 일부분을 언급하였고, 그러므로 청대에 관해서는 전문 장절을 설정하지 않는다.

[부표 10-1] 팍모두파 세계표

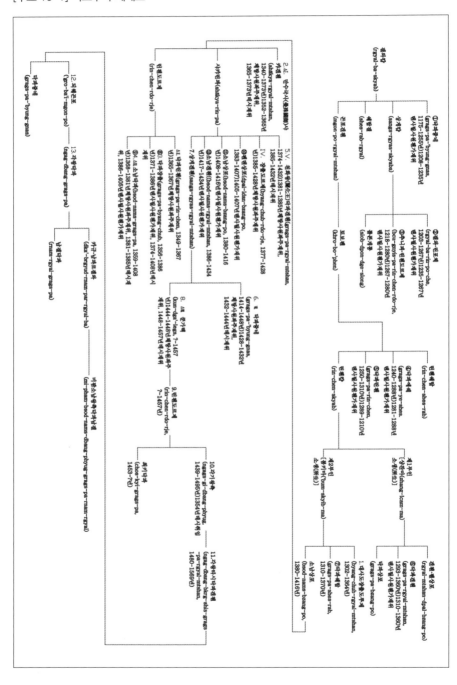

1. 닥파중네(grags-pa-'byung-gnas, 1175~1255년) 1208~1235년 첸가 재위
2. 겔와린포체(rgyal-ba-rin-poche, 본명은 닥파촌두, grags-pa-brtson-grus, 1203~1267년) 1235~1267년 첸가 재위
3. 추니파·린첸도르제(bcu-gnyis-pa-rin-chen-rdo-rje, 1218~1280년) 1267~1280년 첸가 재위
4. 닥파예쉐(grags-pa-ye-shes, 1240-1288년) 1281~1288년 첸가 재위
5. 닥파린첸[grags-pa-rin-chen, 일명 니최파(gnyis-mchod-pa), 1250~1310년] 1289~1310년 첸가 재위
6. 닥파겐첸[grags-pa-rgyal-mtshan, 일명 최시파·닝마(chos-zhis-pa-rnying-ma), 1293~1360년] 1310~1360년 첸가 재위
7. 닥파쉐랍[grags-pa-shes-rab, 일명 추니사르마(bcu-gnyis-gsar-ma), 1310~1370년]1360~1370년 첸가 재위
8. 닥파쟝춥[grags-pa-byang-chub, 일명 최시파·사르마(chos-zhis-pa-gsar-ma), 1356~1386년] 1371~1386년 첸가 재위
9. 소남닥파(bsod-nams-grags-pa, 1359~1408년) 1386~1405년 첸가 재위
10. 펜덴상포[dpal-ldan-bzang-po, 일명 닥파로되(grags-pa-blo-gros), 1383~1407년] 1405~1407년 첸가 재위
11. 소남상포(bsod-nams-bzang-po, 1380~1416년) 1408~1416년 첸가 재위
12. 소남겐첸(bsod-nams-rgyal-mtshan, 1386~1434년) 1417~1434년 첸가 재위

체탕사원은 대사도(大司徒) 쟝춥겐첸(tai'-si-tu-byang-chub-rgyal-mtshan, 1302~1363년) 1351~1352년 건립

1. 쟘양국사샤캬겐첸('jam-dbyangs-shākya-rgyal-mtshan, 1340~1373년) 1352~1365년 좌주 재위
2. 닥파린첸(grags-pa-rin-chen, 1349~1367년) 1365~1367년 좌주 재위
3. 쟘곤파·라최숭파('jam-sngon-pa-bla-chos-gsung-pa) 1367~1368년 좌주 재위. 이 사람은 랑씨 일족 출신이 아니다.
4. 소남닥파(bsod-nams-grags-pa, 1359-1408년) 1368~1381년 좌주 재위
5. 닥파겐첸(grags-pa-rgyal-mtshan, 1374~1432년) 1381~1385년 좌주 재위
6. 쟝춥도르제(byang-chub-rdo-rje가 계승하였다. 1377~1428년) 1385~1428년 좌주 재위
7. 닥파즁네(grags-pa-'byung-gnas, 1414~1448년?) 1428~1432년 좌주 재위
8. 쿤가렉(kun-dga'-legs, ?-1457년) 1444~1448년 좌주 재위
9. 닥파즁네(grags-pa-'byung-gnas, 1414~1448년?) 1446년 재임
10. 상계겐첸(sangs-rgyas-rgyal-mtshan, ?~1457년) 1448년 취임

주요 참고 서적

1. 진(晉) 류구(劉昫) 등 저, 『구당서(舊唐書)』, 백납본(百納本), 권196, 토번전(吐番傳)

2. 송(宋) 구양수(歐陽修), 송기(宋祁) 저, 『신당서(新唐書)』, 백납본(百納本), 권216, 토번전(吐番傳)

3. 명(明) 송렴(宋濂) 등 저『원사(元史)』백납본(百納本), 권86~87, 석노전(釋老傳)

4. 청(淸) 장정옥(張廷玉) 등 저, 『명사(明史)』백납본(百納本), 권331, 서역3

5. 『서장지방역사자료선집(西藏地方歷史資料選輯)』(내부자료), 생활독서신지삼련서점(生活讀書新知三聯書店), 1963년판

6. 왕충(王忠) 저, 『신당서토번전전증(新唐書吐番傳箋證)』. 과학출판사(科學出版社), 1958년

7. 『우창통지(衛藏通志)』청(淸), 저자 서명 없음. 점서촌사본(漸西村舍本)

8. 『서장라마교사례(西藏喇嘛敎事例)』청(淸). 저자 없음. 북경도서관장초본(北京圖書館藏抄本)

9. 묘주(妙舟) 저, 『몽장불교사(蒙藏佛敎史)』2책, 1935년 불학서국(佛學書局) 활판본

10. 법존(法尊) 저, 『서장민족정교사(西藏民族政敎史)』6권, 1940년 사천북배(四川北碚) 목각본

11. 류립천(劉立千) 편역, 『속장사감(續藏史鑑)』, 성도화서변강연구소(成都華西邊疆硏究所), 1945년판

12. 토관최키니마(土觀却吉尼瑪) 저, 『선설제종원류및교의정경사(善說諸宗源流及敎義晶鏡史)』. 저자 서명 없음, 성도시서남민족학원장전초본(成都市西南民族學院藏傳抄本), 민족연구소1961년복제

13. 아함장(牙含章) 저, 『달라이라마전』(내부발행), 삼련서점(三聯書店), 1963년판

14. 심증식(沈曾植) 전증(箋證), 장이전(張爾田) 교보(校補), 『몽고원류전증(蒙古源流箋證)』8권, 활자본

15. 한유림(韓儒林) 저, 『원조중앙정부는 어떻게 티베트지방을 관리 하였는가(元朝中央政府是怎樣管理西藏地方的)』, 『역사연구(歷史硏究)』, 1959년 제7기

16. 왕충(王忠) 저,『중앙정부가 티베트지방을 관리한 제도의 발전(中央政府管理西藏地方制度的發展)』,『역사연구(歷史研究)』, 1959년 제5기

17. 왕충(王忠) 저,『리차손의 "서장간사" 명대서장지방 역사에 관한 유설을 평함(評理查遜"西藏簡史"明代西藏地方歷史的謬說)』,『역사연구(歷史研究)』, 1959년 제5기

18. 첼파 · 쿤가도르제(tshal-pa-kun-dga'-rdo-rje) 저『홍사(紅史, deb-ther-dmar-po)』, 1346년 책이 됨, 민족연구소장전초본(民族研究所藏傳抄本)

19. 소남겐첸(bsod-nams-rgyal-mtshan) 저,『티베트왕통기(bod-kyi-rgyal-rabs-chos'-'byung-gsal-ba'i-me-long-)』, 1388년 책이 됨, 데르게판

20. 슌누펠(dgos-lo-gzhon-nu-dpal) 저『청사(靑史. deb-ther-sngon-po)』. 1476∽1478년 책이 됨, 라사 공덕림장판(功德林藏版), 참고: G.N.Roerich, 영역본(The Blue Annals Ⅰ. Ⅱ, Calcutta, 1949, 1953)

21. 파오 · 측락텡와(dpa'-bo-gtsug-lag-phreng-ba),『현자희연(賢者喜宴, chos-'byung-mkhas-pa'i-dga'-ston)』, 1564년 책이 됨, 전장산남락찰대와종랍롱사판(前藏山南洛扎岱瓦宗拉壟寺版)

22. 『사캬세계(薩迦世系, sa-skya-gdung-rabs)』, 데르게판, 1629년 책이 됨

23. 달라이라마 5세 각왕롭상감초(ngag-dbang-blo-bzang-rgya-mtsho) 저『티베트왕신기(bod-kyi-bed-ther-dpyid-kyi-rgyal-mo'i-glu-dbyangs)』, 민족출판사, 1957년 활판본

24. 쿤촉룬둡(kun-mchog-lhun-'grub), 상계픈촉(sang-rgyas-phun-tshogs) 공저(共著),『증속정법원류(增續正法源流, dam-chos'-'byung-tshul-kha-skang-dang-bcas)』, 데르게판각본

25. 『롱돌라마전집(klong-rbol-bla-ma'i-gsung-'bum)』. 라사판각본

26. 『숨파켄포(sum-pa-mkhan-po)불교사』, 1748년 책이 됨, 후허호트장(呼和浩特藏) 숨파켄포전집판

27. 토관롭상최키니마(thu-kvan-blo-bzang-chos-kyi-nyi-mas),『토관종파원류(土觀宗派源流, grub-mtha'-thams-cad-shel-kyi-me-long)』, 1801년 책이 됨, 데르게판각본

28. 직메릭페도르제('jig-med-rig-pa'i-rdo-rje),『몽고장전불교사(蒙古藏傳佛教史)』, 일본, 몽장전적간행회(蒙藏典籍刊行會) 1930년 복제본

29. G. Tucci, Tibetan Painted Scrolls , 3vols'Romo, 1949

30. H. Hoffmann, The Religions of Tibet, Traslated by E.Fitzgerald, London, 1956

31. L.petech, china and Tibet in the early 18th century, Leiden, 1950

32. H.Richardson, The Karmapa Sect, (Journal of the Royal Asiatic society, 1958 part 3-4. 1959 part 1-2)

33. T.V.Wylie, The gcography of Tibet according to 'Dzam-Gling-Rgyas-Bshad', Roma 1962

34. A.F.errari. Mk'yen Brtse's Guidc to the Holy places of Central Tibet

35. 佐藤長 저, 『고대서장사연구(古代西藏史研究)』 (상), (하), 일본동양사연구회간행, 1958, 1959

36. 佐藤長 저, 『원말명초서장의국세(元末明初西藏的局勢)』, 『명대만몽사연구(明代滿蒙史研究)』 PP485-585 참조, 일본교토대학문학부 1963년간행

37. 羽田明 저, 『갈이단전잡고(噶爾丹傳雜考)』, 『석빈선생고희기념 · 동양학논총(石濱先生古稀紀念 · 東洋學論叢)』 PP459-470 참조, 1958

38. 佐藤長 저, 『명대 티베트의 디궁파의 계통에 관해서』, 『동양학보(東洋學報)』 제45권 제4호, 1963

39. 佐藤長 저, 『명대 티베트 8대법왕에 관해서』, (상), (중), 일본 『동양사연구(東洋史研究)』 제21권 1962, 제22권 제2기 1963

부록 1 — 총카파 전론(傳論)

1

총카파(tsong-kha-pa, 1357~1419년)의 본명은 롭상닥파펠(blo-bzang-grags-po-dpal, 일반적으로 롭상닥파라고 부름)이고 청해성 서녕(西寧) 부근의 타얼스(塔爾寺) 부근에서 태어났다. 티베트인은 예로부터 서녕 일대를 총카(tsong-kha)라고 불렀기 때문에 그를 총카파라고 부른다. 총카파의 부친 이름은 루붐게(klu-'bum-dge)이고, 원조 말기에 다루가치(da-ra-kha-the, 즉 몽골어 da-rugači의 음역)를 담임하였고, 티베트인의 멜(mal-gyi-rigs) 일족에 속한다. 총카파는 6명의 형제 중 넷째였다. 7세 때 샤큥(bya-khyong-dgon-pa) 사원에서 출가하여 카담파의 대라마 둔둡린첸(don-grub-rin-chen)을 스승으로 모시고 불경 공부를 하였다. 10년간 티베트어와 밀교, 현교의 경론을 배우면서 기초를 닦았다. 16세 때에 학문을 더욱 깊이 연구하기 위하여 후(後)티베트로 갔다.

1373년(홍무 6년, 총카파 17세)에 전(前)티베트에 도착하면서부터 1381년(홍무 14년, 총카파 25세)까지 총카파는 전(前)·후(後)티베트의 여러 사원에서 오부(五部)에 의한 입종(立宗) 답변을 마치는데, 이 9년간은 총카파가 전(前)·후(後)티베트에서 현교 경론을 중심으로 배운 시기이다.

1373~1374년에 총카파는 네탕(snye-thang)의 데와첸(bde-bacan) 사원에서 지내면서 『현관장엄론(現觀莊嚴論)』을 중심으로 하는 미륵의 5법을 배웠다. 1375~1376년에는 전(前)·후(後)티베트의 불경을 강의하는 사원에서 『현관장엄론』을 의거로 한 입종(立宗)답변을 마쳤는데, 이는 그가 『미륵의 5법』의 내용을 모두 배웠음을 말해 준다. 그 후에도 1376년에는 쿤가펠(kun-dga'dpal)에게서, 1380에는 렌다와(red-mda'-ba)에게서 『현관장엄론』을 거듭하여 배웠는데, 이처럼 그는 이론을 몹시 중시했다.

1375~1380년의 6년간 총카파는 사캬파의 렌다와 등 티베트의 학문 있

는 라마들에게서 현교 및 기타 중요한 논서를 배웠다. 그중『구사론(俱舍論)』은 1375년에 둔상와(don-bzang-ba)에게서 한 번 배웠지만, 1376년과 1380년에 렌다와에게서 두 번째로 거듭하여 배웠다.『대승아비달마집론(大乘阿毗達磨集論)』은 아마도 그가 고향에 있을 때 둔둡린첸에게서 배운 듯한데, 1377년에 그가 이 책을 강의한 적이 있었던 터이다. 그럼에도 총카파는 1378년, 1380년에 렌다와에게서 두 번 다시 배웠다.『입중론(入中論)』은 1376년, 1378년, 1379년, 1380년에 렌다와에게서 네 번 배웠다.『양석론(量釋論)』도 1378년, 1379년, 1380년에 렌다와에게서 세 번 배웠고, 1380년에 둔상와에게서 다시 한 번 배웠다. 1379년에는『양석론』을 독학하는 동시에 우육파('u-yug-pa, 사판의 제자)의『양석론상주(量釋論詳注)』를 정독하여 그중의 "수도성불(修道成佛)" 도리를 깨달았다.『계경(戒經)』은 1377년에 쿄르모룽(skyor-mo-lung)의 로셀와(blo-gsal-ba)에게서 경문과 주석을 배웠다. 1380 ~1381의 2년간 총카파는 전(前)·후(後)티베트의 불경을 강의하는 여러 사원에서『구사론(俱舍論)』·『대승아비달마집론(大乘阿毗達磨集論)』·『양석론(量釋論)』·『계경(戒經)』의 4론을 의거로 한 입종(立宗) 답변을 마쳤다(당시『입중론』에 관한 입종 답변을 할 수 있는 사원이 없었고,『현관장엄론』에 관해서는 이미 1375~1376년에 입종(立宗) 답변을 마쳤다). 총카파는 이 시점에서 이러한 대표적인 논서에 대한 학습을 끝냈는데, 훗날의 게룩파의 학습 제도에 비기면 25세 때에 이미 "게세"의 지위에 도달한 것이 된다. 상기의 논서는 현교의 발전 단계를 표명하는 것인데, 총카파가 이 몇 부의 책에 대한 학습을 끝내고 파악하였다는 것은 그가 불교철학을 전체적으로 요해하고 견실한 기반를 쌓았으며, 현교의 학습 단계를 마쳤음을 말해 준다. 이후에도 총카파는 현교 경론에 대하여 연찬하였고, 조예를 보다 깊이 하였다.

1385년(홍무 18년)경 총카파는 야르룽(yar-lung) 지구의 남겔라캉(rnam-rgyal-lha-khang)에서 츨팀린첸(tshul-khrims-rin-chen)으로부터 비구계를 받았는데, 이때부터 불경을 강의하고 제자를 받았다.

1385년부터 1392년(홍무 25년, 총카파 36세)까지는 총카파가 전(前)·후(後) 티베트의 각 사원의 요청에 응하여 불경을 강의하는 외에, 스승과 친구를 방문하고 의문점을 깊이 검토하는 등 현교에 대하여 연찬하고 자득하는 단계이다. 밀교에 대하여서는 인연에 따라 배웠고 기회가 되면 밀법 수행에 전념하여 몸소 체험하였다. 특히 1390~1392년 사이에 부톤(bu-ston)의 두 명의 제자와 한 명의 손제자에게서 밀교의 경전(經典)과 주소(注疏)를 상세하게 체계적으로 배웠으며, 부톤(bu-ston)의 손제자 군상와(mgon-bzang-ba)에게서 각 부 탄트라의 사상(事相)과 의궤(儀軌)를 공부하였다. 이 시기는 총카파가 밀교의 학습을 완성하는 단계이다.

티베트에 전해진 주요한 밀교 경전, 예컨대 『비밀집회(祕密集會)』에 대하여 그는 1379년에 이미 렌다와에게서 『비밀집회(祕密集會)』와 『비밀집회오차제(祕密集會五次第)』를 배웠고, 1390년에 롱(rong) 지방에서 닥파쉐녠(graga-pa-shes-gnyen)으로부터 『비밀집회5차제(祕密集會五次第)』를 배웠으며, 동년 렌다와에게서 『비밀집회(祕密集會)』를 다시 배웠고, 1392년에 부톤의 제자 츄펠와(chos-dpal-ba)에게서 『비밀집회(祕密集會)』의 2대파[성자류(聖者流)와 즈냐나파다류]의 해석을 배웠다. 『승락(勝樂)』에 관하여서는 1375년에 샤루 사원의 린첸남겔(rin-chen-rnam-rgyal, 부톤의 제자)에게서 배운 동시에 관정(灌頂)을 받았고, 1392년에는 또 샤루사원에서 부톤의 제자 쿵포레파(khyung-po-lhas-pa)에게서 배웠다. 『시륜(時輪)』은 1375년에 죠모낭(jo-mo-nang) 사원의 쵹레남겔(phyogs-las-rnam-rgyal)에게서 『육가행법(六加行法)』을 배웠다. 1389년 그는 쿄르모룽 사원에서 첼 사원의 예쉐겐첸(ye-shes-rgyal-mtshan)이 강의하는 『시륜경무구광대소(時輪經無垢光大疏)』를 들은 동시에 사상[事相, 밀교에서 수법(修法)·관정(灌頂) 등 실천적인 면을 가리킴]과 역산(曆算)을 배웠다. 1390년에 총카파는 또 데첸 사원(bde-chen)에서 부톤의 제자 추펠와로부터 『시륜경소석(時輪經疏釋)』을 배우고, 사상(事相)과 『육가행법(六加行法)』을 수행하였다. 이상의 3부 경전은 무상유가(無上瑜伽) 탄트라(4부 탄트라

의 제4부)에 속하는 것이다. 소위 하3부[유가부(瑜伽部)·행부(行部)·사부(事部)]
에 대하여 당시의 사람들은 배워야 할 가치가 없다고 생각하였지만, 총카
파는 1392년에 부톤의 제자 쿙포레파에게서 체계적으로 배웠다. 사캬파의
"도과(道果)"와 카규파의 "대인(大印)", "나로 6법" 등 각 종파의 유명한 밀법
도 적극적으로 배웠지만, 그가 더욱 중시한 것은 대부의 밀교 경전의 주석
해설과 사상의궤(事相儀軌)이다. 그렇다고 어느 밀법이 위주라고 표방하지
는 않았고 어느 수법만을 집착하지도 않았으며(예컨대 풍(風)·맥(脈)·명점
(明點) 등 기공(氣功)과 비슷한 것인데, 당시 밀교 수행자들이 숭상하였다),
현교의 교의와 밀교의 수행 체험을 결합시키는 일에 치중하였다. 이는 총
카파 자신이 현교 방면에서 견실한 소양을 갖춘 후에야 비로소 밀교를 배웠
고, 밀교를 불교의 다른 체계로 간주한 것과 관계된다. 또한 이는 밀교를 배
우기 위하여서는 반드시 현교를 먼저 배워야 하고, 밀교 자체에도 차제(次
第)와 순서가 있다고 하는 총카파의 관점의 산생에 큰 영향을 미쳤다.

1393년(홍무 26년, 총카파 37세)부터 1399년[건문(建文) 원년, 총카파 43세]까지
는 총카파의 사상체계가 점차 형성되고, 그가 종교 활동을 시작하는 시기
이다.

총카파는 비구계를 받은 후 요청에 응하여 사람들에게 늘 불경을 강의하
였다. 1387년과 그 전후에는 첼 사원에서 지내면서 『티베트대장경』(첼 사원
에는 『캉규르』 사본이 소장되어 있었다)을 열독하고, 수시로 스승·친구와 함께
의문점을 깊이 검토하고 연찬하였다. 1390년경에는 17부론(여기서는 대승 현
교 각파의 저작이 포함된다. '부록 2 — 총카파 연보'의 1389년 조목 참조)을 동시에
강의할 수 있었다. 이는 그의 학문이 해마다 깊어지고, 사상이 점차 성숙되
고 있음을 말해 준다. 1395~1396년의 2년간 총카파는 로닥(lho-brag)의 두
보(gro-bo-dgon-pa)사원과 넬투(gnyal-stod)의 다고르(bra-gor) 사원에 체류하
면서, 카담파·교수파의 남카겐첸(nam-mkha'-rgyal-mtshan)과 카담파·교전
파의 츄캽상포(chos-skyabs-bzang-po)에게서 배우면서 카담파의 교의를 깨달

았다. 또 넬투에서 두룽파(gro-lung-pa)의 저서 『보리도차제(菩提道次第)』와 『성교차제(聖敎次第)』를 입수하였다. 이런 것들은 총카파에게 강령의 원형을 제공해 주었고 그 자신의 불교사상 체계의 구축에 크게 기여하였다. 총카파는 1398년에 울카('ol-kha)의 오데궁겔('o-de-gung-rgyal) 라딩(lha-sdings) 사원에서 『중론불호석(中論佛護釋)』[『중론(中論)』의 붓다팔리타의 해석]을 얻었다. 이 책들을 정독한 후 총카파는 중관성공의(中觀性空義)에 대하여 결정적인 견해를 얻었고, 중관파의 찬드라키르티(月稱)와 바바비베카(淸辨) 두 파의 구별에 대하여 명확한 이해를 얻어 불교 철학의 근본 문제를 해결하였다. 여기에 이르러 그의 사상은 성숙되었고, 체계는 형성되었다. 이후 총카파가 1401~1402년에 집필한 『보리도차제광론(菩提道次第廣論)』은 바로 그의 이런 사상 체계를 써낸 것과 맞먹는다.

이렇게 그의 사상이 점차 성숙해지는 것과 때를 같이하여 총카파는 종교 활동을 시작하였다. 이 활동은 세 가지 분야로 나뉜다. 첫 번째는 계율을 제창하고 그 자신도 계율을 엄수하였다. 두 번째는 사원을 수복하였다. 세 번째는 불경을 강의하는 법회를 창설하였다.

1388년경 총카파는 승모(僧帽)를 황색으로 바꾸었다('부록 2 — 총카파 연보'의 1388년 조목 참조). 이로써 그는 계율을 결단코 중요시하고 꼭 준수할 데 대한 결의를 나타냈다. 1395년에는 남카겐첸(nam-mkha'-rgyal-mtshan)의 권고에 따라 징치(rdzing-phyi) 사원의 미륵보살상에 비구의 의복 한 벌을 공양하였다(보살상을 비구상으로 고쳤다는 의미이다. 진짜 보살도 비구계를 지켜야 하거늘, 오히려 스스로를 보살이라고 자처하는 라마들이 비구계를 지키지 않아도 된다고 생각하는 것은 틀렸음을 지적한 것이다). 이는 대소 현밀의 모든 승도는 응당 비구계를 지켜야 한다고 선언한 것과 같다. 1396년 넬(gnyal) 지구의 세루치붐파(gser-phyi-'bum-pa)에서 개최한 법회에서는 승도들에게 비구계 및 시행 세칙에 대하여 강의하였다. 총카파와 그의 제자들은(도합 30여 명) 이때부터 제반사(諸般事)에서 엄격히 계율에 따라서 행동하였다. 이듬해(1397년)에도 넬(gnyal) 지구의 강충(sgang-chung) 지방에서 당지의 신도들을 위하여 재가자(在家者)와 출가자(出家者)가 지켜야 할 계율에 대하여 강의하였다. 1399년에는 네우동체의 종폰 남카상포(nam-mkha'-bzang-po)와 상푸(gsang-phu)사원 켄포 등의 요청에 응하여 라싸에 돌아가 포타라(po-ta-la)에서 비구계를 강의하였다. 이후 총카파는 계율을 제창하는 활동을 보다 적극적으로 진행하였으며, 그러므로 달리 새 단계에 들어섰다고 할 만하다.

1393년 여름 총카파와 제자 등 9명은 울카종 북부의 징치(rdzing-phyi) 사원에 가서 사원에 모셔져 있는 미륵보살상을 참배하고 공양을 드리면서 발원하였다. 징치(rdzing-phyi) 사원은 10세기의 고찰이고, 이 미륵보살상은 티베트에서 유명한 동상일지라도 지금은 매우 황폐하였다. 이듬해 1394년에 총카파는 울카종 종폰 부자에게 징치사원을 중수(重修)할 것을 권고하고, 자신도 전당 내의 채색화 비용을 부담하였다(이때 제자가 또 3명 늘어 도합 12명이 되었다). 유명한 고찰을 부흥시킴은 당연히 불교도들 사이에서 명성을 얻을 수 있는 좋은 기회로 된다.

1397년 총카파는 넬 지구의 라부롱(rab-grong)사원에서 강경법회(講經法會)를 창설하였는데 넬 지구의 4부의 데파(sde-pa, 지방의 수령)가 법회의 순번을 다투어 서로 불화하였다. 총카파가 이를 중재하였는데, 결과 라부롱 사원의 법회는 4명의 데파가 회견하고 화해하는 장소로서의 역할을 일으켰고, 4명의 데파는 이때부터 총카파의 시주가 되었다. 그가 창설한 이 법회는 그 후 해마다 개최하였고, 해마다 넬 지방 4부의 분쟁을 해소하고 화해시키는 장소로 되었으며, 이를 통해 총카파는 통치자는 물론 민중에게서도 성망을 얻었다.

1399년 티베트 역법(曆法)으로 정월 초하루부터 보름날까지 총카파 사제(제자는 30여 명이 되었다)는 징치(rdzing-phyi) 사원의 미륵상 앞에서 기원법회(祈願法會)를 개최하였다. 참가한 승도는 200여 명에 달하였다. 이 법회의 개최는 샤카무니 부처님이 육사외도(六師外道, 6종의 사문 집단)를 절복(折伏)시켰다는『현우인연경(賢愚因緣經)』의 이야기에 근거하였다. 육사외도와 샤카무니 부처님은 모두 사문단체에 속하고 모두 바라문교를 반대하였지만, 서로 자신이야말로 정도(正道)이고 타인은 사도(邪道)라고 여겼다. 이야기는 샤카무니 부처님이 어떻게 육사(六師)와 일대일 변론을 거쳐 그들을 패배시켰는가를 말하고 있다. 총카파는 이때 이미 학문을 성취하였고, 그의 사상 역시 스스로 체계화되었다. 이러한 이야기를 근거로 법회를 개최한 것은 당연히 정법(正法)을 부흥시키고 사도(邪道)를 굴복시키고자 하는 염원을 나타낸 것이다. 그 후 1409년에 총카파가 조캉 사원에서 개최한 대기원제(大祈願祭, 묀람첸모)도 그 규모와 사회적 영향면에서는 차이가 있을지라도 본질적으로는 이와 같은 것이다. 그러므로 이 시기의 종교 활동인 1. 계율의 선전 2. 구사(舊寺)의 부흥 3. 법회의 개최 등은 총카파의 "티베트 불교 개혁"의 발단으로 볼 수 있다.

1400년(건문 2년, 총카파 44세)부터 1409년(영락 7년)까지의 10년간 총카파는 적극적으로 종교 활동을 전개하였다(즉 "티베트 불교 개혁"). 이러한 활동은 크게 두 가지로 나눌 수 있으며, 서로 보완된다. 이 시기 총카파는 몇 부의 중요한 저작을 저술함과 동시에 홍보를 적극적으로 하면서 종교 활동을 계속하였다. 그 최고봉이 된 것이 1409년에 개최한 대기원제(大祈願祭, 이른바 전소(传召) 대회이다.이다. 하지만 이 단계의 종교 활동은 총카파가 스승과 친구들과 힘을 합쳐서 전개한 것이고, 또한 팍모두파 정권의 지지와 방조를 받음과 동시에 그에 이용당하면서 전개한 것으로서 이를 한 단계라고 구분해 볼 수 있다.

팍모두파의 데시이며 명조로부터 관정국사(灌頂國師)에 책봉된 닥파겐첸(grags-pa-rgyal-mtshan)은 1398년부터 총카파와 서신 왕래가 있었다. 1399년 가을 네우동체의 종픈 남카상포와 상푸 사원의 켄포 큰촉출팀(dkon-mchog-tshul-khrims)이 중심이 되어 총카파를 라싸에 초청하였다. 총카파는 포다라에서 상푸 · 데와첸 · 궁탕 · 가와동 · 쿄르모룽 등의 사원 승려 수백 명에게 불경을 강의하였고, 동시에 비구계에 대하여 설법하였다. 각 사원의 승려가 모여서 총카파 한 사람의 강의를 듣는 것은 드문 일이지만, 이 시기의 강경법회(講經法會)의 규모는 점차 확대되었다. 1400년 봄 총카파는 가와동 사원에서 『보살계품(菩薩戒品)』・『사사오십송(事師五十頌)』・『밀종십사근본계(密宗十四根本戒)』를 강의하였고, 청중은 450여 명이 모였다. 이 3부는 모두 대승계(大乘戒)이고, 비구계는 소승계(小乘戒)에 포함되었다. 소승계의 계문(戒文)규정은 매우 자세하고 딱딱하였다. 티베트의 승려 가운데 대승을 배우는 자, 특히 밀교의 수행자들은 비구계의 구속을 받지 않아도 된다고 여겼고, 사실상 티베트 지구에서 비구계를 완전히 준수하는 것도 확실히 어느 정도의 곤란이 있었다. 총카파는 이때 대승계를 수정하여 강의하였고, 강의하기 전에는 반드시 경론의 문자를 인용하여 계율을 지켜야 할 필요성을 설법하였다. 특히 『밀종십사근본계(密宗十四根本戒)』를 강의할 때 유명한 밀교 전적을 광범히 인용하여 계율을 엄수할 필요성을 강조하였고, 이 기회를 빌어서 계율 엄수에 관한 자신의 주장을 분명히 밀고 나갔다. 1401년 여름 총카파는 남체뎅(gnam-rtse-sdeng)에서 렌다와 및 캽촉펠상(skyabs-mchog-dpal-bzang)과 만나서 600여 명의 승려와 함께 지냈다. 3인은 계문(戒文)을 짐작하고 당지의 조건을 고려하여 티베트 승려에 적합하고 실행이 가능한 사규(寺規)와 계문을 다시 제정하였다. 당시 함께 지내던 600여 명의 승려는 모두 새로 제정한 계율에 따라 행동하였다. 이는 총카파의 계율 제창의 한 차례 중대한 법회였고, 계율 제창면에서 그가 내디딘 중요한 한 발작이었다.

그 후 총카파는 캽촉펠상와 함께 레딩(rva-sgreng) 사원에 돌아가서 그의 중요한 저작인 『보리도차제광론(菩提道次第廣論)』의 집필을 시작하였다. 『보리도차제광론』은 1402년에 완성하였고, 계속하여 『보살계품석』과 『사사오십송석』, 『밀종십사근본계석(密宗十四根本戒釋)』을 집필했다. 1403년 봄 레딩사원에서 자신이 집필한 『보리도차제광론』과 『현관장엄론(現觀莊嚴論)』을 강의하였고, 또 제자인 다르마린첸(dar-ma-rin-chen)에게 지시하여 자신의 강의를 근거로『현관장엄론석(現觀莊嚴論釋)』을 집필하게 하였다. 1404년 초에 총카파는 예전에 징치 사원에서 거행한 것과 같은 내용의 기원 법회를 레딩 사원에서 개최하였다. 여름에는 팍모두파의 데시이며 관정국사(灌頂國師)인 닥파겐첸의 요청에 응하여 운('on) 지방에 있는 데첸뎅(sde-chen-sdeng) 사원에서 수백 명의 승려에게 자신의 저서『보리도차제광론』과 기타 경론을 강의하였으며, 또 울카 지방의 쟘파링(byams-pa-gling) 사원에 가서『보리도차제광론』을 강의하였다. 1405년 총카파는 쟘파링 사원에서 제2부의 중요한 저작『밀종도차제광론(密宗道次第廣論)』의 집필을 시작하였다. 1406년『밀종도차제광론』을 완성하는 즉시 승도들에게 배포하여 광범하게 전파하였으며, 이해 겨울 울카 지방의 쟝춥룽(byang-chub-lung)에 이주하여 수백 명의 승려에게『밀종도차제광론』을 강의하였다. 1407년 총카파는 라싸에 돌아가 세라츄딩(se-ra-chos-sdings, 현재 세라 사원이 있는 곳)에 거주하였다. 이 때 팍모두파의 군신들과 상담하여 1409년 초에 라싸에서 대기원제(大祈願祭)를 개최할 것을 결정하였다. 또『중론광석(中論廣釋)』의 집필을 시작하고, 1408년 봄에는『변료불료의론(辨了不了義論)』을 집필하였다. 여름에는『종론광석(中論廣釋)』을 완성한 즉시 600명의 승려에게 강의하였으며, 또『보리도차제광론』·『밀종도차제광론』·『변료불료의론』·『밀종십사근본계』·『사사오십송』등도 함께 강의하였다.

총카파는 이 수년 간(1401~1408년) 사이에 8부의 저작(그중에는『건립차제광론(建立次第廣論)』도 포함되지만, 밀교에 관한 저작이기 때문에 여기에서 해석하지 않는다)을 완성하였다.『보리도차제광론』과『밀종도차제광론』은 현교와 밀교를 체계적으로 논술한 것으로서, 이것을 합하면 총카파의 불교에 대한 총체적 견해를 대표하는 것이 되며, 그것인즉 그 자신의 사상 체계이다.『보살계품석(菩薩戒品釋)』과『사사오십송석(事師五十頌釋)』,『밀종십사근본계석(密宗十四根本戒釋)』에서는 승도가 계율을 지켜야 한다고 호소함과 동시에 어떻게 계율을 준수할 것인가에 대하여 썼다.『중론광석(中論

廣釋)』은 총카파의 불교 철학에 대한 근본적인 견해를 밝힌 책이다.『변료불료의론』에서는 중관(中觀)·유식(唯識) 두 파의 우열을 분석하고 자신의 견해의 정확성을 주장하였다. 이러한 저작은 완성됨과 동시에 광범히 전파되었는데, 총카파가 자신의 불학 체계를 확립하는 활동의 일환으로 된다. 사실상 이는 교파 창립의 활동이고 또한 티베트 불교의 개혁 활동이기도 하다. 이러한 일련의 활동은 팍모두파 통치 집단의 대폭적인 지지를 받으며 전개되었기 때문에, 팍모두파 통치자가 총카파의 명성과 위신을 세워 주기 위해 조직한 절차 있는 활동이라고도 볼 수 있다. 1408년 명조의 영락제(永樂帝)는 사자를 파견하여 총카파가 상경할 것을 요청하였다. 사자는 천화왕(闡化王) 닥파겐첸(그는 1406년에 천화왕에 책봉되었다)과 남카상포의 소개로 세라츄딩에서 총카파와 만났다. 그러나 총카파는 이듬해 초기에 개최될 예정인 대기원제(大祈願祭)의 준비에 바빠서 요청에 응하지 않았다. 이 또한 총카파의 명망을 높여 주었다. 1408년 가을 천화왕(闡化王) 닥파겐첸은 친히 총카파를 둠부룽(grum-bu-lung)으로 지명, 초청하여 총카파의 저서『보리도차제광론(菩提道次第廣論)』을 여러 사원에서 온 승려 1천여 명에게 강의하게 하였다. 겨울이 되자 총카파는 라싸로 돌아가고 1409년 초기에 준비 작업을 마쳐놓은 대기원제(大祈願祭)를 개최하였다.

1409년 티베트 역법(曆法) 정월 초하루부터 보름날까지 총카파는 라싸의 조캉 사원에서 대기원제[smon-lam-chen-mo, 몬람첸모라고 번역할 수 있는, 즉 한인들이 거론하는 전대소(传大召)이다]를 주최하였는데, 각지에서 찾아온 승려는 1만여 명, 견학하러 온 속인은 수만 명에 달하였다. 천화왕(闡化王) 닥파겐첸을 대회 시주로 하는 이 법회는 전 티베트를 향하여 거행한, 어떠한 교파이든지를 한정하지 않은 한차례 법회였다. 티베트 역사에서 유명한 대규모적인 법회는 이전에 2회 개최되었다. 1회는 1076년 가리의 구게왕 체데가 무력으로 영지를 확대한 후 구게 왕국의 최전성기에 거행한 것으로 병진(丙辰) 법회라고 불리었다. 2회는 1277년 팍파가 츄믹의 린모 사원에서 개최한 츄믹 법회이다. 팍파는 원조(元朝)의 협조하에 토번 지역에 군현과 관직을 설치하고 중앙의 정책 명령을 성공적으로 추진한 후 제사(帝師)와 대보법왕(大寶法王)에 책봉되었으며, 황태자군에 호위되어 티베트로 돌아왔다. 그리고 그 2년 후에 츄믹 법회를 개최하였는데, 그때 황태자 친김이 친히 나서서 쿠빌라이를 시주로 하여 거행하였던 것이다. 이번의 대기원제(大祈願祭)는 과거에 있었던 2회의 법회와 성격이 다르기는 하지만, 통치자가 자기의 재부를 과시하고 불교를 선전하며 승려의 환심을 삼으로써 자신의 지위를 확고히 함과 동시에 자신의 명성을 높이고자 하였다는 점에서는 같았다. 이번의 대기원제는 1407년에 계획되어 1409년 초기에 개최되었는데, 바로 닥파겐첸이 영락제(永樂帝)로부터 천화왕(闡化王)에 책봉된(1406년) 직후였다. 당시 닥파겐첸의 우창 대부분 지역에 대한 통치는 안정되었고, 중앙정부에 의하여 정식으로 왕에 책봉되었다. 그는 자신의 지위가 보다 영예롭고 강화될 것으로 믿었고, 자기의 영예를 한번 과시하고도 싶었다. 그러나 법회의 주최자로서 그 자신이 아니고(그 자신도 승려였다), 그의 지배하의 텐사틸 사원과 체탕 사원의 수령도 아니며, 총카파를 청해 들여 주최하게 한 데는 그 자신의 의도가 당연히 있었다. 일단 총카파가 이 법회를 성공적으로 개최하면 닥파겐첸 자신도 당시 전 티베트 불교계의 제1호 인물의 지위를 얻게 되는 것이다.

법회가 종료된 후 총카파는 라싸에서 동으로 50리 정도 떨어져 있는 왕쿠르리산(dbang-bskur-ri) 부근에서 팍모두파의 귀족 린첸펠(rin-chen-dpal)과 린첸룬포(rin-chen-lhun-po) 부자를 주요한 시주로 하여 이 지방에 간덴 사원(dga'-ldan-rnam-par-rgyal-ba'i-gling)을 건립하였다. 이리하여 총카파를 창시자로 하는 신교파—게룩파(dge-lugs-pa)가 간덴 사원을 거점으로 점차 형성되었다. 1410년(영락 8년, 총카파 54세)부터 1419년(영락 17년, 총카파 63세)까지의 10년은 총카파가 "사업에 성공하고 명성을 날리며" 자신의 영향을 한층 더 확대하는 시기이면서 또한 그의 마지막 인생 단계이기도 하다.

1409년 연말에 총카파는 은어(隱語)로 시를 창작하였는데, 실제로는 자신이 아티샤(a-ti-sha, 카담파의 창시자)의 가르침을 직접 계승하였음을 공개적으로 선포한 것이다. 원래 총카파와 카담파는 밀접한 관계가 있었고, 총카파의 학문 방법은 카담파와 대체로 같았으며, 그의 사상 체계와 주요 저작은 카담파의 사상 체계를 계승하고 발전시킨 것이었다(이 때문에 게룩파를 매우 오랜 기간 신카담파 bka'-gdams-gsar-ma 라고 칭하였다). 그러나 총카파의 지위와 명성이 이미 그 시기 카담파의 모든 승려를 훨씬 능가하기 때문에 이 선언은 총카파가 카담파의 수령이라고 선포한 것과 같았다. 이리하여 당시 수량은 많지만 조직은 느슨한 카담파의 사원들이 잇따라 게룩파로 개종하였고, 게룩파의 세력은 더욱 확대되었다.

1414년 명조의 영락제(永樂帝)는 또 사자를 파견하여 총카파의 상경을 요청하였다. 당시 총카파는 큰 병을 앓은 지 얼마 되지 않기에 먼 길을 떠나기 어려웠다. 이 때문에 자신의 대리로 제자 샤카예쉐(shākya-ye-shes, 1352~1435년)를 파견하여 상경시켰다. 1415년 영락제는 샤카예쉐를 국사로 책봉하였고, 총카파는 국사의 스승이 되었다.

　　이외 이 10년간의 총카파의 주요 활동은 여전히 저술과 포교에서 보인다. 10년 사이 연구 집필한 몇 부의 중요한 책 가운데서『입중론광석(入中論廣釋)』이 현교의 주소(注疏)이고 그 외 7~8부는 모두 밀교 전적의 주소(注疏)이다. 총카파는 여전히 각지에서 불경을 강의하였고, 특히 1415에 닥파겐첸의 요청에 응하여 운('on) 지구의 타시도카(bkra-shis-do-kha)에서 진행한 불경 강의는 그의 종교적 지위를 나타내는 또 한 차례의 강경(講經) 법회였다. 이번에는 덴사틸 사원(팍보두파의 거점 사원)과 체탕 사원(팍보두파의 경론을 가르치는 사원), 네우동체(sne'u-gdong-rtse, 천화왕의 관청. 이 시기까지 팍모두파의 역대 데시가 모두 출가자여서 그의 측근들도 대부분 승려였다)의 승관과 승려에게 불경을 강의하였을 뿐 아니라 천화왕(闡化王)의 친동생이면서 당시 덴사틸 사원의 첸가(이 사원의 최고 수령이며 동시에 팍모두파의 최고 수령이다)를 맡은 이에게 비구계를 수여하였다. 이는 천화왕 닥파겐첸과 그의 일족의 장악하에 있는 팍모두파의 총카파에 대한 숭경의 자세를 표명한 것임과 동시에 총카파가 새롭게 창시한 교파—게룩파의 사회적 지위를 보여 준 것이다.

1416년 총카파의 제자 쟘양츄제 · 타시펜덴('jam-dbyangs-chos-rje-bkra-shsi-dpal-ldan, 1379~1449년, 티베트인들에게는 쟘양츄제로 통칭)이 라싸의 서쪽 교외에 데풍 사원('bras-spungs)을 건립하였다. 그리고 1418~1419년에 총카파의 다른 제자 사카예쉐가 라싸의 북쪽 교외에 세라 사원(se-ra-theg-chen-gling)을 건립하였다. 간덴 사원과 이 두 사원(3대 사원이라고 통칭한다)은 게룩파의 금후 발전을 위한 튼튼한 기반으로 되었다. 1419년 티베트 역법(曆法)으로 10월 25일에 총카파는 세상을 떠났다.

총카파 생애의 각 단계를 돌이켜 보면, 진정한 불교도로서 그가 현밀의 교법을 배우는 태도는 매우 진지하였고 성과 또한 뛰어났다. 특히 불교철학에 대한 이해의 깊이, 수행 순서의 완벽성, 이 두 가지를 융합하고 관통시켜 구축한 그 자신의 불학 체계는 확실히 독창적인 경지에 이르렀다. 비록 전인의 성과를 계승하였지만 그의 학문의 깊이와 넓이는 전인을 훨씬 초과하였고, 탁월한 일파를 이루기에 충분하였다. 그가 닥파겐첸의 대폭적인 지지를 받고 신교파를 창립한 것은 우연이 아니었다.

2

총카파(1357~1419년)는 원조 말기와 명조 초기에 해당하는 시기에 그 일생을 살아왔다. 그리고 생애의 주요 활동은 우창 지구에서 펼쳐졌다. 당시는 팍모두파 지방정권의 지배하에 우창 사회가 비교적 안정되고 번영하던 시기(팍모두파 정권은 1354년부터 영지를 확대하였지만 1434년에는 분열되고 쇠퇴하기 시작하였다)였는데, 서술의 편리를 위하여 우선 팍모두파 정권의 주요 인물들을 소개해 둔다.

팍모두파[『원사(元史)』에는 백목고로(伯木古魯), 『명사(明史)』에는 파목죽파(帕木竹巴)로 되어 있다]는 원조 초기에 만호장으로 설치되었고, 우스창납리속고아손(烏思藏納里速古兒孫) 등 삼로선위사사도원수부(三路宣慰使司都元帥府)에 예속되었으며, 사캬픈첸의 통제 아래 로카의 얄룽 지방을 관할하였다. 원조 말기 내지에 농민 봉기가 잦아져 조정은 그에 대처하기에 바쁘다 보니 서쪽 지방을 관할할 여가가 없었다. 또한 우창의 여러 만호는 서로 침입하고 정복하는 일에 열중하였다. 팍모두파의 만호장 쟝춥겐첸(tai-si-tu-byang-chubg-rgyal-mtshan, 1302~1364년)은 1349년부터 무력으로 전(前)티베트의 여러 만호의 영지를 병합하였고, 1354년에는 사캬쿤씨에 내분이 일어난 기회를 틈타 후(後)티베트의 대부분 지역을 겸병하고, 군대를 파견하여 사캬대사원[라캉첸모(lha-khang-chen-mo를 가리킴]을 점령하였다. 쟝춥겐첸은 주장원관선위사(駐藏元官宣慰史)의 분부대로 즉시 친신을 파견하여 원 순제(順帝)에게 진귀한 공물을 드리고 칙명(勅命)을 주청(奏請)하였다. 순제는 그의 병합을 승인하고 대사도(大司徒)로 책봉하였으며 세습을 허락하였다. 이리하여 후(後)티베트의 라투 일대(원래는 두 만호의 영지였다)와 걍체를 제외한 전(前)·후(後)티베트의 관할권은 사캬파에서 팍모두파의 손으로 넘어갔다.

쟝춥겐첸은 선조들이 황음 포악하고 끝없이 세금을 긁어모았기 때문에 많은 속민들이 다른 영주에게로 도망가 버려 팍모두파가 쇠퇴해진 상황을 감안하여, 1334년경 만호장에 취임하자 상황 개선과 실력 강화를 위한 여러 가지 개혁 조치를 취하였다. 그는 스스로 검약하게 지내면서 속민의 생산을 격려하였고, 자기의 영지 내에 길을 닦고 다리를 놓았으며 장원을 수복하였다. 또 식수(植樹)와 개간(開墾)을 장려하였다. 로카 지방은 토지가 비옥한 데다 농민의 수십 년에 걸치는 부지런한 노력으로 인하여 팍모두파 실력을 축적하게 되었고, 그러므로 1349~1354년에 군사상의 승리를 거둘 수 있었다. 쟝춥겐첸은 우창 지구의 대부분 지역을 지배하고부터 데시(sde-srid)라고 자칭하였다. 그는 먼저 생산 활동과 속민을 계획적으로 관리하는 장원 제도를 실시하고 종(宗)을 기본으로 하는 행정 단위를 확립하였는데, 종의 책임자에 해당되는 종픈은 유관(流官)으로서 팍모두파의 수령에 의하여 임명되었다. 또 교통 요충지에는 13개의 종(宗, 토치카식의 건축도 종이라고 한다)을 신설하고 구래의 종 4개를 수선(修繕)하여 군대를 주둔시켜 수비하였다. 가신(家臣) 중에 공적이 있는 자, 충절이 있는 자를 선택하여 장원을 주어 세습의 영지로 하게 하였는데, 그러므로 그의 수하에는 새로운 귀족 계급이 형성되었다. 또한 사캬파 시대부터 통용되었던 티베트의 법규를 개정하였다. 이와 같은 자신의 통치 체제 강화는 팍모두파 지방정권의 80년 통치를 유지하게 하는 든든한 기반으로 되었다.

쟝춥겐첸의 증조부 시대부터 이 일족[랑씨(rlangs)]은 덴사틸(gdan-sa-mthil) 사원의 첸가(spyan-snga)의 직위를 장악하였다. 말하자면, 카규파의 팍모두지파(팍모두파는 교파의 명칭이기도 하고 지방정권의 명칭이기도 하다. 또 경우에 따라서 쟝춥겐첸 개인을 가리키기도 한다)의 지도권은 대대로 랑씨 일족이 장악하였다. 쟝춥겐첸은 1351년에 체탕(rtse-thang) 사원을 건립하고 그곳에 현교의 경론을 강의하는 조직을 설립하였는데, 사원의 최고 지도자는 그의 일족이 대대로 계승하였다. 덴사틸 사원, 특히 체탕 사원의 수령 직위는 팍모두파의 데시를 계승하기로 예정된 사람이 데시로 취임하기 전에 담임하였다. 사주(寺主)라고 하지만, 흔히는 십대의 나이이기 때문에 사원의 실권은 데시가 장악하였다. 이렇게 팍모두파는 통치권과 종교권을 동시에 장악하였고, 이는 농노를 지배하는 이데올로기적 수단이 되었다.

쟝춥겐첸 자신은 어려서 출가하였고, 줄곧 승려의 생활을 하였다. 달라이라마 5세의 『티베트왕신기』에 의하면, 그의 관청 네우동체에는 내외로 세 개 층차의 대문이 있는데, 세 번째 문은 음주 행위 및 부인(婦人) 출입 금지였다고 한다. 그 자신도 술을 마시지 않았고, 정오가 지나면 식사하지 않앉으며(승려 계율 중의 하나) 완전히 출가자로서의 생활을 하였다. 그는 또 데 시의 계승자는 반드시 계율을 지켜야 하고 만약 아닐 경우 데시의 직위를 계승하지 못하도록 규정하였다. 팍모두파 출신의 데시는 쟝춥겐첸을 초대 로 하여 제5대까지 사실상 모두 출가자였다. 제6대가 되자 꼭 출가자여야 하는지의 문제를 두고 논쟁이 생겼다는 것을 보면, 이것이 역사 사실임이 확실한 듯하다. 이러한 수단으로 통치자의 황음 포악성을 제약하고 팍모두 파의 통치를 영구화하고자 하는 기대는 지극히 허망한 것일지라도, 이를 통해 팍모두파 일족이 승려의 계율 엄수를 중요시한 것을 알 수 있다.

팍모두파의 제2대 데시는 『명사(明史)』 권331 천화왕(闡化王) 조목에 나와 있는 홍무 5년(1372년)에 관정국사(灌頂國師)로 책봉되었다고 하는 쟘양구시 사캬겐첸('jam-dbyangs-gu-shri'-śākya-rsyal-mtshan, 1340~1373년. 원조 말기에도 관정국사로 책봉되었고, 티베트인은 쟘양국사라고 통칭한다)이다. 그는 13세에 체 탕 사원의 초대 좌주(사원의 최고 수령)로 되었고, 26세에 퇴위하여 네우동체 에 가서 팍모두파의 데시를 계승하였다. 그는 일찍 명조 홍무제(洪武帝)의 명령를 받들어 도캄 지방의 티베트족 수령을 귀순시켰는데, 그 공로로 관 정국사(灌頂國師)에 책봉되었고, 팍모두에 만호부가 설치되었다. 이리하여 팍모두 지방정권은 명조 조정의 승인도 얻었다.

제3대 데시는 총카파의 스승이었던 츄시파·닥파쟝춥[chos-bzhi-pa-grags-pa-byang-chub, 1356~1386년. 『명실록(明實錄)』홍무조(洪武朝) 권95에는 길랄사파 축견장(吉剌思巴竺堅藏)으로 되어 있고, 홍무 7년에 공물을 진상하였다. 『명사(明史)』 에는 기재가 없음]이다. 그는 16세 때에 덴사텔사원의 첸가가 되고 19세에 데 시직무를 이어받았다. 츄시파는 그의 칭호인데 직역하면 "4법자(四法者)", 즉 네 가지 규칙을 성실히 지킬 수 있는 사람이란 뜻이다. 그 네 가지 규칙 이란 1. 술을 마시지 않는다 2. 여성에게 눈길을 주지 않는다 3. 탐욕을 부리 지 않는다 4. 놀러 다니지 않는다(『신구카담사(新舊噶當史)』17페이지 참조. 어떤 책에는 체시파(tshes-bzhi-pa)로 되어 있다. '초나흗날에 태어난 사람"이라는 뜻이다).

제4대 데시는 소남닥파(bsod-nams-grags-pa, 1359-1408년. 『명실록(明實錄)』
홍무조(洪武朝) 권188에는 소남닥사파로 되어 있음)이다. 그는 10세 때에 체
탕사원의 좌주가 되었고, 23세에 퇴위하여 네우동체에 가서 데시 직무를
이어받았다. 수년 후에는 그의 직위를 사촌 형제 닥파겐첸에게 물려주었
다. 이상 제2대부터 제4대까지 모두 명조로부터 관정국사(灌頂國師)로 책봉
받았다.

제5대 데시는 닥파겐첸[grags-pa-rgyal-mtshan, 1374~1432년. 『명사(明史)』에
는 길랄사파감장(吉剌思巴監藏)으로 되어 있고 정통(正統) 5년(1440년)에 사망하였다
고 하지만, 티베트어 사료에서는 59세에 사망하였다고 하였다. 1374년에 출생하였다
고 하면 59세가 되는 해는 1432년이다]으로서 총카파를 지지하여 라싸에서 대기
원제(大祈願祭)를 개최한 사람이다. 그는 8세 때에 체탕 사원의 좌주가 되었
고, 12세에 퇴위하여 네우동체에 가서 1386~1388년 데시 직무를 담임하였
다. 1388년(홍무 21년) 15세 때 홍무제(洪武帝)로부터 관정국사로 책봉되었
다. 1406년 33세 때에는 영락제(永樂帝)로부터 관정국사 천화왕(闡化王)에 추
가로 책봉되었다. 달라이라마 5세의 『티베트왕신기』에 의하면, 그가 데시
를 담당할 때, 복장으로 관직의 상하를, 귀걸이로 지위의 존비를 구별하고,
정월에는 군신이 모여서 경축 활동을 벌이며 화려한 비단옷을 입고 봄 경치
를 유람하는 등의 제도를 만들었다고 한다. 쟝춥겐첸은 각 대종의 종픈(宗
本)을 유관(流官)으로 정하였지만, 닥파겐첸은 이 중요한 규정을 개변시켜
자기 소속 아래 각 대종의 종픈으로 하여금 종픈 직위를 세습하도록 하였
다. 닥파겐첸이 세상을 떠난 후 랑씨 일족의 내부에는 데시의 후임자 선택
문제 때문에 분쟁이 생겼다. 그가 사망한 지 3년 후(1434년) 팍모두 정권은
분열되기 시작하였고(린풍파가 거의 독립상태였다), 점차 쇠퇴의 시기에 들어
섰다.

총카파가 우창에서 활동하던 시기(1373~1419년)는 쟝춥겐첸이 개혁을

시작하여 20여 년이 지난 후부터 팍모두 정권이 분열되기 10여 년 전의 시간대에 해당되었다. 이 40여 년간 팍모두 정권의 통치는 매우 안정적이었고, 전(前)·후(後)티베트의 대부분 지역은 팍모두파의 지배하에 통일되었다. 쟘양사캬겐첸이 후(後)티베트에 한 차례 군대를 출동시켰고, 닥파겐첸이 걍체에 두 차례 군대를 파견하였지만, 전쟁이 일어나지 않았으며 다른 변란도 없었다. 만호 사이에 항상 전란이 일어났던 사캬 정권의 시대나 혹은 우창의 지방 세력과 각 교파사이 연합하여 서로 혼전하였던 1434년 이후의 연대에 비하여 볼 때 이 시대는 사회적 안정과 번영을 만끽하던 시대였다.

티베트의 농노제는 10세기부터 12세기까지 전(前)·후(後)티베트에서 서서히 형성되었다. 쟝춥겐첸은 기존의 농노제의 기반 위에서 우창의 대부분 지구에서 장원제(莊園制)를 실행하였다. 장원제는 그 말기에 농노를 잔혹하게 착취하고 생산 발전을 저해하는 제도로 되었지만, 최초의 수십 년간은 팍모두파가 채용했던 개량 조치와 더불어 우창 지구의 사회 생산을 확대시켰다. 장원제는 분산하여 생활하고 있던 농노를 한 장원 안으로 조직해 들였으므로 농노주가 농노를 착취하는 데 편리를 줌과 동시에 생산을 조직적으로 진행함에 유리하게 하였고, 생산성을 향상시키는 작용을 일으켰다. 당시의 사회는 매우 안정되었고, 우창 지구의 농업과 목축업 생산량은 수십 년간 현저히 상승되었다. 또한 당시 체탕은 상업의 중심지가 되었고, 사회에는 번영하는 모습이 나타났다. 닥파겐첸이 복장으로 관직의 상하를 구별하고, 정월에 군신이 모여서 경축하며 화려한 비단옷을 입고 봄 경치를 유람하는 제도를 제정하였다 함은 이러한 번영의 모습을 반영한 것이라고 할 수 있다.

경제의 발전과 사회의 안정은 필연적으로 문화 교육의 발전을 촉구하게 된다. 10~11세기 티베트 지구의 문화 교육은 티베트 불교도가 독점하였다. 당시의 학동들은 식자를 알기 시작한 때부터 전문 지식과 기능을 배움은 물론 불교경론의 습득까지 반드시 라마('스승'이라는 뜻)를 스승으로 모시고 배워야 하였고, 이 자리를 라마 외에 대체할 사람은 없었다. 이런 라마들은 사회에 분산되어 거주하였고 대부분 처자가 있었으며 교학 조직도 없이 사숙(私塾)이나 다름없는 개인적인 활동에 그쳐 있는 모습이었다. 10~11세기가 되자 티베트에도 대규모적인 사원이 출현하였고, 교파가 형성되었다. 사원의 교육 직능은 내지의 역사상의 "서원(書院)"과 유사하였다. 식자 공부부터 시작하여 불교경론과 본 교파의 저술을 습득하는 것이 사원의 교육 내용으로 되었는데 그 목적은 본 교파의 계승자를 키우고 다른 교파보다 우월한 인재를 양성하기 위해서였다. 각 교파와 사원이 중점이라고 여기는 교학 내용이나 경론은 일치하지 않았으며, 당시의 대사원은 거의 예외 없이 실력이 있는 일족이 틀어쥐었다. 사원의 규모와 인재의 다소는 일족의 세력의 성쇠와 직결되었다.

13세기 중엽 이후 원조는 우창 지구에 대하여 불교로써 거칠고 사나운 습속을 교화유도하고 관직을 분담시킴에 승려를 채용하는 방법을 취하였다. 각 교파의 승려들은 상경하여 관직을 책봉받기를 청구하거나 당지에서 관직을 맡았다. 결국 백 년간 학풍은 변함이 없고 계행(戒行)과 경의(經義)가 멈추어 있고, 다만 관직과 권세에만 기울어지는 국면이 이루어졌다. 따라서 사람들은 권세에 탐닉하고 돈과 명예에 집착하는가 하면, 종교면에서도 괴이함을 뽐내서 백성의 인기를 얻고자 하고 스스로를 자기 판매하는 상황이었다(『원사(元史)』 및 원조 사람들이 기재한 사료에 의하면, 병 치료를 한답시고 다니는 티베트 승려는 모두 이 부류에 속한다고 하였다). 이때의 그들은 민중 교육을 담당함으로써 통치자들을 위하는 사명을 이미 전에 잃었던 것이다. 당시 다른 한 부류의 사원 승려들, 말하자면 카담파(이 교파는 사원이 가장 많았지만 지방에서 행정 실권을 장악하지 않았다)에서는 여전히 아티샤, 돔톤 및 많은 역경사들의 기풍을 배워서 경론을 강석하고 제자들을 가르쳤으며, 스스로를 순수 불교도라고 자처하였다. 일반 민중들이 보기에도 그들은 올바른 인물들이었다. 천화왕(闡化王) 닥파겐첸은 선대(先代)의 사업을 이어받고 명조로부터 특별한 우대를 받아 그의 행정 관할권은 우창의 대부분 지역에로 확대되었다. 행정상의 통일은 당연히 교육상의 통일을 요구하게 되지만 그는 종교면에서는 카규파의 팍모두 지파만 지배할 뿐 다른 교파의 사원과 승려를 공제할 권한이 없었다. 또한 당시의 랑씨 일족과 팍모두파에는 사람들이 모범으로 따를 만한 새로운 기풍으로 승속 군중을 교화할 인물이 없었다.

총카파는 우창의 불교계에서 학문적으로나 행동적으로 충분히 세상 사람들의 모범이 될 만큼 신망이 있었다. 그러나 충분히 활약할 만큼의 실력은 아니었고, 게다가 장래성이 있는 자리에 있지 않기 때문에 우창 승도의 학풍을 개변시킬 포부는 있어도 성과를 거두지 못하였다. 총카파는 1398년에 닥파겐첸에게 글을 올려 불교로 치세할 것을 건의하였다. 소위 불교의 치세에 관한 명확한 해석은 보지 못했지만, 당시의 정세를 볼진대 계율로 행동을 규범하고 교의로 마음을 다스리며 승속 민중들로 하여금 부처님의 규범과 가르침을 잘 지키게 하는 등에 한한 내용이었을 것이다. 이는 닥파겐첸의 속심에 꼭 맞은 것이지만, 어찌할 방도가 없었던 터였다. 총카파는 1384년경에 제3대 데시 닥파장춥(닥파겐첸의 사촌 형제)을 스승으로 모셨었는데, 닥파장춥은 본래 팍모두파와는 스승과 벗의 관계이고 타향인(동북 변경 출신)이면서 뜻밖에도 스스로 세력을 이루어 한 파(派)를 형성하였다. 총카파는 계율과 현교를 중시하고 팍모두파의 역대 데시도 계율을 지키고 현교를 선양하였기 때문에 양자는 정신상에서 일치하였다(장춥겐첸은 1351년에 체탕 사원을 건립하여 현교를 선양하였다. 당시의 어떤 사람은 "팍모두파와 게룩파 두 파는 마음이 같다."고 하였다 한다. 이는 두 파의 불교관이 일치함을 가리킨다). 그러므로 1399년 이후 닥파겐첸과 그의 부하 남카상포 등은 갖가지 방법으로 총카파의 명성을 올려주었다('부록 2 — 총카파 연보'의 기사 참조). 특히 1409년의 대기원제(大祈願祭)에서는, 총카파를 주최자로 추대하여 그를 티베트 전

지역에서의 불교 제일인자의 지위에로 끌어올렸다. 그리고 회의 후에는 총카파를 위하여 간덴 사원과 사내(寺內)의 3개 다창(사내의 교학 기구)을 건립하였다. 1416년에는 총카파의 제자 타시펜덴이 데풍 사원을 건립하고 7개의 다창을 설치하였으며, 1419년에는 총카파의 다른 제자 사캬예쉐가 세라 사원을 건립하고 5개의 다창을 설치하였다. 팍모두파의 귀족과 부상(富商)들은 솔선하여 저들의 자제를 이 세 사원에 보내 공부하도록 함으로써 창도적 역할을 하였다. 결과 세 사원의 승려 수는 빠르게 수천 명의 규모에 달하였고, 그 성세도 금방 다른 교파를 압도하기에 이르렀다. 닥파겐첸의 총카파에 대한 지지는 큰 효과를 거두었다.

3

상술한 바와 같이, 총카파가 자신의 교파를 건립하는 과정은 바로 그가 당시의 티베트 불교 개혁을 추진하는 과정이기도 하였다. 그러므로 당시 게룩파의 특징에는 총카파가 노린 개혁의 중점 목표가 그대로 체현되었다.

게룩파 최대의 특징은 그의 신도에게 계율을 엄격하게 준수할 것을 요구한 점을 들 수 있다. 케둡제 · 게렉펠상(mkhas-grub-rje-legs-dpal-bzang, 1385~1428년)이 저술한 『총카파전』과, 슌누펠(gzhong-nu-dpal, 1392~1481년)이 저술한 『청사(靑史)』 및 총카파를 언급한 각 종의 티베트어 사료에서는 총카파가 계율을 제창한 이후 티베트 불교는 일부 폐단을 없애고 새로운 면모를 갖게 되었다고 극찬하였다. 이는 당연히 티베트 불교의 관점에서 말한 것이지만 총카파의 계율 제창이 티베트 불교에 큰 영향을 주었음을 미루어 짐작할 수 있다. 케둡제 · 게렉펠상은 자신이 저술한 『총카파전』에서 당시의 홍모승(紅帽僧, 게룩파외 다른 교파의 라마)을 지적하여 "일반적으로 대다수 승려들은 어떤 시간이든지를 불문하고 술을 마시고 식사를 하였고(불음주계를 지키지 않았고 정오 후 식사하지 않는다는 계율을 지키지 않았다는 의미이다) 여기저기 다니면서 놀고 가무에 탐닉하였다. 또한 도처에서 싸움질하거나 사람을 쳤다. 특히 어떤 밀법 수행자는 계율이란 소승 승려에 한한 것이지, 우리들과는 무관하다고 떠벌렸다. 그들은 공개적으로 아내를 얻어 아들을 낳고 술주정 부리고 음식에 탐닉하였으며, 탐욕이 몸에 배었고 음란 방탕하였다."고 적고 있다. 이는 일부 파계승(破戒僧)의 모습을 묘사한 것일지라도, 그만하면 몹시 너그러운 서술이었다. 원대 이후 티베트의 일부 밀교 수행 라마들은 못된 짓이란 못된 짓은 다 하였다. 그들은 밀교 수행에 여성이 필요하다는 구실을 대어 민간의 처녀를 강제로 탈취하였고, 법사에 필요하다는 명목으로 산 사람의 내장을 파내어 제물로 바쳤다. 이와 같은 갖가지 일들은 이루 다 열거할 수 없을 정도이다. 『원사(元史)』와 동시대 사람들의 기록에 남아 있는 티베트 승려의 추악한 일들, 원조 궁전의 연설아법[演揲兒法, 티베트 불교의 구파인 홍교(紅敎)에서 성교를 비밀 소행법의 하나로 삼는 것을 일컫는 말], 사람의 전신의 피부를 벗겨서 불상의 방석을 만드는 등 끔찍한 일들을 통해서도 우리는 그 심각성을 짐작할 수 있다. 이런 종류의 티베트 승려들은 기이한 기술로써 사람을 미혹시키고, 아첨을 연줄로 삼아 기회가 생기면 황제의 책봉을 하사받아 우창 지방의 관리가 되었다. 총카파는 바로 이러한 사람들을 겨냥해서, "모든 승려는 반드시 계율을 엄수해야 한다."고 호소한 것이다. 술에 취하여 싸움질 하는 유의 사람들, 그리고 민간에서 재물을 사취하는 사기꾼 승려들을 볼진대, 그들을 구속하고자 하면 할수록 사람을 미혹하는 그들의 힘은 더욱 커져 가는 듯했다. 그러므로 계율 엄수를 제창하는 것은 당시의 통치자 팍모두파의 이익에 부합되었고, 게다가 계율 지킴은 팍모두파의 역대 데시들이 자부심을 갖는 자랑거리였었다. 티베트인들이 "팍모두파와 게룩파는 교파가 달라도 마음은 같다."고 한 것은, 두 교파가 모두 승려의 계율 지킴을 중시한 점을 가리킨다. 천화왕(闡化王) 닥파겐첸이 총카파를 힘껏 지지한 원인의 하나는, 그가 계율의 엄수를 제창하였기 때문인 것이다. 1415년 닥파겐첸은 총카파를 타시도카에 요청하여 덴사틸 사원과 체탕 사원, 네우동체의 승려들에게 불경을 강의하게 하였다. 동시에 자신의 친동생이며 당시 덴사틸 사원의 첸가였던 소남상포에게 비구계를 수여하게 하였는데, 이로써 또한 계율준수의 의지를 나나낸 것이다.

게룩파의 가장 주요한 특징은 그의 계획적이고 계통적인 교학조직에서 보여진다. 이는 총카파의 불교에 대한 총괄적 견해를 바탕으로 그의 불학 체계에 근거하여 제정된 것이며, 총카파의 수십 년간에 걸치는 학문의 집대성의 표현이라고 할 수 있다. 우선 현밀(顯密)을 불문하고 계율을 엄격히 준수하는 것이 기초가 되기 때문에, 계율을 제일의 요지(要旨)로 주장한 것은 앞에서 이미 언급하였다. 다음은 밀교(密教)를 배우기 위해서는 현교(顯教)의 습득이 필요하고, 현교에 통달한 이후에 밀교를 배워야 한다는 주장이다. 그러나 현교는 누구나 다 배울 수 있지만, 밀교는 극소수의 합격된 사람만이 배울 수 있다고 하였다. 이를 총카파의 양대 저작인『보리도차제광론(菩提道次第廣論)』과『밀종도차제광론(密宗道次第廣論)』에서 명확하게 표명하였다. 현교를 배울 때에도 불교사상의 각 단계, 각 방면의 서적에 통달해야 할 필요가 있기 때문에『현관장엄론(現觀莊嚴論)』·『입중론(入中論)』·『양석론(量釋論)』·『계경(戒經)』·『구사론(俱舍論)』등 5부를 게룩파의 필독서로 규정하였다. 현교 공부를 마치고 진일보로 밀교를 배우는 데는 일정한 순서에 따라야 하였다. 4부 밀속(密續)의 경전과 해석을 체계적으로 배우고 "수행"과의 결합으로 인한 "증험"을 요구하였고, 순서를 뛰어넘어서는 안 되었고, 어느 한 부의 밀법만 배우고 나머지를 돌보지 않는 것도 불허하였다. 이런 한 개의 체계적인 학습 과정은 게룩파 사원에서 당연하게 일련의 교학 순서와 교학 조직을 형성케 하였다. 즉 어느 경전을 먼저 배우고 어느 경전은 후에 배우며, 어느 경전을 배우는 시간은 얼마이고, 몇 년이 걸려야 공부를 마치는가에 대하여 규정한 것이다. 그러므로 경전을 가르치는 켄포와, 계율을 검사하는 세고, 독경을 지도하는 움세(dbu-mdzad) 및 교학의 단위로 되는 다창이 있고, 그 아래의 조직으로서 지구(地區)에 따라 나눈 학료(學寮)인 칸첸과 미첸 등을 설치하였다. 게룩파 사원의 조직의 엄밀함, 제도의 세밀함과 분명함은 당시의 다른 교파가 비할 바가 못 되었다. 이러한 제도는 총카파의 사상 체계와 교학 실천의 수요에 적응한 것이면서, 또한 사원의 교육 작용을 충분히 발휘시킴에 꼭 필요한 것이었다.

우리는 먼저 게룩파의 현교의 교육 상황에 대하여 살펴보기로 한다. 총카파 자신은 현교에 대하여 계통적인 견해를 가지고 있었는데,『보리도차제광론』에 그 자신의 사상 체계가 기재되어 있다. 그의 두 제자 겔찹제・다르마린첸(rgyal-tshab-rje-dar-ma-rin-chen, 1364~1432년, 원래는 렌다와의 제자로서 이름을 날린 후 가츄파라고 칭하였다. 1397년부터 총카파를 스승으로 모셨다)과 케둡제・게렉펠샹(mkhas-grud-rje-dge-legs-dpal-bzang, 1385-1438년, 원래는 역시 렌다와의 제자였는데 1407년부터 총카파를 스승으로 모셨다)은 당시 유행되고 있는 모든 현교의 중요한 논서에 대하여 상세한 주해를 달았고, 게룩파의 현교 교학을 위해 기반을 다졌다. 간덴 사원이 건립된 후 대량의 승려가 사원에 들어가서 공부하였는데, 사원은 그들을 2개의 다창으로 나누었다(3개의 다창이라는 사료도 있다). 6-7년 후 1416년에 건립된 데풍사원에서도 다창을 7개 설치하여 승려를 받아들였다(이후 4개로 합병되었다. 사원 건립 3년 후인 1419년에 총카파가 데풍 사원에 도착하였을 때 승려는 이미 2천여 명에 달하였다). 1418년부터 그 이듬해에 걸쳐 세라사원이 건립되었고, 5개의 다창이 설치되었다(이후 현대의 3개 다창으로 합병되었다. 1697년에 세라 사원에 2,850명의 승려가 있었다고 상계갺쵸의『황유리(黃琉璃)』116페이지에 기재되어 있다). 이 3대 사원의 규모는 매우 크며, 당시의 소속 승려의 숫자가 얼마인지는 오늘날 확실하지 않지만, 각 사원의 다창의 숫자와, 데풍 사원이 1419년에 승려가 2천여 명이었다는 점으로 미루어보아, 당시 3대 사원의 승려는 아마 4천~5천명일 것으로 추측된다. 이 많은 승려가 사원에 상주하여 학문을 닦았다는 것은 당시에는 매우 돌출되는 현상이었다. 1396년 당시의 총카파의 제자는 겨우 30여 명이었지만 1409년 대기원제(大祈願祭) 개최를 통해 그의 사회적 성망이 뛰어올랐고 동년에 간덴 사원을 건립한 이후 1419년까지의 10년간에 게룩파는 3대 사원을 건립하였으며, 승려는 수천 명에 달하였다. 이러한 발전 속도와 규모는 총카파 개인의 명망으로만은 해석할 수 없고(렌다와도 당시 명망이 매우 높았지만, 그는 만년에 외지고 조용한 절에서 수행하였다) 또한 당시의 최고 통치자 천화왕(闡化王) 닥파겐첸의 강력한 지원만으로도 해석할 수 없다(체탕 사원은 그 자신이 좌주를 담임하였던 사원이고 덴사틸 사원은 팍모두파의 사원이었지만, 닥파겐첸은 이 사원들을 신속히 발전시키지 못하였다). 그는 필연코 어떤 사회적 힘이 작용하였으므로 형성되었다고 보아야 한다.

티베트인들이 왜 출가 승려를 많이 배출하게 되는가를 따져보면, 그 주요 원인은 농노제의 계급사회, 토지 사용권의 계승 제도와 혼인 제도[일처다부(一妻多夫)] 등 사회·경제 제도에서 찾아진다. 그러나 이러한 사회·경제 제도는 보편적 작용 요소에 불과하며, 당시의 게룩파가 특별히 신속한 발전을 가져온 데는 애초부터 다른 요소가 작용하였다고 생각된다. 정치상 대체로 통일되었고, 사회는 몹시 안정되었으며, 경제 상황도 현저하게 상승되었던 당시의 우창 사회에서 통치 계급과 피통치 계급을 모두 포함하여 사람들은 보편적으로 문화와 교육 분야에서의 욕구를 어느 정도 갖게 되었던 것이다. 이러한 요구는 역사 조건의 제한(여기서는 승려가 당지의 문화 교육 사업을 독점한 것을 가리키며, 또한 사회·경제 제도면의 작용도 당연히 포함된다)으로, 게다가 통치자의 유도[誘導, 어떤 티베트어 사료에 의하면, 데풍 사원이 건립된 이후 팍모두파의 통치자들과 귀족들은 앞을 다투어 자제를 데풍 사원에 보내 불경 공부를 시켰고, 각 지방의 부상(富商)과 속민(屬民)들도 함께 그것을 모방하였다고 쓰고 있다)에 의하여, 나아가서 총카파의 불교에 대한 조예와 만년의 명망 등 여러 가지 요인으로 인해 사람들이 "신카담파"(게룩파를 가리킴)의 사원에 많이 집중되었던 것이다. 또한 당시에 각지의 카담파 사원이 잇따라 게룩파로 개종되었던 점도 게룩파의 발전의 요인으로 되었다.

　다음으로 우리는 게룩파의 밀교에 관한 교육 상황을 살펴보기로 한다. 총카파는 밀교에 관해 그만의 독자적인 견해를 갖고 있었다. 『밀종도차제 광론(密宗道次第廣論)』에는 밀교를 수행할 때 마땅히 준수해야 하는 순서와 내용이 기재되어 있다. 총카파와 그의 제자들은 주요 밀교 경전에 대하여 모두 상세한 주해를 달았다. 이는 당시의 티베트 불교의 다른 교파, 특히 밀교의 수행을 과시하는 사람들과 현저히 달랐다. 총카파는 밀교를 배우기 전에 반드시 현교에 통달하여야 하고, 현교에 통달한 극소수의 사람만이 밀교를 배울 자격이 있다는 관점을 견지하였다. 밀교를 수행할 때 반드시 계율을 엄수해야 하고, 모든 수행법은 관상(觀想)을 중시하였으며, 여성과의 접촉을 불허하고 특이한 공물을 숭상하지 않았다. 이 모든 것은 불교 경전에서 근거를 찾을 수 있었다. 이러한 방식은 앞에서 언급한 바와 같이 밀교 수행을 구실로 제멋대로 나쁜 짓을 하는 자들에게 타격을 주었다. 게룩파 내부에서 훗날의 3대 사원에서 규정한 것처럼, 승려는 반드시 5부의 현교 대론을 다 배워서 시험을 거쳐 게세의 자격을 취득한 후에야 상하밀원 (上下密院)에 들어가서 밀법을 수행할 수 있었다. 그리고 밀교 수행 기간에는 엄격하게 관리하고 감독하였다. 이는 한편으로는 밀교를 배우는 승려가 사회와 민중들에게 열악한 행위를 하거나 나쁜 영향을 미치는 것을 방지하기 위해서이고, 다른 한편으로는 불교의 미신적 색채가 짙어진 사회에서 밀교의 "신용과 명예"를 회복하기 위해서였다. 그리고 당연히 티베트 불교의 대중을 미혹시키는 힘을 강화하기 위해서였다. 게룩파 사원의 경우처럼 계통적인 교육을 받고 현밀(顯密)에 통달한 라마여야만이 군중들로 하여금 농노주에게 복종하라는 불교 교의를 선전할 자격이 있는 사람으로 되었던 터이다. 게룩파 초기의 3대 사원은 바로 이러한 인재를 대량으로 양성하는 학교였던 것이다.

　간덴·데풍·세라 이 3대 사원과 총카파의 제자 겐둔둡파(dge-'dun-grub-pa, 1391~1474년)가 1447년에 건립한 타시룬포 사원(bkra-shis—lhun-po)은 다창의 숫자와 각종의 규정과 제도면에서는 서로 다르지만, 그들의 주요한 직능, 15세기 및 조금 후의 그것은 현교 교학 혹은 불교 교의의 교학을 제일의 주요 임무로 하였다는 점에서는 모두 동일하였던 터이다. 이는 모두 총카파의 불교에 관한 관점과 그가 제정한 원칙을 계승하고 발전시킴으로써 형성되었다. 총카파는 계율 엄수를 제창하였고, 현밀의 수행 순서를 규정하였으며, 불학에 대해 깊이 관통할 만큼 요해해야 한다고 요구하였다. 이런 것들은 본래는 불교 경전이 일치하게 불교도에게 반드시 그리해야 한다고 요구하는 것이고, 불교도들도 마음속으로 마땅하다고 생각하여 반대할 이유가 없었다(그러므로 티베트의 불교 신도들은 총카파가 티베트 불교에 대하여 어떠한 개혁도 하지 않았고, 다만 당시 티베트 불교계에 존재했던 더러움을 제거하고 티베트 불교의 순정성을 회복하였을 뿐이라고 여긴다). 그러므로 총카파는 게룩파를 형성하는 과정에서, 말하자면 이른바 티베트 불교를 개혁하는 과정에서 위로는 팍모두파 집단의 강력한 지지를 받았고 아래로는 승속군중의 반대를 받지 않았을뿐더러(다만 한 사람이 총카파의 학설을 인정하지 않았을 뿐인데 그가 보다 좋은 이론을 제기하지 못하였기 때문에 사회적 영향을 일으키지 못했다) 오히려 승속 대중으로부터 지지받았다고 하는 편이 낫다(특히 카담파 승려와 신도의 옹호를 받았다). 이리하여 4대 사원이 건립된 후 게룩파는 신속히 실력 있는 신교파로 성장한 것이다.

이러한 사원과 방대한 수목의 승려를 유지하는 경제적 내원(來源)에 관하여 우리는 확실한 자료를 접하지 못하였다. 게룩파가 흥성하기 전에 이미 다른 사원에는 소속의 농노가 있었다는 기재가 있다. 또 귀족이 사원에 장원을 헌납하여 사원 소속으로 하였고, 사원에서 사람을 파견하여 관리하였으며 그 수입은 사원에서 사용하였다는 기재가 있다. 당시의 게룩파 사원도 아마 사원 소속의 농노와 장원이 그의 주요한 재원이었을 것이다. 봉건 농노제 사회에서 귀족과 직관(職官), 심지어 관청까지 모두 장원을 소유하여 저들의 착취 생활을 유지하는 수단으로 하였다. 사원도 봉건사회의 중요한 기구의 하나로서 예외일 수 없다.

총괄적으로 보면, 총카파는 원조 말기의 관리에 해당되는 집안에서 태어나 1373년부터 전(前)·후(後)티베트의 여러 사원에서 유학(遊學)하여 봉건 통치 계급을 위해 복무하는 불학을 진지하게 배웠는데 "성적이 우수하였다."고 그의 공부 상황을 논할 수 있다. 40세경에는 그의 학문 체계가 형성되었고 사상도 점차 성숙되었으며, 종교계에서 낡은 풍속 습관을 수정하는 활동을 개시하는 가운데 일정한 성공을 거두어 한 시기의 명망가가 되었다. 당시의 우창 사회의 요구에 순응하여 천화왕(闡化王) 닥파겐첸은 총카파를 장기적으로 강력히 지지하였고, 1409년에 라싸에서 개최한 대기원제(大祈願祭)는 총카파의 사회적 지위를 높여 주었으며, 총카파는 큰 명망을 얻게 되었다. 또 팍모두파의 강력한 지지 아래 대사원을 건립하였고 실력이 강대한 게룩파를 창설하였다. 그의 영향으로 총카파 이후에도 기타 티베트 불교 교파에서는 낡은 작풍을 일정하게 개변하고자 하였다. 총카파의 노력에 의하여 티베트 불교는 회복됨과 동시에 농노제를 위한 봉사적 역할을 보다 잘할 수 있었다. 총카파가 세상을 떠난 후 게룩파는 사원의 실력을 토대로 다른 교파와의 투쟁을 거쳐 그 후의 17~18세기에는 티베트의 지방행정 사무에 개입하였고, 총카파의 일부 신조와 작풍도 폐기하였다. 이 점을 총카파 자신은 미처 예상하지 못했을 것이다. 역사의 변화 발전은 한 사람이 좌지우지할 수 있는 성질의 것이 아니다. 이에 관한 논의는 잠시 그치기로 한다.

부록 2 ― 총카파 연보(年譜)

1357년 정유(丁酉) 원순제(元順帝) 지정(至正) 17년

총카파(tsong-kha-pa)는 현재의 청해성 황중현(湟中縣) 타얼스(塔爾寺) 지방에서 태어났다. 서녕(西寧) 일대는 당조(唐朝) 때부터 종수[宗水, 현재의 황수(湟水)]의 기슭을 의미하는 뜻으로, 총카(tsong-kha)라고 불리었다. 이 지역을 포함한 보다 큰 지방을 티베트인들은 총카첸포(tsong-kha-chen-po)라고 불렀다.

총카파가 이름을 날린 후 사람들은 그의 이름을 직접 부르지 않고 총카파라고 존칭하였다['총카의 사람'이라는 뜻이다. 이는 한인(漢人)이 고대에 지위와 명망으로 사람을 칭하는 습관과 같다] 부친의 이름은 루붐게(klu-'bum-dge)이고, 티베트족의 멜(mal-gyi-rigs) 일족에 속한다. 원조 말기에 다루가치(da-ra-kha-the, darugaci)를 담임하였다. 모친의 이름은 아초(a-chos)이고, 티베트족의 징(shing) 일족의 출신이다. 형제는 6명이고, 그는 넷째이다.

멜일족과 징일족에 대하여 티베트어 사료에는 그 지명이 나와 있지 않고, 한문(漢文) 사료에도 기재가 없다. 『명사(明史)』 권320의 "서번제위조(西蕃諸衛條)"에는 "기타 족종(族種), 예컨대 서녕십삼족(西寧十三族)·민주십팔족(岷州十八族)·조주십팔족(洮州十八族)에서 큰 족은 수천 명, 작은 족은 수백 명이 소속되어 있었다."고 기재되어 있다. 멜일족은 서녕 일대의 여러 부족 중의 하나일 것으로 예측된다.

다루가치(darugaci)는 원대의 직관 명칭인데, 지방에서 군민을 겸하여 관리하는 장관을 가리킨다. 원조는 티베트족 지구에 선위사도원수부(宣慰司都元帥部)와 큰 규모의 만호부를 설치하였는데, 그중에 다루가치의 직위가 있었으며 그 품급이나 직권의 대소가 일치하지 않았다.

현재에 접할 수 있는 사료에 의하면, 이 일대의 다루가치는 아무리 작아도 천호를 관리하였다고 하는데, 사실상 천호는 300~400호를 관할하였을 뿐이다. 케둡제의 저서 『총카파전』에서는 그의 "친척과 가족이 천 명 넘었다."고 적고 있다. 루붐게가 만약 일족의 장관이면 그가 담임한 다루가치는 천호에 해당되는 것이다(만약 여러 족을 관할하는 장관이면 만호일 가능성도 있다). 『총카파전』에는 총카파가 태어났을 때 당지의 대라마 둔둡린첸(아래 글 참조)이 선물을 보내 축하하였고 3세 때에 부친을 따라가서 롤페도르제(아래 글을 참조)를 만나 우바새계를 받았다고 하였다. 그리고 1379년 총카파가 23세(당시는 아직 유명해지지 않았다)때에 먼 곳의 우창에 체재하고 있는데, 순제의 손자가 친히 몽골에서 편지를 보내왔다는 등에 관한 일화(逸話)가 기재되어 있다. 이 몇 가지 일은 루붐게가 원조에 충절을 다한 당지의 실력 있는 지방관임을 말해 주며, 총카파는 통치자 가정의 출신이지 일반적인 책에서 말한 것처럼 빈곤한 목민의 출신이 아니라는 것을 말해준다.

1359년 기해(己亥) 지정(至正) 19년

총카파 3세. 카르마파 · 룰페도르제에게서 우바새계를 받고 쿤가닝포(kun-dga'-snying-po)라는 이름을 얻었다.

카르마파 · 룰페도르제(kar-ma-pa-rol-pa'i-rdo-rje, 1340~1383년)는 카르마카규 흑모파(거점은 출프사원이다)의 제4세(제2세 카르마 · 팍시는 몽케로부터 국사로 책봉되었고, 검은 모자를 수여받았다. 제5세는 명 성조로부터 대보법왕에 책봉된 데싱섁파임)이다. 당시는 원 순제의 요청을 받고 티베트에서 상경하는 도중에 서녕을 지날 때 부친 루붐게가 총카파를 데리고 배알하러 왔다. 그의 요구에 응하여 총카파에게 우바새계를 주었다.

우바새는 거사(居士)라고도 번역한다. 우바새계에는 다섯 가지 계율[오계(五戒)]이 있는데, 즉 불살생계(不殺生戒) · 불투도계(不偸盜戒) · 불사음계(不邪婬戒) · 불망어계(不妄語戒) · 불음주계(不飮酒戒)이다. 우바새계는 재가(在家)의 신도가 장유를 구분하지 않고 받을 수 있는 계율이다.

1363년 계묘(癸卯) 지정(至正) 23년

총카파 7세. 당지의 대라마 둔둡린첸에게서 출가하여 사미계를 받고 롭상닥파펠(dlo-bzang-grags-pa-dpal, 통상은 롭상닥파라고 칭한다)이라는 이름을 얻었다. 이 이전에(티베트어 몽골 불교사에서는 총카파가 6세 때라고 하고 있다) 총카파는 둔둡린첸에게서 밀교의 관정을 받았고, 둔외도루제(don-yod-rdo-rje)라는 밀호(密號)를 받았다. 그러나 총카파가 자신의 저작에서 가장 많이 서명한 이름은 롭상닥파펠이다. 7세부터 16세(1372년)까지 총카파는 샤큥 사원(dya-khyung-dgon-pa, 둔둡린첸이 1349년에 건립)에 적을 두고 둔둡린첸에게서 티베트어와 불경을 배웠다. 10년간 티베트어의 현교 경론(經論)과 밀교 의궤(儀軌) 등 분야에서 튼튼한 기반을 닦았다.

둔둡린첸(don-grub-rin-chen, 1309~?)은 암도 출신의 티베트인이다. 어릴 때 출가하여 조금 성장한 후 우창에 가서 경전을 배웠다. 라싸 서남 네탕(snye-thang)지방의 데와첸(bde-ba-can, 당시 전(前)티베트에 있는 카담파의 유명한 6대 사원의 하나이다) 사원에서 이 사원의 켄포 타시셍게(bkra-shis-seng-ge) 등 사람에게서 『현관장엄론(現觀莊嚴論)』 등 미륵의 5법을 배웠는데, 성적이 우수하였다. 그 후에는 후(後)티베트의 나르탕(snar-thang)에 가서 나르탕 사원[후(後)티베트에 있는 카담파의 대사원이다. 경론의 강의로 유명하였다. 『캉규르』『텐규르』의 사본의 초판본을 소장하고 있다]에서 릭페셍게[rig-pa'i-seng-ge, 나르탕 사원의 켄포. 『캉규르』·『텐규르』의 사본을 정리한 춈덴릭페렐디(bcom-ldan-rig-pa'i-ral-gri)의 제자이다. 원 인종(仁宗)시기에 몽골어 자모를 개량한 츄키우셀의 동창생이다]에게서 『양결정론(量決定論)』을 배웠다. 그 후 샤루(zhva-lu) 사원에서도 배웠는데 당시 샤루 사원은 티베트의 유명한 불교학자 부톤·린첸둡(bu-ston-rin-chen-grub, 1290~1364년)이 주지를 맡던 시기였다. 둔둡린첸은 샤루 사원에서 일련의 현밀 경전을 배운 후 샤루 사원의 불경 토론(티베트인의 불경 공부 습관으로서, 어떤 경전을 다 배운 후 반드시 그 경전에 관한 변론에 참가하여야 한다. 다른 승려가 임의로 질문하고 자신이 답변한다. 답변이 틀림없어야 학업을 완성한 것이 된다)에 참가하여 "지혜선교(智慧善巧)"의 명예를 얻었다. 후에 암도에 돌아가서 임조[臨洮, 티베트인들은 싱쿤(shing-kun)이라고 부른다. 원조 초기부터 티베트의 유력자가 우창과 대도를 왕래할 때에 거주하던 곳이다]의 신사원의 켄포를 담임하였다. 어느 해 네탕의 데와첸 사원에서 사자를 파견하여 켄포에 취임해 줄 것을 요청하였다. 둔둡린첸은 신 사원의 켄포를 사직하고 네탕에 갔지만 사정으로 인하여 데와첸 사원의 켄포에 취임하지 못하였다. 그는 자신이 가지고 갔던 재물을 데와첸 사원과 나르탕 사원에 바치고 얍츄딩이라고 하는 외지고 조용한 곳에 가서 수행하였다. 그 후 암도의 서녕 일대에 돌아가서 샤큥과 샤당(sha-sbrang) 두 사원을 건립하였다. 샤큥 사원은 서녕의 정남쪽에서 서쪽에 치우쳐진 황하의 북안에 있는 사원으로서, 기축년(己丑年, 1349년)에 건립되었다. 그는 신년(申年, 1356년)까지 두 사원에서 『현관장엄론(現觀莊嚴論)』·『양결정론(量決定論)』·『입보리행론(入菩提行論)』·『희금강탄트라』등 현밀의 경론을 강의하였지만 우수한 제자가 없어서 조금은 실망 중이었다. 신년(申年, 1356년)부터 둔둡린첸은 자기의 조카 샤카상포(shākya-bzang-po)에게 샤당(sha-sbrang)사원의 켄포를 맡기고 자신은 샤큥 사원에서 조용히 수행하였는데, 야만다카법의 수행으로 당시에 유명하였다. 총카파는 카담파의 학식 있는 라마 둔둡린첸에게서 출가하여 계율을 받고 불경을 10년간 배웠다. 이는 총카파의 불경 공부 방법에 대한 탐구와 사상 구조의 형성에 중요한 영향을 미쳤다.

1368년 무신(戊申) 명태조(明太祖) 홍무(洪武) 원년
총카파 12세.

1372년 임자(壬子) 홍무(洪武) 5년
총카파 16세. 총카파는 스승의 분부를 받고 동반자와 동행하여 우창에 가서 불경을 배웠다.

출발하기 전에 둔둡린첸은 이별에 즈음하여 격려의 말로써 총카파에게 우창에 가서 불경을 배우는 순서와 방법을 가르쳤다. 그 대략적인 뜻은 먼저 『현관장엄론(現觀莊嚴論)』을 위주로 하는 "미륵의 5법"을 배우고, 다음은 『양석론(量釋論)』을 중심으로 하는 다르마키르티의 "인명7론(因明七論)"을 배우고, 더 나아가 『중론(中論)』을 주로 하는 나가르주나의 "중관리취6론(中觀理聚六論)"을 배우며, 그 후 일체의 현밀경론을 폭넓게 배우는 것이었다. 학습의 방법은 먼저 유명한 스승의 강의를 듣고 다음은 자신의 사변(思辨)에 의거하여 경론의 심의를 장악하며, 더 나아가 경론의 이론을 수행하여 실증하는 것이다. 이러한 가르침은 총카파로 하여금 전(前)·후(後)티베트에서 불경을 공부할 때에 학문하는 방법과 절차를 규정하도록 하였다. 총카파는 대체로 이 가르침에 따라 행동하였다. 이는 총카파가 카담파의 길을 걸은 이유의 하나로 된다.

당시의 여행은 대오를 지어 함께 다니면서 안전을 확보해야 하였다. 총카파의 동반자는 디궁 사원의 탁발승 린첸펠(rin-chen-dpal)과 외삼촌 2명 외에 다른 사람 여러 명이다. 일행은 남로(南路)를 따라 참도를 거쳐 티베트에 들어가 거의 1년 만에 라싸에 도착하였다.

1373년 계축(癸丑) 홍무(洪武) 6년

총카파 17세. 이해 가을 전(前)티베트의 디궁사원('dri-gung, 혹은 'bri-khung)에 도착하였다.

총카파는 디궁틸 사원[디궁 사원은 세 부분으로 나뉘어 있다. 틸(mthil) 사원은 그중의 하나이다]에서 디궁파(카규파의 한 지파)의 지도자 초키겔포(chos-kyi-rgyal-po, 1335~1409년. 본명은 린첸펠. 당시의 유명한 인물이었다)를 알현하고 그에게서 "대인5법"과 "나로6법"(모두 카규파의 주요한 밀법이다) 및 디궁파 대라마의 저술(대부분은 밀법)을 배웠다.

디궁 사원에서 배운 후 또 대오를 지어 서행하여 궁탕(gong-thang)을 경유하는 도중에 당지의 의사 쿤촉캽(dkon-mchog-skyabs)에게서 티베트의학을 배웠다. 궁탕에서 또 서행하여 네탕에 가서 데와첸 사원(의역하면 극락 사원)에 들어갔다. 데와첸사원에서 2년간 지내면서『현관장엄론』을 위주로 하는 "미륵의 5법"을 배웠다.

데와첸 사원은 총카파가 우창에 가서 불경을 배움에 있어 대체로는 첫 목적지이다. 이 사원은 그의 계몽 스승 둔둡린첸의 출신 사원이었고, 윗글의 둔둡린첸의 약전에서 알 수 있듯이 둔둡린첸은 만년에도 암도에서 얻은 재물을 항상 데와첸 사원에 보냈다. 둔둡린첸이 자기의 제자를 이 사원에 보내서 공부시킨 것은, 한편으로는 이 사원이 그의 출신 사원이면서 당시 카담파의 유명한 사원이고, 다른 한편으로는 그의 관계에 의하여 총카파가 좋은 보살핌을 받을 수 있기 때문이었다. 총카파는 이 사원에 들어간 후 좌주 예쉐셍게(ye-shes-seng-ge)와, 후에 켄포로 승임한 타시셍게(bkra-shis-seng-ge)에게서 경론의 강의를 들었다. 또한 사원에서는 총카파의 공부를 위하여 별도로 두 사람을 배치하여 주었는데, 한 사람은 윤텐걈쵸(yon-tan-rgya-mtsho)라 하고, 다른 한 사람은 우겐파('u-rgyan-pa)라고 하는데, 당시는 모두 아사리[阿闍梨, 구역(舊譯)은 규범사(規範師)]의 직위에 있었다. 총카파는 이 두 스승에게서『현관장엄론(現觀莊嚴論)』의 본문, 인도인 하리바드라(獅子賢)의 주석, 티베트인 쟘캬(jam-skya)의 소석(疏釋)을 배웠다. 또 다른 사원에서 방문 온 라마에게서『대승경장엄론(大乘經莊嚴論)』·『변중변론(辨中邊論)』·『변법법성론(辨法法性論)』·『구경일승보성론(究竟一乘寶性論)』(이 4부론과『현관장엄론(現觀莊嚴論)』을 "미륵의 5법"이라고 한다)을 배웠다. 2년간 총카파는 이 5부론을 잘 배우고, 그의 학문의 제일 부분을 완성하였다. 이는 그 이후의 학습에 기초를 마련하였을 뿐 아니라 그의 학설 사상에 큰 영향을 미쳤다.

1374년 갑인(甲寅) 홍무(洪武) 7년

총카파 18세. 계속하여 데와첸사원에서 불경 공부를 하였다. 이때 사캬파의 퇴직 좌주이며 유명한 불교학자인 라마담파 · 소남겐첸(bla-ma-dam-pa-bsod-nams-rgyal-mtsban, 라마담파라고 통칭한다. 팍파의 종손으로서 1344~1349년에 사캬 사원의 좌주를 담임하였다)이 네탕 부근의 초종(chos-rdzong)지방을 방문하였다. 총카파는 이 기회에 그를 만나뵙고 밀교의 관정을 받았다.

1375년 을묘(乙卯) 홍무(洪武) 8년

총카파 19세. 불경토론에 참가하기 시작. 이해에 상푸 사원의 불경 토론에 참가하여 『현관장엄론(現觀莊嚴論)』으로 입종(立宗) 답변하고 우수한 성적을 거두어 전(前) · 후(後)티베트에서 처음으로 두각을 나타냈다.

상푸(gsang-phu) 사원은 라싸의 이남, 네탕의 이동에 위치하는데, 카담파의 창시자 돔돈('brom-ston-rgyal-ba'i-'byung-gnas, 1005~1064년)의 동창생 곡 · 렉페쉐랍(rngog-legs-pa'i-shes-rab)이 북송 시대 신종(神宗) 희녕(熙寧) 6년에 창건한 것이다. 티베트의 유명한 역경승 곡 · 로덴쉐랍(rngog-blo-ldan-shes-rab, 1059~1109년)이 이 사원을 계승하였다. 상푸 사원은 그때부터 우창에서 경론의 강의로 유명하였다. 특히 인명과 미륵의 5법을 전수하는 카담파 사원으로서 각 교파의 유명한 라마들이 이곳에 와서 학문을 탐구하였다. 이후 상푸 사원은 상 · 하 두 원으로 나누어졌고, 데와첸 사원은 상푸 사원 상원의 말사에 속했다. 상푸 사원의 불경 토론에 참가한 후 총카파는 후(後)티베트의 사캬 사원으로 향하는 도중에 갼체와 샤루를 지나갔다. 샤루 사원에서는 좌주 린첸남겔(rin-chen-rnam-rgyal, 부톤의 제자)에게서 밀교의 관정을 받았다. 그리고 나르탕을 거쳐 사캬 사원에 도착하였다. 당시 사캬 사원에는 불경을 강의하는 사람이 없어서 부근의 사상(sa-bzang)에서 마티판첸(mati-pan-chen, 렌다와의 스승. 조낭파에 속함)으로부터 시론[詩論], 산스크리트어 사조(詞藻)와 운율(韻律)의 학문. 『롱둘라마전집』에 의거함)을 배웠다. 사캬사원에서 불경을 강의할 때에는『현관장엄론(現觀莊嚴論)』으로 입종(立宗) 답변도 하였다.

상푸 사원은 11세기부터 줄곧 인명론(因明論)의 강의로 유명하였다. "미륵의 5법" 공부를 마친 후 총카파의 두 번째 학습 과제는 인명론이지만, 그는 상푸 사원에 남아서 인명(因明)을 배우지 않고 사캬 사원으로 향하였다. 이는 아마도 당시의 티베트의 인명학(因明學)의 학풍의 변화와 관계가 있는 듯하다. 사캬 사원은 쿤 일족의 쿤촉겔포('khon-dkon-mchog-rgyal-po, 1034∼1102년)가 1073년에 건립한 것인데, 13세기에 불교학을 전수하는 가장 유명한 사원이 되었다. 특히 사판·쿤가겐첸[sa-pan-kun-dga'-rgyal-mtshan, 1182∼1251년. 서량(西凉)에 가서 쿠텐을 만나고 티베트의 각 지방 세력의 몽골 귀순을 상의하여 성공시킨 인물)은 대단한 명망을 갖고 있었다. 정치적으로 사캬 사원은 사판으로 인해 약 100년간 우창의 행정 중심이 되었다. 사판의 인명(因明) 분야 저작인『정리장론(正理藏論)』은 다르마키르티의『양석론(量釋論)』을 주요한 근거로 하여 저술한 것으로서, 티베트 불교계에 큰 영향을 미쳤고, 게룩파가 흥성하기 이전에 인명(因明)에 관한 티베트인의 저작으로서 매우 권위적이었다(명조 초기에 북경에서 목판을 번각하였다). 사판의 제자 우육파('u-yug-pa-rig-pa'i-seng-eg)는『양석론(量釋論)』에 상세한 주해를 달았다. 이리하여『양석론』을 중심으로 하는 인명학은 사캬파의 승려에 의하여 제창되었고, 대대로 이어받았다. 그러나 상푸 사원에서는 14세기 말까지 여전히 11세기 이래의 오랜 전통에 따라서 다르마키르티의『양결정론(量決定論)』을 주로 하는 인명학을 강의하였고, 15세기 초기가 되어서야『양석론(量釋論)』을 강의하였다. 이런 원인으로 총카파가 사캬 사원에 가서 인명학을 배우려고 한 것은 즉『양석론』을 배우고자 한 것이다. 그러나 당시 사캬 사원은 정치적으로 이미 쇠락하였고(1354년 사캬지구의 행정권은 팍모두파의 손에 넘어갔고 팍모두파 관할 하의 린풍종의 종쯘이 사캬 사원을 관리하였다) 불교의 학문도 따라서 쇠퇴하였다. 사캬파에 설령 학식이 있는 승려가 있다 하더라도, 사캬 사원에 상주하지 않았기 때문에 사캬 사원에 가서 인명학(因明學)을 배우려고 한 총카파의 목적은 수포로 돌아갔다.

사캬 사원에서 입종(立宗) 답변을 마친 후 총카파는 라퇴쟝(la-stod-byang, 라체의 이서, 얄룽창포강의 이북, 라카 창포하(얄룽창포강의 북안 지류)의 이남의 일대이다. 감링은 라퇴쟝 지방의 수읍이다)에 가서 감링사원에서 『현관장엄론(現觀莊嚴論)』으로 입종(立宗) 답변을 하였다(감링 사원은 원래 사캬파의 사원이었지만 달라이라마 5세의 시대에 게룩파 사원으로 개종하였다). 그 후 죠모낭(jo-mo-nang, '죠낭'이라고 약칭. 죠낭파의 본사이다)에 가서 보동·촉레남겔(bo-dong-phyags-las-rnam-rgyal, 1306~1386년, 당시 시륜금강탄트라에 정통하여 높은 명성을 누린 인물이다)에게서 『시륜육가행법(時輪六加行法)』(밀교)을 배웠다. 또 죠모낭에서 보동에(bo-dong-e) 사원으로 향하는 도중에 치보레(spyi-bo-lhas) 사원을 지나면서 그 사원의 켄포에게서 카담파의 『보리도차제론(菩提道次第論)』을 배웠다. 보동에 사원에 도착한 후 『현관장엄론』으로 입종(立宗) 답변을 하였다.

보동에 사원에서 나르탕 사원으로 돌아온 후 나르탕 사원의 둔상와(don-bzang-ba)에게서 『구사론(俱舍論)』의 주석을 배웠지만 만족하지 못하였다. 그러나 그 사원에서 쿤가펠(kun-dga'-dpal)의 저서 『현관장엄론주(現觀莊嚴論注)』를 입수하였고, 이전에 데와첸 사원에서 배운 주해보다 낫다고 느낀 총카파는 쿤가펠(사캬파의 유명한 라마로서 총카파의 스승인 렌다와의 스승이고 체첸 사원에 체재함)에게서 다시 한번 『현관장엄론』을 배우려고 하였다.

냥두(티베트인들은 걍체 일대를 냥두 지구라고 부른다)에 돌아가서 네닝(gnas-rnying) 사원에 체재하였고, 이 사원에서도 『현관장엄론(現觀莊嚴論)』으로 입종(立宗) 답변을 하였다.

1376년 병진(丙辰) 홍무(洪武) 9년

총카파 19세. 여름에 체첸 사원(rtse-chen, 걍체 이북의 산에 있다)에 체재하면서 쿤가펠에게서 본인이 저술한 『현관장엄론』의 주해에 대한 강의를 들고 매우 만족하였다. 총카파는 또 『구사론(俱舍論)』의 강의를 요청하였지만, 쿤가펠은 이미 늙고 쇠약하였기 때문에 자신의 제자 렌다와를 소개하였다. 때마침 렌다와가 체첸 사원에 왔기에 총카파는 렌다와에게서 『구사론』의 강의를 들었는데, 그 언어와 의리가 아주 명확하였다. 총카파는 렌다와에 대하여 존경하고 신뢰하는 마음이 생겨, 이후 그에게서 자주 불경을 배웠다.

렌다와의 본명은 손누로되[red-mda'-ba-gzhon-nu-blo-gros, 1352~1416년 혹은 1349~1412년. 후(後)티베트 라체 부근의 렌다 지방 출신이기 때문에 사람들은 '렌다와라고 부른다]로서 사캬파의 현교 분야에서 당시 가장 학식 있는 라마일 뿐만 아니라 부톤과 총카파 사이에 위치하는 티베트 불교계에서 가장 학식 있는 사람이다. 현교 분야에서 그는 중관(中觀)과 인명(因明)에 능통하였고, 특히 중관학(中觀學)은 그의 제창과 강연으로 티베트에서 융성하였다. 밀교 분야에서 그는 『비밀집회(秘密集會)』와 『승락탄트라(勝樂怛特羅)』에 능통하였다. 총카파의 현교 경론 주소(注疏)의 해석은 대부분 렌다와의 견해를 근거로 썼기 때문에, 어떤 서적에서는 렌다와를 총카파의 주요한 스승이라고 말하는데 그만큼 그가 총카파에게 큰 영향을 미친 인물임에는 틀림이 없다. 총카파의 가장 학식 있는 2대 제자 겔찹제와 케둡제도 원래는 렌다와의 제자였으며, 후에 총카파를 스승으로 섬겼다.

가을, 총카파는 스승 렌다와와 함께 냥두의 삼텐링(bsam-gtan-gling, 숭파켄포의 『불교사』 141페이지 및 『광론(廣論)』 77페이지에 근거함. 냥두는 간체 일대를 가리킨다. 삼텐링 사원의 지리적 위치는 분명치 않다) 사원에 가서 렌다와에게서 『입중론(入中論)』[인도인 찬드라키르티(月稱)의 저서로서 중관사상의 자립 논증파와 귀류 논증파 두 파 중 귀류 논증파의 중요한 저작이다. 이는 렌다와가 처음으로 『입중론』을 논한 강의이다]을 배웠다.

가을 말, 총카파는 냥두에서 라싸로 가서 쟝춥체모(byang-chub-rtse-mo, 팍모두파 통치자와 밀접한 관계가 있는 당시의 유명한 인물)에게서 『대승아비달마집론(大乘阿毗達磨集論)』의 강의를 들으려고 하였지만, 실현하지 못하였다. 겨울에 데와첸사원에 체재하였다.

[1377년 정사(丁巳) 홍무(洪武) 10년][19]

총카파 21세. 데와첸 사원에서 쿄르모룽(skyor-mo-lung) 사원에 가서 그 사원의 켄포 로셀와(blo-gsal-ba)에게서 구나프라바[덕광(德光), 인도인]의 『율경(律經)』, 샤카프라바(釋迦光)의 『율경소(律經疏)』 및 기타 계율의 주석에 관하여 배웠다.

쿄르모룽 사원은 벨티·닥촘·왕축출팀(sbal-ti-dgar-bcon-dbang-phyug-khrima, 1129~1215년)이 1169년에 건립한 것인데, 줄곧 계율의 전수와 강의로 유명한 사원이다. 로셀와는 벨티·닥촘·왕축출팀의 계율 해석을 계승하고 현교 경론에 통달한 인물이다. 로셀와의 차기 켄포 초겔와(chos-rgyal-ba)는 총카파의 제자이고, 그가 켄포를 담임한 이후 쿄르모룽 사원은 게룩파 사원으로 되었다. 티베트 불교의 계율은 8세기 이래 모두 소승설일체유부계(小乘說一切有部戒), 즉 한역(漢譯) 『근본설일체유부계(根本說一切有部戒)』[한역(漢譯)과 티베트역은 차이가 있다] 및 그의 방대한 해설에 의하여 전수되었다. 티베트인은 구나프라바[덕광(德光)]의 『계경(戒經)』('소승설일체유부계'를 포함한 여러 가지 계율을 집중시킨 책이다) 및 그의 주석서를 특히 중시하였기 때문에, 총카파는 계율을 배울 때 이 책을 먼저 이용하였다.

총카파는 등이 아파서 퇴룽푸(stod-lung-phu, 라싸의 서북쪽에서 멀지 않다)에 가서 병을 물리치는 방법을 배웠지만, 효과가 없어 데와첸 사원에 돌아가서 의사의 치료를 받았지만, 여전히 효과를 보지 못하였다. 그때 데와첸 사원의 승려와 시비가 있어 후(後)티베트의 사캬 사원에 가려고 하였지만 날씨가 추워 도중에 걍체 지구의 네닝 사원에서 겨울을 지냈다.

네닝 사원에서 승려들의 요청을 받고 『대승아비달마집론(大乘阿毗達磨集

---

19) 자료에 근거하여 추측한 연대는 [　]로 표시하였다. 이하 같음.

論』을 강의하였는데, 이는 총카파가 우창 지구에서 진행한 최초의 강의이다(숭파켄포의『불교사』의 설을 인용).

1378년 무오(戊午) 홍무(洪武) 11년

총카파 22세. 봄, 네닝사원에서 나르탕을 거쳐 라싸에 도착하여 렌다와와 회견하고 11개월을 함께 지냈다. 그동안 렌다와는 총카파에게『대승아비달마집론(大乘阿毗達磨集論)』을 한번 평하고 해석하였으며, 또 다르마키르티의『양석론(量釋論)』을 중심으로『입중론(入中論)』도 겸하여 강의하였고 나아가 율장 등 경론의 전승도 하였다. 동시에 총카파는 도루제린첸(rdo-rje-rin-chen)에게서『희금강탄트라(喜金剛怛特羅)』(무상요가탄트라의 하나이다. 사캬파 밀교의 근본 경전이다) 제2품의 사캬파 주석을 배웠다. 또 합자법(哈字法)의 수행자에게서 병을 물리치는 방법을 배워 등 아픈 병이 완쾌되었다.

1379년 기미(己未) 홍무(洪武) 12년

총카파 23세. 렌다와와 함께 라퇴장의 감링 사원에 가서 봄과 여름을 보냈다. 그동안 렌다와는『대승아비달마집론』의 상세한 해석인『선설해(善說解)』를 저술하였고, 집필하는 수시로 총카파에게 강의하였다. 그 외에『양석론』을 한번 상세히 강의하였고,『비밀집회(秘密集會)』(무상요가탄트라의 하나) 및『5차제론(五次第論)』도 강의하였다.

가을, 총카파는 감링에서 사캬를 거쳐 전(前)티베트로 돌아가 집에서 부쳐 온 재물을 받았다. 그의 모친이 편지에서 총카파의 귀향을 강력하게 요구하였기 때문에 불사(佛事)를 행하는 것을 배운 후 총카파는 라싸에서 동쪽으로 향하였다. 그러나 멜도라룽(mal-gro-lha-lung)에 이르러 귀향하지 않을 것을 결의하였다.

멜도라룽에서 라마·소남닥파(bla-ma-bsod-nams-grags-pa)에게서 여러 가지 법을 배우고, 『양석론광석정리장론(量釋論廣釋正理藏論)』(즉, 사판의 제자 우육파가 저술한 『양석론상주(量釋論詳註)』이다. 이 책은 13~14세기 티베트에서 매우 권위적인 주석서이다. 티베트 승려의 우육파에 대한 평가는 아주 높다)을 자습하였다. 총카파는 이 책에서 특히 제2품 성량품(成量品)에서 인명론(因明論)에 포함된 불교도가 수행하여 성불하는 계위차제(階位次第)의 학설을 깨달았다고 한다(이 점은 게룩파와 사캬파가 인명학설 면에서 보여 주는 중요한 차이점이다).

이해 겨울 총카파는 데와첸 사원에 체재하면서 지금까지 배운 제론(諸論)을 복습하는 동시에, 이듬해 봄에 참가할 각 사원의 불경 변론에 관해 준비하였다. 이때 스스로 원 순제의 후예라고 하는 아무개가 총카파에게 편지와 예물을 보내왔다. 총카파는 12월 27일에 답장을 보냈다. 답장 자체에는 중요한 내용이 없지만 편지의 말미에 이르기를, 상세한 상황은 게세소남겔와(dge-bshes-bsod-rnam-rdyal-ba)가 구술할 것이라고 하였다.

원의 순제는 1368년의 음력 8월에 대도(大都)를 떠나 북쪽으로 도망가서 1370년에 응창(應昌)에서 붕어(崩御)하였다. 1372년 그의 아들 아유시리구라가 칸의 지위를 이어받았지만 1378년에 사망하였고, 아들 투구스·테무르가 계승하였는데 이해가 홍무(洪武) 11년이다. 총카파에게 편지를 보낸 사람은 아마 투구스·테무르일 것으로 추측된다(총카파는 답장에서 대방을 "미이·왕포"(mi'i-dbang-po)라고 칭하고 있는데 이는 티베트인이 지방정권의 통치자에 대하여 사용하는 존칭이다. 13~14세기의 천화왕(闡化王) 닥파겐첸과, 18세기의 군왕(郡王) 포라네에게 티베트어 사료에서는 이 칭호를 사용하고 있다). 어떤 총카파의 전기에서도 이 사람을 테무르라고 하고 있다. 투구스·테무르는 즉위한 후 자주 군대를 이끌고 내지를 침범하였다. 홍무(洪武) 12년에 "조주십팔족번추 등이 반란을 일으켜[洮州十八族番酋等叛]" 명조 군에 토벌되었는데, 이 사람의 모략이 총카파와 관계된다고 의심하는 설도 있지만, 이해 총카파는 23세에 불과하고 학문도 대성하지 않았고 명성도 없었다. 원 순제의 후예가

만 리 길도 마다하지 않고 편지를 보내온 것은 당연히 총카파의 가문과 관련이 있는 일이며, 그렇다면 총카파 부친의 다루가치 관위는 만호품급 이상일 것이다.

1380년 경신(庚申) 홍무(洪武) 13년

총카파 24세. 후(後)티베트로 향하는 도중에 나르탕 사원에 들렀다. 마침 1375년 총카파에게 『구사론(俱舍論)』을 강의한 둔상와가 이 사원에서 『양석론석(量釋論釋)』을 저술하고 있어서, 총카파는 그에게서 『양석론』 강의를 들었다.

여름, 나르탕 사원에서 『양석론(量釋論)』·『대승아비달마집론(大乘阿毗達磨集論)』·『구사론(俱舍論)』·『율경(律經)』이 4론으로 입종(立宗) 답변을 하였다. 이는 총카파가 4론으로 입종(立宗) 답변을 진행한 시작으로 된다. 당시 4론으로 입종(立宗) 답변에 통과된 사람을 카사파(bka'-bzhi-pa)라고 하는데, 카사파는 현교 경론의 수업을 마친 사람에 대한 칭호이다[10론으로 입종(立宗) 답변을 통과한 사람을 카쥬파라고 호칭하는데, 카쥬파의 칭호는 총카파의 제자 겔찹제로부터 창시되었다]. 그 후 총카파는 전(前)·후(後)티베트의 각 사원에서 4론으로 입종(立宗) 답변을 하였는데, 이는 총카파가 현교 분야의 학습 단계를 완성하였음을 말해 준다.

나르탕 사원에서 총카파는 쿤가타시[kun-dga'-bkra-shis, 1349~1435년. 『명사(明史)』에는 곤택사파(昆澤思巴)라고 번역되었는데, 사캬쿤씨 일족의 후예이다. 팍파 조카의 현손이고 렌다와의 스승이다. 1413년 조서를 받고 상경하여 명 성조(成祖)로부터 대승법왕(大乘法王)에 책봉되었다]에게서 『소실지법(蘇悉地法)』[4부 탄트라의 제1부인 작탄트라에 속한다. 당시 밀교를 배우는 사람들은 제4부인 무상요가탄트라를 숭상하였지만, 총카파는 하부下部탄트라를 배웠는데 이 또한 그로서의 특징이다]을 배웠다.

가을, 렌다와가 보동에 사원에 갔다는 소식을 듣고, 총카파도 그 사원에 가서 렌다와에게서 『입중론석(入中論釋)』·『양석론(量釋論)』·『대승아비달마집론(大乘阿毗達磨集論)』·『구사론(俱舍論)』등을 다시 배웠다. 또 렌다와에게 『현관장엄론(現觀莊嚴論)』와 『율경(律經)』을 다시 강의해 줄 것을 요청하였다. 보동에 사원에서는 또 남카상포(nam-mkha'-bzang-po)에게서 『냠각메룽(碾阿榍隆)』(snya-ngag-me-long, 의역하면 『시경(詩鏡)』이다. 산스크리트어 서적의 티베트어 역본으로서 티베트인이 시의 음운과 수식을 배우는 중요한 서적임)을 배웠다.

이 시기 총카파는 나르탕 사원의 켄포 쿤가겐첸(kun-dga'-rgyal-mtshan)에게서 중관6론[『중론(中論)』·『육십여이론(六十如理論)』·『칠십공성론(七十空性論)』·『회쟁론(回諍論)』·『광파론(廣破論)』을 포함한다. 모두 2세기 인도인 나가르주나의 저서로서 "중관이취6론(中觀理聚六論)"이라고 한다]을 입수하였지만 당시 티베트에서 이 6론을 강의할 사람이 없어서 총카파는 강의는 듣지 못하였다. 이후 데와첸사원에서 총카파는 그 사원의 라마 쟘린파('jam-rin-pa)에게 요청하여 강의를 한번 들었다.

총카파는 렌다와와 함께 사캬사원에 가서 『양석론』·『대승아비달마집론(大乘阿毗達磨集論)』·『구사론(俱舍論)』·『계경(戒經)』으로 입종(立宗) 답변을 하였다.

1381년 신유(辛酉) 홍무(洪武) 14년

총카파 25세. 봄, 전(前)티베트에 돌아가서 궁탕 사원(라싸 동남의 체궁탕에 있는 사원. 12세기에 건립되었다)과 상푸 사원, 체탕 사원 등 당시의 유명한 사원을 방문하여 『양석론』·『대승아비달마집론』·『구사론』·『계경』으로 입종(立宗) 답변을 하였다.

궁탕(gung-thang) 사원은 원래 카규파 첼파지파의 본사(1187년에 건립)로서, 원대에는 13만호 중 하나인 첼파 만호부의 소재지였으나, 14세기에 팍모두파에 병합된 후 상푸사원 하원(下院) 소속의 말사로 되었다. 총카파가 티베트에서 학문을 탐구하는 시기에 궁탕 사원은 전(前)티베트에서 경론 강의로 유명한 6대 사원의 하나로 되었다. 상푸 사원은 앞에서 이미 언급하였다. 체탕(rtse-thang) 사원은 체탕 지방에 있으며, 1351년에 팍모두파의 대사도(大司徒) 쟝춥겐첸(ta'i-si-tu-byang-chub-rgyal-mtshan, 1302~1364년)에 의하여 건립되었고, 팍모두 지방정권과 운명을 같이한 사원이다. 이 사원은 교파에 관계없이 각 파의 승려들을 받아들였지만, 사원의 최고 지도자 지위는 팍모두 랑씨 일족이 독차지하였다. 팍모두파 지방정권의 역대 수령은 어릴 때 먼저 이 사원의 좌주를 담임하고, 시기가 되면 퇴위하여 네우동체로 가서 팍모두파의 지도자를 계승하였었다. 이 시기 총카파는 전(前)·후(後)티베트에서의 현교(顯敎)의 학습을 일단락지었다.

중요한 현교의 서적들 및 그것이 불교사에서 차지하는 지위를 요해(了解)할 필요가 있는데, 이는 총카파의 불교학의 조예를 이해하는 데 도움이 되며 역으로 총카파의 불교학의 깊은 조예는 그의 사업을 추진하는 동력으로 되었던 터이다. 총카파는 전(前)·후(後)티베트의 각 사원에서 입종(立宗) 답변을 할 때 아래의 5부 전적(典籍)을 주로 사용하였다. 즉 1.『현관장엄론(現觀莊嚴論)』, 2.『양석론(量釋論)』, 3.『구사론(俱舍論)』, 4.『대승아비달마집론(大乘阿毗達磨集論)』, 5.『계경(戒經)』이다. 후에 게룩파의 승려가 배우는 5대 전적에는『대승아비달마집론』이 없고 그 대신『입중론(入中論)』이 포함되었다.『입중론』은 총카파가 렌다와에게서 세 번, 네 번 배웠지만『입중론』으로 입종(立宗) 답변을 하지 않았다. 그 이유는 당시『입중론』을 배우는 사람이 적었기 때문이다. 티베트어 사료에 의하면, 중관파 논서의 강의는 13~14세기에 매우 쇠락하였지만, 렌다와가『입중론』을 깊이 연구하고 강의함으로써 중관론의 강의와 전승이 전(前)·후(後)티베트에서 회복되었다고 하였다. 아마 당시 각 사원에는『입중론』으로 불경 토론을 진행할 조건이 구비되지 않았던 것 같다.

대승불교의 유심 철학 변화 발전을 간단히 살펴보면, 인도에서 세 가지 중요한 역사적 단계를 거쳤다고 볼 수 있으며, 그것을 또한 세 가지 유파라고도 말할 수 있다. 첫 번째는 나가르주나(龍樹, 2세기경 사람)과, 아리야데바(提婆, 나가르주나의 문하 제자)를 중심으로 하는 중관파(中觀派)이다. 이 파의 주요한 저작은 나가르주나의 "리취6론(理聚六論)"(윗글 참조)과 아리야데바의 『백론(百論)』·『광백론(廣百論)』 등으로서, 그중에서 『중론(中論)』이 가장 중요하다. 『중론』은 주로 연생성공의(緣生性空義)를 논한 것인데, 그 내용에는 변증법이 있다. 유심적인 나가르주나는 그것을 활용하여 자신의 객관적 유심 철학과 종교 신념을 위하는 데 복무시켰다. 두 번째는 아상가(Asaṅga, 無著)와 바수반두(Vasubandhu, 世親)(두 사람은 동모 형제로서 4세기경 사람이다)를 중심으로 하는 유가행파(瑜伽行派)이다. 이 파에서는 성불의 수행의 단계 분류를 주로 논하였다. 이 파의 주요한 저작으로는 아상가(無著)의 『유가사지론(瑜伽師地論)』, 바수반두(世親)의 『유식삼십송(唯識三十頌)』 등 20여 부의 논서가 있는데, 그중에는 "미륵의 5론"의 일부분도 포함된다. 세 번째는 디그나가(Dignāga, 陳那, 5세기 사람)와 다르마키르티(Dharmakīrti, 法稱, 7세기 사람)를 중심으로 하는 인명학파(因明學派)이다. 이 파에서는 불교도의 유심론의 일련의 인식론과 논리에 역점을 두었다. 이 파의 주요한 저작으로는 『집량론(集量論)』과, 다르마키르티(法稱)의 『양석론(量釋論)』 등 10여 부의 논서가 있다. 이 세 유파의 주요 저작은 후세에 방대한 주석서(注釋書)를 탄생시켰다. 이러한 주석서(注釋書)는 티베트에서 8세기부터 11~12세기의 사이에 그의 티베트어 역본이 작성되었으며, 많은 강의와 전승이 진행되었다. 상기한 세 가지 학파는 인도 대승불교의 세 가지 주요한 학파로 되었다. 티베트에서는 상술한 6인을 "세계의 6엄(六嚴)"이라고 칭하는데, 이것으로 티베트인들이 그들을 얼마나 중요시하고 있는가를 알 수 있다. 그러나 티베트 불교는 한인(漢人) 승려와 인도 승려가 쟁론을 벌이던 8세기부터 줄곧 수행과 실천을 특별히 중시하는 특징을 띠게 되었다.

　『현관장엄론(現觀莊嚴論)』은 티베트인이 "미륵의 5법"의 으뜸으로 간주하는 책으로서, 수행의 단계를 중점으로 하여 『반야경(般若經)』[중관(中觀)과 유가(瑜伽) 두 파가 모두 존중하는 경전이다]의 내용을 개괄하였으며, 그중에서 사용한 유심 철학의 관점은 중관파의 이론을 계승한 것이다. 티베트인, 특히 총카파는 이 책을 보다 중시하였다. 이는 물론 8세기 이래 인도 말기의 불교의 영향을 받았다(당시 인도의 승려도 이 책을 매우 중시하였음)고 하지만, 사실은 티베트인의 중관을 존승하고 수행을 중시하는 학풍에 부합되기 때문인 것이다. 그러므로 티베트인의 안목에 이 책은 미륵과 아상가의 학파를 대표하기에 충분하였다.

『입중론(入中論)』은 찬드라키르티(月稱, 7세기경 인도인)의 저작이다. 찬드라키르티는 중관파의 유명한 인물로서, 중관파에 관한 저작을 10여부 저술하였다. 그중에서 『중론(中論)』의 상세한 주석서인 『명구론(明句論)』을 게룩파 승려는 매우 중요시하였다. 『입중론』은 찬드라키르티가 자신의 견해를 발표한 책으로, 보리심의 10가지 분류에 따라 『화엄』 10지의 이름을 품명(品名)으로 하여 10품으로 나누어 썼다. 그중 제6품(전체의 3분의 2를 차지한다)의 보리심 현전지(現前地)에서 유식(唯識)을 또박또박 논파하였다. 이 점도 티베트인의 학풍에 부합되기 때문에, 중관파 논저의 대표작으로 보고 있다.

『양석론(量釋論)』은 다르마키르티(法稱, 7세기 인도인)의 대표적인 저작으로서, 디그나가(陳那)의 『집량론(集量論)』에 대하여 평론과 해석을 진행한 책이다. 『집량론』의 인식론과 논리 학설은 유식 철학을 그의 기초로 하고 있고, 『양석론』은 『집량론』의 주요한 사상을 계승하였다고는 하지만, 철학의 기본 개념에 대해서는 보다 많이는 소승경부(小乘經部)의 도리를 채용한 것이며, "유식(唯識)"의 영향 또한 곳곳에서 보인다. 뿐더러 현량(現量, 감관 인식)과 위자비량(爲自比量, 추리 법칙), 위타비량(爲他比量, 변론에서 사용하는 추리 형식)을 논술한 이외에 성량품(成量品)을 저술하여 부처님과 부처님이 제시한 고(苦)·집(集)·멸(滅)·도(道), 이 사제(四諦)가 정량[正量, 정지표준(正智

標準). 정견(正見)은 정확한 지식의 표준이다]이라고 하는 이유를 상세히 논증하였다. 총카파는 이 성량품으로부터『양석론』에 수행 성불의 이론이 포함되었다는 것을 깨달았다. 그러므로 이 책은 디그나가와 다르마키르티의『양론(量論)』학파를 대표할 수 있는 저작이라고 인정받았다.

상기한『현관장엄론』과『입중론』,『양석론』세 논저는 각각 세 가지 학파를 대표하고 있으며, 또 대승불교 유심 철학의 중요한 세 단계를 대표한다. 이 세 책을 통독하려면 보다 많은 관련 서적을 필요로 한다[이러한 서적에는 대체로 대승불교 각파의 중요한 저술이 포함된다. 숭파켄포의『불교사』에는 총카파가 현교(顯敎)를 배울 때 대량의 서명(書名)을 열거하였다고 기재하고 있다]. 때문에 참으로 이 세 책을 통달하면, 대승 각파 즉 대승불교 유심 철학의 각 중요한 발전 단계를 전면적으로 요해할 수 있게 된다.

『구사론(俱舍論)』은 바수반두(世親, 4~5세기경 인도인)가 소승일체유부(小乘一切有部)를 배우면서 아직 대승에 전향하지 않았을 때에 저술한 책이다[한역본(漢譯本)으로 30권]. 당시 인도에서는 "총명론"(이 책을 읽는 사람은 총명하게 된다는 뜻임)이라고 칭하였다. 사실상 이 책은 불교도의 우주관과 세계관을 명료하고 체계적으로 묘사하였고[당연히 환상적인 우주관과 조업수보(造業受報), 윤회해탈(輪回解脫)의 인생관] 그중의 일부분은 후에 대승에서도 답습하였기 때문에 불교 철학의 기본 지식을 배우는 교과서라고 할 수 있다. 그러므로 이 책도 5론에 포함되었다.

『계경(戒經)』은『율경(律經)』이라고도 칭하며, 구나프라바(德光, 5세기경 인도인)의 저작이다. 상기한 4부의 논서는 불교사상에 관한 저작이지만,『율경(律經)』은 승려의 행위와, 행동의 규범과 규칙에 대하여 논술한 책이다. 그러나 이 책은 또 일체유부(一切有部)의 계본(戒本)과는 다르다. 계본은 250여 조항의 계문만 적고 있으며, 비구계를 받을 때 혹은 매 15일 만에 승려가 계율을 범하였는가를 검사하기 위하여 대중 앞에서 낭송하는 책이다.『계경』은 득계(得戒)와 지계(持戒), 환정(還淨)의 차제 등 일체유부의 각종 계율

(17사라고 통칭)을 개괄한 책으로, 계율에 관한 대표작으로 5부에 포함되었다.

이상 5부 논서의 역사적 지위에 대하여 간단히 설명하였는데, 이 5부 논서는 불교 현교의 각 단계 혹은 각 분야를 대표한다. 그러므로 우리는 총카파가 이 5부 논서와 다른 서적들을 정통한 후 그의 사상이 체계적으로 성숙되었음을 알 수 있고, 또한 그의 사상이 단지 한 교파와 한 단계, 한 분야에 제한되지 않고, 전체 대승불교에 관하였음을 추측할 수 있다. 그러므로 총카파의 성숙된 사상체계는 전체 불교에 대한 그의 계통적인 견해와 계통적인 해석을 대표하며 이는 불교 종파로서는 필수적인 조건이 된다. 이러한 조건이 없으면 종파로 될 수 없고, 다만 그 장소에 제한된 편면적인 설교일 따름이다. 이 점은 게룩파와 다른 티베트 불교 교파의 차이를 이해하는 데 유용하다.

총카파는 이때 이미 각 사원에서 4론에 의해서 입종(立宗) 답변을 마쳤고, 티베트 불교계에서 이미 매우 명성이 나 있었다. 그에게서 배우고 제자가 되고자 하는 사람이 점차 늘어났다.

1385년 을축(乙丑) 홍무(洪武) 18년

총카파 29세. 아마도 이해에 총카파가 남겔라캉에서 비구계를 받았다고 추측된다.

총카파가 비구계를 언제 받았는지 초기의 전기에는 명확한 기재가 없다. 티베트어『몽골불교사』에는 30세 때라고 하는데, 그렇다면 1386년이다. 법존(法尊)이 번역한『총카파전』의 티베트어 판본에 의하면 수계(受戒)한 이듬해에 닥파겐첸이 세상을 떠났다고 한다. 닥파겐첸의 사망 연대는 1386년이고[티베트어『청사(靑史)』에 의거하면 수계(受戒)한 해는 1385년이 된다. 비구계는 대계(大戒)라고도 하며 이 계율을 받은 후에야 사원의 정식 성원이 되며 그 이전은 모두 준비 단계이다. 총카파의 계사(戒師)는 출팀린첸(tshul-khrims-rin-chen)이라고 하며,

샤캬슈리바르라(śākyaśibhadra, 1127~1225년. 카슈미르출신으로서 1207년에 티베트에 왔다. 사판의 계사를 담임하였다가 전한 계율을 계승한 사람이다.

남겔라캉(rnam-rgyal-lha-khang)은 체탕의 남쪽, 당둑 사원의 북쪽, 야르룽 하 서안에서 멀지 않은 곳에 있는 작은 사원이다.

총카파는 비구계를 받은 후 덴사틸(gdan-sa-mthil, 팍모두파의 본사) 사원에 가서 스승의 예를 갖추어 닥파쟝춥(아래 글에서 설명)을 알현하였다. 두 사람은 배운 것을 상호 검증하였는데, 총카파는 닥파쟝춥에게서 "도과(道果)"(사캬파의 밀법)와 "나로6법"(카규파의 밀법) 및 팍모두파의 도루제겔포의 저작을 배웠고, 닥파쟝춥은 총카파에게 매우 높은 평가를 주었다고 한다.

덴사틸 사원은 팍모두파·도르제겔포(phag-mo-gru-pa-rdo-rje-rgyal-po, 1110~1170년)가 1158년에 건립한 것인데, 후에 그 제자들에 의하여 증축되었다. 처음에는 카규파 팍모두 지파의 본사였으나 사원의 좌주의 지위는 후에 팍모두파 지방정권의 랑씨 일족의 손으로 넘어갔다.

닥파쟝춥(grags-pa-byang-chub, 1356~1386년)은 팍모두파 지방정권의 제3대 데시(지방정권의 수령. 그들은 '데시'라고 자칭하였다)로서 "초시파"(chos-bzhi-pa)라고도 불리었다. 직역하면 "4법자(四法者)"(네 가지 규칙을 성실히 지킬 수 있는 자)인데『신구카담사(新舊噶當史)』에 의하면, 네 가지 규칙이란 다음과 같다. 1. 술을 마시지 않는다 2. 여성에게 눈길을 주지 않는다 3. 재산을 축적하지 않는다 4. 집에 있으며 외출하지 않는다. 이로부터 그가 자기 억제를 잘하는 승려임을 알 수 있으며, 이에서 그가 그 당시 술을 즐기고, 여성으로 하여금 시중 들게 하며, 재물을 탐내고 세력을 다투는 상층 라마와 구별됨을 알 수 있다. 그는 예전에 덴사틸 사원의 첸가(사원의 최고 지도자. 그들은 첸가의 칭호를 답습하였음를 했었다. 그는 데시에 취임한 후 명조의 태조에게 공물 진상을 허락해 달라고 상주하여(『명태조실록(明太祖實錄)』권95) 관정국사(灌頂國師)에 책봉되었다. 이때 그는 이미 퇴위하고 첸가에 재임하였다. 그는 총카파보다 한 살 이상이며, 총카파는 그에게 제자의 예를 갖추었다. 이는 그의 지위의 높음을 말해 주거니와, 보다 중요한 것은 두 사람이 의기투합적이기 때문이다. 총카파와 팍모두파의 관계는 이로부터 시작되었다.

1386년 병인(丙寅) 홍무(洪武) 19년

총카파 30세. 이해 봄 닥파겐첸이 세상을 떠났다. 총카파는 그를 위하여 전찬(傳贊)을 작성하였다(『총카파전집』 제2함).

운['on, 운하 하곡(河谷)] 지방의 타시도칼[bkra-shis-rdo-dkar, 하동(河東)에 있다]과 케루[ke-ru, 하서(河西)에 있다] 등 사원을 방문하여 수행의 제자 각왕닥파(ngag-dbang-grags-pa)와 당지의 승려에게 『현관장엄론(現觀莊嚴論)』·『양석론(量釋論)』·『입중론(入中論)』을 강의하였다.

그 후 첼궁탕의 첼(tshal)사원에서 『캉규르』와 『텐규르』 등 티베트어 경론을 열독하였다.

1387년 정묘(丁卯) 홍무(洪武) 20년

총카파 31세. 계속하여 첼(tshal) 사원에서 『캉규르』와 『텐규르』 등 티베트어 경론을 열독하였다.

첼(tshal) 사원은 카규파 첼파지파(支派)의 창시자 춘두닥파(brtsun-'grus-grags-pa, 1123~1193년)가 1173~1175년에 건립한 것이고 첼파지파의 본사이다. 첼파는 11세기 말에 이미 강대한 지방 세력이었고 원조(元朝)에 귀순한 후에도 실력이 있는 만호였다. 14세기 중엽 팍모두파 만호 쟝춥겐첸에게 무력으로 병합되었고, 첼파지파도 멸망되었다. 그로부터 조금 전인 14세기 전기에 첼파의 만호장 쿤가도르제(『홍사(紅史)』의 저자)는 이 사원에서 『캉규르』[사본(寫本)으로서 나르탕 사원의 소장본과 조금 다르다]를 편찬하였고, 나르탕 사원에서 편찬한 『텐규르』 초본(抄本) 1부도 소장하였다. 이는 『티베트대장경』의 중요한 사본이고 후에 번각된 초판본 중의 하나이다. 총카파는 이 사원에 체재하여 열장(閱藏, 대장경을 열독), 즉 『티베트대장경』의 사본을 열독하였다. 『캉규르』에는 천여 종, 『텐규르』에는 3천여 종의 책과 경전이 수록되어 있다. 말하자면, 총카파의 학문에 관계되는 책만 하여도 400∼500권이 넘었다. 총카파는 이 모든 책을 열독할 필요가 없었지만, 열장(閱藏)이라고 한 것은 비교적 많은 책을 열독하였고 상당한 시간을 할애하였음을 말해 준다. 대장경의 열독은 이 시기(1387년 전후)에 진행되었던 듯하다.

1388년 무진(戊辰) 홍무(洪武) 21년

총카파 32세. 여전히 첼(tshal) 사원에 체재하면서 『현관장엄론사자현석역소(現觀莊嚴論獅子賢釋譯疏)』(책의 이름은 『선설금만(善說金鬘)』, 총카파 전집 제17함에 수록)의 집필을 시작하였다.

이해 겨울 데와첸 사원에 체재하면서 사원의 승려에게 불경을 강의하였다.

이해에 총카파는 승모(僧帽)를 황색으로 바꾸어 썼다(총카파가 창시한 황교를 티베트인은 게룩파라고 칭한다. 이는 간덴 사원에서 유래한 것으로, 간덴파를 의미한다. 또 황모파라고도 칭하는데, 이는 총카파와 이 교파의 사람들이 황색 승모를 쓰는 데서 유래하였다. 내지에서 황교라고 하는 것은 황모파의 약칭이다).

총카파가 이 시기 승모를 황색으로 바꾸어 썼다고 하는 것은 슝파켄포의 『불교사』에 근거한 것이다. 원문에는 모자를 "판샤(pan-zhva)"라고 칭하고 있다. "판샤"는 고깔모자의 양쪽에 긴 띠가 어깨 위에 드리운 양식(樣式)의 모자를 가리키는데, 현재에도 총카파의 화상(畵像)에서 자주 볼 수 있다. 이러한 양식(樣式)의 모자는 원래 인도인으로서, 판디타[오명(五明)에 통달한 사람을 칭한다]의 칭호가 있는 사람이 사용하는 모자이다. "판샤(pan-zhva)"는 즉 "판디타의 모자"이다. 그러나 인도의 승려와 다른 교파의 티베트 승려가 진홍색을 사용한 것을 총카파는 황색으로 바꾸었기 때문에 서로 구별되었다. 티베트족 불교사에서 총카파 이전에 황색 모자를 쓴 유명한 인물은 두 사람이 있다.

첫 번째 사람은 게와랍셀(dge-ba-rab-gsal, 892~975년)로서 그는 랑다르마의 멸불(滅佛) 때 서녕(西寧) 일대로 도주한 3인의 티베트 승려에게서 계율을 받고 출가한 사람이다. 그 후 불교가 우창에서 다시 전파될 때 최초에 출가한 10인이 그에게서 수계(受戒)하였다. 이 때문에 티베트인들은 게와랍셀을 10세기 티베트에서의 불교의 재전파면에서의 공로자로 여기고, 그를 "라첸[bla-chen, 대라마의 뜻. 대사(大師)]"이라고 칭한다. 8세기 샨타라크쉬타(寂護)가 티베트에 전파한 불교의 계율이 랑다르마의 멸불(滅佛)을 거쳐 수십 년 동안 단절된 후 게와랍셀이 이 계율 전승을 또다시 티베트에 전파하였다. 그 게와랍셀이 다름 아닌 황색모자를 썼던 이였다.

두 번째 사람은 샤캬슈리바르라(śākyaśibhadra, 1127~1225년)로서 그는 카슈미르인이며 인도 날란다 사원의 최후의 좌주(인도 불교계의 매우 높은 직위임)이다. 인도에서는 12세기경 이슬람교도의 침략을 받아 불교 사원은 큰 피해를 입었다. 그는 몇 명의 제자를 데리고 1204년에 티베트로 도주하였다. 티베트 불교도들은 그를 매우 존중하였고 그는 티베트 불교에 큰 영향을 미쳤다. 그는 사판 등 유명한 인물에게 계율을 전수하였다. 그가 전파한 계율은 일체유부(一切有部)의 계율이지만, 이미 전에 티베트에서 유행 중이던 두 파의 계율 전승과 사소한 부분에서 조금 구별되었다(한 파는 게와랍셀이 암도 지방에서 전해 온 하로전승(下路傳承)이고, 다른 한 파는 다르마파라가 가리 지방에서 우창에 전해온 상로전승(上路傳承)이다. 후에 이 두 전승은 하나로 합쳐졌다. 티베트인은 이를 카체판첸의 전승이라고 칭하였다(샤캬슈리바르라는 카슈미르 출신으로서 카체는 티베트인의 카슈미르에 대한 칭호이고, 판첸은 대(大)판티타라는 의미이다). 그도 황색 모자를 사용하였다. 총카파의 계사(戒師)인 출팀 린첸도 이 카체판첸을 계승한 인물이었다. 총카파가 승모(僧帽)를 황색으로 바꾸어 썼다고 하는 것은, 당시 티베트 승려의 홍색 승모를 포기하고 계율을 전수하는 조사(祖師)로서의 황색 승모(僧帽)를 선택하였음을 의미한다. 이는 그의 계율 중시의 태도와 연관되며, 나아가서 계율을 재정비하려는 의지를 나타낸 것이다.

1389년 기사(己巳) 홍무(洪武) 22년

총카파 33세. 봄에 쟈율(지명. 닥포 지구의 동남)에 가서 승려 70여 명에게 『양석론(量釋論)』・『현관장엄론(現觀莊嚴論)』・『입중론(入中論)』・『대승아비달마집론(大乘阿毗達磨集論)』 등을 강의하였다. 강의가 끝난 후 첼(tshal) 사원에 돌아가서 『선설금만(善說金鬘)』의 집필을 계속하였다. 이 책은 후에 데와첸 사원에서 완성하였다.

첼 사원의 라마 예쉐겐첸(ye-shes-rgyal-mtshan)은 『시륜탄트라』에 능통하였다. 총카파는 그에게 가르침을 요청하고, 함께 교르모룽으로 향하였다. 총카파는 그에게서 『시륜탄트라무구광소(時輪金剛無垢光疏)』『시륜탄트라』의 권위 있는 주소(注疏)의 상세한 강의를 듣고 또 사상(事相)과 역산(曆算)을 배웠다. 총카파자신도 교르모룽 승려에게 불경을 강의하였다.

이는 총카파가 『시륜탄트라』를 정식으로 배운 최초가 되었다. 이 경전에는 독자적인 밀교의 수행 방법이 있고 역법도 포함되었다. 12~13세기경 티베트의 일부 승려들 가운데 이 책은 불교의 경전이 아니라는 인식이 있었지만, 13~14세기 죠낭파의 대라마와 샤루사원의 부톤은 모두 이 경전을 매우 중시하였다. 총카파로부터 이 경전은 게룩파에서 중요한 지위를 차지하였고, 역대 판첸라마는 시륜 법주(法主)가 되었다.

여름, 데와첸 사원에서 승려에게 불경을 강의하였다.

겨울, 퇴룽(stod-lung)에 체재하면서 『시륜탄트라』를 수행하였다. 또 동행의 제자들에게 설법을 하였다.

퇴룽 지구는 라싸의 서쪽에서 약간 북쪽으로 치우친 곳이다. 총카파가 체재하고 있던 사원은 초메(mtsho-smad)와 강칼(ngang-dkar)이라고 하지만 퇴룽의 어느 곳인지 확정할 수가 없다.

봄에 그는 야르룽의 문칼(mon-mkhar) 지방에 있는 종지(rdzong-ji) 사원의 닥파린첸(grags-pa-rin-chen)의 요청으로 투룽으로 향하였다. 도중에 신포리 (srin-po-ri)를 경유할 때 공카르초겔(gong-dkar-chos-rgyal)을 위하여 릭덴라캉 (rigs-ldan-lha-khang)에 체재하였다. 당지의 승려들에게 『현관장엄론(現觀莊嚴 論)』・『양석론(量釋論)』・『대승아비달마집론(大乘阿毗達磨集論)』・『구사론 (俱舍論)』・『비구계(比丘戒)』・『입중론(入中論)』 등을 강의하였다. 총카파 사 제의 체재 비용은 공카르츄겔이 부담하였다.

여름에 계속하여 야르룽의 문칼 지방의 종지(rdzong-ji) 사원에 체재하면 서 당지의 승려들에게 불경을 강의하고 불법을 전수하였다.

겨울에는 문칼지 방의 타시동(bkra-shis-gdong) 사원에 체재하면서 3개월 간 승려들에게 17부론(論)을 동시에 강의하였다(여러 논서를 동시에 강의).

17부론(論)이란, 미륵오론(5부)・중관오론(5부) 및 『대승아비달마집론(大 乘阿毗達磨集論)』・『구사론(俱舍論)』・『율경(律經)』・『양석론(量釋論)』・『입 중론(入中論)』・『입보리행론(入菩提行論)』・『사백론(四百論)』(즉 『광백론(廣百 論)』) 등을 포함시켜 일컫는 말이다.

여름, 야르룽의 오카르닥('o-kar-brag) 사원에 체재하면서 『승락(勝樂)』과 니구마6법을 수행하였다.

가을, 라싸에 갔다. 마침 렌다와도 라싸에 왔다. 렌다와와 총카파 사제는 함께 포타라(po-ta-la, 당시는 포타라궁이 아니고 산우에 작은 절이 있었다)에 체재 하면서 경론의 의리(義理)를 연구하고, 학승에게 불경을 강의하였다.

겨울, 렌다와는 후(後)티베트에 돌아가고, 총카파는 쿄르모룽에 이주하 여 당지의 승려에게 『시륜탄트라』・『현관장엄론(現觀莊嚴論)』・『양석론(量 釋論)』・『대승아비달마집론(大乘阿毗達磨集論)』・『구사론(俱舍論)』 등을 강의 하였다.

수중에 있는 여러 가지 총카파전을 보면, 모두 1388년과 1390년 두 해의 간지(干支)와 총카파의 연령이 명기되어 있다. 그러나 이 기간의 사건을 춘 하추동 계절 순서로 열거하면 2년을 초과한다. 각 전기의 기사와 사건의 선후 순서도 서로 다르다. 현재 자료가 없어 충분히 수정할 수 없기 때문에, 상기한 2년의 기사는 전기(傳記)의 순서에 따라 잠정적으로 게재한 것이고, 연호와 간지는 기재하지 않았다. 금후의 고증과 수정을 기다린다.

1390년 경오(庚午) 홍무(洪武) 23년

총카파 34세. 봄, 밀교를 배우기 위하여 또한 렌다와를 만나기 위하여 쿄르모룽에서 후(後)티베트의 탁창[stag-tshang, 탁창총카라고도 칭한다. 옛 지도상의 총카로서 현재는 길룽(吉隆)으로 개칭하였다. 당시 이 지방은 사캬 둔츄라당의 후예가 거주하고 있었다]으로 향하였다. 롱(rong, 얌독호 서북의 롱하 하곡) 지방을 경유할 때 붑초룽(sbubs-chos-lung)의 촉(tshogs) 사원에서 이 사원의 켄포 닥파쉐녠(grags-pa-shes-gnyen)에게서 밀교의『오차제론』의 강의를 들었다.

그때 서녕(西寧) 출신의 라마 춘두셍게(brtson-grus-seng-ge, 중관의(中觀義)에 능통하였고 라마우마파라고도 칭함)가 롱 지방 츄룽의 뎀촉뎅(bde-mchog-steng) 사원에 체재하고 있었다. 두 사람은 만나서 중관의에 대하여 논하였다.

춘두셍게는 생졸년이 불명한데, 서녕(西寧) 일대의 사람이다. 어려서 출가하였고, 성장한 후 우창에 유학(遊學)하여 상푸 사원에서『현관장엄론(現觀莊嚴論)』을 배웠다. 이후 잡사를 포기하고 수행에 전념하였으며, 공포 지방에서 카르마 카규파의 밀법과 카규파의 대인(大印) 등 법을 배우고 오겐파(o-rgyan-pa)의 제자가 되었다. 그 후 삼예사원의 독뎬쵸카르마에게서『시륜탄트라』와『육가행법(六加行法)』을 배우고, 다음은 바라와('ba-ra-ba, 둑파 카규의 라마)에게서 대인법(大印法)을 배웠다. 렌다와에게서『입중론(入中論)』과『계율』의 강의를 들은 적이 있는 그는 이때 총카파와 만났으며, 총카파에게 큰 영향을 준 인물 중의 한 사람이 되었다. 그는 가난한 생활을 하면서 자제심을 가지고 수행에 전념하였는데, 후에 총카파가 잡사를 포기하고 수행에 전념한 것은 그의 영향이라고 볼 수 있다. 그 후에도 두 사람은 또 만났다. 그러나 춘두셍게가 유명하게 된 이유는 그가 문수보살의 모습을 접하고 그로부터 의문 해결의 해답을 들을 수 있었다는 티베트 승려의 전설 때문이었다. 그 내용이 곧 중관종의(中觀宗義)이다. 춘두셍게는 우마파라고도 칭하는데, 그 뜻은 "중관의에 능통한 사람"이라는 의미이다. 총카파의 중관의는 이 사람의 가르침을 받은 것이다.

그 후 총카파는 닥창에서 역경사 닥파겐첸(grags-pa-rgyal-mtshan)과 역경사 둔상와(don-bzang-ba), 및 렌다와와 회견하였다. 서로 경론의 교리에 대하여 토론하고, 수행의 승려와 현지의 승려에게 각각 현밀의 경론을 강의하였다. 이러한 모든 비용은 캽촉펠상(skyab-mchog-dpal-bzang, 실리바트라라고도 한다)이 부담하였다. 법회를 마친 후 총카파는 렌다와와 함께 바우바넬('ba'-u-'ba'-gnyer)에 갔다. 이곳에서 렌다와의『비밀집회탄트라』(티베트 밀교의 중요한 경전)의 강의를 들었는데, 이는 총카파가 정식으로『비밀집회탄트라』를 배운 최초이다.

그 후 렌다와는 사캬에 돌아가고, 총카파는 츄룽에 가서 춘두셍게와 재회하여 중관요의에 대하여 연구 토론하였다. 총카파는 이때 밀교를 전문적으로 배울 결의를 하였다.

수행에 전념하려면 우선 밀법을 배워야 하였다. 총카파는 밀법을 배우기 위하여 데첸(sde-chen, 걍체 지구에 있다) 사원에 가려고 계획하고, 가을에 츄룽에서 출발하였는데, 도중에 걍체를 정벌하고 돌아오는 팍모두파의 군대를 만났다. 총카파는 여행하기가 불편하여 롱 지방의 리룽푹(rid-lung-phug) 사원에 체류하였다. 가을에 겨우 데첸사원에 도착하여 츄키펠와(chos-kgyi-dpal-ba, 부톤의 제자. 부톤은『시륜탄트라』를 가장 상세하게 해석할 수 있는 인물이다)에게서『시륜탄트라』의 소석(疏釋)을 배우고, 사상(事相)과『육가행법(六加行法)』등을 수행하였으며, 1391년 봄에 공부를 마쳤다.

[1391년 신미(辛未) 홍무(洪武) 24년]

총카파 35세. 밀법을 배우려면 여러 가지 사전 학습이 필요하였다. 1391년 여름부터 1392년 봄까지 티자캉('khris-rtsva-khang, 걍체와 시가체 사이의 백랑종(白朗宗) 부근에 있음)에서 부톤의 사공의자(司供儀者)였던 체왕(tshe-dbang)의 군상와(mgon-bzang-ba)에게서 금강계(金剛界) 및 『금강탄트라』등 유가부일체대만다라(瑜伽部一切大曼陀羅)의 화법규칙(畫法規則)과 오찬(午贊)·결단(結壇)·결인(結印) 등 모든 사상의궤(事相儀軌)을 배우고 모든 일에 정통하였다.

1392년 임신(壬申) 홍무(洪武) 25년

총카파 36세. 봄에 데첸 사원에 돌아가서 가을까지 츄키펠와에게서 『금강만(金剛鬘)』의 관정(灌頂)을 받고 전승(傳承)·밀수(密授)·지도(指導)·오찬(午贊)·화단(畫壇) 등 모든 사상(事相)과 금강수대륜법(金剛手大輪法)을 배웠다.

늦은 가을. 샤루 사원(샤루파의 본사이며 부톤이 체재한 사원)에 가서 부톤의 제자 쿙포레파·손누소남(khyung-po-lhas-pa-gzhon-nu-bsod-nams, 본명은 슌누소남)에게서 밀법을 배웠다. 1392년 가을부터 1393년 여름까지 4부의 탄트라(작탄트라·행탄트라·유가탄트라·무상유가탄트라를 합쳐서 "4부 탄트라"라고 부른다)와 12종류의 만다라(曼陀羅)를 배웠다. 특히 무상유가부에 속하는 승락륜법을 배웠다.

이후 다시 데첸 사원에 돌아가서 초키펠와에게서 『금강심석나로파의대소(金剛心釋那饒大疎)』및 『비밀집회(祕密集會)』의 2대 유파(성자류와 즈냐나파다류)의 해석을 배웠다. 데첸 사원에서 원래의 샤루사원의 라마 겐첸닥파(rgyal-mtshan-grags-pa)에게서 유가밀의(瑜伽密義)를 깊이 연구하는 동시에 부톤의 저작 『금강출생대소(金剛出生大疎)』에 대하여 배웠다.

1390~1393년에 총카파는 모든 시간을 밀교의 학습에 사용하였는데, 주로 부톤의 두 직계 제자 초키펠와와 쿙포레파 및 손제자 둔상와 등에게서

배웠다. 학습의 범위에는 "4부 탄트라"가 포함되었다. 티베트 밀교는 "4부 탄트라"로 총괄할 수 있다. 이는 부톤이 『티베트대장경』을 정리하고 편집할 때에 확정한 것이다(이 점에 관해서는 선인이 한 것인지 현재 분명치 않다). 4부 중 작·행·유가의 3부의 주요 경전은 당대(唐代)에 이미 한역(漢譯)되었고, 무상유가부는 송조(宋朝) 초기부터 극소수의 내용이 한역(漢譯)되었다. 대체적으로 말하면, "4부 탄트라"의 출현 순서, 역사적 발전, 대략적인 내용도 이 시간 순서이다. 당시의 티베트 승려가 밀교를 배울 때에는 무상유가부의 어느 경전 혹은 어느 밀법에 편중하였다. 역사 발전상에서 이런 것들을 계통적으로 이해한 사람은 적었다. 부톤은 최초로 밀교를 체계화한 인물이고 그다음이 즉 총카파이다. 이러한 학습은 총카파가 후에 밀교를 체계적으로 조직할 수 있도록 기반을 닦아 준 것으로 되었다. 밀교를 계통적으로 강의한 『밀종도차제광론(密宗道次第廣論)』은 총카파가 게룩파를 창립할 때에 작용을 일으켰다. 이 밖에 총카파는 사캬파의 도과(道果)와 카규파의 대인(大印)도 배웠다. 다만 닝마파의 밀법에 대해서는 총카파의 전기에 배웠다는 기재가 없다. 이는 아마 초기의 티베트 승려가 닝마파가 의거로 삼은 경전을 부정한 것과 관계가 있을 수 있다.

가을(1393년 가을인 것이 확실하다. 총카파전에는 1392년으로 되어 있다. 계절에 근거하여 추산하면 1년의 오차가 생기고 이하 2년의 기재는 특히 적다. 아마 오류가 있을 것이다), 총카파는 전(前)티베트에 돌아가서 가와동(dga'-ba-gdong)에 체재하고 우마파·춘두셍게와 재회하였다. 두 사람은 함께 라싸에 가서 조캉 사원의 석가모니 부처님상을 참배한 후 가와동에 돌아가서 각각 수행에 전념하였다.

우마파의 귀향 길을 총카파는 라싸에까지 배웅하고 재차로 함께 조캉 사원의 석가모니 부처님상을 참배하였다. 우마파가 간 후 총카파는 쿄르모룽으로 향하였고, 가을 말에 쿄르모룽에서 불경을 강의하였다.

10월 사이에 총카파는 제자 8명과 함께 쿄르모룽에서 배를 타고 울카츄룽('ol-kha-chos-lung, 울카는 팍모두파 정권의 종(宗)의 하나이고, 운('on) 지방 이동의 어느 하곡에 있었다)으로 향하였고, 이곳에서 겨울과 봄 두 계절을 지냈다. 총카파와 제자 8~9명의 모든 비용은 울카종의 종픈부자가 부담하였는데, 그 이전에는 팍모두파 정권의 다른 종픈인 네우종픈 남카상포(nam-mkha'-bzang-po)가 비용을 제공하였다. 이는 총카파가 팍모두파 집단의 공양을 받은 시작으로 된다.

[1393년 계유(癸酉) 홍무(洪武) 26년]

총카파 37세. 봄, 총카파사제는 징치(rdzing-phyi, 울카종의 종내에 있음) 사원의 미륵상을 참배하고 공양을 하고 발원(發願)하였다.

징치는 울카종의 종내에서 강을 따라서 북쪽으로 십여 리 향한 지방에 있다. 징치 사원 및 미륵보살의 동상은 가르미·윤텐융둥(gar-mi-yon-tan-gyung-drung, 10세기의 사람으로서 『대승아비달마집론(大乘阿毗達磨集論)』을 전승함)이 건립한 것이고, 당시는 오랫동안 수리하지 않아서 매우 황폐하였다.

겨울, 사제 9명은 닥포(dvags-po, 공포 이남, 차율 이북) 지구의 멘룽에 체재하면서 수행에 전념하였다.

1394년 갑술(甲戌) 홍무(洪武) 27년

총카파 38세. 봄, 총카파사제(이때는 이미 12명이 되었다)는 울카종의 종픈에게 징치 사원을 개수(改修)할 것을 권고하였다. 사원의 전당의 채색화는 총카파 사제가 보시(布施)를 구하여 처리하였다. 사원이 개수된 후 총카파는 미륵의 찬문(贊文)과 발원문(發願文)을 작성하였다. 이는 총카파가 사회활동을 전개하는 시작이 되었다.

[1395년 을해(乙亥) 홍무(洪武) 28년]

총카파 39세. 로닥(lho-brag, 양독호 남쪽에서 동쪽으로 치우친 곳에 위치)의 남카겐첸(nam-mkha'-rgyal-mtshan, 1326~1420년)의 요청에 응하여 울카에서 로닥으로 갔다. 다고르(bra-gor, 지명 겸 사원명. 사원은 카담파의 고찰이다)를 경유할 때 이 사원의 대켄포 초캽상포(chos-skyabs-bzang-po, 카담 교전파의 계승자)와 서로 교의를 연구하였다. 6월 4일에는 로닥의 도와(bgro-ba-dgon-pa) 사원에 도착하여 남카겐첸(카담 교수파의 계승자)과 회견하였다. 도와 사원에서 먼저 요청에 응하여 사승(寺僧)에게 『집보살학론(集菩薩學論)』을 강의하고, 또 남카겐첸에게서 카담파 전인(前人)이 저술한 『보리도차제론(菩提道次第論)』 등 카담파 저작에 대한 강의를 들었다.

당시 총카파는 인도에 가서 불법을 배워 의혹을 해결하려고 생각하고 있었지만, 남카겐첸이 그만두라고 말렸기 때문에 인도행을 단념하였다. 남카겐첸의 권고에 따라서 "범찬(梵讚)"이라고 이름을 단 미륵의 찬문(讚文)을 작성하고 미륵상과 출가인의 각종 도구를 바쳤다(즉 비구승이 입어야 할 옷, 들어야 할 바리때와 석장 등 한 세트).

이는 미륵보살의 용모가 비구의 용모로 바뀌었다는 것을 말해 준다. 비구의 도구는 계율에 모두 규정이 있기 때문인데 이는 보살도 비구계를 지켜야 한다는 것을 의미한다. 이는 당시 대승을 수행한다고 자칭하는 라마가 스스로를 보살이라고 자처하면서 비구계를 지키지 않는 행위를 빗대어 행한 것이다. 그러므로 이 에피소드에는 비구계를 존중하는 태도를 보여 준 것과 계율을 지키지 않는 승려를 비난한다는 뜻이 포함되어 있다.

[1396년 병자(丙子) 홍무(洪武) 29년]

총카파 40세. 봄, 로닥에서 넬(gnyal, 쟈율종 이서에서 북쪽으로 치우친 곳에 있다) 지방을 거쳐 로로(lo-ro, 쟈율종 이서에서 남쪽으로 치우친 곳에 있다)에 도착하여 5개월간 체재하면서 수행하였다.

넬(gnyal) 지방을 경유할 때 도룽파(gro-lung-pa)가 저술한 『교차제(敎次第)』를 입수하였다. 상세하게 열독한 후 깨달은 바가 있어서 제자들에서 이 책을 해설하였다.

도룽파의 '도룽'은 지명으로서, 본명은 로되중네[blo-gros-'byung-gnas, 딩레사원을 건립하였기 때문에 딩레파(brin-las-pa)라고도 칭한다]이고 티베트의 유명한 역경사 곡·로덴쉐랍(rngog-blo-ldan-shes-rab, 1059~1109년. 아티샤의 손제자)의 제자이며, 아티샤의 증손제자이다. 11세기 말부터 12세기경 사람으로서 『도차제(道次第)』와 『교차제(敎次第)』(이 두 책은 초기에 카담파의 교의를 체계적으로 해석한 중요한 서적이다) 및 기타 현밀경론의 주석서를 여러 권 저술하였다. 이『도차제』와 『교차제』는 총카파의 대표작 『보리도차제광론(菩提道次第廣論)』의 대본(臺本)이 되었다.

이 기간에 총카파는 다고르에 가서 초캽상포와 만나서 함께 교의를 연구하였다. 또 초캽상포에게서 돔톤('brom-ston, 1005~1064년)과 포토와(po-to-ba, 1031~1105년), 샤르와파(shar-ba-pa, 1070~1141년) 등 사람이 전수한『보리도차제(菩提道次第)』의 편람과 『교차제』의 본문 및 상세한 주석 등 카담파의 저작, 그리고 『입보리행론(入菩提行論)』과 『율경(律經)』, 『구사론(俱舍論)』 등을 배웠다. 총카파도 초캽상포 등 사람에게 아티샤의 "교수(敎授)"(구전의 지시) 및 『비밀집회(秘密集會)』·『5차제론(五次第論)』 등을 강의하였다.

늦은 여름, 녤 지방 동부의 야르뎬(yar-'dren) 사원에 체재하였다. 이때 총카파를 따르는 제자는 30여 명으로 늘었다. 사제는 함께 차리산[tsa-ri, 녤 지방 이동에 있는 유명한 "신산(神山)"이다. 낙유(珞瑜) 지구에 가깝다. 근년에도 티베트인은 여전히 12년에 한번씩 차리산을 순례한다]을 순례하였다.

녤 지방의 동부에 돌아가서 셍게종(seng-ge-rdzong)에 체재하면서 『시륜탄트라』의 구경차제(究竟次第)와 『육지유가(六支瑜伽)』 등 법을 수행하였다. 이때 총카파는 보리도(菩提道, 수행 방면에서 불교의 현교를 개괄한 개념이다)의 체상[體相, 자체(自體)와 징상(徵相)]과 차제(次第, 선후의 단계 순위), 수량(數量, 어느 단계에 어는 것이 포함되는가) 등에 대하여 점차 확정적인 견해를 갖게 되었다.

이는 총카파의 사상이 점차 성숙된 정도에 이르렀고, 그의 사상 체계가 형성되기 시작하였다는 것을 말해준다.

1395∼1396년의 2년간은 총카파가 카담파의 교의를 계통적으로 깊이 배운 시기이다. 비록 그의 전날의 스승들 대부분이 카담파의 출신이고, 학습 방법도 대체로 카담파의 방법을 취하였지만, 그러나 카담파의 교의가 그에게 결정적인 영향을 일으킨 것은 이 2년이었다. 카담파의 교의가 그에게 영향을 미쳤다고 하는 것은 그가 카담파의 설법을 단순히 받아들였다는 것이 아니고, 그가 자기의 사상의 체계화를 형성할 즈음에, 그의 사상면의 성장을 포함한 과거의 학습 경력이 그로 하여금 카담파의 사상 체계를 수용하게 하고 그것을 자신의 체계의 강령으로 하게 하였음을 의미한다. 이는 총카파가 현밀 경론 체험을 통해 얻은 바를 활용하여 카담파의 체계의 내용을 보다 풍부히 하고 깊게 하였으며 카담파의 학설을 발전시켰음을 말해 준다. 바로 이 점으로 인해 당시 일부 사람들은 총카파가 창립한 게룩파를 신카담파라고 칭하였던 것이다.

다음으로 총카파는 넬지방 동부의 세르치붐파(gser-phyi-'bum-pa)에 가서 공양 법회를 거행하였다. 법회에서 총카파는 비구계(즉 일체유부계본)를 선전하고 설명하였으며 특히 계율에 따라서 실행할 것을 강조하였다. 이후 총카파사제도 좌와기거(坐臥起居)와 의식어묵(衣食語默) 등 일상생활 전반에서 계율의 규정에 근거하여 행동하게 되었다. 이는 게룩파의 신자가 계율을 중시해 솔선수범하여 계율 준수의 중요성을 선양한 시작으로 된다.

계율에 대한 중시는 당시 총카파 사제들에게서 보이는 특징이다. 숀누펠(1392∼1481년, 카규파 사람들은 그를 카규파라고 일컫는다)이 저술한 『청사(靑史)』(1476년에 출판)에서는 총카파 사제가 계율을 엄수한 것과 그것의 영향력에 대하여 극찬하였다(영역본 83페이지). 이것도 역시 후세 사람들이 말하는 총카파가 전개한 티베트 불교의 개혁의 중요한 항목의 하나이다. 당시의 종교계와 일반 사회에 일으킨 영향에 대하여 『총카파전론』에서 이미 서술하였기 때문에, 이곳에서는 상세히 논의하지 않는다. 이후 1~2년 사이에 총카파와 팍모두파 통치자와의 관계는 더욱 깊어졌고 이때로부터 총카파는 장기간 팍모두파의 공양을 받았다. 또한 계율의 필요성을 대거 선전하는 한편, 계율이 통치자에 이용되었다는 점은 우리의 커다란 주의를 일으켜야 할 바이다.

[1397년 정축(丁丑) 홍무(洪武) 30년]

총카파 41세. 봄, 넬 지방 동부의 강충(sgang-chung)에 체재하면서 승려와 속인을 위하여 재가와 출가의 두가지 율의(律儀)를 강의하였다. 율의는 불교의 용어로서 방호(防護)를 의미한다. 즉 악행(惡行)·악언(惡言)·악념(惡念)으로부터 몸[身]·입[口]·마음[意]을 지키는 것을 가리킨다.

여름, 넬 지방 서부의 롭동(rob-grong)에 안거(安居, 승려가 외출하지 않고 한데 모여 수행하는 일. 여름에는 벌레가 많기 때문에 외출로 인한 살생을 막기 위하여 불교도가 실행하는 제도임)하고 불경을 강의하였다. 겔찹제·다르마린첸이 와서 알현하고 총카파의 상좌(上座) 제자가 되었다.

겔찹제·다르마린첸(rgyal-tshab-rje-dar-ma-rin-chen, 1364~1432년)은 원래 렌다와의 제자였다. 전하는 바에 의하면, 렌다와에게는 7대 제자가 있었는데 그중 가장 유명한 사람이 총카파이고, 가장 변론에 능통한 사람이 다르마린첸이라고 한다. 다르마린첸은 이때 각 지방의 사원에서 10부 논서에 의거한 입종(立宗) 답변을 마치고 특별히 와서 총카파와 변론하였지만, 총카파에게 감복하고 그의 제자가 되었다. 총카파가 세상을 떠난 후 그의 지위를 첫 번째로 계승한 사람이 다르마린첸이기 때문에, 그를 겔찹제라고 부른다. 겔찹제는 왕위를 계승하게 되는 왕자라는 뜻으로서 인도에서 유래한 칭호이지만, 티베트 불교도들은 종교 사무에 사용하였다. "겔"은 존칭이고 "주(主)"를 의미한다.

이때 넬지방 4부의 데파(sde-pa, 부락 혹은 지방의 수령)가 서열의 전후 문제로 다투고 또 징세의 다소 등 원인으로 서로 불화하였다. 총카파는 조정(調停)의 방법을 강구하여 4명의 데파를 롭동에서 거행되는 강경(講經) 법회에 참가시켜 만나서 화해하게 하였다. 법회는 롭동 사원의 주지가 시주를 맡았고 이로부터 4명의 데파가 총카파의 시주가 되었다. 이 법회는 해마다 거행하였고, 4부의 분쟁을 해소 혹은 조정하는 장소로 되었다.

[1398년 무인(戊寅) 홍무(洪武) 31년]

총카파 42세. 넬 지방에서 울카에 가서 오데궁겔('o-de-gung-rgyal)의 라딩(lha-sdings) 사원에 체재하고 수행과 강의를 하였다. 이때 총카파는『중론불호석(中論佛護釋)』[『중론(中論)』의 붓다팔리타의 해석]을 입수하고 정독하였는데, 그 후에 중관성공의(中觀性空義) 및 중관파의 찬드라키르티(月稱)와 바바비베카(淸辨) 두 파의 구별과 우열에 대하여 결정적인 견해를 얻었다.『연기찬(緣起贊)』을 작성하였다.

성공의(性空義)에 대한 해석은 대승불교 철학에서 중심 문제로 거론된다. 이 문제에 대하여 확고부동한 이해를 얻었다는 것은 총카파의 철학 사상이 성숙하였음을 표명한다. 또한 이 문제에 대하여 깊은 이해가 있어야만 찬드라키르티와 바바비베카 두 파의 우열에 대하여 평판할 수 있다. 바바비베카는 중관 자립 논증파의 창시자이고, 찬드라키르티는 중관 귀류 논증파의 창시자로서, 두 사람은 중관파의 각 지파를 대표하는 인물이다.『연기찬』은 연기가 즉 공성이라는 것을 설명하고, 총카파의 공성에 관한 견해를 해설한 책으로서, 현재 전집의 제2함에 수록되어 있다. 전해에 총카파는 현교의 체계에 대하여 계통적인 견해를 가졌고, 이때에 와서는 불교 철학에 대한 그의 깊은 이해는 새로운 높이에 도달하였으며, 넓이와 깊이면에서 모두 성숙의 경지에 이르렀다.

이때쯤에 총카파는 팍모두파 지방정권의 지도자이며 명조로부터 관정국사(灌頂國師)로 책봉받은 닥파겐첸(grags-pa-rgyal-mtshan, 1394~1432년. 1385

년에 데시에 취임)에게 편지를 보냈다[현재 전집의 제2함 산저부(散著部) 201~204 페이지에 수록]. 보아하니 이는 닥파겐첸이 보내온 편지에 대한 회신인 듯하며, 대체로는 닥파겐첸에게 불교의 법도로써 백성을 다스릴 것을 권고하는 의미이다.

이 편지에는 편지를 쓴 명확한 연월일이 기재되지 않았지만, 오데궁겔의 라딩 사원에서 썼다고 밝힌 기재가 있다. 총카파의 어느 전기에도 이 편지에 대하여 언급한 적이 없지만, 총카파가 오데궁겔에 체재하였다는 것은 단지 이 편지에만 기재되어 있기 때문에, 이 편지도 이때에 썼을 것이다. 이 시기의 상황을 보면 총카파의 학문은 성숙의 경지에 이르렀고, 우창 지구에서 이미 상당한 명망이 있었다. 총카파와 그의 제자 30~40명은 넬 지방에서 엄격하게 계율에 의하여 행사하였고, 사회적으로 주목받았으며 명성이 널리 퍼졌다. 또 강경(講經) 법회를 창립하고 4부의 데파의 다툼을 화해시켰으며, 그의 종교 활동은 사회적으로 일정한 효과를 거두었다. 총카파는 이 시기에 이미 당시의 통치자에게 이용 가치가 있는 인물로 되었다고 할 수 있다. 닥파겐첸에게 불법(佛法)에 의뢰하여 백성을 다스릴 것을 권고한 것도, 그로 말하면, 경험이 있었던 것이며, 일정하게 파악이 있었던 것이다. 만약 닥파겐첸의 방조를 받을 수만 있다면 총카파의 종교적 포부 및 종교 활동을 위한 보다 넓은 천지가 열려질 것이었다.

닥파겐첸(1374~1432)은 1385년에 팍모두파의 제5대 데시가 되었다. 1388년 명조의 홍무제(洪武帝)로부터 관정국사(灌頂國師)에 책봉되었고, 1406년에는 영락제(永樂帝)로부터 관정국사(灌頂國師) 천화왕(闡化王)에 추가로 책봉되었다. 그의 시대는 팍모두파 정권의 전성기에 처해 있었다. 당시 반독립 상태였던 걍체 및 후(後)티베트의 라퇴(la-stod)와 라겔리[lha-rgyal-ri, 로카 지구의 츄숭현(曲松縣). 관할 구역이 작다) 지구를 제외한 우창의 대부분 지구는 직접 혹은 간접적으로 팍모두파 정권의 통치하에 있었다. 17세기 중엽에 게룩파가 정치의 실권을 장악하기 이전의 800년간, 닥파겐첸의 시대는 역대의 우창 지방 정권 가운데서 관할 구역이 비교적 크고 통치가 확고하던 시기였다(사캬파 정권의 관할 구역도 컸지만 정권의 확고함에서는 팍모두파에 이르지 못하였다). 또한 사회 생산이 안정적으로 발전하던 시기였다. 총카파와 팍모두파의 수령 닥파쟝춥은 1385년부터 이듬해까지 사제 관계였다. 닥파쟝춥이 사망한 후 그 관계는 한동안 중단된 듯하며, 그러나 그 기간 팍모두파 데시의 중요한 가신인 네우종쁜 남카상포가 총카파의 중요한 시주가 되었다. 이때 총카파와 팍모두파의 관계는 회복되었고, 그들의 관계는 이때부터 해가 갈수록 더욱 친밀해졌다.

늦 가을, 라딩 사원에서 울카로 향하였다.

겨울, 울카의 승려들에게 불경을 강의하였다. 그 후 닥동(brag-gdong)에서 2차제유가(二次第瑜伽, 밀법)의 수행에 전념하였다.

[1399년 기묘(己卯) 건문(建文) 원년]

총카파 43세. 정월 초하루에 울카에서 징치 사원으로 향하였다. 미륵상 앞에서 『현우인연경(賢愚因緣經)』 소전(所傳) 속의 석가모니현대신변고사(釋迦牟尼現大神變故事, 석가모니 부처님이 대신변(大神變)을 나타낸 이야기)에 의거한 공양의 기원 법회를 1일부터 15일까지 거행하였다. 법회의 기간에 총카파는 법회에 참가한 승려 200여명에게 현밀의 경론을 강의하였다.

이후 1409년 정월 라싸의 조캉 사원 앞에서 개최한 대기원제(大祈願祭)도 『현우인연경(賢愚因緣經)』의 같은 이야기에 의해서 15일간 거행되었다. 이 두 법회의 규모는 다르지만, 내용과 성질은 일치하였다. 징치 사원에서 거행한 법회의 효과와 영향에 관한 기록은 찾지 못하였는데, 팍모두파 정권이 기대한 사회적 효과를 거두었으리라 추측된다.

여름, 냥포(nyang-po) 지방 인사(人士)의 요청에 응하여 당지의 당도(mdang-mdo) 사원에 안거하면서 사원의 승려를 위하여 경론을 강의하였다.

가을, 네우종쁜 남카상포(닥파겐첸 수하의 중요 인물) 및 상푸 하원[고(古)상푸 사원의 본사의 켄포 쿤촉출팀(dkon-mchog-tshul-khrims)의 요청에 응하여 라싸에 돌아가서 포탈라(당시는 현재의 포탈라궁전이 아니고 작은 절이었다)에 체재하였다. 상푸 사원 및 데와첸 사원과 가와동 사원, 쿄르모룽 사원 등 사원의 승려 수백 명에게『중관광명론(中觀光明論)』과『보리도차제론(菩提道次第論)』및 비구계에 대하여 강의하였다. 이번에 총카파를 라싸에 요청한 사람이 닥파겐첸 수하의 일승일속(一僧一俗)의 중요한 두 인물이고 또한 당시 중요한 사원의 승려 수백 명을 조직하여 강의를 듣게 하였다는 점을 보면, 배후에 닥파겐첸의 의도가 작용하였을 가능성이 있다고 본다.

[1400년 경진(庚辰) 건문(建文) 2년]

총카파 44세. 봄, 가와동 사원에 가서『보살지계품(菩薩地戒品)』과『사사오십송(事師五十頌)』,『밀종십사근본계(密宗十四根本戒)』를 강의하였다.

가와동(dga'-ba-gdong)은 라싸의 서쪽, 네탕의 동북쪽에 위치하여 있는데, 당시 전(前)티베트에서 카담파의 경전을 강의하는 유명한 6대 사원 중의 하나이다. 11세기경에 건립된 이 사원에서 갸율사(rgya-'dul-'dzin, 1047~1131년)가 체재하면서 1080년에 계율을 강의한 적이 있다.

총카파는 지금까지 비구계를 많이 강의하였는데, 이는 소승계에 속하는 것이며 또한 출가인으로서의 근본계율이다. 그러나 이번에 강의한 것은 모두 대승계인데,『보살지계품』은『유가사지론(瑜伽師地論)』중의『보살지(菩薩地)』의 한 품으로서 대승계를 비교적 온전하게 논한 것이며(2권이 넘는 책) 현교와 밀교의 모든 대승 출가 승려와 재가 신도가 지켜야 할 계율이었다. 『사사오십송』은 라마가 스승을 섬기는 규율을 논한 것이고,『밀종십사근본계』는 밀교의 계율로서 삼매야계(三昧耶戒)라고도 한다. 밀교의 계율은 다양하며, 티베트 불교 각 파에서와 밀교를 배우는 각 단계에서 준수해야 할 계율은 또한 다소 다르다.『밀종십사근본계』는 밀교를 배우는 모든 라마가 함께 준수해야 할 계율이다. 상기한 3종의 계율은 티베트불교(각 종파는 모두 대승이라고 자칭한다)의 현밀(顯密)의 승속 모두가 함께 준수해야 할 계율에 대하여 개괄한 것이다. 총카파가 남카상포 등 사람의 요청으로 라싸에 간 후 더욱 폭넓게 계율을 제창하는 활동을 하였고, 제창한 계율은 비구계에서 대승계로 변화하였다. 그 목적은 당연히 계율의 사회적 영향을 확대하자는 데 있었다.

가을, 총카파는 다창에서 라싸에 온 렌다와를 가와동 사원으로 모셨다. 두 사람은 400~500명의 승려에게 불교 경전을 강의하였다.(경전의 내용에 관해 어떤 책에서는 기재하지 않았거나 또 어떤 책에서는 아티샤 및 돔톤의 저작이라고 하였다).

겨울, 렌다와 총카파는 일부분 승려들과 함께 레딩 사원으로 향하였다. 레딩 사원에서 렌다와는 『육십송여리론(六十頌如理論)』 및 『비밀집회(秘密集會)』 등 경론을 강의하였고, 총카파는 『대승장엄론(大乘莊嚴論)』과 『중변분별론』, 『유가사지론 · 성문론(瑜伽師地論 · 聲聞論)』 등 경론을 강의하였다. 두 사람은 또 서로 간 경론을 강의하였다.

레딩 사원은 카담파의 근본 사원으로서, 카담파의 창시자 돔톤('brom-ston, 1005~1064년)에 의하여 1056년에 건립된 것인데, 당시는 이미 쇠락하였다. 총카파는 여러 차례 이 사원을 방문하여 경론을 강의하였고 1402년에는 이곳에 체재하면서 『보리도차제광론(菩提道次第廣論)』을 저술하였다. 이렇게 한데는 카담파를 재흥시키려는 의도가 있었다고 생각된다.

[1401년 신사(辛巳) 건문(建文) 3년]

총카파 45세. 봄, 디궁 사원의 주지 초키겔포(chos-kyi-rgyal-po)와의 약속대로 디궁 사원에 가서 불경을 강의하였다. 초키겔포에게서 "나로6법"의 수행법 등 밀교를 배웠다. 늦은 봄, 레딩 사원에 돌아가서 렌다와와 함께 남체뎅(gnam-rtse-sdeng, 카담파의 고찰로, 레딩 사원 부근에 있다) 사원에 가서 캽촉펠상(skyabs-mchog-dpal-bzang)을 회견하고, 여러 사원에서 온 승려들과 하안거를 보냈다.

이때 총카파 · 렌다와 · 캽촉펠상 등 세 사람은 어떻게 하면 승도의 질서를 정돈하고 불교를 다시 부흥시킬 것인가에 대하여 협의하였다. 그들은 승려가 모든 일을 계율에 따라 행동한다면 불교도의 민간에서의 신뢰도가 회복되고 불교에 대한 신앙심도 강고하게 된다고 여겼으며, 그러므로 어떻게 하면 승려들로 하여금 계율을 지키게 할 수 있을까가 가장 중요한 문제라고 인식하였다. 세 사람은 『율경(律經)』 17사(事)를 상세하게 해설하는 것에서 시작하여 계율 위반 항목을 섬세하게 정리하고 개정하기까지, 당시와 당지의 조건, 승속들의 실행 가능성 등을 고려하여 사원의 규칙과 계율을 새롭게 제정하였다. 당시 이 사원에서 안거하고 있던 600여 명의 승려들은 과거에 위반한 것을 참회하고, 앞날에는 다시 위반하지 않을 것을 맹세하였다. 그 후 승려들은 일의 크고 작음을 막론하고 모두 사원의 규칙과 계율에 따라 행동하였다. 이는 총카파가 계율을 제창한 한 차례 비교적 큰 규모의 법회로서, 그가 티베트불교를 개혁하는 길에서 중요한 일보를 내디딘 것이 되었다. 이 법회의 비용, 승려의 필수품은 모두 투룽지방의 관원 윤텐 갸쵸(yon-tan-rgya-mtoho)가 부담하였다.

이 기간 세 사람은 법회에 참가한 승려들에게 『중관(中觀)』과 『인명(因明)』 등 경론을 강의하였다.

가을 초, 렌다와는 후(後)티베트로 돌아가고 총카파와 캽촉펠상은 함께 제자들을 거느리고 레딩 사원으로 돌아갔다. 레딩 사원에서 캽촉펠상은 승려에게 『중관』 등 경론을 강의하였고, 총카파는 카담파의 인물이 저술한 『보리도차제론(菩提道次第論)』을 강의하였다.

총카파는 또 캽촉펠상 및 초키겔포 등 사람의 요청에 응하여 레딩 사원에서 『보리도차제광론(菩提道次第廣論)』의 집필을 시작하였다.

1402년 임오(壬午) 건문(建文) 4년

총카파 46세. 레딩 사원에 체재하면서 도룽파의 『교차제(敎次第)』를 대본(臺本)으로 계속하여 『보리도차제광론(菩提道次第廣論)』을 집필하였다(전집 제13함에 수록).

『보리도차제광론』은 한문(漢文)으로 번역하면 24권이고, 총카파의 가장 중요한 저작이다(『밀종도차제광론(密宗道次第廣論)』도 중요한 저작이지만 그의 영향력은 『보리도차제광론(菩提道次第廣論)』에 미치지 못한다). 이 책은 총카파의 현교 분야의 사상 체계를 대표하며, 게룩파의 근본 전적이다. 게룩파의 신도는 재가와 출가를 막론하고 모두 이 책을 읽는다("광론" 전부를 읽지 못하는 사람은 "약론"을 읽는다). 이 책은 멀리로는 미륵의 『현관장엄론(現觀莊嚴論)』을 본받은 것이고, 가까이로는 아티샤의 『보리도등론(菩提道燈論)』을 계승하여 삼사三士, 하사(下士)·중사(中士)·상사(上士)]의 도(道)를 수행성불(修行成佛)의 관점에서 현교의 모든 교의를 개괄하였고, 그 체계의 구성에는 총카파의 독자성이 유감없이 발휘되었다. 『밀종도차제광론』(아래 글 참조)은 『보리도차제광론』의 자매편이며, 이 두 책은 티베트에 전파된 모든 불교 전적을 개괄한 기초 위에 티베트에서 가장 신망 있는 우수한 전통을 잡아 총카파의 깊은 지식과 폭넓은 수행의 체험을 보태어 자기만의 체계를 형성한 것이다. 불교 발전사에서의 지위를 말하면, 내지의 불교에는 한위양진남북조(漢魏兩晉南北朝) 시대에 겨우 모모(某某) 논사(1~2부의 경론에만 능통한 법사)가 있을 뿐이고, 수당(隋唐) 시대에 와서 모모(某某) 종파(천태종·화엄종 등 종을 가리킨다)가 산생하기 시작하였던 것이다. 종파라고 하는 것은 불교에 대하여 독자적이고 체계적인 해석과 견해를 가지고 있는 것을 말한다. 티베트에서 총카파 이전의 티베트 불교 각 파는 대부분 특정의 밀교와 경전을 존중하였으며 설령 불교 전체에 대하여 체계적인 해설을 하고자 하였더라도, 모두 역부족이었고 간단하였다. 총카파의 이 책은 그가 이룩한 불학 수준만을 보더라도 내지의 수당(隋唐)시대 종 건립의 근거로 된 저작에 비해도 손색이 없다. 이 점은 계룩파가 황교 교파로 형성됨에 있어, 그리고 황교 교내에서도 줄곧 의견의 일치를 유지하게 하였고, 또한 여러 지파로 분열되지 않게 한 점 등의 방면에서 중요한 역할을 하였다.

이 시기 총카파는 『보살지계품석(菩薩地戒品釋)』과 『사사오십송석(事師五十頌釋)』, 『밀종십사근본계석(密宗十四根本戒釋)』(모두 전집 제1함에 수록)을 저술하였다.

[1403년 계미(癸未) 영락(永樂) 원년]

총카파 47세. 봄, 캅촉펠상은 후(後)티베트로 돌아가고, 총카파는 여전히 레뎅 사원에 체재하면서 자신의 『보리도차제광론』을 강의하였다. 또 『현관장엄론』과 『반야경』을 합쳐서 강의하였지만, 이전에 저술한 『현관장엄론석(現觀莊嚴論釋)』의 경우와 해석이 조금 틀려서 다르마린첸에게 부탁하여 현재의 해석에 의거하여 『현관장엄론광석(現觀莊嚴論廣釋)』을 작성하였다. 이 책의 이름은 『심장경엄론(心藏經嚴論)』인데 지금까지 계룩파 사원에서 『현관장엄론』을 강의할 때의 근거로 사용되고 있다.

1404년 갑신(甲申) 영락(永樂) 2년

총카파 48세. 정월, 레뎅 사원에서 법회를 개최하였다(내용은 이전에 징치 사원에서 거행한 것과 같다). 법회 후 라싸의 레푸(lhas-phu)사원에 이주하여 『양석론(量釋論)』을 강의하였고, 특히 그중의 제2품 "성량품(成量品)"에 있는 성불의 도를 천명(闡明)하였다. 그 내용을 다르마린첸이 필기하였으므로, 책이 되었다(전집 제14, 15함에 수록).

여름, 팍모두파의 데시 닥파겐첸의 요청에 의하여 운('on) 지방에 가서 데첸텡(sde-chen-steng) 사원에 체재하면서 수백 명의 승려와 안거하였다. 총카파는 승려들에게 자신의 저서 『보리도차제광론(菩提道次第廣論)』과 『입중론(入中論)』, 『양석론(量釋論)』 등을 강의하였다. 모든 비용은 닥파겐첸이 부담하였다.

그다음 울카 지방에 가서 쟝파링(byang-pa-gling)사원에 체재하면서 자신의 저서『보리도차제광론』및 밀교 2차제[생기차제(生起次第)·원만차제(圓滿次第)]를 강의하였다.

겨울, 총카파 사제는 관문(關門)을 닫고 독거 수행에 전념하였다(외계와의 일체 접촉을 끊고 수행). 총카파는『건립차제광석(建立次第廣釋)』(밀교를 논한 책)을 저술하여 제자들에게 가르치고, 폭넓게 선전하였다.

[1405년 을유(乙酉) 영락(永樂) 3년]

총카파 49세. 여전히 쟝파링 사원에 체재하면서 캽촉펠상 등 사람의 권고에 의하여『밀종도차제광론(密宗道次第廣論)』[한역(漢譯)판으로 22권. 현재 전집 제3함에 수록]의 집필을 시작하였다.

[1406년 병술(丙戌) 영락(永樂) 4년]

총카파 50세. 여전히 쟝파링 사원에 체재하였다.『밀종도차제광론』집필을 완성하고 제자들에게 가르치고, 폭넓게 강설하였다.

『밀종도차제광론』은『보리도차제광론』에 버금가는 중요한 저작이다. 총카파는 이 책에서 부톤의 밀종 전적에 대한 분류법을 채용하여 밀교에 관한 자신의 견해와 수행법에 대하여 체계적으로 논하였다. 이는 총카파의 밀교 분야의 성과를 대표하는 책이다.『보리도차제광론』의 권말에서 총카파는 "현교를 배운 후 반드시 밀교를 수행해야 함"이라고 하였고『밀종도차제광론(密宗道次第廣論)』의 권두에서도 "현교를 잘 배운 사람이야만 밀교의 수행으로 나아갈 수 있다."고 거론하였는데, 이 두 책은 서로 연결되는 저작이다. 두 책을 하나로 합치면 총카파의 불학 전체에 대한 견해를 대표하며, 총카파의 불교도로서의 전체적인 사상 체계에 대한 반영이기도 하다. 불교도의 관점에서 보면 이 체계는 티베트에서뿐 아니라 인도에서도 미증유의 것이다.

이해 3월 명조의 영락제(永樂帝)는 사자를 파견하여 닥파겐첸을 관정국사(灌頂國師) 천화왕(闡化王)으로 책봉하였다. 겨울, 총카파는 울카지구의 장춥룽(byang-chub-lung) 사원에 이주하고 수백 명의 승려에게『밀종도차제광론』을 강의하였다.

1407년 정해(丁亥) 영락(永樂) 5년

총카파 51세. 봄, 라싸의 세라츄딩(se-ra-chos-sdings, 현재의 세라 사원) 사원에 체재하였다. 내우종폰(內鄔宗本) 남카상포(nam-mkha'-bzang-po)가 시주로 되어 모든 비용을 부담하였다.

여름, 여전히 세라츄딩 사원에 체재하였다. 케둡제·게렉펠상(mkhas-grud-rje-dge-legs-dpal-bzang, 1385-1438년)이 전(前)티베트의 여러 사원에서 10부의 논서에 의한 입종(立宗) 답변을 마친 후 렌다와의 소개장을 가지고 와서 총카파의 제자가 되었다.

아마 이때 팍모두파의 수뇌와 협의하여 1409년 티베트 역법(曆法) 정월에 조캉 사원에서 대규모적 기원법회를 개최할 것을 결정한 듯하다.

총카파는 밀교를 배우는 제자들을 위하여『비밀집회(秘密集會)』오차제,『승락(勝樂)』원만차제를 강의하였다. 그리고『중론광석(中論廣釋)』집필을 시작하였다.

1408년 무자(戊子) 영락(永樂) 6년

총카파 52세. 라가닥(ra-ga-brag)에 이주하여『변료불료의론(辨了不了義論)』을 저술하였다.

이해에 명조의 영락제(永樂帝)는 사자를 파견하여 총카파의 상경을 요청하였다. 사자는 천화왕(闡化王) 닥파겐첸과 내우종의 종폰 남카상포를 통하여 세라츄딩에서 총카파와 만났다. 총카파는 상서하여 요청을 사절하였는데 그 글은 전집 제2함에 보존되어 있으며 말미에 무자(戊子) 6월 19일로 서명되어 있다.

『종론광석』은 이해 여름에 완성되었는데, 완성되는 즉시 600여 명의 승려에게 강의하였다. 동시에 『보리도차제광론(菩提道次第廣論)』·『밀종도차제광론(密宗道次第廣論)』·『변료불료의론(辨了不了義論)』·『사백론(四百論)』·『밀종십사근본계(密宗十四根本戒)』·『사사오십송(事師五十頌)』 등도 함께 강의하였다. 총카파는 세라츄딩에 2년 정도 체재하였고, 모든 비용은 내우종의 종폰 남카상포가 제공하였다.

가을 초, 천화왕 닥파겐첸의 요청에 응하여 총카파는 500여 명의 승려를 거느리고 둠부룽(grum-bu-lung, 라사하의 하류에 있다)에 가서 각 지방의 사원에서 모여 온 승려 1천 명 앞에서 『보리도차제광론』을 강의하였다. 승려들의 모든 필수품은 닥파겐첸이 공급하였다.

세라츄딩에 체재하고 있을 때(1407년), 1409년 티베트 역법(曆法) 정월에 조캉 사원에서 기원 법회를 개최할 것을 결정하였다. 그리고 그때 조캉 사원의 수리는 내우종의 종폰이 담당하기로 합의하였다. 가을이 되어 조캉 사원의 모두가 무너지고 파손된 건물이 수리되었다.

둠부룽에 체재할 때 총카파는 닥파겐첸과 협의를 보았고, 말하자면 내년의 대기원제에 필요한 물자와 인력, 정치 역량 등 모든 것은 닥파겐첸이 강력하게 지지하기로 하였다.

이와 동시에 총카파는 자신의 제자들을 디궁과 레딩, 운('on) 지방, 울카 등의 관련 사원과 지방관 및 장원의 승속 사람들 속으로 파견하여 광범하게 보시(布施)를 구하고 재물을 모아 대기원제에 사용하려고 대비하였는데 이렇게 모은 물자가 "산더미처럼 쌓였다."고 총카파전에 기재되어 있다.

가을 말, 각지의 화가를 요청해 들여 조캉사원의 벽화와 불상에 금은의 채색을 칠하였다. 불상의 의복은 비단(緋緞)과 능사(綾紗), 면(綿)으로 새로 만들고, 당번(幢幡) 등 장식품을 제작하였다.

겨울 말, 모든 일이 다 갖추어졌다. 12월 하순 총카파는 둠부룽에서 라싸에 도착하였다. 30일에 이미 8천여 명의 승려가 라싸에 집결하였다. 총카파 사제가 시주가 되어 사원에서 봉납하고 승도들에게 재물을 보시하였다.

1409년 을축(乙丑) 영락(永樂) 7년

총카파 53세. 티베트역법(曆法) 정월 1일부터 15일까지 라싸의 조캉 사원에서 대기원제가 거행되었다. 총카파는 명의상의 창시자이면서 사회자였다. 각지에서 법회에 참가하려고 온 승려는 1만 명 이상이 넘었고, 예불(禮佛)하려고 온 속인도 수만 명에 달하였다.

법회가 진행되는 기간 각지로부터 법회에 참가하러 온 승속관원과 유력자를 접대하는 업무를 담당하고 일체 사무를 주관한 사람은 당지의 관원인 네우종의 종폰 남카상포[키슈푼포(skyid-shod-dpon-po)라고도 한다. "키슈"는 라싸 일대를 가리키며 라싸는 당시 그의 관할 지역에 포함되었다]와 그의 조카 펜죠르 겔포(dpal-'byor-rgyal-po)였다.

대회의 총시주는 닥파겐첸이 담당하였다.

15일간 날마다 그날그날의 시주는 한 명 혹은 십여 명씩 별도로 나와 있었다. 이 시주들은 닥파겐첸의 관할하의 관원이거나 그와 친분이 있는 사람인 듯하다.

로상팀레남겔[blo-bzang-'phrin-las-rnam-rgyal, 대략 청 건륭(乾隆) 연간의 사람이다]은 그의 저서 『총카파광전(廣傳)』(티베트어로 376페이지이며 또 별도로 긴 이름이 있지만 티베트인은 인용할 때 이 이름으로 약칭한다)의 186~203페이지의 편폭으로 옛 기록에 근거하여 15일간 들어온 매일마다의 시주와 시물(施物)의 종류, 수량을 자세하게 기술하였다. 그중의 중요한 날짜인 초하루는 총카파 사제가 시주였고, 그의 제자 가운데서 닥파겐첸의 동생이며 덴사틸 사원의 첸가(사원의 최고 지도자에 대한 칭호)인 소남상포(bsod-nams-bzang-po, 1380~1416년)가 1408년에는 사람을 파견하여 남경에 가서 공물을 진상한 적이 있음을 특히 언급하고 있다.

2일에는 닥파겐첸이 자신의 명의로 시주를 담당하였고, 8일에는 네우종의 종폰 남카상포가 시주를 담당하였다. 15일은 각지에서 온 승속의 작은 우두머리들이 집단으로 시주를 담당하였다. 3일, 4일, 5일, 13일, 이 나흘 동안은 닥파겐첸 관할하의 지방관(대부분은 종폰이다)이 시주를 담당하였다. 6일, 7일, 14일, 이 3일의 시주에 관하여는, 수중에 있는 자료에 근거하여 보면, 그들과 닥파겐첸의 관계를 자세히 조사하지는 못하였지만 그들의 원문(願文)에 모두 팍모두파 실력자의 은혜에 보답한다는 등의 글귀가 보이기 때문에 역시 팍모두파 정권 내의 부하이거나 그와 친분이 있는 사람일 것이다. 9일, 10일, 11일, 이 3일 동안은 닥파겐첸 수하의 승속 집사들이 단독 혹은 단체로 시주를 담당하였다. 다만 12일에는 쿄르모룽 사원과 체궁탕 사원 및 기타 여섯 곳의 승려가 시주를 담당하였다. 그들은 총카파 본인과 관계가 있으며, 또 팍모두파의 관할하에 있었다. 공물의 총수는 케둡제의『총카파전』(407~418페이지)에 의하면 황금이 921효[淸, 1효는 내지의 1전(錢)에 해당]인데, 백은(白銀) 550전(錢)에 해당되며 3만 7,060그램의 버터기름, 1만 8,311그램의 칭커(티베트 고산 보리)와 참파(rtsam-pa, 티베트인의 주식), 백차 416효, 흑차 163덩어리, 말린 고기 2172마리(소와 양을 통째로 말함), 소와 양을 돈으로 환산하면 2,073효의 황금 및 기타 대량의 물자(로상팀레남겔의『총카파광전(廣傳)』202~203페이지에서 기록한 숫자와 비교하면 일치하지 않음) 등이 있다.

요컨대, 이렇게 많은 시주와 대량의 물자는 만약 배후에 큰 힘이 추진하지 않았다면 모으기가 쉽지 않았을 것이다. 닥파겐첸이 힘 있게 호소하였기 때문에, 그의 관원과 백성들이 보시하였던 것이다. 그러므로 여러 종류의 총카파전에서는 다만 천화왕(闡化王) 닥파겐첸이 시주하였다고 기재하고 있다. 1399년 이래 총카파 사제의 생활은 그 대부분 비용을 닥파겐첸의 공급에 의거하였다. 총카파는 한편으로는 그의 2부의 주요한 저작과 3종의 계율 주석서를 서둘러 써냈고, 다른 한편으로는 팍모두파 통치하의 여러 사원의 요청에 즉시즉시 응하여 강의를 진행하였다. 그런 요청은 흔히 천화왕(闡化王) 닥파겐첸이 직접 요청한 것이고, 또한 강의의 대부분은 총카파의 새로운 저작에 관한 것이었다. 강경 법회의 규모가 크다는 것, 강의를 듣는 승려가 많은 것 등은 모두 총카파가 이전에 강의할 때에는 없었던 현상이며, 이 모든 것은 1398년 총카파와 닥파겐첸 두 사람의 서신 왕래가 있은 후에 발생한 것이다. 양측이 합작함으로써 총카파의 위망을 의식적으로 높이고, 그의 영향력을 확대하는 목적을 이룩한 것이다. 1409년이 되어 즉 10년의 준비 기간을 거친 후 이 사업은 최고봉에 달하였다. 대기원제를 끝내자 그 바람으로 간덴 사원이 건립되었고, 그 시주 역시 팍모두파의 대귀족 린첸펠(rin-chen-dpal)과 린첸룬포(rin-chen-lhun-po) 부자를 중심으로 하는 팍모두파의 관원과 백성이 맡았다. 이리하여 새로운 티베트 불교의 교파, 게룩파가 급격히 융성하였다. 총카파 사제가 이후에 건립한 게룩파의 사원도 팍모두파의 원조를 받았음은 사료에서 확인되었다. 대기원제의 의의 및 팍모두파가 총카파를 지지한 의도, 그리고 총카파의 티베트 불교 개혁의 사회적 의의는 오로지 당시의 사회 상황과 역사 배경에 근거하여 추론할 수 있을 뿐이다. 이러한 점에 대해서는 『총카파전론(傳論)』(본서 부록 1)을 참조하기 바란다.

대회의 기간 총카파는 매일마다 법회에 참가한 승려와 속인을 위하여 『불본생경(佛本生經)』을 강의하였다. 일찍이 대회 이전에 라싸 동쪽으로 50리 떨어져 있는 왕쿠르리[bdang-bskur-ri, 독리보체('brog-ri-bo-che)라고도 함] 산 옆에 총카파를 위하여 사원을 건립할 것을 결정하였었다. 대회가 끝난 후 총카파는 몸소 왕쿠르리산 옆에 가서 택지(宅地)를 가지(加持)하고(일종의 종교 의식) 대제자 다르마린첸(겔찹제)과 닥파겐첸[grags-pa-rgyal-mtshan, 지계(持戒)로 유명한 제자. 천화왕 닥파겐첸과 동명이인]에게 명하여 제자들을 거느리고 총카파의 계획대로 계율의 규정에 의해 사원을 건립하였다. 이 사원이 곧 이후의 유명한 간덴사원이다. 정식 명칭은 간덴남겔링(dga'-ldan-rnam-par-rgyal-ba'i-gling)이다.

총카파가 창시한 황교를 게룩파라고 명명하였는데, 이는 간덴사원에서 유래한 것으로서 '간덴사파'라는 의미이다. "파(派)"는 티베트어에서 "룩(lugs)"이며, "간덴페룩"이 생략되어 "가루"가 되고, 또 티베트어 발음 규칙에 의하여 "게루"로 변하였다. 결국 황교는 "게룩파"[한자는 격로파(格魯巴)]로 칭하게 되었다. 후에는 "格" 자를 같은 의미인 "善" 자의 "dge" 자를 억지로 갖다 붙여 게룩파가 선규파(善規派)로 되었는데, 이는 속설(俗說)이다.

총카파는 왕쿠르리산에서 택지(宅地)를 가지(加持)한 후 라싸에 돌아가서 세라츄딩사원에 체재하였다. 이곳에서 600여 명의 승려에게 『중론(中論)』과 『보살지계품(菩薩地戒品)』, 『보리도차제광론(菩提道次第廣論)』 등을 강의하였다.

닥파겐첸의 동생이며 덴사틸 사원의 첸가인 소남상포의 요청에 응하여, 상리푸첸(zang-ri-phu-chen)에 가서 디궁 사원의 승려에게 『보리도차제광론』을 강의하였다. 여름에 울카 사람들의 요청을 받고 울카에 가서 삼탄링(bsam-gtan-gling)에 체재하면서 승려들에게 『비밀집회(秘密集會)』의 원만차제와 오차제를 강의하였다. 강의가 종료된 후 관문(關門)을 닫고 『비밀집회원만차제석(秘密集會圓滿次第釋)』을 집필하였다. 이해의 12월 3일 총카파는 은어(隱語)의 시를 작성하였다. 시의 실제적 함의는 자신이 아티샤 · 카담파의 전승을 계승하였음을 선언한 것이다. 이 점은 황교를 융성시킴에 있어서 매우 중요하였는데, 총카파의 당시의 위세와 명성은 매우 높았고, 또 천화왕(闡化王) 닥파겐첸의 강력한 지지를 받았기 때문에, 그 자신이 카담파의 계승자라고 자인한다면 카담파의 여러 사원과는 보다 직접적으로 동일 소속의 교파 관계로 이어지게 되는 것이다. 이후 카담파의 대량의 사원은 자발적으로 게룩파 소속 사원으로 개종되었고, 결과적으로 게룩파 세력의 강화에 결정적인 작용을 일으켰다.

1410년 경인(庚寅) 영락(永樂) 8년

총카파 54세. 연초, 간덴 사원의 불상이 낙성되었다. 2월 5일 총카파는 간덴 사원에 가서 개안(開眼) 법회(불상을 만든 뒤에 좋은 날을 선택하여 처음으로 불공을 드리는 의식)를 거행하였다. 법회의 출석자들에게 『보리도차제광론(菩提道次第廣論)』·『비밀집회찬드라키르티석(秘密集會月稱釋)』·『오차제(五次第)』·『대승아비달마집론(大乘阿毗達磨集論)』·『유가사지론(瑜伽師地論)』·『인명론(因明論)』 등을 강의하였다.

이해, 총카파는『비밀집회사천녀청문경석(秘密集會四天女請問經釋)』과『지금강경집석(智金剛經集釋)』을 저술하고, 『오차제석(五次第釋)』의 집필을 시작하였다.

1411년 신묘(辛卯) 영락(永樂) 9년

총카파 55세. 『오차제석(五次第釋)』의 집필을 완성하였다. 겨울, 제자 30여 명과 관문(關門)을 닫고 수행에 전념하였다.

1412년 임진(壬辰) 영락(永樂) 10년

총카파 56세. 계속하여 관문(關門)을 닫고 수행에 전념하였다. 8월 초에는 40명과 함께 수행하였다. 11월 중순에 병을 앓는다.

1413년 계사(癸巳) 영락(永樂) 11년

총카파 57세. 한 해 동안 병을 앓았다.

1414년 갑오(甲午) 영락(永樂) 12년

총카파 58세. 연초 혹은 전해 연말, 명조의 영락(永樂) 황제는 다시 사자를 파견하여 총카파의 상경을 요청하였다. 총카파는 자신의 대리로 제자 샤카 예쉐(shākya-ye-shes, 1352~1435년. 첼궁탕 사람)를 파견하여 상경시켰다. 샤카예쉐는 1414년에 북경에 도착하였고, 1415년에 영락제로부터 서천불자대국사(西天佛子大國師)로 책봉받았다[1434년에는 선종(宣宗)으로부터 대자법왕(大慈法王)에 책봉되었다].

6월 5일 총카파는 병이 완쾌되었다.

1415년 을미(乙未) 영락(永樂) 13년

총카파 59세. 여름, 천화왕(闡化王) 닥파겐첸의 요청에 응하여 운('on) 지방에 가서 타시도카(bkra-shis-rdo-dka)에 안거하였다. 덴사틸 사원과 체탕 사원 및 네우동체(두 사원은 팍모두파의 본사이고, 네우동체는 팍모두파 역대 데시의 관청의 소재지이다) 등의 라픈(귀족과 승려를 겸한 지방관의 칭호), 승도 수백 명에게 『중론(中論)』・『양석론(量釋論)』・『보리도차제광론(菩提次第廣論)』・『입보리행론(入菩提行論)』 등을 강의하였다. 이때 덴사틸 사원의 첸가 소남상포(spyan-snga-bsod-nams-bzang-po, 1380~1416년. 닥파겐첸의 동생이다. 이전에 이미 총카파의 제자가 되었다)에게 비구계를 주었다[슌누펠의『청사(靑史)』에서는 소남상포가 타시도카에서 총카파로부터 비구계를 받은 시간을 을미년이라고 하였다. 케둡제의『총카파전(傳)』에서는 총카파가 타시도카에 체재한 상황을 서술하기 전에 다만 이듬해라고 하였다. 이치에 따르면 이해도 을미년이다. 그러므로 1415년이라고 규명한다].

겐둔둡파(dge-'dun-grub-pa, 1391~1474년. 후세에 일컫는 달라이라마 1세이다)가 나르탕 사원에 와서 알현하고 총카파의 제자가 되었다. 이때 제자 타시펜덴[bkra-shsi-dpal-ldan, 1379~1449년. 티베트인들은 쟘양츄제('jam-dbyangs-chos-rje)로 통칭]에게 명하여 데풍 사원을 건립할 계획을 세웠다(이듬해에 건축에 착수하였다).

간덴 사원에 돌아가서『육가행법(六加行法)』을 저술하였다. 또 초심자를 위하여『보리도차제광론(菩提道次第廣論)』을 요약하여『보리도차제약론(菩提道次第略論)』을 저술하였다.

1416년 병신(丙申) 영락(永樂) 14년

총카파 60세. 잠양츄제·타시펜덴이 데풍 사원을 건립하고, 총카파는 친히 택지(宅地)를 가지(加持)하였다. 네우종 종폰 남카상포도 직접 참가하였고, 사원 건립의 주요 시주가 되었다.

사캬예쉐도 내지에서 티베트로 돌아와서 총카파에게 경의를 표하고 대량의 재물을 바쳤다.

이해에 양파첸전(殿)(간덴 사원 내에 있다. 밀교의 수행을 전문적으로 하는 건물이다)을 건설하였다. 이 건물은 1415년에 짓기 시작하여 1416년에 완성하였다.

1417년 정유(丁酉) 영락(永樂) 15년

총카파 61세. 3월, 솜씨 좋은 장인(匠人)들을 청하여 은·동과 질 좋은 흙 등을 사용하여 양파첸전(殿)의 밀교 불상을 조소(彫塑)하였다. 연말에 완성하였고, 개안(開眼) 법회를 거행하였다. 여러 "총카파전"에서는 이후에 우(衛) 지방에서는 여러 해 동안 비바람이 순조롭고 농작물은 풍작을 거두었다고 기재하고 있다.

1418년 무술(戊戌) 영락(永樂) 16년

총카파 62세. 간덴 사원에 체재하여 현밀의 경론을 강의하였다. 『입중론광석(入中論廣釋)』의 집필을 완성하였다. 샤카예쉐가 세라 사원의 건설을 개시하였다.

연말, 총카파는 『비밀집회(祕密集會)』 근본경 및 『비밀집회찬드라키르티(Candrakīrti)석(祕密集會月稱釋)』의 번각(飜刻)을 명하였다. 번각(飜刻)은 이듬해에 완성되었다.

겐둔춘펠(dge-'dun-chun-'phel, 근대의 사람. 『백사(白史)』등을 저술하였다)은 자기의 저서 『백사』에서 티베트에서 불경을 대량으로 조각, 인쇄한 것

은 총카파 때[내지의 영락판(永樂版) 티베트어『캉규르』는 영락 8년에 번각을 시작
하였다]에 시작되었다고 하였다.

1419년 을해(乙亥) 영락(永樂) 17년

총카파 62세. 봄부터 여름까지 간덴 사원에 체재하여『승락륜(勝樂輪)』
근본경 등 현밀의 경론을 강의하였다.『승락륜근본경석(勝樂輪根本經釋)』도
이해에 완성되었다.

가을, 간덴사원에서 퇴룽(stod-lung) 온천으로 향하였다. 돌아가는 길에
데풍 사원에 들려 밀법 학당의 개안(開眼) 법회를 거행하였다. 사원의 승려
2천여 명에게『보리도차제광론』・『나로6법』・『입중론(入中論)』・『비밀집
회(祕密集會)』등을 강의하였다. 이전에는『보리도차제광론』을 속인에게 전
수하지 않았지만, 이때에 그 금기를 취소하였다.『비밀집회』제9품까지 강
의한 후, 강의를 정지하고 간덴 사원으로 돌아갔다. 그때 라싸를 경유하여
조캉 사원의 석가모니상에 참배하였다. 샤카예쉐의 요청에 응하여 세라 사
원으로 향하였다. 세라사원에서 반월송계회[半月誦戒會, 매 15일마다 승도들을
모여 놓고 250여 건의 계본을 낭송하고 승도들이 계율을 위반하였는가를 검사한다.
산스크리트어의 음역은 일푸사(日布薩)이고, 의역은 일장정(日長淨)이다]에 참가하
였다.『비밀집회』의 경서를 로되셍게[blo-gros-seng-ge, 후에 라싸에서 규메밀교
학당을 건립하였다. 하밀원(下密院)이라고 통칭한다]에게 주었다.

이후 데첸에 갔다. 닥카르둡시(brag-dkar-grub-bzhi)의 연회에 초대되었다.
데첸에서 간덴 사원으로 돌아갔다. 10월 19일경, 간덴사원의 거실에 도착
하여 병을 앓았다.

10월 23일, 의복과 모자를 다르마린첸에게 전하였다(자신의 간덴 사원의 지
위를 다르마린첸에게 계승시킨다는 의미이다).

10월 25일, 총카파는 입적하였다. 63세. 겔찹제・다르마린첸이 간덴 사
원의 티파를 계승하였다.